U0606073

主编 陈立斌 副主编 刘 力 刘言浩

物权案件审判精要

Essentials of Trial of Property Law

人民出版社

策划编辑:郑海燕
责任编辑:郑海燕 孟 雪 李甜甜
封面设计:吴燕妮
责任校对:周晓东

图书在版编目(CIP)数据

物权案件审判精要/陈立斌 主编. —北京:人民出版社,2018.6
ISBN 978－7－01－019310－6

Ⅰ.①物… Ⅱ.①陈… Ⅲ.①物权法-研究-中国 Ⅳ.①D923.24

中国版本图书馆 CIP 数据核字(2018)第 078522 号

物权案件审判精要

WUQUAN ANJIAN SHENPAN JINGYAO

主 编 陈立斌 副主编 刘 力 刘言浩

人民出版社 出版发行

(100706 北京市东城区隆福寺街 99 号)

环球东方(北京)印务有限公司印刷 新华书店经销

2018 年 6 月第 1 版 2018 年 6 月北京第 1 次印刷
开本:710 毫米×1000 毫米 1/16 印张:45.75
字数:717 千字

ISBN 978－7－01－019310－6 定价:185.00 元

邮购地址 100706 北京市东城区隆福寺街 99 号
人民东方图书销售中心 电话 (010)65250042 65289539

版权所有·侵权必究
凡购买本社图书,如有印制质量问题,我社负责调换。
服务电话:(010)65250042

目　录

第四编 担保物权

第五编　占　有

前　言

　　"风能进，雨能进，国王不能进"，这句伴随着 2007 年中国物权法制定而流传开的谚语代表着中国人对自身财产的渴求与珍视。《物权法》作为调整财产归属与财产流转的重要法律，一向是市场经济的基本法律制度，改革开放以来，中国人的财富积累达到了一定程度，更是重视这部可以"定分止争"的基本法律。而随着党的十八届四中全会把中国民法典的制定列上了议事日程，作为民法典重要组成部分的《物权法》更是受到了广泛的关注。

　　在人民法院受理的民商事案件中，物权类纠纷在大标的案件中占了相当大的比重。自 2007 年我国《物权法》颁布以来，最高人民法院就《物权法》的各个章节在司法实践中的适用陆续发布了一系列司法解释，2015 年 12 月最高人民法院审判委员会又通过《最高人民法院关于适用中华人民共和国物权法若干问题的解释（一）》丰富了《物权法》的内涵。2017 年 3 月 15 日通过并公布，10 月 1 日起施行的《民法总则》也进一步完善了我国物权法律制度。各级人民法院也在各类物权类纠纷的审判实践中积累了经验，为《物权法》的发展和完善作出了有益的探索。

　　作为法律的实践者，我国法官在实践理性的基础上，对《物权法》有着自己的贡献和创新，不管是从理论上还是从实践中对物权案件审判经验进行总结、提炼均有其必要。本书作者均为来自上海法院系统的具有一定理论造诣和实践经验的法官，他们结合各自专业实践，全方位地审视物权，在一定程度上反映了上海法官对物权法的理解和运用现状。

　　本书按照物权的编章体系进行体系化研究，共分五编十八章，在物权法法理的基础上紧密结合上海法院的司法实践，力图系统总结审判中所涉及的物权法的主要内容,并以具体物权法案例为载体详细阐述法官在物权案件审理中所体现出的法律思维和法律方法,以期推进物权法的研究,并对指导司法实践尽绵薄之力。

　　虽然本书作者在编写过程中不辞辛劳,反复讨论,数易其稿,但由于物权法体系广博,法理艰深,作者学力尚浅,错漏在所难免,敬请读者批评指正。

编　者

二〇一八年二月

第 一 编

总　　论

第一章

引　言

第一章　物权法与物权审判概述

第一节　物权法与物权民事纠纷

一、物权法的制定

物权法的立法宗旨是维护国家基本经济制度,维护社会主义市场经济秩序,明确物的归属,发挥物的效用,保护权利人的物权。这一宗旨可以概括为"定分止争、物尽其用"。"定分止争"就是要以法律规范明确各种财产的归属和侵犯物权的责任,从而避免财产的不确定状态和预防、解决法律主体之间的纷争。

财产的纷争,是确定稳定、高效的市场交易的前提。这其中既包括保护国有资产和集体财产,从而维护国家公有制为主体的基本经济制度,保障国家的社会主义性质,也包括保护公司、企业与个人的各类合法财产,从而营造富有活力的社会经济环境,并立足于人民群众财产权利的维护和社会基础的稳定。"物尽其用"就是要使物权不限于静态的所有权,而是从所有权中演化出用益物权、担保物权、占有等独立的物权利益,使财产动起来、用起来,使财产的占有、使用、处分、收益等各方面的功能都发挥出来,从而使物的利用达到最大、最佳,由此促进社会财富的积聚。"定分止争、物尽其用"的宗旨贯穿于物权法的全部,体现了物权法在社会主义经济与社会建设中的重要地位。

《物权法》吸收了现有《民法通则》《担保法》等法律与司法解释的成果,同时针对实践中的问题,吸收理论研究成果,借鉴国外立法例,在立法上出现了许多新内容。概括起来主要有两个方面:

一是构建了具有我国特色的物权法体系,规定了一些新的物权制度。具体说,《物权法》分为总则、所有权、用益物权、担保物权、占有五大块。其中,总则部分规定了物权法的基本原则、物权的设立、变更、转让、消灭和物权的保护;所有权部分规定了国家所有权和集体所有权、私人所有权、业主的建筑物区分所有权、相邻关系、共有,其中业主的建筑物区分所有权是第一次在法律上作出规定;用益物权部分规定了土地承包经营权、建设用地使用权、宅基地使用权、地役权,其中地役权是立法上的新概念;担保物权部分规定了抵押权、质权、留置权;占有部分是全新的内容,在已有立法与司法解释上从未进行过规定。从理论上讲,占有并非是法律事实,但物权法之所以规定占有并赋予占有一定的效力,是为了维护与事实占有相关的社会秩序,并调整由事实占有产生的权利义务关系。

二是立足物权保护和各类物权利益的协调,规定了许多新的规范。如:(1)不动产登记规定了不动产登记主体与实际主体可能不一致情况下协调二者利益的登记异议制度和为保障不动产买受人将来实现物权的预告登记。(2)物权保护规定了请求返还原物、消除危险、排除妨害的物权请求权,在立法体例上明确了在物权保护上物权请求权与损害赔偿请求权并列的方案。(3)在所有权保护上明确了征收需以公共利益需要为条件,并明确了经济补偿方面保障被征收人生活条件的原则。(4)就建筑物区分所有权对规划用于停放汽车的车位、车库的归属作出了规定,确立了车位、车库应当首先满足业主需要的原则,明确了两类基本处理方式,即车位、车库的归属由当事人通过出售、出租或者附赠等方式约定,占用业主共有场地的车位则属于业主共有。(5)明确了共有状态下的推定规则。即按份共有或者共同共有不明确的,一般视为按份共有;按份共有人对共有财产份额没有约定或者约定不明确的按照出资额确定。不能确定出资额的视为等额享有。(6)规定住宅建设用地使用权期间届满的自动续期,从而与非住宅用地区分开来。(7)就抵押改变了《担保法》第四十一条关于应登记而未登记情况下抵押合同无效的规定,明确未经抵押登记不影响抵押合同的效力;同时,对抵押物的变现由原规定为须先经审判程序确认变为可不经审判程序直接申请法院变卖、拍卖。(8)扩大企业之间留置权适用的范围,即债权人留置的动产可以与债权不属于同一法律关系。

二、物权民事纠纷的类型

物权作为民法的基本概念范畴,是指权利人依法对特定的物享有直接支配和排他的权利,包括所有权、用益物权和担保物权。因上述物权保护产生的纠纷,是典型的物权纠纷。物权民事纠纷,是指所有权、用益物权、担保物权等物权人行使物权保护请求权产生的民事法律纠纷,以及占有人行使占有请求权产生的民事法律纠纷。占有是指对物事实上的控制和支配。占有从本质上讲是一种事实而非权利,但该占有事实却有一定的法律保护效力。因占有人请求返还原物、排除妨害或者消除危险、损害赔偿所产生的纠纷,作为广义的物权纠纷。

2014 年上海法院系统共受理一审物权类案件 11893 件,2015 年 1—7 月,上海法院共受理物权类案件 7553 件。

因此,《物权法》实施后的物权民事纠纷可以从方法论上分为以下五类:

(一)物权法律关系的内部纠纷

物权法律关系的内部纠纷也叫物权的相对性纠纷。除单一主体的所有权外,其他的物权法律关系中,都有可能发生物权法律关系的内部纠纷。例如,共有权内部纠纷、建筑物区分所有权内部纠纷、用益物权人与用益财产所有权人之间的纠纷和担保物权人与担保财产所有权人之间的纠纷。

(二)物权法律关系的外部纠纷

物权法律关系的外部纠纷也叫物权的绝对性纠纷,是物权权利人与其义务人之间的纠纷。包括权属发生争议的确权纠纷,物权行使受到妨害的排除妨害纠纷,权利受到侵害的返还原物纠纷、恢复原状纠纷和损害赔偿纠纷。

(三)相邻关系纠纷

相邻关系纠纷既不是物权法律关系的内部关系,也不是外部关系,而是发生在相对的权利人和权利人之间的关系。《物权法》第七章规定了六种相邻关系,包括用水排水、相邻土地的通行、相邻土地的利用、通风采光日照、相邻污染、相邻防险等,这就是相邻关系的类型。对于《物权法》中没有规定相邻关系,按照第八十五条规定,应当适用民事习惯判决。例如越界的枝丫根系的问题,这种情况就应当按照习惯或者法理处理。

(四)物权变动的纠纷

物权变动纠纷,就是物权在变动中,即不动产登记或者在动产交付中发生的纠纷。比如不动产物权变动中的纠纷,有异议登记纠纷、错误登记造成损害赔偿纠纷等。即使是在动产交付中的观念交付中,包括简易交付、指示交付、占有改定交付,也是比较容易产生物权纠纷。

(五)占有的纠纷

《物权法》对占有规定得很简单,只规定了一些基本的东西。在占有发生纠纷时,有返还原物纠纷、恢复原状纠纷和损害赔偿纠纷。

以上是物权纠纷的基本类型。所有的物权纠纷,大概都不能离开这五种基本类型。但是,具体的物权纠纷可能还有很多种具体的表现。在司法实践中,还需要进一步的具体化,将物权纠纷按照这样的五种基本类型进行深入的研究。

三、《物权法》对民事审判的影响

《物权法》颁布实施将对司法审判特别是民事审判产生深远的影响,主要表现在四个方面:

(一)为司法审判提供了相应的裁判规则

与我国的法治状况相伴随,我国长期缺乏较为健全的物权法规范,社会整体的物权法意识也很薄弱。《物权法》的颁布实施将弥补我国法制体系建设中的一大空白,改变司法审判"缺乏体系""少法可依"的局面,对于实现司法公正、规范审判裁量意义重大。

(二)一段时间内相关的案件量可能呈现较大增长

因我国长期缺乏完善的物权法规范和社会层面普遍的物权法意识,社会现存的物权遗留争议数量很大,加上《物权法》对物权保护力度的加强也将影响到拆迁补偿的标准等权利义务关系,直接关系到人民群众的切身利益,《物权法》实施之后相关案件的数量会有大幅度的增长,涉及一类人群的案件还会形成群体性诉讼。

(三)对司法审判职能发挥提出了更高的要求

物权既包括与所有制相联系的所有权,又包括与市场交易相关的用益物权、担保物权。对于物权的确认、保护事关国家基本经济制度、社会制度的维护,是对市场主体基本利益与市场交易秩序的保障。人民法院审理物权争议案件只有站在这样的高度才能真正实现法律效果与社会效果的统一,否则就会陷入机械执法,既不利于法治的推进,也不利于现实利益的协调和社会秩序的维护。同时,物权最集中地体现着当事人之间利益的纷争,体现着国家利益、集体利益与个人利益,法律规范与政策调整,法律要求与社会现实的冲突,势必进一步提高法院准确适用法律、妥当调整利益、维护社会秩序、充分发挥司法职能的难度。

(四)许多疑难问题需要在审判实践中研究解决

由于《物权法》是调整社会财产关系的基本法,财产关系又是错综复杂、千变万化的,这种研究细化的工作量相当大。如行政审判中应如何把握不动产登记机关的审查性质;对涉征用争议的处理中如何把握公共利益的需要;执行程序中就已查封的财产发生权属争议应如何处理,这些都是很敏感的问题。民事审判中需要研究的问题更多,如物权与债权发生冲突时应当如何处理;《物权法》与《土地管理法》《房地产管理法》的适用关系;同类或不同类物权冲突时应当如何处理;物权救济与诉讼时效的关系应如何理解与把握;相邻关系中不违反国家有关工程建设标准的是否就不构成对相邻建筑物通风、采光和日照的妨碍,等等。这些问题在《物权法》上没有明确的规定,但涉及利益关系复杂,需要人民法官深入研究。

四、我国物权法的渊源

我国物权法的渊源有形式渊源与实质渊源之分。物权法形式渊源就是2007年3月16日第十届全国人民代表大会第五次会议通过的《中华人民共和国物权法》。

而物权法形式渊源就是不仅指《物权法》这部法典,还包括与物权相关的其他法律、法规、司法解释等规范,比如,《中华人民共和国担保法》《最高人民法院关于审理建筑物区分所有权纠纷案件具体应用法律若干问题的解释》(2009)、《最高人民法院关于审理物业服务纠纷案件具体应用法律若干问题的解释》(2009)、《最高人民法院关于适用〈中华人民共和国担保法〉若干问题的解释》(2000)、《中华人民共和国农村土地承包法》《中华人民共和国土地管理法》等。

此外,《物权法》作为民法的核心组成部分,与《民法总则》《合同法》《侵权责任法》《婚姻法》等形成了体系化的结构关系,所以在民法的其他部分也包含了物权法规范,比如,《最高人民法院关于审理买卖合同纠纷案件适用法律问题的解释》(2012)就包含标的物交付和所有权转移等部分;再如,《婚姻法》及其司法解释中关于共有财产的处分等。这就需要我们在物权案件审判中全面地把握《物权法》及其规范。

第二节　物权的定义

物权概念作为物权制度的基本概念,是在物权制度确立后才产生的,而物权制度的确立则是经历了一段漫长的时间。现代民法的研究成果表明,"物权"一词大抵是由 11—13 世纪的欧洲前期注释法学派代表人物伊勒里乌斯(约 1055—1130 年)和亚佐(约 1150—1230 年)等在解释罗马法时创造出来的。而真正建立有关物权法体系的则是 1896 年《德国民法典》。这部民法典将物与物权予以区分,把物作为权利客体放至总则中加以规定,同时集合物权的所有相关法律,将它们规定为独立的物权篇,从而使这部法典中的物权成为真正具有独立体系的法律制度。物权概念从此有了理论与法律上的依托。要理解物权的概念就要对债权的概念有所认识。

一、物权概念与债权概念形成的比较

对于物权大致有两种定义方式:一是从人与物的关系的角度,将物权定义

为"对物支配之财产权"或"直接就物享受其利益之财产权",这种见解为近代德国学者登伯格、耶林等所倡,被称为"对物关系说";二是从人与人的关系的角度定义物权,认为物权是"对抗一般人之财产权"或"具有禁止任何人侵害之消极作用的财产权",此即"对人关系说",为德国学者温彻德、萨维尼等所主张;三是综合上述两个方面,认为对物的支配性和绝对性是物权的两个基本构成要素,故物权被定义为"直接支配特定之物而享受利益之排他的权利",或曰"物权为直接支配物之绝对权"。这种被称为"折中说"或"结合说"的物权观点,是德国、日本物权理论之通说。

罗马法上"债"既指债权、债务,也指债权债务关系,有时被称为"法锁"。近代大陆法系民法基本沿袭了罗马法上债的概念。理论上通常认为债是特定当事人之间请求为特定行为的法律关系,各国在民法典中对"债"的概念的表述有两种:或以抽象的术语概括债的内涵,如《俄罗斯联邦民法典》第三百零七条;或以外延式,即不以单独条文规定债的定义,而是通过规定债的渊源指出哪些法律关系是"债",如《意大利民法典》债编首条(第一千一百七十三条)。

二、物权与债权的区分

物权之本质在于"支配"某物,而债权之本质在于"受领"给付。支配权是物权的本体,受领权是债权的本体。然而,如果仅有本体性权利,则权利人之权利难免有不获实现之虞,所以受领权必须靠请求权之"法力"予以保障。请求权与本体权利结合在一起,才构成一项完整的债权。

从法律关系的构成及权利的产生着手,物权与债权主体特征区别在:物权发生于特定的权利主体与不特定的义务主体之间,而债权发生于特定的权利义务主体之间。由此决定了物权为绝对权,债权为相对权、对人权;在内容上,物权为支配权,债权为请求权;在标的客体上,物权之标的为物,债权之标的为给付;在权利产生的方式上,物权设定采法定主义,而债权(合同权利)的设定采自由主义;等等。

根据权利之固有特性,物权的直接支配性与债权的请求权性质、物权的排他性与债权的不具排他性、物权的绝对性与债权的相对性、物权的追及性与债权的无追及性、物权具有公示性而债权不必具有公示性、物权的独立处分性与债权的无独立处分性以及物权的永久性与债权的暂时性。此外，权利的效力、权利的保护方法等，也常被用来作为区分物权与债权的根据。

在特定情况下，物权与债权的区分并非泾渭分明：物权与债权在某些特定的部分仍然处于混合状态，比如债权让与，就是债权人对其债权进行的处分，而处分行为则是典型的行使物权的表现。从这一现象来看，债权人的地位与所有人的地位本质并无区别。债权人的这一权利，在德国法上被称为"类似所有权之地位"。再如，有价证券所记载的权利本质上只能是债权，即请求权，故一般认为有价证券属于债权。但是，有价证券本身又是一种有形之物，而且有价证券尤其是不记名有价证券的流通可以说是完全按照物权法（动产以交付占有转移所有权）的原则，故有价证券上的权利也表现为物权的特征。所以德国民法学家认为，有价证券已经变成为"有形化的债权"，其本质又应当是物权。

三、债权的物权化和物权的债权化

随着市场经济的发展，法律为了强化对一些特殊债权的保护，赋予了这些债权某些物权的效力，这就使这些债权具有物权化的倾向。物和物权被充分利用，也出现了物权债权化的发展趋势。

（一）租赁权的物权化

具体表现在：首先是租赁期的长期化，我国《合同法》第二百一十四条规定租赁期限最长不得超过 20 年；其次是买卖不得击破租赁，使租赁权具有对抗第三人的效力。

（二）优先购买权的确认

优先购买权主要适用于共有中的共有人，承租人、承典人也可以享有优先购买权。即在某一共有人出卖其共有物时，其他共有人在同等条件下有优先购买权；出租人在出卖租赁物时，承租人在同等条件下有优先购买权；出典人在出售典物时，承典人在同等条件下有优先购买权。这些优先购买权不同于债权，具有物权的优先属性和效力。

（三）承包人建设工程价款的优先权

我国《合同法》规定，承包人为建设工程支付的报酬、材料等实际支出的费用而享有优先权，这种优先权优先于其他民事主体的债权，也优先于其他民事主体在建设工程上设定的抵押权，就建设工程拍卖、变卖所得价款优先受偿，从而使承包人的债权具有物权的对抗和优先于第三人的效力。

（四）共有中的分管协议

所谓分管协议，是指共有人间约定某个或各自分别占有共有物的特定部分，并对该部分进行管理的合同。例如，甲、乙、丙三方对某市的三处房产享有共有权，三方达成分管协议，由各方分别管理某一栋大楼，并由各方行使对其各自占有共有物的特定部分的使用、收益或管理。共有人完全可以通过相互之间的债的约定，就共有财产的特定部分进行分别管理。

（五）物权的证券化

物权的证券化主要体现在不动产的证券化上。所谓不动产证券化，即是将不动产上的财产权变成证券形态，更具体地说，是将对土地及建筑物之财产权，由直接支配之物权关系，转变为具有债权特性的证券形态，使原来流通性不强的土地及建筑物财产权转化为流通性较强的证券。

（六）所有权的期限化

所有权的期限化，又称为有期产权，它是通过有期共享购买定式合同产生的一种不动产产权形式。这种定式合同赋予购买人在事先确定的期限排他地使用特定不动产的权能，通常是由许多人长期或短期相继和轮换使用同一不动产，且这种权利可以在生前或死后转让。比如，某人需要固定在夏天使用该市的某个别墅，他可以购买该别墅7—9月的所有权，从而形成了所谓的有期限的所有权。在该期限内，他享有对其产权的绝对支配权，任何人占用其财产，他都可以以所有人的身份请求排除侵害。在这种制度下，时间对权利的享用起到了限制作用。也就是说，每个权利人只是在既定的时间内享有独占的支配权。此种所有权的产生，是现代社会资源的相对稀缺而需要对资源进行更有效利用的产物，这应是一种物权的债权化变动。

第三节　物权的效力

如何理解物权的概念,是与物权的特性具有密切的关系,学界一般有以下四种观点:(1)直接支配说。该说只强调对物的直接支配性。尹田教授就将物权定义为:"对物的直接支配权。"(2)直接支配与利益结合说。该说认为,对物的直接支配与享受利益同等重要,缺一不可。我国台湾地区学者姚瑞光先生认为:"物权者,直接支配特定物,而享受其利益之权利。"(3)直接支配与排他结合说。该说从物权不仅体现人对物的关系而且也要体现人对人的关系出发,认为物权应包括直接支配与排他双重特征。这种学说为大多数学者所赞同。如梁慧星教授在其主持拟定的《中国物权法草案建议稿》第二条规定:"物权是指直接支配特定的物并排除他人干涉的权利。"(4)直接支配、享受利益与排他全面说。该说强调对物的直接支配、享受利益与排他性的定义。支持此观点的学者如台湾地区学者郑玉波先生,他把物权定义为"物权乃直接支配其标的物而享受其利益之具有排他性权利"。

从上述观点可以看出,物权特性的核心在于支配性与排他性、利益性。利益性作为权利的本质属性,在此不赘述。关键在于物权的支配性与排他性如何理解。物权的支配性、排他性与物权的支配效力、排他效力密切相关。一般认为,物权具有四效力:支配力(由此产生的优先效力)、排他力、请求力、追及力。其中,物权的请求力在本书物权请求权中将详细阐述,在此不赘述。

一、物权的排他效力

所谓物权的排他效力,是指同一标的物上不能有两个以上互不相容的物权同时并存。可见,排他效力所涉及的是物权间能否并存的问题,其针对的往往是同一类型和具有同一效力的物权之间,且此种物权间互不相容,或性质不两立。正因如此,物权的排他效力侧重的是比较两种以上的物权间性质可否相容,是否为冲突并排斥的关系。物权的排他效力,从本质言,是发端于物权的直接支配力。否则一物多权,其支配力无法显现;从价值取向而言,是物尽其用和交易安全理念的必然要求。否则一物上层层设立物权,权利人的使用受到多重限制,物尽其用成为空谈。同时,物的所有权或他物权归属不明确,交易人必然裹足不前,交易安全与货畅其流难以实现。可见,排他效力作为物权效力之一,确有必要。基于其产生的根源,物权的排他效力主要表现在两方面:

(一)同一标的物上不能存在两个所有权

罗马法上所谓"所有权遍及于全部,不得属于二人"之法谚即是明证。具体而言,在同一物上已有所有权,其后为他人善意取得或时效取得时,前一所有权则消灭,而后一所有权则成立,二者前后相继,但绝不能并存在同一时空。这是物权与债权的重要区别所在,与债权相较,债权属于相对人之间的特定的给付请求权,不具有对世性,因此同一物上可成立多项债权,且其效力平等,按其债权额的多寡予以清偿。否定物权的排他效力,将使物权与债权混为一谈。

(二)关于所有权以外的物权,在同一物上,原则上不能并存两个以上的以占有为内容的定限物权

本处所说的"占有"特指直接占有,不包括间接占有。其具体表现为两方面:就用益物权而言,均是以直接占有为本体构造的不动产物权,原则上在同一土地上不得成立两个以上的以占有使用收益为内容的用益物权,如不得在同一土地上成立不可能相容的两个宅基地使用权、农地使用权、典权,否则其各自的使用目的将无法实现。例外的是在同一土地上可成立数个内容相同的地役权。就担保物权而言,质权和留置权均以现实占有为构成要件,在同一动产上不允许成立两个有效的质权或留置权。

二、物权的优先效力

所谓物权的优先效力,是指在同一标的物上,如该标的物有物权存在,同时也为债权的给付标的物时,或同时有两个以上的相容性质的物权并存时,物权则有优先于债权的效力,先成立的物权则有优先于后成立的物权的效力。

物权优先于债权。物权优先于债权,众所公认。物权之所以优先于债权,原因在于"物权系属对物直接支配的权利,而债权非有债务人之行为的介入,则不能直接支配其物,二者性质上有所不同,故物权有优先效力也"。对于物权优先于债权,原则上可坚持两点论:不论何种类型的物权均优先于债权;不论该物权成立之先后均优先于债权。本处根据物权的不同类型予以分析。

（一）所有权优先于债权

当债权的特定标的物上成立所有权时,该所有权可基于优先效力破除债权得以实现。在此场合,成立在先的债权人不能要求成立在后的所有权人返还原标的物,而只能要求原债务人承担违约责任。此时以双重买卖最为典型。标的物为动产,后买受人先受领标的物交付的,标的物为不动产,后买受人先完成不动产所有权移转登记手续的,则后买受人取得的所有权优先于先买人的债权。

（二）用益物权优先于债权

当同一不动产上,用益物权与债权并存时,不论用益物权成立的先后,均优先于债权。如甲将其拥有的某土地使用权无偿借用某乙使用,后又将该同一土地使用权转让与某丙,并依法办理了过户登记手续,则丙可行使合法的用益物权,乙的借用权终止。

（三）担保物权优先于债权

当同一标的物上,担保物权与债权并存时,于受偿或补偿时,不论担保物权成立先后,均优先于债权。首先,在一般情形,享有担保物权的权利人可就担保物优先于一般债权人受清偿,此即担保物权的优先受偿性;其次,基于担保物权的优先受偿性,在债务人破产场合,作为破产债权人的担保物权人可不依破产程序,就属于破产人的特定财产,个别优先受偿,此称为别除权。质权人和留置权人于其标的物受其他债权人的强制执行请求时,可本于物权的优先效力,诉请排除之。

（四）优先购买权的承认,也表明物权优先于债权

优先购买权是法定的物权性权利,是指当财产所有权人出卖其财产时,就该项财产与财产所有人有物权关系的特定人在同等条件下,有优先于其他人购买该项财产的权利。我国现行立法承认共有人、承租人、典权人具有优先购

买权和原产权单位对职工购买的有限产权的公有住房享有优先购买权。其中以共有人与承租人的优先购买权效力何者优先最为复杂,且能说明物权优先于债权。

物权间的优先效力。物权之间是否具有优先效力是相对于与物权区别的债权的效力而言的。前面已经论及物权与债权区别之一是物权具有排他效力,而债权不具有排他性。此处我们则进一步强调,物权不仅在不相容时具有排他性,在相容的物权之间,还有优先与否的问题,而债权之间不仅不具排他性,且在平等性的前提下也不具优先与否之别。物权的排他性与优先性均源于物权的支配力的本质,所以承认物权之间具有优先权力,有利于说明物权之为物权而非债权,且有利于解决物权之间效力的位序。物权之间优先效力的适用空间只限:在同一标的物上不具排他性,且可以相容的物权之间。具体包括:所有权与定限物权之间;可并存的担保物权之间;可并存的用益物权与担保物权之间。物权间的优先效力,原则上是以各物权成立时间的先后,作为确定物权效力强弱的标准,采用"时间在先,效力在先"的原则。其细分形态有二:

第一,先成立的物权,优先享受其权利。对此以担保物权中的抵押权最为典型。抵押权可并存于同一标的物上,且成立在先,效力在先。

第二,先成立的物权压制后成立的物权。如在同一不动产上,设定抵押权后,又设定典权。抵押权人实行抵押权时,若无人应买或所出价金不足以清偿抵押物所担保的债权,执行法院可以除去典权,重新估价拍卖。先成立的物权优先于后成立的物权,不可绝对,其仍有例外。例外1:后成立的定限物权优先于所有权。因为后成立的定限物权是因享有所有权的部分权能而从所有权中分离出来,故在性质上当然具有优先于所有权的效力,否则后者无法存在。例外2:对于法律明确规定了物权之间特殊顺序的除外,不适用于上述原则。如我国《民法通则》第五百一十三条的承揽人的法定权。例外3:基于社会公共利益而规定的后发生的物权优先于在先的物权的效力,如《海商法》上的船舶优先权优先于船舶抵押权。

三、物权的追及效力

物权的追及效力，又称物权的追及权，是指物权成立后，除法律另有规定外，物权的标的物无论辗转入何人之手，物权人均可追及至物的所在，请求物的占有人返还原物。

追及权主要在两类物权中最为明显，即动产所有权和担保物权中的抵押权。动产所有权人如因其所有的标的物被盗或遗失等非基于其意思情形，而脱离其手时，原则上无论该物是在偷盗人、拾得人或第三人手中，均得追及至物的所在，要求原物的返还。各国物权法对于善意取得不适用于盗赃物和遗失物的规定，也正是物权追及力的反射。至于抵押权中，为均衡维护抵押人对抵押物的处分权和抵押权人的优先受偿权，则赋予了抵押权具有追及力。如我国台湾地区"民法"第八百六十七条规定，不动产所有人设定抵押权后，得将不动产让与他人，抵押权不因此受影响。换言之，当抵押权于债权届期未获完全清偿时，抵押权人可追及至该不动产处，要求法院依法拍卖以优先受偿。有疑问的是，我国现行《担保法》中是否承认了抵押权的追及力？分析我国《担保法》第四十九条的规定，抵押人负有两项义务，即通知或告知的义务和在转让价款过低时，提供担保的义务，否则转让行为无效。可见，如抵押人不履行以上义务，则不得转让抵押物，抵押人转让的，抵押物人应得追及抵押物行使权利。因此，我国《担保法》虽无抵押权追及力的用语，但实际上肯定了其存在。

第二章　物权法的基本原则

2007 年《物权法》在总则部分规定了物权法的基本原则。物权法的基本原则非常抽象,涵盖面很广,可适用性非常强。在民事审判工作中,物权法的基本原则成为物权类案件审理的指导思想。物权法的基本原则是物权类案件判决正确与否的标志,是物权法适用正确与否的判断标尺。依据现行物权法之规定,物权法的基本原则有:坚持社会主义基本经济制度原则、平等保护原则、财产所有权的自由和限制相平衡的原则、类型强制原则、物权绝对原则、物权特定原则、物权公示原则、物权变动的区分原则。

第一节　坚持社会主义基本经济制度原则

物权法的首要基本原则是坚持社会主义基本经济制度原则。该原则是《宪法》规定的再现,一个国家的法律坚持自己的基本经济制度是不证自明的东西。经济制度的核心是生产资料的所有制。所有制在法律上的反映就是所有权制度。物权法的核心内容即对所有权的相关规定。因而,物权法必然反映一国的所有制。《物权法》起草过程中,就物权法的性质,法学界、经济学界有很激烈的争论,最后通过的物权法重申要坚持社会主义的基本经济制度。

坚持社会主义基本经济制度原则规定在《物权法》的第三条第一款和第二款。《物权法》第三条第一款规定,国家在社会主义初级阶段,坚持公有制为主体、多种所有制经济共同发展的基本经济制度。第三条第二款规定,国家巩固和发展公有制经济,鼓励、支持和引导非公有制经济的发展。从形式上看,《物权法》对于公有制和非公有制在表述上是不一样的,公有制经济仍然有重要的地位,这也是《宪法》规定的具体化。我国《宪法》第六条规定,中华人民共和国的社会主义经济制度的基础是生产资料的社会主义公有制,即全民所有制和劳动群众集体所有制。社会主义公有制消灭人剥削人的制度,实行各尽所能、按劳分配的原则。国家在社会主义初级阶段,坚持公有制为主体、多种所有制经济共同发展的基本经济制度,坚持按劳分配为主体、多种分配方式并存的分配制度。坚持社会主义基本经济制度原则是中国《物权法》的第一基本原则,这个基本原则是政治性的原则,不是技术性的原则,也不是裁判规范。但在一些具体的案件中对当事人行为的有效性具有重要影响。如在涉及农村土地承包经营、国企改制、农村宅基地房屋买卖等诸多领域的交易中,均要从基本经济制度的角度来考量当事人行为的效力。

第二节　平等保护原则

《物权法》的第二个原则是平等保护原则,根据社会主义基本经济制度的要求,我国现阶段是以公有制为主体,多种所有制共同发展。在社会主义条件下,公有制和非公有制是有主次地位的。但是,这只是政治性的、整体性的要求,在立法过程中可以采取对公有制的特殊保护、促进和激励措施,但一旦制定为成文法律规则后,在法律适用的层面,则应坚持法律面前人人平等的原则,不能再搞差别待遇。公有制经济应通过平等的市场竞争来获取优势地位。

《物权法》第三条第三款规定了平等保护原则。该款规定,国家实行社会主义市场经济,保障一切市场主体的平等法律地位和发展权利。在理论、立法和意识形态上,在现阶段,公有制应当处于主体地位,但是在具体法律适用的层面上,法院对各种诉讼主体要给予平等的保护,这似乎是悖论,但是目前中国的国情就是这样。从政治经济学的角度讲,平等保护原则似乎冲淡了社会主义公有制的主体地位,但是无论怎么讲,法律面前人人平等是法治的基本原则,不要说《物权法》,其他法也是一样。在《物权法》起草过程中,就是否要规定平等保护原则有过激烈的争论。有学者认为,物权法要搞平等保护原则就是对资本家的汽车、洋房和乞丐的要饭棍子平等保护,是以形式上的平等掩盖事实上的不平等,在《物权法》中重申坚持社会主义经济制度基本原则,就是从政治上对这种疑虑的一种回应。坚持社会主义经济制度原则和平等保护原则是一个问题的两个方面,这两个原则都是政治性的原则。在司法实践中,人民法院也是以平等保护作为处理物权纠纷的最基本的出发点。

第三节　财产所有权自由原则

物权法的第三个基本原则是财产所有权的自由原则。这一原则包括财产所有权的自由和财产所有权的限制两个方面的内容。

一、财产所有权的自由

从 1804 年《法国民法典》开始,财产所有权神圣不可侵犯就成为现代民法的基本支柱。在 19 世纪,所谓财产所有权神圣不可侵犯,是指财产所有人,只要法律规定其有所有权,他对所有物就具有不受限制的处分权和支配权,即使他行使所有权会给邻居和社会造成损害法律也不得加以干预。1804 年《法国民法典》虽然体现的是资本主义的精神,但在法典通过的年代,法国还是小农经济社会,工业革命尚未开始,现代意义上的大城市也未形成,强调财产所有权神圣不可侵犯似乎不会给其他社会主体带来什么样的侵害。但工业革命开始后,随着人口不断向城市集中,因为所有权主体滥用所有权给相邻人造成侵害的新案件就不断发生。比如因城市中建筑密度不断增加,所有权人建筑的房屋就可能影响别人的通风采光,农业社会就没这个问题。比如工业化带来的污染问题,让社会来承担个体发展的成本,这些都暴露出了财产所有权神圣不可侵犯的非常大的弊端。各个国家因应新的社会形势,从判例、立法各层面对财产所有权的自由加以限制。

最早对财产所有权施加限制的判决是 19 世纪法国法院关于眺望权的判例。被告在自己的房子上加盖了烟囱,把邻居的窗口遮挡住,让邻居看不到远处的风景。原告诉之法院,法院支持了原告的请求,认为所有权不能滥用。这是一个很大的突破。因为按当时的所有权理念,私人财产所有权是神圣不可侵犯的,所有权的行使范围不受限制。这是最早的对个人财产所有权施加限制的判例,现在都作为公理性的原则加以接受了,在当时的确是了不起的一个判决。最早以立法形式对所有权加以限制的是1919年德国《魏玛宪法》,这部宪法对社会公共利益的关注超过以前的任何一个时代。《魏玛宪法》规定,"所有权承担义务,所有权的行使应当服务于公共利益"。我们现在强调集体和公共利益,实际上真正写在法律上也就是几十年前的事情,后来公共利益在纳粹的时候被无限扩大,演变成集体的疯狂。第二次世界大战后,《德国联邦基本法》重申了《魏玛宪法》的规定,该法第十七条第二款写道:"所有权负有义务,所有权的行使应服务于公共福祉。"所有权在个人主义、自由主义的基础上增加了社会性的内容,即对财产所有权也有一定的社会要求的限制。

二、财产所有权的限制

现代各国都认为所有权不是神圣不可侵犯的,而是应该受到合理的限制和平衡的权利。法律对财产所有权的限制和这些限制体现在公法领域和私法领域。

首先我们看公法对公民财产所有权的限制。公法是规定国家权力行使的法律,主要是宪法和行政法。以征用征收领域为例,国家在特定情况下可以征收或征用公民个人财产,比如城市建设过程中的动拆迁。征用是国家借用公民个人财产,用了之后还要归还,比如造地铁需要场地堆放建筑材料,就征用土地,地铁造好之后还要恢复原样,把土地还给所有权人。征收则是收了不还。征用、征收最集中地体现了公法和私法的冲突,体现了社会利益和个人利益的冲突。最牛"钉子户"现象和因动拆迁引发的大规模上访现象,体现的都是征用征收制度中的问题,体现的是财产所有权的保护问题。征用征收制度各国都有。

《物权法》第四十二条规定:"为了公共利益的需要,依照法律规定的权限和程序可以征收集体所有的土地和单位、个人的房屋及其他不动产。征收集体所有的土地,应当依法足额支付土地补偿费、安置补助费、地上附着物和青苗的补偿费等费用,安排被征地农民的社会保障费用,保障被征地农民的生活,维护被征地农民的合法权益。征收单位、个人的房屋及其他不动产,应当依法给予拆迁补偿,维护被征收人的合法权益;征收个人住宅的,还应当保障被征收人的居住条件。任何单位和个人不得贪污、挪用、私分、截留、拖欠征收补偿费等费用。"《物权法》第四十四条规定:"因抢险、救灾等紧急需要,依照法律规定的权限和程序可以征用单位、个人的不动产或者动产。被征用的不动产或者动产使用后,应当返还被征用人。单位、个人的不动产或者动产被征用或者征用后毁损、灭失的,应当给予补偿。"在法治国家,征用征收是应遵循一定原则的,征用征收中的原则主要有以下四个。

第一个原则是严格的公共利益原则,公共利益在实践中用的是最狭义的解释,不允许借公共利益之名行商业利益之实。但近年来,随着西方国家经济的不景气,这个原则也受到了大的挑战和冲击。美国有一个制药公司要在一个镇上建设生产车间,该镇希望就业、税收的好转,就要征用土地。当地居民不愿意接受征地方案。后来一直上诉到联邦最高法院,最高法院法官以5∶4的比例通过,认定增加当地的就业和税收属于公共利益,可以限制和征收个人财产。当然也有强烈的反对意见,认为是对公共利益做了不适当的扩张解释。如,奥康纳大法官在反对意见中就写到,如果增加就业和税收就可以视为公共利益的话,那么任何商业项目都可以产生这些后果,她就担心公共利益被无限扩大,但是不管怎样最后最高法院还是通过裁决,通过了征用土地的请求。

按照许多人的理解,资本主义国家好像私有财产特别是土地是不能侵犯的,其实也不完全如此。在我国当前的发展过程中,个别地方为了追求GDP,在动拆迁过程中滥用公共利益的名义,很多完全是追求商业利益的行为也以公共利益之名大拆大建,近年来随着国家的进步,这种现象已受到初步的遏制。《物权法》第四十二条写得很明确,为了公共利益的需要,通过法定的权限和程序可以征收集体所有的土地和单位个人的房屋和其他不动产。这个是征用、征收里面的第一个原则,即公共利益原则,在法院的司法实践中主要体现在动迁拆类的民事、行政案件之中。需要重点把握的,主要是对公共利益要做严格的限制解释,不能随意扩大,特别是要合理地区分商业利益和公共利益。

第二个原则是比例原则,所谓比例原则,英文为 Principle of Proportionality,

也可译为适当原则或相当原则。意指实现目的的手段要和目的相适应,追求的目的和造成的权利损害要成比例。在为了更大的法益不得不损害较小的法益时,应将损害控制在最低限度之内。比如修一条高速公路,如果可以从比较贫瘠的土地中穿过即可实现建设目的,就不能从良田中穿过。实际上,在规划的时候就要考虑比例原则,既然是为了公共利益不得不限制个人利益,那就要把对个人利益的伤害降到最低限度。在发达国家的法律中,"比例原则"是出现频率非常高的一个名词。

第三个原则是充分补偿原则,就是给予被征收的对象以相当于市场价的补偿,现在中国也在往这个方向发展。但如何理解市场价?是在拆迁时还是在建成后的市场价?比如在市中心拆掉一片民房,建设一个大的商业中心,造好之后地价肯定是要升值的,原来房子如果是6000元/平方米,这个商业中心建设好了以后,可能变成2万元/平方米了,那么这个补偿是按照6000元/平方米还是按照2万元/平方米的标准呢?即使是在发达国家,也是按动拆迁时的市场价标准补偿的。德国就有这样的例子。德国的斯图加特是奔驰汽车公司的总部,该公司要建设一个试验场,做新车的碰撞试验,需要征用土地,周围很多家的居民都谈好了,就剩下两三家居民因为价格原因未谈成。各种配套设施建设起来以后,土地升值了,和开发之前的土地价格完全不一样,被征收的农民要求奔驰公司按照土地升值之后的价格补偿,奔驰公司只愿意按照上涨之前的价格补偿。最后法院判决按上涨之前的价格补偿。

第四个原则是正当程序原则,既然是用行政的力量进行征收、征用,就必须遵循法定的行政程序。

公法对所有权的第二个方面的限制是建筑规划法对公民的个人财产所有权的限制。城市的土地给个人使用的,但是建筑时必须根据相关的建筑规划的要求进行,否则造了也是违章建筑。

公法对所有权的第三个方面的限制是文物保护法的限制。文物承载了特殊的文化和历史因素,各个国家都给予特殊的保护。如上海许多老房子外边挂上了优秀历史建筑的牌子,这些建筑不能随意改造,拆了之后也要恢复原状,这是对所有权的限制,因为这个房子上已经承载了历史和文化因素,属于公共利益的范畴。

公法对所有权的第四个方面的限制是环境保护法的限制，企业是你的，你也不可以随便排污，让社会来承担个体发展的成本。

在私法领域，也有法律制度限制公民的个人财产所有权，一个是不动产相邻关系的相关规定。根据《民法通则》《物权法》中关于相邻关系的规定，相邻的不动产的所有人，两家相邻的土地使用权人，在使用财产的时候必须考虑相邻人的利益，要处理好通风和采光等关系。另一个是《民法总则》中的禁止权利滥用原则，虽然所有权人有权使用或处分自己的财产，但不可以以加害他人为目的来滥用权利。

财产所有权既是民法权利，也是宪法权利。在一些国家如欧盟各国，对公民个人财产所有权的保护已经上升到人权法的范畴，人权法在西方是高于宪法的，类似于自然法。设在斯特拉斯堡的著名的欧洲人权法院的主要工作就是判断成员国的行为有没有违反欧洲人权公约。欧洲人权公约强调对公民基本人权的尊重，欧盟各国都是该公约的成员国。欧洲人权公约不仅在刑法方面禁止死刑和酷刑，在民法方面将财产权规定为基本人权，规定限制公民财产所有权必须是出于公共利益需要，并且必须遵循比例原则。欧洲人权公约成员国公民的财产所有权如果受到公权力的侵害，在穷尽了国内的司法救济手段之后，可以以国家为被告，诉至欧洲人权法院，由欧洲人权法院来判断国家的行政行为是不是违反了欧洲人权公约的规定。

财产的所有权自由和限制相平衡原则在《物权法》中有没有规定呢？《物权法》第四条和第七条就有体现。《物权法》第四条规定，国家、集体、私人的物权和其他权利人的物权受法律保护，任何单位和个人不得侵犯。讲的就是所有权的自由。《物权法》第七条规定，物权的取得和行使，应当遵守法律，尊重社会公德，不得损害公共利益和他人合法权益。讲的就是所有权的限制。但是，无论在任何情况下，所有权的自由都是第一位的，是基本原则，所有权的限制只能是第二位的，是例外，必须有法律的明确规定才能加以限制。在私有财产权利观念淡漠的中国，强调这一点尤为重要。

第四节　类型强制原则

物权法第四个基本原则是类型强制原则,也称物权法定原则。所谓物权法定原则,指物权的类型和内容必须由基本法做强制性的规定,当事人不得自由创设。物权法定有两个方面的内容:一是物权种类法定或称物权种类强制;二是物权内容法定或称物权内容强制。

什么是物权种类法定或物权种类强制? 指的是物权的种类由法律强制规定,不得任意创设。现行《物权法》规定了 11 种物权,除此之外其他当事人自己创设的所谓物权得不到《物权法》的保护和承认。我国《物权法》规定了四种所有权,即国家所有权、集体所有权、个人所有权和建筑物区分所有权;四种用益物权即建设用地使用权、土地承包经营权、宅基地使用权和地役权;三种担保物权,即抵押权、质权和留置权,除了这 11 种物权之外,其他所谓的"物权"得不到《物权法》的承认。如我国台湾地区的"物权法"有典权,典权就是支付典价占有、使用他人不动产这样一种权利。我们中国的《物权法》起草过程中曾对典权加以规定,但最后通过的法律中将典权删去了。典权取消之后,如果当事人再设立典权,就得不到《物权法》的保护了。物权的种类法定中的"法"是立法法意义上的狭义的法律,即全国人大及其常委会制定的法律,因为物权是基本财产权利,只有基本法才可以规定。

物权法定原则的第二个内容是物权内容法定或称物权内容强制,指特定物权的权利内容、权利要件必须由法律作出强制性的规定,不可自由创设。比如动产质权必须移转占有,否则无物权法上的效力。

和合同法里面的契约自由相比,物权法定原则明显限制了当事人的行为自由。为什么是物权法定原则而不是物权自由原则? 有学者认为,物权自由原则更为科学。从目前大陆法系国家的情况来看,做法也不尽统一。采取严格的物权法定原则的主要是大陆法系中的德国法系国家。这些国家之所以采取物权法定原则,是基于如下的政策考量:第一,物权具有强大的对世效力,物权是绝对权,债权是相对权,合同效力是很弱的,物权效力很强大,除了权利人之外的主体都是义务人。若是让当事人自由创设,对社会交易安全构成破坏。第二,物权法是一个国家历史传统和现实经济制度的法律反映,故不允许当事人自由创设和其基本经济制度不相符合的物权。此外,物权在实际生活中的类型也是经过长期的历史演变形成的,私人很难创造出为社会所认可或接受的新的物权类型。第三,有利于降低交易成本。根据科斯的社会成本理论,假定交易成本为零,那么资源怎么分配都是有效率的。任何交易都有成本,所以这个理论只能从反面去理解,财富的第一次分配很重要,立法上就要尽量降低交易成本,便利交易。法律规定明确的物权种类,权利边界清楚,有利于降低物权交易的成本。第四,是交易安全的考虑。将物权的类型及内容做整齐、公开的规定有助于保护交易安全。

在德国法系国家之外,很多国家没有物权法定原则,比如美国就没有物权法定的要求,法国也没有。但在实践中,当事人多选择成型的物权,可以说是事实上的物权法定。我国《物权法》在第五条和第八条规定了物权法定原则。《物权法》第五条规定,物权的种类和内容,由法律规定。但是我们中国的现在经济体制改革尚未最终定型,所以立法机关在第八条又规定,其他相关法律对物权另有特别规定的,依照其规定。我国的物权法定原则是开了天窗的物权法定原则,可能通过其他法律来增加新的物权类型,但在没有以法律形式增加之前就是 11 种物权。2017 年《民法总则》第一百六十一条“物权的种类和内容,由法律规定”。这一规定与《物权法》第五条的内容一样。由此,物权法定原则也在总则中予以明确。对于实践而言,可能更重要的是违反物权法定原则会产生什么后果。违反物权法定原则有两个法律后果:一是违反物权法定原则创设的物权不产生物权法的效力,也即当事人擅自发明的所谓“物权”不具有物权的效力,不能对抗第三人,不具有优先的效力,在受到侵害时也没有物权的请求权。二是当事人通过合同创设的违反物权法定原则的所谓“物权”虽不生物权效力,但当事人之间合同的效力不受影响,直接当事人之间的违约责任或缔约过失责任不能免除。比如当事人如果以合同方式设立了典权,典期没有到,出典人要把房子拿回去,如果不涉及第三人的利益,也是得不到支持的,因为双方当事人之间有合同的约束。但是如果牵涉其他人,比如出典人把房子卖给第三人,第三人要求"典权人"迁走,则可以得到支持。所以,违反物权法定原则并不是不产生任何法律效力,只是不产生物权效力而已。

第五节　物权绝对原则

物权法第五个基本原则是物权绝对原则,该原则和债权的相对原则相对应。物权绝对原则有以下四层意思:一是物权是绝对权,约束除了权利人之外的所有主体。物权人行使物权时,其物权意思表示是对世的,对一切人都有效力。康德说过,物权是反对一切占有者来占有它的权利,在只有一个人的孤岛上是没有物权的,如鲁宾逊在星期五到来之前,就没有产权区分的必要。

物权绝对原则的第二个含义是一物一权,即一物之上只能有一个所有权,共有也是一个所有权。物权的这一属性和债权不同,债权具有包容性,一个标的上可以成立数个有效的债权。如开发商可以将一套房同时卖给十个人,订立十份有效的买卖合同,但其只能交付给一个人,对其他九个人则依据有效的合同承担违约责任。

物权绝对原则的第三个含义中当同一物上并存数个物权时,物权相互之间具有优先的效力。这一特点也与债权不同。就同一标的物上成立的数个债权,相互之间是平等的,不存在优先的顺序。如果债务人破产,则各债权人按比例平等受偿。而一个物上有多个物权时,必须确定其先后顺序。一个物上有多个物权的时候相互之间优先效力如何确定呢?是当限制物权和所有权并存时,限制物权优于所有权。多个限制物权并存的,如果是不动产物权,则登记的优先于未登记的;同样登记的,先登记的优先于后登记的。如就同一标的成立数个抵押权的,依其登记的先后顺序确定其顺位。在前一顺位有余额时,后一顺位才能在余额范围内受偿。中国的物权法中有一个特殊问题,即抵押权和租赁权的关系。根据《合同法》的规定,买卖不击破租赁,为什么呢?承租人处于弱势地位,要保护承租人。

但是承租权和抵押权产生冲突怎么办?出租人没有将租赁的房屋卖给第三人,而是抵押给第三人,租赁权和抵押权孰先孰后?《合同法》对租赁合同未做登记之要求,实为法律之漏洞,实际上,即使是抵押权也必须是经过登记之后,才可以对抗第三人,不公示不能对抗第三人是法律原理,租赁合同也应不例外。所以,当抵押权和租赁权产生冲突时,如果都登记的,就看登记的先后来确定其权利的顺位,如果一个登记一个没登记,那登记的就大于没登记的。在动产方面,一个物多个权利时候,法定担保物权优先于约定的担保物权。《物权法》第二百三十九条规定,抵押权和留置权冲突,留置权优先。留置权人为什么要优先呢?因为留置权人直接占有标的物,和物的联系更加紧密,所以占有的物权优先于不占有的物权。有些人说物权优先于债权,这是假命题,为什么呢?比如甲将一套房子卖给张三、李四两个人,没过户到张三的名下而是过户到李四名下,这个时候张三对甲只有一个债权,李四对甲有一个物权,这个时候不存在物权大于债权的问题,而是李四取得的所有权具有对抗效力,对于所有的第三人包括张三都可以对抗。

第六节　物权特定原则

物权法第六项基本原则是物权特定原则,即物权客体必须特定。该原则有两层含义:第一层含义是作为物权客体的物必须已经存在。如一幢规划20层的楼房在只盖到第五层时开始预售,购房人签订合同,购买的是第十层的房子,这时其享有的是债权,因为房子还没有实际存在。如房子大幅涨价后开发商一屋数卖或者开发商造的是"烂尾楼",因资不抵债破产,此时,如果将购房人的权利定性为债权,则无法充分保护小业主的利益,为此,《物权法》第二十条规定了预告登记制度,例外地使该债权具有物权的效力。该条第一款规定,当事人签订买卖房屋或者其他不动产物权的协议,为保障将来实现物权,按照约定可以向登记机构申请预告登记。预告登记后,未经预告登记的权利人同意,处分该不动产的,不发生物权效力。物权特定原则的第二层含义是作为物权客体的物必须是特定物。种类物只能成为债权客体而不能成为物权客体。在所有权确认的诉讼中,原告要先证明特定的所有物的存在,否则就无法胜诉。《物权法》第二条第三款指出,本法所称物权,是指权利人依法对特定的物享有直接支配和排他的权利,其中即体现了物权特定原则的要求。

第七节　物权公示原则

物权法第七个基本原则是物权公示原则。物权公示原则是指物权的存在和变化必须以法定的方式公示出来。为了保护交易安全,从公平的角度出发,为了对抗第三人,必须要求物权公示。物权公示有三个方面的效力。

第一,物权公示具有决定物权变动与否的效力。根据我国《物权法》规定的物权公示方式,不动产物权的公示方式是登记,动产物权的公示方式是交付或占有。物权公示原则体现在《物权法》第九条、第十四条和第二十三条。在大陆法系国家,对物权公示的效力有不同的立法例。具有代表性的是法国法的公示对抗主义和德国法的公示要件主义。根据法国法的公示对抗主义,物权变动不公示不能对抗第三人,在买卖合同中,特定物的标的物所有权自合同成立时转移,种类物自标的物特定化时所有权转移。比如买卖房屋,出卖人和买受人订立合同时所有权就转移了,不是登记与否。如果交付之前出卖人要再卖给第三人并完成交付,买受人就不能对抗第三人。若没有第三人,出卖人要违约是不可以的,因为所有权在双方当事人内部已经转移。公示对抗主义在实践中有很多问题。法国就有这么一个案子,房屋所有人委托拍卖师拍卖房产,拍卖会的现场就设在房屋的一楼大厅,然后竞拍人竞价,在其中一个竞买人出了最高价后拍卖师落槌后,意味着买卖成交。各竞买人在房屋拍卖成交后到二楼看家具,结果人太多楼板塌了,法院判决由刚刚拍卖成功取得所有权的人承担风险。日本也采取登记对抗主义,这是法国法因素在日本法中的重要存在。德国法采取公示要件主义,赋予物权公示以很高的效力。

我国立法与德国法基本相同,原则上采用公示要件主义,但也有几个重要的例外采取了公示对抗主义。《物权法》第六条规定,不动产物权的设立、变更、转让和消灭,应当依照法律规定登记。动产物权的设立和转让,应当依照法律规定交付。该法第九条规定,不动产物权的设立、变更、转让和消灭,经依法登记,发生效力;未经登记,不发生效力,但法律另有规定的除外。该法第十四条规定,不动产物权的设立、变更、转让和消灭,依照法律规定应当登记的,自记载于不动产登记簿时发生效力。该法第二十三条规定,动产物权的设立和转让,自交付时发生效力,但法律另有规定的除外。从这些规定中可以看出,物权法采取的是物权公示要件主义。

物权法中规定的例外情况是:一是准不动产即大型交通工具的公示采取公示对抗主义,《物权法》第二十四条规定,船舶、航空器和机动车等物权的设立、变更、转让和消灭,未经登记,不得对抗善意第三人。二是土地承包经营权的转让和互换亦采用公示对抗主义。《物权法》第一百二十九条规定,土地承包经营权人将土地承包经营权互换、转让,当事人要求登记的,应当向县级以上地方人民政府申请土地承包经营权变更登记;未经登记,不得对抗善意第三人。三是地役权的设立。《物权法》第一百五十八条规定,地役权自地役权合同生效时设立。当事人要求登记的,可以向登记机构申请地役权登记;未经登记,不得对抗善意第三人。四是在建航空、船舶等的抵押。《物权法》第一百八十八条规定,以本法第一百八十条第一款第四项、第六项规定的财产或者第五项规定的正在建造的船舶、航空器抵押的,抵押权自抵押合同生效时设立;未经登记,不得对抗善意第三人。五是浮动担保。《物权法》第一百八十九条规定,企业、个体工商户、农业生产经营者以本法第一百八十一条规定的动产抵押的,应当向抵押人住所地的工商行政管理部门办理登记。抵押权自抵押合同生效时设立;未经登记,不得对抗善意第三人。可见,我国物权法原则上是登记公示要件主义,例外采取的是公示对抗主义。可以说呈现出混合继受的法律特点。

第二,物权公示具有权利推定的效力。所谓推定,是证据法中的名词,指在特定情况下法院认定某种事实状态成立,从而免除或转移证明责任。推定有事实推定和法律推定之分。在确认物权诉讼中,法院应推定公示出来的权利状况是真实的权利状况。相对人如果否定则应举证证明。此种推定是事实上的可以推翻的推定。在不动产确权诉讼中,法院要首先推定登记的权利人是真正的权利人;在动产物权的确权诉讼中,法院要首先推定占有动产的人是真正的权利人。相对人如否认需举出有力的证据。对房屋产权有争议的,起诉到法院,法院首先就要调查房屋产权登记在哪一方名下,登记在被告名下,就推定被告是权利人,原告要主张房子的产权,就要举证证明,举证不力,原告就应当承担败诉的后果。

第三,物权公示产生公信力,具有保护善意第三人的效力。物权公示之后还具有公信力,对于相信物权公示状态的交易相对人的信赖利益,应当加以保护。如夫妻买房,登记到男方名下。男方将该房屋卖给第三人,女方主张合同无效。此时,如果法院判无效是错误的。因为根据物权公示原则的要求,买房人的义务仅仅是查明房屋所有人是谁,房屋登记在男方名下,我国基于对国家登记制度的信赖就和男方交易,这种对于国家登记制度的信赖应该得到保护。没有公信力的登记制度就不是真正的登记制度。在一些国家如日本的学说中,将物权的公示、公信原则并称为物权法的基本原则,其道理正在于此。物权公示的方式,在不动产是登记,在动产是交付。鉴于不动产的巨大价值,登记制度对于物权法的重要性就不言而喻了。不动产登记法对于物权法的重要意义就相当于民诉法和民法的关系一样。日本、法国、德国在物权法之外都有单行的不动产登记法,因为不动产是最重要的财富。所以在物权法通过之后,马上就应着手起草单行的不动产登记法。是否建立统一的不动产登记制度,登记机关的责任如何承担都是很现实的问题。

动产以交付作为所有权转移的公示方式。直接移转占有在很多时候不符合生活习惯,所以在动产物权的公示上,虽然原则上采用交付作为公示方式,也有几个不需要交付的例外规定,第一种情况是第二十五条规定的简易交付。该条规定,动产物权设立和转让前,权利人已经依法占有该动产的,物权自法律行为生效时发生效力。第二种情况是第二十六条规定的让与返还请求权,动产物权设立和转让前,第三人依法占有该动产的,负有交付义务的人可以通过转让请求第三人返还原物的权利代替交付。第三种情况是第二十七条规定的占有改定,动产物权转让时,双方又约定由出让人继续占有该动产的,物权自该约定生效时发生效力。一个原则有这么多的例外还能算原则吗?交付在动产物权转移过程中的作用微乎其微,是瞬间动作,交付在动产物权中的公示作用不过是聊胜于无罢了,总比没有好。

第八节 物权变动的区分原则

在法理上,引起法律关系变更的事件和行为,是法律事实。行为有两种:一种是法律行为;另一种是事实行为。物权变动也分为两种:一种是基于法律行为的物权变动;另一种是非基于法律行为的物权变动。什么叫物权变动?就是物权的产生、变动和消灭。基于法律行为的物权变动,法律行为有合同和遗嘱,外国还有婚约,但最主要是合同。以下以合同为例分析基于合同的物权变动所引发的法律适用问题。基于合同引起的物权变动往往有两个方面的问题:从合同法的角度,要考虑双方当事人之间合同的效力,从物权法的角度,还要判断标的物的所有权在什么时候转移了。所有基于合同的物权变动都涉及两个层面的问题,第一个是合同法的问题,第二个是物权法的问题,合同法解决合同的成立和生效问题,物权法解决物权的转移问题。正因为一个交易牵涉两个领域法律问题,所以基于合同的物权变动可以说是处于合同法和物权法的十字路口。如交易双方之间订立了一份房屋买卖合同,约定买受人以人民币 50 万元购买出卖人的房子,约定一个月后在买受人交付房款之后过户,但随着房价上涨,出卖人反悔了,拒绝把房屋过户给买受人。买受人诉至法院,出卖人不能以"不动产转让应该登记,不登记没有效力,所以房屋买卖合同没有生效"为由进行抗辩。在未办理抵押登记引发的抵押诉讼中,抵押人不能抗辩抵押合同未登记没有生效。为什么?因为违反了物权变动的区分原则。

什么是物权变动的区分原则呢?所谓区分原则,是指将合同和基于合同而产生的物权变动分别根据合同法和物权法加以考察的原则。合同生效与否只看是否符合合同法的规定,物权变动与否只根据物权法来加以判断,物权变动与否不是合同成立或生效的条件。我国《物权法》第十五条规定了物权变动的区分原则,该条规定,当事人之间订立有关设立、变更、转让和消灭不动产物权的合同,除法律另有规定或者合同另有约定外,自合同成立时生效;未办理物权登记的,不影响合同效力。举一个例子说明物权变动的区分原则。比如 10 月 18 日有买受人愿意出 200 元买出卖人的手表,出卖人同意,双方约定到次日下午,一手交钱,一手交货。到了 10 月 19 日的交付时间,双方一手交货,一手交钱,一个交易到此结束。这个交易有三个步骤:第一步是 10 月 18 日双方就一个手表的买卖达成合意,买卖合同成立。但双方达成合意的一刹那,标的物所有权没有转移,买受人要付的 200 元所有权也没转移。这个买卖合同只有合同的约束力,不转移标的物所有权,此行为被称为债权行为,也可称为负担行为。假如到了 10 月 19 日,出卖人要向买受人交付手表,交付即移转占有,双方通过交接实现了移转占有。在交付的一刹那,作为出卖人,是不是有把所有权转移给你的意思?买受人接过手表的时候是不是也有同意接受所有权转移的意思呢?此时双方不仅有客观上的移转占有,主观上也存在一个转移所有权的合意。这个主客观统一的行为就是物权行为,也可称为处分行为。正是这个物权行为导致了所有权的变动。

同样,付钱的行为也是客观上移转占有和主观上转移金钱所有权的合意的统一体。导致标的物所有权转移的其实不是法律规定,而是由于在交付的瞬间双方达成了物权合意。康德曾说,来自契约的权利,仅仅是一种对人权,它只有经过交付才变成物权。其实导致所有权转移的合意不是因为前面的债权合同,而是因为双方交付时物权转移的合意。所以,要把合同和物权区别对待,合同是合同,物权是物权,合同成立不意味着物权转移。登记或者交付与否不影响合同效力。同样物权没转移,合同也不一定没效力,这就是区分原则。《物权法》第十五条规定了区分原则,合同成立与否和登记与否、交付与否不相关。区分原则本来应适用于不动产和动产的,但我们只在不动产法中有规定,可以说是立法的一大失误。但在法理上,动产物权的变动应适用区分原则,并无太大争议。法学大师、物权行为的发现者萨维尼(Savigny)曾说:"交付是一种真正的契约,因为它具备契约概念的全部特征:它包括双方当事人对占有物和所有权移转的意思表示……仅该意思表示本身作为一个完整的交付是不足够的,因此还必须加上物的实际占有取得作为其外在的行为,但这些都不能否认其本质是契约……该行为的契约本质经常在重要的场合被忽略了,因为人们完全不能把它与债的契约区分开,那些行为常常是伴随而来的。"我国 1995 年的《担保法》未认识到物权行为的重要性,规定抵押合同从登记时候生效,这一立法的错误现已得到解决。

物权变动区分原则指的是物权行为不影响合同的效力。但我们倒过来考虑,如果合同因为欺诈被撤销或因违法而无效,登记或者交付行为还有没有效力呢?传统观点认为,合同是物权变动的基础,合同不存在了,物权行为也随之无效,而且自始无效。出卖人有权基于所有权请求返还原物,这种思路我们称为有因原则,即把合同当原因,把物权变动当结果,原因无效,结果随之无效,双方应恢复原状。这对交易安全构成巨大威胁。德国法没有采纳有因原则,德国法采取的是无因原则,买卖合同无效,交付依然有效。双方通过返还不当得利来救济。在有因原则下,双方权利义务是不对称的,出卖人可以要求返还原物的所有权,买受人只能要求返还同等金额的不当得利。在无因原则下,双方的权利义务完全对称,都是返还不当得利。没有第三人的时候,这种区分的实践意义不大,但一旦有第三人,这种区分的结果就会大不相同。如甲和乙买卖手表,乙在受领手表交付后又转让给了丁,丁转让给其他人,这是很常见的连环交易。用有因原则来判断会出什么问题?甲和乙的合同无效,交付亦随之无效,所有权还是甲的,所有权有追及力,只要甲有所有权,无论所有权辗转流落到何方,都可以追及物之所在请求持有人返还原物,甲可以向丁和以后的受让人追及手表,这就会严重破坏交易安全和交易效率。正是基于交易安全的考虑,德国法抛弃了有因原则,采取了抽象原则,将物权变动与合同完全区分开来。我国《物权法》继受了德国法的区分原则,但对是否采用无因原则未作规定,只能留待实务去解决这一问题。目前在实践中,已有运用区分原则处理不动产物权变动纠纷的诉讼,但对于无因原则,尚未见到有关的判决。

第三章　物权的变动

物权的变动是物权法的基础,物权变动一般可以分为法律行为的物权变动、非法律行为的物权变动。而物权变动模式是了解物权变动的基础,现在物权变动模式主要有意思主义物权变动模式、形式主义物权变动模式。形式主义物权变动模式又可分为物权形式主义、债权形式主义。

意思主义的物权变动模式是指,只需要当事人达成意思上的一致,不需要其他如登记、交付等其他要件,就可以发生物权效力的法律效果的物权变动模式。该模式认为,物权之变动是债权契约的效果体现,物权的变动是整个债权变动的一个部分,在债权契约之外,不存在其他能够直接引起物权变动的契约。意思主义物权变动模式的立法例是《法国民法典》。《法国民法典》第一千一百三十八条规定:"交付标的物的债务仅仅以契约当事人的合意成立。纵使未完成交付,此一债务使债权人于标的物应当交付之时起为所有权人,并因此负担标的物的风险。但是,债务人交付迟延的场合不在此限,此时标的物的风险仍由债务人负担。"《法国民法典》第一千五百八十三条规定:"当事人一经对标的物与价金协议一致,即使标的物尚未交付,价金尚未支付,买卖即告完全成立,即买受人对出卖人依法取得标的物的所有权。"

物权形式主义的物权变动模式是指物权的变动不仅需要当事人达成的物权合意,还必须符合必要的法定形式,实现交付或者登记。物权变动中的债权意思表示仅仅发生债权上的权利义务变动,并不发生物权法上的权利义务关系之变动。只有在物权达成合意并且符合特定的法定形式要求的情况下才能产生物权变动的效力。若仅仅有物权合意无其他符合法定形式之行为,也不能产生物权变动的效力。一般情况下,动产采取交付的法定形式、不动产则需要以登记作为法定形式。

物权形式主义物权变动模式立法例是《德国民法典》。《德国民法典》第八百七十三条规定:"(1)为转让土地所有权,为对土地设定权利以及为转让此种权利或对此种权利设定负担,需要权利人和另一方当事人对发生权利变更成立合意和将权利变更登入土地簿册,本法另有规定的除外。(2)在登记前,当事人只有在意思表示做成公证书,或是向土地登记处作出的,或已向其提交时,或在权利人另一方当事人交付符合《土地登记法》规定的登记同意书时,才受合意的拘束。"《德国民法典》第九百二十九条第一款规定:"为转让一项动产的所有权,必须由物的所有人将物交付于受让人,以及双方就所有权的移转达成合意。"

债权形式主义的物权变动模式是指,物权要发生变动的法律效果,除了达成债权合意之外,还需要按照法定的要求履行登记(不动产)、交付(动产)等特定方式,但是双方并不需要有单独的物权合意的意思表示。这种物权变动模式实际上是一种介于意思主义模式和物权形式主义模式之间的物权变动模式,因而又被称为折中主义的物权变动模式。在这一模式中,物权变动的法律效果是债权契约与登记(不动产)、交付(动产)等特定手段相结合所产生的结果。债权形式主义模式的立法例一般认为是《奥地利民法典》与《瑞士民法典》。1811 年的《奥地利民法典》第三百八十条规定:"无权源和无法律上的取得方式的,不能取得所有权。"第四百二十五条规定:"仅有的单纯的权源,所有权不转移,所有权及其他一切的物权,除了法律另有规定的之外,仅可依照法律上的交付和受领获得。"第四百二十六条规定:"原则上动产仅仅能依照实物交付转让与他人。"第四百三十一条规定:"不动产所有权仅于取得行为登记于为此项目的设定公共簿册中的时候,始发生转让之效力。此项登记称为过户登记。"《瑞士民法典》第六百五十六条第一项规定:"取得土地所有权,须在不动产登记簿登记。"同时根据《瑞士民法典》第七百一十四条规定,"动产所有权的移转以交付为必要"。

第一节　基于法律行为的物权变动

一、我国《物权法》颁布之前的物权变动模式

物权的变动,无论从民法理论层面出发,还是从实践角度来看,一直是各国民法界关注的焦点,同时物权变动模式的选择又是物权变动的核心性问题。从历史上来看,大陆法系主要存在以法国为代表的意思主义物权变动模式,以德国为代表的物权形式主义物权变动模式,以及以瑞士为代表的债权形式主义的物权变动模式。在我国《物权法》出台后,我国基本确立了以债权形式主义为主,兼采债权意思主义的物权变动模式。但是,理论界对我国物权变动模式的争论并未因此停息,因而准确认识我国物权变动模式,不管是理论上还是在实践中都具有重大意义。

在《物权法》出台之前,分析我国整个民法体系(包括《民法通则》《民通意见》《合同法》《担保法》等)中关于物权变动的规则,我们可以看出,我国采取的主要是债权形式主义的物权变动模式。

从动产的物权变动来看,《民法通则》第七十二条第二款规定:"按照合同或者其他合法方式取得财产的,财产所有权从财产交付时转移,法律另有规定或当事人另有约定的除外。"《合同法》第一百三十三条规定:"标的物所有权自标的物交付之日起转移,但法律另有规定或者当事人另有约定的除外。"从上述两条规则我们可以看出,第一,标的物所有权的移转,要以合同为基础。当然也同时约定了法律上的其他方式,如拍卖,继承等。第二,所有权的移转并不需要有单独的物权合同,仅有债权合意即可。第三,交付是所有权转移的生效要件,即只有完成了交付这个要件,标的物的所有权才能发生变动的法律效果。这些都明确表现出债权形式主义模式的特征。第四,物权的变动模式,当事人可以通过自己的约定排除其适用,当然其排除适用仅仅存在于当事人之间,不涉及第三人。

从不动产的物权变动来看,《中华人民共和国城镇国有土地使用权出让

和转让暂行条例》（1990年）规定了："土地所有权的转让除了需要转让协议（买卖合同）外，还需要依法进行登记，否则不发生物权变动的效力。"《中华人民共和国城市房地产管理法》第四十条规定："房地产转让，应当签订书面转让合同（债权合同），并向房产管理部门申请房屋变更登记，否则转让依法不生效力。"根据上述规定我们可以看出，我国不动产的物权变动，首先要有相应的债权合同为基础，但是不需要物权合同的存在，不承认物权的无因性；其次必须要进行登记，登记作为物权变动的生效要件，只有经登记物权才发生变动的法律效果。由此可见，我国不动产的物权变动采用严格的债权形式主义模式，不允许当事人约定排除。

根据以上论述，我们清晰地看到，在我国所有权变动的方面，主要采取债权形式主义的物权变动模式，仅在动产变动时存在一些例外。但在他物权的变动方面，便存在较为复杂的规定。如《土地管理法》第十二条规定了土地权属的改变必须经登记，属于债权形式主义模式；《农村土地承包法》第二十二条、第三十八条规定未经登记，不得对抗第三人，又有明显的属于意思主义的物权变动模式。《担保法》第四十三条规定抵押合同自签订之日起生效，当事人未办理抵押登记的，不得对抗第三人，这符合意思主义的物权变动模式标准，只需要债权合同物权即变动，但不经登记无法对抗第三人。《民用航空法》《海商法》等单行法律对物权变动也相应有着自己的规定，不一而足。

可见，当时我国的法律体系并没有对物权变动模式进行统一的规定，这与我国经济高速发展和社会稳定的现实需求并不适应，而《物权法》的出台对此规定应运而生，解决了这些问题。

二、我国《物权法》颁布之后的物权变动模式

（一）我国《物权法》债权形式主义的规定

2007年我国《物权法》颁布，确立了我国的物权变动模式，从表面上来看，我国主要是采用了债权形式主义的物权变动模式，但是同时也掺杂着一些债权意思主义模式的内容和思想，是一种较为独立的折中主义的物权变动模式。

在所有权变动方面，根据《物权法》第六条规定："不动产物权的设立、变

更、转让和消灭,应当按照法律规定登记。动产物权的设立和转让,应当按照法律规定交付。"《物权法》第九条第一款规定:"不动产物权的设立、变更、转让和消灭,经依法登记,发生效力;未经登记,不发生效力,但法律另外规定的除外。"《物权法》第二十三条规定:"动产物权的设立和转让,自交付时发生效力,但法律另有规定的除外。"从以上规定我们可以看出,物权的变动,不动产必须经过登记,动产必须经过交付,二者都需要经过法定要件才能发生物权变动的法律效果,同时取消了原先关于动产变动"另有约定"的除外规定,仅仅允许法律明确规定的除外情形。完全符合债权形式主义模式的规定,登记和交付成为了物权变动的生效要件。

《物权法》第二十四条规定:"船舶、航空器和机动车等物权的设立、变更、转让和消灭,未经登记,不得对抗善意第三人。"这类特殊的动产,我们一般称为准不动产,准不动产的物权变动也需要经过登记,但是和一般的动产不同的是,这些动产的登记并不作为生效要件,只是对抗要件,在对抗第三人时发生生效。尽管在准不动产的物权变动上,和债权形式主义模式有一些不同,但综上所述,我国在所有权变动的问题上,主要遵循以下几个要点:(1)基于债权合同发生的物权变动,必须以该债权合同的成立有效作为要件,只有作为基础的债权合同有效,才能发生物权变动的法律效果。(2)登记和交付分别是我国不动产和动产物权变动的生效要件,只有依法履行了登记或者交付程序,物权才能发生变动。(3)对于船舶、航空器等准不动产,没有经过登记不得对抗第三人,但是登记仅仅作为对抗要件,并不是生效要件。由以上分析可以看出,我国《物权法》中关于所有权的变动,总体上仍然归属于债权形式主义模式。

在用益物权方面,《物权法》第一百三十九条规定:"设立建设用地使用权的,应当向登记机构申请建设用地使用权登记。建设用地使用权自登记时设立。登记机构应当向建设用地使用权人发放建设用地使用权证书。"《物权法》第一百五十三条规定:"宅基地使用权的取得、行使和转让,适用土地管理法等法律和国家有关规定。"《土地管理法》第六十二条第三款规定:"农村村民住宅用地,经乡(镇)人民政府审核,由县级人民政府批准。"由以上法条我们可以看出,无论是建设用地使用权还是农村宅基地的使用权,都是采用登记生效准则,即适用债权形式主义的物权变动模式。

在担保物权方面,《物权法》第一百八十七条规定:"以本法第一百八十条第一款第一项至第二项规定的财产或者第五项规定的正在建造的建筑物抵押的,应当办理抵押登记。抵押权自登记时设立。"《物权法》第二百一十二条规定:"质权自出质人交付质押财产时设立。"《物权法》第二百二十四条规定:"以汇票、支票、本票、债券、存款单、仓单、提单出质的,当事人应当订立书面合同。质权自权利凭证交付质权人时设立;没有权利凭证的,质权自有关部门办理出质登记时设立。"《物权法》第二百二十六条规定:"以基金份额、股权出质的,当事人应当订立书面合同。以基金份额、证券登记结算机构登记的股权出质的,质权自证券登记结算机构办理出质登记时设立;以其他股权出质的,质权自工商行政管理部门办理出质登记时设立。"由此可见,动产的质权需要以交付作为生效要件,只有经过交付,动产质权才能设立。权利质权部分,有权利凭证的,需要以交付作为生效要件;没有权利凭证的,则以登记作为生效要件,只有在法定的部门办理登记后,质权才能设立。这些都符合债权形式主义模式下,物权变动需要以交付或者登记为生效要件的要求;同时,这些物权变动并不需要有单独的物权合同作为基础,只需要有相应的债权合意即可。通过上述分析我们可以很明显地看出,在担保物权方面,我国也是采取债权形式主义模式的。

(二)我国《物权法》关于意思主义物权变动模式的规定

由上文可知,我国现行的《物权法》主要是以债权形式主义模式为物权变动模式基础的,但是同时,我国《物权法》中借鉴了意思主义物权变动模式。

第一,在用益物权中,《物权法》第一百二十七条规定:"土地承包经营权自土地承包经营权合同生效时设立。县级以上地方人民政府应当向土地承包经营权人发放土地承包经营权证、林权证、草原使用权证,并登记造册,确认土地承包经营权。"《物权法》第一百二十九条规定:"土地承包经营权人将土地承包经营权互换、转让,当事人要求登记的,应当向县级以上人民政府申请土地承包经营权变更登记;未经登记,不得对抗善意第三人。"以上两款非常鲜明地体现出意思主义的物权变动模式的要求,即只要双方达成了债权合意,土地承包经营权合同成立生效,物权便直接发生变动的法律效果,登记和发给产权证明只是作为对获得权利的确认以及对抗第三人的要件,并不作为物权变动的生效要件。《物权法》第一百五十八条规定:"地役权自地役权合同生效时设立。当事人要求登记的,可以向登记机构申请地役权登记;未经登记,不得对抗善意第三人。"从这条我们可以看到,对于地役权来说,只要合同生效地役权即设立,登记仍然只是对抗要件非生效要件,也符合意思主义的物权变动模式的特点,属于意思主义模式。

第二,在担保物权章中,《物权法》第一百八十八条规定:"以本法第一百八十条第一款第四项、第六项规定的财产或者第五项规定的正在建设的船舶、航空器抵押的,抵押权自抵押合同生效时设立;未经登记,不得对抗善意第三人。"《物权法》第一百八十九条第一款规定:"企业、个体工商户、农业生产经营者以本法第一百八十一条规定的动产抵押的,应当在抵押人住所地的工商行政管理部门办理登记。抵押权自抵押合同生效时设立;未经登记,不得对抗善意第三人。"上述两种情形:一为动产抵押,二为浮动抵押,所以,无论是动产抵押还是浮动抵押,都是在债权合意的基础上,以合同的成立生效作为物权变动的生效要件,登记仅仅是对抗善意第三人的对抗要件,并不影响物权变动本身的法律效果。从这样的论述中我们可以得出,在担保物权中,动产抵押和浮动抵押都是适用意思主义的物权变动模式。

所以,在我国现行《物权法》的规定中,所有权的变动主要是适用债权形式主义的物权变动模式,他物权的变动则是采用以债权形式主义模式为主,意思主义模式并重的物权变动模式。

三、我国采取现行物权变动模式的原因分析

物权变动模式包括债权形式主义、物权形式主义和意思主义三种物权变动模式。我国最终参照债权形式主义模式和意思主义模式构建了具有中国特色的物权变动模式,是有着其特定的社会因素和法律因素为基础的。

第一,我国有着以形式主义为主构建物权变动模式的历史背景。自清末

修律开始,我国的民法编纂主要沿用德国和日本的民法体例和内容,到民国时期,仍然沿袭清末的做法。我国物权制度自《中华民国民法典》开始,就开始继受德国法中的形式主义模式的影响。民法教科书使用的法学概念、法学逻辑体系、法学原理等均继受形式主义的立法模式。新中国成立后,我国在《民法通则》颁布之前,我国主要参照苏联民事法律理论和实践操作,允许当事人意思自治以决定标的物所有权转移的时间。但是在没有约定的情况下,所有权的移转以特定物和非特定物作为区分标志,物权变动分别采用意思主义模式和债权形式主义模式,特定物的移转以债权合同成立生效为要件,非特定物的移转以实际交付为要件。在《民法通则》颁布以后我国的物权变动模式仍以债权形式主义为主。从以上分析可以看出,我国的物权变动模式一直有沿用债权形式主义模式的传统,这是由我国的特定历史状况所决定的。

第二,债权形式主义的物权变动模式适应我国发展状况。任何国家的法律,作为上层建筑,终究是其经济基础的体现。物权变动模式作为关系到整个市场交易流转的重要法律制度,必然要受到我国的经济社会发展现状的制约。我国正处社会主义市场经济的发展阶段,通过 40 年来的改革开放,我国的经济得到了极大的发展,但是同时大量的经济活动也意味着对交易效率的要求越来越高,现代社会复杂的经济关系也要求我们尽可能地保证交易安全,只有解决了以上的问题,才能促进经济的持续稳定发展。债权形式主义的物权变动模式综合了物权形式主义模式和意思主义模式的优点,可以较好地解决交易效率和交易安全的平衡问题,更加适合我国快速发展的经济形式的需要。同时在他物权变动时适当地加入一些意思主义模式的物权变动规则,更加适用我国现有国情,尤其是农村农民的法律素养有待发展,传统观念较强的情况下,意思主义能够更好地调整用益物权的变动,促进经济发展和社会稳定。

第三,债权形式主义模式更容易为广大民众所接受。一方面,我国在《民法通则》实行的期间,主要采用的便是债权形式主义的物权变动模式,《物权法》仍旧主要采取债权形式主义模式,具有一定的连贯性,也较为容易被广大人民群众所接受和习惯,在部分他物权变动中仍旧沿用意思主义的物权变动模式,也是为了保障多数人可以更好地适应现有的物权变动模式,保护其利益;另一方面,债权形式主义模式较为尊重当事人的意思自治,排除了物权的无因性,更多地保障了当事人各方的利益,同时减轻了当事人的负担,民众更加容易接受。

【案例 3.1】不动产登记载明的权利人与实际权利人不符时不动产权属认定的审查①

　　原告许某某、被告李某甲原系姻亲关系(许某某丈夫之弟罗某某与李某甲之妹李某乙原系夫妻),1994 年被告李某甲单位郑州市矿务局供电处让单位职工买房,被告李某甲让其妹李某乙买,李某乙与丈夫罗某某协商后让原告许某某购买。1994 年 12 月 15 日原告许某某与被告李某甲之妹李某乙到李某甲单位交纳购房款 44399.02 元,并于 1995 年 3 月 20 日向李某甲单位交纳 7987 元装修费后实际入住至今。1998 年 12 月 28 日许某某又向李某甲单位交纳契税 3620 元,2003 年 5 月 9 日交纳天然气初装费 4000 元,2006 年 7 月 26 日交纳水表安装费 100 元。另外,1998 年 7 月 29 日李某甲与其单位签订房地产契约一份,内容显示李某甲出资 72628.02 元后购买双方诉争房屋,房款于 1994 年 12 月 25 日前一次付清,并于 2001 年 1 月 19 日取得双方诉争房屋的产权证书,且持有契税 3620 元的发票原件。诉讼中,被告李某甲称房款 72628.02 元其已交纳,未提交相应证据;其称房款系其妹李某乙交纳,房款收据存放在屋内被许某某拿走,也未提交证据,许某某也不予认可。上述事实,有双方当事人陈述和举证材料在案佐证。

　　争议焦点:本案系争房屋的房屋权属登记是否真实? 房屋登记内容与实际权利人不符时房屋权属认定的审查标准?

　　一审法院经审理后认为,不动产权属证书是权利人享有该项不动产物权的证明,不动产登记簿是物权归属和内容的根据,二者不一致的,除有证据证明不动产登记簿确有错误的,以不动产登记簿为准。本案中,双

---

① 参见郑州市中级人民法院(2009)郑民二终字第 208 号民事判决书。

方诉争房屋系被告单位出卖给本单位职工被告李某甲的,但由于李某甲当时不愿意购买,让其妹李某乙购买,李某乙又让其丈夫罗某某的大嫂即原告许某某购买,并由许某某交纳了所有款项后,由许某某于1995年实际入住至今。上述事实足以认定许某某系诉争房屋实际所有人。李某甲称其系所有权人,仅提供有房产证、买卖契约及完税凭证,只是证明诉争房屋登记在其名下而已,根据《物权法》的有关规定,登记簿虽系李某甲的名字,但许某某有充足证据证明其系真正的所有权人,足以推翻不动产登记簿记载的内容。李某甲虽又称房款收据在其妹李某乙手中,许某某系从诉争房屋中偷走和许某某系借用其妹李某乙的房屋等,均未提供相应证据,许某某也不予认可,故此,李某甲的辩称意见,该院均不予采信。遂判决系争房屋归原告许某某所有。

一审判决后,被告李某甲不服,提起上诉。二审法院经审理认为,系争房产是被告单位出售给被告的,因被告不愿意购买才由李某甲之姻亲原告许某某出资购买,原告许某某持有的购房款、契税、天然气初装费等缴费凭证等为据和许某某自1995年使用涉案房产至今系客观事实,均证明了其为系争房屋的实际所有人。许某某请求确认涉案房产归其所有的理由正当,本院予以确认。郑州市房产管理局于1999年2月8日颁发了涉案房产的房屋所有权证。李某甲称2008年12月19日其本人交购房款9417.71元,虽向二审法院提供有郑州煤炭工业工业(集团)有限责任供电分公司财务部门出具的收据,但不足以否定许某某系涉案房产的实际购买人,如果该9417.71元仍属购房款应由许某某负担,与本案不属同一法律关系,本案不予处理。涉案房产的所有权证、产权登记的所有人虽为李某甲的名字,但与事实不符,确有错误,原判采信许某某的证据是正确的,本院予以支持。所有权是永恒的,不会因诉讼时效而消灭。故李某甲称原判程序不合法、本案已过诉讼时效、李某甲对涉案房产有所有权等上诉主张均不能成立,本院均不予支持。依照《中华人民共和国民事诉讼法》第一百五十三条第一款第(一)项之规定,判决驳回上诉,维持原判。

　　从本案来看,根据《物权法》的规定,当不动产物权登记所显示的权利人与不动产的实际权利人不符时,对于有证据证明不动产登记簿确有错误的,应确认房屋属于实际权利人。法院对证明不动产登记簿确有错误的证据把握应考虑取得不动产物权的出资情况、出资目的以及系争不动产的使用情况等综合认定。

　　正常来说,不动产登记是反映不动产物权的实际归属状态的外部表现形式,二者应该一致,然现实社会的复杂多变使不动产登记内容与其实际权属状态不一致的情况时有发生,《物权法》第十七条为此种情况下的不动产实际所有权人提供了救济途径。然何谓"有证据证明不动产登记簿确有错误"尚需法院在司法实践中予以认定。具体来说,实践中对不动产登记簿确有错误的认定一般从以下几方面进行:

　　第一,取得不动产物权的出资情况。出资情况是证明不动产权利存在的重要因素。本案中法院就主要基于原告许某某持有的购房款、契税、天然气初装费等缴费凭证等为据认定原告对系争房产的所有权。

　　第二,出资目的。虽然在确认房屋产权归属的过程中,出资情况是不可忽视的考量因素,但并非唯一的或决定性的因素,因为出资只是一种行为结果,其背后可能存在不同的行为目的或基础关系,如出资可能基于成为房屋的产权人,可能基于借贷,也可能基于赠与。因此,出资人在出资时的目的也是一个重要的考量因素,如果出资人有证据证明其出资以取得系争房产所有权为目的,则其被法院认定为系争不动产实际权利人的可能性高。

　　第三,系争不动产的使用情况。虽然对不动产的使用很多情况下并不基于所有权,不能仅凭使用人对房屋的使用即判定其所有权的存在并因此推翻不动产登记记载的内容,但使用人对房屋的使用时间、使用程度以及不动产登记记载的所有权人对此种使用关系的解释、认可等,可以在一定程度上为不动产实际权利人的确定提供佐证。

第二节　非基于法律行为的物权变动

非基于法律行为的不动产物权变动,系指不动产的物权变动的发生原因并非是当事人的法律行为,而另有他因,如法律的直接规定、法院的判决、征收、时效取得等情形下发生的物权变动。

非基于法律行为而发生的物权变动可以概括为两种情形:一种是无原权利人的物权变动,如依事实行为取得物权;另一种是法律有意识地排斥原权利人意思表示的物权变动,如依人民法院、仲裁委员会生效的法律文书、依人民政府的征收决定发生的物权变动。如,《德国民法典》对非基于法律行为的物权变动规定了添附、取得时效、先占、拾得遗失物、取得天然孳息5项变动原因,《韩国民法典》第一百八十七条将继承、公用征收、判决、拍卖及其他根据法律规定5项作为不动产物权变动原因。《瑞士民法典》第六百五十六条将先占、继承、征收、强制执行、法院判决5项内容作为变动原因。我国台湾地区"民法"规定了包括继承、强制执行、公用征收、法院判决及占有时效完成、自己出资建造建筑物和国库接受敌伪财产等。我国《物权法》第二十八条至第三十条规定的原因有三类:一是人民法院、仲裁委员会的法律文书、人民政府的征收决定等;二是继承、受遗赠;三是合法建造、拆除房屋等事实行为。

一、人民法院、仲裁委员会的法律文书

人民法院、仲裁委员会的法律文书必须是能够直接导致物权主体、内容、客体的变更或者物权消灭的法律文书,主要包括法院的判决、调解书、执行裁定和仲裁委员会的裁决书、调解书。此处的判决书,"系指依其宣告足生物权法上取得不动产物权效果之力,恒有拘束第三人之必要,而对于当事人以外之一切第三人亦有效力者(形成力、亦称创设力)而言,唯形成判决始足当之,不包含其他判决在内"[①],即只有形成判决可以发生物权变动的效力,确认判决

①　王泽鉴:《民法物权Ⅰ:通则、所有权》,中国政法大学出版社2003年版,第129页。

和给付判决以及法院的各种命令、通知等并不发生物权变动之效力。究其实质,在于形成判决具有法律效果上的形成力,具有拘束诉讼当事人和第三人的绝对效力和对世效力,形成判决确定时便发生法律效果,当事人之间的法律关系自判决生效时发生变更,如法院作出的分割共有物的判决即属形成判决。在确权之诉中,法院判决支持登记权利人或者物之占有人的物权请求,这种确认判决不导致物权变动;而法院判决支持既非登记权利人又无占有的原告主张,这种判决虽表面上为确认之诉的判决但实际上是变更了当事人原来法律关系的判决。

此处的调解书(包括法院制作的调解书和仲裁委员会制作的调解书)是否引起物权变动,我国台湾地区的司法实务和学者也均持否定观点,而我国物权立法却肯定了调解书和裁决书导致物权变动的效力,调解是人民法院、仲裁委员会解决民事纠纷的一种方式,虽然调解协议的达成需要依赖于当事人的合意,但制作调解书的主体是法院和仲裁委员会,生效的调解书与法院生效的判决书有同等的法律效力,也是法院强制执行的依据之一,当然应当适用与判决书相同的规则。而仲裁委员会的介入,是我国民商合一体制下解决民商事纠纷的司法、仲裁裁决二元性的体现,仲裁委员会实行一裁终局,仲裁裁决具有类似法院形成判决所具有的对世效力和形成力。瑞士和我国台湾地区"民法"将强制执行作为引起物权变动的原因之一,对于法院裁定强制执行的财产,买受人于执行法院发给权利移转证书时取得所有权,不以登记为要件。我国大陆地区没有专门的强制执行法,相类似的规定是依《最高人民法院关于人民法院民事执行中拍卖、变卖财产的规定》第二十九条之规定作出的"法院对不动产、有登记的特定动产或者其他财产权拍卖成交裁定或者以物抵债的裁定"。

【案例 3.2】依据生效法律文书对房屋权属登记进行变更的审查[①]

蒋某甲、蒋某乙与第三人沈某于 2000 年 2 月 25 日共同购买位于上

----

① 参见上海市闵行区(2004)闵行初字第 55 号、上海市第一中级人民法院(2004)沪一中行终字第 255 号民事判决书。

海市金汇路 515 弄 25 号 101 室房屋,同年 7 月 29 日取得该房屋产权证,产权证记载该房屋为两原告与第三人沈某共同共有。2003 年 12 月 10 日沈某委托桂林市三正拍卖公司将系争房屋拍卖给第三人方某某(沈某之母),并共同向被告上海市房屋土地资源管理局(以下简称市房地局)申请房屋产权变更登记。被告市房地局于 2003 年 12 月 31 日受理了闵行区金汇路某处的房地产转移登记申请,市房地局对申请人方某某提交的房地产登记申请书(申请书上载明的申请人为方某某,原权利人为沈某、蒋某甲、蒋某乙)、身份证明(方某某的身份证复印件)、房地产权证书〔沪房地闵字〔2000〕第 030448 号〕、《桂林市三正拍卖有限公司成交报告书》、广西壮族自治区桂林市秀峰区人民法院〔2001〕秀执字第 347 号、〔2001〕秀执字第 347—2 号、〔2001〕秀执字第 347—3 号民事裁定书等文件进行了审核,市房地局认为申请人申请登记手续完备,提交的文件齐全,遂根据 2002 年《上海市房地产登记条例》(以下简称《登记条例》)第七条第六项、第二十九条、第三十一条的规定,将系争房屋登记在第三人方某某名下。两原告不服该房屋产权变更登记行为,向法院提起行政诉讼。

被告辩称:蒋某乙在沈某购买系争房屋时未实际出资,系为规避有关规定才将名字写在产权证共有人一栏;另〔2001〕秀执字第 347—3 号民事裁定书已准许沈某为履行对案外人岳某的债务而以涉案房屋抵债,因而系争房屋的具止权利人是案外人岳某而非原告蒋某甲和第三人沈某。因而两原告没有诉讼主体资格。

争议焦点:1. 两原告是否具有诉讼主体资格;2. 被告市房地局是否可以依据广西壮族自治区桂林市秀峰区人民法院的三份民事裁定书将系争房屋登记至第三人方某某名下。

一审法院经审理后认为,根据《登记条例》第四条第一款的规定,上海市房屋土地资源管理局是本市房地产行政主管部门,负责房地产登记管理工作,故被告市房地局具有作出房地产登记的行政职权。沪房地闵字〔2000〕第 030448 号房地产权登记,载明系争房屋原权利人为蒋某乙、蒋某甲及沈某。因此，蒋某乙和蒋某甲与被诉的房地产权证具有法律上的利害关系，具有原告诉讼主体资格。《登记条例》第七条第六项规定的"人民法院已经发生法律效力的判决、裁定、调解"，从立法本意理解是特指人民法院生效法律文书主文明确载明房地产权利人内容的文书，被告据此进行房地产登记时，可由房地产权利人单方申请。现被告举证的桂林市秀峰区人民法院的几份民事裁定书，均未确认上海市金汇路某处房屋的所有权归方某某。因此，被告以《登记条例》第七条第六项的规定作为第三人方某某单方申请房地产登记的法律依据，从而作出被诉房地产权登记的具体行政行为，属适用法律错误，依法应予撤销。据此，依照《中华人民共和国行政诉讼法》第五十四条第二项第二目的规定，判决撤销被告市房地局核发给第三人方某某沪房地闵字〔2004〕第5167号房地产权登记的具体行政行为。

一审判决后，第三人沈某、方某某不服，向上海市第一中级人民法院提起上诉。二审法院经审理认为，原告蒋某甲、蒋某乙作为系争房屋原房地产权证记载的共有权利人，与本案被诉具体行政行为具有法律上的利害关系，具备提起本案行政诉讼的主体资格。根据《登记条例》第七条第六项的规定，因人民法院已经发生法律效力的判决、裁定、调解申请房地产转移登记的，申请人应当是判决、裁定、调解法律文书指向的房地产权利人。被上诉人市房地局举证的桂林市秀峰区人民法院生效的民事裁定书，仅是裁定准许申请执行人与被执行人共同自行变卖系争房屋，该裁定书并不属于《登记条例》第七条第六项规定的房地产权利人可据以单方申请房地产转移登记的法律文书。原审法院认为被上诉人市房地局以《登记条例》第七条第六项作为上诉人方某某单方申请房地产登记的法律依据，从而作出被诉的具体行政行为，属适用法律错误，判决予以撤销并无不当，法院应予维持。至于本案各方当事人提及的有关拍卖系争房屋是否合法，上诉人方某某是否善意第三人的问题，不属本案被诉具体行政行为合法性审查范围，相关当事人可依法另行解决。据此，二审法院判决驳回上诉，维持原判。

从本案中可以看出,《上海市房地产登记条例》(以下简称《登记条例》)第七条第六项规定,依人民法院已经发生法律效力的判决、裁定、调解而进行的房地产登记,由房地产权利人申请即可登记。房地产登记部门依据此项规定进行房屋权利变更登记时,应审查的内容既包括申请人提出申请所依据的法律文书是否生效,又包括生效法律文书所指向的权利人是否为变更登记申请人,即生效文书中是否对申请变更登记的房屋的权属作出了相应的确认。

第一,根据《物权法》的规定,不动产权属证书是权利人享有该不动产物权的证明。除非确有证据证明不动产权属证书记载的事项存在错误,否则不能轻易推翻不动产权属证书所确定的房屋权属关系,否则不动产权利归属将失去取信于公众的外部表现形式。因此,即使权属证书中记载的共有人并未就购买房屋实际出资,亦不必然地影响其房屋共有权利人的身份。

第二,当前,很多房地产登记的地方性法规中均有关于当事人凭借法院已经发生法律效力的判决、裁定和调解中确认的房地产权利而向有关登记单独申请登记的规定。房地产登记部门依据此项规定进行房屋权利变更登记时,应审查的内容既包括申请人提出申请所依据的法律文书是否生效,又包括生效法律文书所指向的权利人是否为变更登记申请人,即生效文书中是否对申请变更登记的房屋的权属作出了相应的确认。

第三,我国关于房地产登记的纠纷多通过行政争议的形式表现出来,然此类行政争议案件中会涉及诸多的民事争议,存在行政争议与民事争议交织的情形。在此情况下,行政争议与民事争议是应由行政庭和民庭分别审理还是由行政庭一并审理,应视民事争议与行政争议结合的紧密程度、争议本身复杂程度而定,如二者紧密程度高,行政争议的解决以民事争议为前提,而民事争议本身并不复杂的情况下,可在行政争议解决过程中一并解决。

二、人民政府的征收决定等

依据《物权法》第四十二条之规定,人民政府基于公共利益的需要,可以作出征收的决定。征收决定是人民政府代表国家为了公共利益的需要,依照法律规定的权限和程序,以行政命令的方式强制性地取得集体所有的土地和单位、个人的房屋及其他不动产所有权的具体行政行为。它是国家所有权取得的方式,具有强制性,是引起物权变动的一种特殊情形。我国《物权法》规定的征收对象限于不动产,因征收导致变动的不动产物权包括农村集体土地所有权、单位和个人房屋所有权、土地承包经营权和建设用地使用权等。

对于能够引起物权变动的政府决定是否仅限于征收决定呢?有解释认为,《物权法》第二十八条的表述用了"人民政府的征收决定等","等"字意味着除了征收决定之外还有其他的、与"人民政府的征收决定"相同性质的决定存在;二者按照行政法的基本原理,人民政府的决定有很多类型,除征收决定外,政府的没收决定、国有土地使用权收回决定等都是可以引起物权变动的人民政府的决定。人民政府对土地所有权、使用权争议的处理决定,也属于能够引起物权变动的人民政府的决定。当事人将土地所有权、使用权纠纷交由人民政府处理,通过这种方式解决当事人之间对土地所有权、使用权的争议,确定系争土地所有权、使用权的权利人,使原来有争议的甚至处于对方控制下的土地权利明确了,如果该系争土地所有权、使用权登记在对方名下,则这种决定客观上也就产生了物权变动的效力。

三、继承、受遗赠

我国采用的是以遗嘱继承人和受遗赠人范围为标准,认为遗嘱继承人为法定继承范围内的人,而遗赠为法定继承范围外的人。《物权法》第二十九条规定因继承和受遗赠取得物权。因为作为民法上民事主体的资格,随着被继承人的死亡而丧失,被继承人原有的对物的所有权等民事权利在法律上归于消灭,"该人之一切非专属性权利义务,法律上由该人之一定亲属,当然且包括的继承",继承人当然地取得被继承人所有的物权,世界各国对此的做法基本相同。关于遗赠,有观点认为其属于法律行为,且遗赠生效时受遗赠人还需作出是否接受的意思表示,如果受遗赠人不接受遗赠,则遗赠就不能生效。这一观点不无道理,但在受遗赠人接受遗赠的情形下,遗赠的开始时间同继承一样是在被继承人死亡之时,当然可以适用与继承相同的规则。

法律将基于遗赠扶养协议而发生的不动产物权变动置于规定之外。遗赠抚养协议是由遗赠人与抚养人签订的,由遗赠人立下遗嘱将自己所有的合法财产,指定在其死后转移给抚养人所有,而由抚养人承担遗赠人生养死葬的协议。有解释认为,其一是签订遗赠协议是发生物权变动的必要条件,此必要条件是一种法律行为,即其是一种以法律行为为原因发生的物权变动。其二是遗赠抚养协议存在于遗赠人与扶养人之间,具有内部性且无公示要求,第三人无途径得知该协议是否存在、是否生效。故而考虑到社会效果,法律未在此对其进行规定。

四、合法建造、拆除房屋等事实行为

事实行为是不以人的意思表示为生效要素或必要条件的行为,首先,它是人的行为,而不是自然事件;其次,它的法律后果直接来源于法律的规定,当事人是否有发生这种效果的意思表示不对行为的后果起决定性作用,行为人只要实施了一定行为即可确定地发生一定的法律效果,如建造房屋属于可取得权利的事实行为,房屋建成时即事实上产生了房屋的所有权,建造人因此取得该房屋的所有权,制作家具、缝制衣服等行为亦是如此。拆除房屋也属于行使权利的事实行为,房屋一旦拆除,标的物灭失,物权也随之消灭。

从《物权法》第三十条“合法建造、拆除房屋等事实行为”规定该条所谓“事实行为”包括合法建造、拆除房屋,但不仅仅限于这两种行为。至于事实行为具体包括哪些,史尚宽先生认为,先占、加工、遗失物之拾得、埋藏物之发现、管理事物、住所之设定及废止等,均属事实行为。[①] 王泽鉴先生认为,无主物的先占、遗失物之拾得、添附等无关心理状态的行为,皆属事实行为。[②] 从德国、瑞士、我国台湾地区“民法典”的规定分析,能成为物权变动原因的事实行为有先占、拾得遗失物、发现埋藏物和添附。在《物权法》立法过程中多数学者主张将先占和添附纳入物权立法规范,但最终没有被《物权法》立法采纳。至于遗失物,《物权法》第一百零九条、第一百一十三条规定拾得人应返

---

① 史尚宽:《民法总论》,中国政法大学出版社 2000 年版,第 303 页。
② 王泽鉴:《民法总则》(增订版),中国政法大学出版社 2001 年版,第 240 页。

还原权利人或送交有关部门,并在公告无人认领时归国家所有,第一百一十四条规定拾得漂流物、发现埋藏物或者隐藏物参照拾得遗失物的有关规定,即拾得人、发现人无论何种情况下都不能取得遗失物、埋藏物和隐藏物的所有权,这是《物权法》明文确定的。而《物权法》未为明确规定之先占、添附,从法理上理解,应包含在第三十条所言之"事实行为"范畴内。

不合法的建造(如未依法取得建设许可证而建造)是否属于本条所谓的事实行为而能够导致建造人取得物权? 理论和实务对此有三种不同的观点:一是"效果无视说",认为不合法的建造行为不能发生物权取得的效力,仅对于建筑材料享有所有权;二是"占有说",认为因为建造行为不合法,建造人仅取得对于建造物的占有权;三是"受特殊义务的所有权说",认为尽管建造行为不合法,建造人仍对于建造物享有所有权,但其负有补正相关手续的义务。

"效果无视说"不承认建造人对建筑物整体的所有权,而只对于建筑材料享有所有权。有解释认为,一则建筑物整体的完成需要付出巨大的人力、物力和财力,有的建筑物在这方面的投入甚至大于建筑材料的价值,法律对此的无视显然不合理;二则如果建造人只拥有建筑材料的所有权,则其无权对抗建筑物的拆除行为,而建筑材料一经使用再拆除,其价值必然大为减损,甚至变为废弃料,此间的损失该由谁承担? 是否仍由建造人承担?

"占有说"认为,合法应是依事实行为取得所有权的前提条件,非法建造的房屋显然不能取得所有权。非法建筑物应当理解为"占有",即占有人对建筑物事实管领的状态,而这种事实管领的状态并不是民事权利,更不是所有权。

"受特殊义务的所有权说"认为,合法的建造行为具体包括可以补正的和不可以补正的两种情形,可以补正的不合法建造行为经补正后(如取得建设许可证)即等同于合法的建造行为。不合法的建造行为人的建造仍然是建造,同质的行为应该产生同质的法律后果,因此不合法的建造行为也应该可以取得建造物的所有权,只是因为其存在违反因素,而需要面临法律的否定性评判(如强制性拆除等)。在我国台湾地区的民法理论和司法实务中对于违章建筑也是给予保护的。未取得建筑执照但可以事后申领从而补正的违章建筑属于程序违建,而建筑物无从依程序补正,使其变为合法的属于实质违建,即便对于实质违章建筑物,法律仍承认建造人原始取得其所有权,并在该建筑物受侵害时给予保护。

合法建造房屋可以取得物权主要有三个原因。首先,建造人投入资金,购买原材料,并且提供劳动,通过建造行为建造成房屋,是一个从原材料到新的产品的过程。符合"谁投资,谁受益"原则。其次,建造的房屋随着封顶等工序的完成,已形成一个独立的物,若不规定建造人取得该物权,则该不动产会变成无主物,一旦该物受到第三人侵害,则无法获得物权法上的保护。最后,房屋建造人形成了对该物的稳定占有,具有权利的外观,第三人完全可以辨认出该房屋为谁所有,因此建造人理所当然地取得所有权。拆除房屋也可以导致物权变动,而这种物权变动是指所有权客体。随着房屋拆除的进行,财产与权利均受到破坏,并于拆除结束时消灭。不合法的建造主要分为两类:一是违反《土地管理法》等未取得建设用地使用权而建造的工作物;二是违反《城乡规划法》等未获得规划许可或者违反规划许可,擅自在自己享有建设用地使用权的土地上建造的工作物。合法取得房屋除需取得合法的建房手续外,还需完成房屋的建造,尚未完成建造则无法形成独立的物,自不可获得不动产所有权。

五、法律的特殊规定

能够引起物权变动的非法律行为除前文所列内容外,还有法律的特殊规定,各国法律中也会涉及特殊规定,如《德国民法典》中规定了法定抵押权、法定地上权、法定地役权等;《法国民法典》中规定了法定抵押权、法定居住权、法定地役权等;我国台湾地区的"民法典"中也规定了法定抵押权、法定地上权和法定永佃权等。

在我国大陆地区的立法中,比较具有代表性的是《合同法》第二百八十六条规定,承包人在发包人逾期不支付建设工程价款时,可以申请法院将该工程拍卖,并从所得价款中优先获得偿还。但是对于该条规定,应归为法定抵押权还是法定优先权理论上还有争议。

六、时效取得

时效取得是依所有人的意思表示,进行公开、和平、持续地占有他人之物,并且达到法律规定的期限,从而取得物的所有权的一种制度。日本、德国等国家的民法中规定有该项制度,而苏俄民法典中,并未涉及,我国受苏俄民法典的影响,《物权法》并未对该制度进行规定。

对于时效取得中不动产的时效取得,分为"登记取得时效"和"占有取得时效"两种情况。在"登记的取得时效"中登记簿上记载为不动产所有人的权利人,即使未实际占有不动产,经过法律规定的期间,也可主张实际占有该不动产,以达到法律物权和事实物权的统一。而"占有取得时效"则为已经实际占有不动产尚未进行不动产物权登记的情况下,经过法定时效期间,该占有人可向权力机关申请涂销登记,将自己的名字记载于不动产登记簿中,取代原登记的权利人,成为该不动产的名副其实的所有权人。

时效取得的法理基础,乃是法律排斥物的原权利人之意思表示,并且赋予占有人权利。对于不动产,取得时效届满后,通常认为占有人可以自动取得其所占有不动产的所有权,不必经过登记这一公示程序。传统理论上,区分时效取得的善意与恶意,在坚持不动产登记原则的情况下,不动产取得时效无法以占有人的善意与恶意作出制度上的区分,并未对时效取得的善意、恶意进行规定。而德国民法与此不同,时效届满后,占有人只取得排斥他人的返还请求权的抗辩权,以及不动产上请求登记为所有权人的权利,此做法是强化公示效力的结果。

第三节　无权处分与善意取得

新中国成立以来,我国法律都没有对善意取得制度作出明确的规定,直到2007年9月公布的《物权法》才对善意取得作出了明确的规定。在这之前,我国的司法实践中虽然已存在善意取得制度,但是比较零星散乱,主要分布于各部门法的司法解释中,具体如下:

1965年公布的《关于没收和处理赃款赃物若干问题暂行规定》对善意取得制度规定为：对于被犯罪分子卖掉的赃物应酌情追缴，受让人知道是赃物的要无偿追缴，受让人不知是赃物的，由犯罪分子按原价将赃物赎回或赔偿损失。该条虽然没有明确规定赃款赃物适用善意取得制度而由不知情的受让人取得赃物的所有权，但是仍然考虑到了善意受让人的利益，提供了相应补偿的方案，可以说是新中国法律在探索善意取得制度道路上的一个起点。

1988年《最高人民法院关于贯彻执行〈中华人民共和国民法通则〉若干问题的意见》第八十九条规定了共有人在未经其他共有人同意的情况下擅自处分共有财产，若第三人是善意的、有偿的取得该共有财产，导致的法律后果是第三人取得财产的所有权，由无权处分人对其他共有人承担赔偿责任。可见，该规定体现出善意取得制度的一些特点，但还没有明确就是善意取得制度，且仍然存在不足之处，如该规定适用的对象仅为共有关系存续期间的共有财产，对于非共有财产不能普遍适用，也未明确指明该共有财产是动产还是不动产，所以该规定在善意取得方面不具有普遍指导作用。

1995年通过的《票据法》第十二条从反面规定了受让人明知转让人是通过非法手段取得票据，仍接受票据的，不能按善意取得制度取得该票据权利。由此可以得出正面的结论，即善意取得票据的人可以获得票据上的权力。《最高人民法院关于适用〈中华人民共和国担保法〉若干问题的解释》第八十四条规定也规定了质权适用善意取得制度。

1996年通过的《拍卖法》第五十八条规定了委托人、拍卖人的连带责任，从反面承认了善意取得制度。《关于审理诈骗案件具体应用法律的若干问题的解释》第十一条规定，如果受让人接受他人归还的个人欠款、贷款或者其他财务的时候是善意的，不知该财务是对方诈骗所得，那么这些财物将不再追缴。

1998年颁布的《关于依法查处的盗窃、抢劫机动车案件的规定》第十二条和第十七条规定了对于明知是赃车而恶意买受的买主法律不予以保护，车辆将无偿追缴，那么相反情况，当买受人不知该车是赃车的情况下，应当保护其利益。

2001 年通过的《信托法》第十二条规定，即使信托被撤销，善意的受益人仍能取得信托利益。

以上的立法和司法解释的规定，虽然能达到和善意取得制度相同的法律效果，但是缺少系统的规定，适用范围也比较狭窄，仅适用于特定的部门法，不能普遍适用于民事法律行为，不具有指导意义。因此，针对我国司法实践中善意取得制度适用混乱的状况，立法者在经过多年的研究和实践经验的基础上，在《物权法》中加入了善意取得制度的规定。2007 年颁布的《物权法》第一次明确从基本民事立法层面承认了善意取得制度。2015 年 12 月 10 日，最高人民法院审判委员会第 1670 次会议通过《最高人民法院关于适用〈中华人民共和国物权法〉若干问题的解释（一）》（2016 年 3 月 1 日起施行），其中第十五条至第二十一条从司法上对善意取得进行了完善。

一、善意取得立法例

（一）德国立法例

《德国民法典》第一千零六条第一款第一项规定了占有的权利推定作用，第八百九十一条规定了土地登记簿中登记的权利推定作用，第九百三十二条则规定了无权利人对动产的善意取得。德国法在规定善意取得构成要件主要强调两个方面，其一是善意取得的适用前提是当事人之间"依法律行为"进行了让与，即广义交易行为，包括有偿与无偿的交易，同时《德国民法典》第八百一十六条又规定善意受让人无偿受让标的物后要按不当得利返还。其二是受让人的善意。《德国民法典》从非善意的角度来界定善意，将非善意界定为"明知或重大过失"，由此扩大了善意取得适用的范围。总之，在德国法中"善意"为必要构成要件，而对"以合理价格转让"并无要求。

（二）法国立法例

法国法受罗马法传来取得思想的影响，其侧重于对所有权人的保护，即使受让人为善意，所有人也得对其主张所有物返还请求权。但也并非完全不保护善意受让人的利益，法国法中亦存在所谓的"即时时效"制度，规定善意占有符合一定条件可取得所有权，也允许善意受让人援用第二千二百七十九条规定的"占有的权利推定"。无论是在法国民法典还是法国的判例法上,除了善意之外,"合理价格转让"并没有成为善意占有人取得权利的要件。

(三)日本立法例

《日本民法》第一百九十二条规定了动产的即时取得,"平稳且公然开始占有动产之人,如为善意并无过失者,实时取得该动产上所行使之权利"。日本善意取得的构成要件为"善意无过失",并没有对"合理价格"作出明确规定。

(四)我国台湾地区立法例

我国台湾地区"民法"第八百零一条、第八百八十六条、第九百四十八条对动产物权的善意取得进行了规定,新增订"民法"第七百五十九条之一第二项规定了不动产的善意取得。根据法条规定,不动产物权善意取得的构成要件是:无权处分、善意信赖不动产登记、依法律行为为物权变动登记;动产所有权善意取得的基本构成要件包括让与人之"占有"及受让人的"善意"。台湾地区善意取得制度适用的前提是"交易行为",所谓交易行为,王泽鉴教授认为是指让与人和受让人在法律上或经济上非属同一主体。[①]

(五)意大利立法例

1942 年《意大利民法典》针对动产物权取得亦规定同时适用于有偿与无偿,只要发生善意占有即可取得所有权。

(六)瑞士立法例

瑞士民法的善意取得制度根源于德国民法,《瑞士民法典》第七百一十四条、第九百三十三条、第一千一百五十三条、第一千一百五十四条规定了善意取得制度,在瑞士民法中,善意取得的重要构成要件为"善意"。

(七)普通法系立法例

在英美法系国家,买受人利益得到保护的前提是:买受人不仅必须证明自己出于善意并支付了公平对价,还须证明所有人或是在一定程度上允许不当处分发生,或是曾给不当处分人某种使人信赖的产权标记。《美国统一商法

---

① 王泽鉴:《民法物权》,北京大学出版社 2009 年版,第 463 页。

典》第二千四百零三条后段规定体现了这一原则,《路易斯安那州民法典》第五百二十条也将支付"合理的对价"作为构成善意取得的要件。这表明在普通法系的国家,善意取得的构成要件包括"善意",且一定程度上包括了"依合理的价格转让"。

通过比较各国的立法例发现,在大陆法系国家善意取得的构成要件侧重于"善意"的证明,大多数都不会将"合理的价格"作为善意取得的构成要件,只有普通法系以及我国将"合理的对价"与"善意"同时作为善意取得构成要件的明文规定。

二、我国善意取得制度现行规定

我国《物权法》第一百零六条规定:"无处分权人将不动产或者动产转让给受让人的,所有权人有权追回;除法律另有规定外,符合下列情形的,受让人取得该不动产或者动产的所有权:(一)受让人受让该不动产或者动产时是善意的;(二)以合理的价格转让;(三)转让的不动产或者动产依照法律规定应当登记的已经登记,不需要登记的已经交付给受让人。受让人依照前款规定取得不动产或者动产的所有权的,原所有权人有权向无处分权人请求赔偿损失。当事人善意取得其他物权的,参照前两款规定。"此三要件缺一不可。

该法第一百零七条规定:"所有权人或者其他权利人有权追回遗失物。该遗失物通过转让被他人占有的,权利人有权向无处分权人请求损害赔偿,或者自知道或者应当知道受让人之日起二年内向受让人请求返还原物,但受让人通过拍卖或者向具有经营资格的经营者购买该遗失物的,权利人请求返换还原物时应当支付受让人所付的费用。权利人向受让人支付所付费用后,有权向无处分权人追偿。"这是关于遗失物善意取得的规定。动产的善意取得也要受限制。出让人让与的动产若是货币或者无记名有价证券之外的遗失物,遗失人有权向善意取得人请求返还原物。善意取得人应当返还,善意取得人返还后可以向让与人追偿。若该遗失物是善意取得人在拍卖市场、公共市场或者在贩卖与其物同类之物的商人处购得的,遗失人需偿还其购买之价金,才能取回其物。若遗失物是货币或者无记名有价证券,遗失人无权向善意取得人请求返还原物,只能向出让人请求返还同种类物或者请求其他赔偿。

该法第一百零八条规定:"善意受让人取得动产后,该动产上的原有权利消灭,但善意受让人在受让时知道或者应当知道该权利的除外。"这是关于善意受让人取得动产后,该动产上原有权利消灭的规定。比如,在该动产上设有抵押的权利,抵押权消灭。但如果善意受让人取得动产时,知道该动产已被抵押,则抵押权不消灭。

由此可以看出,善意取得制度已经在我国民事立法领域得到完全确认,其不但适用于动产领域,而且适用不动产领域。

三、善意取得构成要件分析

(一)善意取得的客体要件

标的物为动产和不动产。在民法中,根据物的性能及经济价值的不同,又可以将物分为动产和不动产,其区分标准在于物能否移动或是移动后是否对其价值造成重大损害。所谓不动产,主要指土地及其定着物;动产指土地和房屋等地上定着物之外的一切物,如船舶、车辆、图书、家具、珠宝、金钱、无记名证券等。

传统理论认为,善意取得仅适用于动产,即善意取得的标的物必须是动产,其认为基于动产与不动产性质的不同而适用不同的公示方法,公示方法不同,即占有与登记的不同,则会产生公信力的差异,那么在设立具体制度时也应区别对待。具体而言,不动产依登记而为所有、变更,并出此产生使社会公众相信其为合法所有、移转,不动产变动中所产生的纠纷皆可依公示公信制度加以解决,无须再重复添加善意取得制度,徒然造成立法资源的浪费和法律逻辑的混乱。对于生活中登记错误,登记名义人(非真实所有人、无权处分人)实施无权处分行为,造成了对真实权利人利益损害的情况,传统理论认为完全可以依据公示制度,在第三人可基于公信力而取得所有权的情况下,原所有人亦可据不当得利、违约责任或侵权行为等来弥补自己所受的损失。故其认为在不动产范围内,公示原则已足以解决无权处分所产生的纠纷,善意取得制度没有适用的范围和必要。因此,以占有公信力为原则而建立的善意取得制度可以与不动产登记的公信力制度各司其职,无须将善意取得不动产领域而重复调整。

根据我国《物权法》的立法者的观点,当赋予登记推定力之后,必然要赋予登记公信力,所谓登记公信力是指,对于登记的内容给予信赖者,法律根据信赖内容赋予法律效果,纵使登记内容与实体关系不一致,法律亦视登记内容为正确,从而发生与真实的权利状况一样的法律效果。由此看来,动产以占有为公示方法,不动产以登记为公示方法,由此仅会产生无权处分人的具体情况的不同,动产的无权处分人是占有人,而不动产的无权处分人是登记权利人。当他们与真实权利人不一致的情况下,都可以适用善意取得制度。考虑到《物权法》制定之初,如果将未登记的不动产排除在善意取得制度之外,则不利于保障交易的安全。在各国的立法中也对善意取得范围扩展到不动产领域有较多的认可,《德国民法典》第八百九十二条第一款规定:“土地登记簿记载的内容。对由于法律行为取得一项权利或取得此项权利上的权利之人,为权利人的利益应视为正确;但对于其正确性有异议的登记或取得人明知道其不正确者,不在此限。”这说明在德国民法中可以基于相信土地登记的公信力而取得土地中的权利。这在事实上突破了善意取得制度仅适用于动产的限制,将善意取得的适用范围扩展到了不动产领域。除了德国外,《瑞士民法典》也明确了善意取得制度的适用范围既包括动产也包括不动产,而我国台湾地区和奥地利原先并不认可,但后来经过立法认可了不动产适用善意取得制度,其中我国台湾地区 2009 年修订“民法典”的物权编时,立法者专门在第七百五十九条中增加了规定不动产登记簿推定力和公信力的内容。该条第一款规定:“不动产物权经登记者,推定登记权利人适法有此权利。”第二款规定:“因信赖不动产登记之善意第三人,已依法律行为为其变动之效力,不因原登记物权之不实而受影响”,此即对将动产、不动产列为善意取得之客体要件之认可。

尽管动产与不动产均属于善意取得客体范围,但并非所有的财产都适用善意取得制度。根据我国《物权法》第一百零六条第一款中的除外规定,对于下列种类的动产或不动产一般情况下不适用善意取得制度:(1)法律禁止和限制流通的财产,善意取得的主要目的是保护交易安全,促进财产流转,其前提是财产可以在市场上自由流通,如果转让的财产不能自由流通或只能限制在特定主体之间流通,交易行为本身即违法,善意取得自然不能保护和促进这一层次的财产流转;(2)被依法查封的财产,当事人的处分权受到限制,如将财产转让他人,将破坏查封的效力,自然无效,属无权转让;(3)记名有价证券,记名有价证券必须依法经背书或办理过户手续予以转让,一般不会存在误认让与人为所有人的情形。

近代以来,物被区分为占有委托物和占有脱离物,这通常是各国建立善意取得制度的前提。占有委托物是基于真权利人的意思而丧失占有的物;占有脱离物是非基于真权利人的意思而丧失占有的物,如盗赃、遗失物等。善意取得原则上以占有委托物为限,但对于占有脱离物在特殊情况下亦可发生善意取得。各国对占有脱离物是否完全不适用善意取得或者得于何种条件下适用善意取得,其规定也有所不同:《德国民法典》原则上不承认占有脱离物的适用善意取得。该法典第九百三十五条第一项规定:"从所有人处盗窃的物、所有人遗失或因其他原因丢失之物,不得依第九百三十二条至九百三十四条有关善意取得之规定取得其所有权。"《法国民法典》规定所有人仅在向善意受让人予以补偿的条件下,才能请求返还原物。该法典第二千二百八十条规定:"现实占有人如其所占有的盗窃物或遗失物系由市场、公卖或贩卖同类物品的商人处购得者,其原所有人仅在偿还占有人所支付的价金时,始得请求返还原物。"同时,该法典第二千二百七十九条第二款又但书规定:"但占有物如系遗失物或盗窃物时,遗失人或受害人自遗失或被盗窃之日起三年内,得向占有人要求返还其物;但占有人得向其所由取得该物之人行使求偿权。"日本、瑞士及我国台湾地区"民法"则规定,所有人应于法定期间内请求返还原物,否则,善意受让人则确定地取得所有权。《日本民法典》第一百九十三条规定:"对于盗赃物或遗失物,受让人或遗失人自被盗或遗失之时起二年内,得向占有人请求恢复其物。"《瑞士民法典》第九百三十四条规定:"因动产被盗窃、丢失或因其他违反本意而丧失占有的,得在丧失的五年期间内请求返还。"我国台湾地区"民法典"第九百四十八条和第九百四十九条规定:"善意取得之动产如为盗赃或遗失物时,丧失动产之被害人或遗失人,自被盗或遗失之时起二年内,得向占有人请求恢复其物。"

通过赋予原权利人以一定回复权利的期间,既给了原权利人机会,又合乎情理地保护了善意人的利益。在某些情况下,善意第三人可不必适用除斥期间,即时取得所有权。如财产被多次转让,或者财产是易消耗物及其他不宜返还的财产,为不致大面积影响社会生产生活秩序,一般可例外地适用善意取得。对某些在交易场所或公开拍卖场合善意受让盗赃物的,为维护这些交易场所的信用,保护善意受让人的利益,可考虑由所有人给付善意第三人一定补偿后要求返还,这也就是我们通常所说的占有脱离物的有偿回复。但我国物权法,即便是非由公开市场买受的盗赃物、遗失物,原权利人也必须先赔付价金才能请求善意买受人返还原物。

(二)善意取得的主体要件

1.善意取得主体的民事主体资格合法

善意取得的主体,包括善意第三人(受让人)和无权处分人(让与人)都必须是具有完全民事行为能力和权利能力的自然人或法人。限制民事行为能力人受让和让与,应由其法定代理人代理或征得其法律代理人的同意,或者该行为符合其能力范围。对善意取得的主体之所以有这样的要求,是由善意取得的方式决定的,适用善意取得制度,必须是民事法律行为,故民事主体资格要合法。

2.让与人须为动产占有人或不动产的登记名义人

这是善意取得的前提条件,正是因为占有或登记为动产公示方法,才有可能使受让人信赖其为处分权人,始有善意可言。其中,占有可为直接占有、间接占有、辅助占有、瑕疵占有等。

3.让与人须为无权处分人

善意取得以让与人缺乏对标的物的处分权为要件,让与人若有让与动产或不动产的权利,受让人则当然取得所有权,故无须适用善意取得。故善意取得制度的前提条件是无权处分,即转让人处分财产的行为构成无权处分。但是,对何谓"无权处分",我国《物权法》并没有规定,学界对此有着两种不同的观点:一种观点认为,所谓"无权处分",是指无权处分人实施的处分他人权利的行为"。另一种观点则认为,所谓"无权处分"是指无权利人以自己的名义对于标的物所实施的处分行为。所谓无权利人,是指对标的物无处分权之人。此时的处分权,实质上是一种资格,亦即处分权限。

(三)善意取得的主观要件

强调第三人在受让财产时为善意,主要是防止无权处分人与第三人恶意串通,损害原财产所有人的利益。所谓"善意",即取得财产的第三人误认为具有处分该财产的权利,即第三人不知出让人为无处分权人。与善意相对的"恶意",即受让人已知或应知出让人为无财产处分权人。认定的时间,以受让人受让财产的当时及之前为善意即可,受让之后是否善意则不涉及。客观上,善意乃受让人的一种主观心态,难以为外人所知,因此对于善意的认定实际上采用的是推定的方法,应考虑交易当时的各种情况,加以综合判断。一般认为,善意的举证责任在于主张受让人为非善意者,即推定善意,当然也有由受让人举证自己善意,即推定恶意的例外情形。比如,一是受让人受让物品的价格与同类物品的当地市场价、习惯交易价相较过于低廉;二是转让人身份可疑;三是受让人、转让人关系密切,有恶意串通的可能;四是其他依受让人的知识、经验足以发现转让人有可疑情况的情形。

2016年《物权法司法解释(一)》对于何谓"善意"进行了司法上的解释。受让人受让不动产或者动产时,不知道转让人无处分权,且无重大过失的,应当认定受让人为善意。真实权利人主张受让人不构成善意的,应当承担举证证明责任。具有下列情形之一的,应当认定不动产受让人知道转让人无处分权:(一)登记簿上存在有效的异议登记;(二)预告登记有效期内,未经预告登记的权利人同意;(三)登记簿上已经记载司法机关或者行政机关依法裁定、决定查封或者以其他形式限制不动产权利的有关事项;(四)受让人知道登记簿上记载的权利主体错误;(五)受让人知道他人已经依法享有不动产物权。真实权利人有证据证明不动产受让人应当知道转让人无处分权的,应当认定受让人具有重大过失。受让人受让动产时,交易的对象、场所或者时机等不符合交易习惯的,应当认定受让人具有重大过失。

（四）善意取得的客观条件

1.转让人与受让人的转让行为合法有效且受让人须通过交易行为有偿取得财产

转让行为合法有效是必需的要求，现在在理论界存在争议的是转让行为是否必须为交易行为，即是否必须有偿。我们认为，善意取得的立法宗旨在于保护交易安全，因此善意取得的适用应以受让人与让与人之间存在交易行为为前提。所谓通过交易而取得财产，有学者认为，是通过买卖、互易、债务清偿、出资等具有交换性质的有偿行为实现的，而在无偿转让场合不能适用善意取得。理由有二：一是如适用善意取得，原所有人得向让与人主张损害赔偿，让与人因无不当得利，只得以自有财产进行赔偿，其结果对让与人而言有失公平；二是在无偿转让场合，受让人属纯得利益，牺牲所有人利益为代价来保护无偿受让人，显失公平，但受让人返还受让物对其并不会造成损失，故善意取得应以有偿交易为前提。

同时，《最高人民法院关于适用〈中华人民共和国物权法〉若干问题的解释（一）》对于交易行为等合同行为规定，转让合同不存在违反《合同法》第五十二条等无效行为，转让合同不存在因受让人存在欺诈、胁迫或者乘人之危等法定事由被撤销。言外之意，转让人与受让人之间的债权行为应当是有效的。

2.受让人须实际占有受让的动产或通过合法途径登记受让的不动产

受让人对动产的占有或对不动产的登记是善意取得的客观要件，依据的是动产所有权转移以占有交付为公信力的原理和不动产以登记公示为公信力的原理，如受让人尚未现实占有受让动产或登记受让不动产，其与无权处分人间仅存在债权关系，而原所有人对该财产仍享有物权。依物权优于债权的原理，受让人只能请求债权保护，故受让人欲受善意取得制度保护须占有受让财产。

（五）善意取得的法律效果

当具备了法律规定的善意取得制度的要件后，自受让人实际占有该动产或者不动产之日起，受让人就可以取得该动产或者不动产的所有权。原权利人就丧失了对该财产的所有权，也不能向受让人主张返还。取得标的物的所有权,这是善意取得的最基本的法律后果。让与人向受让人交付了标的物,从受让人实际占有该标的物时起,受让人就是该标的物的合法所有人,原所有人的权利也就归于消灭。通说认为,善意取得是原始取得,善意取得制度系各国法律为平衡各方利益而作出的一种强制性规定,受让人取得财产的所有权及其他权利,是基于物权法的直接规定,在法律性质上为原始取得。具备善意取得的要件后,受让人依据法律的规定取得了他人财产的所有权,其得利是有法律原因的,是基于《物权法》的规定,故不构成不当得利;同时受让人依据物权法取得该财产,构成阻却违法,故也不够成侵权。原所有权人主张返还的,不应予以支持。

善意取得的发生,可在原所有权人与无权处分人之间产生债的关系,原所有人可就自己的损失向其选择行使债务不履行的损害赔偿请求权、不当得利返还请求权或者侵权损害赔偿请求权。因善意取得制度标的物的原所有人丧失了所有权,又不能请求善意第三人返还标的物,所以必须在法律上为原所有人提供救济,即原权利人可以基于债权请求权要求转让人承担合同责任、侵权责任或不当得利返还责任。如甲将其所有的一块手表借给乙使用,而乙却将手表以一定的价格卖给了第三人丙。那么甲和乙之间就可能存在合同责任(借用合同)、侵权责任(无权处分手表)、不当得利返还(乙从第三人丙处获得的价款),甲当然可以从其中选择认为对其最有利的方式要求乙承担责任。具体来说,第一,合同责任。如果原权利人和转让人之间存在租赁、保管等合同关系,转让人擅自处分了原权利人的财产,则原权利人可以以违约为由,请求转让人承担违约责任。第二,侵权责任。由于转让人对原权利人标的物不享有处分权,而仍然将标的物转让给第三人,在此种情形下,就侵犯了原权利人的财产权,应当承担侵权责任。当原权利人和转让人之间事先存在合同关系时,就发生侵权责任的竞合,即转让人其无权处分行为既构成其与原权利人之间合同的违反,又构成侵权行为。原权利人可以选择一种对其最为有利的请求权对转让人提出主张。第三,不当得利返还责任。转让人与第三人之间发生的是有偿交易行为,转让人因转让标的物而获得利益,属于不当得利,原权利人有权要求其返还不当得利。

【案例 3.3】无权处分房屋买卖的处理①

原告与被告徐某某之间是亲戚关系。2002 年 10 月 20 日,原告作为乙方,被告徐某某作为甲方,双方签订"协议书"一份,约定:"在青浦商城浦仓路三处商业房由徐某某在 1998 年 5 月购置的商业房。现从 2002 年 10 月起一半的房屋产权卖给俞某甲(青浦区赵巷镇崧泽村村民委员会于 2008 年 7 月 10 日出具证明一份,内容为'赵巷镇崧泽村村民俞某甲与俞某乙同属一人')。故今后房产权归属两人各一半,房屋出租的收入及各项费用两人各一半,本着在平等、自愿、互惠、互利的基础上,此房今后如出租或出售都应两人协商一致为定,本协议即日起有效。"2002 年 12 月 24 日,被告金某某出具收条一份,载明"今收到俞某甲现金 10 万元"。2002 年 12 月 30 日,本案系争房屋由上海市房屋土地资源管理局核发了沪房地青字〔2002〕第 010464 号上海市房地产权证,权利人为被告徐某某。因被告徐某某未为原告办理房屋共有登记,故原告于 2008 年 7 月起诉本院。

原告诉称,其与被告于 2002 年 10 月 20 日签订上述协议书,被告徐某某于 2002 年 12 月 24 日办理了系争房屋的产权证,产权人为被告徐某某。起先两被告尚能将房屋出租的收入分一半给原告,但从 2008 年 5 月起两被告未将出租的收入 1 万元分给原告一半。原告于 2008 年 6 月要求两被告将原告作为共同产权人登记到房产证上,两被告却以双方系亲戚为由告知原告无需办理,故原告起诉法院要求确认坐落于上海市青浦区浦仓路三处的房屋的一半产权归原告所有;两被告协助原告将坐落于上海市青浦区浦仓路三处的房屋过户到原告与被告徐某某名下(各占50%份额);两被告立即支付原告系争房屋出租所得的一半计 5000 元。审理中,原告撤回了第一项诉讼请求。

被告徐某某辩称,系争房屋是 1998 年 5 月开始买房,贷款在一年内就已还清,由于资金不足的关系当时未缴纳房产税。2002 年 10 月其将

① 参见上海市青浦区(2008)青民三(民)初字第 2232 号民事判决书。

房产税缴清后,于 2002 年 12 月 30 日办出产证。被告金某某与原告签订"协议书"的情况徐某某并不清楚,金某某当时未经其同意就出售了涉案房屋。

被告金某某辩称,2002 年时其由于家庭困难向原告借款 10 万元,当时原告要求金某某与她签订协议并在产证上写上原告的名字。后来金某某要求将借款 10 万元还给原告,但原告不同意。

争议焦点:未经其他共有人同意单方处分共有物的行为是否有效?

法院经审理认为,行为人没有代理权、超越代理权或者代理权终止后以代理人名义订立合同,相对人有理由相信行为人有代理权的,该代理行为有效;财产所有权是指依法对自己的财产享有占有、使用、收益和处分的权利;夫妻对共同所有的财产,有平等的处理权。本案中,两被告于 1979 年登记结婚,于 1998 年购买取得系争房屋,故系争房屋系两被告的夫妻共同财产。夫妻对共同所有的财产,有平等的处理权。被告徐某某称金某某将涉案房屋出售给原告的行为,其并不知晓,也未同意,故该房屋转让行为属于无权处分。该无权处分行为是否有效,应从以下几个方面分析:(1)两被告系夫妻关系,可以推定徐某某对金某某的处分行为是明知的,故原告有充分理由相信被告金某某可代表徐某某在"协议书"上签字。(2)从案件事实来看,原告与被告于 2002 年 10 月 20 日签订上述协议书后,两被告将房屋出租的收入分一半给原告,一直持续到 2008 年 5 月。长达五年半的时间内,涉案房屋的租金收入均由原被告共享,徐某某称其对此处分行为不知情的理由是不符合逻辑的。(3)从另一个方面讲,即使徐某某当时真的不知道,原告也有充分理由相信金某某的处分行为系夫妻共同行为。共同生活的夫妻一方处分共同财产,对原告来说,已经构成表见代理。原告出于善意且支付了合理的对价,从保护交易安全、保护善意相对人合法权益的角度出发,也应该确认转让事实存在,转让协议有效,双方均应按照"协议书"的约定履行各自的权利义务。现原告要求履行买卖合同,将房屋登记在原告与第一被告名下的诉讼请求应予支持。"协议书"中约定"房屋出租的收入及各项费用两人各一半",该条款系原告与被告徐某某对本案所涉房屋财产所有权收益的约定,应为合法有效。现被告徐某某未将房屋一半的租金给付给原告,理应依照原告的请求支付给原告一半的租金。据此,法院判决:被告徐某某配合原告俞某乙办理坐落于上海市青浦区浦仓路三处房屋的共有登记手续(原告俞某乙与被告徐某某各占 50% 的份额);被告徐某某支付原告俞某乙租金5000 元。

从本案来看,共有权人处分共有财产应取得其他共有权人的同意,未取得其他共有权人同意而擅自处分的,属无权处分,但无权处分行为的效力不一定无效。我国《合同法》第四十九条规定:"行为人没有代理权,超越代理权或者代理权终止后,以被代理人名义订立合同,相对人有理由相信行为人有代理权的,该代理行为有效。"这即为我国《合同法》上的表见代理制度。本案中,系争房屋系两被告的夫妻共同财产,两被告对系争房屋亦有平等的处理权,故被告金某某有权与原告签订房屋买卖合同。虽然被告徐某某未在协议书上签字,但因当时两被告仍在夫妻关系存续期间,原告又提供了其持有的本案系争房屋购买时的相关原始凭证,故原告完全有理由相信被告金某某可代表徐某某在协议书上签字,被告金某某的行为构成表见代理。

一般而言,共有权人处分共有财产应取得其他共有权人的同意,未取得其他共有权人同意而擅自处分的,属无权处分,无权处分行为的效力不一定无效。由于夫妻财产制具有特殊性:所有权归属具有一定的模糊性、单方处分权受到一定的限制、财产关系与身份关系紧密相关。夫妻一方未经另一方同意,对共同共有财产进行处分时可适用表见代理制度,这有利于稳定交易秩序。法院审理此类案件时,应审查主张适用表见代理的一方是否满足以下条件:由于夫妻间特殊的人身关系和财产关系,第三人在与擅自处分人交易时完全有理由基于对擅自处分人有权处分的信任与其交易,该第三人主观上处于善意,客观上支付了对价。

【案例 3.4】登记的物权效力与合同效力的区分①

郑某、沈某于 2007 年 7 月 26 日与广州某房地产开发有限公司签订了《商品房买卖合同》,购买该公司开发的广州雅居乐花园雅逸庭某房屋,房款为 582062 元。合同约定,郑某、沈某于 2007 年 7 月 29 日前支付房款 182062 元,同时办理 400000 元的银行按揭手续。广州某房地产开发有限公司应当在 2007 年 12 月 31 日前将合同约定的商品房交付郑某、沈某使用。并约定广州某房地产开发有限公司应在郑某、沈某交齐房价款且办理收楼手续后 730 天内办妥房地产权证。之后,郑某、沈某委托广州市某代理有限公司将广州雅居乐花园雅逸庭某房屋放盘。杜某某通过广州市某代理有限公司的介绍相中郑某、沈某放盘的广州雅居乐花园雅逸庭某房屋,双方在经纪方广州市某代理有限公司的见证下于 2008 年 4 月 20 日签署了《房屋买卖合同》,合同中第三条约定"卖方(即郑某、沈某)持有该物业之房产权属证明。卖方保证对该物业享有完整处分权",同时约定双方就楼价的支付方式达成一致协议,由买方(即杜某某)按转按揭付款的方式付款,并由买方向卖方先支付 50000 元作为定金。同日,杜某某向郑某、沈某支付了 50000 元定金。郑某、沈某在向广州某房地产开发有限公司购买广州雅居乐花园雅逸庭某房屋时,与中国工商银行股份有限公司广州番禺支行签订《个人住房组合抵押借款合同》,约定由中国工商银行股份有限公司广州番禺支行向郑某、沈某发放贷款总额为 400000 元的住房公积金个人住房贷款,贷款期限为 16 年。该《个人住房组合抵押借款合同》经广州某房地产开发有限公司作为保证人,由广州市番禺区公证处作出公证。另查明,郑某、沈某已于 2008 年 6 月 30 日向中国工商银行股份有限公司广州番禺支行还清了全部个人住房按揭贷款。2008 年 3 月 2 日,杜某某以房屋未取得房产证、转按揭方式违法等理由,请求法院判令本案《房屋买卖合同》无效,郑某、沈某返还购房定金 50000 元。

---

① 参见(2008)番法民三初字第 2710 号、(2009)穗中法民五终字第 1365 号民事判决书。

争议焦点：如何认定未领取产权证的房屋买卖合同的效力？

一审法院认为，《城市房地产管理法》第三十七条"未依法登记领取权属证书的房产不得转让"的规定，是指买卖行为因尚未登记领取权属证书而不能彻底完成及发生所有权转移的合同履行目的。依法登记领取权属证书只是物权变动的成立要件，而非买卖合同的生效要件。因此，不得据此确认本案争议的买卖关系无效。同时双方当事人在房屋买卖时，杜某某对该房屋尚未领取权属证书的事实是清楚的，所以推定双方对交易的风险和各自的权利义务是知晓和同意的，应对双方产生约束力。杜某某与郑某、沈某签订的《房屋买卖合同》是双方当事人的真实意思表示，且双方买卖房屋的合同目的是可以实现的，所以该合同是合法有效的。根据《中华人民共和国民事诉讼法》第六十四条第一款，《中华人民共和国合同法》第八条、第三十二条、第四十四条，《中华人民共和国担保法》第八十九条的规定，判决驳回杜某某的诉讼请求。

杜某某提起上诉。二审法院认为，我国《合同法》规定，依法成立的合同，自成立时生效，本案双方当事人签订的房屋买卖合同，可以确认出自双方当事人的真实意愿，但对合同内容的效力却有争议，主张无效的理据是未领取权属证书的房屋不能出售的相关规定。《最高人民法院关于适用〈中华人民共和国合同法〉若干问题的解释（二）》第十四条规定，《合同法》第五十二条第（五）项规定的"强制性规定"，是指效力性强制性规定。也就是说，导致合同无效的违法内容必须是违反法律效力性强制性规定。上诉人所引用的法律规定或者规章，都不属于效力性强制性法律规定。本案合同约定买卖的房屋，虽然未取得权属证书，但该权属证书的审查正在进行，无论将来是否能够出具归属于上诉人或者被上诉人的权证，影响的是双方当事人的合同目的，并不是影响合同效力，因此，上诉人要求确认合同无效，缺乏法律依据，本院不予采纳。遂判决驳回上诉，维持原判决。

《合同法》第五十二条第五款规定违反法律、行政法规的强制性规定的合同无效,此处的"强制性规定"指的是效力性规范。《中华人民共和国城市房地产管理法》第三十七条第六项关于"未依法登记领取权属证书的房地产不得转让"的规定属于管理性(或称取缔性)的禁止性规范,而非效力性的禁止性规范,违反该条规定签订的房屋买卖合同,并不当然无效。本案中,双方签订的《房屋买卖合同》是在公平、等价、有偿,不存在欺诈前提下签订的。根据司法自治法无明文禁止原则规定,合同有效。依法登记权属证书只是物权变动的权利要件,而不是买卖生效要件。双方签订《房屋买卖合同》的行为属于债权行为,而不存在处分行为,只要符合合同的成立要件,就应当认定合同有效,至于合同中约定的过户登记等物权行为是当事人应当履行的义务,本案中领取房产证只是时间问题。而且在本案的房屋买卖合同中,双方也明确约定被上诉人转让的是将来从开发商过户到被上诉人中取得房产证的房屋。

对于未领取产权证的房屋买卖合同的效力,有三种不同意见:买卖合同因违反了《城市房地产管理法》无产权房屋不得买卖的禁止性规定而无效;未取得产权而处分他人财产,是无权处分,无权处分的合同效力待定;合同符合当事人的意思自治,并不违反法律强制性规定,故有效。

《城市房地产管理法》第三十七条第六项规范的含义,其只是规定"未依法登记领取权属证书的"房地产"不得转让",并未正面规定转让未登记领取房产证的房屋买卖合同无效。其次分析该规范的类型和性质,该法第三十七条第六项虽属禁止性规定,但从立法意图上看,该条规定的立法目的是为了保证进入市场交易的房地产产权清晰合法,避免权属不清的房地产进入市场后,扰乱市场秩序,损害当事人的合法权益,并利于国家对房地产的管理和监督。违反这一规定,只产生物权不能及时变动(如房屋转让不能如期过户或及时颁证)的结果,其只会损害房屋买受人的民事利益,并不直接损害国家利益和社会公共利益,故该条规范的性质属于管理性的禁止性规范,而非效力性的禁止性规范。违反该条规定,仅产生行政法意义上的违法,并不对民事合同效力产生影响,亦不当然导致房屋买卖合同无效。在无其他导致合同无效事由存在的情况下,合同应确认为有效。

近年来,随着房价的上涨,无产权证房屋买卖合同纠纷案件在审判实践中屡见不鲜。在审理这类案件时,应注意两个问题:一是产权登记与房屋买卖合同效力的关系。我国《物权法》实施后,不动产物权变动与其原因行为的区分原则在立法上得以确立,关于产权登记与房屋买卖合同效力关系的各种争论应该尘埃落定。二是对我国《合同法》第五十二条第五项的理解与适用。从鼓励交易、维护市场秩序的立法本意出发,并不是所有违反法律、行政法规的强制性规定的合同一律无效,只有违反效力性规范的合同才认定无效。

第四章　物权保护

一、物权保护的一般论述

物权保护,即在物权受到侵害的情况下,依据法律规定的方式排除侵害及恢复物权的完满状态,或者说是使物权人可使权利恢复至完满状态。

物权保护,依其适用的法律来说,可分为物权的公法保护和私法保护两大类型。物权的公法保护,即直接依据行政法、刑法排除侵害人的侵害,并追究侵权者的责任,以达到保护物权人利益的目的。物权的私法保护,即直接依据民法这样的法律,排除侵害人的侵害,追究侵权者的民事责任,以达到恢复物权的完满状态的目的。公法保护与私法保护皆为重要,它们或共同适用或单独适用,其作用相辅相成。二者主要不同之处在于,公法保护常常适用强制性规范,责任为惩罚性责任;而私法的保护基本上体现民法补偿性的特征,当事人的地位平等,基本不具备惩罚的特点。① 当然,二者在法律适用的依据、程序、追究法律责任的方式方面亦有显著区分。应注意的是,物权的私法保护与公法保护是相互配合、包容和借助的关系,并不相互排斥。故,如依私法的规定不能达到物权保护的目的,物权人当然可请求依据公法来保护其权利。但公法的保护也须以民法保护作为基础,也应立足于权利人私权的恢复。

物权的私法保护方式,从物权人自己在保护中作为的角度,可分为自力保护及诉讼保护。所谓自力保护,也称自主保护,即物权人当其权利被侵害时以自己的行为来恢复物权完满的状态。所谓诉讼保护,是指物权人在其权利受

---

① 孙宪忠:《中国物权法总论》,法律出版社 2014 年版,第 423 页。

侵害时向国家的司法机关、主要是向法院提出保护的请求,依据法院判决的强制力达到物权保护的目的。当事人向法院提起诉讼保护所依据的权利,即物权请求权。

我国《物权法》中规定的主要是物权的民法保护,主要是私法中诉讼保护这一基本方式。公法的物权保护方式主要规定在行政法、刑法等法律中,私法中自力保护的司法实践非常重要,但该制度在我国《物权法》中尚未规定。因此本节我们主要关注物权请求权这一物权保护方式。

二、物权请求权的概念与性质

(一)物权请求权的概念

物权请求权,基于物权而产生,是指当物权人在其物权被侵害或有可能遭受侵害时,物权人请求恢复物权的圆满状态或防止物权被侵害的权利。对于"物权请求权"这一法律术语,有学者认为其与"物上请求权"并无区别。如我国台湾地区学者李太正先生指出,之所以将"物上请求权"与"物权请求权"并称,乃认为占有为一种权利而非事实,故将物上请求权与物权请求权视为同一,尚无不当。① 但我们认为,若严格考察二者亦有区别:

1. 物上请求权较物权请求权的外延大

在物上既可能存在物权请求权,又可能存在债权请求权,故物上请求权大于物权请求权。

2. 产生的依据不同

物权请求权是基于物权产生的请求权,只有在物权受到侵害或有遭受侵害的可能时才能行使;而物上请求权,则是基于物产生的请求权,是在物受到侵害或有遭受侵害的可能时行使的。② 事实上,在很多情况下,物和物权受到侵害并不同时发生,即在物权受到侵害时,物往往并不一定受到侵害。

① 李太正:《物上请求权与物权请求权名称之辩证》,载苏永钦主编:《民法物权争议问题研究》,五南图书出版公司 1999 年版,第 49—57 页。

② 王利明:《物权法研究》,中国人民大学出版社 2002 年版,第 101—102 页。

3.物权请求权是与债权请求权相对应的概念,而物上请求权则没有这种对应概念

物权请求权的存在有赖于物的存在,故其具有物的属性自不待言。对此,学说上有绝对物权说、支配权说及排他性说各种主张。我们认为,正是因为物权具有绝对性、支配性及排他性的效力,法律赋予物权以请求权以更加有效地保护物权,否则物权将沦为有名无实的权利。

(二)物权请求权的性质

1.物权请求权性质的纷争

物权请求权性质争论由来已久且众说纷纭,学者的见解既有重合也有不同。德国民法理论通说指出,物权请求权因保证物权圆满而生,无独立存在目的,其不可与物权完全脱离(或认为其自物权中产生,且与物权紧密联系在一起),不可独立转让于第三人[①],是一种附属性权利,而非独立权利。对于物权请求权的性质,我国大陆学者观点归纳后有如下五种:一是附从权利说。认为物权请求权是依附于物权支配权的附从权利。二是物权作用说。认为物权请求权是根据物权作用产生的一种权利,是物权效力的具体体现,其与物权不可分离,不是独立的权利。三是债权说。认为物权请求权是特定当事人之间请求为一定行为或不为一定行为的权利,是行为请求权,在性质上属于债权,应适用债法的有关规定。四是准债权说。物权请求权并非物权本身,而是一种独立的权利,其内容类似于债权又非纯粹的债权,因其产生、转移、消灭都与物权有密切的关系,因此是一种非纯粹债权,只能称为准用债权规定的权利。五是独立权利说。物权请求权既具有债权请求权的某些特征,又与物权具有密不可分的联系,它既不同于债权请求权,又不同于物权,可视为一种独立类型请求权。

物权作用说及物权效力说,从本质上都为否认物权请求权作为一种独立权利的学说,其不合理之处在于:物权请求权发生在相对人之间,具有相对性,如果说物权请求权是物权效力的一种体现,则物权兼具支配性与相对性的特

---

①　孙宪忠:《德国当代物权法》,法律出版社1997年版,第88页。

征,显然模糊了物权具有支配性的本质特点。认为物权请求权的性质为债权或准债权,实质上混淆了请求权与债权的内涵。请求权与债权都是请求相对人为一定行为或不为一定行为的权利,但请求权是一种被法律创设的救济权,债权则是一项基础权利,债权产生的时间早于请求权,且债权的核心是受领权、保全权和维持权,而非所谓的请求权。从文义解释的角度出发,物权请求权首先是一种请求权,不能把物权请求权的性质界定为与请求权性质截然不同的债权。独立权利说承认了物权请求权为一项独立的权利,但其并未真正揭示物权请求权的性质。

2. 物权请求权性质的明晰

如上文所言,请求权是权利的表现,而非与权利同属一物,请求权因基础权利而生,以其所由的基础权利不同,可分为债权请求权、物上请求权、人格权请求权及身份上的请求权等。基础权利与救济权是两种性质完全不同的权利,基础权利是一种客观存在的自然法上的权利,法律只能发现基础权利,确认基础权利,根本不能创设基础权利。而救济权是法律创设出来的一种权利,因此救济权既不是基础权利的必然权能,也不是基础权利的内在结构组成部分,它一经创造,就成为独立于基础权利存在的另一种权利,请求权就是如此。请求权的救济性在物权领域的延伸,配之物权保护需要,物权请求权应运而生,因此,物权请求权具有请求权的全部功能与特征,是请求权之一种,其作为一项独立请求权的性质,不言自明。

在法律层面,表达一种权利是一种独立权利时,其所指的是:(1)不和其他权利发生依存关系而单独存在的权利;(2)在两个相互依存的权利中,不依赖于他权利而被他权利所依存的权利。从此两层内涵而言,物权请求权的独立性也是成立的。

在传统民法中,请求权与债权的关系显得尤为密切,以至于不少人认为债权就是请求权,抑或说请求权就是一种债权,这就可能导致与物权同属于基础权利的债权不能产生债权的救济权即债权请求权,至此,请求权的救济性便不能在债权领域得以延伸,造成物权请求权性质理解上的逻辑困难。其实,常态下的债权不可能产生真正的请求权。所谓常态下的债权,是指未届履行期的债权抑或说未受侵害的债权。在给付逾期之前,基于债的信用和可期待性,债权人虽可向债务人提出提前履行的要求,但这种要求不具有法律上的强制力,债权人在债权常态下的这种请求,充其量只是一种单方的意思表示,而非一种权利或权能,在债权未届清偿期的情况下,债权人根本不享有给付请求权。在债权已届履行期限的情形下,如果债务人依据债的内容正确无误地履行了义务,也不会产生债权人的请求权。债权只有在非正常的状态下,即履行期间届满,债务人本应履行自己的债务,而未履行,实际上是债权被侵犯了,才产生要求债务人履行债务的请求权,这才是债权的救济权。可见,债权请求权与物权请求权在理论逻辑与价值上都是统一的。只不过因债权和请求权在内容上具有相似性,使得在债权受到侵害时所产生的债权请求权的内容和债权的内容相同,这恰与物权受到侵害时所产生的救济性权利即物权请求权与其基础权利物权内容的不一致形成鲜明对比。

三、物权请求权的时效制度适用问题

关于物权请求权是否适用消灭时效,各国(地区)法律规定及判例学说各不相同。归纳起来主要有以下三种理论:

(一)肯定说

该学说主张物权请求权适用消灭时效。如学者王伯琦认为,物权的请求权虽非纯粹债权,但仍是以特定人给付为标的的独立请求权,因此仍然为请求权的一种。如民法规定消灭时效适用于请求权,则自然包括物权请求权。洪逊欣指出,时效制度创设的目的在于确保其法律秩序的安定,并禁止"睡眠于权利之上的人"滥用其权利以招致举证困难,如物权请求权不能脱离基本物权而适用消灭时效,等于承认物权人并不负依诚实信用的观念而妥善行使物权及物权请求权的义务,则最终导致滥用权利的后果,亦不符时效制度的精神。

(二)否定说

该学说主张物权请求权不应适用消灭时效,认为物权请求权与物权不可分,如适用消灭时效,则物权将可能有名无实。如物被盗窃,若所有物返还请

求权因消灭时效而消灭,而盗窃人有可能不能依据取得时效而取得物权,此时将会出现权利的真空,其结果会导致国家所有权的不适当扩大,因为无主财产应收归国家所有。其代表人物为我国台湾地区的史尚宽、郑玉波,日本的我妻荣,以及我国大陆的王利明等。

(三)折中说

如我国台湾地区张龙文认为,除登记的不动产物权请求权外应适用消灭时效的规定。因设置时效制度,虽可避免举证困境,但已登记不动产的权利并无此问题涉及。已登记不动产的占有人无法因取得时效而取得所有权,原所有权人却因时效而无法请求返还,此种状态下,自难期望双方为改良或增值行为,对社会经济不利,故不应适用消灭时效的规定。梁慧星认为,只有返还财产请求权与恢复原状请求权适用消灭时效,其余皆不适用诉讼时效,理由是返还原物为物权请求权之典型,若适用消灭时效则可能发生权利主体虚位或法律规则之无意义问题。[1] 我们认为,物权请求权不宜适用消灭时效,理由如下:

一是物权的请求权与物权不可分开。因为物权不适用消灭时效,所以物权的请求权也不能与物权分开而单独适用消灭时效,否则将会使物权成为有名无实的权利。因此,只要出现对物权的侵害,物权请求权就会不断发生。

二是物权请求权与债权的请求权存在较大差异。债权具有积极性,即债权人必须主动请求对方给付,将消灭时效制度适用于债权,对债权人积极行使权利确实具有极大督促作用。而物权则不同,它具有消极性,即权利的享有不须积极地请求对方为给付行为,仅在其圆满状态受到破坏时才发动请求权,以除去妨害等。

三是物权请求权通常存在于继续性侵害行为。所谓继续性的侵害行为是指这类侵害和妨害行为通常是持续的、不断进行的。对这些继续性的侵害或妨害行为很难确定时效的起算点,只要权利人发现其权利受到了侵害或遭到妨害或有妨害之虞,就有权行使物权请求权,而不应适用消灭时效。

---

[1] 尹田:《论物权请求权的制度价值——兼评〈中国物权法草案建议稿〉的有关规定》,《法律科学》2001 年第 4 期。

四、物权请求权与其他请求权的竞合

(一)请求权竞合的基础理论

民法对各种请求权分别规定了不同的产生基础和行使条件,从规范层面看,各项请求权都是依一定法律事实的出现而产生。法律事实是对自然事实的对象化认识结果,因此,同一自然事实可能符合多个法律事实的规定,在规范层面上特定法律事实与特定请求权要求一一对应[①],这就可能导致一个自然事实的发生,因切合不同法律事实的构成,产生多个请求权,发生请求权竞合,"在请求权竞合状态下,竞合的请求权没有孰先孰后,一切皆以当事人选择。受损人一旦选择并实现一项请求权,即意味着放弃另一项请求权"。[②] 物权在行使过程中,受到妨害之情形,不仅能符合物权请求权产生基础,亦可能契合其他请求权构成要件,发生请求权竞合。

(二)物权请求权与占有请求权的竞合

近代物权法对物的支配可划分为观念支配和事实支配两种,前者具有法律上的正当权利,是抽象的支配,所有权与他物权如是;后者与法律上的正当权利无关,属于事实上的支配,如占有制度。尽管对占有加以保护的理由各位学者见解分歧甚大,但各国立法上对占有的保护却是无疑事实。在占有保护制度中,盗贼的占有与有占有权源的占有在法律上并无区别,这种因为占有对物事实上的支配与物权对物的支配性质上有所不同,使得因保护占有而产生的占有回复请求权和物权请求权存在性质上的不同,其原因为:(1)二者产生的基础不同。前者是基于占有而产生的,后者是基于物权而产生。(2)二者占有是否存在占有权源不同。前者只要证明自己是占有人即可,也无需说明占有是否存在占有权源,后者则要证明自己是物权人,即所有权人或他物权人,所以基于债权而占有物的,在失去占有或占有被侵夺时,可以依据占有回复请求权要求返还,但绝对不享有物权请求权。(3)二者行使效果不同。前

---

① 王利明:《违约责任论》,中国政法大学出版社 1996 年版,第 279 页。
② 王利明:《民商法研究》(第 1 辑),法律出版社 2001 年版,第 558 页。

者行使效果在于稳定物的现实支配状态,回复占有,后者行使的效果在于恢复物权的圆满支配状态。当然,占有的事实作为物权的一项占有权能时,二者就会发生重合,也就导致占有回复请求权与物权人请求权的竞合,应允许权利人选择一种权利行使。

(三)物权请求权与债权请求权的竞合

1. 物权请求权与合同请求权的竞合

(1)合同有效时,不存在物权请求权的适用,当事人之间的损害赔偿及相关损益返还问题,依据当事人之间有效合同进行处理。基于有效合同,当事人之间所为的给付有法律上的原因,不存在无权占有或被侵占的情形,当然也无返还请求权适用余地,即使一方履行了给付,相对方在接受给付后而陷入履行不能时,接受履行的一方对物的占有不是无权占有或侵占,而是基于有效合同,所以履行义务的一方不能向对方当事人主张返还请求权。

(2)合同期满终止时,以占有、使用、保管等为目的的合同,占有人基于有效的合同合法取得物的占有,在合同期满终止时,对方当事人得基于合同要求占有人返还物给自己,这理应当然。但因为占有人没有取得物之所有权,原所有人是否可以依据其所有权要求占有人返还,即是否同时可以行使返还请求权,有学者认为应该依《合同法》上的规则要求占有人返还,不能依据所有权向占有人要求返还;但也有人认为,基于合同之相对性,这样做对所有人的保护不完整,主张这两项请求权可发生竞合,由当事人加以选择。同时,在存在基于契约或者给付型不当得利返还的情况下,也可适用返还请求权,如在承租人把物交给第三人占有的情况下,所有人可直接向第三人要求返还,特别在第三人破产的情况下,对所有人利益的保护,则尤为显著。因返还请求权与合同返还请求权都存在的法律基础,应允许请求权竞合的存在。以承租合同为例,承租人在租赁合同期满之后,应返还租赁物,依此恢复原来的物权秩序,这时的权利义务关系非常明确。但同时,租赁物的所有权没有转移,承租人占有租赁物因为合同期满终止而失去继续占有的法律依据,对于作为出租人的所有人来说,当然构成无权占有人之占有,出租人得基于其所有人的地位行使所有物返还请求权,从实务角度来说,承认请求权之竞合可更好地使物回归原物权人之手。

（3）合同无效或被撤销时，当事人之间法律关系的恢复依据的是给付型不当得利请求权及附属的规范，不适用物权请求权中返还请求权，这是德国民法的通用做法①。但也有学者认为，此时返还请求权优先于不当得利请求权的适用，不包括占有人消耗或出售财产的情况。而有学者认为应该从无效或撤销的法律行为是债权行为还是物权行为着手，分别适用不当得利请求权或所有权返还请求权②。请求权状况如何，还要看是否存在请求权产生的构成要件。因有效合同关系而占有财产，基于对方当事人的交付，不构成"无权占有"。但在合同无效或撤销情形下，基于不同物权变动模式，当事人享有什么性质的请求权应分别分析。以一个转移所有权的合同为例，当事人已为交付或登记，买卖合同无效或被撤销，在承认物权行为无因性的法律背景下，所有权的变动只受物权行为的影响，而不受作为其原因行为的债权行为影响，因交付或登记已经完成，所有权的变动当然也随之完成，所有人失去其所有权，在此其只能依据不当得利返还请求权要求返还，不当得利制度本来就是针对没有法律原因的物权变动而设置的一项救济制度。相反，在不承认物权行为的法律背景下，所有权的转移要受债权行为的影响，在债权行为无效或被撤销情形下，所有权自始没有发生转移，所有权人当然享有其所有权，占有人的占有因无法律上依据而构成无权占有，行使物权返还请求权。

（4）合同解除情形下，当事人享有的请求权仍受到物权变动模式的影响，同时也与合同解除的溯及力有密切联系。在采纳物权行为无因性的法律背景下，合同解除具有溯及力，合同没有履行的部分免于履行，履行的部分发生返还关系，虽然债权行为被解除，因物权行为已完成，其效力不受债权行为的影响，接受给付的人取得标的物所有权，但因欠缺法律上原因，为给付的当事人享有的是不当得利返还请求权。在不采纳物权行为无因性的法律背景下，合同解除不仅使没有履行的债务免于履行，履行的部分也溯及既往的消灭。也

---

①　参见王洪亮：《论所有人与占有人关系——所有物返还请求权及其从请求权》，载王洪亮等主编：《中德私法研究》（第一卷），北京大学出版社2006年版，第77—78页。

②　参见崔建远：《关于恢复原状、返还财产的辨析》，《当代法学》2005年第1期。

就是说,标的物的所有权仍然归属于给付人,接受给付的人因合同的解除而失去占有的法律依据,构成无权占有,为给付的人享有的是物权返还请求权,不成立不当得利返还请求权,但如果给付的物被受给付的人消费或被第三人善意取得时,受给付人取得的价款或享有的利益仍然构成不当得利。

2. 物权请求权与不当得利请求权的竞合

在大陆法系传统民法理论中,存在物权请求权与不当得利返还请求权不能两立的观点。标的物虽然被他人无权占有或者侵夺,物权仍然存在,物的占有人并没有取得物之上的物权而受有利益,物权人主张不当得利返还请求权的要件不能成就,所以不发生物权不当得利返还请求权。[①] 上述论述为我们分析物权请求权与不当得利请求权的关系提供了重要的思路。其实,罗马法与德国法创设不当得利制度的目的是弥补物权行为无因性所带来的不正当财产权利变动,当债权行为无效或被撤销的情形下,只要物权行为不存在无效的原因,那么由物权行为所引起的物权变动不受影响,不当得利返还请求权正是以物权已转移给受给付者为前提,给付者已丧失物权,当然不存在物权请求权的适用,因此,不当得利返还请求权成为物权请求权不能成就下对原物权人的救济,并与物权请求权相互排斥适用。不当得利返还请求权,尤其是给付型的不当得利返还请求权,作为物权行为无因性制度的辅助性制度,是其主要的存在范围,但却不是唯一的适用领域。占有固然为一种事实上对物的支配,但占有的取得,如果无法律上的原因,即没有权源占有的获得,对于占有人本人而言,仍不失一种利益的获得,对失去占有者而言,也是一种利益的损失,"占有是一种利益,得为不当得利之客体"[②],此就是物权请求权与占有不当得利返还请求权发生竞合之场合,"无权占有他人之物的,事例甚多,如偷取他人之车,租赁关系消灭后拒不返还租赁物,或买受人基于无效或者被撤销的买卖契约及物权行为占有买卖标的物,在诸此情形,所有人对于无权占有或侵夺其所有物者,得依据所有权请求返还之。此外,物的所有人亦得依不当得利规

---

① 参见史尚宽:《债法总论》,中国政法大学出版社 2001 年版,第 103 页。
② 王泽鉴:《民法物权·占有》,台北 1996 年版,第 25 页。转引自王利明:《民商法研究》(修订版)(第 3 辑),法律出版社 2001 年版,第 266 页。

定向无权占有人请求返还物的占有。占有为一种法律上的地位，取得占有即取得受法律保护的利益，得发生占有的不当得利返还请求权。是就同一标的物的返还，得成立所有物返还请求权与占有不当得利返还请求权的竞合"。① 他物权的情形可以准用所有权返还请求权与占有不当得利返还请求权的竞合。

3. 物权请求权与损害赔偿请求权的竞合

损害赔偿请求权是指侵害物权，造成损害时权利人所享有的请求权。物权请求权和损害赔偿请求权基于不同的功能与目的，共同完成对物权的救济，物权请求权的行使在于恢复物权受到妨害之前的圆满支配状态，不以惩罚妨害人为目的，只是恢复自己的利益，相对人没有任何经济损失；损害赔偿请求权则不同，它行使的目的在于对物权人遭受损害的一种弥补，侵权人要遭受经济上的不利益。功能和目的上的差异，使二者最大的区别表现在它们的构成要件上，物权请求权的构成要件异常简单，只要物权人享有物权，物权的圆满支配状态受到了妨害或有妨害之虞时，不管妨害人是否有过错，也不要求损害的实际发生，物权人就可行使物权请求权；而损害赔偿请求权则要求损害事实实际发生，因损害赔偿请求权对于侵害人来说，要承担财产上的不利益，对其有一定的惩罚意味，必须要求侵害人主观上有过错，适用过错责任原则，表明损害赔偿请求权的发生要求侵害人主观上具有可非难性；反之，侵权人不承担责任，就如不可抗力引起的损害当事人可以免责一样。但物权请求权则不同，返还原物请求权的成立以原物尚且存在为前提，法律令原物非法占有人放弃本不属于他的利益，没有使其受到不利益，所以不以其道德上可非难性为要件，妨害排除请求权与妨害预防请求权也是如此，无论是对于已发生妨害的排除还是对将来可能发生妨害的预防，本身不与损失的分配相联系，甚至不考虑损害的事实是否发生，也不要求妨害人主观具有可非难性。物权请求权和损害赔偿请求权正是因为他们在构成要件上的不同，使物权人有时只享有物权请求权，如在物权受到妨害没有损害的情况下，有时物权人只享有损害赔偿请

---

① 王泽鉴：《债法原理（二）·不当得利》，中国政法大学出版社 2002 年版，第 269 页。

求权,如物权的妨害状态已结束或没有回复可能,且遭受损失,物权人只能对其遭受到的损害要求赔偿,有时物权人同时享有两项请求权,比如甲在乙所有的土地上堆放物品,堆放的物品使甲种植的庄稼死亡,不能丰收,那么甲即享有要求乙挪走其堆放的物品的妨害排除请求权,也享有要求乙赔偿其因庄稼不能丰收所遭受到的损失。此时,并不是请求权的竞合,因为二者针对的不是同一给付目的,是物权人同时享有两项请求权,但如果某一事实同时符合物权请求权和损害赔偿请求权的构成要件时,得发生竞合,无须言明的是,物权人一旦选定某项请求权,就要遵循这一请求权的救济模式。

五、物权请求权各类型的适用

(一)返还请求权

返还请求权是在他人无权占有物或物被他人侵夺而失去占有的情形下,物权人对无权占有人所享有的一项权利,即法律让失去占有的物权人重新取得占有,返还请求权在物权请求权各权利类型中,具有核心的意义。

【案例4.1】原告刘甲与被告李某、刘乙、吕某返还原物纠纷一案

原告刘甲与被告吕某原为夫妻关系,于2010年协议离婚,被告刘乙系二人之子。原告刘甲于2014年4月8日购买沃尔沃轿车一辆,车牌号为京112345。2014年6月,李某、吕某、刘乙将该车扣押并使用。刘甲诉至法院,请求判令:1.李某、吕某、刘乙返还刘甲车牌号为京112345沃尔沃轿车一辆;2.本案诉讼费由李某、吕某、刘乙负担。

被告李某、吕某、刘乙辩称:不同意刘甲的请求,请求法院予以驳回。因为李某、吕某、刘乙没有扣押此车,分割拆迁款诉讼中,刘甲当庭跟法庭陈述过,和执行法官也陈述过这个车抵作执行款,且购买此车的欠款也是拆迁款,并不是使用刘甲个人的钱财进行购买。李某、吕某、刘乙前期执行50万元,还有100万元没有执行完毕。李某、吕某、刘乙未扣押此车。当时是刘甲给刘乙开的。在上一个诉讼中,刘甲曾将车开走过7天,后刘甲重将车归还刘乙。

本案争议的焦点为:所有权确权问题。无权占有不动产或动产的,权利人可以请求返还原物。为对抗权利人返还原物请求权,占有人应当举证证明其占有不动产或动产并非无权占有。

涉诉车辆登记在刘甲名下,法院认定其所有权人为刘甲。刘甲作为所有权人有权追回涉诉车辆。刘乙确认该车现由其保管,现应予返还。就刘乙等人称该车系刘甲用共同拆迁款购买的答辩意见,因×村×路×号宅院拆迁安置补偿款,已经法院前期判决,故难以支持其答辩意见。刘乙等人称该车已折抵执行款的答辩意见,因与法院查明的实际情况不符,故法院难以支持。综上所述,依照《中华人民共和国物权法》第三十四条、第三十九条,判决被告刘乙于返还原告刘甲沃尔沃小型普通客车一辆;驳回原告刘甲的其他诉讼请求。

1.返还请求权的法律构成

(1)须有他人无权占有的事实。"所谓无权占有,文义甚明,即无占有之正当权源,而仍占有其物只谓"。[①] "无权占有,因其缺乏正当之权源,害及所有人对其所有物之支配利益与所有权之完满,为所有人请求返还,实属当然,对于其发生原因如何、其期间之短长、占有人为善意或恶意及有无过错,均非所问"。[②] 无权占有是返还请求权行使的实质要件,判断占有人是否构成无权占有就极为重要。凡有合法依据对物的占有,或者是基于所有权、他物权,或是基于当事人之间的约定,占有人的占有都不在无权占有之列。如基于承包经营权、建设用地使用权、动产质权、租赁关系、借用关系、保管关系或其他经物权人同意而占有物权人之物的占有,物权人在法定或约定期限内不能要求返还,即使向占有人主张返还,占有人也可依据自己的占有权源抗辩。无权占有作为无占有权源之占有,既有自始的无权占有,如因抢夺、抢劫、盗窃他人之物的占有,也有嗣后因有权占有的原因消灭而转化的无权占有,如因

---

① 谢在全:《民法物权论》(上册),中国政法大学出版社1999年版,第132页。
② 王泽鉴:《民法物权(一)通则·所有权》,中国政法大学出版社2001年版,第167—168页。

租赁或者借用期限届满,承租人或借用人应归还标的物而不归还对标的物的占有。①

（2）须请求权人是失去占有的物权人。返还请求权行使的主体要件资格必须符合两个标准：①返还请求权的请求权人必须是物权人；②此物权人必须是失去占有的人,二者缺一不可。基于债权而占有物的,即使失去占有,也不能提起物权返还请求权。返还请求权的请求权人样态复杂,具体包括：

一是间接占有人返还请求权主体资格。物权人为了能够实现自己的物权利益,通常是自己直接占有物,但也不排除所有权人通过与他人的合意,由他人合法占有物,例如通过设定他物权、签订租赁合同等,此时,所有权人对物为间接占有人,此种情形下,第三人无权占有或侵夺标的物的,作为间接占有人的所有权人是否可行使返还请求权,学者的观点有较大的差异,有人认为,不仅直接占有人得基于占有或他物权请求返还,此时所有权人也得基于所有权径行向该第三人请求返还②,日本的判例也采用这种做法。有学者却持相反观点,认为作为间接占有人的所有权人无行使返还请求权的资格,如所有权人行使返还请求权,且要求直接对自己返还,和第三人侵夺之前相比而言,不仅自己的利益有所增加,也造成了侵害直接占有人占有的结果,直接占有人的占有侵害由第三人的侵害变为所有人的侵害,因此所有权人不能行使返还请求权。③ 这其实涉及对间接占有的保护问题。间接占有人通过占有中介关系转移了对物的占有,为了保证占有中介关系终止后,间接占有人能够恢复对物的占有,就必须保证他们和物之间的占有关系在一定程度上仍然存在,也必须确保他们对物的恢复占有不会因为第三人的侵夺而受到影响,在直接占有人对物进行直接占有的期间,间接占有人间接占有背后所体现的利益仍然要受到保护,因此,就要把在占有制度中的保护扩展至间接占有,赋予间接占有人返

---

① 辜明安:《物权请求权制度研究》,法律出版社 2009 年版,第 221 页。

② 黄宗乐:《物权的请求权》,《台大法学论丛》第 11 卷第 2 期。

③ 参见郑玉波:《论所有物返还请求权》,载郑玉波:《民法物权论文选辑》(上),台湾五南图书出版公司 1984 年版,第 158 页。

还请求权。以所有物出租为例,承租人对租赁物的占有是经过出租人同意的,这种事实上的支配力要受到所有人对其所作的时间上的限制,在时间届满后,占有应该重新返还给间接占有人,为了保证这种重新返还能够实现,对于间接占有人而言,必须保证物在直接占有人占有的期间不会因为第三人的侵夺而受到影响,确认作为间接占有人的返还请求权是必需的,但是,间接占有人只能要求占有的状态恢复到占有被侵犯之前的状态。也就是说,如果所有权人行使返还请求权,必须要求第三人向直接占有人返还,而不能要求向自己返还,只有当现在的直接占有人不愿意或不能重新接受占有时,间接占有人才有权要求把对物的占有返还于他自己。

二是非法转租下出租人返还请求权的主体资格。在租赁关系中,承租人擅自或非法将租赁物转租给第三人,物权人可否直接向次承租人行使返还请求权,有学者认为出租人应解除其与承租人之间的协议,方能直接对第三人行使返还请求权①;也有学者认为,应针对第三人是善意还是恶意的情形区别对待。如第三人为善意,出租人须解除其与承租人之间的契约,使第三人占有失去合法权源,才能向第三人行使返还请求权,否则,第三人可以据合同之相对性,以自己的有权占有为抗辩;如第三人为恶意,所有人可直接行使返还请求权。我们认为,对第三人主观的善意或恶意不加区分,似有不妥,这种理解具有合理性。

三是共有人返还请求权的主体资格。在按份共有中,共有人超过其应有份额占有、使用共有物,其他共有人可否向其行使返还请求权?我国台湾地区判例多持否定看法,认为对于共有物,所有权的比例抽象地存在于共有物的全部,在分割之前无法分辨各部分属于哪一个共有人,也就不能判断其他共有人是否构成无权占有或侵夺共有物,各共有人之间不能主张返还请求权,可主张侵权行为或不当得利请求权。我国大陆学者持相反观点,认为虽然共有物份额不能具体量化到共有物的某一部分,但是份额划分同时确定了权利人行使权利的范围,若某个共有人超越其范围行使权利,必然妨害其他共有人的占

---

① 参见王利明:《物权法论》(修订本),中国人民大学出版社 2003 年版,第 157—158 页。

有、使用权,因此,其他共有人可行使返还请求权。①

在按份共有中,共有人超过其应有份额占有、使用共有物或完全侵夺、无权占有共有物,实际上是对其他共有人的份额构成无权占有;在共同共有中,共有人独占共有物,使其他人无法占有、使用共有物,对其他共有人也构成无权占有。为恢复原有物权支配状态,无论是按份共有还是共同共有,共有人行使返还请求权都能够成立,但是返还是把共有物返还给共有人,而不是请求权人。换言之,返还是为了终止无权占有人的占有,恢复到之前的占有状态。在按份共有中,如共有物被第三人无权占有或侵夺,各共有人以按照其享有的份额比例要求返还共有物,也可为了全体共有人的利益请求返还共有物的全部,如物是不可分之物时,只能请求返还共有物全部,不管何种情形,都只能向全体共有人返还。在共同共有的情形下,有学者认为,"除法律另有规定或当事人另有约定的情形下,单个共有人不得向第三人请求返还,只能经全体同意或者全体共有人共同为之"②。我们认为,在个别共有人和第三人串通或由于其他原因不愿意行使返还请求权的情况下,其他共有人将因未经全体共有人一致同意而不能行使返还请求权,利益将会受到损害,所以,应允许个别共有人为了全体共有人的利益向第三人行使共有物返还请求权,当然,返还时也必须要求第三人向全体共有人返还,而不能仅向请求权人返还。

四是代为行使返还请求权的主体资格。返还请求权是基于物权而生的请求权,与物权不可分离,但是物权人并不需要本人亲自行使,物权人的代理人也可以物权人的名义行使返还请求权,且虽非物权人,但行使物权权利者,比如失踪人的财产管理人、遗产管理人、破产者的破产管理人等都可行使返还请求权,但须以物权人的名义行使。对于法人而言,物一般都由法人的机关占有,但是,在法人的物失去占有的情形下,虽由法人的机关行使返还请求权,但该以法人的名义为之,且应该向法人返还物。

---

① 王利明:《物权法论》(修订本),中国人民大学出版社 2003 年版,第 114 页。

② 参见王利明:《物权法论》(修订本),中国人民大学出版社 2003 年版,第 114 页;黄宗乐:《论物权的请求权》,《台大法学论丛》第 11 卷第 2 期。

（3）须被请求权人是现时无权占有物的人。物权人在失去对物占有情形下,要想顺利行使返还请求权,一是须知现时无权占有物的人是谁,否则,便无法行使,如物被他人盗走却不知道盗贼是谁;二是须是向无权占有人提起,不能向无权占有人的占有辅助人或代理人提起,因二者都是在无权占有人的占有意思支配下而为的事实上的、暂时的、临时的持有,并不是民法意义上的占有人。

进一步说,返还请求权的被请求权人的确定情形较为复杂。当无权占有人通过出租、出借等方式将标的物交由他人直接占有的情形下,自己变为间接的无权占有人,此时物权人的返还请求权的相对人如何确定? 有观点认为,物权人可以向间接的无权占有人主张返还,因直接的无权占有人与间接的无权占有人处于同等的法律地位;相反,物权人不能向间接无权占有人主张返还,返还请求权行使的法律效果就是要转移物的占有,即交付标的物,间接无权占有人显然会发生给付不能。

返还请求权行使目的是恢复物权人对物的占有,"对于无权占有者,均可提起,不管是直接的无权占有者或是间接的无权占有者,且在大多数的情形下,物权人可能不知悉直接的无权占有人是谁,无法向其直接主张返还,如果否认间接无权占有人的被请求权人资格,物权人的利益将得不到保护,所以,那种认为只能针对直接无权占有人而请求返还的理论,既不符合立法者的目的,也不能为实践中的问题提供一个公平的解决方案"[1],至于间接无权占有人发生的返还不能的问题,并不是总会出现,在物权人向间接无权占有人要求返还原物的请求下,间接占有人可能会向直接的无权占有人要回物并交付于物权人,即使真的发生返还不能的情形,他也可以向物权人披露直接无权占有人或把其对直接无权占有人的返还请求权让与物权人。与无权占有人通过出租等方式使自己变为间接的无权占有人不同,如果无权占有人通过买卖、互易、赠与等方式,将无权占有物所有权转移给第三人的情形下,第三人如果构成善意取得,原来的无权占有人既不是直接的无权占有人,也非间接的无权占

---

① 周梅:《间接占有中的返还请求权》,法律出版社 2007 年版,第 31 页。

有人,原物权人就只能向原来的无权占有人主张损害赔偿。

2.返还请求权的法律效果

行使返还请求权所产生的直接法律效果就是无权占有人返还物于物权人,但是,因物被人无权占有的情形下,物权人失去的不仅仅是对物的支配,还有因失去占有而失去的本来可以得到的收益,所以,对于返还请求权行使的法律效果,不能只局限于对占有的恢复,"在通常的情况下,并不是将所有物返还给所有人就可以了事。须返还的物,可能在占有人处已经被损坏,而占有人可能还从物中获得了利益。故而,法律除了规定所有物返还请求权之外,还要规范所有人的损害赔偿请求权、收益返还请求权及占有人的费用偿还请求权"①。

(1)原物返还。返还请求权最直接的效力,就在于以交付为内容的无权占有人归还物给物权人,"与物权人的返还请求权相对应的是无权占有人的返还义务,且该义务的履行,应理解为积极的作为,而非消极的不作为"②。当然,基于利益平衡的角度出发,"认为在无权占有系由于不可抗力所致之情形,义务人仅负容忍取回义务"③。

此处的物的交付,应以现实交付为原则,但是观念交付也不应排除在外。其实,观念交付的适用机会很少,尤其是简易交付。返还请求权行使的前提就是物权人的物被他人无权占有或侵夺,但简易交付却是物权人在相对人交付之前已经占有标的物,这种行使要件的不同使简易交付的使用情形非常少,例如,甲之所有物在死之前被丙无权占有,甲之继承人乙因不知情向丙承租该物,后来发现该物系自己应继承之物,此时,丙对乙之交付即为简易交付。在占有人的占有被确定为无权占有的情形下,物权人当然可行使其返还请求权,恢复原有的支配状态,但必须考虑对方当事人及与社会之间的利益平衡。以

① [德]鲍尔·施蒂尔纳:《德国物权法》(上册),张双根译,法律出版社2004年版,第185—186页。

② 辜明安:《物权请求权制度研究》,法律出版社2009年版,第231页。

③ 刘凯湘:《论基于所有权的物权请求权》,载刘凯湘:《权利的期盼》,法律出版社2003年版,第143—144页。

越界建房为例加以说明,甲在建设房屋时越其疆界延伸至乙之土地,乙虽知此事,却未对甲提出异议,等到甲把房建成竣工之后,乙向甲行使返还请求权,要甲拆除房屋返还土地。在这种场合,尽管甲已构成无权占有,但是乙在最初没有提出异议,此时拆除房屋对于甲来说似乎不公,从社会经济效益考量,房屋也不易拆除。

(2)孳息返还。在坚持原物返还的基础之上,还应考虑物的占有被侵占或侵夺之后,所产生的孳息问题,对于孳息的返还,应区分无权占有人是善意还是恶意做不同解读。对于善意无权占有人,因推定其为合法物权人,因此对于物权人的返还请求权而言,其只负责把原物交付给物权人,对于已消费之孳息的善意占有人不负返还义务,但如无权善意占有人是无偿取得占有或过度收取孳息的情况下,应按照不当得利制度的规定把收取的孳息返还给物权人。

恶意无权占有人在返还原物的同时,应将收取的全部孳息一起返还,如孳息已被消耗或因其他的方式消失而不存在,还要用金钱等值赔偿。另外,恶意的无权占有人因自己的疏忽或过错使应可收取的孳息而未能收取,依然也要用价值补偿的方式赔偿此部分孳息。侵权占有人返还孳息的责任应同于恶意的无权占有人的返还责任。

(3)费用负担。现时的无权占有人返还物至物权人,现时的无权占有人应以自己的费用而不是物权人或合法占有人的费用来返还占有,以恢复物权人原来的物权支配状态,但如现时无权占有人对物的无权占有是由于不可抗力或者其他人的行为引起的,现时的无权占有人仅负有物权人把物取走的义务,物权人取走属于自己之物,当然得负担取走之物的费用。也就是说,返还请求权行使费用的负担,同时要兼顾双方的利益平衡。无权占有人的占有取得是由可归责于无权占有人的事由造成的,无权占有人就应以自己的费用积极履行交付义务,把物移转于物权人占有。[1] 如无权占有人的占有取得不是由于可归责于占有人的理由引起的,无权占有人在容忍物权人把物取走的义

---

[1] 辜明安:《物权请求权制度研究》,法律出版社 2009 年版,第 236 页。

务内,不承担费用,但如若物权人取走之物对无权占有人也有利,如取走之物属于污染之物,因其受有利益,让其承担合理的费用也理所当然。

(4)添附物归属和相对人的费用求偿权。在无权占有人占有物的期间,因保存和改良而施加于标的物的费用,可否向物权人要求补偿,在区分必要费用和有益费用之不同情况的基础上,应同时兼顾无权占有人之主观情况。对于必要费用,善意无权占有人和恶意无权占有人均得要求返还,因必要费用的支出行为都使得标的物得以继续存在。但是,如果对二者毫无区别地允许他们向物权人做同样的求偿,又显失公允,所以,善意无权占有人可要求物权人对其所支出的必要费用全部加以补偿,恶意无权占有人应依据无因管理的规定要求返还,其求偿范围要小于善意无权占有人,侵权无权占有人的地位不该优于恶意无权占有人。有益费用,与必要费用为维护物的存在必须支出大为不同,其是否支出,完全取决于占有人的意思,物如在物权人的手中,是否支出尚未可知,所以,善意无权占有人可在现存的增加价值的范围内要求求偿,他以适法占有人的地位,在自己意愿的支配下为改良,并无不可。恶意无权占有人与侵权占有人却不能向物权人求偿,若允许他们向物权人要求返还费用的话,无疑会损害物权人的利益,让其为可能不会支出的费用负担,有失法律的公平,也有可能会怂恿无权占有人滥支有益费用。

(5)货币返还请求权的特殊性。取得货币的占有即取得货币的所有权,所有人一旦失去对货币的占有,就失去了货币的所有权,占有人不管基于何种原因占有此货币,随着占有的取得,就取得了货币的所有权,对于失去占有的货币,不能成立返还请求权,所有权人只能依据不当得利或侵权行为的规定加以救济。但无权占有人如取得具有特定性的货币,比如货币放在钱包里,没有被拿出,或者货币上做了易识别的标志,货币在可被分出的情形下,仍可成立返还请求权。

(6)举证责任分配。对于返还请求权而言,请求权人要证明其对被请求权人所占有的物享有所有权或他物权,如请求权人对此不能加以证明,无论被请求权人是否提出有权占有或善意取得等不予返还的抗辩要件,请求权人的返还请求主张均得不到支持。请求权人是否同样也要证明被请求权人的占有没有占有权源,学者对此有两种相反的见解,一种观点认为,请求权人应证明被请求权人的无权占有或侵夺占有的事实,如被他人无权占有或侵夺的物为数物时,物权人应该分别证明每一物被他人无权占有或侵夺的事实,因物权是存在于每一个独立物之上的;①另一种观点则认为,"无权占有属于消极的事实,依据举证责任分配原则,请求权人不负举证之责任"。② 显然,无权占有属于消极的事实,物权人对此很难加以证明,法律在赋予物权人一项救济权的同时,不应对其强加太重的证明责任;既然被请求权人的抗辩事由是自己的占有存在占有权源,他就要对此事实加以证明,如果其不能对此事实加以证明,就应推定被请求权人的占有无占有权源,也就不能对抗物权人的返还请求权。

(二)妨害排除请求权

妨害排除请求权,是指物权人的物权受到以侵夺占有以外的方式妨害时,为恢复物权的圆满支配状态,请求妨害人除去妨害的权利。以侵夺占有侵害物权,与未发生标的物被他人侵夺占有而以直接侵害物权的方式妨害物权,有着本质上的不同,妨害排除请求权是在返还请求权之外法律设置的救济措施,旨在排除已存在的妨害。其实,动产在大多数情形下,都是以失去占有为侵害方式,以侵夺占有以外的方式受到侵害的情形较为少见,因此,在以动产为标的物的权利类型中,妨害排除请求权适用的机会相对而言较少,其大多适用于以不动产为权利标的物的权利类型,如不动产所有权、用益物权或抵押权等。同时,以支配物之使用价值为目的的用益物权,排除妨害主要针对物的使用、收益之妨害而言,以支配物之交换价值为目的的担保物权,排除的妨害主要是针对物之价值减少的妨害而言。

【案例4.2】原告陈某诉被告邹某恢复原状纠纷

原告陈某家住长沙市岳麓区某坡三组,现所住房屋系自行建设,在建

---

① 参见黄宗乐:《物权的请求权》,《台大法学论丛》第11卷第2期。
② 姚瑞光:《民法物权论》,(台湾)作者自印,第55页。转引自汤勇《物权请求权制度研究》,中国检察出版社2009年版,第228页。

设房屋时依法向规划部门、建设部门提出了申请并获得相关部门的批准,对该宅基地具有完全的使用权。原告与被告系邻居,两家房屋之间有一处面积约为6平方米的公共使用地,该处土地一直由原、被告双方共同使用。为保证对该土地的正常使用,双方于2002年6月9日,就该处土地的使用达成协议,约定将公共区域一分为二,双方在各自一方可以合理使用,毗邻处建房各处私墙私脚。协议签订后,被告完成了住房建设,2002年12月,原告重建原有住房,被告阻挠原告在毗邻处建私墙私脚,后因工期不容耽搁,原告之子与被告达成《补充协议》,在"原有地1.6米(3平方米)"的基础上再退1米砌墙。原告认为对其宅基地具有完全的使用权,这些年来,被告不仅无偿利用原告宅基地通风采光,还变本加厉地声称该宅基地的大部分归其所有,甚至在原告不在家时多次暴力破坏原告砌好的墙体,恶化邻里关系。根据相关法律规定,被告应当将其毁损原告的私墙体恢复原状,并不得再妨碍原告对自己方宅基地的合理使用。为维护原告的合法权益,故原告诉请法院判令:(1)被告恢复其毁损原告私宅墙体原状;(2)被告不得妨碍原告对其宅基地的合理使用。

被告邹某甲辩称:1.被告并未实施任何妨碍原告对其宅基地合理使用的侵权行为。双方于2002年6月9日就相邻间的通风采光问题达成协议,被告让出自家住宅东向的一间房屋约6平方米一分为二,两家建房各私墙私脚,权属互不侵占,2002年12月,原告对原房屋进行重建时,因其将妨害到被告的通风与采光权,遂在社区居委会的再次调处下,双方于2002年12月24日对原《协议书》进行了补充,约定"原有地1.6米(3平方米),原告包墙再退1米(方正),此空余地留着双方通风采光天井用,双方都不得搭建临时建筑,双方确保卫生环境",2013年11月,原告对其房屋进行了装修,在未向规划部门报批的情况下,私自在两家毗邻通风采光的天井上方进行了封闭式搭棚,导致被告东向一间房屋光线全无,原、被告多次协商无果,被告迫于无奈将自家被挡的墙体进行拆除。原告所述与事实不符,被告并未实施任何侵权行为。事实上是原告违反协议,对双方通风采光的天井进行私搭乱建,完全剥夺了被告的通风采光权。

2. 本案不属于民事案件的受理范围,法院应当裁定驳回起诉。(1)原告对天井不享有使用权,未能提供该天井使用权的权属证明;(2)被告对天井享有合法的使用权。该天井位于被告宅基地规范范围内。原告基于对天井具有完全的土地使用权而提起的恢复原状请求权纠纷,并非属于侵权纠纷,而是宅基地使用权纠纷,当事人协商不成,由人民政府处理,不符合法定的起诉条件,应当依法驳回原告的起诉。

案件的争议焦点在于相邻关系的适用。根据《中华人民共和国物权法》第八十四条规定,不动产的相邻权利人应当按照有利生产、方便生活、团结互助、公平合理的原则,正确处理相邻关系。本案中,原、被告两家房屋相连而建,在房屋建设之时,在长沙市岳麓区望岳乡望城坡镇委会人民调解委员会主持下已就宅基地建设、使用达成了《协议书》《补充协议》,2013年年底,原告对其房屋进行了装修,在天井约一层楼高处搭建了一个顶棚,被告认为原告搭建该顶棚影响了其房间的通风采光,便将其家一楼朝向天井处窗户底下的墙体砸开,亦将原告所建与被告所建墙体相贴的复墙砸开,显属不当,对原告要求被告恢复其毁损原告私宅墙体的诉请,法院予以支持。就被告抗辩称原告所搭建的顶棚影响了其房间的通风采光,被告可另行主张权利。据此,根据《中华人民共和国物权法》第二条、第三十六条、第八十四条之规定,判决被告邹某自本判决生效之日起三日内将其毁损原告陈某的墙体恢复原状并驳回原告陈某的其他诉讼请求。

1. 妨害排除请求权的法律构成

(1)须请求权人是物权人。请求权人是享有物权的人,即所有权人、他物权人、共有人及以代替物权人行使权利的物权代理人,包括遗产管理人、失踪人的财产代管人及破产管理人。在所有物上未设定他物权,行使妨害排除请求权的主体是所有权人,但如所有物被设定了用益物权或担保物权,或同时设定了用益物权与担保物权,在物受到妨害情况下,物权人基于各自的物权都享有妨害排除请求权,此时妨害排除请求权的请求权人情形就较为复杂。若存在以占有标的物为要件的他物权,就应由占有标的物的他物权人优先行使妨害排除请求权,因此时的妨害对其权利圆满状态的妨害更直接,对其利益的损害更大。但如占有标的物的物权人怠于或不能行使妨害排除请求权,应允许所有权人或其他的物权人行使;如若不存在以占有标的物为要件的他物权,首先允许所有权人行使妨害排除请求权,在所有权人怠于或者不能行使权利的情形下,再由他物权人行使权利。其实,无论是他物权人或所有权人行使妨害排除请求权,在行使完毕后,妨害除去,所有物权人物权的圆满状态都得以恢复,在这里设置物权人行使权利的先后顺序,完全是利益衡量的结果,并不是源于民法理论上对某种权利的偏爱。

(2)须物权受到以侵夺占有以外方式的妨害。物权人要行使妨害排除请求权,就如同行使返还请求权要存在无权占有的事实一样,必须证明物权受到了以无权占有以外的方式受到了妨害,所以妨害的判断对于妨害排除请求权的法律构成至关重要。

一是妨害为非以无权占有方式而为之。相对人以无权占有以外的其他方式妨害物权的行使,可分为事实上的妨害与法律上的妨害,在实务中主要包括以下情形:①以不正当手段对物所在的地理位置进行积极性干预,如在不动产上放置物品,将不需要的广告塞进信箱等。这些干预并不需要危及到物的存在,只要其危及物的占有、使用和收益就构成妨害。②以不当的方法对物权的行使造成侵害,系指因蒸汽、噪声、震动及其他的类似干涉的侵入。③对物进行的消极性干预,比如甲在靠近乙的房屋附近建造一座大楼,结果将乙房屋的窗户挡住,使其不能正常地采光、通风、接受电视信号。④意识性影响,即第三人的行为妨害了物的使用人本不应被剥夺的美感或风俗,比如邻居在居民区堆放报废的汽车,不动产所有人甲只要向外看,就不可避免地会看到这些报废品,影响了对房屋的物权。同时对意识性妨害的判断却必须把地域性及风俗习惯考虑在内。⑤物权人对于某物没有对外界开放,且也不愿对外开放,摄影和公开拍照的行为也构成妨害。⑥物权人以外的人申称其对某物享有物权,从而会影响到物权人对此物的使用或交易,也可能会使其再也找不到买主,构成妨害。①

---

① 辜明安:《物权请求权制度研究》,法律出版社 2009 年版,第 267 页。

　　二是妨害处于继续状态。对物权圆满状态的妨害必须是现存的持续性妨害，即妨害仍在发生，才有行使妨害排除请求权的必要，如妨害虽曾发生，却是短暂的、临时性、一次的妨害，此时妨害已结束或仅仅是妨害结束后的损害性结果，都不能请求排除妨害，有损害结果时，物权人可以行使损害赔偿请求权。

　　三是妨害在客观上须非法或不正当。可以请求排除的妨害虽不考虑相对人主观上的过错，但却必须在客观上具有违法性，"无违法性即无妨害"①，对违法性的判断一般以物权人是否存在容忍义务为标准，物权人对他人造成的正常、轻微妨害的容忍义务可产生于公法或私法的规定，也可产生于当事人对忍受妨害的约定。当然，对妨害的判断是以妨害物权圆满状态的结果为判断标准的，根本无需考虑引起这种妨害结果发生的直接行为或间接行为的违法性。

　　四是有可归责于妨害人的原因。因妨害的判断不以妨害人的主观过错为要件，即便妨害是纯由自然力的原因造成的，如因台风而致物落入邻人之土地，确给邻人造成妨害时，构成妨害，其实，妨害的构成不以过错为构成要件，但以此为理由，认定只要有妨害的存在，就认为妨害人有妨害排除之义务，未免有失公正，因此，需要排除之妨害须有可归责于妨害人的原因，这在妨害是由于自然事件造成的情形下具有重要的意义，因自然事件不能归咎于任何人，在妨害的出现与他人没有任何的关系，只是在纯粹自然事件的作用下发生的，妨害排除请求权不能成立，有学者用台风将树木刮倒之例加以说明，如果树木的栽种合法，在取得栽种许可证，及依照自己的习惯为美化院落而栽种，因台风的袭击而使大树倾倒于邻人的院落，邻人不能享有妨害排除请求权；如树木的栽种不合法，或者在树木栽种合法的情形下，由于树木常年累月的自然生长而危及他人物权而没有采取相关措施，邻人才享有妨害排除请求权，大概是因为后一种情形引起的妨害有可以归咎于妨害人的原因。

---

　　① 辜明安：《物权请求权制度研究》，法律出版社 2009 年版，第 270 页。

（3）须被请求权人是现时妨害人。物权如有以侵夺占有的方式受妨害的事实,却没有相对人的出现,妨害排除请求权依然无法行使,此处的相对人需为现时的妨害人,即应以现时客观存在的妨害物权圆满状态事实来确定妨害排除请求权的相对人,即过去抑或将来可能会存在妨害的妨害人不能作为妨害排除请求权的相对人,因只有现时的妨害人对妨害行为或妨害状态具有支配力,过去抑或将来的妨害人已失去或者不存在这种支配力,在物或设施已引起妨害他人物权圆满状态事实的情形下,物权人还未来得及或已经行使妨害排除请求权,只是妨害人还未履行妨害排除义务,物或设施所有权发生了变动,此时妨害排除请求权相对人如何确定,日本的通说认为,在持续性的妨害中,妨害物的所有权转移,妨害物现在的所有人得承担妨害除去之责。① 此规则颇具有合理性,让物之现在所有人承担妨害排除的义务,符合妨害排除请求权之相对人是现时、现在妨害人的主体要件。再者,所有物转让,其上所负担的义务也一并地转让,即所谓的"状态债务说"。

2. 妨害排除请求权的法律效果

妨害成立,被妨害人享有妨害排除请求权,只要妨害仍在继续,可请求妨害人排除妨害。妨害人在排除妨害的过程中,根据妨害的样态,有的需要排除妨害的原因,停止了原因行为,妨害结果也就会消失,例如,房屋之物权人要求邻人停止每晚深夜播放狂躁之摇滚音乐;在妨害原因结束,妨害结果仍持续存在之情形下,妨害人仅消除妨害结果即可达到目的;妨害原因与妨害结果均处于持续发生状态,且妨害结果已独立存在,此种情形下得同时请求妨害人除去妨害原因与妨害结果。无论何种情形之下的排除妨害,多会发生费用支出,该费用原则上应由妨害人承担,如被妨害人以自己的费用排除了妨害,他可以依据不当得利或者无因管理的规则向妨害人追偿。然而,事实情况没有如此的简单,妨害排除请求权的行使,尤其是在涉及费用负担的情形下问题更是如此的复杂,需要做更细致的研究。"妨害人之主观状态即有无过错不影响排除妨害请求权的构成,但在确定排除妨害的费用负担时应酌情考虑相对人之主

---

① 辜明安:《物权请求权制度研究》,法律出版社 2009 年版,第 274 页。

观状态,在妨害人为故意或者过失的场合,全部的费用应该由妨害人负担;在不可抗力或意外事件造成妨害的场合,要结合考虑妨害人是否有过错,如有,则应由妨害人承担费用,如无,则可依据由妨害人承担为主,权利人酌情分担的规则处理。"[1]

3. 妨害排除请求权与返还请求权的关系

(1)妨害排除请求权与返还请求权的并存。在侵害物权的行为既造成物权人失去对物的占有,又造成物权行使的妨害时,物权人得同时提出返还请求权与妨害排除请求权,此即返还请求权与妨害排除请求权的并存,即同一权利人针对同一相对人享有两项请求权并可同时行使的现象。如,甲无权占有乙土地,并在其上建造建筑物,乙要求侵害人甲以自己的费用拆除建筑物,返还土地给自己。此种情况下,这两项请求权的并存还可做更细致的区分,以他人的土地建房,肯定是对他人土地的无权占有,在建房人以自己的费用拆除房屋并返还土地之情形,应仅成立返还请求权,返还原物本身就包含了以物被无权占有之前的状态返还,只有在建房人以放弃房屋的方式返还土地的情形下,物权人虽然恢复了其对土地的占有,但现存房屋以无权占有以外的方式构成了物权人对土地物权的妨害,妨害排除请求权此时成立,出现请求权竞存。[2]

(2)妨害排除请求权与返还请求权的冲突。某些情形下,妨害排除请求权与返还请求权会出现冲突的情况,即两个请求权人之间互为请求权。例如,甲的土地同乙的院子相邻,且同乙的院子有 1 米的落差,某天,乙家院子的石头滚落到甲的土地。甲可行使妨害排除请求权要求乙挪去石头,乙也可向甲提出返还石头的返还请求权。在此情形下,否认任何一方权利的存在,都有可能损害其利益,因此,甲与乙请求权同时存在,且无先后履行顺序。至于行使权力费用负担分配的问题,在坚持权利平等的前提下,从利益衡量的角度考虑,如有可归责于一方的事由时,不管是双方中任何一方先行使自己的权利,都应由其来承担权利行使的费用;反之,如双方都无可归责于自己的事由时,

---

① 刘凯湘:《物权请求权研究》,北京大学 2000 年博士学位论文,第 91 页。
② 参见刘凯湘:《论基于所有权的物权请求权》,载刘凯湘:《权利的期盼》,法律出版社 2003 年版,第 153 页。

应依据公平的原则由双方当事人分担权利行使的费用;在双方当事人都有可规则于自己的事由时,应根据双方当事人过错的大小,合理分担费用。

(三)妨害预防请求权

妨害预防请求权,"此请求权是现实中虽未发生物权侵害,但有发生危险时请求防止的权利",①妨害预防请求权作为一项防患于未然的物权保护措施,具有独立的救济价值。

【案例4.3】杨某与阿贝化学有限公司消除危险纠纷案

2014年10月,被告阿贝化学有限公司擅自在原告杨某位于泰兴市某村某号四间两层楼房上架设35千伏高压线,其间原告多次交涉整改未果。鉴于此,原告认为,被告未协商搬迁事宜,即架设高压线跨越其住宅,违反相关法律规定,损害了原告的合法权益。请求判令被告立即拆除架设于原告位于泰兴市某村庄桥某号房屋上的高压线。

被告阿贝化学有限公司辩称,被告方架设在原告房屋一侧的35千伏高压线路,系被告公司50万吨/年苯乙烯新建项目(项目批号:泰发改核〔2010〕×××号)的一部分。被告方委托泰兴市安能电力工程有限公司对35千伏供电线路进行设计,设计单位设计的《用电工程接入系统设计报告》得到泰州供电公司的批复(批复文件:泰供电发展〔2013〕×××号)。线路路径得到了泰兴市交通运输局、江苏省泰兴市经济开发区管理委员会、江苏省电力公司泰兴市电力公司、泰兴市规划局等部门的批复。该线路的架设符合《66千伏及以下架空送电线路设计技术规程》(GB 50061—2010)35千伏导线与建筑物之间的距离规定。该线路由泰兴市经济开发区出资(《关于开发区如泰运河以北地区35千伏用户网络调整方案的函》第二条),其中一路为被告方主供电源。综上,该35千伏高压线路的架设既有合法批复,又满足设计规程,是被告新建项目的不可分割部分,不能拆除。被告也保留追究在施工期间因原告方阻工所造成的经

---

① [日]近江幸治:《民法讲义Ⅱ·物权法》,王茵译,北京大学出版社2006年版,第23页。

济损失,要求赔偿的权利。

本案争议焦点为:危险是否存在。《电力设施保护条例》第二十一条规定:"新建架空电力线路不得跨越储存易爆、易烧物品仓库的区域;一般不得跨越房屋,特殊情况需要跨越房屋时,电力建设企业应采取安全措施,并与有关单位达成协议。"《电力设施保护条例实施细则》第十五条规定:"架空电力线路一般不得跨越房屋。对架空电力线路通道内的原有房屋,架空电力线路建设单位应当与房屋产权所有者协商搬迁,拆迁费不得超出国家标准;特殊情况需要跨越房屋时,设计建设单位应当采取增加杆塔高度、缩短档距等安全措施,以保证被跨越房屋的安全。被跨越房屋不得再行增加高度。超越房屋的物体高度或房屋周边延伸出的物体长度必须符合安全距离的要求。"本案中,原、被告之间的纠纷是因被告阿贝化学有限公司所有的35千伏盛泰变—阿贝专用线路线路经过原告杨某的房屋上空而起,原告杨某认为案涉线路经过其房屋上空对其物权造成了妨害,要求停止侵权,排除妨害。经查,被告所有的案涉线路的架设已办理了相关的审批手续,且虽从原告杨某的房屋上空经过,但下层导线距原告杨某的房屋屋脊距离 11.41 米,该距离已超过中华人民共和国建设部发布的《工程建设标准强制性条文》(电力工程部分)《66 千伏及以下架空送电线路设计技术规程》(GB 50061—2010)规定的 35 千伏导线与建筑物之间的垂直距离不应小于 6 米的要求。至于原告辩称的被告施工手续是否合法问题,非本案审查范畴,本院对此不予理涉。审理中,原告杨某亦未能举证证明案涉线路影响其生产生活、对其构成侵权,故不存在排除妨害、消除危险的问题。故原告杨某要求被告拆除案涉线路,依法无据。据此,依照《电力设施保护条例》第二十一条、《电力设施保护条例实施细则》第十五条之规定,判决驳回原告杨某的诉讼请求。

1. 妨害预防请求权的法律构成

妨害预防请求权的构成要件,即请求权人须是物权人或依照法律规定可行使物权的人;被请求权人是对于可能发生的妨害,具有将妨害除去的支配力者;必须有物权受到不法妨害之虞的事实与妨害排除请求权情形相似,在此不再赘述。妨害预防请求权法律构成的实质要件就是物权有受到妨害之虞的可能。物权有受到妨害之虞的可能,妨害尚未实际的发生,但有发生的趋势,但这种发生的趋势不可依权利人主观定夺。妨害预防请求权应以客观的事实为基础,依照社会正常、一般观念,从正常理性人角度,妨害有"发生的可能性甚大"或"物权有被妨害可能性极大",妨害预防请求权才能够成立。① 妨害预防请求权不要求以将来可能发生的妨害已经发生且持续存在的妨害为前提条件,且物权人需预防的妨害必须以物权人对此没有容忍义务,具有违法性为根本的判断标准。通常情况下,物权人依社会一般观念,基于客观存在事实,即可判断妨害是否有发生可能。但随着社会发展,科技进步,一些新型妨害发生的可能性大小并非物权人可判断得出来,此时,物权人可请求专门技术鉴定机构加以技术上的判断,对于物权人来说,能否行使妨害排除请求权,只是一个技术上鉴定的问题。

2. 妨害预防请求权的法律效果

妨害预防请求权的效力:(1)被请求权人应以其的积极作为或消极的不作为,防止妨害的发生或除去可能引起妨害发生的原因;(2)被请求权人在履行这一义务时,应同妨害排除请求权的适用相同,以自己的费用负担,但也应允许例外的存在,参酌具体的案由予以通盘考量,力求达到各方利益平衡,避免费用负担结果的显失公平,实现法律效果的妥当。② 相对人是以自己积极的作为还是消极的不作为来履行义务,应以可能发生的妨害原因不同而作区别对待,在相对人所支配或管理的物会引起妨害物权的情况下,应以自己积极的作为消除妨害发生的原因,比如甲所有的老屋年久失修,有倾倒危险,邻居乙备受威胁,得请求甲以自己的费用防止。如果相对人的积极行为可能造成妨害发生可能的情形下,就应以自己的消极不作为消除妨害发生的原因,例如甲造大楼,以其公开的设计图样,逾越乙所有土地时,乙得请求防止,甲就应以

---

① 参见谢在全:《民法物权论》,中国政法大学出版社 1999 年版,第 137—138 页。
② 辜明安:《物权请求权制度研究》,法律出版社 2009 年版,第 285 页。

自己的不逾越土地的消极不作为来防止乙的物权圆满状态受到妨害。在大多数情形下,相对人是以自己积极的作为义务来防止妨害发生的可能;在相对人应以自己消极的不作为来消除妨害发生可能的场合,其不作为往往伴随着可能导致妨害之虞发生的作为。因此,在其负有不作为义务的同时,还可能负有作为义务,二者有时紧紧相伴,如甲在紧邻的乙的房屋土地上挖取土沙,如其继续挖取土沙,极有可能危及甲房屋地基的稳固,此时其负有不再挖取土沙的不作为义务,如其挖取土沙已过量,导致甲房屋地基存在不稳固之虞时,负积极填回土沙以消除危及房屋地基稳固之虞的责任。

(四)物权请求权各类型的适用范围

他物权是所有权权能分离的结果,必然会造成各种他物权的构成要件、基本内容或利益构成的差别,因此在他物权适用物权请求权各权利类型上,出现了不同的他物权有其不同的物权请求权内容。物权法坚持物权法定原则,《物权法》未规定的物权类型,当事人不能享有和行使,分析《物权法》上不存在的物权类型的物权请求权,在实践中无太大意义,因此,此处讨论的他物权种类以我国物权立法上的他物权为准。

返还请求权的本质非权利关系,而是对占有的回复,以实现权利与外观的协调一致;而妨害排除请求权与妨害防止请求需解决的问题是对妨害或妨害之虞的消除或预防,以实现权利的顺畅运行。故,任何他物权,用益物权抑或担保物权,在权利行使过程中,都有受到妨害或妨害之虞的可能,契合妨害排除请求权与妨害预防请求权的构成要件,此二者应适用于所有的他物权权利类型。有的他物权权利类型不以占有标的物为要件,就无所谓失去占有,返还请求权自然也无适用余地,有的则以占有标的物为要件,因此,需对返还请求权对他物权的适用范围做考辨与分析。土地承包经营权、建设用地使用权、宅基地使用权都以权利人占有土地方能实现权利利益的权利,在土地被他人无权占有的情形下,需要返还请求权来恢复占有,返还请求权得以适用。"在所有类型的用益物权中,地役权是唯一不以占有他人不动产为特征的他物权,无论是积极地役权还是消极地役权,继续性地役权还是非继续性地役权,均不以占有供役地为前提,地役权并不包含占有的权能,因此,地役权人不会发生丧失占有或占有被侵夺的情形。在地役权人于供役地上保有一定的建筑物或工作物的场合,而该建筑物或工作物被他人无权占有或侵夺时,地役权人若请求返还,实为行使所有人的所有物返还请求权,而非基于地役权提起的返还请求权"①,也即返还请求权不适用于地役权。"抵押权不以占有标的物为内容,非对于实体之物,而系对于标的物之价值为一定支配,为抵押权人的物权请求权之发生,以有减少标的物价值之行为为必要,而且以此足矣。又抵押权不含有占有标的物的权利,原则上以妨害除去及防止之请求为限"②;留置权以债权人合法占有债务人的财产为成立和继续存在的要件,如留置权人丧失对财产的占有,留置权也随着消灭,既留置权人的丧失占有,不问基于何种原因,都会使留置权因其构成要件欠缺而消灭,既然债权人已不是留置权人,就不能基于留置权而请求无权占有人返还,故留置权人不能依据留置权请求返还留置物,而只能基于占有提起占有保护请求权,但其非物权请求权,而是占有回复请求权。如果留置物被他人(包括留置物的所有人)非法妨害或有妨害之虞时,留置权人可以提起排除妨害和防止妨害排除请求权。如果当事人在合同中约定了不得留置标的物,则即使债务人未能履行债务,债权人也不得留置该物。如果债权人强行留置,则形成非法占有,债务人反过来可对债权人行使所有物返还请求权。在债务人对留置权人提供了履行债务的相当的担保时,留置权归于消灭,债务人可对债权人请求返还留置物。因此,返还请求权不适用于抵押权与留置权。动产质权以质权人占有质物为特征和成立条件,如出质人或第三人非法占有质物,侵害质权人对质物的占有权,质权人可以行使标的物返还请求权,请求出质人或第三人返还出质物,从而恢复对质物的占有。如果是由于出质人的过错而导致质物毁损灭失,那么质权人可以行使基于质权的妨害排除请求权。在质物毁损的情况下,如果回复原状为可能,则质权人既可以请求出质人回复原状,也可以请求出质人提供质物毁损价值相当的新的担保;如果质物灭失,由于回复原状已不可

---

① 刘凯湘:《物权请求权研究》,北京大学 2001 年博士学位论文,第 111 页。
② 史尚宽:《物权法论》,中国政法大学出版社 2000 年版,第 286 页。

能,则质权人只能请求出质人提供与质物灭失价值相当的新的担保。而权利质权①,质权人所享有的支配权的标的指向的是权利的价值,由于权利的非物质性特点,决定了其不可能为他人非法占有,权利质权绝不会发生返还请求权。

①　参见胡开忠:《权利质权制度研究》,法律出版社 2004 年版,第 55—58 页。

第二编

所有权

第五章　所有权

　　所有权,是指所有人依法对自己的物所享有的独占性的支配权。所有权主要具有以下法律特征:一是自权性,即所有权是权利人对自有物享有的权利,可以直接无条件地、依自己的意愿行使占有、使用、收益和处分其物的权利。二是完全性,即所有权是就标的物为一般的支配的完整权利。三是恒久性,即所有权的存在无期限限制。四是单一性,即所有权是对标的物的统一的支配权,而非对物的占有、使用、收益和处分等权能的简单相加。五是弹力性,即所有权的权能可以通过设定他物权而与作为整体的所有权相分离,然而所有权并不因而丧失其作为所有权的支配力。根据所有权的主体不同,所有权可以划分为国家所有权、集体所有权、个人所有权。本章将根据上述分类,并结合典型案例,对所有权在司法实践中的常见问题进行分析。

第一节　国家所有权

　　国家所有权,是指中华人民共和国对于全民所有制财产享有占有、使用、收益和处分的权利,是全民所有制在法律上的表现。国家所有权的特征主要有:第一,主体的唯一性和统一性。中华人民共和国是国家所有权唯一的和统一的主体,任何国家机关、单位或个人都不能充当国家所有权的主体,中央主管部门和地方政府代表国家管理隶属于它的财产。第二,客体的广泛性。国家所有权的客体具有无限广泛性,任何财产(有体物)都可以成为国家所有权的课题而不受限制。同时,某些财产如矿藏、水流、海域等,属于国家专有财产,只能是国家所有权的客体,不能成为集体单位或个人财产所有权的客体。

第三,行使方式的多样性。国家对国家财产除以国库的名义直接行使所有权外,主要授权机关、企业、事业单位行使,或准许集体组织、公民使用、管理国有的某些财产。同时,履行国有财产管理、监督职责的机构及其工作人员,应当依法加强对国有财产的管理、监督,促进国有财产保值增值,防止国有财产损失;滥用职权,玩忽职守,造成国有财产损失的,应当依法承担法律责任。违反国有财产管理规定,在企业改制、合并分立、关联交易等过程中,低价转让、合谋私分、擅自担保或者以其他方式造成国有财产损失的,应当依法承担法律责任。第四,取得方式的特殊性。国家所有权的取得,除了与集体或个人财产所有权的取得有相同的方式外,还有自己特殊的取得方式,如没收、税收、赎买、征用、罚款、罚金等。

司法实践中,当事人常就国家所有权权利主体的确定、国家所有权客体的合法利用、国家所有权的法律保护等问题发生争议,值得人民法院认真思考与研究。

一、国家所有权的权利主体

国家所有权是我国民法规定的所有权的一种类型,国家是国家所有权的主体,国务院是国家所有权的实际行使者,国务院与国家之间为"代表"关系,国务院并非国家所有权的主体。如我国《民法通则》第七十三条规定:"国家财产属于全民所有。国家财产神圣不可侵犯,禁止任何组织或者个人侵占、哄抢、私分、截留、破坏。"又如《物权法》第四十五条规定:"法律规定属于国家所有的财产,属于国家所有即全民所有。国有财产由国务院代表国家行使所有权;法律另有规定的,依照其规定。"《物权法》第五十六条规定:"国家所有的财产受法律保护,禁止任何单位和个人侵占、哄抢、私分、截留、破坏。"

司法实践中,关于国家所有权权利主体的争议主要表现为:村民自治组织常将采矿权转让给他人,因村民自治组织的转让行为常常不规范,故容易引发当事人之间的司法纠纷。在此类案件的审理中,法院常需就两个问题作出判断:一是村民自治组织是否有权转让采矿权;二是采矿权转让采矿权合同的效力。

（一）矿产资源的所有人

《中华人民共和国矿产资源法》第三条规定："矿产资源属于国家所有,由国务院行使国家对矿产资源的所有权。地表或者地下的矿产资源的国家所有权,不因其所依附土地的所有权或者使用权的不同而改变。……勘查、开采矿产资源,必须依法分别申请、经批准取得探矿权、采矿权,并办理登记。"根据上述规定,矿产资源归国家所有,矿产资源的取得和转让必须严格依照法律、行政法规规定予以审批、登记。因此,村民自治组织并不具有矿产的所有权,不得擅自开采或处分矿产。

【案例5.1】云南省高级人民法院审理的"李某某与禄丰县仁兴镇左所村委会牛德庄村民小组承包合同纠纷再审案"

2007年6月20日,牛德庄村民小组与李某某签订了一份《荒坡协议》,约定某荒坡面积的矿土归李某某所有,李某某向村民小组支付承包金额1000元,合同约定期限为5年,如届时李某某未处理完矿土的,每过一年另需交付500元。双方签订的协议未报仁兴镇人民政府批准。协议签订后,李某某交清了承包金,但未处理完矿土。牛德庄村民小组遂起诉,要求法院确认《荒坡协议》无效。

一审、二审法院认为,根据《中华人民共和国矿产资源法》第三条规定:"矿产资源属于国家所有,由国务院行使对矿产资源的所有权。"只有国务院及省级人民政府地质矿产主管部门有权批准进行探矿及采矿工作。本案中,涉案《荒坡协议》实为对荒坡范围内的矿土进行买卖。牛德庄村民小组无探矿权及采矿权,不具有转让及出卖矿土的资格,协议依法应认定为无效。一审、二审法院判决确认涉案合同被确认无效,牛德庄村民小组应退还李某某支付的承包金1000元。

李某某向云南省高级人民法院提出申诉,要求确认《荒坡协议》有效。云南省高级人民法院认为:第一,本案庭审中,李某某认可《荒坡协议》约定的矿土中含有一定的铜元素,经过提炼可以产出铜,故协议标的应为低品位矿石。同时,根据《中华人民共和国矿产资源法实施细则》附件所公布的矿产资源分类细目,矿产资源包括能源矿产、金属矿产、非金属矿产、水气矿产,而非金属矿产中含有高岭土及各种黏土,故《荒坡协议》约定的矿土属于矿产资源。第二,《荒坡协议》约定的矿土系前人所采遗留在属于村民小组的林地内,《中华人民共和国民法通则》第七十九条规定:"所有人不明的埋藏物、隐藏物,归国家所有。接收单位应当对上缴的单位或个人,给予表扬或者物质鼓励。"同时,《中华人民共和国矿产资源法》第三条第二款规定:"地表或者地下的矿产资源的国家所有权,不因其所依附的土地的所有权或者使用权的不同而改变。"故涉案矿石属于国家所有,牛德庄村民小组无权处置,其通过协议将矿石卖给李某某的行为属于无效行为,《荒坡协议》系无效合同。云南省高级人民法院遂判决维持原审判决。

(二)采矿权转让合同的效力

《探矿权采矿权转让管理办法》第三条规定:"除按下列规定可以转让外,探矿权、采矿权不得转让:(一)探矿权人有权在划定的勘查作业区内进行规定的勘查作业,有权优先取得勘查作业区内矿产资源的采矿权。探矿权人在完成规定的最低勘查投入后,经依法批准,可以将探矿权转让他人。(二)已经取得采矿权的矿山企业,因企业合并、分立,与他人合资、合作经营,或者因企业资产出售以及有其他变更企业资产产权的情形,需要变更采矿权主体的,经依法批准,可以将采矿权转让他人采矿。"第十五条规定:"违反本办法第三条第(二)项的规定,以承包等方式擅自将采矿权转给他人进行采矿的,由县级以上人民政府负责地质矿产管理工作的部门按照国务院地质矿产主管部门规定的权限,责令改正,没收违法所得,处10万元以下的罚款;情节严重的,由原发证机关吊销采矿许可证。"故采矿权转让行为应具备三个条件:一是转让人依法具有采矿权;二是转让人符合转让采矿权的法定条件;三是采矿权转让行为获得审批管理机关的批准。

司法实践中,村民自治组织将采矿权转让给他人的,人民法院可从三个方面展开思考:第一,如村民自治组织按照法律、法规规定获得了采矿权,依法定条件将采矿权转让给他人,并获得审批管理机关批准的,相应的转让合同应认定为有效。村民自治组织与采矿权受让人间的权利义务,可依据当事人间的采矿权转让合同认定。第二,如村民自治组织已按法律、行政法规规定获得采矿权,但其采矿权转让行为未经相关审批管理机关批准的,相应的转让合同应认定为未生效,但不影响转让合同中当事人履行报批义务条款及因该报批义务而设定的相关条款的生效及效力。第三,如村民自治组织未按法律、法规规定获得采矿权,又擅自将采矿权转让给他人的,其行为违反法律、法规的强制性规定,相应的转让合同应认定为无效,村民自治组织与承包人间的权利义务应当按照无效合同的有关规定处理。

【案例5.2】山东省日照经济开发区人民法院审理的"日照市东港区北京路街道大石场村村委会诉金某甲、金某乙采矿权案"

2003年1月10日,大石场村村委会与金某甲签订《大石场村采石场承包合同》,合同约定:经大石场村村委会公开招标,崔某某在公平竞争的前提下中标,承包大石场村采石场开采,期限为5年,年承包费136989.99元。采石场实际由被告金某甲、金某乙共同承包,合同签订后,被告于2003年、2004年按约开采并交纳承包费,2005年、2006年、2007年被告陆续开采,但未交纳承包费。审理法院另查明,2002年9月24日,日照市东港区安全生产监督管理局为大石场采石场颁发安全生产合格证,有效期为2年。2005年1月2日,日照市国土资源局日照经济开发区分局为大石场采石场颁发采矿许可证,有效期限自2005年1月至2005年12月。2005年9月21日,山东省安全生产监督管理局为大石场采石场颁发安全生产许可证,有效期限自2005年9月21日至2008年9月21日。2007年6月26日,日照市国土资源局下发了责令停止矿产资源违法行为通知书,内容为"金某乙未经批准于2007年6月在小石场村北区间路以东采石场擅自采矿的行为,违反了《中华人民共和国矿产资源法》第三条第三款、《中华人民共和国矿产资源法实施细则》第五条规定,现责令立即停止违法开采行为,听候处理"。因两被告未按约交纳2005

年至 2007 年的承包费,大石场村村委会起诉请求法院判令被告给付承包费 410969.97 元,并赔偿违约金 5000 元,诉讼费由被告承担。

审理法院认为,本案的焦点问题是:第一,关于涉案承包合同效力问题。根据《中华人民共和国矿产资源法》第三条,《探矿权采矿权转让管理办法》第三条、第十五条规定,矿产资源属于国家所有,采矿权的取得和转让必须严格依照法律、行政法规规定予以审批、登记。本案中,双方当事人签订的《大石场村采石场承包合同》虽系双方真实意思表示,但原告以承包的方式擅自将采矿权转给他人开采,违反了上述法律、法规的强制性规定,涉案承包合同应当认定为无效。第二,关于涉案承包合同无效后如何清偿的问题。根据在案证据显示,原告在 2006 年之后未取得采矿许可,无论其自行开采,还是其允许被告承包开采,都属无证非法开采。《大石场村采石场承包合同》认定为无效后,根据大石场村村委会是否取得采矿许可,分为两种处理方式:其一,2003 年至 2005 年,因被告已实际进行了开采,且已开采的矿产资源也无法进行返还,可按照承包费来折价补偿,因 2003 年、2004 年的承包费已经支付,被告尚需支付一年的费用,即 136989.99 元。关于损失情况,因合同无效双方均有过错,各自承担相应的损失。其二,2006 年至 2007 年,原告未取得采矿许可证,根据法律规定,原被告擅自开采所得,应当由相关部门没收采出的矿产品和违法所得,并处罚款。审理法院遂判决,被告支付原告承包费 136989.99 元,驳回原告其他诉讼请求。

二、国家所有权的客体范围

国家所有权的客体范围十分广泛,根据法律规定,主要可分为国家所有的自然资源、属于国家所有的其他资源等两类。

第一,国家所有的自然资源。一是专属于国家所有的自然资源。《物权法》第四十六条规定:"矿藏、水流、海域属于国家所有。"第四十七条规定:"城市的土地,属于国家所有。法律规定属于国家所有的农村和城市郊区的土地,属于国家所有。"第四十八条规定:"森林、山岭、草原、荒地、滩涂等自然资源,属于国家所有,但法律规定属于集体所有的除外。"二是非专属于国家所有的自然资源。根据《物权法》第四十八条规定,森林、山岭、草原、荒地、滩涂等自然资源可以是非专属于国家所有的自然资源。

第二,属于国家所有的其他资源。一是法律规定属于国家所有的野生动植物资源。如《物权法》第四十九条规定:"法律规定属于国家所有的野生动植物资源,属于国家所有。"二是无线电频谱资源。如《物权法》第五十条规定:"无线电频谱资源属于国家所有。"三是国防资产。如《物权法》第五十二条规定:"国防资产属于国家所有。"四是文物和其他财产。如《物权法》第五十一条规定:"法律规定属于国家所有的文物,属于国家所有。"五是国家机关支配的国有财产。如《物权法》第五十三条规定:"国家机关对其直接支配的不动产和动产,享有占有、使用以及依照法律和国务院的有关规定处分的权利。"六是国家举办的事业单位所支配的国有财产。如《物权法》第五十四条规定:"国家举办的事业单位对其直接支配的不动产和动产,享有占有、使用以及依照法律和国务院的有关规定收益、处分的权利。"七是国家出资的法人财产。对于国家出资的法人财产,可以分为由中央政府出资设立的企业和由地方政府出资设立的企业。如《物权法》第五十五条规定:"国家出资的企业,由国务院、地方人民政府依照法律、行政法规规定分别代表国家履行出资人职责,享有出资人权益。"八是企业法人财产权。如《物权法》第六十八条第一款规定:"企业法人对其不动产和动产依照法律、行政法规以及章程享有占有、使用、收益和处分的权利。"

（一）国家所有权客体的认定

在一些案件中,当事人常就自然资源的权属发生争议。在处理此类案件过程中,人民法院应首先确定自然资源及其他资源的种类,再根据《宪法》《民法通则》《物权法》的相关规定确定自然资源的权属。

【案例5.3】浙江省台州市中级人民法院审理的"余某甲等与玉环县海山乡茅坦村村民委员会农业承包合同纠纷上诉案"

玉环县海山乡茅坦村的茅坦金玉塘原系海涂,1984年4月,玉环县海山乡人民政府的前身玉环县海山乡人民公社管理委员会作出海山乡海涂使用的决定,将上述海涂确定为原告方的前身毛坦大队使用。1984 年9 月,玉环县楚门区公所作出同意海山乡政府的意见决议。1988 年3 月20 日,原告与以被告余某甲为代表的16 名被告签订《围垦海涂建筑堤塘合同书》,约定将后面沙滩脚外围塘200 多亩海涂发包给余某甲等16 人合伙承包,用以发展种植业、养殖业,承包期为20 年。该合同经原告茅坦村委会、被告余某甲及玉环县海山乡人民政府盖章,并经玉环县公证处进行公证。被告余某甲、余某乙系海塘合伙体的负责人,合同订立后,承包金玉塘的合伙人员变更为本案的28 名被告。涉案合同约定的承包期限满后,被告仍占有海塘,原告村民与被告发生纠纷,原告遂起诉要求被告归还金玉塘。一审法院认为,第一,关于茅坦金玉塘的权属。根据我国《地方各级人民代表大会和地方各级人民政府组织法》第六十八条第二款规定,县、自治县和人民政府在必要的时候,经省、自治区、直辖市的人民政府批准,可以设立若干区公所,作为它的派出机关。本案中,玉环县楚门区公所是玉环县人民政府的派出机关,其于1984 年作出的将涉案海涂使用权转移给原告的行为具有法律效力,原告已取得涉案海涂的使用权。第二,关于《围垦海涂建筑堤塘合同书》的效力。原告享有涉案海涂的使用权,其将海域发包给被告承包,并订立涉案合同,并未侵犯国家所有权;同时,被告余某甲系合伙体的负责人,其经全体合伙人同意,与原告订立的涉案合同合法有效。第三,现涉案合同约定的金玉塘承包期已届满,被告应当返还金玉塘。故原审法院判决被告将金玉塘归还原告使用。二审法院认为,玉环县楚门区公所于1984 年将金玉塘使用权交原告,被告与原告订立《围垦海涂建筑堤塘合同书》,该合同经当地政府批准,合同成立并生效。因涉案合同约定的承包期已经过,故被告应向原告归还金玉塘。

(二)国家所有权的利用

在一些案件中,存在多个国家机关许可他人使用同一国有资产的情况,导致当事人间引发争议。在审理此类案件时,人民法院可首先确定有权代表国家行使所有权的国家机关,再根据有权机关的决定,确定有权使用国有资源的当事人。

【案例 5.4】海南省第二中级人民法院审理的"许某某与儋州市光村镇光红村新榕妙水新经济合作社等农业承包合同纠纷上诉案"

2001 年 3 月 18 日,新榕妙水新合作社、新榕妙水老合作社、第三人新榕妙水上合作社与李某某签订《合同书》,约定三个合作社将本村的田砂、江砂给李某某开采,田砂开采年限为 5 年,江砂开采年限为 15 年。合同签订后,李某某未实际开采砂矿。同日,新榕妙水新合作社、新榕妙水老合作社、第三人新榕妙水上合作社与许某某、羊某某签订《光村镇新榕妙水村集体砂场开采合同书》,约定三个合作社将本村的田砂和河砂发包给许某某、羊某某开采,砂场开采期限为 15 年。合同签订后,羊某某退出承包合同,由许某某承包砂场,但其至今未经儋州市人民政府地质矿产主管部门审批登记,也未取得采矿许可证。后新榕妙水新合作社、新榕妙水老合作社起诉许某某、李某某、羊某某,请求法院确认涉案《合同书》《光村镇新榕妙水村集体砂场开采合同书》无效。

一审法院认为,第一,根据《矿产资源法》第三条规定,涉案河砂为矿产资源,属于国家所有,两原告及新榕妙水上合作社擅自将河砂发包给三被告开采,损害国家的利益。第二,三被告均未取得政府颁发的采矿许可证,没有开采河砂的主体资格。根据《合同法》第五十二条规定,涉案《合同书》《光村镇新榕妙水村集体砂场开采合同书》因违反法律、行政法规的强制性规定,损害国家的利益,属于无效合同。一审法院遂判决确认涉案两合同无效。

许某某不服一审判决,提出上诉。二审法院认为,第一,根据《矿产资源法》及《海南省矿产资源管理条例》规定,采砂应由市、县、自治县人民政府地质矿产主管部门审批登记,颁发采矿许可证,出让采矿权,并报省人民政府地质矿产主管部门备案。许某某未取得地质矿产主管部门颁发的采矿许可证,未经矿产管理部门勘查许可,如其无序采砂,将可能造成生态环境破坏或引发地质灾害,并将损害国家利益和社会公共利益。第二,根据《合同法》第五十二条规定,《光村镇新榕妙水村集体砂场开采合同书》违反法律、行政法规的强制性规定,合同无效。二审法院遂判决驳回上诉,维持原判。

三、国家所有权的法律保护

国家所有权是一种公共所有权,目的在于实现公共利益,因其服务于公共利益而使其取得了存在的合理性和法律保护的必要性。从国家所有权的主体看,国家主要作为团体人格享有所有权,国家所有权是全民所有制的法律表现形式,国家所有权所代表的利益最终归属于全民。从国家所有权的客体看,有些国有财产以其存在直接供公众适用,有些则以收益间接服务于公众,公众是国有财产的最终所有者,但构成公众的每一个成员都不能对财产声明他拥有私人性质的所有权或者主张所有权的份额。从国家所有权的目的看,国家所有权通过对国有财产进行民法上的权利配置来实现公共利益。

《物权法》第三十八条规定:"侵害无权除承担民事责任外,违反行政管理规定的,依法承担行政责任;构成犯罪的,依法追究刑事责任。"

(一)刑法对国家所有权的保护

国家工作人员存在玩忽职守、贪污、滥用职权、私分国有资产等情节,导致国有财产损失的,根据《刑法》规定可能构成玩忽职守罪、贪污罪、滥用职权罪、私分国有资产罪等,违法获取的国有资产可被追缴,如《物权法》第五十七条第一款规定:"履行国有财产管理、监督职责的机构及其工作人员,应当依法加强对国有财产的管理、监督,促进国有财产保值增值,防止国有财产损失;滥用职权,玩忽职守,造成国有财产损失的,应当依法承担法律责任。"《刑法》对国家所有权保护的特点主要在于:第一,《刑法》对于造成国有财产损失的犯罪行为人,并不一定会要求判处财产刑,如《刑法》第一百六十九条规定:"国有公司、企业或者上级主管部门直接负责的主管人员,徇私舞弊,将国有资产低价折股或者低价出售，致使国家利益遭受重大损失的，处三年以下有期徒刑或者拘役；致使国家利益遭受特别重大损失的，处三年以上七年以下有期徒刑。"第二，刑法对某些犯罪规定有财产刑，如没收财产、罚金，但刑罚中的财产刑并非以弥补国有财产遭受的实际损失为目的，主要是为了实现对犯罪行为的预防目的。而对当事人违法获取的国有资产，司法机关应依法追缴，追缴行为的目的则在于弥补国有资产流失的损失。

【案例 5.5】上海市第二中级人民法院审理的"王某某等私分国有资产案"

被告人王某某、姚某某于 2002 年至 2005 年年初，在分别担任国有企业上海市食品进出口国际货运公司（以下简称"国际货运公司"）经理、财务人员期间，在该公司 2002 年至 2004 年连续三年经营亏损，按照上级公司上海市食品进出口公司（以下简称"食品进出口公司"）的有关考核规定，不得向上级公司申请批准发放奖金的情况下，仍由被告人王某某指使被告人姚某某将部分当年成本延后至下一财务年度入账，将账目伪造成收入与成本略有盈余，向食品进出口公司报送内容虚假的财务报表，并申请骗得食品进出口公司批准，获得国际货运公司半年奖、年终奖发放额度，由被告人姚某某从该公司开户银行企业基本账户中将国际货运公司的流动资金提现共计人民币 1089700 元转存于户名为黄舜石的交通银行个人活期储蓄账户内。被告人王某某、姚某某以给该公司职工发放半年奖和年终奖的名义对上述公款进行集体私分。其中，被告人王某某、姚某某个人分别实得人民币 157000 元和 99000 元。被告人王某某、姚某某在检察机关立案侦查前，主动交代了其犯罪事实。

原审法院认为，被告人王某某、姚某某身为国有企业直接负责的主管人员和直接责任人员，违反国家规定，利用职务便利，采用制作假账的方式虚报利润，以单位名义将国有资产集体私分给个人，数额巨大，且造成企业注册资金缩减，致使国有资产流失，构成私分国有资产罪。被告人王某某、姚某某均系自首，均可减轻处罚。原审法院遂判决，被告人王某某犯私分国有资产罪,判处有期徒刑二年,并处罚金人民币 5 万元。被告人姚某某犯私分国有资产罪,判处有期徒刑一年,缓刑一年,并处罚金人民币 3 万元。私分的国有资产予以追缴发还给上海市食品进出口国际货运公司。后两被告人不服原审判决,提起上诉。二审法院审理后驳回上诉,维持原判。

(二)民法对国家所有权的保护

与刑法、行政法相比,民法能为国家所有权提供更加完整、直接的法律保护。第一,民法保护的体系更加完整。我国现有法律中,《民法通则》《物权法》《土地管理法》《矿产资源法》等法律均能为国家所有权提供民法保护,并形成了较为完整的民法保护体系。民法对国家所有权的保护主要从保护国有财产的价值完整性角度出发,以保护国有财产安全、效益为目标,为国家所有权提供完整、系统的法律保护。在追究有关责任人的损失赔偿责任时,能够单纯从保护国有财产的价值完整性角度出发对国有财产进行保护。第二,民法保护的方式更加直接。民法对所有权的保护方法,常直接救济受到侵害的所有权,救济的目的也往往是为了恢复所有权人对所有物的圆满支配状态。同时,民法保护也注重平衡当事人间的利益。如在涉采矿权案件中,法律保护当事人依法享有的采矿权不受其他组织或个人侵害,同时也规定采矿权人应履行的法定义务,促进国有资源的合理利用。

【案例 5.6】广西壮族自治区崇左市中级人民法院审理的"崇左市江州区驮卢镇雷州社区逐渌经济联合社与何某甲等确认合同无效纠纷上诉案"

2009 年 4 月 1 日,原告逐渌经联社与被告何某甲签订《矿山开采租用协议书》,约定原告将位于崇左市江州区驮卢镇雷州社区逐渌地界的"更口山"发包给被告何某甲经营采石场。协议由逐渌经联社负责人甘青秀签字并盖经联社公章,但未经村民大会讨论决定。2010 年 9 月 26 日,被告何某甲取得崇左市国土资源局颁发的采矿许可证,与被告何某某、何某乙、梁某某、韦某某、周某某合伙在"更口山"右边"叫吗山"开办采石场,开采石头。2010年6月29日,逐渌经联社取得崇左市江州区林业局颁发的"更口山"右"叫吗山"林的权证。2013年3月4日,因涉案采石场的安全生产许可证有效期满未办理延期手续,被崇左市江州区安全生产管理局责令停产。逐渌经联社认为,被告因开采石头造成其经济损失,遂要求被告归还涉案采石场,并赔偿原告经济损失人民币30万元。

一审法院审理认为,第一,逐渌经联社虽然取得"叫吗山"林权证,但石头系矿产资源,根据法律应属于国家所有,逐渌经联社在未取得国家采矿许可证的情况下,与何某甲签订《矿山开采租用协议书》,约定将"更口山"右边"叫吗山"矿山租给何某甲开采石头,违反了法律规定,协议无效。第二,后因何某甲等人取得崇左市国土资源局颁发的采矿许可证,并在指定位置开采石头,其行为符合法律规定,应受保护。逐渌经联社并非矿产资源的所有人,无权出租国家矿产资源,同时原告未能提供证据证明被告因开采石头造成其经济损失。故原审法院判决驳回原告的诉讼请求。

二审法院认为,第一,根据《矿产资源法》规定,矿产资源专属于国家所有。何某甲等人在取得崇左市国土资源局颁发的采矿许可证后在指定位置开采岩石,符合法律规定,应受法律保护。逐渌经联社虽然取得了"叫吗山"的林权证,但该地表或者地下矿产资源的国家所有权不因其所依附的土地所有权或者使用权的变化而改变。逐渌经联社并非矿产资源所有人,其要求何某甲等人返还石场的诉讼请求于法无据。第二,根据《矿产资源法》规定,开采矿产资源给他人生产、生活造成损失的,应负赔偿责任。这意味着国家法律在保护采矿权人采矿权的同时,规定了采矿权人应履行的法定义务。本案中,逐渌经联社未能提供证据证实何某甲等人在采矿过程中给其造成了实际经济损失。故二审法院判决驳回逐渌经联社上诉,维持原判。

(三)行政法对国家所有权的保护

行政法对国家所有权保护的特点在于:第一,一般不直接从所有权客体角度提供保护措施,而主要规范各种对国有资产的管理行为。如在一些案件中,土地登记机构在土地登记时未尽审查职责,将土地错误登记在非权利人名下,土地权利人有权提起行政诉讼,请求人民法院撤销土地登记机构的行政行为。第二,行政法规定的行政处罚措施缺乏物质性惩罚措施,在国家所有权受到侵害时,常无法为权利人提供最充分的物质补偿。

【案例 5.7】河南省焦作市中级人民法院审理的"王某甲与王某乙等土地行政登记纠纷案"

编号为 01-08-19 号宗土地使用权归原河南省泉昌房地产开发有限公司所有,1996 年该公司解散后,温县人民政府以《会议纪要》等文件形式将该公司的债务和土地等资产移交给温县建筑公司。泉昌公司对中国信达资产管理公司负有债务,王某乙代温县建筑公司偿还债务 30 万元。王某乙在涉案土地上搭建了围墙以及一间简易铁皮房。2003 年 8 月温县人民政府就涉案土地为温县建筑公司办理了温国用〔2003〕字第000245 号土地使用证。2007 年 1 月 16 日温县建筑公司与王某甲签订了国有土地转让合同,王某甲交付土地转让款 28 万元。王某乙遂提起行政诉讼,以温县人民政府为被告,以王某甲、温县建筑公司为第三人,要求撤销温县人民政府给王某甲办理的温国用〔2007〕第 000178 号国有土地使用证。

一审法院认为,第一,王某乙代温县建筑公司偿还原泉昌公司的部分款项 30 万元,且在争议的土地上填土并垒起了部分围墙和建起一间简易铁皮房,王某乙与温县人民政府的颁证行为有法律上的利害关系,具备原告资格。第二,涉案土地政府核定地价已达每亩 14 万元,温县建筑公司以总价 28 万元,每亩不足 4 万元的价格转让给王某甲,造成国家财产流失,违反有关法律规定。第三,王某乙在涉案土地上填土、垒墙和搭建铁皮房,且和王某甲就土地使用权多次发生争议,温县人民政府在颁证过程中未经详细勘查,属事实不清且违反法定程序,其所发土地使用权证应予撤销。遂判决撤销温县人民政府为王某甲核发的温国用〔2007〕第

000178号国有土地使用证。二审法院、再审法院均维持原判。

第二节　集体所有权

集体所有制是指生产资料归劳动群众集体所有的所有制形式。对于这一概念,可以从以下几方面理解:第一,集体所有制是现阶段的社会主义公有制,首先应具备公有制的本质特征。如马克思指出,应在协作和对土地及靠劳动本身生产的生产资料共同占有的基础上,重新建立个人所有制。集体所有制即是现阶段的社会主义公有制,在一定意义上具备劳动者共同占有生产资料基础上重新建立的个人所有制这一公有制的本质因素。第二,集体所有制是现阶段的社会主义公有制,应是指一定社会范围,即集体范围的居民或劳动群众对生产资料的共同占有。集体公有制意味着财产在一定的集体范围内的社会化,以及作为集体成员的劳动者个人平等、直接地拥有以自己劳动为基础的对集体生产资料的所有权。第三,劳动者联合成集体所有者是通过协作和对土地等生产资料的共同占有实现的,即劳动者劳动联合与劳动者资本联合相结合的方式实现。在市场经济条件下,农村集体所有制已不再是高度集权的人民公社集体制,而是采取了以集体成员个人承包分散经营与集体组织统一经营相结合的双层经营体制。第四,集体所有制是集体成员联合起来的集体个人所有制,是与集体成员的独立的单个人的所有制相区别而又密切联系的。我国现阶段的集体所有制并不是全社会范围内的单一公有制,在一特定的集体所有制内部作为集体成员的劳动者往往具有双重身份,既是集体的劳动者,又是孤立的家庭经营者;甚至有的只保留集体所有者成员资格而不在该集体组织(企业)中劳动。

一、农村集体所有制的内涵

农村集体所有制是指存在于农村地区的一定范围的劳动群众或者人群共同体,在对土地等其他生产资料共同占有基础上的个人所有制。农村集体所有制主要有三个特征:一是存在于农村地区;二是其主体是农村一定范围的人群共同体或者劳动群众;三是其内容是一定范围的人群共同体或劳动者全体在不可分割地共同占有生产资料基础上实现个人利益。农村集体所有制主要有两种类型:一是农村社区集体所有制,是指农村一定社区范围内的全体居民组成的人群共同体对社区范围内的土地等其他生产资料在不可分割的共同占有基础上实现成员利益的所有制形式;二是农村专业经济组织的集体所有制,是指从事特定的专业性或行业性的经济组织。

(一)农村集体所有制的法律基础

我国对现行农村土地所有制的规定主要集中在五个法律中,即《宪法》《物权法》《土地管理法》《土地管理法实施条例》和《农村土地承包法》。如1982年《宪法》第十条规定:"农村和城市郊区的土地,除由法律规定属于国家所有的以外,属于集体所有;宅基地和自留地、自留山,也属于集体所有。"可见,我国在宪法层面形成了城市和农村土地的二元所有制结构。新中国成立以来,我国农村的土地所有制度大概经历了三个阶段的变迁。第一阶段中,随着农业合作化的不断推进,农村土地主要为私人所有制,此种私有制经由1954年《宪法》确立;第二阶段中,随着农业合作化和"人民公社"运动开展,土地的农民个人私有制被"三级所有,队为基础"所取代,在事实上确立了以生产队为基本单位的集体所有权体制;第三阶段中,农村土地所有权制逐渐转变为农村土地集体所有的家庭承包经营制,稳定至今。

司法实践中,当事人常对家庭承包经营土地的承包依据、承包范围、承包期限等问题发生争议,法院在审理类似案件时,一般考虑国家承包经营制度的相关政策、《农村土地承包法》的相关规定,以及当事人之间的真实意思表示等因素,作出综合判断。

【案例5.8】上海市第一中级人民法院审理的"严某某与上海市南汇区泥城镇海关村民委员会农村土地承包合同纠纷上诉案"

原南汇区彭镇陈店村民委员会(后合并为南汇区泥城镇海关村民委员会)作为甲方、陈店村6组村民严某某作为乙方,双方于1999年12月10日签订了《出租土地改建鱼塘协议书》,约定村委会将13.76亩土地出租给本村 6 组严某某作为流转地使用,准备改建鱼塘经营 11.65 亩,种植经营 2.11 亩,出租时间从 1999 年 11 月 1 日至 2007 年 10 月 31 日止,计8 年,每年计租金 3408.80 元。合同签订后,海关村委会按约将上述土地交付严某某开挖鱼塘进行养殖,严某某一直实际使用并按约付清了前 7年的租金。租赁期届满后,因双方未能达成一致意见,海关村委会遂诉至法院,请求判令严某某归还系争土地,严某某辩称承包经营的土地系为渔业生产,承包期限应为 30 年。

审理法院认为,《农村土地承包法》第三条规定:"国家实行农村土地承包经营制度。农村土地承包采取农村集体经济组织内部的家庭承包方式,不宜采取家庭承包方式的荒山、荒沟、荒丘、荒滩等农村土地,可以采取招标、拍卖、公开协商等方式承包。"同时,该法又规定了耕地的承包期为 30 年,并由县级以上地方人民政府向承包人颁发土地承包经营权证,确认土地承包经营权。家庭承包是以本集体经济组织内部的农户家庭为单位、人人有份的家庭土地承包经营,强调的是福利性及生活保障性。我国法律规定的家庭承包方式的土地承包期限为 30 年,系以家庭为单位进行土地承包。在 1999 年实行土地延包时也明确指出,土地承包期再延长30 年,系指家庭土地承包经营的期限。本案中,严某某与海关村委会之间确立的承包关系显然与家庭承包方式的目的、特征不相符合,双方签订的《出租土地改建鱼塘协议书》,实为农村土地承包合同,故严某某不应主张 30 年的承包期限。现双方当事人约定的承包期限已满,严某某理应将承包的土地返还海关村委会。故海关村委会的诉讼请求,具有事实和法律依据,原审法院予以支持。故审理法院判决:严某某于判决生效后10 日内撤离《出租土地改建鱼塘协议书》项下的 13.76 亩土地,并将上述土地返还给上海市南汇区泥城镇海关村民委员会。

(二)农村集体所有权的法律效力

第一,农村集体所有权的对外效力。农村集体所有制作为社会主义公有制的组成部分,农村集体土地作为社会主义公有财产,具有完全且完整的产权。除了因国家利益和土地管理政策所作出的必要限制之外,任何组织、个人,包括国家本身也无权侵犯集体土地的产权。国家对农村集体土地的征收或征用共有三种情形:一是国家因公共利益需要征收或征用农村集体土地,因修建铁路等公共设施引发的征地即属于这一情形;二是在城市化进程中,城市向郊区和农村的扩张;三是农村集体通过国家征收环节将农用地转化为非农用地。以村民集体作为集体土地的所有权主体,保证集体土地在征收过程中的应得权益得到充分落实,进而更好地维护农户和村集体自身的权利。

第二,农村集体所有权的对内效力。农村实行家庭承包经营制以来,土地一般是按人分配、按户经营的。但在实践中,有些地方强调土地按人均分配,因此随着人口的变化,土地需要经常性的调整;而有些地区则比较强调按户经营,因此在承包期内一般家庭成员的变动不会引起土地的调整。同时,为了避免农村集体或集体中的强权人物出现侵犯农户权利的情形,对于土地调整、征收、补偿等涉及农民重大权益的事项,可以参照《村民组织法》和《土地管理法》的规定,经村民会议三分之二以上成员或者三分之二以上村民代表的同意。

【案例 5.9】湖北省武汉市中级人民法院审理的"武汉新阳苗木有限公司与武汉市蔡甸区大集街银燕村村民委员会等农村经营户农村土地承包合同纠纷上诉案"

武汉新阳苗木有限公司(以下简称"新阳公司")于 2007 年 10 月 24 日,与武汉市蔡甸区大集街银燕村村民委员会(以下简称"银燕村委会")负责人协商,并征得周某某等 35 户农户同意后,银燕村委会在既未征得本村三分之二村民同意也未征得三分之二村民代表同意的情况下,以土地所有人及委托发包人的身份与新阳公司签订《土地承包合同》1 份,约定银燕村将 150 亩集体土地和农户自愿出让的土地发包给新阳公司使用,土地承包期为 20 年,从 2007 年 10 月 24 日至 2027 年 10 月 24 日止,新阳公司在承包期限内,如遇国家规划并依照相关规定需要占用该土地,新阳公司应予服从,但有权按照国家相关规定取得各种补偿和赔偿。银燕村与新阳公司签订的承包合同中所涉及的麦林景土地共计150亩,其中33.51亩为银燕村集体所有,参加本案诉讼的29户农户承包土地面积合计76.67亩。新阳公司对承包土地进行投入,并按约定向银燕村委会缴纳了2007年10月至2009年4月一年半的土地承包费用。2010年3月,武汉市人民政府批准建设蔡甸区常福工业示范园区,用地范围包含了新阳公司承包的银燕村及该村农户流转的土地,银燕村委会即代村农户于2011年4月向新阳公司提出终止承包合同,要求新阳公司交还承包的150亩土地,但双方未达成一致意见,此后银燕村委会没有再收取土地承包费用,新阳公司也未再缴纳。2012年7月23日,银燕村委会、周某某等29户农村经营户诉至法院,请求判令:(1)依法确认银燕村委会新阳公司签订的《土地承包合同》中涉及33.91亩农村集体土地的合同部分无效;(2)依法解除周某某等29户农户与新阳公司签订的《土地承包合同》;(3)新阳公司立即返还银燕村委会和周某某等29户农户的土地。

审理法院认为,第一,银燕村委会与新阳公司签订土地承包合同的事实成立,但双方当事人未在合同中明确系争150亩土地的具体组成,后经双方举证,确认系争150亩土地应认定为集体所有土地33.51亩,农户流转土地116.49亩。系争合同实际履行的内容包含两个部分:其一是村委会将村集体所有的33.51亩土地发包给新阳公司经营;其二是村委会代表周某某等农户将承包的116.49亩土地经营权流转给新阳公司经营。银燕村委会在与新阳公司签订承包合同时,对上述33.51亩集体土地未经银燕村村民会议三分之二以上成员或者三分之二以上村民代表的同意,合同签订后也未报乡(镇)人民政府批准,该发包行为违反了《土地管理法》第十五条和《农村土地承包法》第四十八条规定,应为无效合同。第二,银燕村委会代表周某某等农户与新阳公司签订的116.49亩土地经营权流转合同,经过流转土地的农户认可,且已将土地流转新阳公司经营,农户收取了流转收益,该部分合同符合农业部《农村土地承包经营权流转管理办法》第八条的规定,该土地流转合同有效,该部分合同的甲方实际为农户。根据系争合同约定,新阳公司在承包期限内如遇国家规划并依照相关规定需要占用该土地,应予服从。合同履行过程中,市、区两级政府对蔡甸区新型工业化示范园区项目进行了规划,规划项目已启动,土地已进行储备,其中包含了新阳公司承包的银燕村土地及银燕村农户流转的土地,应视为双方在合同中约定的解除条件已成就。故法院判决:一、银燕村委会与新阳公司签订的关于 33.51 亩土地的承包合同无效;二、解除银燕村委会代周某某等 29 户农户与新阳公司签订的 76.67 亩土地流转合同;三、新阳公司向银燕村委会返还其承包经营的 33.51 亩土地,向周某某等 29 户农户返还流转经营的 76.67 亩土地。

二、农村集体所有制的主体

成员集体是一定范围的集体成员全体,一个人成为集体的一员,就可以从集体获得一份土地的利用权或者分享集体利益,从而得到集体为其提供的生存保障。在各个特定的集体范围内,土地资源有限的情况下,新成员的增加就会减少原有成员的利益份额。我国法律对集体成员资格的取得、丧失没有明确的法律规定,在现实生活中围绕着对土地的利用或者收益分配发生了大量的纠纷。因此,研究集体成员资格的认定对解决现实生活中大量存在的集体收益分配案件具有重要的现实意义。

(一)农村集体成员的范围

集体成员是在集体组织存在的条件下,由集体范围的成员按户籍确定的。除第一批集体居民是由个体的居民因合作化、集体化运动而加入集体组织外,其后集体成员的加入则由出生、婚嫁、落户等原因引起。因这些原因成为集体组织成员的,应当向集体组织申报户籍或迁移户籍,以取得集体组织的户籍。长期以来,集体经济组织习惯上依户籍确定集体成员的资格,但随着改革开放和户籍制度的改革,集体成员户籍与其集体成员资格的取得也有不相一致的地方。例如按照户籍管理规定,居民以其经常居住地为其户籍所在地,故以户籍确定村民资格就是以社区居民确定村民的资格,居住生活于一定集体组织地域范围内的居民,以集体土地为生存保障者即为集体成员。

集体所有制的形式多样,相应地,集体所有权的主体形式也是多样性的。第一,农村社区集体所有制表现为农民集体所有权,应采取农村社区全体成员所有的形式,包括村民小组范围、村范围、乡范围内的全体集体成员所有权。可见,农村社区集体所有权的主体分别是村民小组全体成员、村内全体集体成员、乡内全体集体成员。第二,城镇社区集体所有制表现为城镇社区集体所有权,其主体应该是城镇的社区居民的自治组织,主要指城镇的街道办事处和居民委员会,各类专业集体经济组织所有制表现为专业集体经济组织所有权,其主体是各类专业集体经济组织。

(二)农村集体成员资格的认定

某个自然人能否成为集体组织的成员,判断标准在于其是否依赖集体土地为基本的生存保障。对农村土地之所以采取集体所有的形式,就是为了保障每一个农村居民平等地获得生存保障。第一,成年的农民集体组织成员。农村各集体组织范围的成年农民,没有社会为其提供其他稳定的生活保障,只能依赖集体提供的土地维持其生活并供养其家庭。合作化、集体化时期入社的社员是首先取得集体成员资格的集体成员。后来的集体成员则是以他们为基础,或者因与他们的血缘、婚姻、收养等关系成为集体成员;或者由他们决议接纳为集体成员。第二,成年集体成员的子女。与成年集体成员具有子女关系的自然人无论在任何年龄都取得集体成员资格。第三,成年集体成员的配偶。依据女方可以成为男方家庭成员,男方也可以成为女方家庭成员的婚姻自由原则,成年集体成员的配偶成为集体组织的成员。其成员加入的意思表示以其申请户籍登记为准,经集体审查符合这些条件的应予登记确认其集体成员资格。第四,经集体决议接纳为成员。按集体组织的章程规定的条件和程序,集体可以民主决议接纳某个人为集体成员,给予其成员资格。

【案例5.10】湖南省郴州市中级人民法院审理的"资兴市程水镇高牌村上铺组等与曹某甲侵害集体经济组织成员权益纠纷上诉案"

曹某乙系上铺组集体经济组织成员,其家庭为纯女户,曹某乙家人与谭某某达成了"招郎协议",曹美芳与谭某某于2009年8月15日办理结婚登记,于2009年6月8日生育曹某某。经上铺组、堂甲里组大多数村民的签字同意,谭某某于2012年5月17日将户口迁至上铺组。2012年4月14日,上铺组、堂甲里组通过召开村民大会制定了人口落户决议,该决议第六条规定"纯女户招郎,男方户册不在本组生的小孩,小孩不能享受本组分配"。2012年5月17日,曹某甲落户登记在上铺组。2012年6月18日,上铺组、堂甲里组(乙方)与资兴市国土资源局(甲方)签订土地征收协议,上铺组、堂甲里组的集体土地被政府征收获得了土地补偿款。2012年11月29日,上铺组、堂甲里组每个村民分得土地征收补款35728元,但依据人口落户决议第六条约定拒绝将曹某甲纳入征地补偿款分配范围,曹某甲遂提起诉讼,请求判决上铺组、堂甲里组给付其土地征收补偿款35728元。审理法院认为,曹某甲的母亲曹某乙系上铺组集体经济组织成员,曹某甲于2009年6月8日出生,2012年5月17日落户至上铺组,依出生原始取得了上铺组集体经济组织成员资格,应享有平等分配上铺组因土地征收获得土地补偿款的权利。上铺组、堂甲里组以人口落户决议第六条将曹某甲排除在分配对象之外,侵犯了曹某甲作为上铺组集体经济组织成员的合法财产权利。故判令上铺组、堂甲里组向曹某甲支付土地征收补偿款35728元。

集体成员的资格取得是集体范围自然人因其居住于社区集体,与集体土地世代相传的自然关系以及因伦理习惯决定的与社区集体的生活联系而产生的,在集体存在期间除非这种身份的关系被改变,其集体成员的资格不会丧失,集体不得以任何理由剥夺某个集体成员的资格,也不得以任何理由拒绝符合取得条件的自然人取得集体成员资格。集体成员资格丧失情况分为以下三种:第一,死亡。集体成员死亡,当然丧失集体成员资格。死亡包括自然死亡和宣告死亡。第二,集体成员身份转为城镇居民而获得城镇社会提供的生活保障的。第三,集体成员加入另一社区集体组织的,即丧失原集体组织集体成员资格。

【案例 5.11】福建省南平市中级人民法院审理的"浦城县仙阳镇太平村民委员会第十村民小组与曹某甲承包地征收补偿费用分配纠纷上诉案"

曹某甲的祖父曹某乙户口系城镇居民,曹某甲的祖母郑某某是浦城县仙阳镇太平村民委员会第十村民小组(以下简称"第十村民小组")的村民,属于"农嫁居"的性质。曹某甲的父亲曹某丙(系曹某乙的儿子)是第十村民小组的村民,曹某甲于 2009 年 6 月 16 日因出生申报落户在第十村民小组处,在第十村民小组处生活并有分配承包地。2013 年 8 月南平市荣华山产业组团征地因建设需要征用第十村民小组约 168.14 亩土地,第十村民小组召开村民小组会议,确定参加南平市荣华山产业组团征地补偿安置分配的方案,分配方案规定:每位村民小组成员一次性可分得征地补偿款 83201.7 元,农嫁居及农嫁居户的对象不参加分配。因曹某甲的祖母郑某某属于"农嫁居",曹某甲未能享受村民待遇。曹某甲诉至法院,请求判令第十村民小组支付曹某甲承包地征用补偿费 83201.7 元。

审理法院认为,土地补偿款的性质是对农村集体土地所有权的补偿,只有具备集体经济组织成员资格,才享有该集体经济组织土地补偿款的分配权。农村集体经济组织成员资格的确认,应当以依法取得农村集体经济组织所在地户口为基本原则,并充分考虑农村土地承包所具有的基本生活保障功能。根据最高人民法院《关于审理涉及农村土地纠纷案件适用法律问题的解释》第二十四条规定:"农村集体经济组织或者村民委员会、村民小组,可以依照法律规定的民主议定程序,决定在本集体经济组织内部分配已经收到的土地补偿费。征地补偿安置方案确定时已经具有本集体经济组织成员资格的人,请求支付相应份额的,应予支持。"本案中,曹某甲的父亲曹某丙是第十村民小组的村民,曹某甲于 2006 年 6 月 16 日因出生申报落户在第十村民小组处,在第十村民小组生活并有分配承包地,具备第十村民小组的集体经济组织成员资格。曹某甲因出生取得浦城县仙阳镇太平村民委员会第十村民小组集体经济组织成员资格,在社会保障方面并未加入其他集体经济组织或享受城镇居民待遇,故曹某甲依法享有参与征地补偿费分配的权利。第十村民小组村民户代表会议研究确定的分配方案,关于农嫁居及农嫁居户的对象不参加分配的内容违反了法律规定。故判决第十村民小组支付曹某甲承包地征收补偿费用83201.7元。

三、农村集体所有权的权能

农村集体所有权应指村、村民小组、乡等社区范围的村民全体为实现其共同利益对属于其集体所有的财产拥有全面支配的权利,农村集体所有权具有如下特点:第一,农村集体所有权的主体是一定社区范围内的村民全体,如乡、村、村民小组范围内的村民全体;第二,农村集体所有权的内容是全体集体成员对集体财产行使统一的最终支配权,实现全体集体成员的利益;第三,农村集体所有权是作为多数人之全体集体成员按照民主的程序形成集体共同意志,并由代表全体集体成员的集体组织负责执行;第四,一个农村集体全体成员对集体财产的整体不可分割地享有所有权;第五,农村集体成员不仅通过民主方式参与集体所有权行使的决策,而且最终享受集体财产利益。

(一)农村集体所有权的权能分类

农村集体所有权主要包括以下权能:第一,管理权能。在农村集体中,众多的成员对农村集体财产实施占有、使用、收益、处分的权利是通过参与管理来实现的,而对管理的参与也必须通过对参与者的管理来实现。故农村集体所有权主体对集体财产的管理职能首先表现为全体集体成员的民主管理,其次是由集体专职管理人的管理。第二,占有权能。农村集体财产由集体成员共同占有,集体占有的方式系由农村集体财产的管理体占有,但为了实现集体所有权的目的,农村集体财产的占有权能则主要是与所有权分离而由他人占有的,包括成员个人占有、集体企业占有、其他经济组织或个人占有。第三,使用权能。使用权能与占有权能是不可分离的,农村集体财产在集体成员依据财产管理规则和接受财产管理的前提下进行使用。我国农民集体所有制经济目前实行的是以家庭联产承包责任制形式为主的统分结合的双层经营体制。土地是农村集体经济最基本的经营性财产,集体成员通过承包合同形式,以其所有者成员身份享有土地使用权。第四,收益权能。收益权能由农村集体享有,是实现共同占有和集体利益的主要表现。农村集体的生产经营性财产,农村集体人与经营人订立经营合同将财产的占有、使用及部分收益权能让与经营人,保留部分收益权能,从而在经营成果中分享利益。第五,处分权能。农村集体财产的处分权能归于集体成员,由集体成员统一行使。农村集体所有权的处分权能严格受到法律的限制,法律规定不得处分的财产,集体成员不得处分。第六,受益权能。农村集体所有权实现的利益包括两方面:一是集体成员在集体公共利益上的共享利益;二是集体所有的财产上集体成员直接获取的个人权利和利益。

(二)农村集体所有权的司法保护

司法实践中,当事人常就农村集体所有土地的处分权能发生争议,具体表现为两种类型案件:第一,农村集体成员处分农村集体所有土地的使用权,成员间常就处分行为的效力发生争议;第二,农村集体所有土地被依法征收后,集体成员常与集体组织就征收补偿问题发生争议。

第一,当事人处分农村集体所有土地是否违反法律规定。根据《土地管理法》第六十三条规定:"农村集体所有的土地的使用权不得出让、转让或者出租用于非农业建设。"可见,法律禁止当事人出让、转让农村集体所有土地的使用权,虽允许当事人出租此类土地的使用权,但禁止用于非农业建设。当事人的行为违反上述规定,人民法院一般认为其行为无效。

【案例5.12】广东省广州市中级人民法院审理的"潘某某诉韩某某等土地租赁合同纠纷案"

2011年11月18日,出租方韩某某(甲方)与承租方余某某、潘某某(乙方)签订一份《土地租赁协议》(以下简称"涉案协议"),约定韩某某将位于雅瑶邝家村第三经济社和第五经济社的约13亩的土地(以下简称"涉案土地")出租给余某某、潘某某,用于开办、经营农家乐餐厅。系争土地为韩某某向案外人张毅华承租的农用土地,租期为4年,起止时间2012年1月1日至2015年12月31日,从2012年1月1日起计租,每年租金11万元。2012年3月2日,政府有关部门对涉案土地上的构建物进行了强制拆除,余某某、潘某某退出涉案土地。余某某、潘某某于2012年4月6日以韩某某、案外人张毅华为被告,向原审法院提起(2012)穗花法民三初字第297号案,原审法院于2012年8月7日作出判决:一、余某某、潘某某与韩某某于2011年11月18日签订的《土地租赁协议》无效;二、韩某某向余某某、潘某某返还履约保证金20000元。韩某某又以余某某、潘某某为被告,于2012年8月16日向原审法院提起本案诉讼,请求判令余某某、潘某某向韩某某支付自涉讼协议签署之日起至实际撤离之日即2012年3月2日的场地占有使用费29166元。

审理法院认为,第一,《土地管理法》第六十三条规定:"农村集体所有的土地的使用权不得出让、转让或者出租用于非农业建设。"涉案土地系农村集体所有的土地,韩某某将农用地转租给余某某、潘某某用于经营餐饮业,为非农业用途,涉案协议违反了上述法律的禁止性规定,应无效。第二,余某某、潘某某实际占有使用了涉案土地,韩某某要求余某某、潘某某参照合同约定的租金标准支付该土地的占有使用费合法有据。根据当事人约定,涉案土地从2012年1月1日起计租,至2012年3月2日余某某、潘某某退出涉案土地为止,按每年11万元标准计算,余某某、潘某某应向韩某某支付租金18944.46元。审理法院最终判决:余某某、潘某某向韩某某支付2012年1月1日起至2012年3月2日的场地占有使用费18944.46元。

第二,农村集体所有土地被依法征收后,征收补偿款应归农村集体组织所有,农村集体组织应合理分配征收补偿款,不应侵害集体成员的应有权利。如《最高人民法院关于审理涉及农村土地承包纠纷案件适用法律问题的解释》第二十四条规定:"村民小组可以依照法律规定的民主议定程序,决定在本集体经济组织内部分配已经收到的土地补偿费。征地补偿安置方案确定时已经具有本集体经济组织成员资格的人,请求支付相应份额的,应予支持。"根据上述规定,如村民具有集体经济组织成员资格的,一般有权主张相应份额的征收补偿款。人民法院在判断村民是否具有集体经济组织成员资格时,一般审查以下事实:一是政府确定征地补偿安置方案时,村民是否以集体经济组织的土地为基本生活保障;二是村民是否具有集体经济组织的户籍;三是村民是否在集体经济组织形成较为固定的生产、生活。

【案例5.13】海南省第一中级人民法院审理的"澄迈华侨农场大丰作业区大丰村与吴某甲等侵犯集体经济组织成员权益纠纷上诉案"

吴某甲、符某某、吴某乙于1986年从澄迈华侨农场文音作业区文音村迁入并居住澄迈华侨农场大丰作业区大丰村(以下简称"大丰村")生产生活,三人户籍均在大丰村。吴某乙与他人同居生育一孩子,并于2012年年初到其妹妹吴某丙家帮忙带孩子。2010年,金马物流中心项目征用了大丰村的土地。大丰村经村民小组代表、各户户主代表同意制定《大丰村资金管理一事一议的使用方法》,规定:"……3.有土改权而又一直居住在本村的村民享受土地分配款的100%;4.没有土改权而迁入本村居住,并参与本村各项项目建设至今的村民,可享受下列土地分配款:……;(3)1980—1989年迁入本村的可享受70%的土地款分配……;10.村中妇女有下列情况之一者,一律不享受土地款分配待遇:……;(4)名义尚未出嫁,但实际已与他人同居生子的妇女。"大丰村按上述方案分配,于2012年1月14日发放2011年度的征地补偿款每人10000元,2013年1月23日发放2012年度征地补偿款每人30000元。吴某甲、符某某分得70%,吴某乙不享受土地款分配待遇。三人认为,大丰村的分配方案不合理,遂起诉请求法院确认三人具有大丰村集体经济组织成员资格;大丰村支付给三人2011年度征地分配款人民币各10000元,共计30000元;大丰村支付给三人2012年度征地分配款人民币各30000元,共计90000元。

审理法院认为,最高人民法院《关于审理涉及农村土地承包纠纷案件适用法律问题的解释》第二十四条规定:"村民小组可以依照法律规定的民主议定程序,决定在本集体经济组织内部分配已经收到的土地补偿费。征地补偿安置方案确定时已经具有本集体经济组织成员资格的人，请求支付相应份额的，应予支持。"吴某甲、符某某、吴某乙于1986年迁入大丰村，在大丰村两次分配征地款期间，三人均以所耕作土地为基本生活保障，具有大丰村集体经济组织户籍，且在大丰村形成固定的生产、生活，具有大丰村集体经济组织成员资格，应与大丰村其他村民分得同等标准的征地补偿款。审理法院判决：一、吴某甲、符某某、吴某乙具有大丰村集体经济组织成员资格；二、大丰村支付给吴某甲、符某某、吴某乙2011年度征地补偿款各10000元，共计30000元；三、大丰村支付给吴某甲、符某某、吴某乙2012年度征地补偿款各30000元，共计90000元。

第三节　个人所有权

公民个人所有权，是指公民个人依法对其私人所有的财产享有占有、使用、收益和处分的权利。《物权法》第六十四条规定："私人对其合法收入、房屋、生活用品、生产工具、原材料等不动产和动产享有所有权。"公民个人所有权的主要特征有：第一，主体为公民个人，公民个人合法所有的财产不仅在生前受法律保护，死后亦受法律保护；第二，客体包括公民的生产资料和生活资料，主要包括合法收入、房屋、储蓄、文物、图书资料、林木、牲畜、生活用品和法律允许公民所有的生产资料；第三，公民个人所有权是在社会主义公有制基础上产生的，财产来源主要是公民的劳动所得和其他合法收入。

所有权的积极权能主要有四项：一是占有权能，即实际掌握、控制物的权能，是行使物的使用权能的前提条件；二是使用权能，即按照物的性能和用途，在不毁损所有物本体或者变更其性质的情况下对物加以利用，以满足生产生活需要的权能，是实现物的使用价值的手段；三是收益权能，即收取由原物产生出来的新增经济价值的权能；四是处分权能，即依法对物进行处置，从而决定物的命运的权能。

一、所有权的善意取得

善意取得,是指动产占有人无权处分其占有的不动产或动产,但将该财产有偿转让给第三人时,善意的受让人自取得动产的占有或不动产登记之时起,取得物的所有权。我国的善意取得制度主要体现在《物权法》第一百零六条、第一百零八条规定中。该法第一百零六条规定:"无处分权人将不动产或者动产转让给受让人的,所有权人有权追回;除法律另有规定外,符合下列情形的,受让人取得该不动产或者动产的所有权:(一)受让人受让该不动产或者动产时是善意的;(二)以合理的价格转让;(三)转让的不动产或者动产依照法律规定应当登记的已经登记,不需要登记的已经交付给受让人。受让人依照前款规定取得不动产或者动产的所有权的,原所有权人有权向无处分权人请求赔偿损失。当事人善意取得其他物权的,参照前两款规定。"该法第一百零八条规定:"善意受让人取得动产后,该动产上的原有权利消灭,但善意受让人在受让时知道或者应当知道该权利的除外。"善意取得制度中,受让人基于法律规定,原始取得财产的所有权,善意取得既引起原所有人所有权的消灭,同时又引起原所有人请求无权处分人返还不当得利或赔偿损失权利的发生。

善意取得的构成要件主要有四个:第一,标的物须为可流通的不动产或动产,只有依法可流通的动产或不动产才可适用于善意取得制度。第二,非法处分人的占有必须是基于所有人的意思而取得,如非法处分人系基于被盗、遗失或其他原因,除盗窃物、遗失物为货币和无记名的有价证券外,不能适用善意取得制度。第三,第三人须以合理的价格受让而从非法处分人处取得财产。首先,第三人须从非法处分人处取得财产,如果处分人对处分的财产有处分权,则第三人依据合法的民事法律行为取得该财产的所有权;其次,非法处分人需以合理的价格转让财产;再次,非法处分人与第三人间应有有效的原因行为;最后,转让的不动产或者动产依照法律规定登记的已经登记,不需要登记的已经交付受让人。第四,受让人受让该不动产或动产是善意的。首先,第三人不知且不应知处分人是非法处分,一般误信其为所有人或享有处分权的人;其次,对不动产而言,受让人一般在不动产登记时为善意,对动产而言,一般在交付时为善意。

（一）不动产善意取得制度的适用要件

司法实践中，当事人常就不动产的善意取得发生争议。在审理此类案件时，法院一般根据《物权法》第一百零六条规定的善意取得制度的构成要件，注意根据案件实际情况认定不动产取得人是否为善意，不动产转让价格是否为合理的市场价，不动产是否已在房地产登记中心做了变更登记。

【案例5.14】上海市第一中级人民法院审理的"黄某某等与沈某某等房屋买卖合同纠纷上诉案"

黄某某与刘某系夫妻，刘某于2008年6月去世，刘A、刘B、刘C、刘D和刘E是黄某某夫妻的子女。本市某区某路567弄22号301室房屋（以下简称"系争房屋"）的建筑面积为55.97平方米，原产权人登记为刘某和刘E。2012年2月20日，江苏省建湖县公证处出具了一份关于刘某委托刘E办理关于系争房屋的抵押、买卖、过户等手续的公证书，刘E持该公证委托书向沈某某提出抵押借款。同年3月3日，沈某某在刘E的带领下查看了系争房屋并进行了摄像，当日刘E向沈某某借款70万元，约定借期至2012年5月2日止，利息按银行同期贷款利率的4倍计算，逾期还款的，按日千分之三计算违约金，双方为此签订了借款协议书、抵押借款合同。当日，沈某某将70万元转账给了刘E，刘E向沈某某出具了借据。当月7日，双方办理了系争房屋的抵押权人为沈某某的抵押登记手续。当月14日，两人在本市金山区公证处就借款协议书办理了具有强制执行力的公证书一份。借款到期后，刘E无力还款，与沈某某协商以系争房屋抵债，于2012年5月19日签订关于系争房屋的房地产买卖合同，合同约定房屋价格为90万元。2012年6月10日，刘E又出具给沈某某借3万元的借条。2012年6月12日，刘E持上述公证书办理了系争房屋的产权变更登记手续，系争房屋的产权于2012年7月4日核准登记至沈某某的名下。沈某某支付了办理产权变更登记的契税9000元和其他杂费。黄某某、刘A、刘B、刘D、刘C遂提起诉讼，请求法院确认沈某某与刘 E 签订的房地产买卖合同无效。

审理法院认为,第一,系争房屋登记在刘某和刘 E 名下,刘某死亡后,刘 E 处分刘某名下的份额应征得有关权利人的同意,刘 E 未经其他权利人同意,办理并持虚假的公证委托书与沈某某签订借款抵押合同和房地产买卖合同,并据此办理了系争房屋的抵押登记和权利转让登记,其对于刘某名下份额中属于其他权利人应享有的份额的处分系无权处分。第二,从沈某某取得抵押权及所有权的过程来看,刘 E 持有公证机关出具的刘某的委托书,沈某某也上门查看了房屋并进行了摄像,当时刘 E 家无其他家人在场,本案没有证据证明沈某某在取得系争房屋的抵押权时明知或应知刘 E 无权处分房屋。第三,在刘 E 不能按期归还借款后,沈某某要求实现抵押权,双方协商以抵押物抵债,属正常的债务处理方式。由于法律规定的要求以合理的价格转让并非指完全对价,而参照系争房屋在签订买卖合同时的市场价格,双方约定的交易价格 90 万元,尚属合理。沈某某实际出借给刘 E 的 73 万元,加上刘 E 从借款 70 万元之日起至签订买卖合同之日止应支付的四倍利息,应认为沈某某已支付的对价超过了当时系争房屋的市场价的 70%,也达到了司法实践通常认定合理对价的限度。如果出卖方认为沈某某没有完全按买卖合同支付房款的,应另行解决。故法院判决驳回黄某某、刘 A、刘 B、刘 D、刘 C 的诉讼请求。

(二)不动产善意取得制度与优先购买权制度的协调

司法实践中,在不动产善意取得制度适用过程中,不动产的优先购买权人常主张其应当较善意取得人优先获得不动产。在审理此类案件中,法院常需审查房屋是否符合不动产善意取得的要件,并从法理上分析善意取得制度与优先购买权制度的优先性。

【案例 5.15】北京市第一中级人民法院审理的"北京亿恒月坛邮币卡交易中心有限公司与北京颐西房地产开发有限公司等房屋买卖合同纠纷上诉案"

2007 年 6 月 7 日,北京颐西房地产开发有限公司(以下简称"颐西公司")的股东江西泽元置业有限公司(以下简称"泽元公司")、北京亿恒科技投资有限公司、北京元源投资有限公司(以下简称"元源公司"),与张某、李某、颐西公司签订了《关于终止合作的协议》,约定泽元公司将债权转让给其债权人江西丰电燃料有限责任公司(以下简称"丰电公司"),李某欠泽元公司的股权转让款如不能支付,将由颐西公司代李某用位于北京市西城区黄寺大街26号院德胜置业大厦的房屋偿还。2007年6月24日,颐西公司与丰电公司签订了《北京市商品房现房买卖合同》,将德胜置业大厦6号楼一层1693.3平方米抵偿给丰电公司,2007年9月24日丰电公司取得房屋产权证。2006年9月1日,北京亿恒月坛邮币卡交易中心有限公司(以下简称"亿恒公司")与颐西公司签订了《德胜置业底商房屋租赁合同》,约定亿恒公司承租颐西公司所有的北京市西城区黄寺大街26号德胜置业大厦房屋,租期自2006年10月1日起至2031年9月30日止。2007年3月20日,亿恒公司又与颐西公司签订了《补充协议》,约定将德胜置业大厦6号楼一层西侧600平方米,由亿恒公司反租给颐西公司使用,使用年限从2007年4月1日起至2012年5月15日止。2007年3月31日,颐西公司与工商银行签订了《房屋租赁合同》,双方约定颐西公司将德胜置业大厦6号楼一层西侧600平方米出租给工商银行,租期为2007年4月1日起至2012年5月15日止。2008年11月21日,丰电公司将德胜置业大厦6号楼一层1693.3平方米出售给吴某某及郑某某,并签订了存量房屋买卖合同。2008年12月16日,吴某某及郑某某取得房屋产权证。2009年1月7日,工商银行与吴某某就德胜置业大厦6号楼一层西段600平方米签订了《房屋租赁协议》。

亿恒公司于2009年4月起诉颐西公司、丰电公司、吴某某,请求法院确认其具有优先购买权,并确认颐西公司与丰电公司以及丰电公司与吴某某签订的德胜置业大厦6号楼一层房屋买卖合同无效。

审理法院认为,第一,丰电公司以房屋折抵债权的方式,与颐西公司签订《北京市商品房现房买卖合同》取得系争房屋所有权,后将系争房屋转卖给吴某某,未违反法律、行政法规的强制性规定,亦未损害社会公共利益,应为有效。第二,房屋承租人享有以同等条件优先购买出租人房屋的权利,但本案中,丰电公司获得系争房屋所有权是出于善意,当承租人的优先购买权与购房人因善意取得获得的物权所有权产生冲突时,承租人优先购买权不应对抗因善意取得的所有权。故法院判决驳回亿恒公司的诉讼请求。

二、所有权的共有

共有,是指两个或两个以上的民事主体对于同一标的物共同享有所有权。共有的主要特征在于:第一,从主体来看,共有的主体一般为两个以上的民事主体,共有人对共有物共同享有一个完整的所有权,所有权仍是单一的。第二,从客体来看,共有物只能是同一物,共有物在共有关系存续期间不能由各个共有人分别对某一部分共有物享有所有权,每个共有人的权利及于整个共有物。第三,从内容来看,共有人对共有物按照各自的份额享有权利并承担义务,或者平等地享有权利、承担义务。第四,从性质来看,共有是基于共同生活、共同生产、共同经营而发生的相同性质或不同性质的所有权之间的联合。

(一)按份共有

按份共有,指两个及以上民事主体对同一标的物按照各自份额享有所有权。第一,从内部关系看。按份共有人有权依其份额对共有物进行使用与收益,共有人对共有物的使用、收益的方法应由全体共有人协议确定。按份共有人有权处分其份额,因各共有人的份额是所有权量的部分,具有所有权的效力,故共有人对其份额可以转让而不必征得其他共有人的同意。第二,从外部关系看。按份共有人应就共有物享有连带债权、承担连带债务,如《物权法》第一百零一条规定:"因共有的不动产或动产产生的债权债务,在对外关系上,共有人享有连带债权、承担连带债务,但法律另有规定或者第三人知道共有人不具有连带债权债务关系的除外。"第三,为了减少共有人之间的矛盾,我国法律规定共有人在同等条件下有权优先购买财产,如《物权法》第一百零一条规定:"按份共有人可以转让其享有的共有的不动产或者动产份额。其他共有人在同等条件下享有优先购买的权利。"

司法实践中,当事人常就优先购买权发生争议,主要表现为出卖人违反通知义务,权利人常以优先购买权受侵害为由请求人民法院宣告出卖人与第三人订立的买卖合同无效。对此问题,我国司法实践一般持肯定的观点。

【案例 5.16】湖南省高级人民法院审理的"张某某与李某某优先购买权纠纷再审案"

1985 年,李某某在原宅基地上改房屋一栋,其妹李某某、妹夫曾某某亦参与合建,建房证是以李某某的名义申办的,该栋房屋两家共用。1988 年 7 月,该栋房屋进行了产权分割,以李某某、李某某的名义分别办理了房屋产权证。李某某的房屋所有权证号为新房私字第 001716 号,载明:自建、两层(实为三层),东与李某某合墙,南、西、北为自墙,他项权利为楼梯与李某某共用。2000 年 12 月,该房屋以曾某的名义办理了土地使用权证。1999 年 1 月 18 日,曾某某、曾某(甲方)与张某某(乙方)签订了《房屋买卖契约》,载明:"1. 甲方曾某某将位于新化县上梅镇大桥路 16 号自建砖混结构房屋一栋(房产证号为新房私字第 001716 号),作时价 8 万元出卖给乙方张某某;2. 1999 年 5 月 1 日前付房款 2 万元,同年 6 月 2 日后付款 5 万元,余款 1 万元在当年内付清,如无故未交清,本协议无效。"1999 年 3 月 8 日,曾某某、曾某、张某某签订了《卖房契》一份,在《房屋买卖契约》的基础上,增加了"愿将房屋卖给大哥大嫂,但由于协商不成,现与租户张某某夫妻协商,将房屋卖给张某某夫妻(乙方),乙方在办理房产证时甲方必须在场、购房款 8 万元在一年内交清、房屋买卖协议自 1999 年 3 月 8 日起生效"等内容。同日,曾某某将房产证和土地使用证及房屋钥匙交给了张某某,张某某接管了该房屋,按约给付了曾某某部分购房款。1999 年 3 月 21 日,以曾某某、曾某为甲方,张某某为乙方,双方又签订了一份《卖房契》,内容与前述的《房屋买卖契约》《卖房契》基本相同。曾某某一直未将房屋出售的情况告知李某某,张某某也对外宣称诉争房屋是从曾某某处租赁的。张某某曾到房地产管理局咨询办理产权过户登记手续,房地产管理局告知该房屋与李某某的房屋系连体房,需经李某某同意才能办理,故诉争房屋一直未办理产权过户登记手续。2008年9月,曾某某与张某某因房屋买卖发生纠纷,李某某才知道曾某某把房屋出卖给了张某某,认为曾某某、曾某、张某某的行为侵害了其合法权益,遂向法院提起诉讼,请求确认曾某某、曾某与张某某于1999年1月18日、3月8日及3月21日签订的三份《卖房契》无效,李某某对该房屋享有优先购买权。

审理法院认为,第一,本案所诉争的房屋不同于一般的商品房,房屋的原土地性质是农村宅基地,建房证是以李某某的名义办的,房屋是李某某、李某某两家合建的,楼梯和走廊都是共用的,进入西头曾某某二、三楼的房屋必须要经过李某某屋前走廊,且西头也无法另建通道。此外,房产管理部门也明确告知张某某,曾某某与李某某的房屋属于连体房,需经李某某同意才能办理产权过户登记手续。故从该房屋建设和使用的整体性,可以认定李某某与曾某某、曾某对整栋房屋是按份共有关系。第二,张某某在与曾某某协商买房之前并没有租住在该房中,但为了对抗李某某的共有人优先购买权,在买房协议中故意写成"租户张某某",张某某接管房屋以后对外还声称是租住,故可以认定双方恶意串通,侵害了李某某的优先购买权。法院遂判决:一、曾某某、曾某与张某某于1999年1月18日、3月8日及3月21日所签订的三份房屋买卖协议无效;二、李某某对曾某某、曾某所有的新房私字第001716号房屋享有优先购买权。

(二)共同共有

共同共有,是指两个或两个以上的民事主体对同一标的物平等地享有所有权。第一,从内部关系看。共同共有人对共有物享有平等的占有、使用权。对共有物的处分,除共有人之间另有约定外,必须征得全体共有人的同意,在共同共有关系存续期间,部分共有人擅自处分共有物的,一般认定无效,但第三人善意有偿取得的,可以适用善意取得规则。第二,从外部关系看。共同共有人对共有物平等地享有所有权,故各共有人对外部的侵害,可以为共有人全体的利益独立行使物上请求权和债上请求权。各共有人经营共同事业对外发生债务或对第三人造成损害的,全体共有人应承担连带责任。因共同共有的财产产生的债权债务,在对外关系上,共同共有人享有连带债权、承担连带债务。

司法实践中,当事人常就夫妻共同财产的共同共有发生争议,尤其是当事人以夫妻共同财产参与商业投资的,如何保障夫妻双方对共同财产平等的占有、使用、收益和处分权利,值得人民法院认真思考。司法实践一般认为,以夫妻共同财产参与商业投资的,属于非因日常生活需要而对夫妻共同财产作的重要处理决定,夫妻双方应当平等协商,取得一致处理意见。但若交易第三人有理由认为夫妻双方已作出了共同意思表示的,则夫妻一方不得以其不同意或不知情为由对抗善意第三人。

【案例 5.17】最高人民法院 2007 年审理的"彭某某与梁某某、王某甲、河北金海岸房地产开发有限公司股权转让侵权纠纷案"

2005 年 11 月 7 日,彭某某、梁某某作为甲方,与作为乙方的王某甲、王某乙签订了一份合同书,约定转让金海岸公司股权。合同约定,金海岸公司注册资金 800 万元,梁某某和彭某某分别出资 640 万元和 160 万元,各自持有股权的 80% 和 20%;双方确认金海岸公司原股东梁某某、彭某某股权价值为 6120 万元,并将该股权价值转让给乙方王某甲和王某乙,其中梁某某持有 80% 的股份,价值为 4896 万元,彭某某持有 20% 的股份,价值 1224 万元。2005 年 11 月 8 日,金海岸公司召开股东会,通过决议决定由原股东梁某某出让其 80% 的股权给新股东王某甲,其他股东放弃优先购买权;2005 年 11 月 23 日,彭某某、梁某某、王某甲三人通过了金海岸公司章程修正案,将公司股东姓名由梁某某和彭某某变更为王某甲和彭某某,梁某某承认股东决议以及修正案上彭某某的签字和手印是其代签和代按的。王某甲先后向梁某某夫妇二人支付了股权转让款 4944 万元。2005 年 11 月 23 日,金海岸公司进行工商变更登记,将原股东梁某某变更为王某甲,占 80% 的股权,彭某某仍持有公司 20% 的股权。梁某某在庭审中承认,彭某某最初参与了股权转让协商,但后因分歧中止了谈判,股权转让合同是在彭某某不知情的情况下签订的,合同的履行均由其一人经手。彭某某遂提起诉讼,请求法院判令:1. 确认梁某某转让彭某某持有金海岸公司20%股权的行为无效;2. 确认梁某某转让梁某某持有金海岸公司80%股权的行为无效;3. 判令三被告将梁某某原持有的金海岸公司80%股权过户给彭某某。

审理法院认为,第一,本案股权转让合同的内容和形式并不违反法律法规的强制性规定,股权转让已经实际履行,并办理了公司变更登记手续,应当认定股权转让合同合法有效。王某甲已实际履行了合同,故彭某某未在股权转让合同上签名,只是股东在办理股份转让和公司变更手续方面存在的瑕疵,彭某某对此明知且并未提出异议,股权转让的瑕疵不影响股权转让合同的效力。第二,本案中,彭某某与梁某某系夫妻关系,在设立公司时并未进行财产分割,应认定是以夫妻共同共有财产出资设立公司。根据最高人民法院《关于适用〈中华人民共和国婚姻法〉若干问题的解释(一)》第十七条第二款规定:"夫或妻非因日常生活需要对夫妻共同财产做重要处理决定,夫妻双方应当平等协商,取得一致意见。他人有理由相信其为夫妻双方共同意思表示的,另一方不得以不同意或不知道为由对抗善意第三人。"彭某某参与了股权转让的签订和履行,转让股权是夫妻二人的真实意思表示。王某甲有理由相信梁某某能够代表妻子彭某某签订股权转让合同、股东会决议、公司章程修正案。梁某某陈述彭某某曾中途停止谈判,但彭某某知晓股权转让的事实,并未提出异议和阻止其丈夫梁某某转让其股份,应当视为同意转让。

三、建筑物区分所有权

建筑物区分所有权,是指多个所有人共同拥有一栋高层建筑物时,各个所有人对其在构造上和使用上具有独立性的建筑物部分(专有部分)所享有的所有权、对供全体或部分所有人共同使用的建筑物部分(共有部分)所享有的共有权以及基于建筑物的管理、维护和修缮等共同事务而产生的成员权的总称。建筑物区分所有权主要包括所有权人的专有权、共有权、成员权和管理权。

（一）建筑物区分所有权人的专有权和共有权

建筑物区分所有权人的专有权，是指区分所有人对专属自己的、由建筑材料组成的、在构造上和使用上具有独立性的封闭建筑空间所享有的所有权。专有权的客体为构造上及使用上可以独立，且可单独作为所有权标的物的建筑物部分。专有权的主要内容包括：一是专有权人的权利在于，专有权人可在法律允许的范围内行使对专有部分的占有、使用、收益和处分，并排除他人非法干涉的权利。二是专有权人的义务在于，按照专有部分本来用途使用专有部分，承担维护建筑物的安全和外观，对其他区分所有人正当使用专有部分或共有部分加以容忍。

建筑物区分所有权人的共有权，是指区分所有人依照法律或管理规约的规定，对建筑物的共有部分所享有的占有、使用和收益的权利。共有权的客体为区分所有建筑物的共有部分。共有权的主要内容包括：一是共有权人的主要权利在于，共有权人有权使用建筑物及其附属建筑物的共有部分，业务共有建筑物及其附属设施的维修资金，共有权人有权收取共有部分所生的利益。二是共有权人的主要义务在于，按共有部分本来的用途使用共有部分，分担共同费用，不得将共有持份和专有权分离处分，不得请求分割共同持份，不得以放弃权利为由不履行义务。

司法实践中，当事人常就如何区分建筑物区分所有权中的专有部分和共有部分，发生争议。人民法院在审理相关案件时，常考量两方面的因素。一是争议部分的特征，如争议部分在构造上和使用上具有独立性的，能够排他使用的，一般可认定为专有部分；如在构造上和使用上没有独立性的，且不能区分于其他专有部分和排他使用的，一般可认定为共有部分。二是当事人之间的约定，如在一些案件中，当事人常就高层建筑的电梯的性质发生争议，在处理此类案件时，人民法院除了从电梯的特征进行分析外，还可以查阅业主与开发商间的相关协议，以确认争议电梯的性质。

【案例5.18】福建省龙岩市中级人民法院"李某某等诉通华公司等物权保护案"

　　原告均系龙津花园中楼东侧的业主,龙津花园由被告通华公司建设,2004年2月20日,被告通华公司承建的龙津花园中楼通过竣工验收。2003年8月至2006年4月,被告通华公司向原告交房,并发放《"龙津花园"安置楼建筑设计说明》(以下简称"《设计说明》")、《龙津花园安置楼住宅使用说明书》(以下简称"《使用说明》")、《龙津花园安置楼质量保证书》等。其中,《设计说明》第八条第十款第二项中载明:"安置楼电梯载重量为800kg,速度为1.0m/s,井道及机房预埋件、预留洞等均应按厂方提供的技术资料进行施工。"《使用说明书》第三条载明:"公共配套设计:出入口:安置楼2部电梯,每层二梯四户。"2003年8月,被告通华公司与被告益华公司签订前期物业服务合同,被告益华公司承接龙津花园的物业服务。被告益华公司自2004年8月15日起停止龙津花园中楼东侧电梯(以下简称"涉案电梯")运行及东侧楼梯卫生保洁等物业综合服务,并宣称该电梯产权归其所有,不属业主所有。原告遂提起诉讼,法院判决确认涉案电梯的所有权属原告所有;被告通华公司承担涉案电梯的更新、维修及运行电费的义务;两被告及时将涉案电梯维修、调试合格,确保能正常运行,并将电梯、钥匙、资料移交给原告。

　　审理法院认为,第一,《物权法》第七十条规定:"业主对建筑物的住宅、经营性用房等专有部分享有所有权,对专有部分以外的共有部分享有共有和共同管理的权利。"本案中,《使用说明》《设计说明》均将涉案电梯列为"公共配套设计"项目下的内容,涉案电梯属于该建筑物的共有部分,原告均已取得了龙津花园中楼东侧房屋各专有部分的所有权及共有部分的共有权,故应认定涉案电梯属于原告共有。第二,本案中尚未发生电梯已需更新、维修而被告通华公司拒绝的事实,故原告诉请要求被告通华公司承担涉案房屋电梯的更新、维修及运行电费的义务,缺乏事实依据,不予支持。故法院判决:涉案电梯属该楼业主共有,属原告共有;驳回原告的其他诉讼请求。

（二）建筑物区分所有权人的成员权和管理权

建筑物区分所有人的成员权，是指全体所有人基于专有权和共有权关系组成的一个团体，每一个所有人作为该团体的一员所应拥有的权利和应承担的义务。成员权的主要内容包括：一是共有权人的主要权利在于，按照物业服务合同约定接受物业服务，提议召开业主大会会议并提出建议，提出制定和修改业主公约、业主大会议事规则建议，参加业主大会会议并行使投票权，选举业主委员会委员并享有被选举权，监督业主委员会工作，监督物业服务企业履行物业服务合同，对物业公用部位、公用设施设备和相关场地使用情况享有知情权和监督权，监督物业共用部分、共用设施设备专项维修资金的管理和使用。二是共有权人的主要义务在于，执行业主大会或业主委员会决议，遵守法律、法规和管理规约，服从管理人管理，按照规定交纳专项维修资金，按时交纳物业服务费。

建筑物区分所有人的管理权，是指全体所有人为维持区分所有建筑物的物理机能，充分发挥其社会的、经济的机能，对建筑物的经营管理权利。区分建筑物的管理包括物的管理和人的管理，物的管理包括对建筑物的维护、利用、修缮、改建、重建及处分，人的管理则包括对区分所有人的管理以及对出入该建筑物的所有人的管理。区分建筑物的管理方式包括业主的自主管理以及委托管理。

司法实践中，部分业主行使管理权常与其他业主行使专有权或共有权发生冲突，并引发诉讼。人民法院在审理此类案件中，常注意考量业主管理权的边界。一般认为，如业主请求物业管理公司采取措施的，一般以措施能排除妨碍为限；如业主通过业主大会行使权利的，一般以业主大会的规约为依据。

【案例 5.19】上海市第一中级人民法院审理的"陈某某与上海云间房地产开发有限公司等侵权纠纷上诉案"

原告陈某某系云景花苑 15 号楼 602 室业主，被告上海云间房地产开发有限公司系小区开发商，被告上海陆家嘴物业管理有限公司于 2007 年 7 月起负责小区物业管理。陈某某入住该小区后，发现小区内有篮球场，他人打篮球影响其休息,遂向物业公司反映。陆家嘴物业在篮球场上注明了开放时间为早8点至晚20点,并适时派工作人员对在限定时间外进行活动的人员进行劝阻管理。后陈某某遂诉至法院,请求判令两被告撤除涉案篮球架,两被告赔偿精神抚慰金1元。审理法院认为,第一,篮球场的设置符合规划要求,所有权人为小区全体业主,实际使用人系小区业主等不特定对象,篮球场和篮球架的存在没有违法性,也不会必然产生噪声污染。陈某某未提供证据证明其休息权受到损害,其主张两被告的行为构成侵权,依据不足。第二,篮球场及篮球架的存废或变更可由所有权人通过合法程序决定,该事项属于管理规约和业主自律等范畴的事项。据此,法院判决驳回陈某某的全部诉讼请求。

第六章　业主的建筑物区分所有权

在审理建筑物区分所有权案件时,涉及《民法通则》《物权法》《合同法》《关于审理建筑物区分所有权纠纷案件具体应用法律问题的解释》和《关于审理物业服务纠纷案件具体应用法律问题的解释》(以下分别简称《建筑物区分所有权解释》和《物业服务解释》)以及《物业管理条例》等众多法律法规。根据2011年《民事案件案由规定》,与业主的建筑物区分所有权相关的主要有三个第三级案由,分别为:建筑物区分所有权纠纷、业主撤销权纠纷和业主知情权纠纷。其中,建筑物区分所有权纠纷又包括四个第四级案由,包括业主专有权纠纷、业主共有权纠纷、车位纠纷和车库纠纷。尽管基于民事法律关系的复杂性,第四级案由不可能穷尽,但已经涵盖了实践中的法律纠纷类型。2016年施行的《最高人民法院关于适用〈中华人民共和国物权法〉若干问题的解释(一)》对按份共有人的优先购买权行使的起始条件、同等条件的认定、行使期限、主体范围以及裁判保护等进行了可操作性较强的规定。本章将以与业主的建筑物区分所有权相关的案由为主线,探析司法实践中的相关疑难问题。

第一节　建筑物区分所有权的概念

一、建筑物区分所有权的学说

关于何为建筑物区分所有权,学说与立法例上主要有"一元论说""二元论说"及"三元论说"等。

（一）一元论说

一元论说，又包括"专有权说"和"共有权说"。

1. 专有权说

在实定法上，专有权说为立法所肯定，始于 1804 年《法国民法典》第六百六十四条"建筑物的各楼层属于不同的所有人"的规定。1962 年日本制定建筑物区分所有权法时，专有权说又于实定法上获得承认。该法第二条规定："本法所称区分所有权，系指以建筑物的专有部分为标的物而成立的所有权。"另外，在中国台湾地区的"土地登记规则"第七十一条规定："区分所有建筑物，区分所有权人得就其区分所有部分之权利，单独申请登记。"

2. 共有权说

该说未被法国大多数学者所接受，《法国民法典》第六百六十四条事实上也拒绝承认该说，而是采用专有权说。尽管如此，共有权说在日本得到了重要发展，受到一些学者的进一步阐发。也被 1963 年 2 月 19 日瑞士修改其民法典而追加规定建筑物区分所有权时所认可。按照规定，区分所有建筑物上的共有财产的范围扩及于土地、住宅及附属空间，区分所有建筑物关系中仅有共有关系可言，因此民法所谓区分所有权，即指"分层建筑物所有权"（建筑物区分所有权）。

（二）二元论说

该说最早为法国学者针对前述一元论说从理论和实践两方面进行批判后所提出，认为建筑物区分所有权是由区分建筑物专有部分所有权与共用部分持分权构成。中国台湾地区"民法"第七百九十九条规定："数人区分一建筑物而各有其一部者，推定为各所有人共有，其修缮费及其他负担，由各所有人按其所有部分之价值分担之。"美国《加利福尼亚州民法典》第七百八十三条规定："区分所有权是由包括在一个不动产整体中的共用部分的不可分所有权与在其他部分的独立所有权构成的不动产所有权。"以上规定均采用二元论说。由梁慧星教授任负责人的中国物权法研究课题组编写的《中国物权法草案建议稿》也采纳了这种"二元论说"。该建议稿在第九十条做了如下表述："建筑物区分所有权，是指数人区分一建筑物而各专有其一部分，就专有部分有单独所有权,并就该建筑物及其附属物的共同部分,除另有约定外,按其专有部分比例共有的建筑物所有权。"这种学说的不足之处在于,忽略了基于区分所有权人之间的团体关系而产生的成员权为区分所有权的一项权能。建筑物区分所有权之所以产生,必须是两人以上对某一建筑物区分所有。在区分所有建筑物上,区分所有权人相互间的关系极为密切,各区分所有权人在行使专有部分权利时,不得妨碍其他区分所有权人对其专有部分的使用,不得违反全体区分所有权人的共同利益,从而使各区分所有权人之间形成一种共同关系。为维持这种共同关系的健康发展,全体区分所有权人必然结成区分所有权人团体,由该团体直接管理或委托他人管理区分所有建筑物的共同事务,而此种管理的结果直接关系到区分所有权人专有部分所有权和共用部分所有权的享有。由此可见,作为这一团体成员所拥有的成员权是建筑物区分所有权不可分割的一部分。

(三)三元论说

该学说为德国学者贝尔曼所倡导,并被德国现行《住宅所有权法》所全盘采纳。根据该法,区分所有权系由三部分构成:供居住或供其他用途之建筑物空间上所设立的专有所有权部分、专有所有权人共用建筑物上所设立的持分共有所有权部分及基于专有部分与共用部分不可分离所产生的共同所有人的成员权。"三元论说"似乎更全面地反映了建筑物区分所有权的概念。事实上,建筑物区分所有权应当是包含专有部分所有权、共有部分所有权和成员权这三项权能的复合物权,其中,专有所有权是基础。从某种意义上说,共有所有权和成员权是依附于专有所有权而存在的,区分所有人取得专有所有权,自然就应取得共有所有权和成员权。区分所有权人转让其专有部分时,共有所有权和成员权被认为一并转让。总之,这三项权能不可分割,如果作为继承或处分的标的,应将三者视为一体。因此,建筑物区分所有权,应是指数人区分一建筑物时,对各自的专有部分有单独所有权,并就该建筑物及其附属物的共用部分,除另有约定外,按一定比例享有共有所有权,并基于区分所有人之间的团体关系而拥有成员权,上述专有所有权、共有所有权和成员权的总称即建筑物区分所有权。

学说的发展已经清楚地表现了建筑物区分所有权的演进过程,即从单纯对财产的强调到人的集合的凸显。三元论说之所以能够成为通说,就在于其最能妥当化解区分所有权人和团体之间的矛盾并协调其相互关系,从而维护整个团体的和谐与发展。而以三元论说为基础,尽管立法仍须突出专有权的基础和主导地位,但更多的关注已经被投向了维持区分所有权人之间的共同关系之上。我国《物权法》第七十条规定:"业主对建筑物内的住宅、经营性用房等专有部分享有所有权,对专有部分以外的共有部分享有共有和共同管理的权利。"我国对于建筑物区分所有权的含义采用三元论说,即建筑物区分所有权由专有权、共有权及共同管理权(又称为成员权)构成。概言之,"建筑物区分所有权是指多个区分所有权人共同拥有一栋区分所有建筑物时,各区分所有权人对建筑物专有部分享有的专有所有权,对建筑物共用部分享有的共用部分持分权,以及因区分所有人间的共同关系所生的成员权的总称"[①]。

二、我国建筑物区分所有权立法规定

1989 年,建设部颁布了《城市异产毗连房屋管理规定》,该部门规章中提出了"异产毗连房屋"的概念,系指结构相连或具有共有、共享设备的附属建筑,而为不同所有人所有的房屋。"从立法初衷来看,中国引进大陆法系与英美法系中有关建筑物区分所有权立法的成功经验,其旨趣在于巩固中国自1978 年开始的城市住宅的商品化改革的成果。"[②]

2007 年,我国《物权法》颁行并最终确立了建筑物区分所有权制度,共计14 个条文,其中,第七十条是建筑物区分所有权的定义,即建筑物区分所有权是由专有部分的专有权、共有部分的共有权及成员权组成。第七十一条、第七十二条规定了建筑物区分所有权人对专有部分、共有部分的权利与义务。第七十三条、第七十四条对建筑区划内的道路、绿地、物业服务用房的所有权确

---

① 陈华彬:《论建筑物区分所有权的概念》,《法治研究》2010 年第 7 期。
② 陈华彬:《中国物权法的意涵与时代特征》,《现代法学》2012 年第 6 期。

定以及车位、车库的使用与归属进行了规定。第七十五条、第七十六条规定了建筑物区分所有权人可设立业主大会及选举业主委员会,并确定了集体议事及决策规则。第七十七条是专有部分营业性限制的规定。第七十八条规定了集体决策程序下的业主大会及业主委员会决定的效力问题。第八十一条是关于物业管理的规定。第八十二条规定了业主对物业管理的监督。第八十三条规定了业主的义务与责任。

三、业主身份的界定

"业主"一词本非传统大陆法系概念。在大陆法系中,德国法相应概念为"住宅所有权人"(德国《住宅所有权法》第十条第一款),日本法中称为"区分所有权人"(日本《建筑物区分所有权法》第二条),我国台湾地区亦称为"区分所有权人"(台湾地区"公寓大厦管理条例"第三条)。2003年的《物业管理条例》、2007年的《物权法》相继在全国性法规范层面上确认了"业主"一词。《物权法》第六章的章名为"业主的建筑物区分所有权",一般认为此举是为了通俗化,便于民众理解与接受。在该法中,"业主"指建筑物区分所有权人。《物业管理条例》第六条第一款规定:"房屋的所有权人为业主。"《建筑物区分所有权解释》第一条第二款规定:"基于与建设单位之间的商品房买卖民事法律行为,已经合法占有建筑物专有部分,但尚未依法办理所有权登记的人,可以认定为物权法第六章所称的业主。"

由此可见,司法见识将"业主"概念从《物权法》上"建筑物区分所有权人"这一概念进行了扩张解释。但"业主"这一概念的边界究竟何在并无定论。在物的所有和物的使用常常相分离的社会中,建筑区划中存在着大量所有权人以外的实际使用人和利害关系人;如果只调整了业主,则不过是调整了一部分利益主体而已。

有的学者对承认合法占有专有部分而未登记的买受人为业主持赞成态度,而有的学者则对此进行了激烈批判;有认为应将已办理预告登记者认定为业主;有认为已办理商品房预售合同登记并已入住者应被认定为业主;还有认为开发商虽为房屋所有权人,但不能成为业主;对于承租人等使用权人,多数学者认为其不是业主,但也有的学者认为应当区别对待,即十年以上承租人有业主资格,反之则无;有学者甚至认为应当将居住权人、承租人、典权人等使用权人均纳入业主范畴,并建立一个广泛的"业主权"概念取代"建筑物区分所有权"概念。①

【案例6.1】戴某业主身份争议案

　　戴某与周某结为夫妻二十余年,在婚姻关系存续期间的2002年6月,戴某与周某夫妻二人以妻子周某的名义在深圳市龙岗区某花园小区购买了一套商品房,房产证登记的只有妻子周某的名字,丈夫戴某名字未登记在房产证上。戴某所在花园小区的业主委员会任期届满后,因各种原因未及时选举产生新的业主委员会,而业主委员会又未能继续很好地履行业主委员会的相应职责,导致小区业主怨气十足。2008年12月,戴某等人与业主委员会成员达成协议,要求重新选举产生新的业主委员会。在选举新的业主委员会过程中一个必经程序是要确定花园小区业主的身份。在业主身份审核过程中,业委会认为戴某的名字没有在房产证上,不是业主,不具有候选资格。戴某觉得虽然房产证上没有自己的名字,但房产是夫妻二人共有,妻子是业主,丈夫也应是业主。业委会与戴某由此对业主身份的认定问题产生争议。

　　本案属于夫妻共有一套房产但仅登记在其中一人名下的情况。根据《婚姻法》的规定,除非有特殊情形或特殊约定,均应视为夫妻共同财产。因此,夫妻二人共同对该物业享有所有权。根据《物权法》第九条第一款规定:"不动产物权的设立、变更、转让和消灭,经依法登记,发生效力;未经登记,不发生效力,但法律另有规定的除外。"显然,《婚姻法》就是"但法律另有规定的除外"的情形之一。在此情况下,夫妻双方均可以认定为业主。

---

　　①　于飞:《〈物权法〉第六章"业主的建筑物区分所有权"中"业主"的界定》,《华东政法大学学报》2011年第4期。

四、建筑物区分所有权与相邻关系的请求权竞合

在审理建筑物区分所有权案件中,有时会碰到建筑物区分所有权纠纷与相邻关系纠纷两个案由难以确定的情况。在《民事案件案由规定》中的所有权纠纷条目下并列规定了建筑物区分所有权纠纷及相邻关系纠纷两个子案由。根据《民事案件案由规定》,在使用该规定时,对于"同一诉讼中涉及两个以上的法律关系的,应当依当事人诉争的法律关系的性质确定案由,均为诉争法律关系的,则按诉争的两个以上法律关系确定并列的两个案由。在请求权竞合的情形下,人民法院应当按照当事人自主选择行使的请求权,根据当事人诉争的法律关系的性质,确定相应的案由。当事人起诉的法律关系与实际诉争的法律关系不一致的,人民法院结案时应当根据法庭查明的当事人之间实际存在的法律关系的性质,相应变更案件的案由"。建筑物区分所有权与相邻关系在特定情况下会出现选择适用的问题,即在区分所有的建筑物内,各所有人或使用人因专有部分之间或共有部分之间彼此邻近形成相邻关系时,业主应基于建筑物区分所有权还是相邻权来维护自身利益。

【案例6.2】建筑物区分所有权与相邻权竞合案

2009年3月20日,A公司与甲市乙路1111号一楼产权人顾某签订房屋租赁合同,租赁该处房屋。A公司向J公司缴纳了物业管理费。P证券营业部为光大公司下属证券营业部。2008年1月18日,光大公司与产权人签订房屋租赁合同,租赁房屋为甲市乙路1113号一楼、二楼,该房屋由P证券营业部使用。同时,P证券营业部与J公司就该租赁房屋签订了物业服务合同,约定:J公司同意P证券营业部在裙房屋顶上方设置广告牌。合同签订后,P证券营业部、光大公司在二楼屋顶上方设置"光大证券"标牌一块,在一楼和二楼交接的凸出平台外设置"光大公司"标牌一块。A公司租赁的一楼房屋与P证券营业部、光大公司租赁的房屋毗邻,位于P证券营业部、光大公司租赁的二楼房屋下方。

A公司认为P证券营业部、光大公司在A公司商铺对应的一楼上部、二楼窗户下沿处悬挂标牌,影响A公司悬挂店招及经营活动,故提起诉讼。①

本案的争议焦点在于P证券营业部是否享有甲市乙路1111号一楼、二楼交接凸出平台外墙面的使用权,即P证券营业部、光大公司在系争部位悬挂"光大公司"字样标牌之行为是否构成侵权。但在解决实体纠纷之前,需要确定本案的案由,以及被上诉人是否具有本案诉权的两个问题:第一,关于本案案由的确定。双方当事人各自承租的房屋在同一幢建筑物内且上下毗邻,双方之间的争议既涉及双方相邻关系的处理,又涉及建筑物区分所有权中业主专有权、业主共有权的行使,而从被上诉人起诉的诉由来看,A公司系以"应当归属于其使用的外墙部分被上诉人侵占用来悬挂广告牌,P证券营业部、光大公司的行为侵犯了被上诉人对其承租房屋完整的使用权"为主要诉由,故本案中双方的主要争议系作为同一幢建筑物的物业使用人间就该建筑物外墙面的使用所产生的争议,本案案由应当确定为"建筑物区分所有权纠纷"。第二,关于被上诉人是否具有本案诉权的问题。《建筑物区分所有权解释》第十六条规定,建筑物区分所有权纠纷涉及专有部分的承租人、借用人等物业使用人的,参照本解释处理。专有部分的承租人、借用人等物业使用人,根据法律、法规、管理规约、业主大会或者业主委员会依法作出的决定,以及其与业主的约定,享有相应权利,承担相应义务。故A公司作为甲市乙路1111号一楼房屋的承租人,应享有相应的权利。P证券营业部、光大公司主张A公司无权提起本案诉讼,法院未予采信。第三,就本案争议的实体处理而言,业主对建筑物内的住宅、经营性用房等专有部分享有所有权,对专有部分以外的共有部分享有共有和共同管理的权利。虽然建筑大楼的外墙系共有部分,应由业主享有共有和共同管理的权利,但是依据法律规定,在不违反法律、法规、管理规约,损害他人合法权益的情况下,业主基于对住

---

① 详见上海市第二中级人民法院(2011)沪一中民二(民)终字第710号民事判决书。

宅、经营性用房等专有部分特定使用功能的合理需要，无偿利用屋顶以及与其专有部分相对应的外墙面等共有部分的，不应认定为侵权。因此，业主对外墙的使用方式必须合理，不得违背该部位之目的、性质及构造，亦应当注意防止、避免给相邻人造成损害，并不得影响或限制相邻方合法、正当、合理的使用。本案中，双方当事人为各自经营需要利用外墙面悬挂各自标牌，用途应属合理，但双方在使用部位上产生冲突。"与专有部分相对应的外墙面"应系由各专有部分之墙壁、地板、天花板等境界壁之中心线向内围成的专有空间相对应的外墙面，法院根据鉴定结论认定 P 证券营业部、光大公司安装在争议部位的标牌底端已超越了一楼、二楼楼板中心线 1.299 米，由此对 A 公司合理使用"与其专有部分相对应的外墙面"构成妨碍。据此法院判决 P 证券营业部、光大公司拆除安装在 A 公司所承租的甲市乙路 1111 号一楼房屋外墙所对应的标有"光大公司"等字样标牌的底端垂直向上延伸至 1.299 米部分。

就建筑物区分所有权与相邻关系而言，二者具有共同点，即规范权利均为不动产；取得原因均为依所有权或使用权而取得；产生的背景均为从所有权派生出来；特征均为依附于标的物。

然而，建筑物区分所有权与相邻关系二者又存在很大的区别：一是性质不同，前者是一种特殊的所有权，由专有权、共有权和成员权组成，是独立的物权；后者并不是独立的物权，其本质是相邻不动产所有权或者使用权的限制或扩展。二是主体不同，前者的主体必须是所有权人；后者的主体是相互毗邻的不动产所有人或使用人，并不限于是所有权人。三是客体不同，前者的客体是建筑物的专有部分和共有部分；后者的客体是相邻各方行使不动产所有权时的利益。四是内容不同，前者的内容包括对专有部分的权利义务，基于共有部分而形成的权利义务，以及依成员权而享有的权利和承担的义务；后者的内容则包括相邻一方有权要求相邻另一方提供必要的便利，相邻另一方应在必要的限度内给予方便，即"容忍义务"。

表 6.1 建筑物区分所有权与相邻关系的区别

	建筑物区分所有权	相邻关系
性质	所有权	所有权的限制或延伸
主体	业主、专有部分的承租人、借用人	相互毗邻的不动产所有人、用益物权人、占有人
客体	专有权、共有权、成员权	行使所有权时所体现的利益
内容	对区分所有权享有相应的权利义务	容忍或禁止相邻权利人为一定行为
对所有权的保护	所有权	相邻权

第二节 业主专有权纠纷法律问题

一、对业主专有权的限制

根据《物权法》第七十一条的规定,业主对其建筑物专有部分享有占有、使用、收益和处分的权利。业主行使权利不得危及建筑物的安全,不得损害其他业主的合法权益。就审判实践而言,由于业主建筑物专有部分的不当使用而导致专有权受限的案件多有存在。

【案例 6.3】业主专有权限制案

2006 年 5 月 23 日,产权人杨某将自己购买的房屋出租给原告付某,该房建筑面积 132.87 平方米。租赁合同中约定:上述房屋出租给付某,付某租赁该房屋作为居住使用,并遵守国家和上海市有关房屋使用和物业管理的规定;同一间居住房屋,不得分割转租。同日,付某与该小区物业公司签订服务协议,约定物业公司作为小区物业的服务单位,应对本物业内的装修装饰行为进行检查、服务和管理。另约定严禁改变房间原有设计用途等。

此后,在该房的装修过程中,付某将房屋客厅隔离为三间独立房间,餐厅、主卧室、书房均被隔离为两间独立房间。2006 年 6 月 21 日,物业公司向付某出具违章装修整改通知单,称付某承租的住宅在室内装修施工过程中,擅自将房屋隔成多间,改变了房屋原有的设计功能和布局,其施工行为违反了相关规定,要求付某停止施工,恢复原状。付某对此整改通知不予理睬。

2006年6月28日,付某欲将十张床搬入系争房屋时,遭物业公司保安阻止,遂发生纠纷。付某拨打"110"报警电话,但物业公司仍然坚持只允许其搬入三张床而不是十张床,付某遂离去。2006年7月7日,付某向上海市浦东新区人民法院提起侵权诉讼,诉称,其与产权人杨某在租赁合同中以补充条款的形式约定:"杨某同意付某分割出租(转租)签约之内的两年",以及"若本条款与合同内的条款有冲突,应以本条款为准"等内容。付某认为,房屋产权人已经许可其对房屋进行装修并分割转租,现房屋装修完毕,其作为房屋使用人打算将生活必需的家具搬入,却遭到物业公司保安的无理阻扰,物业公司无权对她的房屋使用行为进行阻止。现起诉要求法院判令被告物业公司停止侵权,且不得无理阻扰付某及其房客正常出入小区;赔偿付某自2006年6月至2007年2月共计9个月共计21600元的房屋租金损失。①

本案中,付某的行为违反了上海市房屋土地资源管理局出台的《关于加强居住房屋租赁管理的若干规定(试行)》中的规定,即居住房屋不得分割搭建若干小间,按间或按床位出(转)租。故法院驳回了付某的诉讼请求。本案反映出的对于建筑物专业权的限制问题仍然值得探讨。

法谚有云:"你的权利止于我的鼻尖。""群租"作为房屋租赁的一种特殊形式,本质上仍属于专有权行使的范畴,但是这种专有权行使方式已超出了合理界限,对他人的合法权益产生极大妨害,破坏了小区良好的生活环境,降低了小区舒适的居住生活品质,妨碍了业主的安宁生活,已构成权利的滥用。

对于业主不当行使专有权侵害他人利益的行为,我国《物权法》规定了停

---

① 参见上海市第二中级人民法院(2007)沪一中民二(民)终字第2313号民事判决书。

止侵害、消除危险、排除妨害、赔偿损失等法律责任。对所有权进行限制,是当代所有权制度发展的重要趋势之一,为了协调个人利益与社会利益的冲突,所有权行使应当受到限制。私法上对所有权的限制,主要在于保障个人利益,包括禁止权利滥用、诚实信用、公序良俗等。就法律依据而言,业主自治理论为对业主所有权的限制提供了法律支撑。《物权法》第七十八条规定,业主大会或者业主委员会的决定,对业主具有约束力。该规定体现了法律对业主意思自治的尊重和保护,承认了业主对建筑物小区进行管理的自治权利。首先,基于维护共同生活秩序的需要,有必要对专有权进行一定的限制。建筑物的构造及权利归属和使用有不可分割的相互关系,使全体区分所有权人间形成一种共同体关系,更使区分所有权人相互之间形成了在整体生活中必须履行的建筑物的存在及生活秩序的维持义务。为了维持这一共同体关系,不仅要对共有部分进行管理,还需要制定规则对共同的生活秩序进行规范。由此,专有权的行使应当受到共同生活规则的制约。其次,对专有权的限制没有超出业主自治的界限范围。业主自治权的行使规则是在多数决议之下构建起来的,是民主观念在业主自治中的体现。为了防止出现所谓"多数人暴政"的问题,业主自治必须受到一定程度的限制,包括法律法规的强制性、禁止性规定、公序良俗原则以及建筑物区分所有权的本质。最后,现行法上并未明确禁止业主自治对专有权的限制。我国法律对业主自治范围的表述是业主共同决定事项。《物权法》第七十六条第一款对业主共同决定事项进行了列举式的规定。第七十六条第一款第七项规定的"有关共有和共同管理权利的其他重大事项",是关于业主共同决定事项的一个兜底条款。该条款可区分为两部分:一是有关"共有"的重大事项;二是有关"共同管理权利"的重大事项。前者对应的是共有部分和共同事务的管理,后者对应的是共同生活秩序的规范,二者均属于业主共同决定事项。因此,共同生活秩序的维持属于共同管理权利,而对专有权的限制也可以为共同管理权利所囊括。①

此外有观点认为,可以参考德国立法,在业主的行为严重违反对其他业主

---

① 史以贤:《论业主自治对专有权的限制》,《上海房地》2013 年第 3 期。

所负的义务时,可以引入剥夺业主建筑物所有权的规定,以保障其他业主的人身财产安全。建筑物区分所有权的剥夺系对违反义务的业主所采取的最为严厉的措施,业主的行为必须达到严重的程度方可为之,例如,业主拆除建筑物中的承重墙或是其他构造,足以造成楼房坍塌危险的;又如违法犯罪行为,如将房屋租赁给他人容留吸毒、卖淫、开设赌场等犯罪行为等。业主的行为必须达到严重的程度,而严重的一个特征在于其侵犯的不是单个业主的权利,而是整个建筑物乃至整个小区绝大多数业主的权利。同时,剥夺业主的建筑物区分所有权也必须遵守一定的程序,应当将经过业主大会的表决程序作为诉讼提出的前置程序;必须经过法院判决,法院有权区分情况,决定系暂时剥夺抑或永久剥夺;在作出永久剥夺业主的区分所有权判决后,应当由法院依照程序对该房屋进行拍卖等。① 然而,剥夺业主建筑物所有权这一立法设想所面临的最大障碍是:房屋所有权人与实际侵权人不相同的情况比比皆是,如因实际侵权人(如同住人、房屋承租人等)的严重侵权行为而剥夺房屋产权人的所有权,无论是在理论上还是在实践中都是行不通的。

因此,就目前的法律规定和实践情况而言,对于当事人滥用专有权的行为,由利害关系人通过诉讼要求停止侵害、排除妨害是最为现实的做法。与此同时,充分发挥业主委员会和物业公司在小区治理中的作用,完善业主公约与物业服务管理合同的相关条款,以有效制止部分业主滥用专有权的行为。

二、"住改商"纠纷的处理

在建筑物区分所有权中,业主的专有权以建筑物中具有构造上及使用上独立性的部分为客体,本质上仍属于所有权,权利人可以行使完全的占有、使用、收益和处分权。业主既可以将住宅用于居住也可用于经营性活动。然而,部分业主利用住宅从事经营性活动可能对其他业主的居住利益带来不利影响。因此,住宅能否商用在实践中也引发了不少纷争甚至诉讼。《物权法》第

---

① 苏洁:《论建筑物区分所有权之剥夺——基于对群租等现象的思考》,《重庆工商大学学报》(社会科学版)2013 年第 1 期。

七十七条规定,业主不得违反法律、法规以及管理规约,将住宅改变为经营性用房。业主将住宅改变为经营性用房的,除遵守法律、法规以及管理规约外,应当经有利害关系的业主同意。在适用该条时有三个问题需要解决:一是如果未经有利害关系的业主同意,其法律后果是什么;二是有利害关系业主的同意是需全部同意还是多数同意即可;三是如何确定有利害关系业主的范围。《建筑物区分所有权司法解释》对业主专有经营权做了进一步的限制,该解释第十条规定:"业主将住宅改变为经营性用房,未按照物权法第七十七条的规定经有利害关系的业主同意,有利害关系的业主请求排除妨害、消除危险、恢复原状或者赔偿损失的,人民法院应予支持。将住宅改变为经营性用房的业主以多数有利害关系的业主同意其行为进行抗辩的,人民法院不予支持。"第十一条规定:"业主将住宅改变为经营性用房,本栋建筑物内的其他业主,应当认定为《物权法》第七十七条所称'有利害关系的业主'。建筑区划内,本栋建筑物之外的业主,主张与自己有利害关系的,应证明其房屋价值、生活质量受到或者可能受到不利影响。"尽管如此,相关问题值得讨论。

首先,本栋建筑物内的其他业主是否都应当认定为"有利害关系的业主"。对此,立法采用了"一刀切"的做法,将本栋楼内所有的业主都作为利害关系人,以此力求最大限度地保护其他所有权人。但是,当今高层建筑物内的业主少则几十户多则上百户,要经过本栋建筑物内所有其他业主的同意才能"住改商",这等于堵死了公民低成本创业的途径,很可能产生妨碍就业等负面效应,其损失的成本恐怕远远高于所节省的司法成本。

其次,"房屋价值、生活质量受到或者可能受到不利影响"如何进行判断。有学者认为,基于相邻关系理论可从"相邻利益受侵害"的界定标准出发,适用地域标准、用途标准和容忍义务标准增加判断的依据。也有人认为,住宅的根本价值在于生活居住,生活质量受到不利影响必然导致房屋价值的降低,而生活质量又可以通过空间独立性、环境安宁性、使用便利性和建筑的牢固性四个要素来判断。

最后,《建筑物区分所有权司法解释》第十条中规定的"经有利害关系的业主同意",但该解释并未对"住改商"业主取得有利害关系的业主同意的具体方式作出明确规定,这使得司法实践中各地的做法不一。通过书面协议、同意书等明示方式表示"同意"的效力是毋庸置疑的,而关于行为默许的观点是值得商榷的。例如,其他业主选择到开设店铺的业主处消费,不一定能够证明店铺对这些业主的房屋质量和生活质量没有负面影响。但如果要求"住改商"业主自己逐户征得业主的同意,这难免缺乏现实的可行性。

【案例6.4】张某"住改商"纠纷案

2008年7月5日,被告张某与大连时代广场发展有限公司签订《商品房买卖合同》,购买其开发的大连时代广场B座某房屋,该合同第十八条约定"买受人(被告)的房屋仅作住宅使用,买受人(被告)不得擅自改变该商品房的建筑主体结构、承重结构和用途"。被告入住该房屋后,于2009年8月28日经大连市工商行政管理局中山分局审核取得大连市中山区如之朵美容院营业执照,经营场所为大连市中山区世纪街26号B座某号。大连市时代广场发展有限公司委托原告对大连时代广场公寓部分、会所及地下停车库实行物业管理。被告属于原告的物业服务与管理对象。原、被告签订的《临时管理规约》承诺书第三项七款一条规定:业主不得变动、改变物业的用途和结构,或在行使权利时不得发生与物业的使用性质相悖的行为;第三项七款十九条规定:"不得在其物业专有部分内外竖立或装置在楼外可看见的任何横幅或招商或广告物品。"《物业手册》第五项二十四条明示:"业户不得在楼内派发宣传单,业主不可将广告招牌或者任何广告悬挂于楼内或楼宇外墙。"①

一审法院认为,根据《物业服务纠纷解释》第四条之规定:"业主违反物业服务合同或者法律、法规、管理规约,实施妨害物业服务与管理的行为,物业服务企业请求业主承担恢复原状,停止侵害,排除妨害等相应民事责任的,人民法院应予支持。"根据大连时代广场发展有限公司与原告签订的《前期物业管理委托合同》,被告属于原告的物业服务与管理对

---

① 参见大连市中级人民法院(2010)大民二中字第1628号民事判决书。

象。根据原、被告签订的《临时管理规约》承诺书：业主不得变动、改变物业的用途和结构，或在行使权利时不得发生与物业的使用性质相悖的行为；不得在其物业专有部分内外竖立或装置在楼外可看见的任何横幅或招商或广告物品。《物业手册》也规定：业户不得在楼内派发宣传单，业主不可将广告招牌或者任何广告悬挂于楼内或楼宇外墙。本案中，被告擅自改变房屋用途，原告作为物业管理公司有权向人民法院提起诉讼，人民法院应当受理。但其对自己的主张有责任提供证据。现原告提供的证据仅能证明被告擅自将案涉房屋改为经营性用房，并曾为其经营的大连市中山区如之朵美容院进行广告宣传，其未提供证据证明被告在物业专有部分内外竖立或装置在楼外可看见的任何横幅或招商或广告物品，亦未提供证据证明被告在楼宇内派发宣传单或将广告招牌或者任何广告悬挂于楼内或楼宇外墙。虽然被告的行为违反了《临时管理规约》中双方对房屋用途的规定，但其对房屋的使用并不存在实施妨害物业服务与管理的行为，未对本案原告构成侵权。综上，原告要求被告停止将住宅用作经营性用房的侵权行为，恢复房屋住宅用途，停止发布以住宅为经营性用房的相关商业广告，证据不足、于法无据，不予支持。据此，原审法院判决：驳回原告大连某某物业管理有限公司的诉讼请求。

二审法院认为，本案中，被上诉人张某私自将案涉的住宅房屋改为经营性用房，没有按照其专有部分的原使用目的使用，损害了区分所有权人的共同利益，违反了管理规约的规定，构成违约，应承担违约责任。且被上诉人张某将住宅改为经营性用房的行为，使外来人员增多，增加了其他业主等待电梯时间，影响了正常用户的出行，降低了上诉人的物业服务质量，提高了使用电梯的频率，会减少电梯的使用寿命，增加发生故障的概率，客观上导致上诉人对电梯的维护成本增加；另外，由于住宅改为经营性用房，导致外来人员进出楼内，给住宅业主居住环境带来安全隐患等；综上可以看出，张某将住宅改为经营性用房的行为已妨害了上诉人日常的物业服务与管理，故对上诉人请求判令被上诉人张某停止将涉案的住宅用作经营性用房的行为，恢复房屋的合法住宅用途的请求予以支持。

关于上诉人提出要求张某停止发布以住宅为经营性用房的相关商业广告的行为,张某是否发布商业广告以及发布的方式、方法等,现有证据并不能证明被上诉人违反了双方签订的《临时管理规约》《业户手册》等规定,上诉人无据证明张某在物业专有部分内外竖立或装置在楼外可看见的横幅或招商广告物品,也没有证据证明张某在楼宇内派发宣传单或将广告招牌悬挂于楼内或楼宇外墙,故上诉人此项请求无事实和法律依据,不予支持。至于被上诉人张某提出其已办理了工商登记并取得营业执照一节,办理工商登记并取得营业执照的事实属于行政登记及许可范围,并不能据此认定其"住改商"的行为具有合法性。据此,二审法院撤销了一审判决,改判被上诉人张某于本判决生效后十日内,停止将案涉的住宅用作经营性用房的行为,恢复房屋的住宅用途。

从本案中可以看出,"住改商"对于电梯维护、居住环境的安全性等带来的影响都属于司法解释中所属的对"房屋价值、生活质量"的范畴之内;而办理工商登记并取得营业执照并不能当然成为"住改商"行为合法的依据。

第三节　业主共有权纠纷法律问题

共有权即业主对建筑物专有部分以外的共有部分所享有的权利。共有部分可以分为法定共有、天然共有和约定共有。就法定共有而言,从《物权法》的规定来看,下列部分属于法定共有部分:建筑区划内的道路,属于业主共有,但属于城镇公共道路的除外;建筑区划内的绿地,属于业主共有,但属于城镇公共绿地或者明示属于个人的除外;建筑区划内的其他公共场所、公用设施;物业房屋用房;占用业主共有的道路或者其他场地用于停放汽车的车位以及电梯、水箱。就天然共有而言,即法律没有规定,合同也没有约定,而且一般也不具备登记条件,但从其属性上天然属于共有的部分,包括建筑物的基本结构部分、公共通行部分、公共设施设备部分和公共空间等。《建筑物区分所有权解释》第三条第一款第一项对天然共有部分作出了规定。其中明确列举外墙、屋顶、通道等属于共有部分。就约定共有而言,除法定共有部分、天然共有部分外,其他不属于业主专有部分,也不属于市政公用部分或者其他权利人所有的场所及设施,就属于约定共有部分。因共有部分很难通过列举的方法予以穷尽,按照"非特定权利人所有即为业主共有"的思路,《建筑物区分所有权解释》第三条第一款第二项作出了兜底性的规定。

要判断争议部位到底是专有部分还是共有部分并确定共有权的权属,应当从客体和主体、物理属性和功能等方面综合考虑。一方面要注意到共用部分在构造使用上具有非独立性这一客体方面的重要物理属性,另一方面也要注意到共用部分对全体或部分业主在功能用途上的公共性、非排他使用性。

对于共有部分究竟是属于按份共有还是共同共有,理论界主要有以下几种观点:第一种观点认为,是按份共有,因为专有部分和共有部分是连为一体的,当专有部分的所有权发生转移时,共有部分的权利也随之转移。另外,共有部分的设施都是为了使专有部分的权利可以更加便利的行使而配备的,属于专有部分的从物,对专有部分的抵押权同样对共有部分发生效力,所以区分所有权人对共有部分享有的共有权为按份共有。第二种观点认为,是共同共有,在建筑物区分所有中的共有部分是为共同使用的目的而存在,不能分割,只能为共同共有。第三种观点认为,建筑物区分所有的种类不同,其共有的性质也不同,纵向分割的建筑物区分所有,由于各区分所有人之间的结合状态并不明确,其共有部分为按份共有;横向区分所有类型与纵横分割的区分所有类型,则共用部分应当理解为共同共有。第四种观点认为,对区分所有共有部分的性质应当根据具体的情况来决定,有些共有部分的收益应当按照一定的份额在区分所有权人中进行分配的,为按份共有;而不能视为按份共有的部分,则认为是共同共有。① 在司法实践中,应当结合法律的规定和当事人的意思自治,以解决实际纠纷为首要出发点,来具体看待建筑物区分所有权中共有权的定性问题。

---

① 阚抒:《浅议建筑物区分所有权中的共有权——兼评〈建筑物区分所有权司法解释〉第2条、第3条》,《法制与社会》2014年第1期。

【案例 6.5】明某与城镇建设开发有限公司业务专有权纠纷

2004 年,原告明某与被告城镇建设开发有限公司签订商品房买卖合同,约定购买该公司开发的位于甲市乙路 9 号地的综合楼朝南 6 号住房二层(建筑面积 462.13 平方米)。2005 年 4 月 1 日,双方又签订商品房买卖合同,约定明某购买该综合楼 16 号营业用房一间(建筑面积 40.85 平方米)。明某在与城镇开发公司签订两份买卖合同之前,双方通过协商约定,由城镇开发公司依其要求对二层按照客房的标准进行设计。在该综合楼西侧为明某从其购置的一层店面房内增建了通往二层的专用楼梯。房屋交付后,明某在上述房屋内开设了九九宾馆,并领取了房屋产权证,其中该证载明二层的房屋面积为 462.13 平方米。

2004 年 10 月 14 日,被告城镇开发公司与被告戴某签订商品房买卖合同,约定将上述整幢综合楼的三、四层和一层通道及与该通道相邻店面房一间出售给戴某。双方在合同尾部加注条款中约定:二层楼梯平面部分距踏步 2 米处,东西方向用轻质墙居中分隔,朝北开门作为二层应急出口。戴某使用过程中应保持该功能不变,工程(二层)消防验收时,戴某应给予配合。房屋交付后,戴某领取了包括一层通道在内的房屋产权证,并在上述房屋内开设了金色年华 KTV。被告戴某所购买的一层通道位于明某开设的宾馆大门东侧,该通道与整幢大楼楼梯相连,同时还通往综合楼后院。通道南北两侧均安装门锁,由戴某控制。明某所购房屋未分摊 51.16 平方米的一层通道面积。二层楼梯的面积由二、三、四、五层的业主分摊。2004 年 12 月,市消防大队在综合楼土建竣工验收时进行消防验收,当时综合楼东侧的通道也是该楼的消防通道。消防大队认为如果二层作为宾馆使用,按规定应另行申报消防审批。

2008 年 1 月 14 日,明某诉至法院,认为被告城镇开发公司将属于整幢楼房的公用通道兼消防通道的一层通道出售给戴某,致使其无法使用已经分摊了公用面积的公共设施,且经营的宾馆无法进行消防验收,故要求确认两被告签订的商品房买卖合同无效。①

建筑物的共有权与专有权密切相关,其既不能请求分割,也不能单独让与,并且依附于专有权。业主取得专有部分所有权,自然取得共有部分的所有权。而区分所有权人不能单独对建筑物共有部分进行占有、使用、收益与处分,必须按照建筑物区分所有权的规则来行使基于共有产生的权利。本案中,双方讼争的一层通道是大楼一至五层使用的主通道,显然属于该建筑物的共有部分。明某购买该综合楼上的房屋,即同时取得整幢综合楼上共有部分的共有权,当然包括对一层通道的共有权,其不需要就一层通道与城镇开发公司另行签订买卖合同。即使明某对一层通道的面积没有分摊,也不影响其共有权人的身份。戴某与城镇开发公司签订房屋买卖合同,将属于大楼共有部分的一层通道单独买卖,该处分行为未征得其他共有人的同意,侵犯了明某作为该楼业主对通道所享有的共有权。而原告购买房屋时是否实际分摊了诉争通道的面积,不能作为两被告抗辩其通道买卖合法的依据。据此,法院判决:城镇开发公司与戴某2004年10月14日签订的商品房买卖合同中涉及甲市乙路9号地综合楼一层通道买卖的部分无效。

共有部分的使用对专有部分的合理延伸,业主对于共有部分的适用是无偿的,共有部分的使用是为了更好地利用专有部分,增加专有部分的舒适度和安全。从本案例中也可以看出,共有权作为物权的一种,在行使过程中也应遵循一定的原则:一是法定原则,这一原则要求权利人在行使权利时必须遵守法律的规定。就我国而言,就是要求区分所有权人严格按照《物权法》及其他法律规范对共有权行使的规定,不得超越法律的授权行使权利;二是约定原则,在不违反法律法规禁止性规定的前提下,全体建筑物区分所有权人可以通过约定的方式行使权利,从而最大限度地发挥共有部分的价值;三是不得违反法律、社会公共利益、善良风俗的原则,建筑物区分所有权人在行使共有权实现

---

① 参见江苏省如皋市人民法院(2008)皋民一初字第174号民事判决书。

自身利益的同时要遵守法律的规定和善良风俗,不能以维护自身利益而破坏社会公共利益和他人合法权益,否则应承担相应的法律责任;四是整体效益优先原则,共有权人在利用共有部分时也应注意维护整个小区的利益,当部分共有权人为了其利益而损害了整个小区的利益时,其他区分所有权人可以对侵害小区利益的共有权人提出抗辩。具体而言,不得损害房屋承重结构,不得损害或违章使用电力、燃气、消防设施,在建筑物内放置危险、放射性物品等危及建筑物安全或者妨碍建筑物正常使用,不得违反规定破坏、改变建筑物外墙面的现状、颜色等损害建筑物外观;违反规定进行房屋装饰装修,不得违章加建、改建,侵占、挖掘公共通道、道路、场地或者其他共有部分。

第四节　车位与车库纠纷法律问题

《物权法》第七十四条规定:"建筑区划内,规划用于停放汽车的车位、车库应当首先满足业主的需要。建筑区划内,规划用于停放汽车的车位、车库的归属,由当事人通过出售、附赠或者出租等方式约定。占用业主共有的道路或者其他场地用于停放汽车的车位,属于业主共有。"这一规定关于车位、车库权属的规定确立了三个原则。首先,该规定确立了车库"首先满足业主的需要"的原则;其次,该规定确立了占用共有道路或者其他场所停放汽车的车位、车库法定共有原则;最后,该规定确立了小区车库权属依约确定的原则即约定原则。

但我国《物权法》第七十四条只对建筑区域内规划用于停放汽车的车库车位的归属予以明确,其他性质和种类的车位、车库不在其调整范围之内。因此以约定方式处理车位车库纠纷的前提是:只能适用于开发商独立开发建设的、未列入业主分摊的、在法定规划比例之外的车位车库的归属处理。

目前,学界关于没有约定或约定不明时车位、车库的归属主要有以下两种观点:一种观点认为,此时车位、车库应当属于开发商所有,其理由是:第一,操作容易,减少纠纷。《物权法》实施之前签订的大部分商品房买卖合同都没有对车位、车库的权属进行约定,如果此时贸然规定所有权归业主共有,则会引发大量的诉讼,对原有的权属格局造成极大的冲击,对社会稳定不利。如果规定车位、车库由业主共有,由于车位、车库和住宅的配套比例不同,业主之间享有的住宅面积不同、商品房销售的状况不同等原因,归业主共有很难操作。第二,如果以没有约定或约定不明来强制规定车位、车库由业主共有,对开发商至为不公,将打击开发商建设车位、车库的积极性,不利于市场经济的发展和人们生活水平的提高。

另一种观点认为,此时车位、车库应当属于业主共有,其理由是:第一,对于物业小区而言,最理想的状态就是任何建筑物部分或设施设备,不是由业主专有,就是由业主共有,车位、车库作为必备的生活配套资源,应当由全体业主共有,而不是由以卖房赚钱为目的的开发商掌握该生活配套资源甚至利用该资源的升值空间继续从业主身上盈利。第二,开发商作为商人,在经济地位上和缔约能力上相对于业主来说具有明显的优势,可以通过其经营行为保护自身合法权益。如果其未通过合同约定的形式确定车位、车库的归属,可以认为其已经放弃了对车位、车库的所有权,车位、车库应当归属于处于弱势地位的业主。第三,在实践中,开发商在销售房屋时一般会使用其自己制定的格式合同,如果双方对格式合同的有关条款的理解产生争议,根据《合同法》关于格式条款的解释规则,也应当作出不利于格式合同制定者的解释。第四,从《物权法》的立法过程看,其草案中规定了没有约定或约定不明的应当由业主共有,可以从立法史的角度支持上述观点。

就司法实践而言,"首先满足业主的需要"原则缺乏确定性。第一,业主内涵、外延不确定,仅购买车库车位且经过物权登记取得车库车位的所有权人是否为业主极不明确。第二,业主需要属于常识性范畴,不易判断,对于购房时没有能力购买停车位而后来购车的业主,在小区没有停车位的情况下,是否能要求开发商或物业公司开发新的停车位;小区业主在转售其房屋即建筑物的专有部分时,相应地,其原先拥有的车位车库是否也必须遵循此规定首先满足小区内其他业主的需要,是否要经过其他业主的同意;已经依法购买了一个车位的业主是否可以依需要再购买建筑区划内的一个或者多个车位等,均不明确。第三,属于共有的地表车位应当如何使用不明确。

【案例6.6】小区车库管理、收益纠纷

星汉城市花园是南京的一个高档住宅小区。1998年9月,星汉公司申报星汉城市花园工程时,南京市规划局作出《建筑工程规划设计要点通知书》,要求该规划中的小区应配建停车库。2001年7月,南京市国土资源局在发给开发商的国有土地使用权证上明确记载:"使用权面积"和"其中分摊面积"都是7697.6平方米。

开发商在销售住宅时曾承诺:小区配建地下车库供业主停车。但业主们入住后却发现,只有购买车位才能取得停车权。为此,业主委员会代表广大业主,以"地下停车库是小区配套共用设施,应属全体业主共有"为由,多次要求开发商将车库归还给业主,但开发商坚决反对。2003年6月,星汉城市花园业主委员会向鼓楼区法院提起诉讼,请求法院判决该小区地下停车库的占有、使用、收益、处分的权利归原告所代表的全体业主所有。

2003年12月11日法院作出一审判决:被告江苏星汉置业有限公司于判决生效之日起10日内将星汉城市花园地下停车库移交给原告星汉城市花园业主委员会管理,并由星汉城市花园全体业主享有该地下停车库的权益。本案也是全国首例由法院判决确认小区车库管理、收益归业主的案例。

【案例6.7】业主地下停车场纠纷

金海花园小区系金嵩房地产开发公司开发建设的住宅小区,该小区中心花园下设地下一层、二层停车场。在私家车爆增的情况下,金海花园地面停车非常紧张,而地下两层停车库却是空空如也。业委会称,地下车库都被开发商锁着,不让业主们使用。于是,业委会代表全体业主向法院提起诉讼,要求开发商把地下车库移交给业委会。

经法庭调查,该"地下停车场"的性质为"平战两用"的人防工程,由厦门金嵩房地产开发公司投资建设,但该公司从市政府合法取得金海花园用地土地使用权时所交纳的土地使用转让金并不包括地下室部分。同

时,金海花园业主也未支付该"地下停车场"的土地使用权出让金。该项目是单独立项、单独审批、单独规划、单独设计、单独报建以及单独投资的,并未包含在金海花园小区商品房开发范围。

厦门中院终审认为,由于我国现行法律未对人防工程的产权归属及登记作出规定,因此,讼争双方当事人对人防工程的所有权均无权主张权利。由于本案讼争的人防工程"地下停车场"由金嵩房地产开发公司投资建设,根据《中华人民共和国人民防空法》相关规定,人民防空工程平时由投资者使用管理,收益归投资者所有,因此,开发商依法享有讼争的人防工程"地下停车场"的管理和收益权。

可见,由于我国相关立法的欠缺,法院有意无意地回避了最敏感的产权问题。如第一个案例,判决实际上并未解决车库的所有权问题,仅判决"管理"和"收益"归业主。第二个案例,更是判决讼争双方当事人对人防工程的所有权均无权主张权利,也仅仅判决了"管理"和"收益"归开发商。相关规定的修订和完善仍然值得进一步探讨。

就《物权法》第七十四条的完善而言,首先,需要明确"应该首先满足业主需要"的规定。为了明确小区车库为广大业主服务的配套功能,限制某些开发商恶意高价将小区的车位、车库出售给小区业主以外的人,《物权法》第七十四条第一款规定了"应当首先满足业主的需要"。如何理解该款,争议比较大。有观点认为,满足业主需要就是无限制地满足业主需要,业主现在不买车不代表以后不买车,日后对于车位的需求开发商也应该满足。还有观点认为,满足业主需要只是相对满足,只能是业主特定时间内的需要,而且购买的数量也应该给予一定的限制,如一户只能购买一个车位。就"首先满足业主的需要"的理解,可以从以下两个方面来看:第一,《建筑物区分所有权解释》规定,开发商按照配置比例建造车位即可认定满足业主的需要,但是,开发商在售楼时,还应该在合理的期限内,履行告知和预留义务,如果小区业主在此期限内放弃车位、车库的购买权,开发商仍可将车位、车库转售与业主之外的人,但外租或外售的数量应该在合理范围内,并且不能用于投资。此种情况也应认定开发商做到了"首先满足业主的需要"。第二,开发商若未能首先满足业主要求,以同等价格将车位出售给小区业主之外的人,或者未能按照本地规定的配置比例建造停车位,应该产生何种法律后果,目前《物权法》对此没有明确规定。

其次,需要完善"约定归属"的内容。《物权法》第七十四条第二款赋予了当事人约定归属的权利,但是当事人未进行约定时,该如何确定归属,《物权法》没有规定。目前学者对此有以下两种观点:一种观点认为车位、车库由开发商所有。主要理由是根据《物权法》第七十四条第二款规定,"建筑区划内,规划用于停放汽车的车位、车库的归属,应当由当事人通过出售、附赠或者出租等方式约定"。可知该款隐含的逻辑前提是,开发商享有车位、车库的所有权,只有该权利归属开发商,才可作出"出售、出租或附赠"的法律行为,否则就丧失了正当的权力来源,构成无权处分。另一种观点认为车位、车库应归业主所有。理由一是通常开发商与业主签订合同时,通常会使用早就拟好的格式合同,如果合同双方对于格式条款的有关内容产生争议,可以根据我国《合同法》第四十一条规定的解释规则,作出不利于开发商的解释。理由二是开发商作为强势方,在信息资源、缔约能力和举证能力上明显强于业主,如果开发商没有在合同中明确约定车位、车库的归属,可视为已选择放弃了车位、车库的所有权。理由三是从立法史的角度看,《物权法》的立法过程中,其草案中规定了没有约定或约定不明应当由业主共有,也支持上述观点。

最后,需要明确"其他场地"的含义。《物权法》第七十四条第三款规定,占用小区的其他场地停放汽车的车位,应该属于业主共同所有。对于"其他场地"的理解主要有两种观点:一种观点认为,"其他场地"是指未纳入建筑区划内的空地。另一种观点认为,"其他场地"是指业主共有的土地,包括业主共有的建筑基地以及附属基地。第二种观点更具有说服力,其一,《物权法》第七十四条的第一款和第二款的表述时,都是以"在建筑物区划内"为首,以确定此法律强制性涉及的范围。同理在第三款中,虽然没有明示建筑区划内的其他场地,但认定为在建筑区划内更合情合理。其二,小区业主对建筑物区划外的区域的车库、车位无权行使权利。因此,以业主共有土地为标准来界定

"其他场地"的范围显得更加合理,如果开发商将小区业主共有的绿地、广场或者建筑区划内的空地改建而成的停车场,应该归业主所有,同时"其他场地"也应该包括小区的建筑基地,如占用建筑基地的底层或顶层搭建的架空层停车位、屋顶平台停车位都归属于业主所有。

第五节　业主撤销权纠纷法律问题

《物权法》第七十八条第二款规定,业主大会或者业主委员会作出的决定侵害业主合法权益的,受侵害的业主可以请求人民法院予以撤销。修订后的《物业管理条例》也在第十二条第五款作出了相同的规定。《建筑物区分所有权解释》第十二条规定,业主以业主大会或者业主委员会作出的决定侵害其合法权益或者违反了法律规定的程序为由,依据《物权法》第七十八条第二款的规定请求人民法院撤销该决定的,应当在知道或者应当知道业主大会或者业主委员会作出决定之日起一年内行使。

传统民法理论认为,撤销权在性质上属于形成权。根据行使方式的不同,形成权可以分为非经诉讼方式行使的形成权和需经诉讼途径行使的形成权。业主撤销权在性质上属于形成权,而且是需经诉讼途径行使的形成权。

【案例6.8】新天地华庭业主撤销权纠纷案

原告为某系东莞市寮步镇新天地华庭的业主,该物业小区已成立了业主大会并选举产生了第三届业主委员会,第三届业主委员会于2007年10月22日在东莞市房产管理局办理了备案手续,根据东莞市房产管理局2009年4月22日作出的《备案通知书》显示,第三届业主委员会由11人组成,主任谢某,副主任谭某、王某,任期至2009年10月21日,第三届业主委员会任期届满后,已成立业主委员会筹备组,但至今尚未召开业主大会选举产生第四届业主委员会。

该小区原由案外人Y物业管理有限公司进行物业管理。开发商与Y物业公司签订物业管理委托合同并办理了备案手续,Y公司向业主委员会发出《关于终止物业管理服务的函》称因公司业务发展的需要,物业管理合同已到期,决定终止新天地华庭物业管理,不再续约,请在收函15天内另聘请新的物业企业为小区服务。2009年5月9日第三届业主委员会召开会议,表决同意由A公司接替Y公司进行物业管理。后业主委员会发出通知,称经业主委员会评估审议决定,从2009年5月22日起聘请A公司负责小区的物业服务工作,并已依法签订了物业管理委托合同,A公司具有物业服务企业三级资质证书。自A公司对该小区进行物业管理至今,未召开业主大会表决决定,也未向相关部门办理备案。

原告万某请求判令,撤销业主委员会作出的更换物业服务公司的决定;认定业主委员会与A公司签订的物业服务合同无效;谢某、谭某、王某因侵犯原告及其他业主的知情参与表决等业主权利并且存在未组织成立换届选举筹委会的失职行为及不作为行为,应向原告及其他业主赔礼道歉并在物业管理区内公示。法院经审理判决:一、撤销业主委员会选聘A公司为物业服务企业的决定;二、驳回原告万某的其他诉讼请求。

本案中,Y公司的物业管理合同期限已届满,期限届满后业主大会没有决定选聘或续聘物业服务企业,在Y公司向业主委员会发函明确表示到期不再续约后,业主委员会至今也没有组织召开业主大会选聘物业服务企业,而是自行决定由A公司对小区进行物业管理。业主委员会在未召开业主大会投票表决的情况下,自行决定由A公司对物业小区进行物业管理,违反了《物权法》关于选聘物业服务企业应由业主共同决定的规定,损害了业主享有的对物业小区进行共同管理的权利。原告在一年期间内行使业主撤销权请求撤销业主委员会选定A公司为物业服务企业的决定,符合法律规定。

建筑物区分所有中的重大事项决定机制是典型的民主决策机制。尽管物权法和物业管理条例等相关法律对业主大会的运作做了相关规定。但现实中仍难免会出现利用少数服从多数的民主程序来剥夺、践踏少数人权益的现象。法律规定小区物业管理的相关事项由业主大会和业主委员会按照一定程序进行决定,但同时必须面对和解决如果业主大会、业主委员会作出的决定损害业主的合法权益该怎么办的问题。一方面,业主大会或者业主委员会履行职责,代表业主意愿,维护业主利益的决定应该对每一位业主都具有约束力。但另一方面,如果业主大会或者业主委员会作出的决定违背了业主的意愿,侵害了某个或若干个业主的利益。遭受侵害的业主应有救济的法律途径,避免业主的实体权利无法得到保障。

业主撤销权的行使具有溯及力,可使被撤销的决定的法律效力归于消灭,自始无效。但该权利的行使受除斥期间的限制。根据司法解释的规定除斥期间为一年,即业主应当在知道或者应当知道业主大会或者业主委员会作出决定之日起一年内行使。超过法定期间的,该撤销权归于消灭,法院不再支持其相应的请求。同时,业主行使撤销权,应以向人民法院提起民事诉讼的方式主张,由法院审查相应决定是否具有可撤销的情形并作出裁判。如果业主不向法院提起诉讼,只是直接向业主大会或者业主委员会主张撤销的,将不发生撤销权行使的法律效力。在业主撤销权诉讼中,法院认定业主大会或者业主委员会的决定存在可撤销情形并作出撤销决定的生效判决的,相应的决定视为自始无效。

业主撤销权适用的对象是业主大会或业主委员会作出的决定。业主撤销权行使的范围取决于依照法律规定业主大会或者业主委员会有权对哪些事项作出决定。根据《物权法》第七十六条和《物业管理条例》的相关规定来看,除了业主大会所授权的职责之外,业主委员会的职责限于执行业主大会的决定,无权自行作出对业主权益具有实质影响的决定。

从现行规定来看,法律并没有赋予业主大会民事诉讼的主体资格,而业主委员会作为民事诉讼当事人已得到实践的认可,并且业主委员会是业主大会的执行机构,业主大会作出决定的相关资料由业主委员会收集和保管,业主委员会可以代表业主大会参加诉讼,并就作出决定的合法性进行举证。因此,在业主撤销权诉讼中应以业主委员会作为被告而不论业主请求撤销的是业主大会的决定还是业主委员会的决定。

第六节　业主知情权纠纷法律问题

业主知情权是业主对共有部分行使管理权的基础。业主知情权的意义可以从以下三个层面理解:首先,业主只有在充分了解区分所有建筑物共有部分情况和社区管理文件的基础上,知悉自己权利的具体内容并了解共有财产的状况,方能对共有部分进行自主管理;其次,业主持续了解涉及业主共有权相关事项,方能对执行业主大会决定事项的业主委员会,以及接受业主委托提供物业管理服务的物业服务企业实行有效监督;最后,业主知情权的设置和行使,可以对企图侵害业主共有权者起到威慑作用,并有利于及时发现和阻止侵害业主共有权的行为。①

【案例 6.9】精文城市家园小区业主知情权纠纷

原告夏某、杨某、杨某、罗某、周某系上海市闸北区精文城市家园小区业主。2007 年 12 月 6 日,上海市闸北区房屋土地管理局向上海市闸北区精文城市家园小区业主大会、被告精文业委会颁发了《业主大会、业主委员会备案证》,其中明确业委会负责人为姜某、许某、王某。2008 年 6 月 10 日,被告精文业委会与精文物业签订《物业服务合同》,委托精文物业对小区实施物业服务与管理。之后,精文业委会与精文物业又就小区内公益收入的分配签订了《补充协议书》。2008 年 4 月 5 日、7 月 18 日,精文物业对小区 2005 年 8 月至 2007 年 12 月、2008 年上半年的公共收益账目制表并在小区公布。上述账目中显示 1—23 号业主外墙玻璃清洗费为人民币 4.9 万元。2009 年 1 月、7 月,被告精文业委会与精文物业共同对小区 2008 年下半年及 2009 年上半年的公共收益账目进行公布。上述账目中显示清洗玻璃费用共计 10 万元(第一次 4.9 万元、第二次 5.1 万元);2007 年 11 月至 2008 年 12 月期间办公费、会议费、业委会值班津贴

①　薛源:《业主知情权存在问题探讨》,《南京社会科学》2014 年第 8 期。

支出 19023 元;划入小区维修基金账户 10 万元;2009 年上半年南区景观灯改造费用 35050 元以及办公费、电话费、会议费、培训费、业委会值班津贴支出 7505.7 元。

原告请求法院判令:精文业委会公布自 2007 年下半年至 2009 年上半年按每半年一次的小区维修资金和公共收益账目情况(公共收益账目具体指机动车停车费、广告费收支情况),并要求将上述账目张贴在小区及每个门牌号幢前面;精文业委会提供上述账目的费用清单、发票原件和按户分摊费用清单以供原告进行核对和查询,原告享有复印权;精文业委会向原告出示维修资金的会计账目,原告对该账目享有复印权。①

本案的争议焦点是:业主有权请求公布、查阅资料和情况的范围以及业委会应当如何公布上述资料和情况。根据《建筑物区分所有权解释》的规定,业主有权请求公布、查阅维修基金的使用情况、业委会的决定及会议记录、物业服务合同、共有部分的收益情况以及其他应当向业主公开的情况和资料。根据《上海市商品住宅维修基金管理办法》(以下简称《维修基金管理办法》)的规定,业委会应将物业管理区域内收取的停车费、广告费等经营性收益及时存入维修基金账户。业委会每月应与开户银行核对维修基金账目,并按每半年一次向业主公布以下情况:维修基金交纳、使用和结存的金额;发生物业维修、更新的项目和费用及按户分摊情况;业委会活动经费在维修基金中列支的项目和费用及按户分摊情况;维修基金使用和管理的其他有关情况。维修基金公示的目的在于能充分反映出资金的使用情况和业主分摊情况,以便于业主及时进行监督。基于以上规定,被告精文业委会虽已公布四次公共收益账目,但不完整,维修基金的结存及按户分摊情况亦未能在其中全面体现。原告认为已公布的维修基金、公共收益账目不符合规定的理由成立,被告应按照《维修基金管理办法》第十九条的规定重新公布维修基金账目,以提高维修基金

---

① 夏某等人诉上海市闸北区精文城市家园小区业主委员会业主知情权纠纷案,参见《最高人民法院公报》2011 年第 10 期。

的透明度。至于上述账目在何处公布的问题,法院认为在该小区的公告栏内张贴既能够起到公示的作用又较为便利,原告要求精文业委会将所有账目张贴于各个门牌号码前的要求,不具备合理性和必要性,亦有违经济原则,故不予支持。关于原告要求业委会提供上述账目的费用清单、发票原件和按户分摊费用清单以供原告进行核对和查询的诉讼请求,根据《维修基金管理办法》中有关核对账目的规定,业主对公布的维修基金账目情况有异议的,可以要求业委会和物业公司提供有关的费用清单、发票原件和按户分摊费用清单进行核对。本案中,原告对于被告已公布账目中的停车费、广告费及清洗玻璃、景观灯改造、业委会值班津贴的收支情况有异议,被告精文业委会有义务提供相应的发票、清单等以便原告进行查阅、核对及复印。如需精文物业协助的,被告应督促其予以配合。关于原告要求业委会出示维修资金的会计账目诉讼请求,鉴于原告上述权利的行使已足以保障原告对维修基金管理和使用的知情权,原告再行要求被告提供维修资金的会计账目缺乏法律依据,亦超出了业主知情权的合理范围,法院亦未支持。

就业主知情权范围的广度而言,在本案中及类似案件中均可以看出,地方政府规章以及小区自治规则均可以作为确定业主知情权范围的依据。就立法历程而言,业主知情权的确立经历了从无到有、从有到精的演进。业主知情权的内容日臻完备,边界趋于扩张。地方政府规章的相关内容实质上是对法律法规及司法解释的充实及细化,而非对业主知情权的缩限,符合立法的本来取向及发展方向有助于权利内容的具象化。①

就业主知情权范围的深度而言,一是就公开资金情况,如建筑物及其附属设施的维修资金的筹集、使用情况,共有部分的使用和收益情况,是否应允许业主查阅相关报表、会计账簿和原始会计凭证;二是就公开管理规约、业主大会议事规则,以及业主大会或者业主委员会的决定及会议记录,业主是否可以

---

① 李兴魁、沈晔:《业主知情权的范围界定及合理实现》,《人民司法》2013年第6期。

要求公开业主投票表决通过管理规约、业主大会议事规则,以及业主大会或者业主委员会决定的原始选票资料。

就业主知情权的行使方式而言,根据《建筑物所有权解释》的规定,就应向业主公开的情况和资料,业主可以通过要求公布和查阅两种方式行使知情权。相较于查阅而言,公布需要相关义务主体花费更多的成本,负担更重,而且有些文件和资料采用公布方式并不经济简便,因此在法律、法规没有明确规定的情况下,仅在业主要求公布,且其要求根据成本和简便的考量合理的情况下,法院应支持采用公布方式。

第七节 现有法律未涉问题

一、业主委员会的法律地位

【案例 6.10】业主委员会收缴业主物业费纠纷

2008 年 6 月下旬至 7 月中旬,在大丰市房产管理局等相关部门指导下,大丰市 P 小区以书面征求意见的形式选举产生 17 名业主代表。2008 年 7 月 23 日,P 小区业主代表大会召开并选举产生刘某、张某、杨某、王某、袁某五名业主委员会委员,确定刘某为主任,张某为副主任,同日,出台 P 小区业主公约。2008 年 7 月 24 日,业委会至大丰市房产管理局备案,大丰市房产管理局也于当日发布公告对业委会予以公示。2010 年 1 月 1 日,大丰市房管局物管办、沿河社区居委会及业委会共同就 P 小区因原物业公司撤走,小区物业管理工作陷入瘫痪等问题形成三方联席会议会办纪要,载明:由房管局速从其他物业服务企业抽调人员,临时托管 P 小区的治安、保洁卫生等物业管理和服务工作,由业委会尽快召开业主代表大会,尽快将物业管理和服务的各项工作落实到位,解决好物业管理和服务问题等内容。

2010 年 2 月 25 日,P 小区业委会对实施业主自行管理模式进行公告,载明:"经 2010 年 2 月 22 日首届业主代表大会第四次会议讨论通过,现 P 小区实施业主自行管理物业模式,即业主自治(业主自治是业主委员会自己管理小区物业,不是个人承包)。"2011 年 3 月 27 日,P 小区以业主大会的名义发出关于收取滞纳金的公告。2011 年 4 月 16 日,大丰市大中镇沿河社区居民委员会出具证明一份,载明:"《关于 P 小区实行业主自行管理物业方案》,是经 2010 年 2 月 8 日 P 小区业委会研究同意,经 2010 年 2 月 22 日业主大会批准,其出席业主大会共 15 名业主代表,占业主代表总数 17 人的 88%,一致表决同意的,我委黄主任也参加了该会议。"2012 年 1 月 9 日,P 小区业委会向大丰市发改委暨物价局提交关于上调物业管理费收费价格的请示报告。2013 年 1 月 15 日,P 小区党支部、P 小区业委会、业主监事会联合作出关于催缴物业费的通知。

被告刘某系 P 小区业主。P 小区业委会以业主自治方案等作为依据向刘某索要物业费未果,遂向法院起诉,请求依法判令刘某给付 P 小区业委会 2010 年 1 月 1 日至 2013 年 12 月 31 日期间物业服务费 4606 元及滞纳金。①

本案的争议焦点是:原告浦江名苑业委会是否具备本案诉讼的主体资格。法院经审理认为,我国法律法规对业主、业主大会、业主委员会的职权均有明确规定,业主大会是小区管理的权力机构,业主委员会系业主大会的执行机构,根据业主大会的授权负责处理业主大会的日常事务。业主委员会虽然可以代表全体业主对外订立合同,但其并不拥有独立财产,本身不具有独立承担民事责任的能力,只能为维护全体业主的合法权益在法律限定的范围内行使诉讼权利。而原告 P 小区业委会以一般物业服务人的身份向个别业主诉讼,要求其支付物业管理费,并不符合相关法律法规规定。另外,国务院《物业管理条例》规定,从事物业管理活动的企业或其他管理人应当具备独立的法人资格,相应的物业服务合同应由业主委员会与其签订,现 P 小区业委会既是物业服务人,又代表全体业主,其法律关系不能等同于《物业管理条例》规定的物业服务人与业主

---

① 详见大丰区人民法院(2013)大民初字第 2073 号民事裁定书。

的关系。浦江名苑业委会并非具有独立法人资格的企业,其收费标准也未经过物价局批准,其行径以物业服务人的身份向个别业主主张物业服务费不能适用物业服务合同的法律规定。据此,法院裁定驳回了 P 小区业主委员会的起诉。

一审裁定后,P 小区业委会不服,向盐城市中级法院提起上诉。盐城市中级法院审理认为,业委会与业主是一个共同体,是维护全体业主权利的代言人。由于目前业委会运作制度还不够成熟,业委会权力的运作和责任的承担还有待于进一步规范,所以对业委会的诉权范围应当持谨慎的态度。就共同体内部,业主与业委会之间的法律纠纷,应当在现有的法律框架中解决,如《物权法》第七十八条第二款规定,业主大会或者业委会作出的决定侵害业主合法权益的,受侵害的业主可以请求人民法院予以撤销;第八十一条规定,业主可以自行管理建筑物及其附属设施,也可以委托物业服务企业或者其他管理人管理。据此,小区可以实行业主自行管理物业的模式。但根据服务合同的性质,业委会并非是服务合同的另一方当事人,而实际提供物业服务的人或企业,才享有收取物业费的权利。业委会现诉请业主给付物业费,没有法律依据和合同依据。法院同时认为,《物业管理条例》第十五条规定了业委会执行业主大会的决定事项所履行的一系列职责,但从该规定来看,业主委员会的职责中也无收取物业费的职能。因此,盐城市中级法院作出终审裁定,认为本案上诉人 P 小区业委会主体不适格,驳回上诉,维持原裁定。终审裁定后 P 小区业主委员会仍不服并向江苏省高级法院申请再审,该案最终由江苏省高级法院调解结案。

本案中反映出的问题是业委会是否有权向业主收缴物业费,这也是司法实践中一个普遍存在而立法尚未有明确规定的问题,其背后的问题是现有立法对于业主委员会的法律地位仍不明晰。关于业主大会、业主委员会的诉讼地位,根据全国人大常委会法制工作委员会负责人的解释,"物权法草案曾对业主大会或者业主委员会以自己的名义提起诉讼的问题做了规定。经反复研究认为,这个问题较为复杂。业主大会或者业主委员会没有独立财产,享有的权利和承担的义务都要落在业主身上,业主大会或者业主委员会提起诉讼依法要交诉讼费用,一旦败诉,后果要由全体业主分担,如果部分业主没有及时交纳有关费用,还涉及法院如何执行等问题,对业主大会或者业主委员会提起诉讼的权利以暂不作规定为妥。对侵害业主共同权益的纠纷,可以通过民事诉讼法的有关规定提起诉讼"①。

而在现有物业管理法律法规之下,业主委员会的法律属性及其诉讼主体地位也未有明确规定。例如,根据《物业管理条例》第十条、第十六条的规定,业主委员会一方面是由业主大会选举产生,并经物业所在地的区、县人民政府房地产行政主管部门登记备案后正式成立的合法主体,但作为业主大会的执行机构,其本身并无独立的意志能力,而须经业主大会授权才得以实施对全体业主的财产和物业事项的管理权;另一方面又享有一定的民事权利能力和行为能力,即能以自己的名义代表业主与业主大会选聘的物业服务企业签订物业服务合同。然而,该条例并没有同时规定业主委员会享有可独立支配或独立承担责任的财产,因而从立法层面上看,业主委员会既不可能是法人,也不是《民事诉讼法》第四十九条所规定的"其他组织",不具有诉讼主体地位。而《业主大会规程》也仅是在《物业管理条例》的基础上进一步详细规定了业主大会的成立,业主大会会议的筹备、召开、议事规则等,却未明确业主委员会的诉讼主体地位问题。虽然有个别地方性法规,如浙江省于2006年10月1日颁布实施的《浙江省物业管理条例》确立了业主委员会的诉讼主体地位,但绝大多数地区的物业管理条例或规定对此问题均未予以规定。

在现有法律框架下,要成为民事诉讼法上的主体,业主委员会也只能在"自然人、法人、其他组织"三者中居其一。纵观长期以来的各种意见以及做法,多数人认为业主委员会属于《民事诉讼法》中规定的"其他组织"。为使业主委员会的法律地位更为明确,可以采用两种改造方式:一种方式是由最高人

---

① 《全国人大常委会法制工作委员会负责人解读物权法》,参见新华网:http://news.xinhuanet.com/fortune/2007-03/27/content_5904062_1.htm,最后访问日期:2015年12月2日。

民法院发布司法解释,直接规定房地产行政主管部门备案登记的业主委员会具有其他组织的资格,可以独立起诉或者应诉;另一种方式是修改《物业管理条例》的规定,改备案为登记,并颁发证书以明确业主委员会的非法人团体资格。

二、业主和开发商的权利边界

《物权法》实施后,享有建筑物区分所有权的业主依照法律规定,维护自己的私法权益,是应当充分肯定和支持的。但是,在建筑物区分所有权领域,不同的私法主体之间,特别是业主和开发商之间的权利边界并非特别清晰,因而业主与开发商之间的维权纠纷不断出现,对社会稳定、生活安定有较大影响,需要有法律上的明确界定。对此,必须依照《物权法》的规定,对业主和开发商的权利边界作出准确认定,定分止争。

【案例6.11】南天一花园业委会与开发商纠纷案

2002年11月11日,南天一花园业委会以深圳城建公司、深圳城建监理公司、深圳城建物业公司为被告,向深圳中院提起诉讼,要求深圳城建公司等停止侵权,拆除南天一花园三栋大厦底层的违章建筑,恢复底层为公共开放空间,赔偿损失145万元;确认南天一花园红线内两栋公用配套小楼的所有权归全体业主共同享有,深圳城建公司返还两栋小楼,并赔偿损失。深圳中院以南天一花园业委会不拥有本案所涉房地产产权,与本案没有直接利害关系为由,于2003年3月31日裁定驳回南天一花园业委会的起诉。

南天一花园业委会不服上诉。2011年7月6日,广东高院在两次将本案发回重审后,作出二审判决:撤销一审判决;改判深圳城建公司、深圳城建物业公司赔偿南天一花园业委会架空层改建经济损失145万元;驳回南天一花园业委会的其他诉讼请求。

南天一花园业委会仍然不服,向最高人民法院申请再审,要求改判确认两栋小楼的所有权归南天一花园全体业主共同享有,深圳城建公司、深圳城建监理公司返还小楼并赔偿全体业主损失 655 万元及其他租金损失。

2013 年 1 月 10 日,最高人民法院作出民事裁定提审本案。经审理查明,本案中双方当事人争议的两栋配套小楼,系由深圳城建公司投资建设于 20 世纪 80 年代末 90 年代初。两栋小楼的规划设计、投资建设、竣工验收等均由深圳城建公司办理了相应审批手续。2004 年深圳市规划与国土资源局与深圳城建公司签订《深圳市土地使用权补地价协议书》,同意深圳城建公司对两栋小楼所占用地的使用权补交地价后进入市场,深圳城建公司随后付清了土地建设配套费。1995 年起深圳城建公司将两小楼出租,收取租金。2000 年年初深圳城建公司委托其下属深圳城建监理公司出租,并收取租金。深圳市城市规划委员会于 2000 年 1 月公布《深圳市白沙岭片区法定图则》,该图则对包括涉案地块在内的深圳市白沙岭片区的土地利用性质、建筑规划用途及建筑容积率等进行了相应规定,按照该图则的规划,南天一花园小区的建筑容积率应为 3.0,两栋小楼的规划用途应为"配套设施"。本案审理期间,深圳城建公司就涉案两栋小楼申请初始登记,深圳市国土资源和房屋管理局依其申请将房屋登记确权给深圳城建公司。南天一花园业委会遂向深圳市福田区人民法院提起撤销登记的行政诉讼,该行政诉讼最终由深圳中院判决确认涉案两栋小楼的产权登记因有关民事诉讼未作出生效判决,登记行为有违之前行政机关作出的决定而应予撤销。①

最高人民法院认为本案的争议焦点主要是能否确认两栋配套小楼的所有权归南天一花园全体业主共同所有。《深圳市白沙岭片区法定图则》在性质上属于建筑规划管理性规定,图则中建筑容积率等规定内容,不能作为确认所有权的依据;深圳城建公司在本案中提交的证据证明,两栋小楼占用土地的权利来源合法,小楼的规划、建设等经过了政府相关部门批准,全部建设资金均由深圳城建公司投入,深圳城建公司并已就小楼

---

① 参见最高人民法院(2013)民提字第 94 号民事判决书。

占用土地与政府主管部门签订了土地使用权协议并补交了地价款；小楼的产权登记证书虽然因登记行为程序不合法被撤销，但不能仅以此认为小楼无法单独办理产权登记，并进而认为其产权应当归南天一花园全体业主共有；本案小楼不属于物权法规定应当属于业主共有的道路、绿地、公共场所、公用设施和物业服务用房，也不属于司法解释规定的应当认为属于业主共有的部分；不能仅仅依据小楼的规划设计用途为小区"配套设施"而得出该设施所有权属于小区全体业主共有的结论。因此，南天一花园业委会请求确认两栋配套小楼的所有权归全体业主共有，缺乏事实和法律依据，深圳城建公司对两栋小楼的占有、使用以及委托出租及收取租金等行为，没有侵害南天一花园小区全体业主的合法权益，对南天一花园业委会基于全体业主对小楼共享所有权而提出的返还小楼和损失赔偿的请求，法院均不能予以支持。据此，最高人民法院作出上述裁判。

由于本案争议房屋的兴建、登记及本案纠纷提起的时间均是在《物权法》施行之前，就《物权法》颁布实施后根据其确定的建筑物区分所有权的相关规定能否认定本案争议小楼属于《物权法》所规定的业主共有部分的问题，最高人民法院法官这样答道，"鉴于在《物权法》施行之前，法律对建筑物区分所有问题没有明确规定，我们认为也可以参照《物权法》及相关司法解释的规定对本案小楼是不是属于业主共有部分作出认定。《物权法》第七十三条规定，建筑区划内的道路、绿地、公共场所、公用设施和物业服务用房，除特殊情况外应当属于业主共有。案涉小楼显然不属于这里面规定的道路、绿地、公用设施和物业服务用房，而且参照《建筑物区分所有权解释》第三条的规定，它也不属于司法解释规定的应当属于业主共有的公共场所。所以我们认为，即使按照《物权法》及司法解释关于建筑物区分所有的相关规定来看，也不能认定本案争议的小楼属于全体业主共有"①。最高人民法院对本案作出的终审判决的

---

① 《最高法就深圳房屋侵权纠纷案相关问题答记者问》，参见中国新闻网：http://www.chinanews.com/fz/2014/02-21/5869407.shtml，最后访问日期：2015 年 12 月 2 日。

意义就在于确认:并非在同一块建设用地上建设的小区建筑物及其附属设施都属于业主共有,而应当以实际取得的土地使用权以及建筑物所有权为标准。对开发商合法取得的土地使用权和建筑物所有权,应当依法予以保护。

三、建筑物修缮的法律问题

在《物权法》起草之初,由梁慧星研究员主持起草的《中国物权法草案建议稿:条文、说明、理由与参考立法例》第九十六条、第九十七条及第九十八条曾设有区分所有建筑物修缮的详细规定,这些条文系主要借鉴《日本建筑物区分所有权法》第六十一条和我国台湾地区"公寓大厦管理条例"第十条和第十一条而拟定。① 但是,这些条文建议最终未为《物权法》完全采纳,以至于我国现今法律体系中并无完善、翔实的区分所有建筑物修缮制度。

对于因修缮专有部分或约定专用部分时常常需要使用他人的专有部分、约定专用部分或共有部分,且使用时可能损害其他业主或第三人的权益的情况,现行法律并无规定。有学者提出,对于此立法缺漏,可以借鉴《日本建筑物区分所有权法》与我国台湾地区"公寓大厦管理条例"的规定,在修缮专有部分或约定专用部分时,业主或约定专用部分使用权人可以对他人的专有部分或约定专用部分在必要范围内予以使用,也可以使用不属于自己所有的共有部分;同时,对于因修缮造成的损害应当恢复原状或赔偿。②

对于共有部分的修缮问题,我国《物权法》第七十六条第一款中的第六项和第二款只规定,改建、重建建筑物及其附属设施应当经专有部分占建筑物总面积三分之二以上的业主且占总人数三分之二以上的业主同意。第七十九条规定,建筑物及其附属设施的维修资金,属于业主共有。经业主共同决定,可以用于电梯、水箱等共有部分的维修。维修资金的筹集、使用情况应当公布。《物业管理条例》第五十六条第一款规定,物业存在安全隐患,危及公共利益及他人合法权益时,责任人应当及时维修养护,有关业主应当给予配合。上述

---

① 参见梁慧星:《中国物权法草案建议稿:条文、说明、理由与参考立法例》,社会科学文献出版社 2000 年版,第 285—295 页。
② 陈华彬:《区分所有建筑物修缮的法律问题》,《中国法学》2014 年第 4 期。

规定均较为简单,无法解决实践中建筑物修缮纠纷的处理问题,例如修缮费用如何分担等。

此外,当区分所有建筑物因地震、火灾、风灾、水灾、泥石流、爆炸、飞机坠落以及机动车冲撞等偶发性灾害导致部分灭失或大规模灭失时,应适用与一般修缮不同的区分所有建筑物修复制度予以解决。由于房屋保险制度与相关法律法规的缺失,此类意外一旦发生只能依靠政策处理,该类纠纷难以避免。对该类问题继续开展深入研究有着十分重要的意义。

用物权法学者陈华彬的话来说,"从立法初衷来看,中国引进大陆法系与英美法系中有关建筑物区分所有权立法的成功经验,其旨趣在于巩固中国自1978 年开始的城市住宅的商品化改革的成果。中国《物权法》第六章关于建筑物区分所有权的规则的规定,很大程度上是'急救章'。它是为了解决当时面临的必须作出应对的问题的立法"。①　因此,有必要通过不断汇总分析司法审判中的疑难问题来总结实践经验,推动建筑物区分所有权立法的逐步完善。

---

①　陈华彬:《中国物权法的意涵与时代特征》,《现代法学》2012 年第 6 期。

第七章　相邻纠纷案件的审理

第一节　相邻纠纷的基本范畴

一、相邻关系的概念

所谓相邻关系，又称不动产相邻关系，是指相邻不动产的权利人之间，因行使不动产权利而需要相邻各方给予便利和接受限制，法律为调和此种冲突以谋求相邻各方之间的共同利益而直接规定的权利义务关系。对此，可从以下几方面把握：

（一）相邻关系的来源

相邻关系源于不动产的毗邻关系及其法律调整。此处的不动产，包括土地，也包括建筑物及其附属设施。动产及其权利不在相邻关系规则调整的范围之内。所谓毗邻，是指地理位置相邻，包括数个不动产之间相互连接（直接毗邻），及数个不动产之间的相互毗邻（间接毗邻）。间接毗邻的情形，以不动产占有、使用方面存在影响为限。毗邻关系的实质是，相邻一方的不动产权利在行使时需要扩张至相邻他方的不动产之上，相邻一方的不动产物权的支配力与相邻他方的不动产物权的排他力发生了相互冲突[1]，为了物尽其用，取得理想的效益，法律特别规定，相邻他方应当容忍相邻一方不动产权利在行使方面的扩张，甚至需要提供便利。为了"人类共同生活以及组织化群体之需要"

---

[1]　史尚宽：《物权法论》，荣泰印书馆股份有限公司1979年版，第79页。转引自崔建远著：《物权：规范与学说——以中国物权法的解释论为中心》，清华大学出版社2011年版，第443页。

190

而对不动产权利予以限制。①

（二）相邻关系的主体

相邻关系的主体是相邻不动产的权利人，包括土地所有权人、建筑物的所有权人、建设用地使用权人、宅基地使用权人、土地承包经营权人等两个或者两个以上的不动产所有人、用益物权人或占有人。这种法律关系既可以发生在公民之间、法人之间，也可以发生在公民与法人之间。彼此均为"不动产权利人"。

（三）相邻关系的客体

相邻关系的客体是行使不动产权利所引起的与相邻方有关的利益。不动产权利人在享有并行使其权利时，既要实现自己的利益，又须为相邻他方行使不动产权利提供便利，因而相邻关系指向的对象并非不动产本身，而是行使不动产权利所引起的与相邻方有关的利益。

（四）相邻关系的内容

相邻关系的内容是，相邻一方行使不动产权利时要求相邻他方容忍甚至提供必要的便利，相邻他方负有容忍甚至提供便利的义务。所谓必要便利，是指相邻一方非从相邻他方获得这种便利，就不能正常行使其不动产权利。相邻一方于其可以正常行使权利时还要求相邻他方进一步提供便利，以达锦上添花的效果，就不再是权利的行使，而是权利的滥用，相邻他方有权拒绝。

相邻一方行使其不动产权利时要求相邻他方容忍甚至提供必要便利的权利，叫作相邻权。对它是不是一种物权，存在争论。有观点认为"相邻权属于物权范畴，是由物权派生的权利"。②"相邻权属于不动产物权。它是用益物权的一种，是依法律规定直接发生的。"③而反对意见则认为，在《物权法》上，相邻权不是一种独立的用益物权，而只是对不动产所有权的限制和延伸，是所有权的内容。在《物权法》的结构安排上，相邻关系是置于第二编"所有权"之

---

① 参见［德］鲍尔·施蒂尔纳:《德国物权法》(上册),张双根译,法律出版社 2004 年版,第516 页。

② 寇志新总编:《民法学》,陕西人民出版社 1998 年版,第 381 页。

③ 张俊浩主编:《民法学原理》,中国政法大学出版社 1991 年版,第 476 页。

中的,从体系解释的角度看,立法者是将其作为所有权的内容加以规定的,并没有承认相邻权是一种独立的他物权。① 我们赞同后一种观点。相邻关系主要表现在相邻一方有权请求相邻他方容忍其行使不动产物权,在性质上属于相邻他方不动产所有权及其他物权所受的法律上的限制,而不是强调相邻一方对相邻他方的不动产的支配。相邻权和容忍义务都是不动产物权的效力的体现。可见相邻权不符合物权的本质属性,不是独立的物权。因而,相邻权无物的返还请求权、排除妨害请求权和消除危险请求权等物权的效力。

(五)相邻关系依附于不动产

相邻关系依附于不动产,但不因不动产所有人或者占有人的变更而变更。不动产灭失,相邻关系也就不复存在了。例如,甲的住房被他人的住房包围,甲必须从乙的院内通行。后来甲的房屋因发生火灾而坍塌,从此甲移居别处,相邻关系也随之消失。但若甲的房屋失火后经修缮卖给丙居住,丙在乙院内仍有通行权,相邻关系继续存在。

(六)相邻关系的存在

相邻关系基于法律的直接规定而存在,只能根据不动产相邻的事实进行判断,不能以法律行为发生变动,不登记也能对抗第三人。

二、我国相邻关系制度的内容

(一)我国相邻关系制度立法概述

在《物权法》颁布之前,我国对于相邻关系的立法规范仅为《民法通则》第八十三条,因此我国对于相邻关系的立法相对较晚。而且从内容上看,该条也仅是原则性地规定了处理相邻关系的基本制度,指出"相邻各方应按照有利生产,方便生活,团结互助,公平合理的精神,正确处理和解决因排水、截水、通风、通行、采光等方面的相邻关系纠纷"。此外,对妨害相邻关系权利也作出了相应的规定,指出在给相邻方造成损害或妨碍的情况下,应当停止侵害,赔偿损失或者排除妨碍。因此,有利生产、团结互助、公平合理就成为裁决相邻

---

① 王利明、尹飞、程啸:《中国物权法教程》,人民法院出版社 2007 年版,第 476 页。

关系纠纷案件最重要的法律原则,由于此规定过于笼统抽象,导致在司法实践中难以实现其适用性和可操作性,无法有效地处理相关的纠纷。

由此可知,《民法通则》第八十三条的规定无论是作为司法裁判依据还是行为规范,都不能有效实现其应有的规范效果。

而后在最高人民法院发布的《关于贯彻执行〈民法通则〉若干问题的意见(试行)》中对《民法通则》第八十三条做了一些补充解释:对邻地的使用、自然流水、排水、通行以及相邻防险等具体相邻关系做了相应补充规定,在一定程度上弥补了《民法通则》第八十三条的不足;但关于通风、采光、噪声污染、不可量物侵害、建筑物区分所有权等相邻关系仍然没有明确地加以规范。

(二)我国《物权法》中相邻关系制度的内容

2007 年颁布实施的《物权法》对相邻关系做了相对细化的规定,改变了过去相对笼统的立法模式,将相邻关系及其相关的问题作出了相对比较全面化、明确化和具体化的规定。

《物权法》在第七章第八十四条到第九十二条对相邻关系制度进行了规范。其中第八十四条、第八十五条规定了相邻关系的处理依据和原则,第九十二条则对避免相邻关系损害义务和赔偿责任做了规定。第八十六条至第九十一条部分则具体集中了相邻关系的类型。第八十六条具体规定了用排水相邻关系,第八十七条规定了通行相邻关系,第八十八条规定了通风采光以及日照的相邻关系权益,第九十条则开创性地规定了固体废弃物和不可量物侵害的处理规则,第九十一条规定了关于挖掘土地、建造建筑物和铺设管线等相邻权利义务。我国《物权法》对相邻关系规定的内容主要有以下几点:

1. 相邻用水、排水关系

在现代社会,由于水资源的稀缺性,所以其为各国立法所调整的重要客体之一。我国立法中具体体现为水的权利归属和利用,按照我国《宪法》规定,水资源属于国家所有,水的利用权问题有很大一部分《归物权》法中相邻关系制度的调整。

相邻关系人之间因用水排水的需要,不动产权利人应当给予配合。如果有其他方式而未利用或者超过了必要的限度给相对人造成不便,可以适当予以补偿。《物权法》第八十六条规定："不动产权利人应当为相邻权利人提供必要的用水便利。"如河流上游的权利人不得随意堵截下游的正常生活用水，不得在河流中倾泻生活垃圾、废水等污染物。

2. 相邻通行关系

《物权法》第八十七条规定："不动产权利人对相邻权利人因通行等必须利用其土地的，应当提供必要的便利。"由于城乡土地规划和土地行政管理的原因，难免会形成"袋地"，"袋地"的权利人要行使对该土地的权利，难免会向相邻的土地权利人提出通行的要求。对此，本着有利生产、方便生活、公平合理的原则，一方应当给予另一方必要的通行便利。如果造成不必要的损失，应给予适当补偿。

3. 因建造、修缮建筑物以及铺设管线而产生的相邻关系

《物权法》第八十八条规定："不动产权利人因建造、修缮建筑物以及铺设电线、电缆、水管、暖气和燃气管线等必须利用相邻土地、建筑物的，该土地、建筑物的权利人应当提供必要的便利。"相邻权利人为了更好地实现其建筑物的价值，难免要对其房屋进行修缮、改造等必要日常维护，这一活动难免要在相邻建筑物旁搭设相关维护设施、堆放建筑材料等。权利人应该遵守最小损害原则，对方应有最小限度的容忍义务，如果超越了最小损害原则，按照《物权法》第九十一条之规定"不动产权利人挖掘土地、建造建筑物、铺设管线以及安装设备等，不得危及相邻不动产的安全"。对方可以请求其恢复原状、赔偿损失。

4. 因通风、采光和日照而产生的相邻关系

《物权法》第八十九条规定："建造建筑物，不得违反国家有关工程建设标准，妨碍相邻建筑物的通风、采光和日照。"国家出于对城市规划和居民采光的需求，制定了有关限制建筑物高度、间距等行政管理性法律，这都是强制性规定，相邻关系权利人在行使自己的权利时都不得违反上述强制性规定。权利人如果违反规定，不仅将受到行政管理机关的处罚，还要给予相邻关系相对人适度的补偿。

5. 弃置固体废物或者排放污染物等产生的相邻关系

《物权法》第九十条规定："不动产权利人不得违反国家规定弃置固体废物，排放大气污染物、水污染物、噪声、光、电磁波辐射等有害物质。"

固体废物、大气污染物、水污染物、噪声、光、电磁波辐射等物质在民法学理上称之为"不可量物"。对于这些不可量物，有专门相关的法律法规进行规制，如果使用这些物质的话，必须按照法律规定的权限和程序操作，如果发生相关纠纷，按照上述法律规定的责任承担方式和主体处理。

（三）我国其他立法中的相邻关系制度

除了在民法中有相邻关系制度规范以外，我国其他法律领域也存在着与相邻关系制度相似的立法规定，比如在我国的矿产资源法领域，规定了矿业权法律制度，包括探矿权和采矿权两个部分。在探矿和采矿的过程中，都有可能与相邻的矿业权人发生相邻关系冲突，有学者对矿业权相邻关系制度研究认为，在矿业权领域存在着如下三种形式的相邻关系：（1）边界相邻型。（2）混合相邻型。（3）投影重叠型。在上述矿业领域相邻关系中，由于在特定的部分都有对矿业权的规定，而根据我国矿业权法律制度的规定，矿业权人在开采区及相邻区都有法定的通行权以及建设通信、供电、供水等设施的权利，相邻区域不仅涉及地表，还延伸到地下空间。可以看出在矿业权领域这种相邻关系制度的调整规定也充分地体现出它的必要性。其中对邻近采矿区以及相邻区域的明确规定也是我国相邻关系制度的重要组成部分，并且在矿业权领域有独立的处理规范，只有在难以找到到标准的调整依据时，才跨出矿业权法律领域寻求民法对相邻关系的调整规范。

《中华人民共和国水法》第十二条规定："任何单位和个人引水、蓄水、排水，不得损害公共利益和他人的合法权益。"第十三条规定："开发利用水资源，应当服从防洪的总体安排，实行兴利与除害相结合的原则，兼顾上下游、左右岸和地区之间的利益，充分发挥水资源的综合效益。"这表明在处理用水相邻关系时，也需要正确处理相邻关系。在这里，法律明确规定了水资源利用需要考虑邻人的利益，可以看出其与我国《物权法》上关于排水、引水的规定相一致，共同构成了调整用水相邻关系的规范体系。

三、相邻关系的性质及与地役权的区别

(一)相邻关系的性质

关于相邻关系的性质,一种观点认为是法定地役权;另一种观点认为是所有权的扩张或限制。显然后者在目前已成为通说。之所以不采用法定的地役说,一方面是由于法定地役权说是来自法国立法与学说,而其后并无此类似之立法;另一方面也是基于对相邻关系独立性和重要性的认识,而使其不从属于地役权,以更好地规范各种复杂多变的相邻关系。而采用所有权的扩张或限制说,则是基于相邻关系的设置目的,即充分合理地调和相邻各方的利益冲突。在此过程中,法律遂就相邻不动产所有权之行使为一定程度之介入与干涉,使不动产所有权之行使,负有一定消极不作为或积极作为之义务,就此而言,即为所有权内容之限制。就反面而言,不动产所有权之行使,遂有要求所有人为一定消极不作为或积极作为之权利,则为所有权内容之扩张,足见相邻关系,性质上乃为所有权内容之限制或扩张。但也有学者对此提出质疑,归纳起来,其理由主要有以下几点:第一,所有权限制或扩张说并不符合现代相邻关系发展过程中的主体扩张问题,即相邻关系不仅适用于所有权人,而且适用于其他利用人,而所有权扩张或限制说将主体仅局限于所有权人,不适应时代发展。但我们认为这是一种误解,因为所有权扩张或限制说强调的是不动产的所有权,而相邻关系的主体即所有权人在利用过程中并不因为利用者的改变而改变,其仍然可以扩张或限制,因此,这种观点误将所有权理解为所有权人,导致了对所有权扩张或限制说的误解。第二,所有权扩张或限制说不符合传统。所有权体系和概念认为所有权扩张或限制说突破了所有权的范围,无法明确所有权的保护范围。我们认为,所有权扩张或限制说强调的是一种相互的、动态的平衡,即对一方权利的限制就是对另一方权利的扩张;反之亦然。相邻各方权利的限制或扩张是相互的,并不是单方面的。而且基于法律的合理规定作出的适当限制或扩张,并没有突破所有权的范围。保护范围也很明确,即相互毗邻的不动产的所有权,而不是对任意的不动产的所有权的扩张或限制。第三,所有权扩张或限制说无法准确解释相邻关系的客体。通过上文

分析可知,相邻关系的客体是相邻义务一方的不动产本身,而所有权扩张或限制说也可以合理地解释。相邻权利一方正是通过法律规定的这种相邻关系对相邻义务一方的不动产——权利客体行使一定权利,从而扩张了自己不动产的权利,而限制了相邻义务一方对自己不动产的权利,协调了双方利益冲突,维护了和谐的社会生活秩序。因此,相邻关系在性质上是所有权的扩张或限制。

(二)相邻关系与地役权的区别

基于上述对相邻关系性质的分析可知,相邻关系实质上是通过对相邻一方所有权的限制来扩张另一方的所有权,以期有效合理地利用不动产。在这一点上,相邻关系与地役权极为相似。所谓地役权,是指权利人为利用自己土地的需要,而利用他人土地或要求他人不得在自己土地上为一定行为的权利,其目的是增加自己土地的利益价值。早在罗马时期就已产生了地役权,罗马法将地役权分为乡村地役权和城市地役权,而最早的地役权就是因农业耕作而产生的相邻关系,所以相邻关系产生的基础是地役权制度。因此,相邻关系和地役权制度在罗马法都有规定,而在1804年的《法国民法典》中,却将相邻关系视为法定地役权加以规定,取消了独立的相邻关系制度。但是,随着后来对相邻关系制度的重要性和独立性的认识,相邻关系制度在后世的法典中成为独立于地役权的一项重要制度。相邻关系之所以能够独立,是因为与地役权有着明显的差别,主要表现在:

第一,二者法律性质不同:相邻关系是一种法定的权利,而地役权是一种意定的权利。因为相邻关系涉及重要的不动产利益和公共利益,必须由法律加以明确规定始能合理协调多种利益,而地役权一般仅涉及相邻土地双方的用益性,可由双方协商。基于二者法定与意定的区别,相邻关系受到物权法定主义的限制,不允许相邻各方私自设定,而地役权则可以由双方当事人以契约形式设定。

第二,二者的法律地位不同:相邻关系在性质上是所有权的扩张或限制,所以并不是一种独立的权利形态,而是附属于不动产所有权的权利,而地役权则是一类独立的用益物权。

第三,二者对不动产限制程度不同:相邻关系制度对不动产的利用的限制或扩张的程度较小,因为相邻权作为法定权利并不是必然的、唯一的解决相邻不动产利用的手段,它只是为了掩饰对此问题解决的社会成本,法律才明确了相邻权的法定性质。而地役权是基于当事人的约定,所以对不动产的限制程度较大。

第四,二者的取得方式不同:相邻关系中,只要不给被害人造成损害,一般不需要支付对价,其取得是无偿的;而地役权既可以是有偿的,也可以是无偿的。

第五,二者的设定要件不同:相邻关系基于法律规定,因此其成立及对抗力,不需要登记;而地役权的设定则需要登记。

【案例 7.1】业主采光权纠纷案

2011 年,张女士等三位业主与华清公司签订商品房买卖合同,购买该公司销售的林大北路清枫华景园 2 号楼商品房一套。入住后发现该房屋整个冬天日照时间很短,在冬至日前后根本没有阳光。后张女士等人向北京市规划委员会投诉,该委员会答复其已在规划许可证的注意事项中明确指出在销售 2 号楼时,须向房屋买受人说明建筑间距及日照影响情况。因此,张女士等人以华清公司在销售该楼房屋时没有以任何形式告知其建筑间距及日照情况为由,认为华清公司构成恶意隐瞒、欺诈,致使其所购房屋采光严重不足,房屋价值相对贬值,分别要求华清公司赔偿包括采光损失在内的各项损失 16 万余元。

法院经审理认为,张女士等人与华清公司签订购房合同,系双方当事人真实意思表示,内容不违反法律规定,具有法律效力。华清公司不仅负有向张女士等人交付房屋之义务,还负有对所交付房屋的瑕疵担保及其他附随义务。但在实际履行过程中,华清公司未能按照规划部门的特别提示,将建筑现实存在的建筑间距及日照方面的影响情况告知张女士,系未能全面履行合同义务。在此前提下,华清公司就张女士等人主张的其所购房屋采光不符合国家及北京市有关标准的争议事实负有举证责任。

现双方当事人在现有可行的鉴定条件下,因华清公司不予配合导致鉴定无法完成。虽最终未证明争议之事实,但亦不能因此免除华清公司的举证责任。据此,法院推定张女士等人主张的采光权益受到损害事实成立,华清公司应对该损害承担相应的法律责任,遂依法判决华清公司分别赔偿三位业主房屋采光权益损失13万元。

《物权法》第八十九条对采光权进行了规定:"建造建筑物,不得违反国家有关工程建设标准,妨碍相邻建筑物的通风、采光和日照。"该条中的"国家有关工程建设标准"是指法律、法规或者规章中对工程建设中不得影响相邻建筑物的通风、采光和日照的规定。该条中的"国家有关工程建设标准"是指法律、法规或者规章中对工程建设中不得影响相邻建筑物的通风、采光和日照的规定。按照国家2002年修订的《中华人民共和国国家标准城市居住区规划设计规范(GB50180-93)》规定:"大城市住宅日照标准为大寒日≥2小时,冬至日≥1小时。"面对"采光权"纠纷,具体司法操作中也只有经济赔偿,而且一次性经济赔偿额很低。采光侵权一旦形成事实,即使有所补偿,仍然无法代替对房子主人造成的事实上的损害。

从《物权法》等法律规定对"采光权"的规定可以看出,相邻双方应以不妨碍通风、采光和日照为建设的先期条件。相邻的不动产所有人或使用人之间,如果由于一方的原因将导致或者已经导致另一方无法正常通风或者获得必要的光线,那么受妨害人有权要求对方消除危险、停止侵害或者赔偿损失。对于新建筑物层数、间距不符合建筑规划国家标准,遮挡相邻建筑采光的诉讼,法院一般可以按照现有法律法规作出比较合理的判决。但对于那些新建建筑物设计楼层高度、楼间距符合设计规划国家标准,仍对相邻建筑采光造成影响的纠纷,法院作出判决时主要依靠自由裁量。

从目前的司法实践来看,针对此类通风与采光的案件,人民法院处理时一般遵循的规则是:首先,判断造成通风与采光的房屋是否属于违章建筑。如果是,则支持原告的主张,应排除妨害。如果是合法建筑(即经过行政主管机关许可的建筑),则此类案件不作为民事侵权纠纷案件审理,而应当告知当事人提起行政诉讼,作为行政案件受理后,依照行政诉讼程序进行审理、裁判。其次,还要考虑造成的妨害是否属于历史形成的,如果是历史形成的,则原则上对于通风、采光等实际问题,通过赔偿的方式解决,而不是排除妨害。如果是正在兴建的房屋,如果相邻人以影响通风采光为由提出异议,经查证属实,应当首先采用排除妨害,停止侵害的方法。如果已经建成且为合法建筑,可以考虑采取为受妨害方开天窗或者安装排风扇的方式处理,原则上不予拆除。

在本案中,被告华清公司在建楼时应考虑到相邻关系,不能给相邻方造成妨害。尽管华清公司认为,他们所开发的清枫华景园项目完全符合各项国家建设要求,在销售时并未隐瞒建筑间距及日照情况,且张女士在购买房屋时,该楼房结构已经完成,其完全可以看到实际房产状况,故其不同意赔偿。可是,为查明该楼房的建筑间距及日照采光是否达到国家规定标准,依照法院要求本应进行相关技术鉴定,本案中华清公司却不予配合,导致相关鉴定无法完成。据此,推定张女士等人主张的采光权益受到损害的事实成立,依据法律规定,华清公司自然应对张女士等人的损害承担相应的法律责任。

第二节　相邻纠纷的处理原则

一、处理相邻关系的原则

《物权法》第八十四条规定:"不动产的相邻权利人应当按照有利生产、方便生活、团结互助、公平合理的原则,正确处理相邻关系。"该条规定了不动产的相邻关系主体处理相邻关系所应遵循的四项基本原则。该条规定的处理相邻关系的四项原则,是正确把握相邻关系的指导思想。下面对四项原则分别进行阐述:

二、有利生产的原则

生产是人类创造社会财富的重要方式,也是社会发展的动力。贯彻这一原则,要注意把握以下三点:一要提倡顾全大局,发扬风格,克服困难,以实际行动支持生产建设,不要因小失大;二要在处理相邻纠纷时把有利生产放在重要位置,既要定分止争,化解矛盾,又要把对生产的影响降低到最小限度,尽量不要造成停工停产;三要充分考虑相邻权利人的利益,采取必要措施,文明施工,避免粉尘、噪声、污染气体排放,竣工后及时清理现场,尽量减少生产给相邻权利人造成的妨碍和损害,并对遭受损害的相邻权利人及时给予赔偿。

三、方便生活的原则

人类社会生活存在着相互依赖的关系。相邻关系的最大特点就是与人民群众的生活密切相关,处理得当,能够改善人类生存环境,提高生活质量。方便生活的原则包含以下三层意思:第一,坚持以人为本,充分考虑相邻权利人的生活方便,尤其要注意保护相邻权利人的生存权。对于严重危害相邻权利人身体健康和正常生活的行为,应采取坚决措施加以制止。第二,合理限制或者延伸自己的权利,方便相邻权利人的生活。这在因通行、通风、采光、排水、引水、污染等产生的相邻关系中非常突出。本来权利人在自己的不动产上行使权利是天经地义的,但为了方便相邻人的生活,必须将自己的权利限制在一定范围内。再如,农村实行土地承包后,张三因其土地被他人的土地包围,必须从李四的土地上通行。通行权限制了李四的土地使用权,对张三则是权利的延伸。第三,合理安排,尽量减少给相邻权利人生活带来不便,不得把自己的方便建立在相邻权利人的不便之上。

四、团结互助的原则

团结互助在我国《宪法》中有明确规定,体现了民族精神,对于促进生产、方便生活、构建和谐社会,非常重要。贯彻这一原则,要注意把握以下四点:第一,坚持与邻为善,以邻为伴,互利共赢,反对损人利己,以邻为壑。第二,相互替对方着想,为相邻权利人提供力所能及的帮助。第三,保持忍让和克制。第四,遇事要通过友好协商解决,不要先斩后奏,更不要倚强凌弱。例如,甲在乙院里有通行权,乙想把甲通行的过道改为住房,让甲从旁边另开一个通道通行,必须事先进行协商,达成一致意见后再改道。不能认为别人在自己院里通行,由我说了算。

五、公平合理的原则

公平合理既是民法所追求的价值目标,也是处理相邻关系的基本原则。该原则贯穿在其他三项原则之中,其中有四层含义:

(一)坚持权利义务平等

相邻各方都是平等的民事主体,相邻一方不履行义务的,应承担民事责任。譬如,对共同使用、受益的设施,受益各方应当共同养护,承担维修的义务,任何一方不得擅自改变其位置或者据为己有。

(二)行使权利应保持在合理限度内

譬如,从邻地上通行,应选择最经济的路线,尽量减少对农作物的影响。建设施工发出的强烈噪声,应避开临近居民的休息时间。

(三)尊重历史形成的客观状况和先后顺序

对历史上形成的通道、桥梁、走廊、水流,未经相邻权利人同意,不得擅自堵塞、设置障碍或者截流。水源不足时,应当按照"由近到远,由高到低"的原则合理分配,共同使用。后建的建筑离原来的建筑太近,光线受到原来建筑影响的,原来建筑的权利人不承担责任;相邻权利人把商品房建在铁路旁,无权要求铁路改道或排除行车噪声。

(四)避免或者排除不法妨害,合理赔偿损失

相邻一方行使权利时,不得损害另一方的合法权益,使自己处于优越的地位。作为行为前要力求避免给相邻权利人造成妨害;已造成妨害的,行为人应当排除。譬如,在市内修建的高架路贴近居民楼,车辆噪声影响居民休息,要采取隔音措施;因相邻通行关系,用水、排水关系,管线设置关系、防险关系,造成相邻权利人损失的,应予适当赔偿。

六、处理相邻关系的法律适用原则

法律适用原则对正确处理相邻关系至关重要。《物权法》第八十五条规定:"法律、法规对处理相邻关系有规定的,依照其规定;法律、法规没有规定

的,可以按照当地习惯。"我国《合同法》第二十二条、第二十六条规定了按照交易习惯作出的承诺有效。《物权法》结合中国国情,参照国际上的通行做法,把处理相邻关系所适用的依据单列一条,明确有法依法,无法依当地习惯的法律适用原则,是对我国相邻关系法制的重大发展与完善。

法是调整人们行为的强制性规范。从广义上讲,法不仅包括宪法、法律、法规,而且包括法律解释、司法解释和行政规章。但是,本条规定却把法律、法规和习惯作为处理相邻关系的依据。司法实践中,法官办案还经常适用司法解释。因此,要正确理解和适用这一条,不仅要弄清法律、法规、习惯三者之间的关系,而且要弄清三者与法律解释、司法解释和行政规章的关系。

第三节 不可量物制度的建立与习惯功能的发挥

一、立法中不可量物制度的建立

相邻关系制度要充分发挥其调整邻人之间权利义务关系的功能,尤其是在现今社会,人们基于不动产相邻而使得彼此间的联系越来越紧密,在现代化的区分建筑所有权在我国逐步发展时,不可量物的侵害也变得日益突出,不可量物侵害制度作为相邻关系领域的重要部分是必不可少的。对不可量物侵害制度的重要作用一般都会得到充分认识,关键是如何在我国建立起不可量物侵害制度。

考察域外各国立法,各个国家几乎都对不可量物侵害制度做了相关规定,如《德国民法典》以第九百零六条为依据,建立了详尽的不可量物侵害制度,因此,我们目前在相邻关系研究领域可以根据具体情况适当借鉴和移植德国法对相邻关系制度的规定。其他各国在结合本国实际的情况下也对不可量物侵害制度有不同的发展,并在很大程度上取得了成功经验,如日本民法、瑞士民法等。《法国民法典》虽然没有具体规定不可量物侵害制度,但是其在长期的判例学说发展过程当中对相邻关系建立的"近邻妨害"制度有着重要的裁判依据作用,"近邻妨害"制度实际是在相邻关系当中对于不可量物的侵害,使其承担无过错责任的制度,在实际运用中得到了充分的应用和推崇,并且在实践中取得了较好的司法效果。英美法系国家则以侵权法为依据,以妨害制度作为调整手段,将不可量物侵害制度归入"对邻人无形的侵害中",也对不可量物侵害制度进行了有效的规制。

由此,我国也迫切需要建立不可量物侵害制度,关键在于以怎样的立法模式和调整手段来加以具体的规制。我国《物权法》对不可量物制度并没有涉及,这对于现今相邻关系的调整造成了比较严重的滞后。目前在我国民法典的制定中势必需要对这一问题加以具体规定,然而这只是一种设想,如在民法典不能及时出台的情况下,现实的方式就是制定物权法相关司法解释,以弥补这一缺漏。据考察,其实早有学者对这一问题进行了研究,如徐国栋教授在《绿色民法典草案》中就有论述:"因开展活动导致烟雾、热、气味、光、噪声或类似损害产生,对邻人不动产或环境保护造成的妨碍,在考虑当地条件后,即使已取得行政许可,也不应超过正常人的忍受程度或环境保护法规定的标准。"如果能够出台相关司法解释对这一问题加以规范,我国不可量物侵害制度就能以此为契机得到快速的发展。考虑到各领域关于不可量物侵害的程度和容忍限度,可以预先在不同法律部门和行业中确定不同的手段和标准,对各领域在解决相邻不可量物侵害中提供客观标准,而后为我国未来不可量物制度的立法打下基础。

二、习惯功能在司法实践中的灵活运用

我国的《物权法》第八十五条规定:"法律、法规对处理相邻关系有规定的,依照其规定;法律、法规没有规定的,可以按照当地习惯。"

《物权法》第八十五条的规定不仅明确了习惯的法律地位和性质,更是表现出了一种先进的立法思想。习惯是人们长期以来在社会生活中逐步形成的并且公认的行为准则,它具有普遍的认同性,可以认为其是一种不成文的习惯性规则。习惯可以经国家认可并赋予法律效力,根据《物权法》的这一规定,在法律有明确规定时,相邻关系的习惯没有法律约束力,但一旦习惯的标准对相邻关系的调整形成准则,就产生相应的效力,此时按照习惯作出的裁判就具

有相当的效力,相邻关系当事人必须依法执行此裁判。在法律制度中,每个人需要尊重社会生活习惯,因此在相邻关系立法中提出适用习惯来解决纠纷,也正是体现了在法律框架下尊重社会生活习惯的态度。社会生活复杂多变,而法律往往是滞后和狭隘的,立法者和司法者的能动作用不能够完全涵盖社会生活的各个方面,因此在特殊的场合有效运用习惯来调整纠纷和发挥作用,也体现了科学立法的态度,也是对法律认识的上升。同时将习惯作为物权法的渊源之一,其表征的深层意义在于我国秉持的立法思想发生了转变,对法律渊源的认识从一元化视角转向了多元化视角。这种对于制定法不足之处的正视,对法律多元化承认的立法思想在我国物权法相邻关系领域得以体现,也正是我们的立法思想进步的证据。

此外,不能盲目地追求发挥习惯的作用,在适用中要注意把握法律、法规和习惯这三者之间的效力位阶。这表明在法律适用中发现三者发生冲突时要考虑它们的效力位阶问题,《物权法》第八十五条规定,法律、法规对处理相邻关系有规定的,依照其规定;法律、法规没有规定的,可以按照当地习惯。也就是说在法律有规定时是排除习惯的适用的,只有法律没有规定的情况下才可以适用习惯,不能以习惯为由对抗法律适用,要灵活地对习惯予以应用。

我国幅员辽阔,民族众多,各地区各民族之间的习惯存在很大的差异,地方的习惯不可能得到一致的认同。如我国一些地区的居民院落有其独特的"讲究",当地民俗认为"房前不种桑,房后不种槐",既认为房前不能种桑树,房后不能种槐树,如种植的话认为对方会遇到"不顺"的事。这虽然看起来有些迷信色彩,但毕竟是当地普遍认可的民俗习惯。在发生类似关于种植树木的相邻关系纠纷时,裁判者还是需要充分考虑当地民俗习惯,而不能仅仅机械地引用法条和法律法规加以处理,这体现出我国司法适用的地域差别性。还有一些地区民俗习惯认为,邻人的烟囱不能朝着对方的大门,不然会导致对方家庭不和,这样的民俗习惯虽然没有事实依据和科学道理,但也是当地民众普遍认同的民俗习惯,并且都很重视和忌讳这种烟囱朝向的问题,因此法官在处理此类问题时,不仅要考虑相关法律的规定,还要依据当地习惯加以考量,法官如果不了解当地民俗和习惯,就可能造成案件处理虽然合法,但会加剧相邻各方的矛盾纠纷甚至无法保证社会安宁的局面。

依《物权法》的规定可以适用习惯应理解为适用当地习惯,而不能理解为可以适用外地习惯。再宽泛一些的话应当理解为当地没有习惯时可以适用外地习惯。习惯要进入司法领域调整司法问题时应当有一个比较合理的鉴别过程,在对于习惯的鉴别中司法裁判者具有相当的主动性,对于一个地区是否存在相应的习惯、此习惯内容对于相关的问题是如何认为的,都要加以严格审查,同时还要考虑在此地区该习惯与公共秩序及善良风俗是否互相冲突,如果存在冲突是不能适用的。

在做到上述鉴别和把握,对于习惯作为一种法律渊源而进入司法领域调整相邻关系制度来说,其意义非凡,相信在做到上述几点,习惯作为一种调整功能在司法领域被予以灵活适用并发挥其作用,对我国法制建设具有深远影响。

【案例 7.2】相邻关系中不可量物的侵害案

原、被告系南北相邻的邻居,在 2010 年秋后,被告在自己院墙外距被告宅基南界 0.7 米处,距原告街门北边缘 2.4 米处堆放了一堆面积约 1.5 平方米的生活垃圾。原告认为影响了自己的生活,要求被告清除,但被告拒绝清除,双方没有达成共识。经村委会调解,村委会要求被告把粪堆清理掉,被告拒绝清除,原告再次请求村委会调解,仍未能解决,故起诉被告排除妨碍,清除垃圾。

法院经审理认为:原、被告作为邻居,在各自的日常生活中应当按照有利生产、方便生活的精神,正确处理相邻关系,给相邻方造成妨碍的,应当停止侵害、排除妨碍。被告虽然在自己的院墙前堆放垃圾,但距离原告房门较近,已影响了原告的正常生活,被告应依法清理掉该垃圾堆。法院判决被告排除妨碍,将堆放在距原告街门北 2.4 米处的垃圾堆清理掉,限本判决生效后即日履行。

该案属于保护环境所产生的相邻关系中不可量物的侵害问题。

所谓不可量物侵害,是指按照通常的计量手段无法加以精确测量的某些物质因排放、扩散等导致他人损害。不可量物,通常指烟雾、煤烟、灰屑、辐射等,它们没有一定的具体形态,不能用传统的衡量方式加以计算,但能被人感知或对人体产生影响的物质。不可量物的侵害发生于相毗邻的不动产所有人(使用人)之间,典型的如小区居民噪声引发的纠纷等。

不可量物侵害的特点在于不可计量性,其妨害程度的认定不如有体物那么明显,难以准确把握。同时,不可量物对他人干涉的程度是否达到侵害标准,难以作出准确判定,除了在综合考量时作出一般性判断外,在特殊情况下还需考量到个性体质的差异。在现实生活中,不是所有的不可量物侵害都应受到法律的禁止,在一些情况下,权利人有容忍义务,很多国家法律中规定了相应的容忍义务。

容忍义务是指相邻一方遭受来自相邻不动产的不可量物侵害时,此种侵害如果是轻微的,或者按地方习惯认为不构成侵害时,则应当容忍,不能阻止相邻不动产排放或施放不可量物。应当容忍侵入的只限于不可量物,即烟雾、煤烟、灰屑、尘埃、热气、蒸汽、气味、煤气、噪声、震动波、光、放射性物质、电磁波辐射等不可称量之物,而非砂土、石块、滴水等有具体体积、形状的非不可称量之物。实践中,判断是否要承担容忍义务主要考量以下几个因素:(1)容忍义务要求损害是轻微的,以不能给他人带来明显不适为限,如对他人的安全利益或财产利益造成损害则构成不法侵害。(2)加害人是否采取了最大限度的防止方法或相应的防止措施是容忍义务的负担标准。即只有侵扰合理时,受害人才承担相应的容忍义务,否则可能成立妨害责任。(3)还要考虑时间因素与地域因素。以噪声为例,不同区域的居民负有不同程度的容忍义务。工业区的居民容忍义务要大于商业区的,居民区的居民容忍义务最低。在时间段上,白天容忍义务比晚上要高。

我国《物权法》通过相邻关系调整不可量物侵害问题,其第九十条规定:"不动产权利人不得违反国家规定弃置固体废物,排放大气污染物、水污染物、噪声、光、电磁波辐射等有害物质。"但《物权法》未对受害人的容忍义务作出明确规定,只是原则上固定适用《民法通则》第八十三条:"不动产的相邻各方,应当按照有利生产、方便生活、团结互助、公平合理的精神,正确处理截水、排水、通行、通风、采光等方面的相邻关系。给相邻方造成妨碍或者损失的,应当停止侵害,排除妨碍、赔偿损失。"

需要注意的是,受害人赔偿损失请求权的主张并不以侵权人的过错为前提,在此类案件的处理中应适用利益衡量原则,综合考量私权的不可侵原则、侵权行为的合法性、价值性等因素,采取调和性救济制度,寻求各方利益的最佳平衡点。

本案中,被告堆放垃圾堆粪便的地点只距原告街门边缘 2.4 米,该垃圾粪便的气味等足以对原告生活构成妨害,这实属不可容忍的不可量物的侵害,对此,原告有权请求被告排除妨碍,清除垃圾。

【案例 7.3】水滴打落塑料雨棚案

鲍某、聂某系隔壁邻居关系。鲍某系某路 165 弄 15 号 501 室的房屋所有人,聂某系某路 165 弄 14 号 502 室的房屋所有人之一。2012 年 8 月,聂某将家中阳台用铝合金窗封闭,并在阳台上方安装了雨棚,在侧对鲍某家卧室的阳台西侧安装一台空调室外机。因鲍某认为聂某安装的雨棚下雨时所产生的噪声严重影响其休息,遂起诉要求聂某拆除已封的阳台、空调外机和雨棚并赔偿鲍某精神损失费人民币 2000 元。审理中,聂某将安装在阳台西侧侧对鲍某家卧室的空调外机移装至阳台南侧。

一审认为,鲍某向法院起诉主张权利应当提供证据证明相关事实的存在,现鲍某所陈述的聂某在阳台安装铝合金窗和安装雨棚的行为对其有影响,但未能提供证据证明影响的存在。且从双方提供的照片来看无法确认聂某安装的铝合金窗和雨棚对鲍某有影响。而鲍某主张的精神损失费,于法无据。关于聂某原安装在阳台西侧的侧对鲍某家卧室的空调室外机,现聂某已移至对鲍某没有影响的阳台南侧,故鲍某现在的诉请缺乏依据,法院无法支持。依照《中华人民共和国物权法》第八十四条、《中华人民共和国民事诉讼法》第六十四条的规定,判决驳回鲍某的诉讼请求。

一审判决后,鲍某不服,上诉称:鲍某与聂某是同幢建筑不同门号的五楼同层隔壁邻居。2012 年 8 月,聂某在装修房屋阳台时在阳台上方安装了雨棚,由于聂某家的楼上住户也安装了一个比聂某家窄的雨棚,不管是大雨还是小雨,雨水在楼上住户家的雨棚上汇聚成水珠,从沿口滴下,打在聂某宽大的雨棚上,由此产生的噪声影响鲍某的日常生活。此外,即便没有下雨,冬天聂某楼上住户开空调,由于空调外机没有接水管,外机的冷凝水通过上面的雨棚沿口滴到聂某雨棚上,整夜发出巨大声响而影响鲍某休息。故请求二审法院撤销原判,改判支持鲍某一审时的诉请。聂某则不同意鲍某的上诉请求,要求驳回上诉,维持原判。

二审法院经审理查明,原审法院查明的事实基本属实,法院依法予以确认。

二审法院认为,鲍某与聂某是左右邻居关系。不动产的相邻各方,应当按照有利生产、方便生活、团结互助、公平合理的精神,正确处理截水、排水、通行、通风、采光等方面的相邻关系。聂某安装在其家阳台上方的塑料雨棚,在下雨和楼上住户使用空调而发生滴水现象时,产生的噪声影响了鲍某的日常生活,聂某对此理应予以拆除。鲍某就此提出的诉讼请求和上诉理由,依法有据,法院予以支持。原审法院对此认定有误,法院予以纠正。遂判决:一、撤销原审法院民事判决;二、聂某于判决生效之日起六十日内拆除安装在某路 165 弄 14 号 502 室阳台上方的塑料雨棚;三、驳回鲍某的其余诉讼请求。

本案的争议焦点在于:水滴打落在聂某所搭建的塑料雨棚上所产生的声响是否已构成对鲍某的相邻妨害?

该案主要有以下几个问题:

1. 不可量侵害案件的特点

近年来,相毗邻不动产所有人及使用权人之间因不可量物侵害所导致的纠纷频频发生。所谓不可量物侵害是指煤气、蒸汽、臭气、烟气、煤烟、热气、噪声、震动、光、辐射性物质及其他类似的物质侵入相邻不动产造成的干扰性妨害或损害。① 由于不可量物没有一定、具体的形态,不能用传统的衡量方式加以计量,故不可量物侵害案件具有以下几个显著特点:第一,难衡量性。不可量物非形态化特征决定了造成的妨害不同于普通相邻妨害,有时是断断续续发生,不具有持续性,且妨害程度的认定需用专业技术、仪器和计量单位加以量化或以社会价值观念,如风俗习惯、人们对生活的舒适要求等权利加以判断,因此实践中较难准确把握。第二,扩散的范围性。② 不可量物的发散性决定了其产生的物质性侵害通常会随着空气、水流等扩散,造成的影响也会随着邻接层次的不同而异,通常邻接越近造成的危害越大,随着不可量物的扩散,其作用也会不断减弱。第三,从属性。不可量物侵害大多以"附属物"的方式存在,如辐射、光、烟尘等均由物的缺陷或行为人的行为作用于某物而引起并发生侵权后果。

在侵权法领域,根据表现形态标准可将不可量物侵害分为噪声、光、电磁辐射、震动、不洁气体、固体小颗粒、观念侵害以及其他侵害等。③ 以噪声为例,所谓噪声是指工业生产、建筑施工、交通运输和社会生产中所产生的干扰周围生活环境的声音。环境噪声的量度会因地区、人群和时间的不同而变化,如在闹市与郊区、公共场所与居民生活区、老人与年轻人、病人与健康人、白天与黑夜、持续时间的长与短等均将直接影响不可量物侵害的认定。本案中,当事人的年龄、生活环境、雨棚材质致水滴滴落产生的音量大小、水滴声响持续的时间等是衡量不可量物侵害成立与否的因素。

2. 相邻妨害的认定标准

虽然我国现对噪声、日照、建筑物间隔距离有标准确定,但因不可量物的种类复杂且随着科技的发展、人类追求的提高,有关标准的制定会出现滞后现象。鉴于此,法官在对相邻妨害作出认定时应将加害者权利利用的适法(当)

---

① 章建春、刘小琴、许岗:《不可量物侵害若干问题探讨》,《法律适用》2002 年第 8 期。
② 夏瑜:《不可量物侵害的法律问题探析》,《法学研究》2007 年 4 月。
③ 观念侵害通常表现为侵害人为一定的行为,给人们的风俗观念、道德情操或精神方面造成侵害或不快,如在不适当的地方停尸、放置丧葬物品等。其他侵害如蒸汽、电波、热等。

性和受害者的受损害程度两方面相结合。[①]

第一,加害者权利利用的适法(当)性。即加害方对不动产的利用是否具有"异常性"或"过度性"。本案中,聂某所搭建的塑料雨棚相比其他住户的雨棚来说更为宽大,导致下雨时单位面积内雨水滴落量大以及水滴打落发出的音量增大。此外,因阳台外空调外机未接水管,致空调长时间运作产生的冷凝水直接滴落在雨棚上,并保持一定的持续性,上述情况均属不动产所有人权利利用时的非适当性。

第二,受害者的受损害程度。由于每个个体对声音的忍受能力并不相同,因此不同分贝的声音对同一个体或同一分贝的声音对不同个体造成生理上的何种影响具有高度的专业性,法官不可能作出一个精准的界定。结合本案来看,水滴打落的声响是否应认定为是一种噪声并且已超出了受害方鲍某的受损程度,我们认为,法官必须综合客观的、社会一般人的感觉以及噪声排放标准予以考量,若发出的声音对于有理性的、普通第三人来说均可能造成生活上的严重影响或困扰,就应当认定超出必要限度。

3."容忍义务"原则的理解适用

相邻妨害的发生不可避免,或者是由于生产经营活动所必需,或者是由于正常生活起居所产生,如完全加以禁止,与现今所有权以利用为中心的潮流不符,但若不救济,则对受害方有失公允。因此,相邻关系调整不可量物侵害时应当以利益平衡、协调发展为原则,这对于实现社会整体利益的优化配置尤为重要。此外,不可量物侵害多因涉及环境问题而具有高度科学技术性和利益高度冲突的特点,是在一定限度内可以容忍的危害,因此应对相邻人的妨害排除请求权加以限制,以体现权利社会化确认的权利不得滥用原则。[②]

对于不可量物侵害的认定上,目前国外立法及司法实践中均存在相邻各方"容忍义务"原则。无论是德国的相邻关系制度,还是法国的近邻妨害制

---

① 侯镜:《不可量物侵害案件的有关问题研究》,《法律适用》2005 年第 226 期。
② 严民昌、吴国强、何俐:《浅论相邻关系制度对不可量物侵害的调整》,《人民司法》2006年第 5 期。

度,都明确确定了邻人之间应对一定的行为承担必要的容忍义务,这是维持社会生活所必须的。① 在这一原则下,并不是所有的不可量物侵害都可以要求行使妨害停止请求权、妨害排除请求权和损害赔偿请求权。

虽然"容忍度"系抽象概念,但它也是基于环境效益、经济效益和社会效益的统一,由客观情况所决定。对于不可量物侵害案件中受害方容忍限度的判断,可以综合考虑如下几方面:第一,纷争的地域性。例如,对于噪声侵害来说,在不同的区域,居民负有不同的容忍义务。在工业区,居民的容忍义务最大,商业区次之,居住区最低。容忍义务越大,成立噪声侵害的可能就越难,而容忍义务越小,则较易成立噪声侵害。第二,土地利用的先后关系。受害的所有人或利用人利用土地在先,而加害的所有人或利用人利用土地在后的,不可量物侵害较易成立,即受害人容忍义务较小;反之亦然。此项的依据是②:既得权不可侵犯原则和"危险忍受"规则。"危险忍受"又可称为自甘冒险,是出于意思自治的考虑。存有"危险"的权利,即存在瑕疵,明知该情况,仍然接受,以一定对价获得此项权利的同时,便负有对"危险"在可预测的程度上的容忍义务。但需指出的是,此项义务仅存于可预期的范围,超过此范围,则仍然可以提起不可量物侵害之诉。第三,损害回避的可能性。损害回避可能性,指以不可量物侵害的发生能否回避作为判断不可量物侵害成立与否的标准③,本可回避而不回避的,相邻方容忍义务较小;反之,事实状态较难回避的,相邻方容忍义务较大。

4. 不可量物侵害的举证责任分配

《民事诉讼法》第六十四条规定,当事人对自己提出的主张,有责任提供证据。作为不可量物侵害案件中主张权利的原告,应承担"谁主张,谁举证"

---

① 我国对于相邻关系"容忍义务"没有明确规定,只在《民法通则》第八十三条、《物权法》第七章相邻关系中涉及了该原则的相关内容。而《德国民法典》第九百零六条对"容忍义务"有明确规定,"……土地的所有权人在因此而必须容忍侵入的情况下,如果这种侵入对根据当地惯常的土地利用或者土地的收益造成超过设定限制的损害时,可以向排放侵害物的土地所有权人要求金钱赔偿……"

② 王明远:《环境侵权救济法律制度》,中国法制出版社2001年版,第55—56页。

③ 夏瑜:《不可量物侵害的法律问题探析》,《法学研究》2007年4月。

的举证责任。举证证明的内容主要包括：（1）双方之间存在不动产相邻关系；（2）相邻义务人实施了相邻妨害行为；（3）原告相邻权益受到侵害；（4）被告行为与原告相邻妨害之间存在因果关系。需要特别指出的是，关于举证过程中对损害事实及结果的认定问题，部分不可量物侵害案件中，受害人可能因为不可量物的侵入导致生理上的损害，并由此产生相关医疗费用或误工损失，也可能因为不堪忍受不可量物的侵害而安装相应设施或暂居他处而支出相关费用等。但是，由于不可量物的特殊性决定了其对人体的影响并非都是显性的，有的个体承受能力强可能只会产生不适的感觉（即隐性影响），而有的个体承受能力差就可能诱发疾病（即显性影响）。我们认为，对于隐性影响来说亦应当视为损害结果，只要超过社会普遍大众的承受能力就应当认定构成侵害，而无需苛求受害人因不可量物诱发患疾病后才可提出不可量物侵害之诉。在隐性影响因果关系的认定上，法官可运用日常经验法则，通过评估事态的盖然性完成自由裁量。就被告方而言，否认承担相邻民事责任一方，应举证证明法律上的抗辩事由，即相邻权利人主张的相邻侵权请求权未产生、受阻碍或已消灭的事实。例如，其对不动产的利用不具有"异常性"及"过度性"，未超出对方的"容忍限度"等。

综上所述，结合本案来看，受害方鲍某已提供照片等证据来证明水滴打落在聂某所搭建的宽大塑料雨棚上所产生的声响已对其生活（主要是睡眠）造成了影响，虽噪声未诱发身体或精神疾病，但作为一种隐性影响，法官依据日常生活经验从有理性的、普通第三人角度出发判定该声响已超出受害方的容忍义务，在被告未提供证据证明其搭建雨棚行为具有适法（当）性且发出的声响对常人来说均可承受的情况下，应认定构成不可量物侵害，根据原告排除妨碍的诉讼请求判决拆除相对应的塑料雨棚。

第八章　共有纠纷案件的审理

第一节　共有的基本概念

一、共有的法律性质

共有,是指两个或两个以上的民事主体对同一不动产或动产共同享有所有权的法律状态(《物权法》第九十三条前段)。如果是两个或两个以上的民事主体共同享有建设用地使用权、地役权等权利,则为准共有。就所有权的发展进程来看,所有权经历了从重视"共同所有权"到"单独所有权"的演变①,但共同所有权(共有权)仍有其存在的价值。

其中,对于同一不动产或动产,《民法通则》中称为共有财产(第七十八条第一款等),学说多称之为共有物。两个或两个以上的民事主体,简称为共有人。共有人对共有物享有的所有权,即为共有权。

共有具有以下几项法律性质:

一是共有的主体是两个或两个以上的民事主体。这些民事主体可以是自然人、法人或其他权利人。二是共有的客体为一项特定的统一财产。所谓统一财产,又称同一项财产,不一定是一个单一物,既可以是一个集合物,也可以是合成物。共有的客体也可以是权利,如建设用地使用权、土地承包经营权、抵押权、债权、知识产权、股权等。由于数人对权利的共有与对有体物的共有既有共性,又有差异,学说称之为准共有,即准用物权法关于共有的规定(《物权

---

① 梁慧星、陈华彬:《物权法》(第 4 版),法律出版社 2007 年版,第 235 页。

法》第一百零五条）。三是各个共有人对同一项财产享有权利、承担义务，或是按一定份额确定，或是依平等原则确定。在多数情况下，共有权的行使和义务的分担需要体现全体共有人的意志，由全体共有人决定。四是共有物上的所有权只有一个，只是所有权人为复数，仍然符合一物一权原则。共有不是一种独立的所有权形式，只是同种或不同种的所有权的联合。所谓同种或不同种所有权的联合，如国家和集体的共有，集体和个人的共有，国家、集体和个人的共有。① 五是共有不同于公有。公有权在我国现行法上包括国家所有权和集体所有权（《物权法》第四十五条至第六十三条）。首先，国家所有权是全民所有制在法律上的表现，其主体是单一的，就是国家。每位中华人民共和国公民作为一分子享有权利，是极为抽象的，没有民法的表现形式，也不适用民事诉讼程序解决争执。可见它不同于共有。其次，集体所有权是劳动群众集体所有制在法律上的表现，集体所有权的主体，在《宪法》（第十条第二款）及《民法通则》（第七十四条）上为集体经济组织，是单一的；在《物权法》上具有复合性，集体经济组织固然是集体所有权人（《物权法》第六十一条），但全体集体组织成员也是主体之一（《物权法》第五十九条）。集体所有权不适用共有的法律规范，由专门的法律规范调整。也就是说，集体所有权不是共有权。

二、共有的类型

按照《物权法》的规定，共有包括按份共有和共同共有（第九十三条后段）。但实际上，有些共有既有按份共有的属性，也有共同共有的色彩。例如，合伙企业各合伙人出资形成的共有为按份共有，盈利的分配和风险的承担也时常以份额为基准。就此看来，合伙具有按份共有的性质。不过，在事务管理等方面，各个合伙人具有共同的平等的权利，又体现出共同共有的色彩。有学者称其为混合共有。② 共同共有和按份共有存在着如下区别：

---

① 梁慧星、陈华彬：《物权法》（第4版），法律出版社2007年版，第236页。
② 崔建远：《物权：规范与学说——以中国物权法的解释论为中心》，清华大学出版社2011年版，第459页。

（一）成立的原因不同

共同共有的成立，以共有人之间存在着共同关系为前提，而按份共有却无须如此。

（二）权利享有和义务承担上的不同

在按份共有关系中，共有人依其应有份额（应有部分）享有权利和承担义务（《物权法》第九十四条）；而共同共有人的权利及于共有物的全部而不局限于某一部分，各个共有人对共有物不分份额地共同享有权利和承担义务（《物权法》第九十五条）。

（三）分割的限制上不同

在共同关系存续期间，共同共有人不得请求分割共有物，除非共有基础丧失或有重大理由需分割共有物（《物权法》第九十九条后段）；而在按份共有场合，共有人可以随时请求分割共有物，但共有人约定不得分割共有物，以维持共有关系的，应依其约定，共有人若有重大理由需要分割的，可以请求分割（《物权法》第九十九条前段）。此外，在建筑物区分所有权中的按份共有场合，诸如绿地、屋顶、外墙、电梯、走廊等按份共有，业主不得任意请求分割。

（四）对共有物管理的不同

在按份共有场合，除非法律另有规定或合同另有约定，对共有物的简易修缮和保存行为，共有人可以单独实施；一般的改良行为则在获得共有人过半数或应有部分合计过半数的共有人的同意，才可为之；①对于改建区分所有的建筑物及其附属设施，《物权法》规定应当经过专有部分占建筑物总面积三分之二以上的业主且占总人数三分之二以上的业主同意（第七十六条第二款）；对共有的不动产或动产作重大修缮的，应当经占份额三分之二以上的按份共有人或全体共有人的同意（第九十七条）。在共同共有场合，对共有物的管理应得到全体共有人的同意，除非法律另有规定或当事人另有约定。

---

① 梁慧星、陈华彬：《物权法》（第4版），法律出版社2007年版，第239页。

（五）对共有物的处分不同

在按份共有场合,各个共有人得自由处分其份额(应有部分),除非法律另有规定或当事人另有约定;而在共同共有场合,则无份额(应有部分)的处分而言。

（六）存续期间的不同

共同共有的存续取决于共同关系的存在,婚姻关系、家庭关系等共同关系较为稳定,共同共有的存续期间也较长;而按份共有关系,就其本质而言,具有暂时性。

既然按份共有和共同共有存在着较大的差异,关系着共有人的权利义务,应予特别注意。共有人对共有物没有约定为按份共有或共同共有,或者约定不明确的,除共有人具有家庭关系等外,视为按份共有。这是《物权法》第一百零三条的明文规定,具有区分情况而推定共有类型的思想。它与《民通意见》第八十八条关于"对于共有财产,部分共有人主张按份共有,部分共有人主张共同共有,如果不能证明财产是按份共有的,应当认定为共同共有"的规定不尽一致。由于《物权法》第一百零三条的规定是上位阶规范,《民通意见》第八十八条的规定为下位阶规范,应以《物权法》第一百零三条的规定为准。实际上,《物权法》第一百零三条的规定也更具合理性。因为共有人对按份共有抑或共同共有尚无约定或约定不明,可能发生在无共同关系的场合。于此场合,如果遵循《民通意见》第八十八条的规定,因无约定或约定不明而推定为共同共有,显然违背了共同共有必以共同关系为基础的本质属性。此其一。即使存在着共同关系,现代发展趋势也有条件地承认按份共有。既如此,动辄推定为共同共有有些僵硬,未完全跟随发展潮流。此其二。对于家庭关系、夫妻关系等作为基础关系的共有,在无约定或约定不明时,推定为共同共有;而对不存在共同关系作为基础关系的共有,在无约定或约定不明时,推定为按份共有,使共有制度与实际生活需要相匹配,值得赞同。此其三。共同共有制度对于各个共有人的限制较多,不利于共有法律关系的简化,除非必要,不宜推定为共同共有。

第二节　按份共有的内部与外部关系

按份共有,又称分别共有,是指两个或两个以上的共有人,按照各自的份额,对共有财产享有权利,承担义务的共有关系(《物权法》第九十四条)。

与共同共有相比,按份共有最显著的特征在于各按份共有人对于共有物享有一定的份额。所谓份额,又称"应有部分",日本民法称作持分,是各个共有人对共有物所得行使权利的比例,是对共有物的所有权在量上应享有的部分。[1] 它是抽象的,是分数上的量的划分,而不局限于共有物的某特定部分。

一、按份共有的内部关系

按份共有的内部关系,指各个共有人行使共有物的权利,与其他共有人之间的权利义务关系,通常包括各个共有人对共有物的使用和收益、对共有物的处分(含在共有物上设定负担)、对共有物的管理、对共有物费用的负担。

(一)对共有物的使用、收益

各个共有人按其应有部分(份额)对共有物的全部,而非特定部分,有使用、收益之权。但需注意,该用益权虽然覆盖共有物的全部,但因共有的缘故,其行使必须按应有部分(份额)为之。所谓按应有部分(份额)为之,是指各个共有人行使用益权必须受应有部分(份额)的限制,亦即行使用益权不得影响其他共有人按其应有部分(份额)可行使的用益权。若未按应有部分(份额)使用时,其他共有人可视具体情况而主张有关权利,如所有物返还请求权、排除妨害请求权、不当得利返还请求权、侵权损害赔偿请求权。[2]

(二)对共有物的管理

数人共有一物,如何对共有物进行管理,是按份共有的核心问题。广义的管理包括对物的保存、改良、使用收益及处分;狭义的管理仅指对物的保存、改

---

[1]　梁慧星、陈华彬:《物权法》(第4版),法律出版社2007年版,第243页。

[2]　谢在全:《民法物权论》(上册),三民书局2003年7月修订2版,第500—501页;王泽鉴:《民法物权·通则·所有权》(总第1册),三民书局2003年8月增补版,第340—342页。

良和利用。

《物权法》第九十六条规定,共有人就共有物的管理有约定的,据此约定管理共有物;没有约定或约定不明确的,各个共有人都有管理的权利和义务。《物权法》第九十六条中所指的管理是否指狭义的管理呢? 对此有不同的观点。我们认为,从体系解释上看,《物权法》第九十七条对于共有物的处分和重大修缮有另外的规定,第九十六条中所称的管理行为自然不应包括第九十七条中所称的处分和重大修缮行为,但是否其他的管理行为都属于第九十六条中所指的管理呢? 从第九十六条规定看,对于共有物的管理首先应依共有人约定,也就是说在共有人有约定时,共有人即可也应依其约定进行管理。这里的管理应包括对共有物占有、利用和收益的各种方式。此处所谓共有人关于共有物管理的约定,是指全体共有人之间就共有物的使用、收益或管理方法等事项而订立的协议。

共有人关于共有物管理的约定,学理上一般称为分管协议或分管契约。而对于分管契约属于债权行为还是物权行为,理论上有不同观点。如果分管协议属于债权行为,则该分管协议只能对各共有人有效,而不能对抗第三人;如果分管协议属于物权行为,则物权有排他效力,分管协议也就有对抗第三人的效力。我们认为,未经登记的分管协议不应具有对抗善意第三人的效力,共有人违反分管协议的管理行为,对外仍发生效力,对内违反协议的共有人应向其他共有人承担违反协议的民事责任。在共有人对于共有物的管理没有约定或者约定不明时,如何管理共有物呢? 依《物权法》第九十六条规定,各共有人都有管理的权利和义务,也就是说各共有人都可以单独予以管理,也都应予以管理。从共有的特点上说,共有人对共有物的管理行为,对于其他共有人都会发生效力。因而在没有另外约定的情况下,只有其管理行为有利于其他共有人而不会损害共有物的情况下,共有人才可单独对共有物进行管理。由此可见,《物权法》第九十六条中所谓的管理应仅是指维护共有物现状,并不会使共有物的性质和效用改变的行为,而不应包括其他的占有、使用、收益等行为。因此,这里共有物的管理行为仅包括对共有物的保存行为、简易修缮以及一般的改良行为。例如,将共有物出租或出借他人使用的行为就不属于可由共有人单独为之的管理行为。

1. 共有物的保存行为

共有物的保存行为,是指以防止共有物的灭失、毁损或其权利丧失、受到限制等为目的,维持其现状的行为。共有物的简易修缮即属于保存行为。例如,暴雨来袭之际共有房屋的屋顶破损急需修补,此时某一共有人对之加以修缮的行为就属于保存行为。在共有物质押时,任何一个共有人都可单独清偿债务而取回共有物;在共有物为非共有人侵占时,任何一个共有人都有权请求非法占有人返还共有物。保存行为所需费用往往比较少,对于全体共有人有利无害,且多属较为急迫的行为,因此共有人可无须经过其他共有人的同意而实施。

2. 共有物的改良行为

共有物的改良行为,是指不变更共有物的性质,而增加其效用或价值的行为。例如,在准共有场合,开垦共同承包的荒地使之成为良田。所谓简易修缮,是指对共有物为通常的一般修缮以维护共有物的行为,如更换共有车辆损坏的轮胎。所谓一般改良,是指通常所为的不改变共有物的性质和效用而维持共有物效用的行为,如粉刷共有房屋的墙壁。实际上,简单修缮和一般改良行为也都属于保存行为。因为这些行为的目的仅在于维持和维护共有物的现状,而不会使其他共有人的权益受到实质性影响,且有利于其他共有人,所以各共有人都有实施的权利和义务。但是,如果管理行为会改变共有物的性质或者虽不改变其性质但增加共有物的价值或效用,超出通常的维持共有物现状的限度,例如对共有房屋进行装修,则属于重大修缮行为,任何共有人不得单独为之,只能依《物权法》第九十七条规定处理。《物权法》第九十七条规定,共有人之间有约定的,依其约定;若无约定,应当经占份额三分之二以上的按份共有人的同意。这是因为,对共有物进行重大修缮,需要支出大笔费用,且并非相当急迫,因此该费用在没有得到按份共有人的同意前,令其分摊显然是不公平的。

3. 共有物的利用行为

共有物的利用行为,指以满足共有人共同需要为目的,不变更共有物的性质,决定其使用、收益的方法的行为。例如,决定将共有房屋出租或出借于他人,即属对共有物的利用。

对共有物的利用,共有人有约定的,依其约定;无约定的,应当由全体共有人共同管理;不能共同管理时,分割共有物,消灭共有关系。

因为前述行为的目的仅在于维持和维护共有物的现状,而不会使其他共有人的权益受到实质性影响,且有利于其他共有人,所以各共有人都有实施的权利和义务。但是,如果管理行为会改变共有物的性质或者虽不改变其性质但增加共有物的价值或效用,超出通常的维持共有物现状的限度,例如对共有房屋进行装修,则属于重大修缮行为,任何共有人不得单独为之,只能依《物权法》第九十七条规定处理。

【案例8.1】共有物修缮纠纷案

原告李某与被告王某共同出资购买一辆货车跑运输,双方出资额均等,并约定在使用汽车中发生的费用由双方平均负担,经营所得收益由双方平分。一日,在原告用车运输途中汽车爆胎,原告李某未与被告王某协商就在事故发生地更换了一个较原轮胎更好的新轮胎。回到住地后,原告向被告提出换胎费用由二人分摊,被告则认为新换轮胎价格过高,此事原告未与自己商量就自己决定,高出一般轮胎价格的部分应由原告自己承担。双方发生争议,李某诉至法院,要求被告平均分摊换胎费用。

被告王某答辩称:换价格较高的轮胎未经本人同意,是李某自行作主决定的,高出一般轮胎价格的部分只能由李某自己承担。

对于本案中因更换轮胎的费用问题,有两种不同的观点:

一种观点认为,涉案货车为原告李某与被告王某共有,对于汽车的管理应按双方的意见处理。原告未经被告同意就更换了价格高的轮胎,由此多出的费用应由原告自行负担。

另一种观点认为,涉案货车虽为原告李某与被告王某共有,对于车辆的管理应按双方的意见处理,但更换轮胎属于保存行为,原告有权自行为之,由此产生的费用自应由原告与被告共同平均负担。

本案争议的焦点在于共有人对共有物管理的权利。

本案中,原告李某与被告王某共同出资购买汽车,所购买的汽车为二人共有。王某与李某对共有的汽车未约定为共同共有。因此,王某与李某二人对汽车的共有为按份共有;且二人未约定各自的份额,二人的出资额均等,因此李某与王某对其共有的汽车是按照各自50%的份额享有所有权的。

本案中李某与王某未明确约定对共有汽车的管理方式,仅约定了共同负担费用、共同分享收益。因此,依《物权法》第九十六条规定,李某与王某对共有汽车均有管理的权利和义务。但这种管理应仅限于广义的保存行为,而不包括处分和重大修缮行为。从上述分析可见,为汽车更换损坏的轮胎,属于简易修缮的保存行为。尽管李某更换的轮胎较以前使用的轮胎要好,价格也高,但这不影响更换轮胎为简易修缮的保存行为的性质,因此,李某有权利也有义务更换损坏的汽车轮胎而不必经王某同意。既然李某更换轮胎属于其有权单独所为的管理行为,由此所生的费用也就属于正当管理共有物所生的管理费用,依《物权法》第九十八条规定,该费用自应由李某与王某按照其份额负担。王某认为超出一般价格的费用不应承担的理由不足。

假设本案中李某不是更换轮胎,而是更换发动机,李某是否有权未经王某同意而为之呢?我们认为,更换发动机应属于对汽车的重大修缮行为。在当事人未有另外约定的情形下,因李某仅占份额的二分之一,李某无权单独为之。但是,若李某更换发动机欠付费用,则债权人有权要求李某偿还,也有权要求王某偿还。债权人要求王某偿还的,王某应予偿还。王某向债权人清偿后,对于李某应负担的部分可以向李某追偿。

综上所述,对于本案的处理,第二种意见是正确的。

(三)份额(应有部分)的分出

此处对份额(应有部分)的处分,仅指法律上的处分,而不包括事实上的处分,因为按份共有人的份额(应有部分)是抽象的而非指共有物的某特定部分,加上倘若允许共有人对共有物随意进行事实上的处分,必然涉及共有物本身,可能损害其他共有人的合法权益。① 此处所谓处分,应包括份额(应有部分)的分出、转让、抵押、出租、抛弃等形式。审判实践中,因份额(应有部分)的分出产生的纠纷是共有纠纷中的多发类型。

1. 共有物分割请求权的性质及分割方式

共有人主张分割共有物,实际上也就是要求将其份额分出。《民法通则》第七十八条第三款中规定:"按份共有财产的每个共有人有权要求将自己的份额分出。"共有人的这项权利通常称为分割请求权。分割请求权为何种性质的权利? 对此有请求权与形成权两种不同的观点。主张请求权说者认为,分割请求权是请求权的一种,是从共有权中产生的一种权利,但分割请求权不是形成权。因此,一方面,共有人行使分割请求权只是请求其他所有人与其一起分割共有财产,但并不意味着一经提出就马上导致共有物的分割。不能说共有人提出分割的请求,就必然发生法律关系的变动。另一方面,提出分割,只是请求确定自己的部分,但具体分得哪一部分或者仅仅是获得价金,还不能立刻确定。形成权说主张,共有人享有的分割请求权并非是一种请求权,就其性质而言,应当属于形成权。我们赞成形成权说。因为共有人行使分割请求权,是要求分割共有物,该权利一经行使,就使共有人间原来的共有关系终止,也就是说这是一项当事人依自己的意思就可使原法律关系发生变动的权利。尽管分割请求权的行使并不直接导致各共有人取得确定分得物的哪部分或者多少价金,但这属于如何分割问题。也正是因为共有关系的终止,才发生各共有人如何分割共有物问题。

共有物的分割涉及共有物的处分,因此,不能由共有人单独决定。《物权法》第一百条第一款规定:"共有人可以协商确定分割方式。达不成协议,共有的不动产或者动产可以分割并且不会因为分割减损价值的,应当对实物予以分割;难以分割或者因为分割会减损价值的,应当对折价或者拍卖、变卖取得的价款予以分割。"依此规定,共有人分割共有的不动产或动产,既可以协商

① 谢在全:《民法物权论》(上册),三民书局 2003 年 7 月修订 2 版,第 554 页;王泽鉴:《民法物权·通则·所有权》(总第 1 册),三民书局 2003 年 8 月增补版,第 332 页。

确定分割方式,也可以不经协商请求法院予以分割。协商分割是共有人的权利而不是共有人的义务,因此,共有人未经协商分割就径行请求法院予以分割的,法院也应予以受理,而不能以首先应由共有人协商为由不予受理。共有人经协商达成分割协议的,自应按照协议分割共有物。分割不动产的,当事人可以依据分割协议办理不动产权利变更登记。

共有人未经协商或者协商未达成协议时需经裁判分割共有物的,此时应采何种方式分割呢? 依《物权法》第一百条规定,分割的具体方式有以下三种:

(1)实物分割。实物分割是指共有物分成若干独立部分,由各共有人按照其份额各取得相应的部分。实物分割方式的适用有条件性和优先性。所谓条件性,是指只有在共有物可以分割且分割不损害其价值的条件下,才可适用这种方式。这里的可以分割,既包括物理上的可能性,也包括法律上的可能性。物理上可以分割,但法律上不可分割的,即为不可实物分割。例如,共有的一套住宅,虽从物理上并非不可分割,但法律上不可分割,也就为不可实物分割。所谓优先性,是指只要共有物可以实物分割且不会因分割减损价值,就应采用这种分割方式。

(2)折价分割。折价分割是指将共有物折价给愿意取得该物的共有人,由该共有人向其他共有人进行补偿。也就是说,将共有物按照一定的价格出卖给愿意取得该物的共有人,由各共有人按照其份额分配所得的价款。取得该共有物的人将其他共有人应得的价款支付给其他共有人,自己取得该共有物的单独所有权。折价分割方式适用的条件有二:一是共有物难以进行实物分割或者实物分割会减损其价值;二是共有人中有人愿意取得该物。如果可以采用实物分割方式或者共有人中无人愿意买得共有物,则不能采用折价分割方式。

(3)变价分割。变价分割是指将共有物拍卖、变卖,由各共有人按照其份额分配变卖所得到的价款。变价分割的适用条件是共有物不能采用实物分割,也不能采用折价分割。如果虽不能采取实物分割方式,但可以折价分割的,应适用折价分割。因为折价分割实质上是由共有人中的某个共有人受让其他共有人的全部份额,而在共有人转让其份额时,其他共有人有优先购买权。因此,只要共有物可进行折价分割,就不应采取变价分割。变价分割时,可以拍卖共有物,也可以变卖共有物。一般来说,若变卖共有物,应征得共有人同意;否则,应将共有物拍卖。

由于按份共有一般是由当事人自愿形成的,并且严格来说,在共有的情形下,由于各共有人权利的行使受到其他共有人权利的制约,共有是不利于提高效率的,因此,按份共有人原则上可以随时行使共有物分割请求权而要求将自己的份额分出。但是,共有人的分割请求权也应受一定的限制。《物权法》第九十九条规定:"共有人约定不得分割共有的不动产或者动产,以维持共有关系的,应当按照约定,但共有人有重大理由需要分割的,可以请求分割;没有约定或者约定不明确的,按份共有人可以随时请求分割,共同共有人在共有的基础丧失或者有重大理由需要分割时可以请求分割。因分割对其他共有人造成损害的,应当给予赔偿。"从这一规定可以看出,在共有财产分割上,首先,尊重当事人的协议约定;其次,在没有约定或约定不明时,对于按份共有财产以允许分割为原则,不允许分割为例外;对于共同共有财产,则以不允许分割为原则,允许分割为例外。也就是说,在当事人明确约定不得分割时,在约定不得分割的期限内不得分割,但在共有的基础丧失或共有人有重大理由需要分割的,仍可以请求分割。此外,依物的使用目的不能分割的,共有人不得要求分割。例如,建筑物区分所有权中的共有部分,业主不能要求分割,因此此种共有部分为业主全体使用而不是仅为某一业主使用。当然法律对于共有财产的分割有特别要求的,在没有符合特别要求的情形下,也不得分割。除此之外,按份共有人可以随时要求分割共有的不动产或者动产。这里有两个问题值得实务研讨:一是"重大理由"审判实践中如何把握?二是对"共有的基础丧失"又当如何理解?

2. 共有人约定的效力及"重大理由"下分割之例外

为集合资产、共同发展,共有人可以约定不得分割共有财产,以维持共有关系。这一约定对于各共有人具有拘束力,从而各共有人原则上不得请求分割共有财产。这是意思自治原则在共有财产分割中的体现,通常情况下原则上要依照当事人的约定,但不能把当事人的约定绝对化,在共有人有重大事由需要分割时,可以请求分割。我们认为,这里所说的"重大事由",是指不分割将对共有人显失公平或对共有财产使用效率有重大影响的客观情形。具体可以参照合同法中关于合同法定解除条件的规定来判断。

(1)因不可抗力致使不能实现共有目的

当发生共有人不能预见、不能避免并不能克服的不可抗力,影响共有财产的使用效率,难以实现共有财产使用目的时,任一共有人均可提出分割共有财产的请求。比如甲与乙各有一块耕地,两人共同出资2000元买了一头耕牛共同使用,约定对耕牛按份共有且5年内不得分割。耕牛才买两个月,发生特大泥石流,乙的耕地被泥石流淹没,耕牛对乙已没有使用价值,维持对耕牛的共有关系对乙没有实际意义,乙可请求分割耕牛,以消灭共有关系。

(2)共有人中有严重违约行为,对其他共有人利益造成重大影响

共有人中有严重违约行为,对其他共有人利益造成重大影响,不分割共有财产将对其他共有人显失公平时,其他共有人可以请求分割。如甲、乙、丙共同继承一座房产,三人协议10年内不得分割,因丙在外地,约定由甲、乙负责管理。后甲、乙违反协议约定,擅自将该房产出租给他人从事违法犯罪活动,并独占出租收益。丙请求分割该房产,即属有"重大理由",可不受10年内不得分割协议的限制。

(3)出现法定的可以提前终止共有关系的情形

当出现了可以部分消灭共有财产关系的法定原因时,应当允许共有人提出分割请求,否则极有可能使共有财产的利用效率低下,危及共有关系。如合伙人退伙是合伙共有财产部分消灭的法定原因。退伙分为声明退伙和法定退伙。声明退伙是合伙人以其一方通过声明的意思表示退出合伙的行为,但其声明不得对抗订有存续期间的合伙协议。法定退伙是不需任何声明,而遇有法定事由的发生即当然发生的退伙,故法定退伙事由可归入可以请求分割的"重大事由"之列。法定退伙事由包括:①合伙人死亡,其继承人不愿继承合伙人地位或其他合伙人不愿与该继承人合伙;②合伙人破产;③合伙人丧失民事行为能力;④合伙人违反合伙宗旨,经其他合伙人全体同意,剥夺其合伙人

资格。出现了上述退伙事由，意味着部分合伙人失去共有人资格，应对其在合伙共有财产的份额进行清算，分割出其应得的财产。

（4）共有人或其近亲属生命健康权遭受严重损害或共有人遭受严重的经济危机

共有人之间就一定期限内不得分割共有财产的约定应得到足够的尊重，以保护共有人的财产权，但在与人的生命健康权和生存权发生冲突时，应优先保护后者。毕竟，人的价值应置于物的价值之上而处于优先保护的地位。

3."重大理由"的类型化分析

根据《物权法》第九十九条前半条规定，即使共有人之间有不得分割的约定，但共有人有"重大理由"需要分割的，都可以请求分割。这里所指的共有人包括按份共有人和共同共有人，因此上文所述共有人的"重大理由"情形当然地涵盖此处共同共有人的"重大理由"。但仍有必要根据我国现行法上的三种共同共有形式对此处"重大理由"进行具体的类型化分析。

（1）夫妻共有财产

夫妻财产共同共有为现今我国财产共同共有的基本类型。夫妻一方有重大事由请求分割夫妻共有财产时，应当把握"重大"二字。如甲乙为夫妻，有共同存款 30 万元，乙的父母无生活来源，又无其他子女。乙的母亲患重病急需 15 万元动手术，乙提出从夫妻共同存款中拿出 15 万元给乙母治病，但甲不同意，乙诉请分割夫妻共有财产，应予支持。因为乙有赡养父母的义务，在其母患病缺钱治疗的紧急情况下，拿钱给母亲治病，理由应属"重大"。假如是乙的远方亲戚无钱治病，乙要求拿钱资助就不属于"重大理由"，因为乙对其没有法定义务。

（2）家庭共有财产

依据《民法通则》关于共同共有的规定，家庭共有财产是共同共有的一种形式。分割家庭共有财产除了正常的分家析产外的其他重大事由，可借鉴《瑞士民法典》中关于终止家庭共有关系的事由的规定：一是共有人中一人的共有财产被扣押，且已受作价处分时；二是共有人中一人破产时。

（3）共同继承的财产

按照我国《继承法》与民法理论,被继承人死亡后遗产分割前,各继承人对遗产的共有为共同共有。学者认为,除了被继承人有禁止分割遗产的遗嘱或者契约另有约定之外,各继承人可以随时请求分割共同继承财产。世界各国和地区的民法大多赋予共同继承人对遗产的分割请求权。我国《继承法》没有相应的规定,因此,对请求分割共同继承财产的"重大事由"的把握可以从宽,以利继承人尽快终止共同继承财产关系,发挥遗产的效用。只要部分继承人提出的分割理由合情合理,分割不损害其他共有人的利益,遗产不属于不能分割的财产,一般应予准许。另外,还有一些法定事由,如《继承法》第三十条规定:"夫妻一方死亡后另一方再婚的,有权处分所继承的财产,任何人不得干涉。"这里的"夫妻一方死亡后另一方再婚"即属法定的可以请求分割共有财产的事由。

4.共同共有财产分割请求权行使的条件:"共有的基础丧失"

对于共同共有财产,在共有的基础丧失或者有重大理由需要分割时可以请求分割。对"共有的基础丧失"的理解有两种观点:一种观点认为,共同共有的基础指的是共有人之间的相互关系,如夫妻关系、家庭成员关系。基础丧失,是指共有人之间应该有的与之相应的关系没有了,但法律上的共有关系还存在。另一种观点认为,"共有的基础丧失"是指共同共有解体了,共同共有关系消灭了,如夫妻离婚、遗产分割。我们赞同后一种观点,因为这一观点符合共同共有消灭的理论。共同共有关系基于产生共同共有的共同关系的消灭而终止。产生共同共有关系的事实基础是共同关系,共同关系消灭,存在共同共有关系的事实基础已经不存在,共同共有关系当然就不会再继续存在了,共同共有关系必然消灭。因此,"共有的基础丧失"是指导致共同共有关系消灭的基础共同法律关系的丧失。

按照我国现行法关于共同共有发生的有关规定,共同共有因下列原因归于消灭:一是夫妻一方死亡或离婚,婚姻关系终止;二是继承人分割遗产;三是家庭解散而分家析产。只要这些法律事实出现,作为共同共有关系成立基础的共同关系便不复存在,共同共有关系即告消灭。既然共同共有关系丧失了,原来的共同共有人当然可以请求分割原来的共有物。

（四）份额（应有部分）的转让、抵押、出租与抛弃

1. 份额（应有部分）的转让

按份共有人有权要求将自己的份额（应有部分）转让（《物权法》第一百零一条前段、《民法通则》第七十八条第三款前段）。份额的转让，是指按份共有人依法将其在共有物中的份额（应有部分）让与他人的现象。按份共有人转让其份额（应有部分），且共有物为动产的，必须交付其份额（应有部分），使受让人与其他共有人共同占有该动产。

由于共有人的份额是抽象的，除非按份共有人之间基于分管契约，作为让与人的共有人已经占有共有物的特定部分；否则，受让人不能请求交付共有物的特定部分。

按份共有人转让其份额（应有部分），且共有物为不动产的，应当办理变更登记；否则，不发生份额（应有部分）让与的效力。

2. 在份额（应有部分）上设定担保物权

《物权法》第一百零一条未明确规定按份共有人可以将其份额设定担保物权。那么，按份共有人可否以其享有的共有份额设定担保物权呢？对此有不同的观点，需要具体分析。设定担保物权包括设定抵押权和设定质权。从理论上说，按份共有人对其份额的权利与所有权无异，动产所有人可以以其动产设定质权，动产的按份共有人也可以将其份额出质以设定质权。但是，由于动产质权自出质人交付出质动产时设立，若按份共有人将其份额出质，只有在质权人与其他共有人共同占有质物的情况下，动产质权才能设立。因此，从实务上看，动产共有人以其份额设定质权的，只有经过其他共有人的同意才有可能，而共有人未经其他共有人同意则难以将其份额出质。《中华人民共和国合伙企业法》第二十五条规定："合伙人以其在合伙企业中的财产份额出质的，须经其他合伙人一致同意；未经其他合议庭一致同意，其行为无效，由此给善意第三人造成损失的，由行为人依法承担赔偿责任。"这一规定更多的是从普通合议庭对合同债务承担连带责任上考虑的，因为设定质权后实现质权时他人将加入合伙。《合伙企业法》第七十二条规定："有限合伙人可以将其在有限合伙企业中的财产份额出质；但是，合同协议另有约定的除外。"从这一规定看，有限合伙人可以将其财产份额出质，但我们认为此种情形也只能设立权利质权，而不可能设立动产质权；若是设立动产质权，只能经其他合伙人同意，否则，因知情人不能与其他合伙人共同占有合伙财产，也就不能设立动产质权。当然，尽管合伙企业的合伙人对合伙企业财产按照确定的份额享有权利，但合伙人对合伙企业财产的共有关系不同于一般的按份共有关系。因此，对于一般按份共有人将其共有份额出质的，不能适用《合伙企业法》的规定。

按份共有人可否将其份额抵押呢？对此，有不同的观点。一种观点认为，按份共有人不能将其应有部分抵押，以其应有部分抵押的，抵押行为无效；因为《物权法》第一百零一条规定，按份共有人可以转让其份额而未规定可以抵押其份额。另一种观点认为，按份共有人对其应有部分的权利与单独所有权没有质上的差异，单独所有权人可为的法律上的处分，按份共有人均得对其份额为之。因此，按份共有人可以将其份额抵押，且因抵押不以转让标的物的占有为要件，无须经其他共有人同意。《物权法》第一百八十条第一款中规定，债务人或者第三人有权处分的"法律、行政法规未禁止抵押的其他财产"，可以抵押。现行法律、行政法规并未禁止共有人将共有份额抵押。因此，按份共有人将其应有部分抵押并无法律上的障碍。有学者指出，应有部分虽然不是所有权，但具有所有权的效力，既然法律允许共有人自由处分应有部分，也就应当允许其设定抵押。允许共有人以其份额设定抵押，有利于共有人融通资金，促进交易的发展。这种观点颇值赞同。最高人民法院《担保法的解释》第五十四条第一款规定："按份共有人以其共有财产中享有的份额设定抵押的，抵押有效。"这一规定与《物权法》的规定并不冲突，自当有效。

3. 份额的出租

份额（应有部分）的出租，是指按份共有人将其份额（应有部分）对共有物所享有的使用权和收益权，出租给他人的现象。份额（应有部分）本身具有一定的财产价值，按份共有人将之出租，不违反法律的禁止性规定，也不违反公序良俗，应予准许，可适用《合同法》有关租赁合同的规定。

4. 份额(应有部分)的抛弃

按份共有人抛弃其份额(应有部分),为其行使权利的表现,自应准许。有疑问的是,被抛弃的应有部分(份额)归属于何人。一种观点认为,应有部分(份额)与所有权同视而具有弹力性,此应有部分(份额)消灭,彼应有部分(份额)所存在的限制当然解除,乃随之扩张。所以,应有部分(份额)的抛弃不得视为无主物而适用先占规则,也不得将之归入国库,必须依比例归属于其他共有人。另一种观点认为,所有权的弹力性旨在说明所有权因其他负担(用益物权和担保物权)的消灭,因而回复原有圆满状态。应有部分(份额)属于对共有物所有权的比例,既非他物权对于应有部分(份额)的限制,亦非应有部分(份额)相互间的限制,按份共有人抛弃其应有部分(份额)所加的限制,其他共有人的应有部分(份额)不发生回复原来圆满状态的问题。退一步说,即使依所有权的弹力性的法理解决,也不过仅能回复受限制的应有部分(份额)原来的圆满状态而已,仍不能说明经抛弃的应有部分(份额)应当归于其他共有人的原因。共有人有继承人时,由其继承;无人继承时,若为动产,其他共有人可基于先占或取得时效而取得应有部分(份额);若为不动产,则归属于国库。

(五)其他共有人对份额(应有部分)的优先购买权

《民法通则》第七十八条第三款后段及《物权法》第一百零一条后段规定,按份共有人在转让其份额(应有部分)时,其他共有人在同等条件下,有优先购买的权利。这种优先购买权,在法国、德国、瑞士的民法上叫作先买权,中国台湾地区的立法称之为优先承买权或优先承受权。

1. 优先购买权的性质

优先购买权,为附有条件的形成权,即优先购买权人得依一方的意思表示,形成以义务人出卖与第三人同样条件为内容的合同,无须义务人的承诺。只是该项形成权附有停止条件,必须待义务人出卖标的物于第三人时,才可以行使。它是一种附条件的权利,一种技术性的、手段性的权利,并附从于基础法律关系的权利。共有人就份额(应有部分)所享有的优先购买权,就是一种附停止条件的权利,一种技术性、手段性的权利,附从于共有关系。

实际上,关于优先购买权的性质,学说存有分歧。一为订立买卖合同的请求权说。该说认为,优先购买权为订立买卖合同的请求权,是权利人得请求出卖人与自己订立买卖合同的权利,应其请求,出卖人有承诺的义务。依该说,优先购买权人所作以同等条件购买的意思表示只是要约,如出卖人拒绝承诺,则合同自不成立。此时,优先购买权人如何获得保护,不无疑问。二为债权的效力说。该说认为,优先承买权在性质上为请求权,仅具有债权的效力,如果买卖当事人之间已经办理了应有部分的移转登记,共有人即不得请求涂销该项登记。优先承买权的优先次序应在其他具有物权效力的优先购买权之后。该说的主要问题在于没有就是否承认优先购买权为形成权作出表态,特别是在应当阻止恶意受让人取得份额(应有部分)的依据方面,显得无能为力。三为物权取得权说。该说认为,优先购买权具有排他的效力,故为物权,但优先购买权既非用益物权,又非担保物权,而是属于形成权的物权取得权。该说认为,优先购买权为形成权,同时又承认它为物权,显然存在着冲突。更为要害的是,优先购买权不符合物权为支配权的根本属性,其自身对权利人而言也不具有实质性利益。仅仅凭借优先购买权的行使,往往不能取得物权,只有在动产为交付、不动产为登记之后,才能发生物权变动的结果。四为具有物权性质的债权期待权说。该说认为,如果第三人的条件比其他共有人的条件为优,其他共有人的优先购买权就没有了。如果共有人不转让其份额,其他共有人的该项权利也仅仅是期待的。由于其他共有人不能直接支配拟转让的份额,不符合物权的支配性特点,故优先购买权不是物权,而为债权。但由于债权具有平等性,而优先购买权却使权利人有权优先签订买卖合同,故其应为物权化的债权,且为期待权。该说的不足如同前两种学说。五为附有条件的形成权说,已如上述。

2.优先购买权制度的适用范围

按份共有人的优先购买权制度,仅仅适用于按份共有人向共有人之外的人转让其份额(应有部分)的场合。其道理在于,法律确立按份共有人就份额(应有部分)享有优先购买权的目的,是为了减少共有人的人数,防止因外人的介入而使共有人内部关系复杂化,从而简化甚至消除共有物的共同使用关系,实现对共有物利用上的效率。如此,当某一共有人向另一共有人转让其份额(应有部分)时,是在减少共有人的人数和简化共有物的使用关系,不影响其他共有人的权益,故无必要赋予他们优先购买权。

按份共有人的优先购买权制度,不适用于建筑物区分所有权领域。这主要是因为建筑物区分所有权场合的共有部分从属于专有部分;还因为某些共有部分不是按份共有,至少不是典型的按份共有;再就是相对于《物权法》第九十三条以下关于普通共有关系的规范来说,《物权法》第七十条以下关于建筑物区分所有权的规范为特别法,应当优先适用。

3.同等条件的界定

优先购买权以同等条件为其行使条件。所谓同等条件,首先,指价款条件相同,即优先购买权人支付的价款应当等同于第三人在买卖合同(转让合同)中允诺支付的价款。其次,关于价款支付的方式,也应等同于第三人允诺的方式。如果第三人允诺一次付清,优先购买权人不得主张分期付款。最后,受让人的信用状况及是否提供担保等因素,亦为同等条件的构成因素。当然,价格条件处于核心地位。最高人民法院《民通意见》第九十二条规定:"共同共有财产分割后,一个或者数个原共有人出卖自己分得的财产时,如果出卖的财产与其他原共有人分得的财产属于一个整体或者配套使用,其他原共有人主张优先购买权的,应当予以支持。"

对此,首先要说明,该优先购买权不同于《物权法》第一百零一条规定的共有人的优先购买权,而是某个或某些原共同共有人(即现在的各个单独所有权人)于共同共有关系消灭后,对其他原共有人分得的"属于一个整体或者配套使用"的原共同共有物的优先购买权。

其次明确,对《民通意见》第九十二条的规定必须做类型化的分析:(1)共同共有物采取变价分割的方式,导致共同共有关系消灭,共有物归原共同共有人以外的人所有,不发生《物权法》第一百零一条规定的共有人的优先购买权,也不成立《关于民法通则的意见》第九十二条规定的原共有人的优先购买权。(2)共同共有物采取了实物分割的方式,未出现被分割之物出卖的情况的,《关于民法通则的意见》第九十二条规定的和《物权法》第一百零一条规定的两种优先购买权均不成立。(3)共同共有物尽管采取了实物分割的方式，但实际上该分割属于观念上的和法律上的，而非物理上的。例如，一栋三间一体的住房，被兄弟二人分割，每人一间半住房。哥哥马上出卖归其所有的一间半住房，弟弟对其兄拟出卖的房屋享有优先购买权，即属《关于民法通则的意见》第九十二条规定的优先购买权，但不属于《物权法》第一百零一条规定的共有人优先购买权，因为此场合不存在按份共有。(4)共同共有物采取了作价补偿分割的方式，该共有物转归一个共有人所有，未形成按份共有关系的，则既不发生《关于民法通则的意见》第九十二条规定的原共有人的优先购买权，也不存在《物权法》第一百零一条规定的共有人的优先购买权。(5)共同共有物采取了作价补偿分割的方式，该共有物转归若干共有人所有。这些共有人取得该共有物的所有权时，存在着优先权。其优先权实际上有两个，分别具有不同的法律基础：一个是某些原共同共有人(即现在的各个单独所有权人)于共同共有关系消灭后，对其他原共有人分得的"属于一个整体或者配套使用"的原共同共有物享有的优先购买权，其法律基础为《民通意见》第九十二条的规定；另一个是按份共有人的优先购买权，其法律基础是《物权法》第一百零一条的规定。之所以断言存在着按份共有人的优先购买权，是因为共同共有物作价补偿分割时，是按照原来潜在的份额(应有部分)作价的，如无法律规定或当事人约定以及其他特别事由，该潜在份额(应有部分)即为等份的，现在转为现实的等份的份额(应有部分)，由此形成按份共有，至少在逻辑上存在着共同共有物转化为按份共有物的瞬间。在该瞬间，拟取得共有物的原共同共有人就其他原共同共有人的业已现实化的份额(应有部分)，享有《物权法》第一百零一条规定的优先购买权。

4. 共有人的优先购买权的竞存

在共有人转让其份额(应有部分)，两个或两个以上的其他共有人均主张优先购买权的场合，可参照《合同法》第七十二条第三款后段关于"两个以上股东主张行使优先购买权的，协商确定各自的购买比例；协商不成的，按照转让时各自的出资比例行使优先购买权"的规定处理，即该数个共有人按各自在共有物中所占的比例取得转让的份额(应有部分)。这样，可维持各个共有人对共有物的比例关系不变,较为公平。

【案例 8.2】孙某、刘某、张某共有物处分案

2005 年 6 月被告孙某与原告刘某、张某三人各出资 30 万元购得一间商铺,在产权登记簿上载明三人平均按份共有。三人约定,将店铺出租,由三人平分租金所得;10 年内不得主张分割。后经三人商定,将店铺出租给丁某。后孙某因急需用钱,即以自己对该店铺享有的份额作抵押,向某银行借款 20 万元,借款期限为 6 个月。双方办理了抵押登记。借款期间届满后,因孙某未能还款,某银行与孙某协商,由孙某将其抵押的商铺的份额以 35 万元的价格折价给某银行。张某与刘某得知后,张某认为孙某抵押未经其同意,抵押无效,某银行无权取得孙某的份额,刘某也不同意与某银行共有该店铺。张某与刘某向法院起诉,要求确认孙某与某银行间的抵押权无效。诉讼中刘某主张,即使某银行抵押权有效,也应由自己为孙某还款,将孙某的份额买下,而不能由银行取得该份额。张某则主张,如果某银行抵押权有效,则要求分割该店铺。第三人丁某则认为自己是商铺承租人,有优先购买权,孙某的份额应由自己取得。各方争执不下。

本案审理中主要有以下不同观点:

一种观点认为,被告孙某与某银行间的抵押无效,因为店铺为孙某与原告刘某、张某共有,未经张某、刘某同意,孙某不得抵押。因此,被告某银行不能享有抵押权,也就无权取得孙某的共有份额。

另一种观点认为,被告孙某用于设定抵押的并非是店铺,而是其对店铺的共有份额。对于该份额,孙某自应有权处分,因此孙某与某银行间的抵押有效,某银行享有抵押权。但对于孙某可否将抵押的份额折价给某银行的问题上,又有不同的观点:有的观点认为,孙某与某银行间关于抵押物的折价协议有效,某银行可依该协议取得孙某享有的份额;也有观点认为,该折价协议无效,应由刘某取得孙某的份额;还有的认为,该折价协议无效,应由丁某取得孙某的份额;更有人认为,因当事人约定 10 年内不

得分割，因此不能分割店铺。

对于本案纠纷处理的不同观点，主要涉及两个问题：一是共有人的处分权；二是共有物的分割。

对于共有人的处分权，首先，应明确共有人处分的标的为何，即共有人所处分的是共有物，还是共有人的应有部分即份额。如果共有人所处分的标的物为共有物，则因共有物为共有人共有，任何一个共有人无权单独行使处分权。依《物权法》第九十七条规定，除共有人之间另有约定外，处分共有的不动产或动产，应当经占份额三分之二以上的按份共有人或者全体共同共有人同意。如果共有人所处分的并非共有物而是其共有份额，则并无《物权法》第九十七条的适用。当然，共有人可以处分其份额的，也只能是按份共有的共有人。因为共同共有的共有人在共有期间并无确定的份额，按份共有人是按照确定的份额享有共有物所有权的。按份共有人的份额是共有物所有权"量"上的区分，各共有人对其份额享有的权利与单独所有权并无质上的不同。因此，如同单独所有权人有权处分其所有权一样，按份共有人有权处分其份额。按份共有人处分其共有份额是共有人的权利，只不过因共有关系会受到一定的限制而已。

其次，应明确共有人所为处分为何种处分行为。处分，广义上包括事实处分和法律上的处分。因事实处分只能对共有物为之，共有人不可能对其份额为事实上的处分。因此，各共有人对其份额有权单独所为的处分只能是法律上的处分。一般来说，法律上的处分是指转让所有权以及设定担保物权和用益物权。那么，《物权法》第九十七条中所讲的处分是否包括出租等行为呢？对此有不同的观点，有的认为，《物权法》第九十七条中的"处分"应界定为导致或者可能导致其他共有人无法对共有物享有共有权利的行为。通常所讲的无权处分行为是指转让、设定抵押或者赠与等处分行为。严格来讲，出租并非《物权法》第九十七条意义上的处分行为，此时并不发生物权变动，而只是物权权能的部分让渡。这种观点将《物权法》第九十七条中所讲的"处分"理解为与通常所说的法律上的处分的含义相同，不无道理。但我们认为，理解《物权法》第九十七条中所说的处分还应与《物权法》第九十六条的规定结合起来。如果共有物的出租等行为不应包括在第九十七条中所讲的"处分"行为中，就应属于第九十六条中所讲的"管理"行为。而依第九十六条规定，管理行为除当事人有明确约定外，各共有人都有管理的权利和义务，各共有人都可单独为之。因此，从体系解释上讲，应对《物权法》第九十七条中的"处分"作扩张解释，即这里的"处分"应当包括将共有物出租等会导致由非共有人使用共有物的情形。

《物权法》第一百零一条规定："按份共有人可以转让其享有的共有的不动产或者动产份额。其他共有人在同等条件下享有优先购买的权利。"依此规定，按份共有人有权转让其份额，但会受其他共有人优先购买权的限制。

本案中被告孙某与原告张某、刘某共同出资购买商铺，并且明确约定各占三分之一的份额。孙某与张某、刘某对购买的商铺的共有为按份共有，各共有人对其份额的权利与单独所有权无质上的不同，可以为法律上的处分。因此，孙某可以以其共有商铺中的份额设定抵押权，且孙某与某银行办理了抵押登记，某银行的抵押权有效。在孙某到期不偿还借款的情形下，某银行自然可以行使抵押权。然而，被告某银行可否基于与孙某的折价协议取得涉案商铺中孙某原享有的份额呢？这涉及抵押物折价协议的性质和共有人转让份额时其他共有人的权利。

某银行行使抵押权时，银行与抵押人孙某达成以 35 万元价格折价的协议，实际上也就是孙某以 35 万元的价格将其份额转让给银行。《最高人民法院关于审理城镇房屋租赁合同纠纷具体应用法律若干问题的解释》第二十二条规定："出租人与抵押权人以协议折价、变卖租赁房屋偿还债务，应当在合理期限内通知承租人。承租人请求以同等条件优先购买房屋的，人民法院应予支持。"这一规定说明，在房屋抵押权实现时，如同房屋转让时一样发生优先购买权问题。依《物权法》第一百零一条规定，按份共有人转让其享有的份额的，其他共有人在同等条件下有优先购买的权利。在按份共有人与抵押权人达成协议折价、变卖其用于抵押的共有份额的情形下，其他共有人也应享有优先购买权。因此，本案中刘某有权主张行使优先购买权，也就是以 35 万元的价格买下孙某的份额。法院对于刘某的请求依法应当予以支持。

本案中,店铺的承租人丁某也主张优先购买权。在房屋共有人与承租人均主张优先购买权时应如何处理呢?对此有不同的观点:一种观点认为,在共有人转让其份额时,所处分的并非是共有物而仅是其份额。因此,这种情形下,承租人不享有优先购买权,只有其他共有人才享有优先购买权。另一种观点认为,该情形下虽然发生两项优先购买权,但共有人的优先购买权是基于物权发生的,而承租人的优先购买权是基于债权发生的,因此,依据物权优先于债权的原理,应支持共有人的优先购买权。我们认为,前一种观点更有道理。依《最高人民法院关于审理城镇房屋租赁合同纠纷具体应用法律若干问题的解释》第二十四条规定,房屋共有人行使优先购买权的,人民法院对于承租人优先购买权的主张不予支持。因此,本案中,对于丁某行使优先购买权的主张,法院不能予以支持。

本案中共有人张某主张分割共有的店铺,那么对于张某的主张应否支持呢?这涉及共有物的分割问题。涉案店铺为张某等三人按份共有,且共有人约定10年内不得分割。现张某提出分割请求,应否支持张某的请求要看张某是否有需要分割的重大理由。何谓重大理由?此应由法官根据具体情形具体判断。有学者指出,重大理由通常是指不分割共有物会损害共有人的利益,主要包括:一是共有出现重大亏损,如果不分割将使共有人蒙受损害;二是从管理和利用方面考虑,共有财产如果不分别管理可能会发生重大损害,此时就必须通过分割而实行分别管理;三是因为各方面的原因共有难以继续维持。我们赞同这种观点。若其他共有人的行为已损害某共有人的利益,则该共有人主张分割的为有重大理由。本案中因孙某将其享有的共有份额抵押,导致其份额转让,这本身就违反了共有人关于不得分割的约定。而由于抵押权人实现抵押权将导致共有人之间的份额发生变化(因刘某行使优先购买权受让该份额),致使张某的利益受损害,因此,张某主张分割共有,为有重大理由。

共有物分割效力自何时发生呢?在各国立法上主要有认定主义与转移主义两种不同的立法主张。认定主义又称宣示主义,认为共有物的分割实际上是对原属于各共有人单独所有的权利加以认定,在分割前各共有人就有确定的所有权份额,分割仅是宣示确定各共有人单独所有的部分。因此分割的效力溯及共有成立之始。转移主义又称付与主义,认为共有物的分割实际上是共有人之间权利的转移,在分割前各共有人仅在量上有所有权,各共有人的权利均及于物的全部;分割时各共有人间进行权利的转移,即转移其应有部分在物一部分上的权利而各自取得单独所有权。因此,分割的效力自分割时发生,并不溯及既往。

共有物分割的效力在于使共有人获得单独所有权,但取得单独所有权的原共有人之间仍负有瑕疵担保责任。《物权法》第一百条第二款规定:"共有人分割所得的不动产或者动产有瑕疵的,其他共有人应当分担损失。"共有人所负的瑕疵担保责任既包括物的瑕疵也包括权利瑕疵。瑕疵有表面瑕疵与隐藏瑕疵之分。这里的瑕疵是指隐藏瑕疵。如果在分割共有物时,共有人知道瑕疵(包括权利瑕疵)存在而未提出的,事后不得主张其他共有人负瑕疵担保责任。依该条规定,共有人采取实物分割方式由各共有人取得相应部分物的,当然会发生共有人间的瑕疵担保责任。有疑问的是,共有人采取折价分割或者变价分割时,可否发生瑕疵担保责任呢? 对此有不同观点。我们认为,于此情形下也会发生瑕疵担保责任。就本案来说,如果张某与刘某按照其份额分配出卖店铺的价款债权,若其中一人因债务人的原因未能得到相应价款,则其损失也应由他人分担。

本案中涉案的共有物为店铺。从案情看该店铺只能为一个所有权登记,因此对于该不动产,不可以采取实物分割的方式分割,而只能采取折价分割或者变价分割的方式分割。采取折价方式的条件是共有人中有人愿意取得该物。本案中张某要求分割时,因为刘某已经行使优先购买权而取得孙某的份额,因此共有人仅有张某与刘某,刘某是否愿意出价买下张某的份额不得而知。若刘某愿意取得涉案商铺的所有权,则可采用折价分割方式,即刘某将该店铺所折价格的三分之一支付给张某,由刘某取得该店铺。如果刘某也不愿意取得该店铺的单独所有权,则只能采取变价分割方式,即该店铺拍卖、变卖,由刘某与张某按其份额分配拍卖、变卖所得价款。但需要说明的是,若采取变价方式分割,拍卖、变卖涉案店铺时,应当通知承租人丁某。因为在出租人出卖租赁物时,承租人享有优先购买权。

其一,共有人之一对另一共有人转让其共有财产的份额时,其他共有人是否也享有优先购买权?从该条款的文义解释上看,不应排除这种可能。但是,如果在这种情况下允许其他共有人拥有优先购买权,这将违背按份共有人优先购买权的制度主旨,因为立法者之所以规定按份共有人优先购买权制度,其目的在于简化共有关系,保护现有按份共有人的内部关系,防止外部第三人的介入造成共有人内部关系复杂化而最终影响到共有物的有限利用。所以,共有人的优先购买权只在其他共有人向第三人转让共有财产份额时才可享有,在共有人之间转让共有财产份额的情况下,不适用按份共有人优先购买权制度。

其二,在对共有关系外的第三人出让共有财产份额时,两个或两个以上按份共有人欲主张优先购买权时,如何确定按份所有权的归属?在我国的司法实践中,在有多数共有人主张行使优先购买权的情况下,一般采取由出卖人选择谁享有优先购买权的做法。然而,外国的相关立法例和司法判决均否定这一由出卖人来单方选择和确定享有优先购买权人的做法,而采取按照主张优先购买权的按份共有人的财产在共有财产中的比例来分配优先购买权。具体而言,分两步计算该分配比例,首先是将所有欲行使优先购买权的共有人的财产份额相加得出一个基数,随后将各个欲主张行使优先购买权的共有人的财产份额除以该基数,从而分别计算出其可以行使优先购买权的比例。应当说,让出卖人单方选择和确定优先购买权人的做法只是考虑到实践操作上的便利,明显侵害了其他依法享有优先购买权人的权利,不仅没有立法上的依据,而且违反了民法上的公平和平等原则,不应当被采纳。按照主张优先购买权的按份共有人的财产在共有财产中的比例来分配优先购买权的确较为复杂,特别是在主张行使优先购买权的共有人随后放弃优先购买权或者其权利行使无效的情况下,需重新计算和调整其他共有人的优先购买权的比例,将造成实践中难以操作。但是,我们不应当由于法律制度操作起来复杂而忽视其公正性。实际上,我国《公司法》第七十二条已经采用了按共有比例分配优先购买权的做法,该条第三款规定:"经股东同意转让的股权,在同等条件下,其他股东有优先购买权。两个以上股东主张行使优先购买权的,协商确定各自的购买比例;协商不成的,按照转让时各自的出资比例行使优先购买权。"这一规定值得肯定,可以扩充适用到所有的按份共有人优先购买权的情形。

二、按份共有的外部关系

按份共有的外部关系,是指各个按份共有人就共有物对外与第三人发生的权利义务关系。

(一)各个按份共有人对第三人的权利

1. 对第三人行使物权请求权

各个按份共有人对于第三人可以就共有物的全部单独行使所有权的请求权。所谓单独行使所有权的请求权,包括所有物返还请求权、排除妨害请求权和消除危险请求权。各个按份共有人行使这些权利时,不以其份额(应有部分)为限,可就共有物的全部加以行使。至于其他共有人的意思如何,均非所问。

需要注意的是,共有物在法律上归属于全体共有人,而非单独地归属于某个按份共有人,因此,某一按份共有人单独行使所有物返还请求权,必须是为了全体共有人的利益,即应当请求占有人向全体共有人返还共有物,而不得请求仅向自己返还。

2. 对第三人行使物权确认请求权

第三人主张共有物归其所有的场合,因共有物归谁所有需要裁判机关审理方能确定,所以,各个按份共有人不得单独行使物权确认请求权,只得以全体共有人的名义主张。①

3. 对第三人行使债权请求权

因共有物产生的对于第三人的债权,无论各个共有人之间约定是按份享有还是连带享有,在对第三人的关系方面,各个按份共有人享有连带债权。除非法律另有规定或第三人知道共有人不具有连带债权关系。按照共有债权

①　谢在全:《民法物权论》(上册),三民书局 2003 年 7 月修订 2 版,第 610—612 页。

（且为连带债权）的行使规则，各个按份共有人可以单独提起债权请求权的诉讼。

（二）各个按份共有人对第三人的义务

因共有物所产生的对第三人的义务，如委托第三人保管共有物所产生的保管费债务，委托第三人修缮共有物所产生的报酬债务等，无论债务可分与否，在对该第三人的关系方面，各个按份共有人均连带承担，除非法律另有规定或第三人知道共有人不具有连带债务关系。

第三节　共同共有的内部与外部关系

一、共同共有的概念

共同共有，是指数人基于法律的规定或合同的约定而形成某一共同关系，他们基于该共同关系而对共有物共同享有所有权的现象。

较之按份共有，共同共有最大的特色在于，它以共有人之间存在着共同关系为产生和存续的基础，共有人对共有物所享有的权利和所承担的义务不取决于份额，而具有平等性。

二、共同共有的基础

（一）基于夫妻关系而产生的共同共有

基于夫妻关系而产生的共同共有，是指夫妻双方对其婚姻关系存续期间所取得的财产，未约定归各自所有或部分归各自所有、部分属于共同所有的，或者虽有此种约定但不甚明确的，便形成共同共有。夫妻双方于其婚姻关系存续期间取得的财产，既可以是工资、奖金，也可以是生产、经营活动所取得的收益，还可以是基于知识产权所取得的收益，或是因继承或赠与所得的财产。但是，遗嘱或赠与合同中确定只归夫或妻一方取得的财产，属于个人的财产，而非共同共有的财产。

（二）基于家庭共同生活关系而产生的共同共有

基于家庭共同生活关系而产生的共同共有,即家庭共有财产,是指家庭成员在家庭共同生活关系存续期间共同创造、共同所得,用于维持家庭成员共同生产、生活的财产。家庭共有财产不同于家庭财产,后者除包括前者之外还包括家庭成员的个人财产。

这里所谓的家庭,既可能是仅由夫妻或其子女组成的小家庭,也可能是由祖父母、外祖父母、子女、孙子女等组成的大家庭。究竟何指,需要根据具体情况加以判断。

一项或几项财产是否属于家庭共同共有的财产,需要根据财产的来源、用途等因素予以确定。如果是家庭成员共同劳动所得且用于维护整个家庭的生产或生活的财产,就属于家庭共有财产。否则,不能认定为家庭共有财产。

（三）基于继承关系而产生的共同共有

被继承人死亡后,遗产分割前,全体继承人对于该遗产享有共同共有权。

（四）关于建筑物区分所有权关系中的共有属性

建筑物区分所有权中的共有部分,相当多的类型都是按份共有,但某些部分摊到区分所有的建筑物面积中的共有部分,例如,建筑规划区内的道路、他人赞助的露天健身器材等,某些建筑规划区内的幼儿园、小学校,作为共同共有更符合客观实际。

三、共同共有的内部关系

（一）各个共有人的权利及于共有物的全部

在共同关系存续期间,各个共有人对共有物共同享有所有权,其权利及于共有物的全部,而不局限于共有物的特定部分。

这一点既说明共同共有人在共同共有关系中并不像按份共有那样存在所谓的份额(应有部分),也表明共同共有是多个人共同享有一项所有权的实质。

立法例及其理论通常都确认各个共同共有人对于共有物享有平等的权利,但是实践中共同共有人如何对共有物进行具体的管理,通常看当事人的约定。如果当事人没有约定或约定不明,那么各个共同共有人都有管理的权利和义务。例如,《最高人民法院关于适用〈中华人民共和国婚姻法〉若干问题的解释(一)》(以下简称《婚姻法解释(一)》)第十七条关于"夫或妻对夫妻共同所有的财产,有平等的处理权"的规定,应被理解为:(1)夫或妻对夫妻共同财产上的权利是平等的。因日常生活需要而处理夫妻共同财产的,任何一方均有权决定。(2)夫或妻非因日常生活需要对夫妻共同财产做重要处理决定,夫妻双方应当平等协商,取得一致意见。

【案例 8.3】陈某挂失支付案

2009 年 4 月 7 日,陈某到 N 银行以其名义存入一年定期存款 6 万元,并留有密码。2010 年 1 月发现定期存单丢失,随后去 N 银行要求为其办理该笔存款的挂失止付手续。N 银行工作人员告诉她这笔存款已于 2009 年 12 月 1 日由其丈夫王某采用挂失方式取走。陈某认为,此款系自己所有,N 银行应当赔偿存款,但 N 银行称自己支付此款无过错。为此,陈某请求法院判决 N 银行赔偿 60000 元存款及其利息。

一审法院审理后查明,2009 年 11 月 21 日,王某持陈某名下 2009 年 4 月 7 日存入 N 银行的定期存单、本人身份证、户口簿到 N 银行以密码遗忘为由将该笔存款办理挂失手续。N 银行为其办理该笔存款的挂失止付手续。法院另查明,王某和陈某 2009 年 2 月 3 日结婚登记为夫妻。2009 年 12 月下旬,王某因夫妻生气外出一直与陈某没有联系。法院根据以上情况支持了原告的诉讼请求。N 银行不服一审判决,提起上诉。二审法院审理后驳回上诉,维持原判。

依据法律规定,夫妻一方名下的存款存在着为夫妻共同财产或者为一方个人财产的两种可能性。由于储蓄机构没有义务审查判断存款的财产归属,只能依据与储户形成的储蓄合同(存单)上记载的储户履行兑付存款的义务,因而不能向储户之外的第三人兑付存款。

本案中还涉及夫妻间的家事代理权的问题。夫妻日常事务代理权是指夫妻一方在因家庭日常事务而与第三人为一定的法律行为时,享有代理配偶他方的权利。我国《婚姻法》虽然没有规定家事代理制度，但《最高人民法院关于适用〈中华人民共和国婚姻法〉若干问题的解释（一）》第十七条规定："因日常生活需要而处理夫妻共同财产的，任何一方均有权决定。"这就是说，因日常生活需要对夫妻共同财产做重要处理决定，夫妻双方应当平等协商，取得一致意见。他人有理由相信其为夫妻双方共同意思表示的，另一方不得以不同意或不知道为由对抗善意第三人。"根据上述规定，夫妻之间只能就"日常生活需要"具有代理权，非因日常生活需要所作出的有关财产方面的重要决定，应当经另一方同意；否则，对另一方无约束力。结合该案可知，王某取款的行为自然不是家事代理行为。

本案中，王某持陈某名下 2009 年 4 月 7 日存入 N 银行的定期存单、本人身份证、户口簿到 N 银行以密码遗忘为由将该笔存款办理挂失手续。N 银行就为其办理了该笔存款的挂失止付手续。该银行的行为是否合法？

存单是证明存款人与储蓄机构有存款合同关系的证明，也是存款人向储蓄机构主张债权的有效凭证，存单丢失后挂失是存款人能够可继续行使合法权利的救济方式。对这一救济方式的行使，行政法规和部门规章规定了严格的条件和程序。

国务院颁布的《储蓄管理条例》第三十一条规定："储户遗失存单、存折或者预留印鉴的印章的，必须立即持本人身份证明，并提供储户的姓名、开户时间、储蓄种类、金额、账号及住址等有关情况，向其开户的储蓄机构书面申请挂失。在特殊情况下，储户可以用口头或者函电形式申请挂失，但必须在 5 天内补办书面申请挂失手续。储蓄机构受理挂失后，必须立即停止支付储蓄存款；受理挂失前该储蓄存款已被他人支取的，储蓄机构不负赔偿责任。"

《中国人民银行关于执行〈储蓄管理条例〉的若干规定》第三十七条对挂失进一步作出了详细规定："储户的存单、存折如有遗失，必须立即持本人居民身份证明，并提供姓名、存款时间、种类、金额、账号及住址等有关情况,书面向原储蓄机构正式证明挂失止付。挂失七天后,储户需与储蓄机构约定时间,办理补领存单(折)或支取存款手续。如储户本人不能前往,可委托他人代为办理存单挂失手续,但被委托人要出示其身份证明。……"由此看出,在持有储户本人及自己的居民身份证,并能提供有关存款正确信息的情况下,他人代为办理存单挂失申请手续符合法律规定。因而,本案中银行为王某办理挂失手续是没有什么问题的。但《中国人民银行关于办理存单挂失手续有关问题的复函》中进一步明确规定:"储户遗失存单后,委托他人代为办理挂失手续只限于代为办理挂失申请手续。挂失申请手续办理完毕后,储户必须亲自到储蓄机构办理补领新存单(折)或支取存款手续。"即虽然挂失手续可以委托他人办理,但是补领新存单或支取存款是签订新的存款合同或解除存款合同的另一种法律行为,却必须由储户本人完成。按照中国人民银行的有关解释,密码挂失参照遗失存单、存折、印章的挂失规定执行,N银行挂失密码的做法和办理支取存续时显然有违规之处,不能得到法律支持。

本案中,银行没有区分挂失与取款是两个不同性质的法律行为,机械地认为储户的丈夫有代理挂失存单的权利,也就有代为支取存款的权利,违反规定,将已被挂失的存款支付给了陈某的丈夫王某,但这并不能免除其向陈某兑付存款本息的责任,因此,按《储蓄管理条例》第三十七条"储蓄机构违反国家有关规定,侵犯储户合法权益,造成损失的,应当依法承担赔偿责任"的规定,银行仍应向张某支付这笔存款的本息。

(二)在共同共有的基础丧失之前,或未出现重大理由时,共同共有人不得请求分割共有物

共同共有是基于一定的共同关系而产生的,共有物也是以维持这种共同关系的存在为目的的。因此,对共同共有物,原则上不得分割。在共同关系仍然存在时,如果允许共同共有人可以随时请求分割共有物,势必会破坏这种共同关系的存续。所谓共同共有的基础丧失,如夫妻财产的共同共有场合,婚姻关系被解除;再如,合伙财产场合,合伙被解散。所谓重大理由,例如,在婚姻关系存续期间,夫妻双方约定由原来的夫妻共同财产制,改变为夫妻分别财产制。①《合伙企业法》第二十一条第一款规定:"合伙人在合同企业清算前,不得请求分割合伙企业的财产;但是,本法另有规定的除外。"这个"本法另有规定的除外",指的是依法退伙等情形。这也表明共同共有物原则上不得分割的精神。

(三)对共有物的处分和重大修缮,以得到全体共有人的同意为原则

由于共同共有人对共有物享有平等的权利,在共同共有关系存续期间,对共有物的处分以及重大修缮应当得到全体共有人的同意,除非共有人另有约定。

当然,如果是对共有物进行保存或简单的修缮,则无须经过全体共同共有人的同意。此外,夫妻为了日常生活的需要而处分价值额不大的共有物时,无须征得另一方的同意(《婚姻法解释(一)》第十七条第一款),但处分房地产等价值额很高的共有物时,必须有配偶另一方的书面授权。

(四)共有人侵害共有物时,其他共有人享有救济权

某个或某些共有人擅自侵占共有物,其他共有人有权行使所有物返还请求权(《物权法》第三十四条)。某个或某些共有人不法妨害共有物所有权的运作,其他共有人有权请求排除妨害(《物权法》第三十五条)。某个或某些共有人有不法妨害共有物之虞的,其他共有人有权请求消除危险(《物权法》第三十五条)。

四、共同共有的外部关系

(一)共同共有人的物权请求权

当第三人侵害共有物时,任何一个共同共有人都有权行使基于所有权产生的请求权,在行使所有物返还请求权场合,对共有物占有的回复应归于全体共有人。由于此种物权请求权的行使旨在保护全体共有人的利益,无须征得全体共有人的同意。

---

①　胡康生主编:《中华人民共和国物权法释义》,法律出版社 2007 年版,第 227 页。

（二）共同共有人的连带债权、连带债务

因共有物而使共同共有人与第三人产生债权，各个共同共有人享有连带债权。例如，第三人不法侵害共有物，各个共同共有人均有权请求该侵权行为人承担全部赔偿责任。共同共有人对因共有物产生的各类债务，承担连带责任。例如，因修缮共有物而产生的费用、因共有物致人损害而产生的赔偿责任等，均由全体共同共有人连带承担。

五、共同共有的消灭

共同共有消灭的原因，适用一般所有权消灭的原因，此外，还有独特的消灭原因。

（一）共同共有的基础关系消灭

共同共有的基础法律关系消灭，共同共有失去存续的基础，应当归于消灭。例如，夫妻关系因离婚而归于消灭，该共同共有不复存在。再如，合伙关系因合伙解散而归于终止，该共同共有随之消灭。

（二）共有物被转让、被征收

共有物转让与他人或被征收，共同共有权因失去标的物而归于消灭。不过，共有物转让所换取的对价，成立新的共同共有权，除非当事人有相反的约定。

（三）共有物灭失

共有物灭失，共同共有权因丧失标的物而归于消灭。但在共有物已被保险且因保险事故而灭失的情况下，共有人获取的保险金上成立新的共同共有权，除非当事人有相反的约定。

六、共同共有物的分割

依据《物权法》第一百条第一款的规定，共有人可以协商确定共有物的分割方式。达不成协议，共有物可以分割并且不会因分割减损价值的，应当对实物予以分割；难以分割或分割会减损价值的，应当对折价或拍卖、变卖取得的价款予以分割。此外，依据该条第二款的规定，共有人分割所得的不动产或者

动产有瑕疵的,其他共有人应当分担损失。

【案例8.4】刘某与莫某共有物分割案

　　刘某与莫某原系恋人关系。2007年11月,刘某通过中介公司向案外人购买本市浦东新区某处房屋(毛坯状态),建筑面积100.61平方米,总房款为人民币(下同)1038000元。房款付清后,2008年3月24日,上述房屋核准登记为刘某、莫某共有(未明确共有方式)。目前该房屋由刘某居住使用。

　　购买系争房屋的出资情况为:莫某实际出资175000元,其余款项包括装修均由刘某出资,房屋贷款以刘某名义申请并由刘某归还。

　　后因双方恋爱关系终止,莫某遂起诉要求分割系争房屋。

　　经莫某申请,原审法院委托估价公司对系争房屋现值进行评估,结论为:系争房屋评估价值为1907200元,其中包含房屋装修价值44000元。

　　一审法院认为,因刘某、莫某恋爱关系终止,双方已丧失对系争房屋共有的基础,故莫某要求对系争房屋予以分割依法有据。现系争房屋经核准登记明确为刘某、莫某共同共有,在双方就权属份额无法达成协议的情况下,应考虑共有人对系争房屋的贡献大小,适当照顾共有人生产、生活的实际需要等情况,酌情确定各自的权属份额。系争房屋现实际由刘某占有使用,另根据贷款及还贷情况,并综合房地产市场变动情况等因素,以刘某取得系争房屋权属并支付莫某房屋、装修折价款为宜,折价款的数额由法院酌定。据此,一审法院判决:一、系争房屋归刘某所有;二、刘某支付莫某房屋及装修折价款572160元(房屋现值的30%)。

　　一审判决后,刘某不服,向本院提起上诉,称:双方对系争房屋系按份共有,莫某对系争房屋没有出资,故请求二审法院改判其支付莫某补偿款60000元。

　　二审法院认为,系争房屋权属登记状况仅载明"刘某、莫某共有",根据《物权法》第一百零三条之规定,应认定刘某与莫某就系争房屋系按份共有,原审法院认定双方就系争房屋为共同共有属适用法律有误。就按份共有人对共有财产权属份额的认定,应根据《物权法》第一百零四条关于有约定从约定、没有约定按照出资额确定的相关规定予以处理。现莫某对系争房屋(毛坯状态)实际出资 175000 元,故应按照其实际出资额占购房款的比例确定其权属份额并根据房屋现值计算其应得的房屋折价款。二审遂维持原判第一项、改判原判第二项为刘某支付莫某房屋折价款 305378 元。

本案涉及恋爱期间共同购房,在无约定的情况下对共有人共有方式应如何认定,以及应如何确定共有人权属份额的问题。

(一)对恋爱期间共同购房共有方式的认定

共有分为按份共有和共同共有。按份共有,又称分别共有、通常共有,是指数人按应有份额对共有物共同享有权利和分担义务的共有。共同共有的概念有广义和狭义之分。狭义的共同共有是指合有,是各共有人根据法律或合同的效力,共同结合在一起不分份额地共同所有某项财产。广义的共同共有包括合有和总有。现代民法所使用的共同共有,是狭义上的概念,是指两个或两个以上民事主体基于某种共同关系,对于同一项财产不分份额地共同享有权利、承担义务的共有关系。《物权法》第一百零三条规定,共有人对共有的不动产或者动产没有约定为按份共有或者共同共有,或者约定不明的,除共有人具有家庭关系等外,视为按份共有。

恋爱期间共同购房,在进行权属登记时权利人未明确约定共有方式的,就该共有是共同共有还是按份共有,在理论界及司法实践中持有不同观点。持按份共有观点的认为,根据上述规定,不宜将推定的共同共有范围扩大到家庭关系之外的其他社会关系。因恋爱关系不属于家庭关系,故购房人对房屋属按份共有。持共同共有观点的认为,虽然恋爱关系不属于家庭关系,但上述规定在家庭关系外还有一个“等”字,即《物权法》为共有人之间存在家庭关系外的其他关系亦可认定为共同共有留下空间。根据我国国情及社会现状,当事人在恋爱期间共同购房一般系以将来用于共同生活为目的,且恋爱期间也存在当事人财产混同的情况,故恋爱关系与家庭关系相类似,可参照家庭关系适用相关法律。

本案采纳的是按份共有的观点。理由为:首先,共有人之间存在特定的共同关系是认定共同共有的前提。数人间基于一般的身份关系或者带有人格性质的关系而产生共同关系是共同共有发生的事实基础,而法律规定某种共同关系之间的财产关系为共同共有应为共同共有发生的基本原因。现理论界对此的普遍共识为共同关系或者由法律直接规定,如夫妻关系、家庭关系、从法定继承开始到分割完期间的遗产继承关系,或是基于当事人的约定,如合伙合同关系。因此,对上述《物权法》规定中“等”字的理解亦应限定在共同关系范围之内。其次,鉴于共同共有的法律特性,对共同关系的认定应严格限定。与按份共有人可自由处分自己的份额,并在无约定或约定不明的情况下可随时请求分割共有物不同,共同共有人对共有物进行管理、处分、分割都需要以全体共有人的共同意志为前提。此种区别亦反映出,按份共有关系就其本质而言具有暂时性;而共同关系通常具有存续期间较长、关系较稳定的特点。而在恋爱关系中,因相恋双方不存在法定权利义务或人身依附关系而存在诸多不稳定因素,此与夫妻关系、家庭关系明显不同,故不宜认定为共同关系。

(二)权属份额的确定

《物权法》第一百零四条规定:“按份共有人对共有的不动产或者动产享有的份额,没有约定或者约定不明的,按照出资额确定;不能确定出资额的,视为等额享有。”

本案中,在认定刘某、莫某就系争房屋为按份共有的情况下,由于双方对各自享有的产权份额没有约定,故应按照上述规定,在能够确定出资额的情况下,严格按照共有人的出资额确定其权属份额,本案即采纳此观点。但在司法实践中,还存在另一种观点,即认为恋爱关系的相恋双方基于感情因素等共同购房,与一般共同购房者毕竟存在差异,故在确定共有人权属份额时,原则上以实际出资额为依据,但应适当考虑恋爱因素及共有人对共有财产的贡献等,酌情予以认定。就该观点,一方面缺乏相应的法律依据,另一方面因无具体标准参照容易造成适法不统一,故本案未予采纳。

(三)对恋爱期间共同购房纠纷处理意见的解读

2007 年 9 月 20 日上海市高级人民法院发布了《上海市高级人民法院关于审理分家析产案件若干问题的意见》(沪高法民一〔2007〕20 号),其中第五条的规定,系对"恋爱期间共同购房,一方未出资但产权登记为两人共有,析产分割的处理",内容为:从不动产登记角度分析,房屋已经确定为恋爱双方共有。双方终止恋爱关系后分割共有财产,符合重大理由需要分割的情形。共有关系终止时,对共有财产的分割,有协议的按协议处理;没有协议的,应当考虑共有人对共有财产的贡献大小,适当照顾共有人生产、生活的实际需要等情况,合理确定未出资方的份额,一般以 10% 到 30% 的份额为宜。

因上述规定未就"两人共有"的共有类型予以明确,故需要结合当时关于共有物分割的相关规定来分析该规定的适用情形。在《物权法》正式出台施行前,《民法通则》第七十八条规定:"按份共有财产的每个共有人有权要求将自己的份额分出或者转让。"可见,在按份共有中,按份共有人可随时主张分割共有物。而对于共同共有物的分割,《民通意见》第九十条则规定:"在共同共有关系终止时,对共有财产的分割,有协议的,按协议处理;没有协议的,应当根据等分原则处理,并且考虑共有人对共有财产的贡献大小,适当照顾共有人生产、生活的实际需要等情况。"简单比较这两条规定即可看出,与按份共有不同,对共同共有物的分割应以共同共有关系终止为前提。因《上海市高级人民法院关于审理分家析产案件若干问题的意见》同样是在《物权法》正式出台前制定并颁布的,因此,其沿袭的应是《民法通则》及《民通意见》中关于共有物分割的相关精神。同时,结合该条关于"双方终止恋爱关系后分割共有财产,符合重大理由需要分割的情形"的表述和前提设定,亦可判断出上述规定中的相关处理原则系适用于共同共有的情形。鉴于上海市高级人民法院的上述文件系在《物权法》正式实施前出台,故其适用应以不与《物权法》相冲突为原则,上述规定应理解为适用于"恋爱期间共同购房,一方未出资但产权登记为两人共同共有的情形"。

【案例 8.5】程某与宋某恋爱期间共同购房纠纷案

程某与宋某曾系恋人关系,双方于 2001 年起共同生活,后于 2004 年

4 月终止恋爱关系。2003 年 3 月 26 日,程某、宋某与上海元益置业有限公司签订房地产预售合同,约定双方共同购买上海市杨浦区本溪路 168 弄某室房屋(以下简称"本溪路房屋")。该房屋二审时尚未办理房屋产权证,且房屋预售登记未载明双方共有关系。该房屋价格 721978.5 元,首付款 371978.5 元,其中 171978.5 元由双方共同支付,200000 元由程某父亲支付。剩余 350000 元由宋某向银行申请贷款方式支付。双方从 2003 年 5 月起共同偿还银行贷款至 2004 年 4 月。双方终止恋爱关系后由程某居住使用。2003 年 12 月 3 日,程某、宋某与上海恒慧房地产开发有限公司签订房地产预售合同,约定双方共同购买上海市杨浦区江浦路 2089 弄某室房屋(以下简称"江浦路房屋")。2004 年 4 月 22 日,双方取得系争房屋产权,产权登记为双方共有,未载明双方共有关系。该房屋价格 858065 元,首付 178065 元,其中 128065 元为双方共同支付,50000 元由程某父亲支付。剩余 680000 元由程某向银行申请贷款方式支付。从 2004 年 2 月起双方共同还贷至 2004 年 4 月。该房屋的评估价为 3940000 元。后程某诉至法院,要求认定涉案房屋系双方按份共有,并要求按照各自出资比例分割房屋产权。

原审法院审理后认为,共同共有人在共有基础丧失或者有重大理由需要分割时可以请求分割。程某、宋某原系恋爱关系,在恋爱同居期间共同购买了两套房屋,现双方的恋爱关系已终止,故两套房屋的共有基础已不存在,两人要求分割,于法有据,可以准许。鉴于双方对各自所占的份额并无明确约定,两套房屋价值相差不大,为便于双方各自生活,房屋的分割以一人一套为妥。法院结合双方当事人对两套房屋的出资情况(其中程某出资较多)、实际居住状况和房屋的现状等因素综合考量,将面积较大的本溪路房屋判归程某所有,并由程某承担该房屋项下全部贷款;将面积较小且有较大部分贷款的江浦路房屋判归宋某所有,并由宋某承担该房屋项下全部贷款。

程某与宋某均不服原审判决,提起上诉。

二审法院就双方争议的共有关系性质和共有财产分割方法向当事人

进行了充分的释法说理工作,促成双方达成庭外和解,后双方均自愿撤回上诉。现原审法院判决已经生效。

本案的焦点是:共有人在《物权法》生效之前形成的共有财产,共有关系不明时,应当推定为共同共有还是按份共有。笔者认为,应当适用共有关系形成之时的法律即《民通意见》,推定为共同共有。理由如下:

（一）共有关系性质不同,共有财产的分割方法完全不同

对于按份共有,《物权法》第一百零四条规定:"按份共有人对共有的不动产或者动产享有的份额,没有约定或者约定不明确的,按照出资额确定;不能确定出资额的,视为等额享有。"因此,按份共有人对共有物权没有约定份额或约定不明确的,应当严格按照出资比例进行分割,不能确定出资额的则视为等额出资。《民通意见》第九十条规定:"在共同共有关系终止时,对共有财产的分割,有协议的,按协议处理;没有协议的,应当根据等分原则处理,并且考虑共有人对共有财产的贡献大小,适当照顾共有人生产、生活的实际需要等情况。但分割夫妻共有财产,应当根据婚姻法的有关规定处理。"因此,共同共有人对共有物权的分割应以等分为原则,并考虑共有人对共有财产的贡献等其他因素,法官在分割时可根据公平原则进行一定的自由裁量。可见,共有性质不同,分割方法迥异,法院在对共有物进行分割前应先对共有关系的性质进行认定。

（二）《物权法》改变了共有性质的推定规则

在《物权法》出台之前,《民通意见》第八十八条规定:"对于共有财产,部分共有人主张按份共有,部分共有人主张共同共有,如果不能证明财产是按份共有的,应当认定为共同共有。"根据该条规定,如果双方均不能举证证明财产的共有性质是按份共有,则应认定为共同共有。而《物权法》第一百零三条规定:"共有人对共有的不动产或者动产没有约定为按份共有或者共同共有,或者约定不明确的,除共有人具有家庭关系等外,视为按份共有。"这一规定改变了《民通意见》对共有性质的推定规则,《民通意见》将无约定的共有推定为共同共有,而《物权法》将共有关系不明推定为按份共有,除非共有人具有

家庭关系等客观情形。

（三）《物权法》生效前形成的共有关系，其共有性质不明时应适用《民通意见》的规定，推定为共同共有

因为《物权法》改变了共有关系性质的推定规则，因此在《物权法》生效后法院审理的共有财产分割纠纷案件，应首先考虑适用何种法律认定共有关系性质。这就涉及法律的溯及力问题。一般来说，实体法律规范不具有溯及力，因为法律是社会公众从事社会交往活动的行动指南，人们根据行为之时的法律判断自己行为的性质和法律后果。如果适用新法改变旧法确立的法律关系，不利于维护法律关系及社会关系的稳定性，也超出了行为人可预见的范围，有违责任自负原则。我国有关法律规定也体现了实体法律规范不具有溯及力的这一原则。《民通意见》第一百九十六条规定："1987 年 1 月 1 日以后受理的案件，如果民事行为发生在 1987 年以前，适用民事行为发生时的法律、政策，当时的法律、政策没有具体规定的，可以比照民法通则处理。"《立法法》第八十四条规定："法律、行政法规、地方性法规、自治条例和单行条例、规章不溯及既往，但为了更好地保护公民、法人和其他组织的权利和利益而作的特别规定除外。"因此，我国法律特别是实体法律规范一般不具有溯及力。

《物权法》自 2007 年 10 月 1 日起施行，对于此前形成的共有关系性质的认定不具有溯及力。因此，《物权法》生效前形成的共有关系应适用《民通意见》第八十八条的规定加以认定；2007 年 10 月 1 日《物权法》生效后形成的共有关系则应适用《物权法》第一百零三条的规定加以认定。

本案中，双方对两套系争房产的共有关系分别形成于 2003 年和 2004 年均无任何争议，当事人也没有提出证据证明共有性质为按份共有，因此应适用《民通意见》第八十八条的规定认定为双方共同共有。而共同共有的财产分割应以等分为原则，并兼顾共有人对共有财产的贡献等其他因素。因此，一审法院认定双方对涉案房屋系共同共有符合法律精神和法律规则，定性准确。对于涉案房屋的分割方法，一审法院在等分的基础上适当考虑程某出资较多等因素同样符合"以等分为原则，兼顾贡献"的共同共有分割原则。

【案例 8.6】夫妻房屋分割案

原告蒋某与被告袁某系夫妻关系,1984 年 12 月两人登记结婚,2002 年 11 月双方因感情不合分居,期间起诉要求离婚未获准许。本市大连西路 22 号某室 31.12 平方米的房屋系蒋某与袁某婚后用家庭财产购买的售后产权房,房屋产权登记在袁某名下。双方分居后,房屋由原告蒋某居住,被告袁某携其子居住在外。2004 年 10 月,被告袁某未经丈夫同意与第三人任某就系争房以 22 万元达成买卖协议,将该房出卖。第三人任某一次性付清袁某房款 22 万元,双方至房地产管理部门办理了房屋过户登记手续,将产权过户登记至任某名下。嗣后,任某入住该房准备装修时,这才发现袁某的丈夫居住在内,并且蒋某对这项交易一无所知。蒋某认为房子系双方共同财产,妻子未经自己同意无权擅自处分,遂起诉到法院要求确认合同无效。任某则认为自己是善意第三人,基于对登记的信赖进行交易,应该获得法律的保护。

司法实践中,夫妻一方主张配偶对方的行为未经本人同意要求确认无效的情形并不少见。这类案件所争议的不仅仅是单纯的合同效力问题,而是其各自背后所代表的价值取向。对立双方的观点最终体现为法定夫妻财产共有制与登记公信力两种制度取舍与平衡的思考。由于我国《婚姻法》对夫妻财产制的规定过于简单,除非第三人存在明显恶意,实践中罕有援引《民法通则》中关于共同共有规定给予处理的案例。[①] 这类裁判固然有其合理的因素,但不可否认裁判结果是以牺牲无数夫妻财产隐名共有人权益及家庭的稳定和谐为代价。其过分强调登记的效力,扩大了善意交易第三人保护的外延。夫妻财产隐名共有人在实际生活中大量存在,是我国的传统价值观念和文化习俗使然,其存在具有一定的合理性和普遍性。立法者和司法者对这一社会现

---

① 蒋月:《夫妻财产制与民事交易安全若干问题研究》,《法学》1999 年第 5 期。在未经一方同意之行为的法律后果上,我国台湾地区 2002 年版民法亲属编第 1033 条规定:"夫妻之一方,对共同财产进行处分时,应得他方之同意。前项同意之欠缺,或依情形,可认为该财产属于共同财产者,不在此限。"

象都应有充分的了解和认识。人们的家庭财产观念有一个不断发展、演变的过程，现阶段意识流态仍以共有观念为主导，以婚后所得共有为法定财产制。在这样一个社会大背景下，强调隐名共有人权益的保护将有着非常重要的现实意义。

要保护夫妻共同财产中的隐名共有人的权利，势必要否认已经发生效力的交易行为，而这些交易行为又是建立在公示公信、交易安全、交易效率等制度与法律所追求的价值之上。否认合同的效力，保护真实权利人的利益，是否与物权的公信力相违背？是否会不利于保护交易安全、增加交易成本？这是强调保护夫妻财产中隐名共有人的合法权利必须回答的几个问题。

（一）登记公信力与真实权利人保护的消长

被告袁某所处分的房屋，其权属登记证书上记载的权利人是袁某本人。在我国产权登记证是确定权利人身份的凭证，从这个角度而言，袁某是房屋的权利人享有处分权能。但我们不能忽视显名背后隐藏的权利共有状态。我国《民法通则》和《婚姻法》确立了夫妻家庭财产共有制，在夫妻关系存续期间除特殊财产、特别约定外，所取得的财产为夫妻双方共同共有，双方享有平等的处分权。婚后用家庭财产购买的房屋属于家庭共有财产当属无疑，即使产证上仅记载一人姓名也不影响其共有的权属性质。这是基于法律规定而产生的物权形态，不被登记的有无左右。所以，蒋某作为共有人对房屋也享有所有权，但是因为没有登记公示而成为事实上的物权人。按照共有的理论，袁某的买卖行为系无权处分行为，效力存在瑕疵。

在登记生效主义模式下，不动产的登记具有公信力，参与交易的行为人，只须依据公示方法所表现的物权状态，从事交易行为即为已足，不需要支付额外的成本调查权利的实际状态，也无需顾虑公示方法之外的物权状态发生而遭受意外损害。即使存在与登记的不同权利状态，其所得利益仍然受到法律的保护。所以，从公信力角度而言，本案第三人基于房产证登记的效力足以对抗隐名共有人蒋某的权利主张。

夫妻显名方擅自处分共有财产的类案中，法官所徘徊的正是交易第三人与事实物权人之间利益选择的问题。而这一利益平衡的过程，实则体现的是登记公信力与真实权利人保护的消长关系。公示、公信原则下,真实权利人的权益在交易安全、交易效率和秩序面前变得渺小而不足以道,法律物权绝对优于事实物权。然而,一种利益的追求不可能建立在对另一种利益完全牺牲的基础之上,家庭财产制度的稳定和真实权利人利益的维护作为一种正义的要求,也是立法者所应保护的价值体系。一部良法应是多种利益平衡的产物,最大限度地实现公平。所以,法律在肯定善意交易的同时,必须对恶意利用瑕疵登记进行交易的行为作出否定性的评价,以平衡真实权利人的权利。

1. 物权登记公信力的效力范围

基于制度边际约束的存在,每一种法律制度的适用都非普适性并具有一定的弹性,法律或是对其设定严格的适用条件,或是规定例外情形排除适用。无一例外,公信力的肯定必须同时伴随着对一些情形下公信力的排除。换言之,物权登记公信力不具有绝对性。公信力效力范围的划定,取决于交易的安全、效率和为此承担的成本之间的利益衡量。各国立法对于公信力的效力范围主要通过以下两种方式进行调整:

(1)登记公信力的排除。根据德国民法规定,下列事实构成不在公信力范围之内:对不动产的事实说明、登记簿中显然的个人情况、不得登记的权利负担或者限制、相互矛盾的双重登记、为法律所不允许登记。① 德国土地登记立法中,登记簿公信力排除有两种情形:"①因具有公见之设备,足以动摇对于登记簿之信赖者。②依一般社会观念,其权利之成立或不成立之报知,非可期待于土地登记簿者。"②

(2)登记公信力保护的限制。在排除了公信力不予适用的事项之后,法律进一步限制了公信力的适用条件,只有满足了这些条件,第三人才能获得公信力的保障。具体包括:①第三人取得登记簿上记载的权利的法律行为须为有效;②物权的变动乃是基于法律行为的物权变动;③当事人的物权变动必须是一项交易行为;④第三人必须是善意且无重大过失。

---

① [德]鲍尔·施蒂尔纳:《德国物权法》(上册),张双根译,法律出版社2004年2月第1版,第492页。

② 谢在全:《民法物权论》(上),中国政法大学出版社1999年1月第1版,第56页。

由上可知,登记的公信力并不是无条件地适用。具体个案中交易第三方权益能够得到保护还需综合多方面因素进行考量,既包括社会制度、公共观念的因素,也涉及交易行为法律性质和交易方的主观心态。所以,如果夫或妻一方擅自处分共有不动产的情形属于公信力排除或限制的范畴,登记公信力的制度价值并不会因为真实权利的保护而受到影响。

2. 法定夫妻共同财产制对于登记公信力的排除

如上文所述,依一般社会观念,其权利之成立或不成立之报知,非可期待于土地登记簿者,可以排除登记公信力。这就是说,如果一般社会观念对某一类权利状态已有事前普遍的认同,登记的公信力就要受到限制。我国关于夫妻财产制度的一般社会观念是什么,就是法定婚后所得共同制。夫妻关系存续期间夫妻一方所得和双方共同所得的收入和财产,均归夫妻双方共同共有,但特有财产除外的夫妻财产制度。作为我国婚姻法的一项基本制度,夫妻财产共有制最能体现婚姻的伦理性,最能适应家庭共同生活的需要,又满足了中国百姓传统婚姻心理需求,因而成为多数居民最愿意采用的夫妻财产制度类型。也许普通老百姓对于婚姻法的其他具体条款内容并不了解,但这一夫妻财产制度的基本精神却是深入人心、无人不晓的。通过这一制度所彰显的是男女平等、保护弱者、维护公平正义、促进婚姻家庭和谐稳定的婚姻法的基本价值。

中国传统社会历来以家庭为本位,接受夫妻一体主义的观念,认为夫妻在人身上不分你我,在财产问题上也不分彼此。基于相互的信任和出于情感上的考虑,往往会产生只有一方在产权证上做登记。如果另一方积极要求进行权属登记,虽然主张是合法的,但却表现出一种不信任,不符合中国传统婚姻家庭价值观。财产登记在一方名下,固然有可能是夫妻之间特别约定或婚前个人财产,但更多的现状是夫妻基于诸多原因,如法律意识淡薄、不愿暴露财富、避免高利率的贷款利息、户口不在本市、嫌变更手续烦琐等,而登记在一人名下的共同财产。法律并没有强制规定,夫妻存续期间所得不动产必须登记署上两人的名字,否则将视为个人财产。法律允许公民根据实际情况决定登记簿上署名的多寡,这种"意思自治"背后有法定夫妻婚后财产共有制做后盾。除非双方对财产权利归属作出明确约定,否则一概适用法定财产制。我国婚姻关系存续期间,夫妻双方所取得的财产通常为夫妻共同财产,这作为一种社会观念、一种常识,交易第三人应当知道。交易第三人仅根据产权证上夫或妻一人姓名就认定为该一人所有,有失偏颇。究竟是何种情况交易第三人应进一步询问,而不能仅简单地"善意认为"即可。婚姻法的基本财产制度,尤其是涉及每个公民切身利益的内容具有公开性和预期性,应推定为一般社会公众所了解,"不知"不能作为疏忽的借口。所以,当第三人与显名登记人进行交易时,对于是否属于夫妻共同财产交易第三人依一般社会观念应当引起注意,有义务了解隐名共有人的有无以及隐名共有人的意思,否则日后隐名共有人以不知情为由,要求宣告交易关系无效的,不得对抗。对于无特别约定登记在一方名下的家庭财产可以排除登记公信力,保护隐名一方作为产权人的实体权利。此时夫妻财产共有关系效力优先于登记,登记不能否定隐名所有人的合法权益。

除了交易第三人对于法律的知晓程度,公信力的第四个条件,即第三人必须是善意且无重大过失也是我们必须考察的问题。第三人的交易安全之所以受保护,是因为其在主观上处于善意无过失的心理状态。受让人在获取物权时属于善意无重大过失,或是对无权处分人拥有权利的积极信赖,或者是对其不拥有权利的消极不知。[①] 如果交易第三人知道或应当知道该项财产是夫妻共同财产,而不向隐名共有人征询对交易所持的意见,第三人还是否属于法律上的善意第三人是很值得探讨的。任何一项具体的制度或一个价值取向,所保护的都应当是善意的主体而非"背信的恶意者",物权的公示公信原则也不例外。

本案交易第三人是否确有理由相信夫妻一方有权处分不动产,或是根本认为对方系单身与夫妻财产无关? 从目前我国社会婚姻家庭的主流形态来看,家庭仍是构成社会的细胞,绝大多数中国人都身处"围城"之中,这既是传

---

① 史尚宽:《物权之公示与公信力》,载郑玉波主编:《民法物权论文选选集》上册,台湾五南图书出版公司1984年版,第122页。

统也是人类赖以生存的方式。作为一个理性的社会人对此应有充分的认识，尤其当交易客体涉及个人所有的居住用房。此类财产是事关居民生存利益的重要生活资料，不是投资利益、生产资料，仅仅查询登记簿即可。交易方武断地认定对方单身有违社会常理，如果对婚姻状况视而不见不加询问则难逃"过错"之嫌。

有家庭就会涉及家庭财产的其他共有人，处分权即受到限制。分别财产制中，交易第三人应注意夫妻对于财产归属是否有特别的约定；共同所有制中，交易第三人则应注意涉及重大财产是不是双方共同意思表示的结果。交易第三人明知或应知存在隐名共有人，隐名共有人又未对共有财产的处分做明确的意思表示，如果此时第三人故意或过失不去征询隐名共有人的意见，至少主观上存有疏忽，无法成为法律上的善意第三人。此外，从占有事实的角度来看，夫或妻一方对于不动产已经呈现长期占有、支配状态。在日耳曼法上，占有是权利的外衣，对权利起着表彰作用。作为买受人他有合理的审慎义务到不动产的现场去调查并对占有人作出询问。除非他在被询问时，占有人对此利益做了明确的否认。相反，不调查、不看房，对买卖房产现实状态漠不关心，不符合交易的惯例和人之常情，第三人很难就其不作为主张善意。

第三人对一方超出家事代理范围处分家庭重大财产"无权"表示不知，于法于理皆过于牵强，对于夫妻财产的共有状态法律应推定第三人事先明知，未尽审查义务不能认定"有理由相信"抗辩理由成立。

在一般情况下，由于该"恶意"仅仅是一种内心的心理状态，从经验上看，由真正权利人加以举证的话，实际上是非常困难的。某种程度上甚至是堵塞了真正权利人的希望。所以，为了平衡双方利益体现公平，法律将由真正权利人举证被告为恶意第三人转化为由被告证明自己"有理由相信"，实现举证责任转移。《中华人民共和国婚姻法若干问题的解释（一）》第十七条规定，夫或妻非因日常生活需要对夫妻共同财产做重要处理决定，夫妻双方应当平等协商，取得一致意见。他人有理由相信其为夫妻双方共同意思表示的，另一方不得以不同意或不知道为由对抗善意第三人。这是一项有想象力和现实意义的规定。"恶意"是主观状态，不易举证。转而由第三人就"有理由相信"进行举证,更能平衡真实权利人与善意受让人之间利益,法官根据这一技术手段在个案中可以根据具体情况判断善意的成立与否,从而实现利益的衡平。该解释的积极作用在于它移转了举证责任,从第三人的主观方面解决了交易公正问题。

(二)交易安全的合理内涵

1.财产共有制所体现的交易安全

登记公信力最重要的一项制度意义,就在于通过肯定交易的效力保护动态财产流转的安全和控制交易成本提升经济活动的效率。所以有人认为,扩大保护登记簿以外隐名人的权利,会使交易第三人的交易安全无法保障,极易遭遇"意外风险"。为避免风险第三人会付出更多的资源去完成一项交易,无形增加全社会的交易成本。

首先,本书公信力受限主要是针对涉及重大家庭财产交易的场合,是以共有制这样一项婚姻财产的基本制度作为前提,而不是泛化于经济活动中的任何交易。其次,一项常规交易是否安全,在法制健全、开示的社会,理性、谨慎交易人是可以作出预期的。我国《婚姻法》中的法定财产共有制与家事代理制度所追求的价值之一也是实现交易的安全和稳定,与登记制度不谋而合。夫妻双方如果没有财产特约,则一律适用法定财产制,不必履行特别的手续,婚姻存续期间不必为财产制适用条件和效力考虑,简单方便节约成本。家事活动以外的处分行为,交易方只需确认系夫妻双方共同意思表示即可,而不需付出额外的成本调查财产的底细。从这个意义上说,规定共有财产制度使夫妻财产关系明确,使交易方对哪些财产需双方共同意思表示预先作出理性的判断,才是真正免除了交易方的后顾之忧,有利于整个社会资源的最有效利用,而非一些人担忧的增加意外风险。

2.约定财产制所体现的交易安全

在债法领域,债务人内部约定不得对抗债权人是公认的一般准则。之所以协议对第三人不具有约束力,是因为协议缺失外观要件,不能为第三人所辨识,法律当然要免除"无辜"人的风险。与此不同,夫妻共有财产的形成是根据《婚姻法》或有关司法解释的明确规定而发生,不是当事人意定,因法律的公示而具备外观要件。夫妻也可以就家庭财产的分配另行约定,这就是约定财产制。由于约定内容具有隐秘性和不确定性,所以,操作上类似"债务协议"的效力认定,不得对抗善意第三人,以保护交易的安全。

夫妻对财产权属约定的效果直接体现在处分权的限制上,夫妻日常交易活动以各自所有的财物为限,限制内容对第三人未预先告知的,不负其责。从各国的相关规定可知,对日常财产处分权的限制一般有登记、公告、通知三种方式,一般要求必须使具体的第三人得知。除此之外,如果仅有内部的限制,而没有通知第三人,则不能对抗善意第三人。所以,笔者认为,维护交易安全,保护善意第三人主要体现在夫妻之间有特别约定未登记或告知的场合,由于其特约非常态的财产关系不为外人所明了,交易风险无法预期,所以法律基于交易安全的考虑选择保护善意第三人的合法权益。

目前,就国人的习俗而言,约定财产制与法定财产制相比较属于夫妻财产制的非常规形态,共有财产制仍是大多数中国老百姓选择的家庭财产制。共有关系作为一种常态,并不会使交易第三人因产权瑕疵遭受到"意外",交易风险是可以预期和控制的。所以保护夫或妻隐名一方的权益,在我国现有的法律框架体系内并不会破坏交易秩序。同时,通过判例对有瑕疵交易的调整,可以产生促使家庭关系稳定和谐、经济交往良性循环的长远效应。

(三)交易成本的考量

如果涉及家庭财产的静态安全大于交易安全,那交易人势必需要调查真实权利状态。从法经济学的视角分析,会不会因承担过重的交易成本而丧失效率?善意第三人的合法权益和隐名共有人的所有权在法律上都有保护的价值是肯定的,无非是是否有可能把二者的利益很好地兼顾起来,不因交易成本上升而缺乏可行性。我们说由于从注意对象上来看,系交易一方的配偶,相对比较容易确定,交易第三人履行该项注意义务的交易成本也就相对较低。所以,要求第三人负担一定的注意义务并不会导致交易成本的大幅度提高。交易成本不应成为一个阻却保护隐名共有人合法权利的客观事由。此外,从占有事实保护来说,占有本身就可以揭示出占有人利益的存在,买受人根据合理交易义务应该对占有人及其利益进行调查,而这并不困难,也没什么不公平。

在注意方式上,第三人首先可以向交易对方询问婚姻状况,要求交易对方出具相关证明(如单位或居委会证明其未婚的书面材料)。涉及不动产应提供户口簿等材料,不必亲自到有关登记部门核实调查。如果第三人在向交易相对人提出征询以后,得到的否定回答具有很强的可信度,但事实上确实与实际不相符时,第三人可以证明自己已尽注意义务,为善意第三人。其次,据查实存在隐名共有人时,应征求隐名共有人的意见,并保留相关的书面证据。如果显名方故意伪造虚假证明则构成表见代理,第三人合法权益仍受法律保护,可以对抗隐名共有人的权利主张。最后,交易方应就不动产的占有状态实地考察,最终确认交易客体使用价值、交换价值的完好。

所以,由于被注意对象与交易对方身份关系密切极易确定,且由交易对方出示相关证明材料,第三人履行此项注意义务并不会导致交易成本的大幅度增加。

夫妻共同财产中隐名共有人的权利应该获得法律的承认和保护,这既是社会和谐稳定的需要,也是婚姻财产制度得以落实避免虚化的有力保障。通过司法裁判的价值展现,将引导公众增强权利保护意识,不断规范交易行为,促进社会交往和谐有序地发展。完善婚姻法的相关规定势在必行,同时还应健全产权过户登记制度,明确交易登记部门审核义务。从而,隐名共有人的合法权益才能真正获得制度保障。

第 三 编

用益物权

第九章　土地承包经营权

"土地是财富之母,劳动是财富之父。"人类的生产发展离不开脚下的土地。从自然的角度来说,人类需要合理、有效地利用土地,以取得土地上的产出,但能否合理和有效地利用土地,既是一个自然问题,更是一个社会问题。纵观人类社会的演进与发展,谁占有土地、以什么形式使用土地、如何分配土地上的产出和收益在不同的历史阶段都是事关社会根基的重要制度安排。土地作为一种财产,在其归属与利用上进行科学的制度安排,不仅直接关系到人与人之间利益关系的合理界定,更关系到农村土地效用发挥的最大化。这一点对直接关乎农业生产①的耕地而言就更为明显。在我国,"国以民为本,民以食为天""仓廪实而知礼节""无农不稳,无粮则乱""为征之要,首在足粮"等历史经验无不精辟地阐述了粮食对社会经济发展的重要性,故而对于耕地上的归属与利用的法律制度安排,是服务耕地功能发挥、确保国家粮食安全、促进社会稳定和谐与经济发展的重要手段。农户一般通过家庭承包方式享有土地的承包经营权,以此确立了耕地制度层面上的归属与利用关系,但在实践中,静态意义上的保有及自行利用已不能满足农业生产经营的现实需要,故而法律逐步赋予并扩展了土地承包经营权的流转功能。2015 年中央一号文件,即《关于加大改革创新力度加快农业现代化建设的若干意见》中指出,要稳步推进农村土地制度改革试点,在确保土地公有制性质不改变、耕地红线不突破、农民利益不受损的前提下,按照中央统一部署,审慎稳妥推进农村土地制

---

① 这里的农业生产是指狭义的农业生产,主要指粮、棉、油、蔬菜等种植作物的生产,不包含林果业的生产。

度改革,并要抓紧修改农村土地承包方面的法律,明确现有土地承包关系保持稳定并长久不变的具体实现形式,界定农村土地集体所有权、农户承包权、土地经营权之间的权利关系。在土地承包经营权的利用与经营问题上,《关于加大改革创新力度加快农业现代化建设的若干意见》指出,要坚持和完善农村基本经营制度,坚持农民家庭经营主体地位,引导土地经营权规范有序流转,创新土地流转和规模经营方式,积极发展多种形式适度规模经营,提高农民组织化程度;鼓励发展规模适度的农户家庭农场,完善对粮食生产规模经营主体的支持服务体系;引导农民以土地经营权入股合作社和龙头企业。与此同时,《关于加大改革创新力度加快农业现代化建设的若干意见》还强调,土地经营权流转要尊重农民意愿,不得硬性下指标、强制推动;尽快制定工商资本租赁农地的准入和监管办法,严禁擅自改变农业用途。在新一轮改革政策的推动下,我国的土地承包经营权制度将发挥更为多元的作用,为我国现代农业建设注入更多动力。

第一节　土地承包经营权的内涵解析

所谓农村土地,指农民集体所有的和国家所有依法由农民集体使用的耕地、林地、草地,以及其他依法用于农业的土地。前述土地可以作为土地承包经营权的客体。此外,可以作为土地承包经营权客体的还有"四荒"土地,属于"未利用地",承包、租赁或拍卖使用权的"四荒"地必须是农村集体经济组织所有的、未利用的土地。自留山、责任山是林地的组成部分,不在"四荒"之列。耕地、林地、草原以及国有未利用土地不得作为农村"四荒"。①

一、土地承包经营权的含义

土地承包经营权,是指农户等承包人对其承包经营的耕地、林地、草地等

---

① 参见《关于进一步做好治理开发农村"四荒"资源工作的通知》(国办发〔1999〕102号)第一条第一、四项。

农村土地依法享有占有、使用和收益的权利,从事种植业、林业、牧业等农业生产活动,保有收获物的所有权的用益物权。其中,占主导地位的是,以家庭承包经营为基础产生的土地承包经营权。不宜采取家庭承包方式的荒山、荒沟、荒丘、荒滩等农村土地,大多采取招标、拍卖、公开协商的方式形成土地承包经营权。

二、土地承包经营权的性质

通过家庭承包方式设立的土地承包经营权,是我国实行家庭联产承包责任制的产物,是集体经济组织成员作为集体土地所有人中的一分子所应获得的一项财产,是他们就业所必需的,是他们获得生活来源的法律保障。正因如此,土地承包经营权是基于土地按人或按劳动力均有(口粮田使用权是按人均有,责任田承包经营权是按劳动力或按人均有)的原则而产生的。每家农村承包经营户均享有与其人口或劳动力相应的土地承包经营权。这种社区成员与社区土地对应配置的模式与当时农户的生产能力相吻合。在当时的条件下,农户取得土地承包经营权至关重要,取得该权后也充分发挥出了应有的效能。新一轮土地承包制度下的土地承包经营权,虽然其存续期间延长了30年,《农村土地承包法》和《物权法》更是区分承包地的类型而分别规定了较长时期的土地承包经营权,如草地的承包期为 30 年至 50 年,林地的承包期为30 年至 70 年,因"增人不增地,减人不减地"而修正了土地均有原则,可以经发包人同意而被转包、转让、互换等,同第一轮土地承包制度下的土地承包经营权相比有所发展变化,但仍无根本性的改变,并未突破社区成员与社区土地之间对应配置的现状。[①] 通过家庭承包方式设立土地承包经营权场合,承包地的面积按人均有或按劳动力均有。与此不同,"四荒"拍卖、招标是一种开放的市场行为,"四荒"土地承包经营权原则上是基于价高者得或条件理想者得的游戏规则而归招标人或买受人享有。它不是土地按人或劳动力均有原则的产物,不存在社区成员与社区土地之间对应配置的分配问题。

---

① 　崔建远:《"四荒"拍卖与土地使用权》,《法学研究》1995 年第 6 期。

三、土地承包经营权的特点

（一）土地承包经营权是派生于土地所有权的一项用益物权

从权利所生之源角度看,土地承包经营权是承包人分享了集体土地所有权或国家土地所有权中的占有、使用、收益诸项权能而形成的他物权。其母权是集体土地所有权,少数情况下是国家土地所有权。从权利的归属体系角度看,土地承包经营权以占有、使用、收益为内容,承包人对其承包地拥有支配力、排他力,属于用益物权。土地承包经营权的设定不以登记为生效要件,但未经登记的土地承包经营权不得对抗善意第三人。土地承包经营权一经设立就具有独立性,只要其母权——集体土地所有权——没有绝对消灭,只要土地承包经营权的存续期间没有届满,即使发包人不复存在,土地承包经营权也照样存在。在第三人侵害它时,承包人就有权基于物上请求权请求该第三人承担侵权责任。

【案例 9.1】俞某土地承包经营权案

俞甲诉俞乙土地承包经营权案。① 原、被告系同村村民,原生产队老仓库后面 0.38 亩土地起先由原告承包使用,至 2002 年该块土地仍由原告承包使用。2003 年后,被告认为生产队已将该 0.38 亩土地中的一半即讼争的 0.19 亩土地流转至被告账上,遂在该土地上种植。现原告认为该土地未流转过,故要求被告返还 0.19 亩土地。讼争的 0.19 亩土地中0.12 亩因建设长兴江南大道而被征用,余下的 0.07 亩土地西至江南大道、东至泯沟、南至俞某某的承包田、北至张某某的承包田。法院认为,公民、法人由于过错侵害国家的、集体的财产,侵害他人财产、人身的,应当承担民事责任。本案讼争的土地由原告承包使用,被告虽辩解该土地现已由其承包使用,因原告对此不予认可,而村民委员会对生产队土地变动亦不清楚,故对被告该项辩解依法不予采信。鉴于讼争的 0.19 亩土地中

---

① 参见上海市崇明县(2011)崇民一(民)初字第 2039 号民事判决书。

0.12 亩因建设长兴江南大道而被征用,该部分土地的征用费用本案不做处理,原告可另行通过有关途径解决,至于余下的 0.07 亩土地被告应返还原告。

(二)权利主体的二元结构

从主体上看,以家庭承包方式设立的土地承包经营权,其主体具有身份性,必须是由本集体经济组织成员所组成的农户,至少在土地承包经营权设立之时是这样的。

【案例9.2】何某诉王某农村土地承包经营权案

　　原告何某、王 B 与被告王 A 农村土地承包经营权纠纷案。① 王 A 于 1975 年 1 月 25 日结婚,由于其丈夫是军人,故户口仍在王 C 家。1982 年,村发包土地时,王 A 与王 C 一家系同一家庭成员,5 口人承包 5.4 亩地,人均 1.08 亩,承包户户主为王 C。王 A 的户口于 1992 年 1 月迁入白城市并转为非农业户口。1997 年第二轮土地承包时,王 C 家承包 4.82 亩土地,并于 2005 年取得《农村土地承包经营权证》,共有人没有记载王 A。之后,王 A 与王 C 就王 A 在王 C 承包的土地中享有五分之一的承包经营权问题发生争议,引发本案诉讼。王 C 认为王 A 不享有土地承包经营权。王 C 于 2010 年 10 月死亡,其妻何某、其子王 B 成原案件原告。法院认为,王 A 作为城市居民,在二轮土地延包中不享有土地承包经营权。王 A 于 1992 年 1 月将户口从王 C 家迁至白城市新立派出所辖区内落户。《农村土地承包法》第二十六条第三款之规定:"承包期内,全家迁入设区的市,转为非农业户口的,应当将承包的耕地和草地交回发包方。承包方不交回的,发包方可以收回承包的耕地和草地。"可见,迁入设区的市、转为非农业户口,是丧失农村土地承包经营权的条件。由于目前我国

① 《最高人民法院公布保障民生第二批典型案例》,见 http://www.chinacourt.org/article/detail/2014/03/id/1235049.shtml,最后访问日期:2015 年 4 月 3 日。

法律没有对农村居民个人丧失土地承包经营权的条件作出明确具体的规定，因此，只能比照法律中最相类似的条款进行认定，上述规定应当成为认定在第二轮土地承包中，王Ａ是否对王Ｃ家承包的土地享有承包经营权的法律依据。此时王Ａ的户口已经迁入设区的市，成为城市居民，因此不应再享有农村土地承包经营权。当地第二轮土地承包仍依照《土地承包法》第十五条之规定，以本集体经济组织的农户为单位。延包的含义是只丈量土地，不进行调整。符合增人不增地、减人不减地的政策。王Ａ此时已不是王Ｃ家庭成员，在二轮土地延包中不享有土地承包经营权。

"四荒"土地承包经营权的主体则无身份限制，不但"四荒"土地所在的集体经济组织的成员可做承包人，其他集体经济组织的成员也可以，即使是城镇的企事业单位、社会团体及其他组织或个人，只要有治理开发能力的，也可以成为承包人。

（三）权利客体的特定类型的土地

从客体方面看，承包地绝大多数为集体所有的土地，少数情况下是国家所有由农民集体使用的土地。耕地、"四荒"土地、草原、水面均可成为土地承包经营权的客体。由土地承包经营权的目的及功能决定，建筑物、构筑物及其附属设施不会成为土地承包经营权的客体，城市国有土地基本上用作建设用地，只有极个别的宗地用于农业方面，并呈逐渐萎缩的趋势。土地承包经营权因其目的及功能的缘故，其客体限于承包地的地表，一般不包含地上、地下，即土地承包经营权不是空间权。这是它与建设用地使用权的不同之处。

（四）权利内容具有特定性

从权利的内容方面看，土地承包经营权中的承包人对承包经营的耕地、林地、草地等享有占有、使用和收益的权利，从事种植业、林业、牧业等农业生产活动，保有收获物的所有权。这与建设用地使用权的内容不同，建设用地使用权人的权利内容是在他人土地上建造建筑物、构筑物及其附属设施并保有所有权。利用承包地从事养殖的权利也属于土地承包经营权，其目的及功能是承包人利用承包水域从事养殖经营活动，保有水生动植物所有权。由土地承包经营权的目的及功能所决定,承包人无权在承包地上兴建住宅、厂房、加油站、商品房等建筑物、构筑物及其附属设施,不得将承包地出租或转让给他人用于举办中外合资经营企业、中外合作经营企业、股份公司、有限责任公司等项目。按照我国现行法的规定,在承包地上建造上述建筑物、构筑物及其附属设施,举办中外合资经营企业等项目的,均属非法,承包人违约,建造者、举办者不会取得建筑物、构筑物及其附属设施的所有权,发包人均有权责令其拆除。

可事实上,有些地区相当数量的承包人的确将承包地用作了上述用途。对此,我们应当依法处理,坚持上述原则及规则。但同时应当看到,有些地区的处理方法富有弹性,其法律后果亦应相应变化。①如果将已经建造住宅的承包地经依法批准变性为宅基地的,此类住宅就不再属于违法建筑,不应再做拆除的处理,而应由农户取得住宅的所有权。②如果把用于兴建乡镇企业的承包地经依法批准变性为集体所有的建设用地,此类项目即为合法,厂房等建筑物、构筑物及其附属设施不应做拆除的处理,而应由乡镇企业取得所有权。③如果用于举办中外合资经营企业等项目的承包地经依法征收为国有,再由国土资源管理部门出让建设用地使用权给投资者或中外合资企业等主体,那么,此类项目即为合法,由投资者或中外合资企业等主体取得建筑物、构筑物及其附属设施的所有权。④如果用作商品房建设的承包地被征收为国有,再由国土资源管理部门出让建设用地使用权给商品房的开发商,则此类商品房即为合法建筑,开发商取得所有权。

(五)权利存续具有期限性

从权利的存续期间看,土地承包经营权是有期物权,耕地的承包期为30年。草地的承包期为30年至50年。林地的承包期为30年至70年,经国务院林业行政主管部门批准可以延长。承包期届满,由土地承包经营权人按照国家有关规定继续承包。"四荒"土地承包经营权的存续期间,在实务上大多由承包合同约定。国务院办公厅于1996年6月1日发出《国务院办公厅关于治理开发农村"四荒"资源进一步加强水土保持工作的通知》,对承包期间予以限制,明确规定"承包、租赁、拍卖'四荒'使用权,最长不超过50年"。国务院办公厅于 1999 年 12 月 21 日发布的《国务院办公厅关于进一步做好治理开发农村"四荒"资源工作的通知》对此进行了再次重申。

（六）权利取得上以有偿为原则

土地承包经营权基本上为有对价的物权，但不排除依法经本集体经济组织成员的村民会议 2/3 以上成员或 2/3 以上村民代表的决议免交承包金。

第二节　土地制度的流变与土地承包经营权

一、我国土地制度的历史演进

我国是有五千年历史的文明古国，耕地制度经历了漫长的变迁过程。新中国成立前，我国土地制度可划分为四个阶段。

第一阶段，夏、商、周的井田制。井田制是我国奴隶社会时期的土地制度。井田制是在我国黄河流域自然条件下，以井田为区划方式，其中包括了赋役制度、兵役制度、城乡区划等一系列与土地相关的制度体系。井田制采取平均分配方式施行土地分配，捆绑劳动者和土地，不允许买卖土地，进而采取"共耕"的农业生产方式，利用原始村社的力量，发挥集体的力量从事农业生产，是奴隶社会时期的一种土地国有制。[①] 该时期保留了较多的农村村社或部落所有的痕迹，农地的私有处于萌芽状态。

第二阶段，从井田制瓦解到唐中叶均田制崩溃。耕地所有制经历了屯田、占田、均田三种形式，[②]是农地私有制的确立过程。封建社会时期的耕地制度在国家、地主和农民三方博弈的基础上，经历了封建土地国有制、封建地主土地所有制和农民土地所有制三种所有制的互有消长，最终朝着封建地主所有制居于统治地位的方向发展。秦汉时期，国有土地、私有大土地和自耕农小土地互相发展。秦时以军功地主所有、自耕农所有和一定量的土地国家所有为

---

① 参见白俊超：《我国农村土地制度改革研究》，西北农林科技大学 2007 年博士学位论文。
② 参见白俊超：《我国农村土地制度改革研究》，西北农林科技大学 2007 年博士学位论文。

主,其中自耕农承担的赋税徭役是国家财政、军队建设的主要来源。西汉建国后,刘邦颁布"复故爵田宅令",使逃之山林的流民回归原籍,农业生产秩序迅速恢复。自耕农的生产方式在西汉长期占主导地位,但是受制于经济实力,自耕农在生产中主要使用人力、手工小型农户,所有生产规模都不太大。汉武帝时采纳董仲舒的"限民名田",在一定条件下承认大地主的土地所有权,而对其土地兼并行为加以限制以保护国家的编户之民,并自上而下用中央政权的力量打击豪强,试图抑制土地兼并,缓和社会矛盾。西汉末年的王莽获得帝位之后,提出了"复古改制"主张,用行政力量恢复井田制平均分配土地的办法,以减轻对农民的剥削,避免土地快速兼并,缓和阶级矛盾。刘秀建立东汉后明确宣布"吾理天下欲以柔道行之",即对地主豪强让步,改变西汉迁徙豪强的政策。当时农业生产的一大特色是豪强的农业规模经营,豪强经济表现出人身依附关系强化的趋势。曹魏时期采取屯田制,其是在两汉已有的屯田基础上发展起来的国有土地使用制度,但西汉时期的屯田属于军屯,基本设置在边境,是国家机器存在的经济利益形式;曹魏的屯田多属于民屯,是国家以地主的身份直接组织农民进行农业生产。民屯的弊端在于混淆了国家行政和地主经营的界限,冲击和干扰了土地私有化的正常进行,既不利于国家行政职能的发挥,也不利于农业生产经营的有效管理。西晋的占田制是中国历史上第一次按政治权势分配土地的制度,准许人民依其耕作能力,多占土地而少课其税,但规定最高占田数及应课税的面积,对官吏按官品高低规定其占田数和荫客数,控制豪强广占土地,拉平了原屯田客和自耕农的身份。该制度既想维护官僚士族的利益,也试图恢复和保护农民的农业简单再生产。南北朝时北方的大土地所有制,采用"占锢山泽",公开承认私人占有山泽的合法性,改变过去只有国家才具有封禁山泽的权力,允许全面使用未封禁的山泽,使得大土地所有制发展进入新阶段。北魏、隋、唐时采用均田制。太和九年(485年),北魏孝文帝发布均田令,将国有土地按劳动力强弱分给人民耕作,按规定交纳租调,并在老、死时由政府收回改授他人。隋唐时的均田制度为:农民耕种的土地是国家授予的,按人计口授田,但也存在可按官爵等授予永业田的情况;农民成为国家的佃农,身份接近前代的自耕农,农民虽然没有土地的所有权,但对土地的权利接近所有权;土地买卖受到严格限制,但也有很多人性化的政策,如百姓在贫农无法办理丧事时可以卖永业田,从狭乡(即人多地少)往宽乡(人少地多)搬迁时也可以出卖永业田;官僚和贵族的永业田和赐田可以买卖。

第三阶段,从唐"两税法"到近代。在此期间北宋的"不立田制,不抑兼并"逐渐成为历代国策,封建地主耕地所有制得到发展。① 宋、元、明、清时封建地主所有制居于统治地位。北宋奖励农民垦荒,承认农民的土地产权;将过去官公田地划归国家的租佃农,扩大自耕农的队伍;同时对权贵所兼并的土地进行检括,采取了适当抑制政策;在赋税方面进行适当改革,如减轻农民的田赋和差役,抑制各类地主逃避赋役的活动等。土地所有权大量转移给私人后,农业投资的主体由国家向私人转化,小型地主大量出现,权贵地主相对减少,自耕农比例扩大,租佃客户相对减少,与此相适应,贵贱等级关系相对削弱,农民社会地位相对上升。元朝时期,各类特权地主队伍扩大,农民阶级社会地位急剧下降,土地不断集中。明清时期,土地买卖向自由化趋势发展,政府提倡土地自由买卖,以及对市场价格进行扶持,土地市场不断发育。土地的所有权和经营权发生了分离,土地的经营权得以以"押租制""永佃制""加压减租"等形式进入土地市场。明代实行"一条鞭法",清代实行"摊丁入亩"等,对减轻农民赋役及抑制土地兼并、促进经济发展起到了积极作用。

第四阶段,在半殖民地半封建时期,出现了军阀官僚以及以"四大家族"为代表的投机分子大量兼并耕地的新特点。② 新中国成立后,耕地制度经历了数次变革,形成不同的耕地归属与利用关系。从耕地归属的演变情况看,土地改革将耕地所有权给了农民,但后来经历生产合作社、人民公社,最终形成以生产队所有为基础的耕地集体所有权。从耕地利用的演变情况看,从最初的农民利用到集体统一经营,再到家庭承包后的农户利用,形成集体所有、农户利用的耕地权属与经营关系。土地承包经营权也由此逐渐发展形成,最终

---

① 参见白俊超:《我国农村土地制度改革研究》,西北农林科技大学 2007 年博士学位论文。

② 蒲坚:《解放土地——新一轮耕地信托化改革》,中信出版社 2014 年 1 月第 1 版,第 136—137 页。

由《物权法》确立为一种用益物权。从家庭联产承包制的确立到具有《物权法》将土地承包经营权规定为一种用益物权,历经近30年的历程,其间,我国摆脱了数千年的贫困,进入小康社会。以土地承包经营为基础的农业生产不仅解决了13亿人口的吃饭问题,而且支撑了中国经济持续高速增长。[①] 可以说,从家庭联产承包制的产生到物权性质的土地承包经营权的确立,是中国社会结合自身特色与历史传统,围绕农业经济发展规律与改革开放中的市场化及资源科学配置的要求,所演绎的一部鲜活生动的农业经济渐进改革史。耕地作为一种生产资料在完成其政治使命后,逐步转入集体所有的历史构架符合我国国情。以此为基点,如何构建耕地利用关系,并合理界定由此而产生的财产利益属性,从而将对耕地的生产经营与对耕地收益的享有更为科学地进行对接,激发耕地生产经营者的经济理性,最终提升农业社会化大生产的效用层级,是改革以来重点考量的问题之一。鉴于此,本书探讨的土地承包经营权信托本身系嵌入在土地承包经营关系中的一种衍生的社会现象,土地承包经营制度的内容也因此是确定土地承包经营权信托法律制度整体架构时所首要考虑的因素,故而对我国土地承包经营制度这一本土背景要素进行梳理就极为重要。

二、我国土地承包经营权的形成背景

(一)生产关系维度:脱胎于家庭联产承包责任制

1979年,党的十一届四中全会通过《中共中央关于加快农业发展若干问题的决议》,规定:"可以按定额记工分,可以按时记工分加评议,也可以在生产队统一核算和分配的前提下包工到作业组,联系产量计算劳动报酬,实行超产奖励。"虽然仍"不许分田单干",但已允许"除某些副业生产的特殊需要和边远山区,交通不便的单家独户外"这样的分田到户。1980年,邓小平同志指出包产到户在一些地方推行后效果很好,并不影响集体经济。[②] 1980年,中共

---

① 孟勤国等:《中国农村土地流转问题研究》,法律出版社2009年1月第1版,第40页。
② 参见《邓小平文选》第二卷,人民出版社1983年版,第275—276页。

中央发布的 75 号文件《关于进一步加强和完善农业生产责任制的几个问题》指出:"在那些边远山区和贫困落后的地区,长期'吃粮靠返销,生产靠贷款,生活靠救济'的生产队,群众对集体丧失信心,因而要求包产到户的,应当支持群众的要求,可以包产到户,也可以包干到户,并在一个较长的时间内保持稳定。""凡有利于鼓励生产者最大限度地关心集体生产,有利于增加生产,增加收入,增加商品的责任制形式,都是好的可行的,都应加以支持。"随后,"包产到户""包干到户"的生产责任制在全国迅速发展,到 1980 年年底,全国实行包产到户的生产队已达 14.9%。① 为了加速包产到户、包干到户,1981 年,中共中央发布一号文件《全国农村工作会议纪要》,指出"包产到户""包干到户"同其他各种生产责任制一样,都是社会主义集体经济的生产责任制,既不是分田单干,也不是小私有的个体经济,这种生产责任制随着生产力的发展将会发展成为更为完善的集体经济。《全国农村工作会议纪要》突破 75 号文件规定的"包产到户""包干到户"的适用范围,明确各个地方都可以适用"包产到户"和"包干到户",从政策上为家庭承包的发展清除了障碍。《全国农村工作会议纪要》下达后,全国各地都开展了双包到户的承包经营制。② 当时的土地承包责任制是各种形式的生产责任制的总称,包括:小段包工,定额计酬;包产到组,联产计酬;包产到劳,联产计酬;专业承包,联产计酬;包产到户,联产计酬;包干到户。这几种形式在承包主体、计酬方式上有所不同。初期多是小段包工和定额计酬,后来逐渐被联产承包替代。初期多是包产到组,后来逐步突破到包产到户。包产到户和包干到户同属家庭联产承包经营,都是将土地分下去,由家庭作为生产主体,但计酬方式有很大区别。包产到户是农民承包产量,以产计工,增产奖励,减产赔偿。农民生产的粮食首先要全部交给生产队,由生产队上缴国家征购任务,留下集体提留,再按各户上缴的产品计算出工分,然后按工分实行统一分配。农民对农业生产和收益还没有自由支配权,种什么、种多少要受生产队或大队的影响。包产到户仍属于集体统一生产中的

---

① 参见《农业生产责任制的发展趋势》,《经济学周报》1982 年 1 月 1 日。
② 参见当代中国丛书编辑部:《当代中国的农业》,当代中国出版社 1992 年版,第 315 页。

一环。包干到户则不同,农民所生产的粮食在上交国家征购粮和集体提留后,由自己独立支配,无须经过集体分配。包干到户可以让农民拥有更多的自主权,能激发农民更高的生产积极性,获得农民的广泛拥护。因而,随着家庭承包经营成为生产责任制的主要形式,包干到户逐渐取代包产到户,成为农村生产经营的最主要形式。

1983 年 1 月,中共中央出台《当前农村经济政策的若干问题》,对以"包产到户、包干到户"为主的家庭联产承包责任制做了总结。1984 年,家庭联产承包责任制全面确立。1984 年以后,家庭联产承包事实上只剩下了包干到户。家庭联产承包的称呼沿用至今;但实践上,包干到户与联产已无关系,仅指土地的家庭承包。① 而所谓联产,是指联系产量分配,即生产队依据承包者的产量来计算分配数额。包产到户时,生产队依据农户的产量计算工分,再依据工分分配粮食。包干到户的承包户所得并不需要生产队分配,不存在联系产量计酬的问题。至此,耕地的所有制形式还是集体所有,但农户开始享有土地承包经营权。

(二)权利属性维度:从被宪法、法律保护到被确立为一种用益物权

1986 年,全国人大常委会通过《土地管理法》规定土地的承包经营权受法律保护,农民可以承包集体土地。1993 年,全国人民代表大会通过《宪法修正案》以根本大法确定家庭联产承包责任制的法律地位。同年颁布的《农业法》规定承包方享有生产经营决策权、产品处分权和收益权。鉴于第一轮 15 年土地承包经营权于 1993 年普遍到期的情况,《中共中央、国务院关于当前农业和农村经济发展的若干政策措施》提出,"在原定的耕地承包期到期之后,再延长三十年不变"。1994 年,我国大部分地区开始第二轮的土地承包。1998 年,全国人大常委会修正《土地管理法》第十四条将土地承包经营权期限规定为为 30 年。为了进一步规范土地承包经营权,2002 年,《农村土地承包法》对土地承包经营权做了详细、明确的规定。该法指出,应当稳定农村土地承包经营权,赋予农民长期而有保障的土地使用权,并规定县级以上人民政府应当对

---

① 　孟勤国等:《中国农村土地流转问题研究》,法律出版社 2009 年 1 月第 1 版,第 37 页。

农户的土地承包经营权进行登记,确认土地承包经营权。2007 年,全国人民代表大会通过《物权法》,从财产的角度确认了《农村土地承包法》有关土地承包经营权的内容,明确土地承包经营权是一种用益物权,是土地承包人的一种财产权。

(三)动态交易维度:渐行渐宽的土地承包经营权流转方式

1993 年颁布的《农业法》规定,经发包方同意,承包人可以将所承包耕地转包,也可将承包合同的权利义务转让给第三者,在一定程度上赋予了农户对于土地承包经营权进行流转的权利。承包人在承包期内死亡的,可由该承包人的继承人继续承包。

1998 年的《土地管理法》规定在承包期限内,经村民会议同意并报乡镇政府和县级人民政府批准后,个别承包者之间可以调整承包地,增强了土地承包经营权的流转性。还规定集体耕地可以经一定程序后由集体外农民承包从事农业生产,突破了原来的承包主体范围。①

2002 年,《农村土地承包法》规定取得的土地承包经营权的家庭可以采取转包、出租、互换、转让或其他方式依法流转土地的承包经营权。《农村土地承包法》的相应规定首先明确了土地承包经营权流转的主体——承包方,承包方在确定是否将土地承包经营权流转以及流转的方式上有权依照法律规定自主决定。至于土地承包经营权流转的相应费用、租金及其他内容等,可以由承包双方的当事人通过协商的方式予以确定。农户流转耕地的,流转的收益归承包方所有,任何组织和个人不得擅自截留、扣缴。针对流转合同的形式和内容,《农村土地承包法》也作出了相应规定:首先,流转合同的形式应当是书面形式。土地承包经营权采取转包、出租、互换、转让或者其他方式流转,当事人双方应当签订书面合同。其次,若土地承包经营权采取转让方式流转的,应当经发包方同意;若采取转包、出租、互换及其他方式流转的,则应当报发包方备案。同时,《农村土地承包法》还就登记问题作出规定:关于登记机构,当事

---

① 1998 年,党的十五届三中全会通过了《中共中央关于农业和农村工作若干重大问题的决定》,确认土地承包经营权符合农业生产特征,对调动农民劳动积极性、发展农村生产力具有积极意义,必须长期坚持,赋予农民长期而有效的土地使用权。

人要求登记的,并且土地承包经营权采取互换、转让方式流转的,应当向县级以上地方人民政府申请登记。未经登记,则不得对抗善意第三人。此外,《农村土地承包法》还规定了土地承包经营权入股的情况,即承包方之间为了发展农业经济的需要,可以自愿联合将其土地承包经营权入股,用于从事农业合作生产。笔者认为,为保障农户的承包权稳定,土地承包经营权入股其实隐含了一层债的关系,即农户许可拟入股机构以建立债的关系获取土地用益,并由此获取债权,最终以债权入股。故而土地承包经营权在入股后仍归属原承包方所有,并不发生类似公司设立时的财产转移,原土地承包经营权的承发包关系也不发生改变,入股主要是为了进行统一经营和共同利用,并由此可以为收益分配确定标准。之后于 2005 年实施的《农村土地承包经营权流转管理办法》(以下简称《管理办法》)也沿袭了《农村土地承包法》的上述规定,同时对流转中的一些操作与管理问题进一步予以了明确。

2007 年《物权法》实施,对于流转交易问题,同样认可土地承包经营权人采取转包、互换、转让等方式流转土地承包经营权的权利。同样,《物权法》规定土地承包经营权人将土地承包经营权互换、转让时采取自愿进行变更申请的原则,登记机构为县级以上地方人民政府。但未经登记,同样不得对抗善意第三人。

三、我国土地承包经营权的制度功能

经过半个多世纪的探索和实践,我国最终选择了农村土地集体所有。历史证明,农村土地集体所有、农户利用是合适中国社会的农村土地归属和利用模式。以土地承包经营责任制为基础的农业生产不仅解决了 13 亿人的吃饭问题,而且支撑了中国经济的持续高速增长。现行土地承包经营权制度由以家庭经营为基础、统分结合的双层经营体制派生而来,并被学者誉为"30 年农村土地制度改革的最大成就"。[①] 作为不动产的土地,对于每个国家和民族乃

---

① 王小映:《赋予农民土地承包经营权——30 年农村土地制度改革的最大成就》,《中国土地》2008 年第 12 期。

至每个人都具有巨大的政治意义,故各国(地区)土地法律制度的构建,均承载着较强的政治功能。① 我国的土地承包经营制度也概莫能外,符合我国历史与国情的需要。除此之外,这里要重点提及的是耕地承包经营制度的以下两个功能:

(一)农业经济生产功能

法律权能最为丰富完整的民事权利是所有权,该权利具有占有、使用、收益、处分四项基本权能;同时,当上述基本权能受到侵害时还会在实体法上进一步派生出相应的请求权能。在上述权能体系中,处分权被视为所有权的核心,因为其"反映了市场交易的需要"。② 土地承包经营之所以能够成为我国农村的一项基本经济制度,其直接原因在于人民公社体制下的集体经营模式在其后期难以有效调动劳动者的积极性,逐渐制约了农村土地经济效益的实效。因此,经济功能是土地承包经营权创设和推广的最为直接和最为重要的目的。与此同时,土地承包经营也促进了农业机械化发展,加强了农业基础设施建设。③

(二)农民社会保障功能

按照法律的规定和实践中的做法,农村人口取得土地承包经营权的基本条件主要是拥有集体经济组织的成员身份,这种身份的确认依据主要是户籍制度。而户籍制度除了具有身份辨认的功能之外,更具有确认农民及其家庭组织归属的功能,这一功能中集体经济组织与其成员之间的行政管理关系得到了体现。因此,土地承包经营权尽管是作为一种财产权的形式而存在,但其客观上是以行政管理关系为基础,也必然会承载一定的行政管理职能。④ 对集体耕地进行承包经营是我国农民的自主选择,这种选择似乎也同时意味着个体农民对集体所提供的劳动机会和社会保障的放弃。长期以来,土地承包

---

① 陈小君等:《农村土地问题的立法研究》,经济科学出版社 2012 年 8 月第 1 版,第 41 页。
② 朱岩:《社会基础变迁与民法双重体系建构》,《中国社会科学》2010 年第 6 期。
③ 参见朱宏登:《新时期我国耕地制度创新路径研究》,内蒙古农业大学 2011 年博士学位论文,第 44 页。
④ 赵万一、汪青松:《土地承包经营权的功能转型及权能实现——基于农村社会管理创新的视角》,《法学研究》2014 年第 1 期。

经营权几乎完全承载了农村居民的就业权实现、失业保障、最低生活保障、医疗保障、养老保障等一系列的集合功能，构成了的"以家庭为主的保障体系"。①

第三节　土地承包经营权的取得

土地承包经营权的取得，分为原始取得和继受取得。所谓土地承包经营权的原始取得，是指非基于他人既有的权利而独立取得土地承包经营权的现象。在严格坚持善意取得必须以公示的公信力为前提的理论下，由于我国现行法不要求土地承包经营权的设立以登记为生效要件，土地承包经营权转让时的登记只是对抗要件，通说认为，土地承包经营权不会发生善意取得的结果。我国现行法尚无依据法律的直接规定而取得土地承包经营权的规定。

所谓土地承包经营权的继受取得，又称土地承包经营权的传来取得，是指基于权利人既有的权利，而取得土地承包经营权的现象。继受取得土地承包经营权又分创设继受取得土地承包经营权和移转继受取得土地承包经营权。所谓创设继受取得土地承包经营权，是将集体土地所有权的部分权能分离和独立出来，形成土地承包经营权这种新权利的现象。在《物权法》和《农村土地承包法》中，土地承包经营权的创设继受取得包括两种情形：一是采取家庭承包方式，集体经济组织与其成员之间签订农业承包合同设立土地承包经营权；二是通过招标、拍卖、公开协商等方式，集体经济组织与承包人协商一致创设"四荒"土地承包经营权。所谓移转继受取得土地承包经营权，是就承包人既有的土地承包经营权，不变更其性质而继受取得该权的现象。例如，基于转让、互易而继受取得土地承包经营权，基于将土地承包经营权出资而由公司继受取得等，均属此类。通过转让取得土地承包经营权，最为常见。

一、通过家庭承包方式设立土地承包经营权

通过家庭承包方式设立土地承包经营权，是指集体经济组织的成员以农

---

① 黎剑飞：《对我国农村社会保障法制化的思考》，《法学家》2007 年第 1 期。

户的名义,与集体经济组织签订承包合同,创设土地承包经营权。

(一)程序要求

《农村土地承包法》第十九条规定,土地承包应当按照以下程序进行:①本集体经济组织成员的村民会议选举产生承包工作小组;②承包工作小组依照法律、法规的规定拟订并公布承包方案;③依法召开本集体经济组织成员的村民会议,讨论通过承包方案;④公开组织实施承包方案;⑤签订承包合同。

(二)承包合同

承包合同,有人叫作农业承包合同,《物权法》称之为土地承包经营权合同,其主体包括发包人和承包人。

发包人,《农村土地承包法》称作发包方。在农村土地依法属于村农民集体所有的情况下,发包人是集体经济组织或村民委员会;已经分别属于村内两个以上农村集体经济组织的农民集体所有的,发包人是村内各该农村集体经济组织或村民小组。在国家所有依法由农民集体使用的农村土地发包的情况下,发包人既可以是该土地的农村集体经济组织,也可以是村民委员会,还可以是村民小组。

承包人,《农村土地承包法》称作承包方,将其范围限定为农村集体经济组织的成员,以农户的名义出现。妇女和男子均为平等的一分子,在农村土地承包方面享有同等的权利。承包人享有依法承包本集体经济组织发包的农村土地,任何组织和个人不得剥夺和非法限制农村集体经济组织成员承包土地的权利,表明发包人负有强制缔约的义务。

承包合同应当采取书面形式,一般包括以下条款:①发包方、承包方的名称,发包方负责人和承包方代表的姓名、住所;②承包土地的名称、坐落、面积、质量等级;③承包期限和起止日期;④承包土地的用途;⑤发包方和承包方的权利和义务;⑥违约责任。承包合同自成立之日起生效。

(三)土地承包经营权的设立时间

土地承包经营权自承包合同生效时设立。县级以上地方人民政府应当向土地承包经营权人发放土地承包经营权证、林权证、草原使用权证,并登记造册,确认土地承包经营权。

二、通过招标、拍卖、公开协商等方式，设立"四荒"土地承包经营权

对于不宜采取家庭承包方式的"四荒"土地，《物权法》第一百三十三条和《农村土地承包法》第四十四条规定，可以通过招标、拍卖、公开协商等方式，设立土地承包经营权。与通过家庭承包方式设立土地承包经营权相比，它具有以下特色：①承包地仅限于不宜采取家庭承包方式的"四荒"；②承包人不限于本集体经济组织的成员，企业法人、私人企业、个体工商户、国家机关工作人员或其他自然人等均可承包"四荒"土地；③"四荒"土地承包经营权的设立采取招标、拍卖、公开协商等透明、竞争的方式，较一对一地洽商，弊端较少；④"四荒"土地承包经营权可较为自由地转让、转包、抵押、互换、出租等流转，更有效率。①

（一）设立方式

"四荒"土地承包经营权设立的方式，可以是招标、拍卖、公开协商等方式，也可以将土地承包经营权折股分给本集体经济组织成员后，再实行承包经营或股份合作经营。

《国务院办公厅关于治理开发农村"四荒"资源进一步加强水土保持工作的通知》（国办发〔1996〕23 号）第二条第四项规定："哪种方式有利于调动群众的积极性，有利于保持水土，有利于发展壮大集体经济，就采取哪种方式，切忌'一刀切'。"招标、拍卖、公开协商等方式只是签订承包合同的方式，并未否定"四荒"土地承包经营权的设立依赖承包合同。所以，《国务院办公厅关于治理开发农村"四荒"资源进一步加强水土保持工作的通知》（国办发〔1996〕23 号）强调："承包和租赁治理开发'四荒'，农村集体经济组织要与承包、承租者签订合同，经乡（镇）人民政府审核，报县级人民政府批准。合同要明确承包方与发包方、承租方与出租方的权利与义务。拍卖使用权的，要标定拍卖底价，实行公开竞价，拍卖后买卖双方要签订拍卖协议，办理交款手续，由县级

---

① 崔建远：《"四荒"拍卖与土地使用权》，《法学研究》1995 年第 6 期。

人民政府依法核发或更换土地使用权证书。"《农村土地承包法》将其法律化："以其他方式承包农村土地的,应当签订承包合同。当事人的权利和义务、承包期限等,由双方协商确定。以招标、拍卖方式承包的,承包费通过公开竞标、竞价确定;以公开协商等方式承包的,承包费由双方议定。"

(二)集体经济组织成员的优先承包权

尽管"四荒"土地承包经营权的设立采取公开透明的竞争方式,但对"四荒"土地所在集体经济组织成员的利益需要较为优惠的保护,应尽可能将"四荒"土地发包给他们,《农村土地承包法》第四十七条规定"以其他方式承包农村土地,在同等条件下,本集体经济组织成员享有优先承包权"。按照《最高人民法院关于审理涉及农村土地承包纠纷案件适用法律问题的解释》(法释〔2005〕6号)规定,该优先权的享有和行使附有条件,即流转价款、流转期限等主要内容相同。在符合这些条件下,本集体经济组织成员主张优先权的,人民法院应予支持。但下列情形除外:①在书面公示的合理期限内未提出优先权主张的。②未经书面公示,在本集体经济组织以外的人开始使用承包地后两个月内未提出优先权主张的。③在发包方将农村土地发包给本集体经济组织以外的单位或个人,已经法律规定的民主议定程序通过,并由乡(镇)人民政府批准后主张优先承包权的。

(三)对于集体经济组织成员以外的人承包"四荒"土地的限制

同样出于较为优惠地保护集体经济组织成员的利益、应尽可能将"四荒"土地发包给他们的考虑,《农村土地承包法》第四十八条规定:"发包方将农村土地发包给本集体经济组织以外的单位或者个人承包,应当事先经本集体经济组织成员的村民会议 2/3 以上成员或者 2/3 以上村民代表的同意,并报乡(镇)人民政府批准。由本集体经济组织以外的单位或者个人承包的,应当对承包方的资信情况和经营能力进行审查后,再签订承包合同。"

第四节 土地承包经营权人的权利和义务

土地承包经营权人的权利和义务系土地承包经营法律关系中的核心

内容。

一、土地承包经营权人的权利

（一）占有、使用承包地的权利

土地承包经营权人占有承包地，是其从事农林牧渔经营活动的前提。使用承包地，或表现为耕种承包地，或表现为在承包地上植树造林，或表现为在承包地种草、放牧，或表现为在承包水域养殖水生动植物。但法律禁止占用基本农田发展林果业和挖塘养鱼。

（二）收获物的所有权

土地承包经营权的目的及功能之一是，土地承包经营权人从事上述农林牧渔经营活动的收获物，归属于自己，而不归发包人，也不归国家或他人。所以，土地承包经营权人保有收获物的所有权为其重要权利，或者说是核心权利。

对此，《国务院办公厅关于治理开发农村"四荒"资源进一步加强水土保持工作的通知》特别予以明确："实行谁治理、谁管护、谁受益的政策。在经过治理开发的'四荒'地上种植的林果木、牧草及其产品等归治理者所有，新增土地的所有权归集体，在协议规定期限内，治理者拥有使用权，享受国家有关优惠政策。"此后，不限于"四荒"上的林木，《中共中央国务院关于全面推进集体林权制度改革的意见》第三条第八项明确规定："在坚持集体林地所有权不变的前提下，依法将林地承包经营权和林木所有权，通过家庭承包方式落实到本集体经济组织的农户，确立农民作为林地承包经营权人的主体地位。"

（三）自主经营的权利

土地承包经营权人自主经营，根据农业生产经营规律和自己的意愿安排生产经营活动。对于"四荒"土地，《国务院办公厅关于治理开发农村"四荒"资源进一步加强水土保持工作的通知》（国办发〔1996〕23 号）明确指出："治理者对'四荒'享有治理开发自主权。国家依法保护治理开发'四荒'的成果和治理者的合法权益。在符合国家有关法律、法规、政策、水土保持总体规划和治理开发协议的前提下，允许并鼓励治理者在保持水土和培育资源的基础上,宜农则农,宜林则林,宜果则果,宜牧则牧,宜渔则渔,根据实际情况开发利用'四荒'。"对此,《农村土地承包法》第十四条第二项、第十六条第一项也进行了相同的规定。

《中共中央国务院关于全面推进集体林权制度改革的意见》第三条第十项规定:"实行商品林、公益林分类经营管理。依法把土地条件好、采伐和经营利用不会对生态平衡和生物多样性造成危害区域的森林和林木,划定为商品林;把生态区位重要或生态脆弱区域的森林和林木,划定为公益林。对商品林,农民可依法自主决定经营方向和经营模式,生产的木材自主销售。对公益林,在不破坏生态功能的前提下,可依法合理利用林地资源,开发林下种养业,利用森林景观发展森林旅游业等。"

(四)从发包人处依法获取生产、技术、信息等服务的权利

承包人从事农林牧渔经营活动所必需的生产、技术、信息,发包人若有能力提供这方面的服务,则依照《农村土地承包法》第十四条第三项的规定,承包人有权获得。

(五)依法流转土地承包经营权的权利

《物权法》分别对不同情形的土地承包经营权的流转作了规定。一般的土地承包经营权,其流转须依《农村土地承包法》规定,采取转包、互换、转让等方式流转。流转的期限不得超过承包期的剩余期限;通过招标、拍卖和公开协商的方式取得的土地承包经营权,依照《农村土地承包法》等法律和国务院的有关规定,其土地承包经营权可以转让、入股、抵押或者以其他方式流转。根据这些规定,土地承包经营权人依法享有转让土地承包经营权的权利。

(六)将承包地作为供役地设立地役权的权利

土地承包经营权人有权将承包地作为供役地为他人设立地役权,至于土地承包经营权人把承包地作为需役地为自己设立地役权,同时有利于自己和土地所有权人,更应被准许。

(七)承包地被依法征收时获得足额补偿的权利

为了公共利益的需要,国家征收集体所有的土地,该集体所有土地上存在的土地承包经营权随其母权——集体土地所有权的消灭而不复存在,征收机

关不但须足额补偿集体土地所有权人,而且必须足额补偿土地承包经营权人。从权利的角度描述,就是土地承包经营权人享有足额补偿的请求权。

(八)对提高土地生产能力的投入,享有补偿的权利

在承包经营期间,土地承包经营权人若在承包地上依法兴建了农田水利设施等构筑物,或将"四荒"治理成了良田,或因多施有机肥料使承包地更加肥沃等,从而提高了土地的生产能力,土地承包经营权依法流转时,(原)承包人有权请求受让人给予相应补偿。

(九)对抗发包人非法行为的权利

发包人若违法地干涉承包人依法从事的正常生产经营活动、擅自调整承包地、擅自终止承包合同、擅自收回承包地、强迫土地承包经营权流转、将承包地收回抵冲欠款等,承包人均有权对抗。《农村土地承包法》奉行土地承包经营权基本稳定的原则,承包期内,发包方不得单方面解除承包合同,不得假借少数服从多数的理由强迫承包方放弃或变更土地承包经营权,不得以划分"口粮田"和"责任田"等为由收回承包地搞招标承包,不得将承包地收回抵冲欠款。承包期内,妇女结婚,在新居住地未取得承包地的,发包方不得收回其原承包地;妇女离婚或者丧偶,仍在原居住地生活或者不在原居住地生活但在新居住地未取得承包地的,发包方不得收回其原承包地。

(十)依法请求延长土地承包经营权存续期限的权利

该权利仅限于家庭承包的方式取得的土地承包经营权。《最高人民法院关于审理涉及农村土地承包纠纷案件适用法律问题的解释》(法释〔2005〕6号)第七条规定,承包合同约定或土地承包经营权证等证书记载的承包期限短于农村土地承包法规定的期限,承包方请求延长的,人民法院应予支持。

(十一)依法解除承包合同、终止土地承包经营权的权利

在承包合同中约定的终止或解除合同的条件已经成就;发包人不履行承包合同约定的义务,致使承包合同无法继续履行等情况下,承包人有权终止(含解除)承包合同。

(十二)自愿交回承包地的权利

该权利仅限于家庭承包的方式取得的土地承包经营权。承包期内,承包

方可以自愿将承包地交回发包方。承包方自愿交回承包地的,应当提前半年以书面形式通知发包方。承包方在承包期内交回承包地的,在承包期内不得再要求承包土地。

(十三)请求依法办理土地承包经营权登记的权利

在土地承包经营权设立时,我国现行法不强求土地承包经营权登记,在土地承包经营权转让、互换等方式流转的情况下,现行法规定不登记不得对抗善意第三人。《最高人民法院关于审理涉及农村土地承包纠纷案件适用法律问题的解释》(法释〔2005〕6号)第二十一条也规定,承包方未依法登记取得土地承包经营权证等证书,即以转让、出租、入股、抵押等方式流转土地承包经营权,发包方请求确认该流转无效的,应予支持。但非因承包方原因未登记取得土地承包经营权证等证书的除外。

二、土地承包经营权人的义务

(一)支付承包金的义务

如果承包合同约定承包人负有向发包人支付承包金的义务,则承包人必须履行。

【案例9.3】村委会与章某农村土地承包合同纠纷案

原告A村委会与章某农村土地承包合同纠纷案。① 2006年7月13日,原、被告签订《土地租赁协议》一份。协议约定,原告将临张泽处面积为500亩(按实际丈量面积为准)的土地租赁给被告种植西瓜;期限为一年,自2006年11月1日始至2007年10月30日止;价格为每年每亩800元;付款方式为先付后种,协议签订后,先付每亩定金200元,余款在土地翻耕前付清等。上述协议签订后,原告按约交付被告土地364亩,被告先后六次共支付原告287000元,后原告又返还被告40000元。2007年2月3日,被告向原告暂借30000元,用于其支付农户拆除临时棚的损失。期

---

① 参与上海市松江区人民法院参见(2008)松民三(民)初字第583号民事判决书。

限届满后,被告将上述土地返还原告。现原告以被告尚拖欠租金74200为由,向法院提起诉讼。法院认为,本案中,根据《土地租赁协议》的约定,原告应交付的土地为500亩(按实际丈量面积为准)。现被告对原告诉称的交付土地的数量提出异议,其仅认可364亩。而原告对其主张的土地交付数量,在被告提出上述异议的情形下,没有提供证据予以佐证,故本院认定原告交付被告土地的数量为被告确认的364亩。按《土地租赁协议》关于每年每亩800元计算的约定,被告应向原告支付上述土地的租金为291200元。现被告已付原告租金287000元,但该款在扣除原告返还的40000元以及被告暂借的用于支付农户拆除临时棚损失的30000元后,被告实际支付原告租金217000元。故被告尚应支付原告租金74200元。

(二)维持土地的农业用途,不得用于非农建设的义务

承包方应维持土地的农业用途,不得将承包地用于非农建设。[①] 这既是由土地承包经营权制度的目的及功能所决定的,也是我国耕地有限、必须确保国家粮食安全的需要。

(三)依法保护和合理利用土地,不得给土地造成永久性损害的义务

《土地管理法》第三十六第二款和第三款规定,禁止占用耕地建窑、建坟或擅自在耕地上建房、挖砂、采石、采矿、取土等,禁止占用基本农田发展林果业和挖塘养鱼。承包人应依法保护和合理利用土地,不得给土地造成永久性损害。[②] 承包人不得在25度以上的陡坡上开荒种植农作物,不准破坏植被、道路和农田水利、水土保持工程设施。不得进行掠夺式开发,不得将"四荒"改作非农用途,以免造成新的水土流失,违者要按有关规定予以处罚。对违约

---

① 参见《农村土地承包法》第十七条第二项、《最高人民法院关于审理涉及农村土地承包纠纷案件适用法律问题的解释》(法释〔2005〕6号)第八条。
② 参见《农村土地承包法》第十七条第二项、《最高人民法院关于审理涉及农村土地承包纠纷案件适用法律问题的解释》(法释〔2005〕6号)第八条。

逾期不治理开发的,农村集体经济组织应无偿收回。①

承包方违法将承包地用于非农建设的,由县级以上地方人民政府有关行政主管部门依法予以处罚。承包方给承包地造成永久性损害的,发包方有权制止,并有权要求承包方赔偿由此造成的损失。

(四)不得弃耕抛荒的义务

《土地管理法》规定,禁止任何单位和个人闲置、荒芜耕地。已经办理审批手续的非农业建设占用耕地,1 年内不用而又可以耕种并收获的,应当由原耕种该幅耕地的集体或个人恢复耕种,也可以由用地单位组织耕种;1 年以上未动工建设的,应当按照省、自治区、直辖市的规定缴纳闲置费;连续 2 年未使用的,经原批准机关批准,由县级以上人民政府无偿收回用地单位的土地使用权;该幅土地原为农民集体所有的,应当交由原农村集体经济组织恢复耕种。承包经营耕地的单位或个人连续 2 年弃耕抛荒的,原发包单位应当终止承包合同,收回发包的耕地。

(五)依法交回承包地的义务

承包期内,承包方全家迁入设区的市,转为非农业户口的,应当将承包的耕地和草地交回发包方。承包方不交回的,发包方可以收回承包的耕地和草地。

(六)备案义务

土地承包经营权采取转包、出租、互换、转让或其他方式流转,当事人双方应当签订书面合同。采取转让方式流转的,应当经发包方同意;采取转包、出租、互换或其他方式流转的,应当报发包方备案。

(七)容忍义务

发包人依法调整承包地、收回承包地、解除承包合同等场合,承包人负有容忍义务。国家依法征收集体所有的土地,承包人对该土地上存在的土地承包经营权消灭负有容忍义务。

---

① 参见《国务院办公厅关于治理开发农村"四荒"资源进一步加强水土保持工作的通知》(国办发〔1996〕23 号)第三条第五项。

三、土地承包经营权纠纷的处理

农村土地承包经营权流转是优化农村土地资源配置、促进农村劳动力转移、加快城镇化建设进程的重要途径,也是促进农业产业化发展、推动农村改革和社会发展的必然要求。当前,农村土地承包经营权流转出现了一些新的问题,迫切需要从法律层面加以关注,探讨如何进一步完善农村土地使用权流转市场规则和秩序,切实保障农民合法权益,促进农村和谐发展。

(一)审理农村土地承包经营权案件中发现的主要问题

第一,土地承包过程不规范的问题。一些土地承包经营权纠纷案件中反映出当地农村土地承包过程中存在诸多不规范的问题,比如有的地区农村土地承包登记证中,只登记承包地的面积,未登记承包地的实质,存在着"承包地未落地""基本农田未落地"等违规行为,导致农户的承包权存在确权不明的问题。有的农村集体经济组织法律意识淡薄,存在着违反《农村土地承包法》土地发包程序的强制性规定,未经民主程序发包土地等情况。有的集体经济组织签订承包合同存在瑕疵,或未约定流转期限,或合同约定内容不清,或形式上存在欠缺等,造成双方当事人在履行中,因合同具体条款理解不一致产生纠纷。

第二,土地承包经营权集中存在的问题。针对二轮土地承包后,一些农民或因农地收益低下,或为外出打工,不实际使用承包地的情况,一些村集体经济组织为了避免农地撂荒、闲置,或者出于规模化、集约化耕地租赁的需要,以自己名义,将单个农户承包的土地集中后一并出租于外来公司或个人进行集中经营。随着三农政策的变化,农地收益明显提高后,有的农民以村集体经济组织未经其同意,擅自将"撂荒"土地流转为由,请求返还承包地,或是以使用人不按土地用途使用要求确认合同无效,或解除合同。一旦流转合同被确认无效、解除、终止,在集中流转的情况下,部分土地的返还,必将影响农业集约化生产的要求。同时,由于使用方先期投入较大,村委会等发包人自身没有资金承担相应的责任,土地使用人的权益难以保障。

第三,关于农民专业合作社的问题。《农民专业合作社法》自 2007 年 7

月实施以来,各区县相继有一些农民专业合作社建立。作为新兴的农民互助性经济组织,其设立、运作、责任承担等方面不规范,产生了较大争议。一是发起设立不规范,存在挂名、冒名现象。设立农民专业合作社依法必须具备五名以上成员,部分专业合作社为了满足上述条件,存在将其雇佣的农民、其他家庭成员亲属等登记为社员的情况,而实际经营的人员仅1人。二是对其进行指导、扶持、服务的机构尚不明确。虽然相关法律明确县级以上各级人民政府应当组织农业行政主管部门和其他有关部门及有关组织给予指导、扶持和服务,但实际情况是各相关部门仅对使用扶持资金进行必要的审查,而对专业合作社经营、运作等方面的指导、扶持和服务基本处于真空状态。三是一些专业合作社在经营中诚信、规范经营意识相当薄弱。存在随意拖欠雇佣农民工资、记账随意、重大事项未经成员大会审议等问题,部分出资较少的成员权利受到漠视。有的小型专业合作社经营行为往往以口头约定为主,发生诉讼时往往因证据不足而陷入败诉的困境,涉讼后常以对方坑农、害农为理由,扬言上访给案件的正常审理施加压力。四是专业合作社难以承担责任。究其原因在于:①出资验资无严格限制。相关法规对设立农民专业合作社的出资额没有最低限制,以实物出资的亦无需验资,在全体成员确认估价后即可形成出资清单办理工商登记,因此涉讼后常因法人财产的市场价值与原先的估价严重偏离而不能足额清偿债务。②财产取回制度的随意性削弱了合作社法人财产的稳定性。根据法律规定,合作社的财产被量化到每个成员的账户之下,在该成员退社时可将其账户下财产取回。这种随意性导致合作社法人财产处于变动状态,清偿债务能力起伏波动较大。③土地承包经营权作为执行标的难以操作。法律允许成员可以以土地承包经营权出资,但土地承包经营权的强制转让在执行中存在较大难度,易因农民失去土地而激化矛盾。

第四,农村集体经济组织成员资格的确定问题。我国现行法律对于农村集体经济组织成员资格的确定标准问题缺乏明确的规定,各农村集体经济组织对于其成员资格的认定做法不一,而农村集体经济组织成员资格的确定往往是农民能否获得相应土地承包经营权的基础。比如对于妇女取得土地承包经营权的问题,有的地方妇女出嫁后,夫家会尽力向本村争取媳妇的承包地,有的集体经济组织认可其身份则给,有的则不给。对于离婚或者丧偶的妇女,若是不在原居住地生活(特别是改嫁以后),其土地承包经营权往往被收回,丧偶妇女在新居住地方又尚未取得新的承包地,从而导致丧偶妇女在实际上没有可靠依赖的土地。

(二)妥善化解农村土地承包经营权纠纷的建议

第一,正确把握人民法院处理范围。目前,立法对于土地承包经营权的保障是以土地承包合同为基础。未实际取得土地承包经营权,或仅确定承包土地面积,未明确承包土地的具体位置及四至的,这些确权问题势必涉及农村集体经济组织对承包土地的划界等农村公共事务方面工作,应引导当事人向有关行政主管部门申请解决,人民法院不宜受理。同时,法院应通过司法建议书等形式促进相关行政部门进一步规范农村土地承发包工作,依据我国《物权法》《农村土地承包法》的相关规定,加强承包经营权的登记备案,加强对土地承发包、流转情况进行监督,有效、及时地保护合法当事人的权益。

第二,统筹兼顾少数农户利益和地区农业集约化发展。在审理土地承包经营权纠纷案件中,应以依法保障农民的土地承包经营权,稳定农村基本经营制度为基本原则,对于涉及农民以转包、出租、互换、转让、股份合作等方式流转土地承包经营权的纠纷,应坚持不得改变土地集体所有性质、不得改变土地用途、不得损害农民土地承包权益的审判原则。在现阶段农村土地大规模流转的态势已经基本形成的情况下,应建议有关管理部门进一步完善示范合同文本样式,引导当事人签订示范合同规范土地流转行为。示范合同文本应尽可能全面对实践中已经出现或可能出现的、难以为农民所预知的各种情况以及处理方法等通过示范条款的形式表现出来,尤其是对土地用途等方面予以明确,消除农村土地流转中存在主要条款约定不明、责任不清等状况,从源头上减少农村土地流转问题的隐患,促进公开、公平的土地承包经营权市场流转机制的建立和完善。

第三,妥善平衡流转关系各方的利益。对于客观情况的变化,导致农民要求解除合同或按政府参考价给予补偿的,法院在处理中应结合客观情况变化的实际,比如土地承包经营权流转合同约定接受流转方必须缴纳应由土地承包人缴纳的税费,可以看作是其获得使用土地的对价。现因国家政策调整,减免了土地税费,使土地承包经营权流转合同对价不复存在。因此,土地承包人要求接受流转方给予补偿的,法院可依据《最高人民法院关于审理涉及农村土地承包纠纷案件适用法律问题的解释》第十六条的规定,根据发生变更的客观情况,按照公平原则处理。当事人之间对补偿数额达成一致的,法院可以准许。经调解不能达成一致的,法院可综合国家减免给承包人的税费、依土地补贴的金额、当地实际流转价格等因素,酌定补偿金额。若承包人仅以此要求解除合同的,不予支持。

第五节　土地承包经营权的流转

土地承包经营权作为他物权,无处分承包地的效力,但承包人有处分土地承包经营权自身的权利。对此,《农村土地承包法》第三十二条规定:"通过家庭承包取得的土地承包经营权可以依法采取转包、出租、互换、转让或者其他方式流转。"林地承包经营权人可依法对拥有的林地承包经营权和林木所有权进行转包、出租、转让、抵押或作为合资、合作的条件,对其承包的林地、林木可依法开发利用。土地承包经营权流转的主体是承包方。承包方有权依法自主决定土地承包经营权是否流转和流转的方式。

一、土地承包经营权流转的一般要素

土地承包经营权流转应当遵循以下原则:①平等协商、自愿、有偿,任何组织和个人不得强迫或者阻碍承包方进行土地承包经营权流转;②不得改变土地所有权的性质和土地的农业用途;③流转的期限不得超过承包期的剩余期限;④受让方须有农业经营能力;⑤在同等条件下,本集体经济组织成员享有优先权。

土地承包经营权采取转包、出租、互换、转让或其他方式流转,当事人双方应当签订书面合同。采取转让方式流转的,应当经发包方同意;采取转包、出租、互换或其他方式流转的，应当报发包方备案。① 这里需要注意的是，即使没有备案，主要发生行政法上的后果，不应影响转包、出租、互换等合同的效力。对此，《最高人民法院关于审理涉及农村土地承包纠纷案件适用法律问题的解释》(法释〔2005〕6号)第十四条规定："承包方依法采取转包、出租、互换或者其他方式流转土地承包经营权，发包方仅以该土地承包经营权流转合同未报其备案为由，请求确认合同无效的，不予支持。"

土地承包经营权流转合同一般包括以下条款：①双方当事人的姓名、住所；②流转土地的名称、坐落、面积、质量等级；③流转的期限和起止日期；④流转土地的用途；⑤双方当事人的权利和义务；⑥流转价款及支付方式；⑦违约责任。

当事人对转包、出租地流转期限没有约定或者约定不明的，参照《合同法》第二百三十二条"当事人对租赁期限没有约定或者约定不明确，依照本法第六十一条的规定仍不能确定的，视为不定期租赁。当事人可随时解除合同，但出租人解除合同应当在合理期限之前通知承租人"的规定处理。除当事人另有约定或者属于林地承包经营外，承包地交回的时间应当在农作物收获期结束后或下一耕种期开始前。②

土地承包经营权采取互换、转让方式流转，当事人要求登记的，应当向县级以上地方人民政府申请登记。未经登记，不得对抗善意第三人。

土地承包经营权流转的转包费、租金、转让费等，应当由当事人双方协商确定。流转的收益归承包方所有，任何组织和个人不得擅自截留、扣缴。

发包方或其他组织、个人擅自截留、扣缴承包收益或土地承包经营权流转收益，承包方请求返还的，应予支持。发包方或其他组织、个人主张抵销的，不予支持。③ 因承包方不收取流转价款或向对方支付费用的约定产生纠纷，当

---

① 参见《农村土地承包法》第三十七条第一款。
② 参见《最高人民法院关于审理涉及农村土地承包纠纷案件适用法律问题的解释》(法释〔2005〕6号)第十七条。
③ 参见《最高人民法院关于审理涉及农村土地承包纠纷案件适用法律问题的解释》(法释〔2005〕6号)第十八条。

事人协商变更无法达成一致,且继续履行又显失公平的,人民法院可以根据发生变更的客观情况,按照公平原则处理。①

二、土地承包经营权流转的形式

(一)土地承包经营权转包

转包,是指土地承包经营权人(转包人)和受包人(次承包人)签订转包合同,自己继续保有土地承包经营权,只是将其承包地的全部或部分以一定条件转交受包人(次承包人)经营,受包人(次承包人)向转包人支付或不支付转包金的现象。于此场合,受包人(次承包人)并未受让土地承包经营权,不向发包人履行交付承包金等项义务;只是取得了利用承包地从事农林牧渔经营并获取收获物的资格。承包方经发包方同意,将承包经营的标的物全部或者部分转包给第三人的,承包方与发包方之间仍应按照原承包合同的约定行使权利和承担义务。承包方与转包后的承包方之间按转包合同的约定行使权利和承担义务。受包人(次承包人)限于本集体经济组织的成员。

【案例9.4】土地承办经营权转包合同纠纷案

上诉人程甲与被上诉人王某、赵某、程乙土地承包经营权转包合同纠纷案。② 2009年6月19日,王某、赵某、程乙与程甲签订了一份土地承包合同。合同约定:程甲将位于某地的9.27亩责任田(非基本农田)承包给王某、赵某、程乙建养牛场,承包期限为2009年5月12日至2039年5月12日,共三十年,王某、赵某、程乙每年向程甲交纳每亩1000元的承包费。合同签订后,王某、赵某、程乙给付程甲赔青款927元,一年的承包费9270元,程甲将土地交付王某、赵某、程乙。王某、赵某、程乙将2009年

---

① 参见《最高人民法院关于审理涉及农村土地承包纠纷案件适用法律问题的解释》(法释〔2005〕6号)第十六条。
② (2010)鹤民一终字第227号上诉人程民利与被上诉人王江平、赵常海、程宪木土地承包经营权转包合同纠纷案民事判决书,见 http://hbzy. chinacourt. org/public/paperview. php? id=347953,2015年5月5日访问。

秋季庄稼收获后,程甲将该 9.27 亩土地收回耕种。王某、赵某、程乙遂因此向程甲提出异议,并诉至法院要求程甲赔偿损失。法院认为,程甲与王某、赵某、程乙签订的土地承包合同是双方当事人的真实意思表示,且该合同不违背法律规定,为有效合同,双方均应按照合同约定履行自己的权利义务。合同约定:承包期限为 2009 年 5 月 12 日至 2039 年 5 月 12 日,王某、赵某、程乙每年向程甲交纳每亩 1000 元的承包费。按照合同约定,王某、赵某、程乙负有每年向程甲交纳每年每亩 1000 元承包费的义务,程甲负有将其拥有土地承包经营权的 9.27 亩责任田交付王某、赵某、程乙使用的义务。王某、赵某、程乙向程甲交纳了 2009 年 5 月 12 日至 2010 年 5 月 12 日一年的承包费 9270 元,已履行了合同约定的义务。程甲收到一年的承包费后,将 9.27 亩土地交付王某、赵某、程乙使用到 2009 年秋季庄稼收获后,程甲就将 9.27 亩土地收回耕种,已构成违约。且双方在案件审理中均同意解除该合同,程甲应根据王某、赵某、程乙未使用土地的实际天数当返还相应部分的承包费。

(二)土地承包经营权出租

土地承包经营权的出租,是土地承包经营权人(出租人)和承租人签订租赁合同,土地承包经营权继续由出租人享有,承租人不受让土地承包经营权,只是取得在承包地从事农林牧渔经营并获取农获物的资格,向出租人支付租金的现象。承租人既可以是本集体经济组织的成员,也可以是本集体经济组织以外的自然人、法人或其他组织。

【案例 9.5】村委会与褚某租赁合同纠纷案

原告甲村委会与被告褚某租赁合同纠纷案。① 1999 年甲村并村以前,被告就已经租赁本案所涉鱼塘,2004 年 4 月 26 日,原、被告签订了租赁协议,由被告向原告租赁鱼塘 18.32 亩,租赁时间从 2004 年 1 月 1 日

---

① 参见上海市松江区人民法院(2008)松民一(民)初字第 1776 号民事判决书。

到 2006 年 12 月 30 日,每年每亩租金 400 元。2007 年,原告与案外人杨某签订了该鱼塘的租赁协议,期限从 2006 年 12 月 31 日至 2007 年 12 月 31 日。但被告并未交还鱼塘,而是以实际租赁人继续租赁鱼塘,租金也由被告支付。原告考虑到被告在村里还有部分债务未清偿,希望被告能利用养鱼所得偿还债务,故默许了被告继续租赁鱼塘。被告在几年租赁期间,陆续几次对鱼塘进行整理、打泥浆,为便于打理鱼塘,被告在鱼塘边搭建了几间小屋,拉了电线,打了一口井,并将从小屋至大路的田间泥路铺设了石块。合同到期后,原告表示不再与外地人签订租赁合同,要求被告返还鱼塘,被告则要求继续租赁,否则要原告补偿整理鱼塘费用 2005 年 5600 元、2007 年 2000 元、电费 5000 元、修路 2000 元、建房 2000 元、打井 400 元、电线电表 500 元,共计 17500 元。原告与被告协商,同意补偿其修路、建房等费用 3000 元,但被告表示不能接受。双方协商无果,原告遂诉至法院。法院认为,2007 年,原告虽与案外人杨汉良签订了租赁协议,但实际租赁人仍是被告,该协议的权利义务均由被告在履行,原、被告之间建立了事实租赁关系。在租赁合同期满后,原、被告可以协商选择建立新的租赁关系或终止租赁合同。原告拒绝再与被告签订租赁协议,因此被告继续占有原告鱼塘,已没有合法的根据。原告系涉讼鱼塘的所有人,有权要求被告搬离。

(三)土地承包经营权互换

互换,《合同法》称之为互易,按照《农村土地承包法》第四十条规定,是承包方之间为方便耕种或各自需要,可以对属于同一集体经济组织的土地的土地承包经营权进行互换。可见,此处的互换有较为严格的限定:①从主体方面看,互换人须是承包人,须为同一集体经济组织的成员;②就承包地而言,须为属于同一集体经济组织的两宗以上的土地;③从互换的标的物方面看,必须属于同一集体经济组织的土地上竖立的土地承包经营权。

互换与转让的区别在于:①通常意义上的转让,其受让人既可以是本集体经济组织内的成员,也可以是本集体经济组织以外的人;土地承包经营权的互换,在我国现行法上,互换人须为同一集体经济组织的成员。②通常意义上的转让,其对价通常表现为货币;土地承包经营权的互换,其对价表现为另一土地承包经营权。其实,从学理的层面考虑,这些差异可看作上位概念和下位概念之间的区别。如果是这样,则可将互换看作转让的特例。①

互换场合,两个土地承包经营权相向移转,按照德国民法思维,存在两个物权行为;在法国和我国的法制上,因未确立物权行为制度,表现为事实行为。

【案例9.6】土地承包经营权互换合同纠纷案

上诉人冼甲等与被上诉人冼乙等土地承包经营权互换合同纠纷案。② 2000年11月17日,冼甲、邓某将位于××村庙坪洞的0.2亩承包地及庙口的0.06亩承包地与冼乙位于××村大禾塘的0.52亩承包地进行交换耕作,将位于××村庙坪洞的0.25亩承包地与冼丙位于××村大禾塘的0.35亩承包地进行交换耕作,但未向发包方备案及县级以上地方人民政府申请登记。冼甲、邓某在换来的农田上种植荔枝树。2012年,为建设云浮市云城区××基地二期,相关政府部门征收了××村部分土地。其中,征收了冼甲、邓某交换给冼乙、位于庙口的0.06亩承包地,征收了冼乙和冼丙换给冼甲、邓某的承包地,该被征土地补偿款分配标准为每亩50000元,以发包方登记的权利人为准;冼甲、邓某领取了换给冼乙的0.06亩承包地征地补偿款,冼乙和冼丙分别领取了换给冼甲、邓某承包地征地补偿款。冼甲、邓某与冼乙和冼丙均按照发包方登记的土地承包经营权权属,即交换耕种承包地前的状况缴纳税费和领取补贴。冼甲、邓某与冼乙和冼丙用于交换的承包地分别为其土地承包经营权的部分土地使用权。2012年,云城区人民政府征用了包括本案所涉的大禾塘、庙口在内的云

---

① 崔建远:《土地上的权利群研究》,法律出版社2004年版,第216页。

② (2014)云中法民一终字第44号上诉人冼甲等与被上诉人冼乙等土地承包经营权互换合同纠纷案民事判决书,见 http://www.court.gov.cn/zgcpwsw/gd/gdsyfszjrmfy/ms/201408/t20140819_2572345.htm,2015年2月5日访问。

城区××街道××村部分土地。经云城区××街××村××村村民小组召开村民大会,协调及确认各方当事人没有异议的情况下,冼甲、邓某领取了庙口的征地补偿款 3000 元,之后冼乙领取了大禾塘 0.52 亩的征地补偿款26000 元,冼丙领取了大禾塘 0.35 亩的征地补偿款 17500 元。2013 年 2月 1 日,冼甲、邓某认为冼乙、冼丙领取了应属上诉人的征地补偿款,遂向原审法院提起诉讼,请求:判决冼乙、冼丙将换田的征地款 43500 元返还给冼甲、邓某(其中冼乙返还 26000 元,冼丙返还 17500 元)。法院认为,本案系土地承包经营权互换合同纠纷。本案双方当事人同属云城区××街道××村村民小组,双方当事人互换土地承包经营权虽未签订书面合同,也未报发包方备案,但根据《中华人民共和国农村土地承包法》第四十条"承包方之间为方便耕种或者各自需要,可以对属于同一集体经济组织的土地的承包经营权进行互换"的规定,冼甲、邓某与冼乙、冼丙根据需要及方便管理在自愿的基础上互换土地承包经营权的行为,本院依法予以确认。由于双方互换土地承包经营的行为未报发包方备案,且没有签订书面合同,实质是一个口头合同,互换后的各种行为应当视为履行合同的情况,可自行协商变更或解除合同。冼甲、邓某与冼乙、冼丙互换土地承包经营权后,依照互换前的土地承包经营权情况进行缴交公购粮及领取国家种粮补贴,一直没有异议。在国家征用土地后,双方当事人也按照各自种植的作物或果树领取青苗补偿款,而在××村村民小组领取征地补偿款及公示后,确认本案双方当事人没有异议的情况下,才予发放,而各方当事人也自愿按土地承包证所登记的土地情况,即按互换前的土地承包经营权领取征地补偿款,上述行为应视为对互换合同的变更。现冼甲、邓某领取××村庙口的征地补偿款后,起诉要求冼乙、冼丙返还××村大禾塘的征地补偿款,但没有提供证据证实冼乙、冼丙存在以欺诈或胁迫的手段,迫使冼甲、邓某领取××村庙口的征地补偿款,以实际行动变更互换合同的情形,应承担举证不能的不利后果。因此,冼甲、邓某的诉讼主张缺乏理据,且违反合同的诚实信用原则,不予支持。

（四）土地承包经营权入股

入股，是指将土地承包经营权作价，出资到股份合作制企业乃至股份公司之中，成为企业财产的现象。承包人因其土地承包经营权而在股份合作制企业乃至股份公司之中享有股权，表现为被选举权、选举权、股息红利分配权等。

入股，土地承包经营权移转至企业名下，按照德国民法思维，存在两个物权行为，在法国和我国的法制上，因未确立物权行为制度，表现为事实行为。

（五）土地承包经营权转让

转让，是转让人（承包人）和受让人签订转让合同，将土地承包经营权移转给受让人，受让人向转让人支付对价的现象。此种场合，原承包方与发包方在该土地上的承包关系即行终止。

转让合同生效并履行是（物权变动）法律事实，土地承包经营权移转至受让人名下是（物权变动）结果。按照德国民法思维，存在两个物权行为，在法国和我国的法制上，因未确立物权行为制度，表现为事实行为。

我国现行法对通过招标、拍卖、公开协商等方式设立的"四荒"土地承包经营权的转让，未设诸如发包人同意之类的限制。但对通过家庭承包方式设立的土地承包经营权的转让，却设定了相对严格的限制条件。承包方有稳定的非农职业或有稳定的收入来源的，经发包方同意，可以将全部或部分土地承包经营权转让给其他从事农业生产经营的农户，由该农户同发包方确立新的承包关系，原承包方与发包方在该土地上的承包关系即行终止。

转让和转包是性质差异很大的两项制度。民法通常所说的转让，系指权利主体的变更，权利由原权利人处移转到受让人之手，在土地承包经营权制度中，应指土地承包经营权由原承包人之手移转到受让人之处，原承包人退出承包合同关系，受让人取而代之，成为承包合同的当事人，享有土地承包经营权。而转包场合，土地承包经营权继续由转包人（承包人）享有，受包人（次承包人）并未受让土地承包经营权，只是取得了利用承包地从事农林牧渔经营并获取农获物的资格。换言之，转让，发生了物权变动；转包，没有发生物权变动。此其一。在我国现行法上，土地承包经营权转让场合，受让人可以是本集体经济组织外部的人；而转包土地承包经营权，受包人（次承包人）必须限于本集体经济组织的成员。此其二。就本质而言,转让与买卖、互换、赠与具有密切的联系。如果把转让作为物权变动的结果,在土地承包经营权转让场合,就是土地承包经营权移转至受让人名下的现象,那么买卖、互换、赠与等合同都是转让的法律事实。如果把转让作为转让合同的简称,那么它就是引起物权变动的法律事实,在土地承包经营权转让场合,转让合同是使土地承包经营权移转至受让人名下的法律事实。在这个层面上,转让(合同)与买卖、互换、赠与等合同就是并列的各自独立的关系,具体到土地承包经营权转让、买卖、互换、赠与场合,它们都是引起土地承包经营权移转至受让人之处的法律事实。

【案例 9.7】土地承包经营权转让合同纠纷案

上诉人望某与被上诉人王甲、王乙土地承包经营权转让合同纠纷案。① 望某系王甲之子。1984 年 9 月 29 日,王甲以户主名义承包了"代家包"等 7 块土地,共计 2.8 亩,并取得了集体土地使用权证。1998 年 7 月 1 日第二轮土地承包时,原抱龙镇三社将以王甲为户主的承包土地登记在望某名下。之后,王甲与望某分家另居,并指定了部分承包地给望某。2004 年 1 月望某外出广东务工至 2009 年,2005 年国家实行退耕还林政策,为落实面积,抱龙村村委会根据调查走访情况,对以望某为户主实行家庭承包的 1998 年承包土地及附属物明细登记卡上注明"望某 0.56,王甲 2.32"。该土地由王甲申请进行了退耕还林,退耕还林后树木也由王甲所栽。退耕还林后该土地取得了山府林证字(2005)第 74433 号林权证,林权登记法定代表人为被告王甲,该林权包含了原告望某的份额。2009 年 11 月 5 日,在未征得望某同意的情况下,被告王甲与王乙签订《土地转让协议》,将抱龙镇抱龙村 6 组公路旁边,水管站斜对面 0.4 亩的林地转让给被告王乙,转让价款 20000 元。现原告望某以该协议违

---

① (2013)渝二中法民终字第 499 号上诉人望某与被上诉人王甲、王乙土地承包经营权转让合同纠纷案民事判决书,见 http://cqfy.chinacourt.org/paper/detail/2013/09/id/1134413.shtml,2015 年 6 月 3 日访问。

反国家强制性规定并损害自己的利益为由,要求法院确定该协议无效。被告王乙认为,该协议是在村干部参与的情况下订立的,应属有效。被告王甲认为,自己无权处分望某林权。以家庭为基础的农村土地承包经营户是农村土地承包和流转的主体,故农村土地的转让主体应是农村土地承包经营户而不是家庭某一成员。法院认为,本案中,王甲作为该农村土地承包经营户的户主,其与王乙签订《土地转让协议》的行为,实际上是一种农村土地承包经营户的代表行为,其所签订的《土地转让协议》,对其他家庭成员应具有约束力。而且该转让协议的双方均为同一集体经济组织成员,符合签订农村《土地转让协议》的主体资格,同时双方签订的《土地转让协议》征得了发包方的同意,且协议内容并没有使王甲的家庭丧失全部土地,成为失地农民,故望某以王甲与王乙签订转让协议时未征得其同意,主张转让协议无效的请求不能成立。

三、土地承包经营权流转纠纷的处理

近年来,伴随着农业产业结构的调整和城镇化水平的提高,新类型的土地流转方式和问题不断出现,加之农村征地、拆迁等因素,农村土地承包经营权流转纠纷逐年增加,处理难度增大。农村土地流转纠纷具有法律关系复杂、事实认定困难、法律法规庞杂等特点。因此,有必要对司法实践中难点、突出问题进行研析,即确保个案公正,又最大限度地实现类案法律适用的统一。

(一)土地承包经营权流转纠纷的疑难问题[①]

土地承包经营权流转,即土地承包经营权人将土地的占有、使用和收益权能的全部或部分转由他人行使的民事法律行为。土地流转过程中的权利和义务关系主要以土地流转合同的方式缔结,相关纠纷也多以合同纠纷的形式出现。

---

① 参见余冬爱、周勇:《农村土地承包经营权流转案件的法律适用统一》,《上海审判实践》2012年第6期。

第一,土地流转合同的订立问题。一是土地流转合同订立主体的合法性问题。土地流转涉及发包方(村集体经济组织)、承包方(家庭承包农民)和受让方(第三人)的利益。①承包方主体的合法性审查。《农村土地承包法》第十五条规定,家庭承包的承包方是本集体经济组织的农户。该法第三十四条规定,土地承包经营权流转的主体是承包方。据此,该主体是特定主体,即只能是原承包合同的承包方。但实际流转合同中,存在以下值得探讨的问题:首先,以承包农户为主体签订流转合同,由谁代表农户签字才生效的问题;其次,承包农户的家庭成员作为流转合同主体的合法性问题;最后,原承包农户分家立户后流转承包经营权以谁为流转主体的问题。②受让主体的合法性审查。本书所称的受让主体,包括流转合同的承租方、接包方、受让方等。根据《农村土地承包法》第三十三条的规定,对受让主体合法性的总要求是,"受让方须有农业生产能力"。实际操作中,何为"具有农业生产能力"有待探讨。从立法上看,《农村土地承包法》规定的受让方只能是农户,而《农村土地承包经营权流转管理办法》第九条规定"农村土地承包经营权流转的受让方可以是承包农户,也可以是其他按有关法律及有关规定允许从事农业生产的组织和个人"。因此,针对两部法律的不同规定,需要结合现实状况进行梳理。二是土地流转合同订立形式的合法性问题。从案件审理中反映出来的问题主要有:①农户流转以口头约定为主。由于特殊的历史背景,双方当事人不太重视,大多数没有签订流转合同或其他书面依据,一旦形成纠纷,难以查证约定内容。②约定内容模糊不清。如不少协议上有某甲将土地"流转给"或"给"某乙种植的条款,形成纠纷后,对于这些含糊的文字,双方均按照有利于自己的原则进行解释,流转方解释为"转包"或"代耕",受流转方则解释为"转让"。③土地流转合同的必备要件不全。《农村土地承包法》第三十七条对流转合同的内容规定得十分详细,但许多农户签订的流转合同中,对于面积、具体方位、流转期限等主要条款都无记载。

第二,土地承包经营权流转合同的效力问题。土地承包经营权流转合同是否有效一般是当事人争议的焦点,也是正确审理该类案件的前提。审理中发现,因缺乏对土地流转的引导和规范,当事人签订的流转合同常不符合法定程序或法律强制性规定。①不同的流转方式下未遵循登记或征得发包方同意等相应程序规定。②转让时未给予本集体经济组织成员优先权。③违反民主议定规则。④土地承包经营权抵押合同的效力尚需探讨。

第三，土地承包经营权流转合同的履行问题。流转合同履行过程中的问题表现在：①农民流转土地的权利对价难以保障。如有的因未履行给付流转费用的义务而发生纠纷，有的流转合同签订后受让方未能按约给付流转费。②因情事变更等原因导致纠纷产生。如农业税取消后土地零流转纠纷的处理。国家实行免交农业税和粮食补贴等政策，一些农户以各种理由要求收回土地。③业主对农民的土地租金迟延履行。④土地流转过程中的征地补偿费分配引发纠纷。

第四，土地承包经营权流转合同的变更、解除问题。在实践中，承包方常常以合同约定的流转价格偏低和其他原因为由要求解除承包合同。还有一些村民小组或村委会换届后对原来签订的承包合同不予认可，强行解除原承包合同并要求现在的转包者交回土地。以上现象很多都不属于合同解除的法定事由，需要审判法官仔细甄别。另外，合同解除后原流转土地上的种植物、棚舍等物的处置等问题在法律适用方面也需予以理顺。

（二）土地承包经营权流转纠纷的处理思路

通过以上分析可以看出，由于各个时期的土地流转政策不同，新的土地流转问题不断出现，政策优于法律、政策超前于法律的现象时有发生，导致法律适用中存在诸多障碍。因此，在司法裁判中，既要注意合同签订的时间性，也应注意政策、法律的时效性；既要注意法律规定的稳定性，也要看到政策规定的灵活性和创新性。

1. 土地流转合同订立的法律适用

一是土地流转主体资格的确认。①土地流转中承包方（流出方）的主体确认。审理中，既有村民以户为单位流转的，也有村民个人流转的，那么谁是合法的流转主体？从《农村土地承包法》第二章看，有权流转土地的是承包方，承包方是本集体经济组织的农户。而《物权法》没有明确承包经营权人是个人还是农户。根据法律位阶原则，应当适用《农村土地承包法》关于流转主体的规定。然而,土地流转的客体是作为用益物权的土地承包经营权,还应当符合《物权法》的规定。既然村集体以家庭为一个单位发包,按成员数平等分配土地面积,那么,农户内部各成员实际上是按份享有土地承包经营权。《物权法》第一百零一条关于按份共有的规定,农户内部各成员均有权流转自己份额内的土地承包经营权,其他家庭成员有优先受让的权利。可见,《物权法》和《农村土地承包法》对流转主体的规定有冲突。其一,承包农户家庭成员个人签订流转合同的情形。土地承包经营权的取得是以户为单位,承包合同的主体是农户。按照合同相对性原理,转让承包经营权的主体也只能是农户。因此,审查合同时,应当坚持以农户为流转合同主体,不应以家庭成员个人作为合同主体。这样既可以保证流转合同主体与承包合同主体的一致,也可以避免其他家庭成员事后以未征得其同意或不知情为由否认合同效力。对已以农户家庭成员个人作为主体签订的合同,则应具体问题具体分析。对确属家庭个别成员背着其他成员流转土地,损害其他家庭成员利益的,应当认定合同无效。对有证据证明其他家庭成员明知流转合同的签订、土地转移及受让人利用土地,长期没有提出异议的,应认定合同合法有效。其二,原承包农户分家立户后签订流转合同的情形。分立出来的农户流转土地,是否可以作为流转合同主体? 如果有明确的分家析产协议,对承包土地分割没有争议的,可以分立出来的农户作为流转合同主体。如果没有分家析产协议,对承包土地没有分割或分割不清,原家庭其他成员有异议的,不宜以分立出来的农户作为流转合同主体。②土地流转受让方(流入方)主体资格的确认。一方面,受让主体的限制性规定。对以互换方式流转的,根据《农村土地承包法》第四十条规定,受让方仅限于同一集体经济组织的农户;以转让方式流转的,根据《农村土地承包法》第四十一条规定,受让主体只能是从事农业生产的农户。以转包、出租方式流转的,不会引起原家庭承包关系的改变;而以转让方式流转的,如果允许非农户作为受让主体,则要改变原承包法律关系;以互换方式流转的,如允许不同经济组织的农户间互换,将导致承包土地所有权主体的改变。基于以上法律政策,除互换合同的双方主体只能是同一集体经济组织的农户外,对其余受让主体的审查,主要审查是否具有农业生产经营能力。另一方面,是否具有农业经营能力。《农村土地承包法》第三十三条规定的农业经营能力,到底是指权利能力,还是行为能力。笔者认为,基于农业生产的特点,农业经营能力是农业生产的行为能力,主要是指组织、投资能力,而不是受让人具有的亲自耕种、劳作能力。因此,在审查合同时,对受让主体主要审查其是否具有农业生产的组织、投资能力,防止部分投机者炒作土地,坐收渔利。

二是土地流转合同形式的合法性审查。根据《农村土地承包法》第三十七条规定,土地承包经营权流转,当事人双方应当签订书面合同。据此规定,流转合同为要式合同。值得探讨的问题是,合同当事人没有签订书面合同是否成立有效的问题。笔者认为,不能一概而论,应当区别情况认定。对于在《农村土地承包法》和《农村土地承包经营权流转管理办法》施行之前签订的流转合同,只要主体、内容真实合法,双方无争议,无论是口头合同,还是书面合同,应当承认其合法有效;在《农村土地承包法》和《农村土地承包经营权流转管理办法》施行之后签订的流转合同,如无书面合同,应按《合同法》第三十六条规定处理。即一方或双方履行了合同主要义务,对方已接受的,应当认定合同成立;否则,应认定其无效。

2. 土地流转合同效力的法律适用

一是土地流转方式和程序的规范审查。在流转方式上,法律明确规定的有转包、互换、租赁、转让、入股等。法律和政策禁止的只有买卖承包土地。目前,各地方政策和法规对流转方式的规定有所创新和突破。流转合同依法成立的程序,法律根据不同的流转方式和受让主体,分别做了不同的规定。①以转让方式流转的。《农村土地承包法》第三十七条规定,应当经发包方同意,即履行报批程序。如何报批,法律没有明确规定,通常的做法是签订合同前由合同双方当事人向发包方递交书面申请,取得发包方的书面批示,请发包方在合同上签字盖章同意流转。②以转包、出租、互换方式或者其他方式流转的。《农村土地承包法》第三十七条规定,应当报发包方备案。但不备案,不应影响合同效力。③采取转让、互换方式流转的。《农村土地承包法》第三十八条规定:"土地承包经营权采取互换或转让方式流转,当事人要求登记的,应当向县级以上地方人民政府申请登记。"《物权法》第十五条规定,不动产"登记",是不动产物权转移的公示方法,未办理物权登记的,不产生权利转移的法律效力,但不影响合同效力。因此,流转合同未登记,并不影响合同的成立和生效,也不影响承包权在合同双方之间的流转,只是不能对抗善意第三人。若善意第三人从原转让方或互换方流转获得承包经营权,且已办理登记手续,应获得法律上的支持。

二是民主议定程序的排除适用。《农村土地承包法》和《农村土地承包经营权流转管理办法》规定,承包方有权依法自主决定承包土地是否流转、流转的对象和方式并享有流转收益。同时,根据《最高人民法院关于审理涉及农村土地承包纠纷案件适用法律问题的解释》(法释〔2005〕6号),除了向本集体经济组织之外的组织或个人进行流转的情况外,原则上在审判实践中不应再以土地流转行为是否通过民主议定程序作为判断其是否有效的依据。也就是说,民主议定原则只适用于确权承包,而不适用于土地流转。确权承包不同于土地流转,确权承包是土地承包经营权的取得形式,土地流转则是承包人对土地承包经营权的处分行为。前者关系到本集体经济组织成员的利益,后者则不涉及本集体经济组织成员的利益。因此,流转土地不需要经过民主议定程序,只要其符合法定的合同生效要件即为有效。如果村委会将已确权土地转包给本集体经济组织以外的单位或个人的,无论村委会取得确权土地的流转方式是否合法,均不得以违反民主议定原则为由认定转包合同无效。但对于之前未经过民主议定程序越权发包后承包者又进行转包的,则要分不同情况区别对待。

三是对于流转承包方弃耕、撂荒土地的处理。根据《最高人民法院关于审理涉及农村土地承包纠纷案件适用法律问题的解释》(法释〔2005〕6号)第六条的规定,因发包方违法收回、调整承包地,或者因发包方收回承包方弃耕、撂荒的承包地产生的纠纷,按照下列情形,分别处理:①发包方未将承包地另行发包,承包方请求返还承包地的,应予支持;②发包方已将承包地另行发包给第三人,承包方以发包方和第三人为共同被告,请求确认其所签订的承包合同无效、返还承包地并赔偿损失的,应予支持。但属于承包方弃耕、撂荒情形的,对其赔偿损失的诉讼请求,不予支持。因流转合同被确认无效会对受流转方造成较大影响,而受流转方对于集体经济组织擅自流转弃耕、撂荒的家庭承包土地的情形基本上是难以了解的,故应进行相应的利益平衡。受流转方请求受益方补偿其在承包地上的合理投入的以及因土地毗邻关系要求原承包方提供通行、灌溉等用地便利的,应予支持。受流转方提出因上述土地的返还导致其其余土地经营受到重大影响而主张解除流转合同的,不予支持,但流转相对方要求降低其余部分土地的流转价款的,应予以支持。

3.违反土地用途的流转合同的处理

以涉及基本农田的耕地被租赁开发林果业、种植花卉苗木、开挖鱼塘为例,该耕地租赁合同效力应如何认定与处理?

一是租赁合同效力认定问题。①对于涉及基本农田的耕地在租赁合同中已经明确约定进行开发林果业、种植花卉苗木、开挖鱼塘等用途的,有观点认为,涉案土地租赁事出有因,是在上海市农业产业经济结构调整的大背景出现的历史性问题,又由于相关耕地租赁时,基本农田尚未落地到位,故只要系争土地出租合同是真实的意思表示,村委会在出租时保证了基本农田的规划要求就应当认定土地租赁合同有效。① 由于该类案件涉诉租赁标的一般均涉及耕地中的基本农田,且用途一般都经过改变,并超出了基本农田的用途限制。经济组织、专业农户承租后一般皆将耕地用于种植苗木花卉、开挖鱼塘等。根据《土地管理法》的规定,禁止占用基本农田发展林果业和挖塘养鱼,该类纠纷所涉租赁合同的效力是否因违反上述强制性规定而无效? 法律行为的效力有当初无效与事后无效之分。法律行为成立时存有无效原因的,为当初无效;法律行为成立之后发生无效原因的,为事后无效。② 笔者认为,根据法不溯及既往原则,在租赁合同签订当时,上述强制性规定尚未实施的,或虽已经实施上述强制性规定但基本农田并未实际落地,不能区别系争耕地是否属于基本农田的,就签订当时而言,租赁合同并非无效,但由于集体耕地租赁合同属于继续性合同,在上述违法条件成就之后,合同因违反法律的强制性规定而无

---

① 参见《"破解农村土地租赁纠纷难题研讨会"会议综述》,会议日期:2008 年 5 月 20 日,主办方:上海市松江区人民法院,该会议综述尚未发表。

② 史尚宽:《民法总论》,中国政法大学出版社 2000 年版,第 577 页。

效,该种无效系事后无效,合同当事人均应终止履行,妥善处理善后事宜。②对于租赁合同中并未约定将涉及基本农田的耕地移作他用的,而是由承租方在签订合同后自行改变用途的,一般应认为系承租方违约行为,为维护即存的生产关系,减少不必要的损害的发生,集体经济组织可以要求受流转方在一定期限内进行整改。受流转方逾期不予整改的,集体经济组织有权解除承包合同,要求相对方在一定期限内将耕地恢复原状并返还土地。受流转方逾期不将耕地恢复原状或耕地不能恢复原状的,集体经济组织有权要求受流转方赔偿损失。集体经济组织对于受流转方未按上述规定承包耕地存在过错或未及时要求相对方进行整改的,导致相关损失扩大的,应自己承担所扩大的损失。对于受流转方因流转合同解除而产生的土地前期投入、地上物损失,应由其自行承担;集体经济组织对此存在过错的,按过错分担损失。

【案例 9.8】郁某土地承包经营权纠纷案

原告郁 A 与被告郁 B 土地承包经营权纠纷案。① 位于上海市浦东新区××镇××村×××路×号地块 0.8 亩土地系原告的承包地。2002 年起原告及其他几位相邻土地的承包户口头约定将土地租赁给被告使用,由被告每年支付一定数额的租金,被告承租后将土地开挖后养殖牛蛙。2010 年10 月,因被告对鱼塘进行改造,双方遂产生纠纷,后村委会对双方进行调解,但未果,故原告诉来本院,请求解决。法院认为,土地承包经营权流转的主体是承包方。承包方有权依法自主决定土地承包经营权是否流转和流转的方式。本案中,争议土地的承包经营权属原告,2002 年起原告将土地租赁给被告使用的事实,双方均无争议。双方的争议焦点在于是否约定了租赁的期限,被告称曾做约定,但未提供相应证据,且遭原告否认,故法院对于被告的辩称意见不予采信。法院认为,双方之间系口头租赁关系,无证据证明双方约定了租赁期限。根据法律规定,当事人对租赁期限没有约定或者约定不明确,视为不定期租赁。当事人可以随时解除合

---

① 参见上海市浦东新区(2011)浦民一(民)初字第 1670 号民事判决书。

同,但出租人解除合同应当在合理限期之前通知承租人。至于原告称租赁给被告只用作种植,被告私自改变种植为养殖的意见,因原、被告系同村村民,原告每年均收取被告支付的租金,被告在长达七年的时间中将土地用作养殖的情况从常理讲原告不可能不知道,故原告的这一意见,本院不予采信。现原告要求收回土地的诉讼请求,符合法律规定,本院予以支持,但根据被告现将该土地用于养殖,且已做较大经济投入的实际情况,原告应当给予被告一定的合理期限,对此法院予以酌定,此期间的租金做适当提高,本院酌定为每年每亩 1200 元,期满后被告应当将土地平整并返还原告。2010 年度的租金因双方发生矛盾后被告尚未支付,现被告同意支付,法院予以准许,法院酌定 2010 年的租金每亩为 800 元。至于原告主张的经济损失 3600 元,没有法律依据,法院不予支持。

二是关于涉及基本农田的耕地被租赁开发林果业、种植花卉苗木、开挖鱼塘,耕地租赁合同无效后果的处理问题。法律行为无效时,不发生当事人依该法律行为所欲实现的法律效果,但无效并不妨害发生其他法律行为外的效果,例如:侵权行为损害赔偿请求权;缔约上过失损害赔偿请求权;不当得利请求权;所有物返还请求权。[①] 若合同被认定为无效,产生双重义务,即返还义务和损害赔偿义务,损害赔偿义务一般基于返还义务的不能履行而产生,并由此产生相对应的责任,即返还责任和损害赔偿责任。返还责任,是指返还受益人给付,具体而言指耕地使用费的返还、耕地承包经营权的返还、耕地用益的返还,其中耕地使用费的返还和耕地用益的返还可以相抵。损害赔偿义务,是指合同无效后,承租人有义务将土地恢复原状。能够恢复原状,再看是否存在损害:如果能够恢复,而承租方不愿恢复,出租方自行恢复原状的费用应该由承租方承担;如果不能恢复原状或恢复原状经济损害较大,地上物、附着物如苗木、花卉、鱼苗等死亡则会产生损失。对于出租方而言,在承租方没有进行恢复原状就进行返还的情况下,耕地复耕费用也系客观存在的损失。上述责任

---

① 　王泽鉴:《民法总则》(增订版),中国政法大学出版社 2001 年版,第 480—481 页。

的承担问题,在审理中经法院释明取得当事人同意,将作为合同无效的后果一并处理,审理中还应根据实际情况,如农业习惯和作物、鱼苗的生长习性,确定返还责任的履行期限。耕地承包经营权租赁过程中,鉴于村委会对于土地性质用途更为清楚,其应承担主要责任,原承包方基于被代理人的地位,也应承担同等位阶的责任;经济组织、专业农户在租赁土地时也有了解土地情况的谨慎义务,故其应承担次要责任。此外,在损害的责任承担问题上,还需要结合当事人对于政策风险的认识水平进行考虑,由此区别当事人的过错大小,以确定责任如何分担。由此进行相关损害的分担实现利益的平衡。承租方为自然人农户的,宜由集体经济组织承担相对主要责任。受流转方为企业农户的,宜与集体经济组织承担同等责任。具体进行责任划分时,还需要考虑承租方参与耕地租赁的次数,对于法律、土地制度的知识了解程度等因素。

三是对于承租方损失的认定问题。对于该类案件的承租方损失的认定方面,往往遇到双方当事人对于赔偿价格不能达成一致意见而需要进行评估的情况,如花卉苗木的评估有市场价、工程价、动迁价、评估价、成本价等不同标准,各种参考价格差别很大,实践中赔偿或补偿标准很难确定。有观点倾向于按照物的市场价格,即物的销售价格进行计算相关价格。① 笔者认为,即使按照销售价格计算,也应根据销售中的实际情况,扣除相关营销成本以及花卉苗木或鱼苗的自然损耗,进而确定实际价格。对于合同无效后,笔者更倾向于基于当事人对于合同信赖而进行履行所承担的成本计算损失,即通过相关花卉苗木或鱼苗成本价格的评估确定赔偿价格。

【案例 9.9】村委会与公司、王某租赁合同纠纷案

原告甲村委会与被告乙公司、第三人王某租赁合同纠纷案。② 2007年9月30日,原、被告签订《土地租赁协议》。协议约定,原告将土地和所有鱼塘共202亩租赁给被告。双方约定租金为每年158400元,被告一

---

① 参见《"破解农村土地租赁纠纷难题研讨会"会议综述》,会议日期:2008年5月20日,主办方:上海市松江区人民法院,该会议综述尚未发表。
② 参见上海市松江区(2009)松民三(民)初字第757号民事判决书。

次性付清一年租金 158400 元,每五年可进行一次调整,以原租金为基础,上下调整幅度为 3%;土地租金被告应先付后用,2007 年 12 月 31 日前应支付一年租金,以后依此类推按年支付。此后,双方因租金及被告擅自转租第三人等问题发生争议,原告诉至法院,要求被告支付租金并返还土地。诉讼中,经法院查明原告向被告出租的土地和鱼塘其所涉土地的性质为基本农田。据此,关于合同的效力问题,法院认为,我国土地管理法规定,禁止占用基本农田发展林果业和挖塘养鱼。本案中,原告将基本农田租赁给被告用于发展种植业,被告承租后又分别转租第三人种植西瓜和草坪,而租赁标的物之一的鱼塘所涉的土地也是基本农田,故原、被告签订的土地租赁协议违反了法律的强制性规定,属于无效合同。再就合同无效后的后果处理问题,法院认为合同无效后,被告应将其基于合同取得的土地返还原告。现因土地及鱼塘已转租第三人,第三人作为实际使用人与被告负有共同返还原告系争土地和鱼塘的义务。同时,被告应当支付原告实际占用土地期间的使用费,使用费参照双方协议约定的租金标准确定。

4. 土地流转合同履行的法律适用

一是流转价格或费用过低引发的诉讼。随着惠农政策的出台,承包方不愿意按照原来的合同履行,要求收回土地或提高流转费。审判经验表明,承包方想继续从事农业生产的并不多,其真实意图是提高土地流转费,平衡原流转价格和相关惠农补贴之间的差价。以原承包人主张增加转让费的案件为例,法律适用时应视不同情况区分处理。①对于流转开始至诉讼期间的转让费主张,不予支持。因为流转行为是基于特定的政策背景,由承包经营成本高、收益低的历史原因形成,出自当事人自愿,在当时也不违背法律规定,是有效的。②对于诉讼之后的转让费的合理主张,应予支持。主要理由是现行法律对流转的条件作出了"有偿"的限制性规定。具体有以下三种情况:原承包人请求变更合同相关条款,相对方同意变更,则合同得以有效变更;相对方不同意变更原合同条款,但同意返还承包经营权的,可视为对原合同的解除,原承包人应接受返还;相对方既不同意变更合同条款,又不同意返还承包经营权,则根据情事变更原则,判令相对方在合同约定的合法期限内,按一定数额标准向原承包人支付转让费。

二是流转土地被征用或征收引发的补偿费纠纷。由于城市建设的需要,存在一些土地在流转后被国家征收的情况,流转前的土地承包者与流转后的受让者常因此在征地补偿款的归属问题上发生纠纷。①征用部门将征用费发给受流转方,原承包人主张征用费。流转方式是转让的,转让协议符合法律规定,且受流转方已支付了合理转让费的,对原承包人的主张不予支持。流转方式是转包、出租的,或虽然是转让,但转让协议不符合法律规定或受流转方没有支付合理转让费用的,对原承包人的主张予以支持。但征用部门给予的青苗补偿费应归受流转方所有。②转包、转租期限尚未到,土地被征收引发补偿费纠纷。土地征收引起集体土地所有权和土地承包经营权的消灭,实质是物权发生灭失。根据民法原理,物权因公共利益而灭失所产生的补偿费应归物权人所有。土地承包经营权流转所产生的权益属于债权,因土地征收造成债权受损,由承包人依据流转合同承担违约责任。另外,土地征收补偿款、安置补助费、土地附着物、青苗补偿费等分配纠纷还涉及村集体经济组织擅自扣留土地承包经营权人的补偿款,并以民主议定原则、当事人不具备村集体成员身份进行抗辩。

三是流转合同履行期限不明的纠纷处理。流转合同履行期限不明的,原承包人可随时主张返还,但应给予受流转方必要的准备时间,如返还时间应确定在本季收获之后下季种植之前。实践中,很多农户互换土地进行耕种,但在互换时未明确约定互换耕种的期限,一方反悔时,以《合同法》关于未约定履行期限可以随时终止合同的规定为由要求返还原承包土地。对此问题,应当注意到互换期限与合同履行期限是有区别的。互换期限是指互换合同有效存续或土地互换状态延续的时间,而《合同法》规定的履行期限则在这里是指双方开始履行互换土地义务的时间。因此,只要互换合同依法成立且双方已互换耕种的,即视为合同已经履行。双方没有约定互换期限的,根据诚实履行原则,应以土地承包期的剩余期限为互换期限。

5. 土地流转合同解除的法律适用

根据《合同法》《农村土地承包法》的相关规定,合同的解除分为协议解除及法定解除两种情形,协议解除一般不会发生纠纷。法定解除的必须符合法定解除的事由,应适用《合同法》第九十四条规定的五种情形。结合实际情况,法定解除情形具体体现为:因不可抗力而解除;因合同届满而解除;因不能实现合同承包目的而解除;因承包方全家搬迁且户口转为非农业户口而合同解除;受让方无力经营且本人自愿解除;受让方在合同期内死亡且无人继承其承包经营权而合同解除;受让方长期不予经营,造成承包地闲置而导致合同解除;受让方随意改变土地用途,经劝阻无效的;合同的继续履行将影响一方重大利益的;等等。一般来讲,只有符合上述条件的,承包方或受让方才能要求依法解除合同,否则解除合同即构成违约。

第六节　土地承包经营权抵押

在我国现行法上,土地承包经营权的抵押仅仅限于"四荒"土地承包经营权,通过家庭承包方式设立的土地承包经营权不得设立抵押权。[①]《最高人民法院关于审理涉及农村土地承包纠纷案件适用法律问题的解释》(法释〔2005〕6号)规定,承包方以其(家庭承包方式设立的)土地承包经营权进行抵押的,应当认定无效。对因此造成的损失,当事人有过错的,应当承担相应的民事责任。我国现行法之所以如此设计,是因为法律委员会经同国务院法制办、国土资源部、农业部等部门反复研究,一致认为:目前,我国农村社会保障体系尚未全面建立,土地承包经营权和宅基地使用权是农民安身立命之本,从全国范围看,放开土地承包经营权抵押和宅基地使用权转让的条件尚不成熟。因此,《物权法(草案)》仅规定通过招标、拍卖、公开协商等方式设立的"四荒"土地承包经营权,可以转让、抵押等,是适当的,与《宪法》《农村土地承

---

① 参见《物权法》第一百二十八条、第一百三十三条,《农村土地承包法》第三十二条、第三十七条、第四十九条,《国务院办公厅关于治理开发农村"四荒"资源进一步加强水土保持工作的通知》(国办发〔1996〕23号)第三条第六项。

包法》《土地管理法》等法律的规定也是一致的。① 实际上，关于通过家庭承包方式设立的土地承包经营权可否抵押的问题，一直存在争论。

一、关于土地承包经营权抵押的争论

否定说担心，如果允许土地承包经营权抵押：一是抵押权可能在实际上难以实现，使抵押人遭受经济损失；二是承包人因抵押权的实行而丧失生活来源，增加财政负担，酿成社会问题；三是农地可能因抵押权的实行而改变用途，危及国家的粮食安全。若不允许改变土地用途，金融机构和其他民事主体究竟能有多大的积极性？允许抵押并不能解决农民贷款难的问题。②

肯定说则认为，其一，土地承包经营权人需要资金购买种子、化肥、农药等生产资料，以正常地从事农、林、牧、渔经营；有时急需钱款治疗重病或者办理其他要事，等等。而土地承包经营权人在现行法上的融资方式非常有限，如果允许他们以其土地承包经营权设定抵押权，可以融到资金。③ 其二，财产及其权利具有让与性，才会保有乃至增加财产权的价值。土地承包经营权作为财产权，也应当尽可能地体现出让与性，才会使承包人借助土地承包经营权更好地实现其利益。

二、土地承包经营权抵押的定性

农村土地流转后衍生的经营权抵押，一般是指土地承包经营权流转后由接包方取得的经营权的抵押。这不仅限于流转土地经营权，往往还涉及土地附着物的抵押，实际上结合了《物权法》第二百二十三条规定的权利质押和

---

① 参见《全国人大法律委员会关于〈中华人民共和国物权法〉草案修改情况的汇报》，载全国人民代表大会常务委员会法制工作委员会民法室编著：《物权法立法背景与观点全集》，法律出版社 2007 年版，第 64 页。

② 参见《吴邦国委员长听取有关方面对物权法草案的修改意见》《中央有关部门的负责同志和专家对物权法草案几个重大问题的意见》，载全国人民代表大会常务委员会法制工作委员会民法室编著：《物权法立法背景与观点全集》，法律出版社 2007 年版，第 84—87 页、第 129 页。

③ 参见《吴邦国委员长听取有关方面对物权法草案的修改意见》《中央有关部门的负责同志和专家对物权法草案几个重大问题的意见》，载全国人民代表大会常务委员会法制工作委员会民法室编著：《物权法立法背景与观点全集》，法律出版社 2007 年版，第 84—87 页、第 129 页。

《物权法》第一百八十一条规定的动产浮动抵押。①其他承包方式取得的土地承包经营权的抵押。依据我国《农村土地承包法》第四十九条的规定，不宜采取家庭承包方式，通过招标、拍卖、公开协商等其他承包方式承包农村土地，经依法登记取得土地承包经营权证等证书的，其土地承包经营权可以依法采取抵押等流转方式进行流转。②以家庭承包方式取得的土地承包经营权进行抵押。一种观点认为，土地承包经营权是农民赖以生活的基础，具有社会保障功能，如果允许抵押土地，遇到无法抵偿之情形，农民将失去生活保障。依据《最高人民法院关于审理涉及农村土地承包纠纷案件适用法律问题的解释》（法释〔2005〕6号），以土地承包经营权设定抵押的，应认定为无效。笔者认为，为了预防农民失去社会保障而不允许抵押，但是却允许采取转包、出租甚至转让等方式流转土地，这种立法模式本身的逻辑就值得反思。上海农村的非农产业已经发展到一定程度，土地已不是农民的唯一生存保障，而且上海市农村居民基本社会保障福利不断提高。忧虑农民因为土地承包权抵押而失去生活保障，已逐步失去了现实基础。所以，只要当事人依据规定办理了抵押登记，对抵押权应当予以确认和保护。

三、土地承包经营权抵押将进一步提升土地承包经营权的效能

2014年中央一号文件，即《关于全面深化农村改革加快推进农业现代化的若干意见》提出，在坚持和完善最严格的耕地保护制度前提下，赋予农民对承包地占有、使用、收益、流转及承包经营权抵押、担保权能。在落实农村土地集体所有权的基础上，稳定农户承包权、放活土地经营权，允许承包土地的经营权向金融机构抵押融资。

一些地区也开展了相关实践性探索，如有的金融机构要求土地承包经营权抵押贷款发放以依法依规、平等自愿、诚实守信为原则，坚持土地承包经营权抵押不改变农村土地所有权的性质、不改变农民的土地承包权、不改变土地的农业用途，并将借款对象定位为在一定区域范围内从事农业生产经营活动的农户、个体工商户、企业和农村经济组织。

对于申请土地承包经营权抵押贷款的借款人，则要求需同时具备以下条

件：一是企业依法注册，且年检合格；二是土地承包经营权已经合法程序流转；三是农户须持有所在地常住户籍，具有完全民事行为能力，且贷款到期时不得超过60周岁；四是信用观念强，资信状况良好，具有清偿贷款本息的能力，无拖欠贷款和政府税费等不良记录，未与贷款行发生过经济纠纷；五是从事土地耕作或者其他符合国家产业政策的生产经营活动，生产经营情况正常，并有合法、可靠的经济来源；六是接受并积极配合贷款行在贷款后风险管理时进行的监督检查；七是贷款行规定的其他条件。此外，有的还要求借款人必须是土地承包经营权的合法所有权人。借款人用于抵押贷款的土地承包经营权必须符合以下条件：一是具备持续生产能力的果园、茶园、养殖场、农业种植基地及其他符合抵押条件的农村土地，且经营面积在50亩以上或基础设施投入在30万元以上；二是贷款额度原则上不超过借款人农业生产经营项目投入资金的50%；三是土地承包经营权产权关系明晰；四是符合农业政策性保险的产业，参加农业保险的。

对于土地承包经营权抵押贷款用途，则一般要求：一是用于发展种植业、养殖业、林业、渔业、农副产品加工和流通、休闲农业等；二是用于农业生产机具、运输工具和生产设施配套；三是用于满足农业产前、产中、产后的工资、种苗、农资和服务的资金需要。

关于贷款期限，一般根据借款人的生产经营周期、还款能力和土地承包经营权有效期限确定贷款期限。土地承包经营权短期流动资金贷款期限不超过1年（含1年），中长期贷款期限不超过3年（含3年），且贷款合同到期日设定，原则上应早于承包经营期限的1年，并已经支付贷款到期日之前的土地流转金。

关于抵押登记，一般要求抵押权登记申请应由贷款行和抵押人共同向登记机关办理。贷款审批通过后，借款人应与贷款行签订书面的借款合同及土地承包经营权抵押合同，明确抵押双方当事人的权利义务，并在订立书面合同之日起3日内，将登记结果报县农委备案。

关于抵押物监管及处置，一般规定借款人未履行还款义务的，贷款行及时进行依法处置，对抵押的土地承包经营权及附着物，可以采取以下方式：一是转让。依法通过交易市场将抵押物进入流转市场,通过获取转让收益清偿贷款本息。二是变更。依法通过交易市场将抵押物进入流转市场,通过变更方式,在不改变土地用途的情况下,变更土地经营人,由新的土地经营人履行还贷义务。三是变现。发生借贷双方约定的实现抵押权的情形,抵押权人与抵押人依法协议以抵押财产折价或者拍卖、变卖该抵押财产所得的价款优先受偿,优先受偿后,不足以偿还借款本息的,贷款行对不足部分金额有权向借款人追偿。四是诉讼。当贷款人与借款人、抵押人不能通过协商处置抵押的土地承包经营权时,通过诉讼方式解决。考虑到土地承包经营关系的特殊性,同时还规定依法处置抵押的土地承包经营权期间,由县农委协调就处置土地承包经营权可能涉及的问题。

第七节 土地承包经营权的消灭

一、土地承包经营权消灭的事由

(一)土地承包经营权的存续期间届满

土地承包经营权的存续期间届满,只要未再续期,土地承包经营权消灭。土地承包经营权业已登记的,应当注销登记。

应当注意,按照我国优惠农民的政策,在以家庭承包方式设立的土地承包经营权场合,承包人请求续期的,发包人负有必须同意的义务,除非出现了法律、法规规定土地承包经营权必须消灭的期限。至于通过招标、拍卖、公开协商等方式设立的"四荒"土地承包经营权场合,承包人请求续期,发包人并无强制缔约的义务。

(二)土地承包经营权人自愿交回承包地

承包期内,承包方可以自愿将承包地交回发包方。承包方自愿交回承包地的,应当提前半年以书面形式通知发包方。土地承包经营权业已登记的,应当注销登记。

（三）承包地灭失

承包地灭失，土地承包经营权因失去客体而归于消灭。土地承包经营权业已登记的，应当注销登记。

（四）承包地调整

承包地调整，原土地承包经营权消灭。土地承包经营权业已登记的，应当注销登记。

依据《农村土地承包法》第二十七条的规定，承包期内，因自然灾害严重毁损承包地等特殊情形对个别农户之间承包的耕地和草地需要适当调整的，必须经本集体经济组织成员的村民会议三分之二以上成员或三分之二以上村民代表的同意，并报乡（镇）人民政府和县级人民政府农业等行政主管部门批准。承包合同中约定不得调整的，按照其约定。

（五）收回承包地

在我国现行法上，发包人收回承包地的事由不一，所依归的法律制度不同，需要区别。①承包人对承包地连续两年弃耕抛荒的，原发包单位应当终止承包合同，收回发包的耕地。土地承包经营权于承包地被收回时消灭。土地承包经营权业已登记的，应当注销登记。此处所谓收回承包地，在理论上为土地承包经营权的撤销。撤销事由，从立法论的立场出发，还应包括"承包人累计五年拒交承包金""承包人擅自改变土地用途，经连续三次警告仍不改正"。②承包期内，承包方全家迁入设区的市，转为非农业户口，承包方不交回承包的耕地和草地的，发包方可以收回承包的耕地和草地。于收回场合，土地承包经营权消灭。土地承包经营权业已登记的，应当注销登记。

（六）承包地被征收

承包地被征收，被征收的土地所有权消灭。土地承包经营权因其母权不复存在而归于消灭。

（七）承包人死亡，无继承人继续承包

我国现行法虽然未承认土地承包经营权为继承的财产，但规定承包人的继承人可继续承包。于继续承包场合，土地承包经营权继续存在，也可理解为原土地承包经营权消灭同时产生了新土地承包经营权。在承包人死亡，无继

承人继续承包的情况下,土地承包经营权因无主体而归于消灭。

最后,必须指出,在土地承包经营权无登记的情况下,具备上述事由之一的,土地承包经营权即归于消灭,无论在承包人和发包人之间,还是在与第三人之间的关系上,一律如此。但在土地承包经营权已经登记的情况下,土地承包经营权的消灭,尚需办理土地承包经营权的注销登记。若未办理注销登记,在承包人和发包人之间,承包人虽无权主张土地承包经营权,但在与第三人之间的关系上,只有待办理注销登记后,发包人等才可主张土地承包经营权消灭的法律效果。

二、土地承包经营权消灭的法律后果

土地承包经营权消灭,承包人有权取回自己在承包地上兴建的农田水利等设施、农作物、林木等;也可以留给发包人,但有权请求作价补偿。承包人对其在承包地投入而提高土地生产能力的,有权请求相应的补偿。

第十章　建设用地使用权

罗马法以来的传统民法中与建设用地使用权相当的概念为地上权。为使我国用益物权的概念体系臻于统一、和谐,并与土地承包经营权、宅基地使用权相配合,《物权法》以建设用地使用权概念取代了地上权概念。

第一节　建设用地使用权的内涵解析

一、建设用地使用权的界定

所谓建筑物,是指可以供人们在其中进行生产、生活的居住用房、生产用房、办公用房等设施。构筑物则是具有居住、生产经营功能的建筑物之外的人工建造物,主要包括道路、桥梁、隧道、堤坝、水渠、水池、水塔等设施,人工养殖设施,以及地窖、地下管网等人工构筑物。附属设施主要指附属于建筑物、构筑物并辅助其发挥功效的设施,如电线杆、电缆、变压器等电力、广播、通信设施,以及雕塑、纪念碑等均属此类。① 建设用地使用权,是指为建造建筑物、构筑物及其附属设施,并保有其所有权,而在国家或集体所有的土地及其上下进行占有、使用和收益的用益物权。

《物权法》出台之前,对以房地产开发建设并取得建筑物所有权为目的的土地权利,有时直接被称为土地使用权,有时叫作国有土地使用权,有时取名

---

① 梁慧星、陈华彬:《物权法》,法律出版社 2007 年版,第 29 页;胡康生主编:《中华人民共和国物权法释义》,法律出版社 2007 年版,第 306 页;王利明、尹飞、程啸:《中国物权法教程》,人民法院出版社 2007 年版,第 320—321 页。

为建设用地使用权。土地使用权的称谓本身过于概括和内容含混,反映不出个案中的权利是物权还是债权,因为通过租赁、借用等合同都可以取得债权性质的土地使用权;即使单指物权,它也区分不清是以房地产开发建设并取得建筑物所有权为目的的建设用地使用权,还是以从事农、林、牧、渔经营并取得收益为目的的土地承包经营权,抑或以通行、排水、引水、设置管线等为目的的地役权。在禁止集体土地所有权或使用权作为建造商业用房,只允许以国有土地使用权作为商业用房的权源的背景下,《城市房地产管理法》等法律、法规采用了国有土地使用权的概念。时至草拟《物权法》的时期,现实生活中已经出现了在集体土地上兴办中外合资经营企业、中外合作经营企业、外商独资企业、股份企业等项目的现象。在这种背景下,继续用国有土地使用权作为建筑物所有权的权源显然涵盖不了集体土地使用权作为建筑物的正当根据的情形,而建设用地使用权则可解决这个问题,《物权法》采纳了这个概念。如此,不考虑建设用地处于农村还是城市,也不论它是归国家所有还是归集体所有,只要树立其上的权利系以建造并保有建筑物的所有权为目的,就称为建设用地使用权。

二、建设用地使用权的类型

按照不同的分类标准,建设用地使用权可分为不同的类型。

(一)行政划拨的建设用地使用权与出让的建设用地使用权

按照取得建设用地使用权是否基于行政命令及是否缴纳建设用地使用权出让金,可有出让的建设用地使用权与行政划拨的建设用地使用权的分类。

所谓出让的建设用地使用权,是指用地者通过招标、拍卖、协议等公开方式,有偿取得工业、商业、旅游、娱乐和商品住宅等经营性用地的使用权。招标、拍卖、挂牌等公开竞价的方式具有公开、公平和公正的特点,能够充分体现标的物的市场价值,是市场经济中较为活跃的交易方式。我国土地资源的稀缺性,决定了采取公开竞价方式,能够最大限度地体现土地的市场价值。从保护土地资源和国家土地收益的大局来看,采取公开竞价方式不仅是必要的,而且其适用范围还应当不断扩大。①

所谓行政划拨的建设用地使用权,是指用地者基于行政命令无偿取得的建设用地使用权。它具有如下法律性质:

第一,行政划拨的建设用地使用权的取得须基于行政命令。这里的行政划拨是县级以上人民政府根据用地者的用地申请而依法许可其使用国有土地的行政行为。

第二,行政划拨的建设用地使用权的客体限于国有土地。行政划拨本质上是国家以其行政命令将某宗建设用地使用权授予建设单位(用地者)。单就行政命令及其法律效果而言,该建设用地使用权既可以是用地者分享国家土地所有权中的占有、使用、收益的权能而形成的他物权,也可以是用地者分享集体土地所有权中的占有、使用、收益的权能而形成的他物权。但若将公平合理的因素考虑进来,则只有用地者分享国家土地所有权中的占有、使用、收益的权能才最具正当性。再联系国家同时兼有国有土地的所有权人和国家管理人的双重身份设计,该结论更易证成。如果拟行政划拨的建设用地属于集体土地,则必须先行征收,将集体土地变为国有土地,同时给予集体经济组织足额补偿,若该宗地已经发包给农户,还要给该农户(土地承包经营权人)足额的补偿;若该宗地上已经依法建造了建筑物、构筑物及其附属设施,还要给该所有权人足额的补偿,然后,国土资源管理部门再将建设用地使用权划拨给用地者。

第三,行政划拨的建设用地使用权的取得无须对价。行政划拨建设用地使用权制度的目的之一,在于扶持具有国家利益或社会公共利益的项目,并非为取得土地利用的对价而让渡建设用地使用权,因而,行政划拨建设用地使用权的设立是无偿的。至于拟行政划拨的土地本为集体土地,依法进行征收而需要足额支付土地补偿费、安置补助费、地上附着物和青苗的补偿费、拆迁补偿等费用,属于征收法律关系的内容,而非建设用地使用权划拨(转让)的权利义务关系,在法理上应由征收部门向被征收人支付,有些场合也确实是如此

---

① 胡康生主编:《中华人民共和国物权法释义》,法律出版社 2007 年版,第 312 页。

操作的。不过,由于政府难以全部承受众多的此类负担,实务中大多由建设单位(用地者)支付这些费用。① 即便如此,这些费用也不是取得划拨建设用地使用权的对价。

第四,行政划拨的建设用地使用权在法律效力上受到诸多限制。用地者取得行政划拨的建设用地使用权时没有支付对价,国家政策仅限于若干土地用途才予批准。因而,行政划拨的建设用地使用权原则上不得转让、出租、抵押。不过,在经过有批准权的人民政府审批,依照国家有关规定缴纳建设用地使用权出让金的前提下,由受让方和国土资源管理部门办理出让手续,行政划拨的建设用地使用权发生了转让。在实际操作上,时常将国土资源管理部门和受让人签订建设用地使用权出让合同的行为,视为有批准权的人民政府的批准。以行政划拨的建设用地使用权设立抵押,在依法拍卖该建设用地使用权后,从拍卖所得的价款中缴纳相当于应缴纳的建设用地使用权出让金的款额,法律承认该抵押权的效力。为了简化程序,国土资源管理部门依法办理了抵押登记手续,视为经过了具有审批权限的国土资源管理部门予以了批准,不必另行办理行政划拨的建设用地使用权抵押的审批手续,②人民法院不得以划拨建设用地使用权抵押未经批准而认定抵押无效。③

第五,行政划拨的土地用途受到严格限制。从总的方面讲,行政划拨的用地必须是国家利益和社会公共利益所需要的。按照《城市房地产管理法》第二十四条及国土资源部于 2001 年 10 月 22 日发布的《划拨用地目录》的规定,下列建设用地若确属必需的,可以由县级以上人民政府依法批准划拨建设用地使用权:①国家机关用地和军事用地。此处所谓国家机关用地,包括党政机关和人民团体的用地。②城市基础设施用地。它包括城市供水、供热、供气的设施用地,环境卫生设施用地,公共交通设施以及道路、广场、绿地等的用地。

---

① 《城市房地产管理法》第二十三条第一款规定,用地者缴纳补偿、安置等费用。

② 参见国土资源部于 2004 年 1 月 15 日发布的《最高人民法院关于国有划拨土地使用权抵押登记有关问题的通知》。

③ 参见最高人民法院于 2004 年 3 月 23 日发布的《关于转发国土资源部〈关于国有划拨土地使用权抵押登记有关问题的通知〉的通知》。

③公益事业用地。它包括非营利性邮政设施、教育设施、体育设施、公共文化设施、医疗卫生设施、公益性科研机构的用地。④国家重点扶持的能源、交通、水利等项目的用地,包括石油天然气设施、煤炭设施、电力设施、水利设施的用地,铁路、公路、水路等交通设施的用地,以及民用机场的用地。⑤法律、行政法规规定的其他用地,主要包括监狱、劳教所、戒毒所、看守所、治安拘留所、收容教育所的用地。① 由于国家机关用地和军事用地等现象会长期存在,完全取消行政划拨的建设用地使用权并不现实。但这不表明某特定主体所需用地属于上述行政划拨用地的范围即当然地取得行政划拨的建设用地使用权。以行政划拨方式授予建设用地使用权应当是"确属必需的"②。但须注意,对以营利为目的的非国家重点扶持的能源、交通、水利等基础设施的用地项目,应当采取有偿出让的方式设立建设用地使用权。③

第六,行政划拨的建设用地使用权无确定的终期。出让的建设用地使用权都具有明确的存续期限,70 年、50 年、40 年不等。与此不同,以行政划拨的方式取得的建设用地使用权,除法律、行政法规另有规定外,没有存续期限的限制。只要没有国家收回建设用地的法定事由(如城市建设发展的需要和城市规划的要求等),或自己抛弃建设用地使用权,用地者即可持续地享有建设用地使用权。就此看来,行政划拨的建设用地使用权具有无期性。

(二)国有土地建设用地使用权与集体土地建设用地使用权

按照建设用地使用权存在于土地所有权的种类和性质的不同,可有国有土地建设用地使用权与集体土地建设用地使用权的分类。

所谓国有土地建设用地使用权,是指用地者分享国家土地所有权中的占有、使用、收益的权能而形成的建设用地使用权。本章所论建设用地使用权基本上为此类权利。

所谓集体土地建设用地使用权,是指用地者与集体经济组织协商取得的

---

① 王利明、尹飞、程啸:《中国物权法教程》,人民法院出版社 2007 年版,第 328—329 页;胡康生主编:《中华人民共和国物权法释义》,法律出版社 2007 年版,第 311 页。
② 胡康生主编:《中华人民共和国物权法释义》,法律出版社 2007 年版,第 311 页。
③ 王利明、尹飞、程啸:《中国物权法教程》,人民法院出版社 2007 年版,第 328 页。

存在于集体所有土地建设用地使用权。按照我国《土地管理法》等现行法的规定,集体组织可在集体所有的土地上建造办公用房,以集体土地所有权为正当根据;乡镇企业可以集体土地使用权作为其建筑物的权源;农户可以集体土地使用权(宅基地使用权)作为建造住宅的正当根据,原则上禁止在集体土地上建设工业、商业、旅游、娱乐和商品住宅等经营性项目。不过,考虑到社会发展的前景,集体土地使用权可作某些特殊的经营性项目的正当根据,《物权法》第一百五十一条为此预留了改革发展的空间。在实务中,有些地区允许以集体所有的土地兴办国有、集体、私营的企业,兴办中外合资、中外合作、外商独资的企业,兴办股份制企业和联营企业,兴办"三来一补"企业,用于个体工商户经营的场所。更有甚者,有些地区在经有关部门批准,在集体土地上兴建商品房。对此现实问题如何处理,有待研究解决。

(三)以地表为客体的建设用地使用权与以地上或地下为客体的建设用地使用权

按照建设用地使用权的客体所处土地上下部位的不同,可有以地表为客体的建设用地使用权与以地上或地下为客体的建设用地使用权。

所谓以地上为客体的建设用地使用权,是指以距地面一定高度的空间为客体的建设用地使用权,简称为空间权,又叫区分建设用地使用权,或分层建设用地使用权。某些空中走廊的权源就是这种建设用地使用权。所谓以地下为客体的建设用地使用权,是指以距地面一定深度的空间为客体的建设用地使用权,也简称为空间权,又叫区分建设用地使用权,或分层建设用地使用权。许多地下商城、地铁的权源就是此类建设用地使用权。

在现代社会,人口已越来越集中于大都市,形成都市密集化。这种都市密集化,必然伴随着地铁、上下自来水、排水沟及地下停车场等诸多都市设施的建设进程。进一步说,促进了空间、电线、单轨铁路、两楼房间的通道、特殊的防公害的烟囱、电视塔等都市设施的建设完善。这样,土地的立体利用已经从地表脱离,被横向地、水平地切割为地下或空中的断层,并使其具有了固有的价值。在近代民法中,土地所有法的体系,与其说是以都市区域,不如说是以农业区域为中心构成,所以不能把对土地立体使用的评价放在土地所有权概念的构成中心的位置上。一直以来,都把垂直于地表上下古典的土地所有权的法制称为土地法;相反,把进行了横向切割的水平的土地所有权称为空间法。土地法因其所指"土地"是以地表为中心的垂直于其上下的部分,故可以称之为垂直的不动产法;相反,空间法则由于将"空间"从地表分离出来,在一定的空间上水平地存在,所以也可以称之为水平的不动产法。我国《物权法》第一百三十六条规定的以地下、地上为客体的建设用地使用权,可称之为区分建设用地使用权,相当于大陆法系所谓的区分地上权。

三、建设用地使用权的性质

(一)权利主体因建设用地使用权的类型不同而异其规格

从权利主体方面看,不同类型的建设用地使用权的主体的身份不同。例如,行政划拨的建设用地使用权的主体,限于国家机关、有关人民团体、军事部门、有关事业单位、某些公司,不会是自然人、股份公司、中外合资经营企业、中外合作经营企业、外商独资企业等。再如,集体土地上的建设用地使用权的主体,主要为乡镇企业,不可能是农民、国家机关、军事部门等。

(二)建设用地使用权的客体原则上为国有土地,少数情况下为集体所有的土地

从权利客体的所有制性质方面看,建设用地使用权的客体原则上为国有土地,在兴办乡镇企业、建设乡(镇)村公共设施和公益事业等情况下,经依法批准,可以是集体所有的土地。

(三)权利客体的部位可以是地表、地下、地上

从权利客体的立体部位看,建设用地使用权的客体可以是某宗地的地表,也可以是某宗地的地上(空间),还可以是某宗地的地下(空间)。以地上空间、地下空间为客体的建设用地使用权,叫作区分建设用地使用权,或分层建设用地使用权,或径称为空间权。

(四)权利的目的及功能为建造建筑物、构筑物及其附属设施,并保有其所有权

从权利的目的及作用方面看,建设用地使用权旨在使权利人有权在国有的(少数情况下为集体所有的)某宗地上建造建筑物、构筑物及其附属设施,并保有其所有权。一个人若欠缺某宗地的建设用地使用权,却在该宗地上建造建筑物、构筑物及其附属设施,其行为违法,对于所建建筑物、构筑物及其附属设施没有所有权。

就建造和保有之间的关系而言,建造建筑物、构筑物及其附属设施为初步目的,也可以说只是手段,保有建筑物、构筑物及其附属设施的所有权才是最终目的,更有价值。在受让建设用地使用权时,基地上已有建筑物、构筑物及其附属设施,或购买地上建筑物、构筑物及其附属设施的场合,按照《物权法》第一百四十二条、第一百四十六条的规定,受让人一并取得建设用地使用权和地上建筑物、构筑物及其附属设施,土地上现存的建筑物能够满足建设用地使用权人的需要,故而其无须另行建造。权利内容仅为保有。①

（五）建设用地使用权派生于土地所有权

从权利产生的根源看,建设用地使用权系分享国家的(少数情况下为集体所有的)土地所有权中占有、使用、收益的权能而形成的他物权。

（六）建设用地使用权为用益物权

从权利的归属体系看,建设用地使用权为用益物权。建设用地使用权具有排他性、优先效力、物权请求权等效力,属于物权。它以占有、使用、收益为内容,属于用益物权。

第二节　建设用地使用权与有关权利的辨析

一、建设用地使用权与地上权

德国等立法例上存在地上权制度。所谓地上权,是指以在—受负担—土地的地面上或地面下,拥有建筑物为内容的可转让并可继承的权利。② 或者

---

① 王利明、尹飞、程啸:《中国物权法教程》,人民法院出版社 2007 年版,第 319 页。
② ［德］鲍尔、施蒂尔纳:《德国物权法》上册,张双根译,法律出版社 2004 年版,第 648 页。

说,地上权是指以在他人的土地上保有建筑物或其他工作物或竹木为目的,而使用其土地的权利。① 可见,就目的及功能而言,它与我国现行法上的建设用地使用权相同或相当。诚然,两权之间也有些许差异:①地上权存在于他人所有(绝大多数情况下为私有)的土地之上,而我国现行法上的建设用地使用权基本上存在于国有土地之上,仅在少数情况下存在于集体所有的土地之上。②地上权的目的及功能并未区分建筑物的用途,不论是建造农户的住宅,还是建造市民的住房,抑或建造写字楼,等等,只要是利用他人所有的土地,就统统由地上权制度解决。与此有别,我国《物权法》等法律区分在他人土地上建造农户住宅和其他建筑物、构筑物及其附属设施的不同情形,由建设用地使用权和宅基地使用权两项制度分工负责。由此看来,如果一定作类比,那么,从权利目的及功能的角度观察,可以说建设用地使用权和宅基地使用权合起来相当于地上权。③地上权的设立,绝大多数是基于当事人的约定加上登记,少数情况下直接基于法律的规定;而建设用地使用权的设立,在我国现行法上存在着基于出让合同加上登记、行政划拨加上登记两种方式,我国法应当尽快承认基于法律的直接规定的设立方式。④地上权具有让与性,而行政划拨的建设用地使用权在让与性方面受到严格的限制,只有出让的建设用地使用权才可较为自由地让与。

二、建设用地使用权与土地租赁权

建设用地使用权是不动产物权,而土地租赁权(含建设用地使用权的租赁权,下同)从基本性质方面观察为债权,两权具有本质的不同。但因土地租赁权也有在他人土地上建造并保有建筑物、构筑物及其附属设施所有权的目的及功能,加上租赁权已经物权化,它们之间也有可比性。具体说来,二者的差异如下:①建设用地使用权的取得以登记为生效要件。土地租赁权的成立不以登记为成立要件和生效要件。②行政划拨的建设用地使用权没有明确的终期,出让的建设用地使用权的存续期限有 70 年、50 年、40 年不等,土地租赁

---

① 谢在全:《民法物权论》中册,中国政法大学出版社 2011 年版,第 53 页。

权的存续期限不得长于 20 年。③行政划拨的建设用地使用权没有对价,土地租赁权必然伴随着租金。④行政划拨的建设用地使用权原则上不得转让,转让得满足许多条件;出让的建设用地使用权具有充分的让与性。其中的转让包括抵押。土地租赁权原则上不得转让,不得抵押,转租还得取得出租人的同意。⑤建设用地使用权人无权请求土地所有权人修缮土地,承租人有权请求出租人修缮租赁物。⑥建设用地使用权和土地租赁权在终止事由方面也存在着差异。

三、建设用地使用权与地役权

建设用地使用权和地役权的相似点在于,两权均有建造构筑物及其附属设施并保有其所有权的目的及功能。但二者毕竟是差异明显的两种不动产物权:①建造并保有建筑物、构筑物及其附属设施的所有权,为建设用地使用权的根本目的及功能。地役权没有单纯地建造建筑物并保有其所有权的目的及功能,只有为了架设管线、修建输水渠等目的而需要辅助地建造构筑物及其附属设施并保有其所有权的目的及功能。一旦建造并保有建筑物、构筑物及其附属设施的所有权成为权利的唯一目的及功能,那么该权应为建设用地使用权(或宅基地使用权),而不应为地役权。②建设用地使用权的设立,有的基于法律的直接规定,有的通过当事人的约定。地役权一律通过当事人间的约定设立。③建设用地使用权是个独立的不动产物权,地役权具有附随性。④由此决定,建设用地使用权可以单独转让,地役权不得单独转让。⑤行政划拨的建设用地使用权没有对价,地役权以有对价为常态。

四、建设用地使用权与土地承包经营权

建设用地使用权和土地承包经营权之间的区别比较明显:①建设用地使用权的目的及功能是在国有的(少数情况下为集体所有的)土地上建造建筑物、构筑物及其附属设施,并保有其所有权;土地承包经营权的目的及功能是在集体所有的(少数情况下为国有的)土地上从事农林牧渔经营活动,并取得农获物(农业收获物)的所有权。②建设用地使用权的主体多种多样,且区分

情况而设定限制。以家庭承包经营为基础的土地承包经营权,其主体限于承包地所在地的集体经济组织的成员;以"四荒"为客体的土地承包经营权的主体则无限制。③建设用地使用权的客体原则上为国有土地,少数情况下为集体所有的土地。土地承包经营权的客体基本上为集体所有的土地,仅在新疆建设兵团、黑龙江建设兵团等少数地区是国有土地。④建设用地使用权的设立以登记为生效要件,土地承包经营权自土地承包经营权合同生效时设立。⑤取得出让的建设用地使用权需要支付使用权出让金,取得行政划拨的建设用地使用权无须支付出让金。取得土地承包经营权均需支付承包费。⑥两种权利在流转的限制方面也有区别。

第三节　建设用地使用权的取得

一、建设用地使用权取得概述

建设用地使用权的取得分为原始取得和继受取得。

所谓建设用地使用权的原始取得,是指不以他人既有的权利为依据而独立取得建设用地使用权的现象。

所谓建设用地使用权的继受取得,又称建设用地使用权的传来取得,是指基于原权利人的权利,而取得建设用地使用权的现象。继受取得建设用地使用权,又分移转继受取得建设用地使用权和创设继受取得建设用地使用权。所谓创设继受取得建设用地使用权,是将土地所有权的部分权能分离和独立出来,形成建设用地使用权这种新权利的现象。它又表现为两种基本形态:一是出让设立建设用地使用权,即由用地者和国土资源管理部门签订出让合同,并办理完毕移转登记,取得(出让的)建设用地使用权;二是行政划拨设立,即国土资源管理部门将某宗国有土地的建设用地使用权授予用地者。所谓移转继受取得建设用地使用权,是就承包人既有的建设用地使用权,不变更其性质而继受取得该权的现象。例如,基于转让、互易、赠与而继受取得建设用地使用权,基于将建设用地使用权出资而由公司继受取得,自然人为权利人时可基于遗赠而继受取得或基于继承而继受取得,均属此类。

二、行政划拨建设用地使用权的取得

行政划拨建设用地使用权的取得,必须基于行政命令,其大致的程序是:①先列入国家固定资产投资计划,或准许建设的国家建设项目,经过批准,建设单位(用地者)方可申请建设用地。②用地者提出申请。建设单位(用地者)必须持国务院行政主管部门或县级以上地方人民政府按照国家基本建设程序批准的设计任务书,或对用地数量、用地选址方案已经明确规定的其他批准文件,向县级以上人民政府土地资源管理部门提出用地申请。③审批划拨。经县级以上人民政府根据法定的批地权限,对建设单位(用地者)提出的用地申请进行审查,对法律手续齐备的,以行政命令的方式确定具体使用的建设用地,由国土资源管理部门把用地划拨给建设单位。① ④权属登记。建设单位(用地者)接到批准用地文件之后,可持该文件申请建设用地使用权的登记。一经登记完毕,用地人即取得建设用地使用权。

行政划拨的建设用地使用权的取得,存在一些特殊情况。例如,《最高人民法院关于审理涉及国有土地使用权合同纠纷案件适用法律问题的解释》第十三条规定,土地使用权人与受让方订立合同转让划拨土地使用权,起诉前经有批准权的人民政府决定不办理土地使用权出让手续,并将该划拨土地使用权直接划拨给受让方使用的,土地使用权人与受让方订立的合同可以按照补偿性质的合同处理。

三、出让的建设用地使用权的取得

出让的建设用地使用权的设立,按照我国现行法的规定,必须通过用地者和国土资源管理部门签订建设用地使用权出让合同(以下简称"出让合同"),再办理建设用地使用权移转登记(变更登记),才能发生法律效力。

(一)建设用地使用权出让合同

第一,建设用地使用权出让合同的概念。建设用地使用权出让合同,是指

---

① 王利明、尹飞、程啸:《中国物权法教程》,人民法院出版社 2007 年版,第 327 页。

市县级人民政府的土地资源行政主管部门代表国家与用地者约定,国家以土地所有权人的身份将建设用地使用权在一定年限内让与用地者,用地者向国家支付建设用地使用权出让金的合同。关于出让合同的性质,有行政合同说①和民商事合同说②的争论,本书赞同后者,主要理由如下:①出让合同中虽有行政因素,如出让人可依法对受让人警告、罚款乃至收回建设用地使用权,但所占比重较小;而民商事法律关系占据主要地位,如双方遵循平等、自愿和有偿的原则签订合同,出让金为建设用地使用权的对价,交易目的乃移转建设用地使用权。遇此情境,应以主要部分的性质确定合同的性质。当然,对于行政因素也不得忽视,适用行政法的有关规定。③ ②确定某合同的性质和归属,不单纯是个逻辑问题、学术问题,还涉及法律适用。倘若把出让合同定性和定位在行政合同,则必然适用行政法的规定解决纠纷。而行政法上的救济措施至今欠缺恢复原状、排除妨害、消除危险等请求权。③违约救济方式是违约责任的方式,而非国家赔偿的方式。就此看来,将出让合同定为行政合同也不妥当。

第二,出让合同的主体问题。出让合同的主体分为出让人和受让人。其中的出让人,按《城市房地产管理法》第八条规定,实质上是以土地所有权人身份出现的国家,但按该法第十二条规定,由市、县人民政府有计划、有步骤地进行,并由市、县人民政府土地资源管理部门具体办理。依据法理,在签订出让合同的问题上,市、县人民政府为国家的代表,与国家具有同一人格。国土资源管理部门为合同的经办人,即出让人的代理人。不过,在实务中,为了简便,人们直接把国土资源管理部门叫作出让人,也未引起误解。受让人,即用地者,或建设用地使用人。对其范围、资质,国家的法律、法规尚无具体要求,某些地方法规、规章倒有规定。例如,《深圳经济特区土地使用权出让条例》

---

① 参见南路明、肖志岳:《中华人民共和国地产法律制度》,中国法制出版社1991年版,第33页。

② 参见王利明、尹飞、程啸:《中国物权法教程》,人民法院出版社2007年版,第341—346页。

③ 崔建远:《准物权研究》,法律出版社2012年版,第53—60页。

（2008年修正）第五条规定："中华人民共和国境内外的企业、组织和个人，均可依照本条例的规定取得土地使用权，但法律、法规另有规定的除外。"《上海市土地使用权出让办法》（2008年修正）第五条规定："境内外的自然人、法人和其他组织，除法律另有规定外，均可以按本办法的规定，在本市以出让方式取得土地使用权，并进行土地开发、利用和经营。"笔者认为，受让人须有权利能力，应有开发建设的能力。

　　第三，合同内容问题。当事人依程序订立合同，意思表示一致，便形成合同条款，构成了作为法律行为意义上的合同的内容。合同条款固定了当事人各方的权利义务，成为法律关系意义上的合同的内容。按照《物权法》第一百三十八条第二款规定，出让合同一般包括下列条款：①当事人的名称和住所。当事人是合同权利和合同义务的承受者，没有当事人，合同权利义务就失去存在的意义，因此，订立出让合同必须有当事人这一必备条款。当事人由其名称或姓名及住所加以特定化、固定化，所以，具体的出让合同条款的草拟必须写清当事人的名称或姓名和住所。②土地界址、面积等。土地界址和面积能使建设用地使用权的客体特定化，出让合同写清它们乃物权客体特定性的当然要求。为了准确界定建设用地的基本数据，出让合同一般会附"出让宗地界址图"，标明建设用地的位置、实质范围等。该附件须经双方当事人确认。③建筑物、构筑物及其附属设施占用的空间。这里所谓建筑物、构筑物及其附属设施占用的空间，有两方面的含义。其一，在以地表为标的物的建设用地使用权场合，空间是指建筑物、构筑物及其附属设施的高度及所占用的基地，以及正常使用所必需的空间范围。其二，因为《物权法》第一百三十六条设计了以地下为客体的建设用地使用权和以地上为客体的建设用地使用权，即空间权，或区分建设用地使用权，或分层建设用地使用权，所以《物权法》第一百三十八条规定的空间，指每一种建设用地使用权具体占用的空间范围，即出让合同须标明每一宗建设用地占用的面积和实质范围，建筑物、构筑物及其附属设施的高度和深度，从而确定用地者行使建设用地使用权的界限。[1] ④土地用

---

[1]　胡康生主编：《中华人民共和国物权法释义》，法律出版社2007年版，第316页。

途。土地用途可分为工业、商业、娱乐、住宅等用途。我国对建设用地实行用途管制，不同用途的建设用地的使用期限是不同的。土地用途也影响着建设用地使用权出让金的数额，与城市的发展规划也有关。① 正因如此重要，所以土地用途必须经有关人民政府批准，出让合同约定的土地用途必须与此相符。假如要改变，应当征得出让人的同意，并经土地行政主管部门和城市规划行政主管部门的批准，重新签订或更改原有的出让合同，调整建设用地使用权出让金，并办理相应的登记。② ⑤使用期限。出让的建设用地使用权均有期限，按照《城镇国有土地使用权出让和转让暂行条例》第十二条规定，建设用地使用权出让最高年限按下列用途确定：居住用地七十年；工业用地五十年；教育、科技、文化、卫生、体育用地五十年；商业、旅游、娱乐用地四十年；综合或其他用地五十年。此类期限自出让人向受让人实际交付宗地之日起算，原行政划拨的建设用地使用权补办出让手续的，出让年限自合同签订之日起算。③ ⑥出让金等费用及其支付方式。出让金系建设用地使用权的对价，其数额直接关系着双方当事人的利益分配，体现着国家的土地政策，因此它为出让合同的主要条款。支付方式往往决定着出让金的实现，所以出让合同对此最好也应明确规定。此外，支付期限和币种也往往决定着出让金的实现，事关当事人之间的利益分配，亦应如此处理。④ 在出让合同没有规定的情况下，按照有关规定处理，即出让金的支付期限为出让合同签订后六十日内全部付清，否则，出让方有权解除合同。⑦解决争议的方法。解决争议的方法，含有解决争议运用什么程序、适用何种法律、选择哪家检验或鉴定的机构等内容。当事人双方在出让合同中约定的仲裁条款、选择诉讼法院的条款、选择检验或鉴定机构的条款、协商解决争议的条款等，均属解决争议的方法的条款。

---

① 崔建远、孙佑海、王宛生：《中国房地产法研究》，中国法制出版社1995年版，第27页。
② 胡康生主编：《中华人民共和国物权法释义》，法律出版社2007年版，第316页。
③ 胡康生主编：《中华人民共和国物权法释义》，法律出版社2007年版，第316页。
④ 崔建远、孙佑海、王宛生：《中国房地产法研究》，中国法制出版社1995年版，第27页。

【案例 10.1】五金厂与镇政府建设用地使用权出让合同纠纷案

原告某五金厂与被告上海市某镇人民政府建设用地使用权出让合同纠纷案。[①] 2005 年 12 月 19 日,原告(乙方)与被告(甲方)签署《投资协议书》一份,约定:一、投资规模。乙方总投资规模为 3600 万元人民币。二、地块位置、面积。该地块位置在上海某电器安装有限公司东侧、南奉公路南侧,其中带征面积 5 亩左右,总面积 30 亩左右(以土地局丈量面积为准)。三、用地性质、土地价格。该土地依法为批租,性质是工业用地,享有国家法定 50 年使用权不变。甲方协助乙方办理建设用地许可证、土地房屋产权证,乙方承担办证手续费和相关费用。经双方协定,该地块的批租价格为每亩 19 万元人民币,土地费总额为 520 万元。四、付款方式。(1)乙方在本协议签订后 15 天内支付土地总价格的 50% 给甲方,计人民币 260 万元。(2)乙方在正式施工后三个月内再支付土地总价格的 20% 给甲方,计人民币 104 万元。(3)工程施工结束后再交 20% 土地款给甲方,计人民币 104 万元。(4)乙方在收到国有土地使用证时一次性付清剩余的土地款。五、甲方的权利。甲方规定,乙方新企业注册地点必须在某镇开发区。如乙方在允许施工的前提下六个月内不开工建设,视作自动放弃。甲方有权进行处理。六、甲方的义务。(1)甲方提供乙方土地 30 亩,确保乙方顺利使用,确保乙方基建竣工后办妥土地批租手续。(2)甲方做好园区"五通一平"工作,保证乙方顺利使用电、水、路、电话、有线电视、土地平整、排污……八、乙方的义务。(1)乙方必须按时建设,必须按期足额向甲方支付土地批租费用。(2)在合同期内,乙方企业对外招工优先招收甲方所在地符合条件的劳动力。(3)乙方签订土地协议后,甲方在 2006 年 5 月 31 日前帮助乙方进行项目立项等有关手续,确保乙方在 2006 年 6 月 30 日之前建设。上述协议书签订后,原告于 2005 年 12 月 20 日、23 日支付了土地款 260 万元,被告于 2005 年 12 月 26 日出具了相应的收条。2006 年 8 月 16 日,被告下属部门上海奉贤区某投资

[①] 参见上海市奉贤区人民法院(2013)奉民三(民)初字第 940 号民事判决书。

管理服务中心致函原告,称原告未在规定时间内按投资协议书规定条款履行,现终止《投资协议书》,要求原告在 2006 年 8 月 30 日前派人履行中止协议书的有关手续。同年 8 月 30 日,原告回函称:(1)你们政府领导明确告知我厂,批租地块有所变动,原来批租地块上家不同意转让,你们考虑实际情况置换地块,我厂不能接受;(2)在你们指点下,我厂办理申请营业执照后,遭到你们的中断指令;(3)现我厂又收到你们单方面中止合同通知,希望实事求是,合理、合法解决。2011 年 10 月 19 日,原告致函被告主要领导,认为被告违约并要求解决原告批租土地的立项及建设。2012 年 7 月 12 日,原告再次致函被告,指出系争地块上一家企业已经建设完毕,另一家企业正在建设中,故提出三种方案。(1)由政府对上述土地建筑物经评估公司评估后回购;(2)同等位置交换土地 30 亩;(3)按经济补偿。上述《投资协议书》签订之时,协议书载明的土地性质为集体土地。经土地管理部门批准后,于 2008 年、2009 年分两次征收,改性为国有土地。2008 年 3 月 28 日,上海某某电器设备厂通过拍卖竞得公告号为 20080421 号地块的国有土地使用权,该地块成交价为 432 万元。同年 5 月 29 日,上海市奉贤区房屋土地管理局(甲方)与上海某某电器设备厂(乙方)签订了《上海市国有建设用地使用权出让合同》一份,约定甲方出让给乙方土地位于上海市奉贤区某镇某号地块(公告号 20080421),地块总面积为 10025.3 平方米,合同项下宗地的土地价款为 432 万元。2009 年 5 月 22 日,上海某某电器有限公司通过拍卖竞得某镇南奉公路以南、施威路东侧区域地块(公告号 200903126)国有建设用地使用权,该地块成交总价为 786 万元。同年 6 月 12 日,上海市奉贤区规划和土地管理局(甲方)与上海某某电器有限公司(乙方)签订了《上海市国有建设用地使用权出让合同》一份,约定甲方向乙方出让某镇 2255 号地块(公告号 200903126),土地面积 17993.50 平方米,合同项下宗地的土地价款为人民币 786 万元。上述地块进行拍卖之前,被告并未向原告进行告知。此后,原告某五金厂起诉至法院要求判令被告给付原告土地 30 亩被征用的安置补偿款 780 万元。法院查明,本案系争土地使用权由上海某某电器设备厂、上海某某电器有限公司拍卖竞得,其中上海某某电器设备厂在该土地上建设施工完毕,上海某某电器有限公司正在施工过程中。法院认为,原、被告签订协议虽名为投资协议,但该协议内容明确了土地位置、土地使用性质、土地亩数、土地单价、土地使用年限以及双方的权利义务,故该协议性质属土地使用权出让合同。《中华人民共和国土地管理法》第六十三条规定,农民集体所有的土地的使用权不得出让、转让或者出租于非农建设。本案中,原、被告签署《投资协议书》之时,土地性质仍为集体土地,故双方签署的《投资协议书》依法应属无效。本院注意到,系争土地在 2008 年、2009 年已经被征收转性为国有土地,至此已经具备了土地出让的条件。但是土地使用权出让合同是指市、县人民政府土地管理部门作为土地出让方将国有土地使用权在一定的年限内让与受让方,受让方支付土地使用权出让金的协议。开发区管理委员会作为出让方与受让方订立的土地使用权出让合同,应当认定无效。开发区管委会作为出让方与受让方订立的土地使用权出让合同,起诉前经市、县级人民政府土地管理部门追认的,可以认定合同有效。根据前述规定,国有土地使用权出让的主体为市、县人民政府土地管理部门,而本案被告显然不具有建设用地使用权出让的主体资格,双方签订的《投资协议书》也没有经市、县级以上土地管理部门追认,故《投资协议书》依然应属无效。无效的合同或者被撤销的合同自始没有法律约束力。合同无效或者被撤销后,因该合同取得的财产,应当予以返还。有过错的一方应当赔偿对方因此所受到的损失,双方都有过错的,应当各自承担相应的责任。本案中,系争土地使用权通过拍卖出让给了案外人,原告实际并未占有和控制,故不存在返还事宜,被告则应将收取的款项返还给原告。关于过错责任,本院认为,涉案《投资协议书》签署之时,相关法律已经有明确规定,故双方对协议无效均有过错。由于近年来国家曾出台一系列的土地调控政策,其中包括对国有土地指标发放的严格限制,要求对土地出让进行招拍挂程序等,毋庸置疑,本案《投资协议书》的履行也受影响。然而,被告在对土地指标的申请、有关手续办理及资源信息的拥有等诸方面仍然占具优势地位,在系争土地需要招拍挂程序完成的情况下,其明知与原告签订了《投资协议书》,而未将有关信息披露或者告知原告,对此被告具有主要的过错,应当赔付原告相应的损失。根据案外人上海某某电器设备厂、上海某某电器有限公司竞得的土地单价,折合每亩的单价分别为 28.8 万元、29.1 万元左右,按此计算,30 亩土地使用权价款为 870 万元左右,其中 350 万元左右为差价。由于原告对其主张的补偿款请求并无明确的依据,合同履行中原告也尚未付足全部土地款,故本院参照上述案外人竞得土地之价款计取原告相应的损失,并酌定由被告赔偿 280 万元。

第四,合同形式。按照《物权法》第一百三十八条第一款规定,采取招标、拍卖、协议等出让方式设立建设用地使用权的,当事人应当采取书面形式订立建设用地使用权出让合同。

(二)建设用地使用权的登记

出让合同生效,并非建设用地使用权取得的充分条件,只有办理完毕建设用地使用权登记手续,受让人才能取得建设用地使用权。《物权法》第一百三十九条规定:"设立建设用地使用权的,应当向登记机构申请建设用地使用权登记。建设用地使用权自登记时设立。登记机构应当向建设用地使用权人发放建设用地使用权证书。"《土地登记办法》第三十九条贯彻了这种精神。建设用地使用权登记仅是建设用地使用权取得的生效要件,是物权变动的要件,而不是出让合同的生效要件。这样既能区别开物权变动与(出让或转让)合同,又能在出让人、转让人不履行登记义务时,受让人可基于合同及违约请求法院强制出让人、转让人办理登记手续,从而取得建设用地使用权。[①] 这里还要说明的问题是,如果出让合同无效、被撤销或被解除,将对建设用地使用权有何影响? 德国法系采取物权行为的独立性和无因性,地上权已经登记完毕的场合,即使设定地上权的债权合同无效或被撤销,地上权也不受其影响。我国现行法没有采取物权行为的独立性和无因性,建设用地使用权的设立直接

[①]　崔建远:《土地上的权利群论纲》,《中国法学》1998 年第 2 期,第 16—17 页。

受出让合同的影响。这就产生一个问题,出让合同无效、被撤销或被解除,建设用地使用权是否随之受到影响? 关于这一问题,应当区分情况,确立如下三项规则予以处理:其一,出让合同合法有效,出让人却违法地将之解除,不发生解除的效果,业已登记完毕的建设用地使用权不因此而受影响。其二,在建设用地使用权业已登记完毕的情况下,只要未注销登记,受让人就仍然享有建设用地使用权,即使出让合同已被确认为无效、被撤销或被解除也是如此。其三,出让合同被依法确认为无效或被撤销,或被出让人依法解除,若尚未办理建设用地使用权登记,受让人不能取得建设用地使用权,若办理登记手续,则需要办理注销登记手续,才能使建设用地使用权不复存在。

四、建设用地使用权的出让方式

按照《物权法》规定,建设用地使用权的出让方式包括招标、拍卖、协议等。国土资源部发布的《招标拍卖挂牌出让国有建设用地使用权规定》(2007年修订)不但对此予以具体化,而且增加了挂牌的方式。

(一)协议出让建设用地使用权[①]

第一,协议出让建设用地使用权的概念。协议出让建设用地使用权,是指出让人和受让人就出让建设用地使用权进行一对一的洽商,最终达成出让建设用地使用权的协议,待登记完毕,由受让人取得建设用地使用权的现象。其特征之一,适用《合同法》第二章"合同的订立"规定的普通程序,按照要约—承诺的模式及一般规则达成协议。双方就出让建设用地使用权接触、洽商伊始,就是特定的当事人。这是与招标出让建设用地使用权、拍卖出让建设用地使用权的不同之处。其特征之二,由于协议出让建设用地使用权的方式缺乏公开性、透明性,受具体经办人的主观因素的影响较大,容易出现出让金偏低、滋生腐败等不正常现象,法律、法规及规章开始限制协议出让建设用地使用权的范围。例如,《物权法》第一百三十七第二款规定,工业、商业、旅游、娱乐和

---

① 参见崔建远、孙佑海、王宛生:《中国房地产法研究》,中国法制出版社1995年版,第28—34页。

商品住宅等经营性用地以及同一土地有两个以上意向用地者的,应当采取招标、拍卖等公开竞价的方式出让。其特征之三,协议出让建设用地使用权体现国家的土地政策更加明显,受让人得到优惠的情形较多,具有一定的照顾性质。因此,如果允许受让人任意转让,就会使国家蒙受损失。于是,有些法规、规章原则上不允许协议出让的建设用地使用权任意转让,也不允许擅自改变土地用途。其特征之四,从协议出让建设用地使用权的类型看,一种类型是出让合同为完整的合同书形式,对当事人双方就出让建设用地使用权所享有的权利和承担的义务、用地要求等诸多事项,全部用合同条款加以固定、明确。另一种类型是出让合同的条款比较简明,出让人事先制定的建设用地使用规则作为合同的附件发生法律效力。

第二,协议出让建设用地使用权的范围。鉴于协议出让建设用地使用权方式的弊端较多,法律、法规及规章越来越限制协议出让建设用地使用权的范围。《物权法》第一百三十七条第二款规定了应当采取招标、拍卖等公开竞价的方式出让建设用地使用权的情形,按照反面推论,这些情形以外的建设用地使用权即可采取协议出让的方式和行政划拨的方式。

第三,协议出让建设用地使用权的程序。协议出让建设用地使用权的程序是,用地者提出申请—出让人和用地人一对一地洽商—签约—登记—用地者取得建设用地使用权。

(二)招标出让建设用地使用权

第一,招标出让建设用地使用权的概述。招标出让建设用地使用权,是指市、县人民政府国土资源行政主管部门(以下简称"出让人")发布招标公告,邀请特定或不特定的自然人、法人和其他组织参加国有建设用地使用权投标,根据投标结果确定国有建设用地使用权人的行为。[1] 招标出让建设用地使用权,应当遵循公开、公平、公正和诚信的原则。[2] 与协议出让建设用地使用权的方式相比,这种方式引入了竞争机制,使许多投标人竞相展示各自的优长,

---

[1]　参见《招标拍卖挂牌出让国有建设用地使用权规定》(2007 年修订)第二条第二款。
[2]　参见《招标拍卖挂牌出让国有建设用地使用权规定》(2007 年修订)第三条。

给招标人提供了择优选取受让人的机会和可能,会使最有能力者取得建设用地使用权,进行最有价值和最有意义的开发建设。正因如此,应当以招标方式出让建设用地使用权而擅自采用协议方式出让的,对直接负责的主管人员和其他直接责任人员依法给予处分;构成犯罪的,依法追究刑事责任。① 从适用范围上讲,对面积较大、开发要求较高或受城市规划严格制约的土地,采取招标方式出让建设用地使用权,比较适宜,容易达到开发目的。按照《物权法》第一百三十七条第二款规定,工业、商业、旅游、娱乐和商品住宅等经营性用地以及同一宗地有两个以上意向用地者的,应当采取招标、拍卖等公开竞价的方式出让。《招标拍卖挂牌出让国有建设用地使用权规定》(2007 年修订)第四条第二款对此予以贯彻并补充规定,所谓工业用地包括仓储用地,但不包括采矿用地。与拍卖出让建设用地使用权的方式不同,招标出让建设用地使用权的方式可使招标人能够全面审视投标人各个方面的条件,不是只关注出让金的数额。因而,出价最高者不一定能取得建设用地使用权。

第二,招标出让建设用地使用权的方法。招标出让的方法有公开招标和邀请招标两种。公开招标是一种一定范围内的无限制竞争性招标,凡对招标公告所列出让的建设用地愿意受让,又自认为合格的有意受让人均可申请投标。邀请招标,又叫定向招标,是一种有限竞争性招标,一般由招标人向它认为符合规定条件的主体发出招标通知,邀请其投标。二者各有优长,招标人可视具体情况酌定。

第三,招标出让建设用地使用权的程序。①招标。对于招标,《招标拍卖挂牌出让国有建设用地使用权规定》(2007 年修订)第七、八条做了如下详细的规定:出让人应当根据招标出让地块的情况,编制招标出让文件。招标出让文件应当包括出让公告、投标或竞买须知、土地使用条件、标书、中标通知书、建设用地使用权出让合同文本。出让人应当至少在投标开始日前 20 日,在土地有形市场或指定的场所、媒介发布招标公告,公布招标出让宗地的基本情况和招标的时间、地点。②投标。投标方法有两种,可采取明标明投,也可采取

---

① 　参见《招标拍卖挂牌出让国有建设用地使用权规定》(2007 年修订)第二十四条。

明标暗投。每次投标的方法,由招标人根据实际情况确定。投标的性质为要约,因而,在投标的有效期内,投标人不得擅自变更或撤回投标书,投标人应当对标书和有关书面承诺承担责任。① ③开标、验标。《招标拍卖挂牌出让国有建设用地使用权规定》(2007年修订)第十三条规定,出让人按照招标公告规定的时间、地点开标,邀请所有投标人参加。由投标人或其推选的代表检查标箱的密封情况,当众开启标箱,点算标书。投标人少于3人的,出让人应当终止招标活动。投标人不少于3人的,应当逐一宣布投标人名称、投标价格和投标文件的主要内容。④评标、定标(决标)。《招标拍卖挂牌出让国有建设用地使用权规定》(2007年修订)第十三、十四条规定,评标小组进行评标。评标小组由出让人代表、有关专家组成,成员人数为5人以上的单数。招标人根据评标结果,确定中标人。按照价高者得的原则确定中标人的,可以不成立评标小组,由招标主持人根据开标结果,确定中标人。对能够最大限度地满足招标文件中规定的各项综合评价标准,或能够满足招标文件的实质性要求且价格最高的投标人,应当确定为中标人。⑤中标通知书及其法律效力。《招标拍卖挂牌出让国有建设用地使用权规定》(2007年修订)规定,确定中标人后,中标人支付的投标保证金,转作受让地块的定金。出让人应当向中标人发出中标通知书。⑥签约、对保证金的处理、公布招标出让结果。《招标拍卖挂牌出让国有建设用地使用权规定》(2007年修订)第二十一、二十二条规定,中标人应当按照中标通知书约定的时间,与出让人签订建设用地使用权出让合同。中标人支付的投标保证金抵作土地出让价款;其他投标人支付的投标保证金,出让人必须在招标活动结束后5个工作日内予以退还,不计利息。招标活动结束后,出让人应在10个工作日内将招标出让结果在土地有形市场或指定的场所、媒介公布。

第四,取得建设用地使用权。《招标拍卖挂牌出让国有建设用地使用权规定》(2007年修订)第二十三条规定,受让人依照建设用地使用权出让合同的约定付清全部土地出让价款后,方可申请办理土地登记,领取建设用地使用

---

① 参见《招标拍卖挂牌出让国有建设用地使用权规定》第十三条第一款第一项。

权证书。未按出让合同约定缴清全部土地出让价款的,不得发放建设用地使用权证书,也不得按出让价款缴纳比例分割发放建设用地使用权证书。

第五,中标结果无效。《招标拍卖挂牌出让国有建设用地使用权规定》(2007 年修订)第二十五条规定,中标人提供虚假文件隐瞒事实的,或采取行贿、恶意串通等非法手段中标的,中标结果无效;造成损失的,应当依法承担赔偿责任。

（三）拍卖出让建设用地使用权

第一,拍卖出让建设用地使用权的概述。拍卖出让国有建设用地使用权,是指出让人发布拍卖公告,由竞买人在指定时间、地点进行公开竞价,根据出价结果确定国有建设用地使用权人的行为。[①] 拍卖出让建设用地使用权,应当遵循公开、公平、公正和诚信的原则。[②] 拍卖出让和招标出让均为竞争性出让建设用地使用权的方式,但二者有较大区别。招标是由出让人(招标人)发出招标公告,以邀请投标人。各投标人各自提出自己的条件,最后由出让人(招标人)从中选出条件最优者,作为受让人。在招标出让的方式中,各投标人互不知晓其竞争对手,投标中一般只有一次投标机会,一旦提出标书,便不得随意变更或撤回。但拍卖出让方式是由各竞买人之间进行公开竞争,每位竞买人都可以随时根据其他竞买人提出的报价,提出更高的报价,最后由拍卖人和出价最高的竞买人签约。而且,在拍卖决定竞得人的过程中,出价最高者即赢得竞争,签约并依法登记后即成为建设用地使用权人。[③] 从适用范围上讲,对面积较大、开发要求较高或受城市规划严格制约的土地,采取招标、拍卖方式出让建设用地使用权,比较适宜,容易达到开发目的。按照《物权法》第一百三十七条第二款规定,工业、商业、旅游、娱乐和商品住宅等经营性用地以及同一宗地有两个以上意向用地者的,应当采取招标、拍卖等公开竞价的方式出让。《招标拍卖挂牌出让国有建设用地使用权规定》(2007 年修订)第四条

---

① 参见《招标拍卖挂牌出让国有建设用地使用权规定》(2007 年修订)第二条第三款。
② 参见《招标拍卖挂牌出让国有建设用地使用权规定》第三条。
③ 南路明、肖志岳:《中华人民共和国地产法律制度——土地制度改革与土地使用权出让转让》,中国法制出版社 1991 年版,第 51 页。

第二款予以贯彻并补充规定,所谓工业用地包括仓储用地,但不包括采矿用地。

第二,拍卖出让建设用地使用权的程序。①拍卖公告。《招标拍卖挂牌出让国有建设用地使用权规定》(2007 年修订)第七、八条规定,出让人应当根据拍卖出让地块的情况,编制拍卖出让文件。拍卖出让文件应当包括出让公告、竞买须知、土地使用条件、竞买申请书、成交确认书、建设用地使用权出让合同文本。出让人应当至少在拍卖开始日前 20 日,在土地有形市场或指定的场所、媒介发布拍卖公告,公布拍卖出让宗地的基本情况和拍卖的时间、地点。②主持人主持拍卖活动。③确定竞得人、签订成交确认书。确定竞得人后,竞得人支付的竞买保证金转作受让地块的定金。出让人应当与竞得人签订成交确认书。① ④签约、对保证金的处理、公布拍卖出让的结果。按照《招标拍卖挂牌出让国有建设用地使用权规定》(2007 年修订)第二十一、二十二条的规定,竞得人应当按照成交确认书约定的时间,与出让人签订建设用地使用权出让合同。竞得人支付的竞买保证金抵作土地出让价款;其他竞买人支付的竞买保证金,出让人必须在拍卖活动结束后 5 个工作日内予以退还,不计利息。拍卖活动结束后,出让人应在 10 个工作日内将拍卖出让的结果在土地有形市场或指定的场所、媒介公布。

第三,取得建设用地使用权。按照《招标拍卖挂牌出让国有建设用地使用权规定》(2007 年修订)第二十三条的规定,受让人依照建设用地使用权出让合同的约定付清全部土地出让价款后,方可申请办理土地登记,领取建设用地使用权证书。未按出让合同约定缴清全部土地出让价款的,不得发放建设用地使用权证书,也不得按出让价款缴纳比例分割发放建设用地使用权证书。

第四,特殊情况及其处理。①调整拍卖增价幅度。拍卖主持人在拍卖中可以根据竞买人竞价情况调整拍卖增价幅度。② ②终止拍卖活动。竞买人的最高应价或者报价未达到底价时,主持人应当终止拍卖。③

---

① 参见《招标拍卖挂牌出让国有建设用地使用权规定》(2007 年修订)第二十条第一款。
② 参见《招标拍卖挂牌出让国有建设用地使用权规定》(2007 年修订)第十六条第二款。
③ 参见《招标拍卖挂牌出让国有建设用地使用权规定》(2007 年修订)第十六条第一款。

（四）挂牌出让建设用地使用权

第一，挂牌出让建设用地使用权概述。挂牌出让国有建设用地使用权，是指出让人发布挂牌公告，按公告规定的期限将拟出让宗地的交易条件在指定的土地交易场所挂牌公布，接受竞买人的报价申请并更新挂牌价格，根据挂牌期限截止时的出价结果或现场竞价结果确定国有建设用地使用权人的行为。[①]挂牌出让国有建设用地使用权，应当遵循公开、公平、公正和诚信的原则。[②]工业、商业、旅游、娱乐和商品住宅等经营性用地以及同一宗地有两个以上意向用地者的，应当以招标、拍卖或挂牌方式出让。前款规定的工业用地包括仓储用地，但不包括采矿用地。[③]

第二，挂牌出让建设用地使用权程序。①挂牌文件及其编制。出让人应当根据挂牌出让地块的情况，编制挂牌出让文件。②挂牌文件的公告。出让人应当至少在挂牌开始日前 20 日，在土地有形市场或指定的场所、媒介发布挂牌公告，公布挂牌出让宗地的基本情况和挂牌的时间、地点。[④]市、县人民政府国土资源行政主管部门应当为竞买人查询拟出让土地的有关情况提供便利。[⑤]③确定底价。市、县人民政府国土资源行政主管部门应当根据土地估价结果和政府产业政策综合确定底价。底价不得低于国家规定的最低价标准。确定挂牌的起始价、底价，竞买保证金，应当实行集体决策。挂牌的底价在挂牌出让活动结束之前应当保密。[⑥]④竞买人的资格。我国境内外的自然人、法人和其他组织，除法律、法规另有规定外，均可申请参加国有建设用地使用权的挂牌出让活动。⑤挂牌及确定竞得人。挂牌时间不得少于 10 日。挂牌期间可根据竞买人竞价情况调整增价幅度。[⑦]按照《招标拍卖挂牌出让国有建设用地使用权规定》（2007 年修订）第十七条规定，挂牌依照以下程序进行：在挂牌公告规

[①]　参见《招标拍卖挂牌出让国有建设用地使用权规定》（2007 年修订）第二条第四款。
[②]　参见《招标拍卖挂牌出让国有建设用地使用权规定》（2007 年修订）第三条。
[③]　参见《招标拍卖挂牌出让国有建设用地使用权规定》（2007 年修订）第四条。
[④]　参见《招标拍卖挂牌出让国有建设用地使用权规定》（2007 年修订）第八条。
[⑤]　参见《招标拍卖挂牌出让国有建设用地使用权规定》（2007 年修订）第十二条。
[⑥]　参见《招标拍卖挂牌出让国有建设用地使用权规定》（2007 年修订）第十条。
[⑦]　参见《招标拍卖挂牌出让国有建设用地使用权规定》（2007 年修订）第十八条。

定的挂牌起始日,出让人将挂牌宗地的面积、界址、空间范围、现状、用途、使用年期、规划指标要求、开工时间和竣工时间、起始价、增价规则及增价幅度等,在挂牌公告规定的土地交易场所挂牌公布;符合条件的竞买人填写报价单报价;挂牌主持人确认该报价后,更新显示挂牌价格;挂牌主持人在挂牌公告规定的挂牌截止时间确定竞得人。⑥签订成交确认书。以挂牌方式确定竞得人后,竞得人支付的竞买保证金,转作受让地块的定金。出让人应当与竞得人签订成交确认书。⑦签约、对保证金的处理、公布挂牌出让的结果。竞得人应当按照成交确认书约定的时间,与出让人签订建设用地使用权出让合同。竞得人支付的竞买保证金抵作土地出让价款;其他竞买人支付的竞买保证金,出让人必须在挂牌活动结束后 5 个工作日内予以退还,不计利息。挂牌活动结束后,出让人应在10 个工作日内将挂牌出让结果在土地有形市场或指定的场所、媒介公布。①

第三,取得建设用地使用权。受让人依照建设用地使用权出让合同的约定付清全部土地出让价款后,方可申请办理土地登记,领取建设用地使用权证书。未按出让合同约定缴清全部土地出让价款的,不得发放建设用地使用权证书,也不得按出让价款缴纳比例分割发放建设用地使用权证书。②

第四,挂牌出让的结果无效。竞得人提供虚假文件隐瞒事实的,或采取行贿、恶意串通等非法手段竞得的,竞得结果无效;造成损失的,应当依法承担赔偿责任。③

第四节　建设用地使用权的效力

一、建设用地使用权人的权利

(一)占有、使用建设用地的权利

建设用地使用权的目的及功能之一,在国有或集体所有的土地上建造

---

① 参见《招标拍卖挂牌出让国有建设用地使用权规定》(2007 年修订)第二十一、二十二条。

② 参见《招标拍卖挂牌出让国有建设用地使用权规定》(2007 年修订)第二十三条。

③ 参见《招标拍卖挂牌出让国有建设用地使用权规定》(2007 年修订)第二十五条。

建筑物、构筑物及其附属设施,故权利人对该宗建设用地必须享有占有、使用的权利,才能达到权利目的,发挥权利功能。土地所有权人对此负有容忍义务。占有、使用建设用地的范围,在基于行政划拨而取得建设用地使用权场合,以行政主管部门批准和不动产登记簿的记载为准加以确定;在基于出让合同而取得建设用地使用权场合,按照约定和不动产登记簿的记载加以确定;在继受他人的建设用地使用权场合,依然如此确定。尤其在同一宗建设用地上立体化地并存着以地表为客体的建设用地使用权、以地上为客体的建设用地使用权和以地下为客体的建设用地使用权的情况下,更应严格按照批准和登记的建设用地范围确定占有、使用的边界。

(二)保有建筑物、构筑物及其附属设施所有权的权利

建设用地使用权的目的及功能之二,权利人对其建造于建设用地上的建筑物、构筑物及其附属设施保有所有权。《物权法》第一百四十二条前段关于"建设用地使用权人建造的建筑物、构筑物及其附属设施的所有权属于建设用地使用权人"的规定,就是对该权利目的及功能的确认。从另一角度阐释就是,建设用地使用权是建设用地上建筑物、构筑物及其附属设施的所有权的正当权源。建筑物所有权不可能凭空孤立存在,必须以地权作为自己的正当根据,否则构成无权占有。[①] 其道理在于,自罗马法以来,法律奉行土地吸收地上物的原则,尚未收割的农作物、生长于土地上的树木、竖立于土地上的建筑物都属于土地的成分,甚至于落在土地上的小鸟都要如此认定。这固然周到地保护了土地所有权人的利益,可也阻碍了人们投资于他人的土地且保有建筑物所有权的热情和行为。衡平地协调土地所有权人和投资于土地的非所有权人之间的利益,让土地所有权人仅仅取得非所有权人利用土地的对价,使非所有权人保有建造在他人土地上的建筑物的所有权,法律创设了地上权制度,只要非所有权人在他人的土地上取得地上权,建筑物便不被土地所吸收,而是与地上权相结合,成为地上权人的所有物。我国法借鉴了这种思想及路径,但没有采用地上权的称谓。

---

① 　王泽鉴:《民法物权·通则·所有权》,中国政法大学出版社 2001 年版,第 250—251 页。

（三）不动产相邻权

相邻关系规则旨在协调不动产权利人之间因不动产权利行使所产生的权益冲突,建设用地使用权为不动产权利之一,则相邻关系规则应当适用于建设用地使用权人之间、建设用地使用权人与土地所有权人之间、建设用地使用权人与相邻建筑物所有权人之间、建设用地使用权人与承租人等占有人之间的相邻关系。

（四）设立地役权的权利

建设用地使用权人有权将建设用地作为供役地为他人设立地役权,至于建设用地使用权人把建设用地作为需役地为自己设立地役权,同时有利于自己和土地所有权人,更应被准许。

（五）转让、互换、出资、赠与建设用地使用权的权利

第一,法律及法理依据。与所有权具有处分所有物的效力不同,建设用地使用权作为他物权没有处分建设用地的效力,但有处分权利本身的效力,权利人可以转让建设用地使用权。对此,《物权法》第一百四十三条规定,建设用地使用权人有权将建设用地使用权转让、互换、出资、赠与,但法律另有规定的除外。

【案例10.2】公司建设用地使用权转让纠纷案

A公司与B公司建设用地使用权转让纠纷案。[①] 2004年9月1日,A公司与B公司就坐落于E地块及已竣工(未通过验收)的五幢多层建筑签订《转让协议书》一份,约定:1.A公司受让B公司拥有的E地块,宗地面积5128平方米土地及已竣工的五幢多层建筑(该建筑物以现状为准,尚未办房产权证),建筑面积共计5260平方米;2.双方经协商一致,同意上述房地产转让价格为人民币(以下币种均为人民币)860万元整,此房地产转让价格已包括该房产所占用的土地使用费及四周围墙内已建房屋及配套设备,土地出让金及契税等费用按实际发生金额由A公司承担并支付B公司,再由B公司上缴有关部门,B公司另外向A公司收取以

---

① 参见上海市青浦区人民法院(2009)青民三(民)初字第2980号民事判决书。

上总金额 5% 的管理费用;3.本协议签订之日起十日内,A 公司一次性支付 B 公司转让费 860 万元,在 B 公司签订土地出让合同之日起 10 日内,A 公司一次性支付 B 公司应缴的土地出让金,在 B 公司办理房地产权证时,A 公司一次性支付 B 公司应缴的契税等费用;4.B 公司协助 A 公司办理上述房地产的转让过户手续,转让手续中的税费由 A 公司承担,在向房地产局递送办理过户手续的同时,A 公司支付 B 公司以上总金额 5% 的管理费用;5.A 公司未按本协议约定的期限付款的,每逾期一日,A 公司应向 B 公司支付逾期付款的万分之四的违约金,逾期时间超过三个月时,B 公司有权解除本转让协议书,B 公司返还 A 公司已付的全部费用,并不支付其他利息和损失。2005 年 3 月 17 日,上海市农村信用合作社出具本票两份,收款人为 A 公司,金额分别为 350 万元和 510 万元。次日,B 公司收到该两份本票。A 公司于 2009 年 8 月以 B 公司至今未协助 A 公司办理过户手续为由诉诸原审法院,请求判令:B 公司配合 A 公司将房地产权证所涉房地产过户到 A 公司名下。B 公司不同意 A 公司提出的诉讼请求,其表示确实收到 A 公司支付的 860 万元转让费,但根据双方约定,A 公司应补交土地出让金 51.28 万元,且 A 公司还欠 B 公司契税费,故不同意办理过户手续。经法院查明,2003 年 6 月 26 日,C 房屋土地管理局(甲方)与 B 公司签订《国有土地使用权出让合同》,约定:甲方以现状条件出让位于某地块,总面积为 49139 平方米,B 公司以 4913900 元的土地使用权出让金获得上述地块 70 年的土地使用权……同年 9 月 15 日,C 房屋土地管理局与 B 公司签订《补充合同》一份,约定:B 公司在受让的青浦区 2003 年第 80 号地块中土地面积由 49139 平方米增加至 53397 平方米,由于土地面积的调整,B 公司应补交出让金 425800 元……2005 年 4 月 1 日,C 房屋土地管理局再次与 B 公司签订《上海市国有土地使用权出让合同(补充)》,约定:双方同意原出让合同第一条所规定的出让土地使用权面积由 53397 平方米调整为 58525 平方米;B 公司同意补缴土地使用权出让金计 512800 元,即出让金由 5339700 元调整为 5852500 元。同年 4 月 30 日,B 公司基于上述补充合同向市房屋土地资源管理局支付出让金 512800 元。同年 7 月 20 日,B 公司为系争宗地支付契税 27688.39 元。2005 年 7 月 21 日,B 公司取得房地产权证,载明:房地坐落,使用权来源为出让,宗地面积为 5127 平方米。2009 年 6 月 16 日,系争土地因案件被原审法院查封,查封期限至 2011 年 6 月 15 日。法院认为:依法成立的合同对当事人具有法律约束力,当事人应当按照约定履行自己的义务。A 公司与 B 公司签订的转让协议书系双方真实意思表示,不违反国家有关法律法规的强制性规定,应属合法有效。虽双方均表示愿意继续履行转让协议书,但因系争土地已被法院以查封形式限制权利,A 公司要求将系争房地产过户至其名下存在障碍,条件不成就,故对 A 公司的诉请不予支持。

第二,界定。建设用地使用权转让,是指转让人和受让人签订转让合同,将其建设用地使用权移转给受让人,受让人支付相应对价的现象。转让合同生效并履行加上移转登记(变更登记)是(物权变动)法律事实,建设用地使用权由转让人之手移转至受让人之处是(物权变动)结果,按照德国民法思维,这就是物权行为,在法国和中国大陆的法制上,因未确立物权行为制度而表现为事实行为。

建设用地使用权互换,是指用地人将其建设用地使用权与相对人的建设用地使用权相互交换,各自取得对方的建设用地使用权。实质上是两个建设用地使用权的相向转让。互换合同生效并履行加上移转登记是(物权变动)法律事实,建设用地使用权更换主体是(物权变动)结果,按照德国民法思维,这里有两个物权行为,在法国和中国大陆的法制上,因未确立物权行为制度而表现为事实行为。

建设用地使用权出资,是将建设用地使用权作价,投入到企业法人、私人企业、个体工商户或合伙之中,归法人享有或成为个体工商户、合伙等主体的共有财产。出资行为加上移转登记(简易合伙等场合不办移转登记)是(物权变动)法律事实,建设用地使用权移转至法人名下或成为合伙财产等是(物权变动)结果。

建设用地使用权赠与,是指用地人将其建设用地使用权无偿地移转给受赠人的现象。赠与合同生效并履行加上移转登记是(物权变动)法律事实,建设用地使用权移转至受赠人名下是(物权变动)结果,按照德国民法思维,这就是物权行为,在法国和中国大陆的法上,因未确立物权行为制度而表现为事实行为。

第三,书面流转合同。《物权法》第一百四十四、一百四十五条规定,建设用地使用权转让、互换、出资或赠与的,应当签订书面合同,向登记机构申请变更登记,自记载于不动产登记簿时,建设用地使用权移转给受让人(含受赠人等)。建设用地的使用期限由当事人约定,但不得超过建设用地使用权的剩余期限。

【案例 10.3】公司建设用地使用权纠纷案

原告 B 公司与被告 A 公司建设用地使用权纠纷案。① 2002 年 7 月 1 日,A 公司与 C 政府达成初步意向,拟投资组建"某工业园区"。同年 8 月 23 日,A 公司完成公司设立的工商登记程序,正式成立。同年 9 月 2 日,A 公司与 C 政府签订《协议书》,确定"某工业园区"已取得区人民政府批准,批租价格为人民币(下同)44800 元/亩,二至三年内 C 政府确保可扩充至 800—1000 亩;C 政府根据 A 公司要求平整土地、拆迁,并解决农民安置等工作;批租期限为 50 年,土地为工业用地。另外,C 政府提供 A 公司生活居住用地 120 亩,土地性质为商品住宅用地,年限为国家规定的 70 年。在该协议中,双方还对其他权利义务作出约定。2002 年 10 月 29 日,B 公司、A 公司签订《土地认购协议书》,约定 A 公司将上述园区内约 32 亩土地出让给 B 公司,每亩 60000 元,土地出让方式为批租,土地性质为工业用地,使用年限 50 年。同年 12 月,B 公司陆续向 A 公司支付了土地款共计 764300 元。此后,案外人 D 公司取得涉案土地的 50 年使用权,并已在该土地上进行了厂房建设。B 公司遂以 A 公司为被告向法院

---

① 参见上海市奉贤区人民法院(2009)奉民一(民)初字第 5061 号民事判决书。

起诉要求判令:(1)A公司立即偿还土地出让款764300元;(2)A公司赔偿损失760000元。法院认为,对案外人D公司对系争土地的开发是基于其与相关政府部门签订的土地使用权出让合同而非基于系争的《土地认购协议书》,故A公司认为系争协议有效并已实际履行的观点不能成立,故应向B公司偿还土地出让款并赔偿相应损失。

第四,房地权属一并移转。建设用地使用权转让、互换、出资或赠与的,附着于该土地上的建筑物、构筑物及其附属设施一并处分。这不但是《物权法》第一百四十六条的明文规定,俗称"房随地走",也是《物权法》第一百四十二条的具体运用。同理,地上建筑物、构筑物及其附属设施转让,其基地的建设用地使用权也一并转让,俗称"地随房走",也为《物权法》第一百四十二条的具体体现。应当注意,房地权属的实际移转以办理完毕移转登记(变更登记)为条件。在房地权属分别由不同的登记机构办理登记的体制下,倘若房屋所有权与其所在地的建设用地使用权的变更登记在时间上不一致,宜按先办理登记的时间作为房地产权属变动的时间。①分割转让。建设用地使用权和地上建筑物、构筑物及其附属设施分割转让的,应当经市、县人民政府土地资源管理部门和房产管理部门批准,并依照规定办理过户登记(移转登记,或曰变更登记)。① ②关于市、县人民政府的优先购买权。建设用地使用权转让的价格,应属当事人之间的事情,由其自由约定,法律应予认可。不过,需要注意《城镇国有土地使用权出让和转让暂行条例》第二十六条关于"土地使用权转让价格明显低于市场价格的,市、县人民政府有优先购买权。土地使用权转让的市场价格不合理上涨时,市、县人民政府可以采取必要的措施"的规定。国务院于2001年5月30日发布《国务院关于加强国有土地资产管理的通知》,将该优先购买权的行使条件确定为"申报土地转让价格比标定地价低20%以上的,市、县人民政府可以行使优先购买权"。《最高人民法院关于审理涉及国有土地使用权合同纠纷案件适用法律问题的解释》第三条规定:"经市、县

---

① 参见《城镇国有土地使用权出让和转让暂行条例》第二十五条第二款。

人民政府批准同意以协议方式出让的土地使用权,土地使用权出让金低于订立合同时当地政府按照国家规定确定的最低价的,应当认定土地使用权出让合同约定的价格条款无效。当事人请求按照订立合同时的市场评估价格交纳土地使用权出让金的,应予支持;受让方不同意按照市场评估价格补足,请求解除合同的,应予支持。因此造成的损失,由当事人按照过错承担责任。"③关于转让时对投资开发的要求。《城市房地产管理法》第三十九条规定:"以出让方式取得土地使用权的,转让房地产时,应当符合下列条件:(一)按照出让合同约定已经支付全部土地使用权出让金,并取得土地使用权证书;(二)按照出让合同约定进行投资开发,属于房屋建设工程的,完成开发投资总额的百分之二十五以上,属于成片开发土地的,形成工业用地或者其他建设用地条件。转让房地产时房屋已经建成的,还应当持有房屋所有权证书。"《城镇国有土地使用权出让和转让暂行条例》第十九条第二款也规定了类似的内容。① ④关于转让行政划拨的建设用地使用权。对于行政划拨的建设用地使用权的转让,我国现行法限制得非常严格。例如,《城市房地产管理法》第四十条规定:"以划拨方式取得土地使用权的,转让房地产时,应当按照国务院规定,报有批准权的人民政府审批。有批准权的人民政府准予转让的,应当由受让方办理土地使用权出让手续,并依照国家有关规定缴纳土地使用权出让金。以划拨方式取得土地使用权的,转让房地产报批时,有批准权的人民政府按照国务院规定决定可以不办理土地使用权出让手续的,转让方应当按照国务院规定将转让房地产所获收益中的土地收益上缴国家或者作其他处理。"《最高人民法院关于审理涉及国有土地使用权合同纠纷案件适用法律问题的解释》第十一条规定:"土地使用权人未经有批准权的人民政府批准,与受让方订立合同转让划拨土地使用权的,应当认定合同无效。但起诉前经有批准权的人民政府批准办理土地使用权出让手续的,应当认定合同有效。"其第十二条规定:"土地使用权人与受让方订立合同转让划拨土地使用权,起诉

---

① 参见崔建远主编:《合同法》(第4版),法律出版社2007年版,第103—105页;崔建远:《合同法总论》上卷,中国人民大学出版社2008年版,第284—286页。

前经有批准权的人民政府同意转让,并由受让方办理土地使用权出让手续的,土地使用权人与受让方订立的合同可以按照补偿性质的合同处理。"其第十六条规定:"土地使用权人未经有批准权的人民政府批准,以划拨土地使用权作为投资与他人订立合同合作开发房地产的,应当认定合同无效。但起诉前已经办理批准手续的,应当认定合同有效。"

第五,以建设用地使用权设立抵押权的权利。设立抵押权,不一定变卖或拍卖抵押物,只有待抵押权行使时才涉及抵押物的处分。根据举重明轻的解释规则,权利人既有转让建设用地使用权的权利,更应有权将其建设用地使用权抵押与他人。对此,《物权法》第一百四十三条已经明确。

第六,物权请求权。建设用地使用权作为一种物权,依据《物权法》第三十四、三十五条的规定,具有物权请求权的效力。

第七,抛弃的权利。建设用地使用权作为一项权利,一种利益,权利人应有权将其抛弃。不过,抛弃不得违反法律、行政法规的强制性规定,不得违反禁止权利滥用、公序良俗和诚实信用等原则。

二、建设用地使用权人的义务

(一)支付出让金的义务

行政划拨的建设用地使用权场合,权利人无须缴纳出让金。出让的建设用地使用权场合,受让人必须依约缴纳出让金。

(二)合理使用土地的义务

建设用地使用权人应当按照法律规定或合同约定,依土地用途,合理开发、经营建设用地。若有违反,出让人有权予以纠正。

(三)返还建设用地的义务

《城市房地产管理法》第二十二条第二款规定:"土地使用权出让合同约定的使用年限届满,土地使用者未申请续期或者虽申请续期但依照前款规定未获批准的,土地使用权由国家无偿收回。"这表明,建设用地使用权终止,建设用地使用权人有义务返还建设用地。出让人此项请求权的法律性质,可以是债权,即合同终止时标的物返还请求权(债权),也可以是物的返还请求权。

第五节　建设用地使用权的消灭

一、建设用地使用权消灭的原因

建设用地使用权除因物权的一般消灭原因消灭外,还因下列特殊原因而消灭。

（一）抛弃

建设用地使用权人抛弃建设用地使用权,只要不违反法律、行政法规的强制性规定,不违反禁止权利滥用、公序良俗和诚实信用等原则,即发生建设用地使用权消灭的效果。当然,需要办理注销登记。若未办理注销登记,对第三人不得主张建设用地使用权消灭。

（二）建设用地使用权的撤销

建设用地使用权的撤销,是指出让人在建设用地使用权人实施了若干违法行为的情况下,依法行使撤销权,将建设用地使用权废止的现象。它是单独行为,出让人撤销建设用地使用权的意思表示到达建设用地使用权人处,即发生撤销的法律效果,建设用地使用权人同意与否,在所不问。按照《土地登记办法》第五十条第一项的规定,于此场合应当办理注销登记。

《物权法》没有规定建设用地使用权的撤销,构成法律漏洞。从立法论的立场出发,本书建议未来的立法应当设置这样的条文:"建设用地使用权人有下列情形之一的,国家或者集体经济组织有权撤销建设用地使用权并收回土地:①建设用地使用权人积欠租金累计达两年以上的;②建设用地使用权人擅自改变土地用途,经警告仍不改正的;③连续两年以上不开发利用的。"

（三）约定建设用地使用权消灭的事由发生

当事人双方约定了建设用地使用权消灭的事由,只要不违反法律、行政法规的强制性规定,不违反公序良俗、诚实信用等原则,应当承认其效力。事由发生,建设用地使用权消灭,于办理完毕注销登记时发生对内对外的法律效力。若未办理注销登记,对第三人不得主张建设用地使用权消灭。

（四）因公共利益的需要而提前收回

按照《物权法》第一百四十八条的规定，因公共利益的需要，可以提前收回国有的建设用地，建设用地使用权因而消灭，于办理完毕注销登记时发生对内对外的法律效力。这种注销登记无须当事人申请，土地资源行政主管部门可直接办理注销登记。若未办理注销登记，对第三人不得主张建设用地使用权消灭。于此场合，出让人应当依照《物权法》第四十二条的规定对该宗建设用地上的房屋及其他不动产给予补偿，并退还相应的出让金。

（五）因建设用地使用权人与开发商等协商一致而消灭

开发商等开发建设，需要取得用地者的建设用地，有的采取转让建设用地使用权的方式，有的则采取如下方式：先由开发商和用地者协商一致，再由行政主管部门征收地上建筑物、构筑物及其附属设施，收回建设用地使用权，最后由国土资源行政主管部门出让建设用地使用权给开发商。在前一种方式下，建设用地使用权相对消灭，其登记类型为变更登记。在后一种方式下，建设用地使用权发生绝对消灭，于办理完毕注销登记时发生对内对外的法律效力。若未办理注销登记，对第三人不得主张建设用地使用权消灭。

（六）建设用地使用权期满未续期

按照《物权法》第一百四十九条第一款规定，住宅建设用地使用权期间届满的，自动续期。这不会发生建设用地使用权因存续期满而消灭的结果。《物权法》对非住宅建设用地使用权期间届满采取了不同的处理方案。其于第一百四十九条第二款规定，非住宅建设用地使用权期间届满后，不自动续期，其续期问题依照法律规定办理。《土地登记办法》有所规定，确立了如下规则：①非住宅建设用地使用权的存续期间届满，建设用地使用权人未再申请续期的，建设用地使用权消灭。当事人应当在期限届满前15日内，持原土地权利证书，申请注销登记。当事人未于此期限申请注销登记的，国土资源行政主管部门应当责令当事人限期办理；逾期不办理的，进行注销公告，公告期满后可直接办理注销登记。②非住宅建设用地使用权期限届满，国有建设用地使用权人申请续期未获批准的，建设用地使用权消灭。当事人应当在期限届满前15日内，持原土地权利证书，申请注销登记。当事人未于此期限申请注销登记的,国土资源行政主管部门应当责令当事人限期办理;逾期不办理的,进行注销公告,公告期满后可直接办理注销登记。应当注意,此处存在强制缔约义务,即建设用地使用权的存续期间届满,建设用地使用权人需要继续使用该宗建设用地的,应在期间届满前1年申请续期,该宗土地的所有权人应当同意,但因社会公共利益需要收回该宗土地的除外。①

(七)建设用地灭失

建设用地灭失,建设用地使用权失去标的物,目的落空,没有继续存在的余地,归于消灭。于此场合,仍须办理注销登记,原土地权利人应当持原土地权利证书及相关证明材料,申请办理。当事人未于此期限申请注销登记的,国土资源行政主管部门应当责令当事人限期办理;逾期不办理的,进行注销公告,公告期满后可直接办理注销登记。若未办理注销登记,对于交易的相对人而言,仍不得以建设用地使用权不复存在予以抗辩。

二、建设用地使用权消灭的法律后果

建设用地使用权消灭,出让人应当及时办理注销登记,用地者应予以协助,甚至首先申请注销登记。登记机构收回建设用地使用权证书。同时,发生如下法律效果:①用地者返还建设用地,可以取回地上建筑物、构筑物及其附属设施,恢复土地的原状。②用地者也可以不取回地上建筑物、构筑物及其附属设施,而是以市场价格将之出售给出让人。③索回建设用地使用权剩余年限的出让金、请求足额补偿金。因公共利益需要提前收回建设用地使用权的,用地者有权根据《物权法》第一百四十八条的规定,请求征收人对地上建筑物、构筑物及其附属设施予以足额补偿,并有权索回建设用地使用权剩余年限的出让金。

---

① 《全国人大法律委员会关于〈中华人民共和国物权法(草案)〉修改情况的汇报》,载全国人民代表大会常务委员会法制工作委员会民法室编著:《物权法立法背景与观点全集》,法律出版社2007年版,第38页。

第六节　建设用地使用权纠纷审理中的实务问题

一、出让主体资格问题

根据《城市房地产管理法》第十五条、《城镇国有土地使用权出让和转让暂行条例》第十一条的规定,土地使用权出让,应当签订书面出让合同。土地使用权出让合同由市、县人民政府土地管理部门与土地使用者签订;土地使用权出让合同应当按照平等、自愿、有偿的原则,由市、县人民政府土地管理部门(以下简称出让方)与土地使用者签订的规定,出让合同出让方应该是土地管理部门,然而在现实生活中,有不少地方政府成立的各种管委会、开发区、产业集聚区或乡镇人民政府为一方当事人签订了出让合同,该类合同的效力如何,将直接影响到开发商能否办理用地规划许可证、建设工程许可证、施工许可证、商品房预售许可证等,对受让方的权益将造成重大影响。根据《土地管理法》和《城市房地产管理法》的规定,土地使用权出让合同的出让方为市、县人民政府土地管理部门,其他部门无权出让。但由于以往土地市场管理不规范,特别是对各类开发区内的土地管理缺乏有效措施,导致了一些开发区的国有土地出让、转让呈现无序状态,开发区管委会擅自出让土地的情况较为严重,引发了大量的合同纠纷。针对上述情况,目前国务院已经对全国土地市场部署开展治理整顿工作,其中开发区即为整治的重点。为配合国务院此项工作,我国在制定司法解释时,既要坚持依法规范土地出让行为,同时也要考虑我国实际情况,尽量维护土地市场现有秩序的稳定。为此,在综合相关部门意见的基础上,《最高人民法院关于审理涉及国有土地使用权合同纠纷案件适用法律问题的解释》对开发区管委会订立的土地使用权合同效力认定作出区别对待的规定。首先,为配合国务院开展的土地市场整治工作,加大促进国土管理部门对土地市场的管理力度,《最高人民法院关于审理涉及国有土地使用权合同纠纷案件适用法律问题的解释》明确将不具备法定主体资格的开发区管委会与受让人订立的土地使用权出让合同按无效处理,对今后土地出让行为可以给予有效规范。其次,考虑到我国目前实际情况,对开发区管委会遗留下的为数不少的出让土地问题,仍采取一定的补救手段,即在起诉前经过市、县人民政府土地管理部门追认的,可以认定有效,同时为防止追认手段的滥用,有效规范今后的土地出让行为,对追认的范围限定在《最高人民法院关于审理涉及国有土地使用权合同纠纷案件适用法律问题的解释》实施之前的情况。《最高人民法院关于审理涉及国有土地使用权合同纠纷案件适用法律问题的解释》实施以后,开发区管委会再行订立的土地使用权出让合同一律按照无效处理。通过宽严相济的规定,对此类纠纷给予合理解决。

二、净地出让问题

"净地""毛地"并非严格的法律术语,而是约定俗成、在业界经常使用的概念,在一些规定中能够见到:《关于加大闲置土地处置力度的通知》(国土资电发〔2007〕36号)要求实行建设用地使用权"净地"出让,出让前,应处理好土地的产权、补偿安置等经济法律关系,完成必要的通水、通电、通路、土地平整等前期开发,防止土地闲置浪费。《国土资源部关于认真贯彻〈国务院关于解决城市低收入家庭住房困难的若干意见〉进一步加强土地供应调控的通知》(国土资发〔2007〕236号)中也规定了成片开发建设的土地应统一规划,统一进行基础设施建设,按"净地"分块供应,以增加土地供应的宗数,防止房地产开发企业大面积"圈占土地"。此外,在《国土资源部关于严格落实房地产用地调控政策促进土地市场健康发展有关问题的通知》(国土资发〔2010〕204号)中也有相关表述,即省(区、市)国土资源主管部门要加强对市、县招拍挂出让公告的审查,对发现存在超面积出让、捆绑出让、"毛地"出让、住宅用地容积率小于1、出让主体不合法等违反政策规定的出让公告,及时责令市、县国土资源主管部门撤销公告,重新拟定出让方案。违反规定出让的,应责令立即终止出让行为,并依法追究责任。《国土资源部、住房和城乡建设部关于进一步加强房地产用地和建设管理调控的通知》(国土资发〔2010〕151号)也对此进行了规定,即土地出让必须以宗地为单位提供规划条件、建设条件和土地使用标准,严格执行商品住房用地单宗出让面积规定,不得将两宗以上地块捆绑出让,不得"毛地"出让。拟出让地块要依法进行土地调查和确权登记,确保地类清楚、面积准确、权属合法,没有纠纷。在根据2012年新修订的《闲置土地处置办法》第二十一条的规定,市、县国土资源主管部门供应土地应当符合下列要求,防止因政府、政府有关部门的行为造成土地闲置:①土地权利清晰;②安置补偿落实到位;③没有法律经济纠纷;④地块位置、使用性质、容积率等规划条件明确;⑤具备动工开发所必需的其他基本条件。上述规定虽然没有明确"净地""毛地"的概念,但至少说明了官方对这两种通俗说法的认可。很多人对交付时的"净地"标准仍有分歧。一种观点认为,"净地"是指权属清楚、界址明确,完成农用地征转用、农民补偿到位、原土地使用权收回且不存在抵押、查封等情况的地块,且不存在地上附着物。另一种观点认为,国家法律法规章层面并没有明确界定"净地"必须地上地下无附着物,如果有,只要产权明晰,不影响开发,也算"净地"。在这种情况下,由于没有统一的标准,应该遵从各地的规定,或者从宗地的实际状况出发,在不影响实际开发的情况下进行事先的约定。出让人在约定土地交付日期时,需统筹考虑交付土地的征收及房屋拆迁完成情况,根据实际进度,充分考虑各方因素,来确定土地交付日期,以免不能按时交地而承担违约责任,这不仅影响项目建设,还有可能引发法律诉讼,甚至影响当地招商引资的环境。这样才能避免在土地出让过程中,因对"净地"概念的不同理解而产生纠纷和诉讼,对一方造成损失。

三、建设用地使用权出让合同效力问题

合同效力的认定不仅关系着土地交易关系的稳定和当事人合法权益的保护,而且关系到房地产市场的有序发展。因此,《最高人民法院关于审理涉及国有土地使用权合同纠纷案件适用法律问题的解释》根据《合同法》的规定,结合社会现状和审判实际,在对欠缺生效条件合同的效力认定处理上,采取了补救性的措施,即当事人只要在向人民法院起诉前,符合法律、行政法规规定的条件,不存在《合同法》第五十二条规定的无效情形,就应当认定合同有效,尽量尊重当事人双方的意思表示,不轻易确认合同无效,以促进合同加速履行和社会资源的有效利用。这在《最高人民法院关于审理涉及国有土地使用权

合同纠纷案件适用法律问题的解释》第二、三、九、十一、十二、十三、十五、十六条均有体现。同时,对当事人订立的隐藏真意的合同,应按照合同约定的实质内容,作出符合当事人真实意思表示的认定,而不是简单地认定合同无效。

四、建设用地使用权出让合同的解除问题

在合同的解除上,《最高人民法院关于审理涉及国有土地使用权合同纠纷案件适用法律问题的解释》严格当事人行使解除权的条件,只有在出现根本违约,合同目的无法实现的情况下,当事人请求解除的才予以支持。这样,人民法院在适用法律过程中既能维护法律的严肃性,又能维护合同交易关系的稳定性,确保房地产市场快速发展。

第十一章　宅基地使用权

宅基地使用权,是我国《物权法》规定的一种用益物权类型,指农村村民依法享有的,在集体所有的土地上建造、保有房屋及附属设施的权利。此项权利是对我国农村村民长期以来将集体所有的土地用来建造住宅及其附属设施的情况的法律确认,具有十分重要的意义。

第一节　宅基地使用权的内涵解析

《物权法》规定的土地承包经营权和宅基地使用权是我国农民两项重要的用益物权。前者解决了农民的基本衣食来源,后者解决了农民的基本居住问题。这两项制度以其鲜明的社会保障色彩成为维护农业、农村稳定的重要制度。

一、宅基地使用权的含义

宅基地使用权,是指农村村民依法在集体所有的土地上建造住宅及其附属设施,并保有其所有权的用益物权。它具有如下法律性质:

(一)宅基地使用权系派生于集体土地所有权的用益物权

从权利产生的根源角度看,宅基地使用权系分享了集体土地所有权中的占有、使用和收益的权能而形成的他物权。从权利所归属的体系看,宅基地使用权以占有、使用、收益为内容,具有排他性,故为物权,且为用益物权。

(二)宅基地使用权的客体为集体所有的土地

从权利客体方面看,宅基地使用权的客体限于集体所有的土地,且限于宅基地,而非耕地,也非乡镇企业等建设用地。

(三)宅基地使用权的主体具有身份性

从权利主体方面看,宅基地使用权的主体具有身份性,至少在宅基地使用权设立时限于本集体经济组织的成员,实务运作上是以户为单位设立,且按一户取得一处宅基地的原则配置,宅基地的面积不得超过省、自治区、直辖市规定的标准。

实务运作中以户作为配置宅基地的基本单位,一户中村民个体的人数对宅基地的面积产生影响,不决定宅基地的块数。一户占用的宅基地叫作一处宅基地,是一个物,其使用权是一项权利。

【案例 11.1】施某宅基地使用权纠纷案

施甲、李某诉施乙宅基地使用权纠纷案。[①] 两原告系夫妻关系,被告是两原告的儿子。两原告于 1980 年建造平房 5 间,其中东侧两间给被告作为结婚用房,并一直由被告居住,原告居住于西侧,1992 年核发宅基地使用证时,分别由原、被告进行了登记。1995 年,被告经批准平房翻建楼房,即将自己所住用的两间房与原告住用的两间房互换。然后在拆除了调换的房屋后建成了楼房一幢。楼房建成后,双方在较长时间内相安无事。2005 年,因被告建围墙而引发纠纷,在经当地有关部门调解无效后,原告起诉来院,要求被告归还属原告宅基地使用权范围内的 61 平方米通道的使用权。被告认为,没有侵占原告的宅基地使用权。法院认为,被告翻建楼房是经原、被告协商,并报有关部门审批后进行的,而被告楼房建成后,原、被告各自的宅基地使用情况已经发生了根本的变化。现原告以原登记的宅基地使用证上核定的使用范围推定被告占用其宅基地使用权范围内的 61 平方米通道的诉讼请求缺乏依据,为此,依据《中华人民共和国民事诉讼法》第六十四条的规定,作出判决:原告施甲、李某要求被告施乙归还 61 平方米通道使用权的诉讼请求,不予支持。

[①] 参见上海市崇明县人民法院(2007)崇民一(民)初字第 1743 号民事判决书。

（四）宅基地使用权的目的及功能

从权利的目的及功能方面看，宅基地使用权的目的及功能在于，农户在其宅基地上建造住宅及其附属设施，并保有其所有权。此处所谓的住宅，即农村村民的生活居住用房。此处所谓的附属设施，是指辅助住宅发挥效能的与村民生活相关的建筑物、构筑物等设施，包括储粮房、储草房、厕所、猪圈、牛棚、羊棚、沼气池、车库等。

（五）宅基地使用权为无对价、无期限的物权

从权利取得的对价方面看，按照我国现行法及政策的要求，农村村民无偿取得宅基地使用权。从权利的存续期限方面看，宅基地使用权是无期限物权，具有永久性。它在一定意义上起着土地所有权的作用，不同于典型的用益物权。

二、宅基地使用权制度流变

在相当长的历史时期，宅基地使用权分为农村宅基地使用权和城镇宅基地使用权两种。后者的主体是中华人民共和国成立后由于历史原因形成的城镇私房所有者及经批准在城镇建房的城镇居民。在 1982 年《宪法》规定城市土地归国家所有之后，城镇私有房屋所在的宅基地所有权转化为国家所有权，为使私有房屋的所有权人继续保有私房的所有权，就必须使其享有宅基地的使用权。该宅基地使用权后被更名为国有土地使用权，《物权法》生效后则应称作建设用地使用权。也就是说，如今的宅基地使用权在城镇国有土地上不复存在，相应地，称之为宅基地使用权的主体也不再有这样的城镇居民。[①]

农村宅基地使用权的主体，在相当长的历史时期，原则上为本集体经济组织成员，少数情况下为城镇非农业户口居民。对有关这方面的立法，简要考察如下：

国务院于 1982 年 2 月 13 日发布的《村镇建房用地管理条例》[②]规定，农

[①] 崔建远：《物权法》，中国人民大学出版社 2011 年版，第 315—316 页。
[②] 该条例已被 1986 年 6 月 25 日通过的《土地管理法》废止。

村人民公社、生产大队、生产队的土地，分别归公社、大队、生产队集体所有。社员对宅基地、自留地、自留山、饲料地和承包的土地，只有按照规定用途使用的使用权，没有所有权。在村镇内，个人建房和社队企业、事业单位建设用地，都应按照本条件的规定，办理申请、审查、批准的手续。任何机关、企业、事业单位和个人不准擅自占地建房、进行建设或越权批准占用土地。农村社员，回乡落户的离休、退休、退职职工和军人，回乡定居的华侨，建房需要宅基地的，应向所在生产队申请，经社员大会讨论通过，生产大队审核同意，报公社管理委员会批准；确实需要占用耕地、园地的，必须报经县级人民政府批准。批准后，由批准机关发给宅基地使用证明。集镇内非农业户建房需要用地的，应提出申请，由管理集镇的机构与有关生产队协商，参照第十四条的规定办理。

1986 年 6 月 25 日通过的《土地管理法》第三十八条规定，农村居民建住宅，应当使用原有的宅基地和村内空闲地。使用耕地的，经乡级人民政府审核后，报县级人民政府批准；使用原有的宅基地、村内空闲地和其他土地的，由乡级人民政府批准。农村居民建住宅使用土地，不得超过省、自治区、直辖市规定的标准。该法第四十一条规定，城镇非农业户口居民建住宅需要使用集体所有的土地的，必须经县级人民政府批准，其用地面积不能超过省、自治区、直辖市规定的标准，并参照国家建设用土地的标准支付补偿费和安置补助费。

1988 年 12 月 29 日修正通过的《土地管理法》继续保留了 1986 年《土地管理法》第三十八条和第四十一条的规定，维持了农村宅基地使用权人原则上为农村集体经济组织成员，个别情况下为城镇居民的格局。

国务院于 1993 年 6 月 29 日发布《村庄和集镇规划建设管理条例》（国务院第 116 号令），贯彻了上述原则，于第十八条规定，农村村民在村庄、集镇规划区内建住宅的，应当先向村集体经济组织或村民委员会提出建房申请，经村民会议讨论通过后，按照下列审批程序办理：①需要使用耕地的，经乡级人民政府审核、县级人民政府建设行政主管部门审查同意并出具选址意见书后，方可依照《土地管理法》向县级人民政府土地管理部门申请用地，经县级人民政府批准后，由县级人民政府土地管理部门划拨土地；②使用原有宅基地、村内空闲地和其他土地的，由乡级人民政府根据村庄、集镇规划和土地利用规划批准。城镇非农业户口居民在村庄、集镇规划区内需要使用集体所有的土地建住宅的,应当经其所在单位或居民委员会同意后,依照前款第①项规定的审批程序办理。回原籍村庄、集镇落户的职工、退伍军人和离休、退休干部以及回乡定居的华侨、港澳台同胞,在村庄、集镇规划区内需要使用集体所有的土地建住宅的,依照本条第一款第一项规定的审批程序办理。

1998 年 8 月 29 日修正通过的《土地管理法》删除了 1986 年的《土地管理法》第四十一条和 1988 年修正的《土地管理法》第四十一条的规定,未再重申城镇居民为宅基地使用权人的精神,而是在其第五十九条及第六十二条中规定农村村民住宅建设时,农村村民一户只能拥有一处住宅,其宅基地的面积不得超过省、自治区、直辖市规定的标准。2004 年 8 月 28 日修正通过的《土地管理法》承继了这个原则,第五十九条及第六十二条的规定被保留下来。

由于《村庄和集镇规划建设管理条例》的效力位阶低于《土地管理法》,可认为该条例关于"城镇居民可为宅基地使用权人"的规定也不再有效。

至此,可以说,宅基地使用权只存在于集体所有的土地上,其主体限于本集体经济组织的成员,以户为单位配置。

三、宅基地使用权与建设用地使用权的比较

按照我国现行法,宅基地使用权和建设用地使用权是相互独立的两项土地权利,其相同点或相似之处在于,它们的目的及功能都是利用他人土地建造建筑物、构筑物及其附属设施并保有所有权,不同点表现在如下几方面:

(一)权利的设立方面

宅基地使用权的设立完全采取行政审批的程序,而建设用地使用权的设立则分两种情形,其中出让的建设用地使用权要通过市场化的方式设立。

(二)权利主体方面

我国现行法上的宅基地使用权要求本集体经济组织成员作为主体,排斥其他人,具有浓厚的身份色彩;而出让的建设用地使用权在主体上没有身份的色彩,行政划拨的建设用地使用权在主体方面也相对宽泛。

（三）权利客体的所有制性质方面

我国现行法上的宅基地使用权存在于集体所有的土地之上，而建设用地使用权原则上存在于国有土地之上。

（四）权利目的及功能的具体内容方面

两项权利也有些许差异：宅基地使用权的目的及功能只能是农户建造住宅及其附属设施，不得建造写字楼、厂房、商品化住宅等建筑物、构筑物及其附属设施；而建设用地上却可建各种功能的建筑物、构筑物及其附属设施。

（五）流转方面

我国现行法只默认宅基地使用权随着地上房屋的移转而转让，禁止单独转让、抵押宅基地使用权；而出让的建设用地使用权具有较为自由的让与性，行政划拨的建设用地使用权在经过县级以上人民政府批准、补交出让金、签订出让合同后亦可转让。

（六）存续期限方面

宅基地使用权是无期限的，可以说具有永久性；而出让的建设用地使用权必有存续期限，行政划拨的建设用地使用权只是没有明确的终期。

第二节　宅基地使用权的取得

宅基地使用权的取得同样分为原始取得和继受取得。原始取得宅基地使用权，例如，通过中央政策和法律的直接规定，将农户拥有的宅基地所有权转变为宅基地使用权。在中华人民共和国成立之前，农户的住宅及其附属设施基本上都建造在自己所有的土地之上。共产党领导的土地改革运动承认这种状况，农民对其房屋及其宅基地同时享有所有权。中华人民共和国成立之后，自1949年10月开始搞农村合作化运动，发展到1956年年底，基本上完成了由农民个体所有制到社会主义集体所有制的转变。[1] 这样，农民的宅基地所

---

① 《农业合作化运动》，见新华网，http://news.xinhuanet.com/ziliao/2003-01/20/content_697957.htm，2015年7月2日访问。

有权转变为集体土地所有权,农户对其宅基地开始享有使用权。在这方面,中国共产党第八届中央委员会第十次全体会议于 1962 年 9 月 27 日通过的《农村人民公社工作条例(修正草案)》规定,生产队范围内的土地,都归生产队所有。生产队所有的土地,包括社员的自留地(社员自主经营、获取农获物的耕地)、自留山(社员自主经营、取得林木等的所有权的山)、宅基地等,一律不准出租和买卖。① 社员的房屋,永远归社员所有。② 1982 年《宪法》第十条规定,宅基地和自留地、自留山,也属于集体所有。这意味着社员对于宅基地只享有使用权。③ 这样,农民对其宅基地的所有权已经转变为宅基地使用权。这是直接基于中央政策和法律规定而取得的,因而属于原始取得。

继受取得宅基地使用权,创设继受取得为其常态,表现为宅基地使用权的设立。至于移转继受取得宅基地使用权,则不多见。其原因在于,在我国现行法上,宅基地使用权不得转让及抵押,宅基地使用权人通过出卖房屋而导致宅基地使用权移转的,不得再获得宅基地使用权。加上宅基地使用权不存在继承问题,这就使宅基地使用权在客观上鲜见移转继受取得,只有在宅基地上的住宅及其附属设施被出卖、赠与、继承的情况下,宅基地使用权随之移转,才会出现移转继受取得的实例。

一、宅基地使用权设定人

依他物权取得的原理,他物权的初始取得大多依赖于设定他物权的合同。宅基地使用权的初始取得不是通过交易行为(农户取得宅基地无需支付对价),而是基于农民作为农村集体经济组织一员的成员权,即农民作为集体的一员,有使用集体所有的一定土地建筑住宅的权利,但宅基地使用权人和宅基地所有权人的合意在宅基地使用权的初始取得中仍具意义。根据我国《宪

---

① 参见《农村人民公社工作条例(修正草案)》第二十一条第一款。
② 参见《农村人民公社工作条例(修正草案)》第四十五条第一款。
③ 《最高人民法院关于解放前劳动人民之间宅基地租赁契约是否承认和保护问题的批复》(1985 年 11 月 12 日)、《最高人民法院关于公民对宅基地只有使用权没有所有权的批复》(1986 年 11 月 14 日),载张世进等主编:《中华人民共和国法律规范性解释集成》,吉林人民出版社 1990 年版,第 544—545 页。

法》《民法通则》《土地管理法》的规定，宅基地作为农村土地的一种，属"农民集体"所有，包括三种情况：一是村农民集体所有，村集体经济组织或者村民委员会经营管理；二是两个以上农村集体经济组织的农民集体所有，村内各农村集体经济组织或者村民小组经营管理；三是乡镇农民集体所有，乡镇农村集体经济组织经营管理。这种权属结构基本沿袭了原人民公社体制下"三级所有"的框架，体现了对人民公社所有制关系的路径依赖。但1978年以后，随着我国农村家庭联产承包责任制的逐步推行，1985年中央正式下发文件，撤销人民公社，成立乡镇政府，"生产大队""生产队"也同时自动废除，改称为"×村×队（组）"。但"村""队（组）"只是一个地域区划上的概念，与人民公社时的"生产大队""生产队"的意义完全不同（后者原来是农村基本的生产组织）。① 依现行法，"农民集体"是农村集体土地的所有权人，参照国家所有权的实现形式，以各级村民大会或村民代表大会作为农民集体行使土地使用权的组织模式。但各级村民大会或村民代表大会并不是常设机构，其本身只是一种会议形式，可以以村民委员会为其常设机构和意思表达机构。我国《村民委员会组织法》规定，村民委员会是村民自我管理、自我教育、自我服务的基层群众性自治组织；村内重大事务由村民大会或村民代表大会决定；村民委员会对外代表本村进行活动，对内管理本村集体土地和其他财产。由此可见，村民委员会完全可以充当宅基地使用权设定人的角色。②

二、宅基地使用权的申请

按照我国现行法和政策，农村村民在村庄、集镇规划区内建住宅，取得宅基地使用权，应当先向村集体经济组织或村民委员会提出建房申请，提出设立宅基地使用权的申请。实际操作上，是户主以其名义撰写申请书。农

---

① 高圣平、刘守英：《宅基地使用权初始取得制度研究——兼评〈中华人民共和国物权法〉第十三章的相关规则》，见 http://china.findlaw.cn/fangdichan/zhaijidi/zjdgllw/20019.html，2015年6月5日访问。

② 高圣平、刘守英：《宅基地使用权初始取得制度研究——兼评〈中华人民共和国物权法〉第十三章的相关规则》，见 http://china.findlaw.cn/fangdichan/zhaijidi/zjdgllw/20019.html，2015年6月5日访问。

村村民,包括既有的村民,也包括新加入的村民。新加入的村民,如回乡落户的离休、退休、退职的干部职工,复原退伍的军人,回乡定居的华侨、港澳台同胞等。

三、宅基地使用权的取得条件

申请人所在的集体经济组织对宅基地使用权申请予以审查,看其是否符合准予宅基地使用权的条件。这些条件包括:①申请人必须为本集体经济组织成员。②申请人及其所在农户存在合理的住宅需求。例如,申请人已经分家另过,其新家庭四口人需要独立的住宅一处。③不存在法律、法规、规章禁止的事由。例如,申请人曾经拥有过宅基地,但为获取钱款而将其住宅卖与他人,依据现行《土地管理法》第六十二条第四款的规定,该申请人无权再获得宅基地。① 再如,申请宅基地的位置和面积等不违反我国现行法的规定。

按照国务院《村庄和集镇规划建设管理条例》第十八条的规定,对符合条件的,经村民会议讨论通过后,按照下列审批程序办理:①需要使用耕地的,经乡级人民政府审核、县级人民政府建设行政主管部门审查同意并出具选址意见书后,方可依照《土地管理法》向县级人民政府土地管理部门申请用地,经县级人民政府批准后,由县级人民政府土地管理部门划拨土地。②使用原有宅基地、村内空闲地和其他土地的,由乡级人民政府根据村庄、集镇规划和土地利用规划批准。回原籍村庄、集镇落户的职工、退伍军人和离休、退休干部以及回乡定居的华侨、港澳台同胞,在村庄、集镇规划区内需要使用集体所有的土地建住宅的,依照本条第一款第一项规定的审批程序办理。

四、宅基地使用权的取得审批

将宅基地分配给本集体经济组织的成员,应是作为宅基地的所有权人行使其土地所有权的表现之一,该集体经济组织应为宅基地使用权的设立人,乡

---

① 王利明、尹飞、程啸:《中国物权法教程》,人民法院出版社2007年版,第384页。

（镇）、县两级人民政府并非宅基地所有权人，不应是宅基地使用权的设立人，其审核、批准应限于对宅基地申请是否符合国务院《村庄和集镇规划建设管理条例》第十八条规定的条件和程序，目的在于监督集体经济组织合理利用土地，避免随意将农用地转为建设用地，防止不用荒地而用耕地建造住宅。因此，此种审核、批准应当只是一种核准，只要宅基地申请不违反法律、法规、规章的强制性规定，就不应驳回。审批机关不得越权干预集体经济组织对宅基地申请的审核，也不得对集体经济组织没有通过的宅基地进行审批。①

五、宅基地使用权取得的时间点

我国现行法未把登记作为宅基地使用权的生效要件，登记与否，不影响宅基地使用权的设立。宅基地使用权自县级或乡级人民政府批准时设立。但这不妨碍宅基地使用权人申请登记部门予以登记，也不排除某些地区主动地只收取工本费地为农村村民办理宅基地使用权登记。由于我国现行法更未赋予宅基地使用权登记公信的效力，这种宅基地使用权的登记只能具有对抗第三人的效力。

第三节　宅基地使用权的效力

一、宅基地使用权人的权利

（一）占有、使用宅基地的权利

占有、使用宅基地，表现为利用宅基地建造住宅及其附属设施，为宅基地使用权人的当然权利。由宅基地使用权制度的目的及功能决定，宅基地不得用于兴建企业或公司的厂房，不得用于投资到公司，不得用于建造较大规模的养殖业基地。

---

①　王利明、尹飞、程啸：《中国物权法教程》，人民法院出版社 2007 年版，第 385 页；高圣平：《物权法：原理·规则·案例》，清华大学出版社 2007 年版，第 117 页。

【案例11.2】武某与陈某、宋某宅基地使用权纠纷案

原告武某与被告陈某、宋某宅基地使用权纠纷案。① 原告武某现有的宅基地原是其父亲武A的老宅基地(现仍由其父亲武A居住),1994年5月,土地管理部门统一换发宅基地使用证时,武A、武某父子将该宅基地以原告武某的曾用名户名换发了新的宅基地使用证。该证证号为伊水吉集建(94)字第645号,宅基坐北朝南,证载面积251.2平方米,南北长23.5米,东西宽为南端10.62米,北端10.75米。被告陈某、宋某夫妻现居住的宅基地,证载户名为陈某的父亲陈B(已去世),办理时间也是1994年5月,证号为伊水吉集建(94)字第647号,宅基坐西朝东,证载面积290.35平方米,南北宽10.45米,东西长为南端26.55米,北端27.7米,从其宅基证附图上可见该宅基西南角呈一缺角状。在原、被告发生争执之前,被告的上房已建起。2009年3月18日下午,原告在自己的宅基地上建造上房,其中和被告相邻的3.24米东墙,原告是在挨着被告的后(西)墙外边自己又垒起0.12米宽的墙体。但两被告此时带人强行阻拦原告施工,被告宋某还将原告已建起的部分墙体拆毁。原告为避免冲突升级,未和被告发生进一步冲突,被迫停止了建房。之后,双方就此事协商未果,原告向法院起诉,请求法院依法判令两被告退还侵占原告的0.14米宅基地,排除干扰,不得无理阻挡原告正常施工。法院查明,原告现建房屋北端东西宽为10.70米(从西墙中至东墙中,比宅基证载10.75米少了0.05米)。被告现建房屋南端东西长为26.55米(从东临街墙外皮至上房西墙外皮,与宅基证载26.55米相符)。原、被告两家宅基地相邻部分的南北长度为3.24米。法院认为:公民在国家核发的宅基地使用证范围内建造住宅,依法受法律保护,任何单位和个人不得侵犯。本案中,根据现场勘验情况,原、被告两家的宅基地存在以下情形:若以被告的西墙外皮为界,则原告的实占宽度仅有10.58米,比宅基证载宽度10.75

---

① (2009)伊一民初字第207号原告武某与被告陈某、宋某宅基地使用权纠纷案民事判决书,见hnlyzy.chinacourt.org/public/paperview.php? id=769421,2015年7月23日访问。

米少 0.17 米。若以被告的西墙墙中为界,则原告的实占宽度只有 10.70 米,比宅基证载宽度 10.75 米少 0.05 米,同时被告的实占长度则为 26.43 米,比宅基证载长度 26.55 米少 0.12 米,两家共少 0.17 米。由此可见,原、被告两家的宅基证在相邻的南北 3.24 米长度内,存在 0.17 米宽的两证重叠现象。重叠位置是从被告的西墙外皮向墙里(东)丈量 0.17 米。按照法律规定,该两证重叠的土地(长 3.24 米,宽 0.17 米)的使用权究竟归谁,应由人民政府通过行政确权予以确定,人民法院无法直接确定。但对于重叠区域之外,目前权属明确的部分,其土地使用权益应依法予保护。原告现建的与被告相邻的墙体,是在被告的西墙外,即双方重叠区域之外,属在原告的宅基证范围内,目前权属明确。被告阻挡原告在此施工,显系无理。原告诉求判令两被告排除妨碍,不得无理阻挡原告正常施工,理由正当,该院依法予以支持。

综上所述,农户占有、使用宅基地所进行的宅基地房屋建设要和集体经济组织占有、使用其他集体建设用地区分开来。

首先,关于建设用地问题。自 1987 年《土地管理法》颁布实施以来,乡(镇)村建设应当按照合理布局、节约用地的原则制定规划,经县级人民政府批准执行,城市规划区内的乡(镇)村建设规划,经市人民政府批准执行。据此可以发现,我国在农村建设使用土地上是奉行土地规划管制利用的原则。在国家土地管理的法律层面,历次颁布修改的土地管理法均以列举的形式正面规定了农村集体建设用地的使用方式。除表述有细微不同外,其中每次均列举到使用方式为:①作为农村居民宅基地使用建造住宅;②兴建乡(镇)村企业;③乡(镇)村公共设施、公益建设;④建设项目施工和地质勘查临时用地。相关的用地要求和流程,具体而言:工程项目施工,需要材料堆场、运输通路和其他临时设施的,应当尽量在征用的土地范围内安排。确实需要另行增加临时用地的,由建设单位向批准工程项目用地的机关提出临时用地数量和期限的申请,经批准后,同农业集体经济组织签订临时用地协议,并按该土地前三年平均年产值逐年给予补偿。在临时使用的土地上不得修建永久性建筑物。使用期满,建设单位应当恢复土地的生产条件,及时归还。架设地上线路、铺设地下管线、建设其他地下工程、进行地质勘探等,需要临时使用土地的,由当地县级人民政府批准,并按照前款规定给予补偿。建设单位为选择建设地址,需要对土地进行勘测的,应当征得当地县级人民政府同意;造成损失的,应当给予适当补偿。乡(镇)村建设应当按照合理布局、节约用地的原则制定规划,经县级人民政府批准执行。城市规划区内的乡(镇)村建设规划,经市人民政府批准执行。农村居民住宅建设,乡(镇)村企业建设,乡(镇)村公共设施、公益事业建设等乡(镇)村建设,应当按照乡(镇)村建设规划进行。农村居民建住宅,应当使用原有的宅基地和村内空闲地。使用耕地的,经乡级人民政府审核后,报县级人民政府批准;使用原有的宅基地、村内空闲地和其他土地的,由乡级人民政府批准。农村居民建住宅使用土地,不得超过省、自治区、直辖市规定的标准。出卖、出租住房后再申请宅基地的,不予批准。

乡(镇)村企业建设需要使用土地的,必须持县级以上地方人民政府批准的设计任务书或者其他批准文件,向县级人民政府土地管理部门提出申请,按照省、自治区、直辖市规定的批准权限,由县级以上地方人民政府批准。乡(镇)村企业建设用地,必须严格控制。省、自治区、直辖市可以按照乡(镇)村企业的不同行业和经营规模,分别规定用地标准。乡(镇)办企业建设使用村农民集体所有的土地的,应当按照省、自治区、直辖市的规定,给被用地单位以适当补偿,并妥善安置农民的生产和生活。乡(镇)村公共设施、公益事业建设,需要使用土地的,经乡级人民政府审核,向县级人民政府土管理部门提出申请,按照省、自治区、直辖市规定的批准权限,由县级以上地方人民政府批准。建设项目施工和地质勘查需要临时使用国有土地或者农民集体所有的土地的,由县级以上人民政府土地行政主管部门批准。其中,在城市规划区内的临时用地,在报批前,应当先经有关城市规划行政主管部门同意。

土地使用者应当根据土地权属,与有关土地行政主管部门或者农村集体经济组织、村民委员会签订临时使用土地合同,并按照合同的约定支付临时使用土地补偿费。临时使用土地的使用者应当按照临时使用土地合同约定的用途使用土地,并不得修建永久性建筑物。临时使用土地期限一般不超过二年。

乡镇企业、乡(镇)村公共设施、公益事业、农村村民住宅等乡(镇)村建设,应当按照村庄和集镇规划,合理布局,综合开发,配套建设;建设用地,应当符合乡(镇)土地利用总体规划和土地利用年度计划,并依照本法第四十四条、第六十条、第六十一条、第六十二条的规定办理审批手续。

农村集体经济组织使用乡(镇)土地利用总体规划确定的建设用地兴办企业或者与其他单位、个人以土地使用权入股、联营等形式共同举办企业的,应当持有关批准文件,向县级以上地方人民政府土地行政主管部门提出申请,按照省、自治区、直辖市规定的批准权限,由县级以上地方人民政府批准;其中,涉及占用农用地的,依照本法第四十四条的规定办理审批手续。按照前款规定兴办企业的建设用地,必须严格控制。省、自治区、直辖市可以按照乡镇企业的不同行业和经营规模,分别规定用地标准。乡(镇)村公共设施、公益事业建设,需要使用土地的,经乡(镇)人民政府审核,向县级以上地方人民政府土地行政主管部门提出申请,按照省、自治区、直辖市规定的批准权限,由县级以上地方人民政府批准;其中,涉及占用农用地的,依照本法第四十四条的规定办理审批手续。

此外,1987 年实施的《土地管理法》以及于 1988 年修正实施的《土地管理法》还规定了农村集体土地使用权可作为农业集体经济组织同全民所有制企业、城市集体所有制企业举办的联营企业的联营条件,即全民所有制企业、城市集体所有制企业同农业集体经济组织共同投资举办的联营企业,需要使用集体所有的土地的,必须持国务院主管部门或者县级以上地方人民政府按照国家基本建设程序批准的设计任务书或者其他批准文件,向县级以上地方人民政府土地管理部门提出申请,按照国家建设征用土地的批准权限,经县级以上人民政府批准;经批准使用的土地,可以按照国家建设征用土地的规定实行征用,也可以由农业集体经济组织按照协议将土地的使用权作为联营条件。

1987 年实施的《土地管理法》以及经修正于 1988 年实施的《土地管理法》也对城镇非农业户口居民经相关程序可使用集体所有的土地建住宅的情况进行了规定,即城镇非农业户口居民建住宅,需要使用集体所有的土地的,必须经县级人民政府批准,其用地面积不得超过省、自治区、直辖市规定的标准,并参照国家建设征用土地的标准支付补偿费和安置补助费。经修订于1999年实施的《土地管理法》以及经修订于2004年实施的《土地管理法》还规定了农村集体经济组织使用乡（镇）土地利用总体规划确定的建设用地与其他单位、个人以土地使用权入股、联营等形式共同举办企业的情况。更需要注意的是，经修订于1999年实施的《土地管理法》在农村集体建设用地制度上进行了历史性的重大变革，即该法明确了除上述农村建设项目外，其余的农村建设项目需要使用土地的，必须依法申请使用国有土地，经修订于2004年实施的《土地管理法》也延续了该项规定。至此，鉴于本文探讨的集体房屋建设植根于集体建设用地，故只有在用地合法的前提下才能保障房屋合法。然而，从上述土地管理法律规定来看，用地的合法性需满足以下前提条件：①依法批准的用地；②依法利用的用地。前者与上述土地管理法的规定基本是相同的，而后者则存在一个新老划断的问题，即对于兴办乡（镇）村企业、建造农村公共设施、公益事业等具有明确规定使用集体建设用地的项目外的其他建设项目，经修订于1999年实施的《土地管理法》及经修订于2004年实施的《土地管理法》均规定必须依法办理国有土地使用手续。

其次，关于用地登记问题。前国家土地管理局于1989年颁布的《土地登记规则》要求，土地登记以县级行政区（含县级市、旗、自治县、市辖区，下同）为单位组织进行；具体工作由县级以上人民政府土地管理部门负责；土地登记的申请书、审批表、土地登记簿、土地归户册、土地证书式样，由国家土地管理局统一制定；农村集体土地建设用地使用权，由使用集体土地的单位及法人代表或者使用集体土地的个人申请登记；土地登记簿（土地登记卡组装）是土地使用权、土地所有权和他项权利注册登记的簿册，是最基本的土地权属文件和法律依据；土地证书由市、县人民政府颁发，向国有土地使用者、集体土地所有者、集体土地建设用地使用者分别颁发《国有土地使用证》《集体土地所有证》《集体土地建设用地使用证》，土地证书是土地使用权或者土地所有权的法律凭证。1995年，在国土〔法〕字第184号《关于重新印发〈土地登记规则〉的通知》中对1989年颁布的《土地登记规则》进行了一些修改，其规定使用本集体土地进行建设或者生产的，集体土地使用单位或者个人应当在接到有批准权的地方人民政府批准用地文件或者农地使用合同签订之日起三十日内,持批准用地文件或者农地使用合同申请集体土地使用权设定登记。此后,国土资源部于 2008 年 2 月 1 日起实施了《土地登记办法》,该办法规定申请人应当依照本办法向土地所在地的县级以上人民政府国土资源行政主管部门提出土地登记申请,依法报县级以上人民政府登记造册,核发土地权利证书;土地权利证书是土地权利人享有土地权利的证明,土地权利证书记载的事项,应当与土地登记簿一致;记载不一致的,除有证据证明土地登记簿确有错误外,以土地登记簿为准;集体建设用地使用权、宅基地使用权和集体农用地使用权在集体土地使用证上载明;依法使用本集体土地进行建设的,当事人应当持有批准权的人民政府的批准用地文件,申请集体建设用地使用权初始登记;集体土地所有权人依法以集体建设用地使用权入股、联营等形式兴办企业的,当事人应当持有批准权的人民政府的批准文件和相关合同,申请集体建设用地使用权初始登记。就上海市而言,1996 年后上海市房地产权证采用不同颜色实行分类发放和管理。①绿色权证:颁发给拥有土地使用权已出让、转让地块上房地产的权利人,该证所记载的房地产可直接进入房地产市场。②红色权证:颁发给集体所有土地上的房地产权利人,该证所记载的房地产不能进入房地产市场。③黄色权证:颁发给除上述用地情况外的拥有其他地块上房地产的权利人,该证所记载的房地产按规定办理补地价等有关手续后,可进入房地产市场。房地产权证发证单位为市房地局,填证单位为市或区、县房地产登记机构。房地产权证主要记载下列内容:①权利人的情况;②土地使用权情况;③房屋所有权情况;④房地产其他权利情况。① 在 1987 年《土地管理法》颁布实施后,为了珍惜和合理利用土地,切实保护耕地,加强对土地的管理,建立健全集体土地使用权的登记、发证制度,保障集体土地使用者的合法权益,1987 年,上海市土地管理局制定了《上海市集体土地使用证发放办法(试行)》。该办法规定农村和城市郊区的土地,除法律规定属于国家所有的以外,属于集体所有。

---

① 《上海市房地局关于〈上海市房地产登记条例〉实施意见的通知》(沪府〔1996〕11 号)附件第三条。

依法使用集体土地的单位或个人,应在规定时间内向所在地的县土地管理局申请,办理土地申报手续,由县人民政府登记造册,审核后发给《上海市××县集体土地使用证》,确认使用权。使用集体土地的单位或个人,不得擅自改变用地范围、面积、用途。需要变更时,应凭有关主管部门的批准文件,向原发证机关提出申请,经原发证机关审核批准后,办理变更登记和更换证书,方可实施变更。① 某些集体房屋既不具有 1987 年以来上海市为加强土地管理,针对集体土地颁布的集体土地使用证,也不具有 1996 年实施的《上海市房地产登记条例》及沪府〔1996〕11 号《批转市房地局关于〈上海市房地产登记条例〉实施意见的通知》发布后颁发的上海市房地产权证(红证)。

再次,关于报建手续问题。除了改革开放早期建设的集体房屋由于当时报建程序或建设档案管理制度的本身不完善,其房屋建设手续先天不足具有一定的合理性外,根据国务院于 1982 年发布实施的《关于发布村镇建房用地管理条例的通知》的规定,在村镇内社队企业建设用地,都应按照条例的规定,根据统一规划,并符合用地标准,办理申请、审查、批准的手续。② 在 1987 年实施的《土地管理法》出台后,城乡建设环境保护部出台了《关于贯彻〈土地管理法〉进一步加强村镇建设用地规划管理的通知》,要求乡村各建设单位使用村镇规划区内的土地进行建设,必须先经村镇规划建设管理机构或人员按规划审查批准建设项目的地址和用地范围;然后持县级规划建设管理部门批准的设计任务书或其他批准文件到土地管理部门办理用地审批手续,并由村镇规划建设管理机构或人员发给建筑许可证,方可进行现场测量定位和施工。如 1987 年实施的及经于 1988 年修正后实施的《土地管理法》均明确要求,城市规划与土地利用总体规划应当协调。在城市规划区内土地利用应当符合城市规划。又如,之后于 1990 年实施的《城市规划法》(已失效)虽未专门针对农村集体土地房屋,但此时要建设的集体房屋如果在城市规划区内的要根据上述法律报建。该法要求在城市规划区内的土地利用和各项建设必须符合城

---

① 参见沪土〔1987〕郊字第 86 号《上海市集体土地使用证发放办法(试行)》。

② 参见国务院《关于发布村镇建房用地管理条例的通知》(已失效)附件第五条。

市规划,服从规划管理。城市规划区内的建设工程的选址和布局必须符合城市规划。设计任务书报请批准时,必须附有城市规划行政主管部门的选址意见书。在城市规划区内进行建设需要申请用地的,必须持国家批准建设项目的有关文件,向城市规划行政主管部门申请定点,由城市规划行政主管部门核定其用地位置和界限,提供规划设计条件,核发建设用地规划许可证。建设单位或者个人在取得建设用地规划许可证后,方可向县级以上地方人民政府土地管理部门申请用地,经县级以上人民政府审查批准后,由土地管理部门划拨土地。在城市规划区内新建、扩建和改建建筑物、构筑物、道路、管线和其他工程设施,必须持有关批准文件向城市规划行政主管部门提出申请,由城市规划行政主管部门根据城市规划提出的规划设计要求,核发建设工程规划许可证件。建设单位或者个人在取得建设工程规划许可证件和其他有关批准文件后,方可申请办理开工手续。城市规划区内的建设工程,建设单位应当在竣工验收后 6 个月内向城市规划行政主管部门报送有关竣工资料。再如,《城乡规划法》于 2008 年实施后,对于在乡、村庄规划区内进行乡镇企业、乡村公共设施和公益事业建设的,建设单位或者个人应当向乡、镇人民政府提出申请,由乡、镇人民政府报城市、县人民政府城乡规划主管部门核发乡村建设规划许可证。建设单位或者个人在取得乡村建设规划许可证后,方可办理用地审批手续。其余在规划范围内的农村集体所有房屋的建设根据《土地管理法》的规定应取得国有土地使用权,并依国有土地上建设工程报建。但是,实践中未经报建或报建手续不清的集体房屋建设却时有发生。针对当时上海市区和郊县都发现某些单位未经批准私自圈地搭建房屋的问题,当时的上海市城市规划建筑管理局与上海市土地管理局联合出台了沪规建〔1988〕第 1361 号(沪土〔1988〕办字第 155 号)《关于加强建设用地、建筑管理的通知》,要求用地单位应严格遵照 1987 年实施的《土地管理法》和上海市政府批转《上海市城乡规划、建设用地、建筑执照审批手续的暂行规定》(沪府发〔1986〕7 号)和市人民政府办公厅出台的(沪府办〔1988〕69 号)的规定,办理建设用地和建筑工程执照手续。经审核批准用地后,再向市规划局或区规划办(规划局)或县建设局请领建筑工程执照,方可施工。凡未经依法批准用地和没有建筑工程执照的,任何单位和个人不得非法占用土地,搭建房屋。但某些集体房屋建设方出于降低建设成本,追求更多经济利益的动机,某些集体房屋是由毫无资质的建筑队伍在短时间内"量贩式"盖起,无立项、规划、施工、勘测、验收手续,安全性难以保障,进入租赁使用将存在事故隐患。又如某些集体房屋的所有人,为扩大可出租面积,获取高额租金收益,在一些集体房屋上肆意加盖、无约束地装修,房屋质量明显缺乏保障,使用极易出现安全问题。关于集体房屋的报建手续的查明问题,国务院于1993年施行的《村庄和集镇规划建设管理条例》对于兴建乡(镇)村企业所需的农村集体房屋的选址、用地程序及建造、验收要求等报建手续问题,进行了规定,并就一些操作性问题授权省、自治区、直辖市人民政府或者其授权的部门进行明确。对于选址、用地程序问题,《村庄和集镇规划建设管理条例》要求建设方必须持县级以上地方人民政府批准的设计任务书或者其他批准文件,向县级人民政府建设行政主管部门申请选址定点,县级人民政府建设行政主管部门审查同意并出具选址意见书后,建设方可依法向县级人民政府土地管理部门申请用地,经县级以上人民政府批准后,由土地管理部门划拨土地。对于建筑及验收问题,该条例规定在村庄、集镇规划区内兴建乡(镇)村企业所需的集体房屋,凡建筑跨度、跨径或者高度超出规定范围的乡(镇)村企业、乡(镇)村公共设施和公益事业的建筑工程,以及二层(含二层)以上的住宅,必须由取得相应的设计资质证书的单位进行设计,或者选用通用设计、标准设计。跨度、跨径和高度的限定,由省、自治区、直辖市人民政府或者其授权的部门规定。在建筑设计上应当贯彻适用、经济、安全和美观的原则,符合国家和地方有关节约资源、抗御灾害的规定,保持地方特色和民族风格,并注意与周围环境相协调。承担村庄、集镇规划区内建筑工程施工任务的单位,必须具有相应的施工资质等级证书或者资质审查证书,并按照规定的经营范围承担施工任务;在村庄、集镇规划区内从事建筑施工的个体工匠,除承担房屋修缮外,须按有关规定办理施工资质审批手续。施工单位应当按照设计图纸施工。任何单位和个人不得擅自修改设计图纸;确需修改的,须经原设计单位同意,并出具变更设计通知单或者图纸。施工单位应当确保施工质量,按照有关的技术规定施工,不得使用不符合工程质量要求的建筑材料和建筑构件。县级人民政府建设行政主管部门,应当对村庄、集镇建设的施工质量进行监督检查。村庄、集镇的建设工程竣工后,应当按照国家的有关规定,经有关部门竣工验收合格后,方可交付使用。

最后,关于房屋权属问题。新中国成立以来,除少数城市外,我国大多数城镇都没有进行过房屋所有权登记,核发过房屋所有权证件,致使产权不清,产籍不明的现象普遍存在,产权纠纷日益增多,影响了城镇房屋的管理的问题,1987年原城乡建设环境保护部曾颁布了城住字第242号《关于印发〈城镇房屋所有权登记暂行办法〉的通知》,针对城市、县城、建制镇和工矿区范围内的所有房屋,包括集体所有制房屋的所有权登记发证问题进行了规定。此后各地逐步进行了一轮房屋登记发放所有权证工作。1993年实施的《村镇和集镇建设规划管理条例》规定,县级以上人民政府建设行政主管部门,应当加强对村庄、集镇房屋的产权、产籍的管理,依法保护房屋所有人对房屋的所有权,具体办法由国务院建设行政主管部门制定。此后,在上海地区,1996年实施的《上海市房地产登记条例》要求对依法使用集体所有的非农业建设用地上原有房屋或者新建房屋进行房屋所有权登记,并由市房地局颁发房地产权证书,该条例实施前依法颁发的房屋所有权证继续有效。《批转市房地局关于〈上海市房地产登记条例〉实施意见的通知》(沪府〔1996〕11号)又对登记机构设置、登记办理范围、房地产权证采用不同颜色实行分类发放和管理等问题进行了明细。1996年实施的《上海市房地产登记条例》第二十条还规定,对于集体土地房屋属于新建非商品房屋的,应当自房屋竣工交付使用之日起三十日内申请房屋所有权初始登记,并且提交下列文件:①申请书;②土地使用权属证明;③建设项目批准文件;④建设工程规划许可证;⑤竣工验收证明;⑥交付使用证明;⑦总平面图和分层平面图;⑧具有相应资质的测量机构出具的勘测报告;⑨其他有关文件。又根据沪房地籍〔1996〕533号《关于印发〈房地产登记中有关问题说明一〉的通知》第四条第一项的规定,在1987年1月1日之前,乡镇企业办理了建设用地手续,但是建造房屋的手续不齐全的,申请人书面说明房屋建造情况和具结保证,并经乡人民政府证明后,可以申请房地产登记;1987年1月1日以后,取得建设用地的,必须补办建造房屋的有关手续后,才能确权发证。① 2003 年实施的新《上海市房地产登记条例》第五条也规定上海市房地资源局建立全市统一的房地产登记册和登记信息系统,制作统一的房地产权证书和登记证明。上海市人民政府令第 3 号《上海市房地产登记条例实施若干规定》第二十三条规定,2003 年 4 月 30 日前已受理但尚未完成审核的房地产登记申请,根据 1996 年实施的《上海市房地产登记条例》办理;2003 年 5 月 1 日起受理的房地产登记申请,根据 2003 年实施的新《上海市房地产登记条例》办理。《物权法》实施后,建设部于 2008 年颁布施行了《房屋登记办法》,其第四条规定直辖市、市、县人民政府建设(房地产)主管部门或者其设置的负责房屋登记工作的机构为房屋登记机构。该办法对集体房屋的登记进行了规定,因合法建造房屋申请房屋所有权初始登记的,应当提交下列材料:①登记申请书;②申请人的身份证明;③宅基地使用权证明或者集体所有建设用地使用权证明;④申请登记房屋符合城乡规划的证明;⑤房屋测绘报告或者村民住房平面图;⑥其他必要材料。农村集体经济组织申请房屋所有权初始登记的,还应当提交经村民会议同意或者由村民会议授权经村民代表会议同意的证明材料。办理农村集体经济组织所有房屋所有权初始登记,房屋登记机构受理登记申请后,应当将申请登记事项在房屋所在地农村集体经济组织内进行公告。经公告无异议或者异议不成立的,方可予以登记。房屋登记机构对集体土地范围内的房屋予以登记的,应当在房屋登记簿和房屋权属证书上注明"集体土地"字样。办理集体土地范围内房屋的地役权登记、预告登记、更正登记、异议登记等房屋登记,可以参照适用国有土地范围内房屋登记的有关规定。2009 年,上海市也颁布实施了新的《上海市房地产登记条例》,该条例第六条同样规定市房屋、土地行政管理部门应建立全市统一的房地产登记簿和房地产登记信息系统,制作统一的房地产权证书和登记证明。此外,由于集体房屋属于集体资产,上海市一些区县的相关职能部门也负责对其进行登记管理。如《上海市青浦区农村集体资产管理暂行办法》第十二条规定,区集体资产管理委员会下设的区集体资产管理办公室是区政府主

---

① 参见 1996 年实施的《上海市房地产登记条例》第六条第三项、第四十三条。

管农村集体资产管理工作的职能部门,对全区农村集体资产管理工作进行指导和监督。其主要职责之一是负责指导本区域内农村集体资产的清产核资、产权界定、产权登记、资产经营等资产管理工作。其第十三条规定,镇集体资产管理办公室是镇政府主管农村集体资产管理工作的职能部门,对全镇农村集体资产管理工作进行指导和监督,并协助农村集体经济组织做好农村集体资产的日常管理工作,其第一项主要职责即为组织开展清产核资、产权界定、产权登记、资产统计、年鉴和审计工作。又如《松江区农村集体资产管理办法(试行)》第二十二条规定,农村集体资产产权登记,是指对镇、村、队集体经济组织集体所有的资产依法进行所有权归属登记的法律行为。区国资委负责我区农村集体资产的产权登记工作。其第二十三条规定,集体经济组织和占有、使用农村集体资产(含土地、水面等资源性资产)的企事业单位(以下简称"被登记单位")都要按照本办法的规定办理产权登记。其第二十四条规定,集体资产产权登记分为初始产权登记、产权变更登记和产权注销登记。申办初始产权登记的基本程序是:①申请。被登记单位向区国资委提交申请产权登记书面报告,经确认后领取《农村集体资产产权登记表》(以下简称《登记表》)。②填表。被登记单位填写《登记表》并报集体经济组织(出资人)签署意见。③审核。镇集体资产管理办公室对被登记单位所填《登记表》及有关材料进行审核,签署意见后报区国资委。④审定。区国资委对有关文件、资料等进行审定。⑤发证。区国资委对审定合格的单位,予以核发松江区人民政府集体资产监督管理委员会制作的《产权证》。被登记单位名称、住所、法定代表人、资本金发生变动时,应向区国资委申请并办理产权变动登记。被登记单位发生解散、被依法撤销或者被依法宣告破产等情况时,应向区国资委申请并办理产权注销登记。其第二十五条规定:资产年检是农村集体资产产权登记管理的一项重要内容。农村集体经济组织和占有或使用农村集体资产的企事业单位,均应于次年前3个月内,向区国资委申报农村集体资产产权年检。

(二)有限的处分权

我国现行法禁止宅基地使用权单独转让、抵押、继承或出租,只承认宅基地上的房屋出卖、赠与、继承时宅基地使用权随之移转,且因房屋出卖、赠与而移转宅基地使用权时,或出租住房的,不再分配给宅基地使用权。

(三)在宅基地上种植竹木、瓜果、蔬菜的权利

在不影响甚至为美化住宅建造和使用的前提下,宅基地使用权人有权在宅基地上种植竹木、瓜果、蔬菜。

土地承包经营权、建设用地使用权的场合,权利人在一定期间内(如2年)未按权利目的及功能使用标的物,会受到一定的制裁,甚至于被收回标的物,终止权利。宅基地使用权人未在宅基地上建造住宅及其附属设施,而是利用宅基地种植农作物或植树,或从事养殖活动,或从事加工作业,是否也会如此处理? 一种意见认为,应当放开宅基地的用途限制,宅基地使用权不限于居住之用,不应以违反用途限制为由收回宅基地。① 笔者认为,对这种意见只有被附加若干限制条件之后,方可赞同。首先,在宅基地使用权人只拥有一处宅基地,且自己能够解决生活居住问题的前提下,宅基地使用权人在一定时期内从事这些活动,即使该期间相对长些,尚可容忍。可解释为宅基地使用权的建造住宅的效力附加了始期。倘若永远如此,就彻底违背了宅基地使用权的目的及功能,使该权利变为土地承包经营权或建设用地使用权等,这不应被允许。其次,假如宅基地使用权人拥有几处宅基地,在一处或两处宅基地上建造住宅及其附属设施,解决了生活居住问题,在其他处宅基地上从事农、林、牧、渔经营活动或加工作业,且达到一定期间了,不应被允许。因为这不但违背宅基地使用权的目的及功能,而且违反了法律、法规关于一户一宅的原则,还造成了社会不公。最后,这里还涉及村镇规划和相邻关系问题。如果不利用宅基地建造住宅及其附属设施,而是挪作他用,严重违反了村镇建设规划,破坏了相邻关系规则,引起相邻他方强烈反对,本集体经济组织也有权纠正。

(四)以宅基地及地上住宅作为供役地设立地役权的权利

宅基地使用权人有权将宅基地及地上住宅作为供役地为他人设立地役权。至于土地承包经营权人把承包地作为需役地为自己设立地役权,同时有

---

① 王卫国、王广华主编:《中国土地权利的法制建设》,中国政法大学出版社2002年版,第145页;王利明、尹飞、程啸:《中国物权法教程》,人民法院出版社2007年版,第395页。

利于自己和土地所有权人,应被准许。

二、宅基地使用权人的义务

(一)不得擅自变更用途的义务

由宅基地使用权的目的及功能决定,在宅基地上建造住宅及其附属设施,既是权利,也是义务。当然,如同上文所述,该项义务在把握上不宜僵化。

(二)不得越界建造住宅及其附属设施

严格按照批准的面积利用宅基地,为宅基地使用权人的必要义务。宅基地的面积超过当地政府规定标准的,可在土地登记卡和土地证书内注明超过标准面积的数量。以后分户建房或现有房屋拆迁、改建、翻建或政府依法实施规划重新建设时,按当地政府规定的面积标准重新确定使用权,其超过部分退还集体。[①]

【案例11.3】陈某与杨某宅基地使用权纠纷案

原告陈某与被告杨某宅基地使用权纠纷案。[②] 陈某、杨某系同村村民,东西相邻居住。陈某房屋在杨某房屋西侧。2004年5月30日,陈某购买他人房屋后,经测量杨某占用陈某宅基地。陈某曾找杨某协商解决,要求杨某腾出占用部分,未达成一致意见,故陈某诉至法院。法院查明,陈某宅基地应为其房屋东侧山墙向东0.1米取一点,通过该点平行于房屋西侧山墙,南北总计为52米长,房屋南侧向南应为16.8米,房屋北墙向北应为29.6米,房屋南北宽5.6米。法院认为,陈某宅基地使用权依法取得应受法律保护。杨某占用陈云宅基地部分经陈某与其协商,杨某应主动将占用部分交由陈某使用。至今未予交付陈某,对造成纠纷杨某应负有全部责任。陈某的合理宅基地面积应以其房屋所有权证及土地

---

① 参见国家土地管理局于1995年3月11日发布的《确定土地所有权和使用权的若干规定》第五十一条。

② 参见(2007)苏民房初字第55号杨殿富与陈云宅基地使用权纠纷案民事判决书,syzy. chinacourt.org/public/paperview.php? id＝203531,2015年7月2日访问。

使用证实际为准。综上所述,法院判决如下:被告杨某于本判决书生效后七日内将占用原告陈某宅基地部分土地腾出,交由原告使用(双方宅基地界线为以原告东侧山墙为基准,向东 0.1 米取一点,经过该点平行于该山墙;南北取一条直线,房屋南墙向南 16.8 米,房屋北墙向北 29.6 米,房屋宽 5.6 米,总计 52 米,为双方分界线,此分界线以西为原告宅基地部分)。

(三)不得非法转让、抵押、出租宅基地使用权

我国现行法禁止宅基地使用权转让、抵押、出租。农村村民出卖、出租住房后,再申请宅基地的,不予批准。

第四节　宅基地使用权的转让

在我国《土地管理法》的修正、物权法的草拟和研讨过程中,曾有意设置若干例外。例如,在宅基地使用权人举家到城镇打工,而城镇居民举家到该村承包"四荒"土地,期限较长时,可以允许将宅基地使用权在他们之间转让。甲村的农户到乙村承包"四荒"土地,乙村的农户到甲村承包"四荒"土地,期限较长,宜允许宅基地使用权在他们之间互换。这些均为符合客观实际的合理意见,遗憾的是没有变成法律。至于宅基地使用权的普遍性转让,为极少数说,其理由主要有:①宅基地使用权是用益物权,特别是宅基地上房屋属于农民所有,应当允许农民转让;不然,就限制了资源的利用,宅基地使用权就成为"死产",不利于真正保护农民利益。[1] ②目前,不少农村存在部分宅基地和房屋闲置的现象,为了物尽其用,也应允许使用权转让。③随着城市化的发展,很多农民进入城市,也有不少城镇居民下乡购房,已经出现宅基地使用权向外

---

[1]　韩世远:《宅基地的立法问题——兼析物权法草案第十三章"宅基地使用权"》,《政治与法律》2005 年第 5 期;沐兰琼:《农村宅基地使用权之法律研究》,《广西政法管理干部学院学报》2006 年第 1 期;全国人民代表大会常务委员会法制工作委员会民法室编著:《物权立法背景与观点全集》,法律出版社 2007 年版,第 82、83、165 页。

流转的情况,特别是在城市附近或比较发达的地区尤其如此。莫不如面对现实,允许转让,解决问题。《物权法》对此未予采纳,原因是经法律委员会同国务院法制办、国土资源部、农业部等部门反复研究,一致认为:目前,我国农村社会保障体系尚未全面建立,土地承包经营权和宅基地使用权是农民安身立命之本,从全国范围看,放开土地承包经营权抵押和宅基地使用权转让的条件尚不成熟。因此,《物权法(草案)》仅规定通过招标、拍卖、公开协商等方式设立的"四荒"土地承包经营权可以转让、抵押等,是适当的,与《宪法》《农村土地承包法》《土地管理法》等法律的规定也是一致的。

但是,在实践中,随着农村经济的发展和城市化步伐的加快,农民作为重要的劳动力大量向城市转移,有的农民在城市选择长期居住后,便要卖掉农村的房屋,宅基地使用权也要随之转让,这就会产生相应的一些法律问题。

一、同村村民之间宅基地房屋转让问题

一种观点认为,同村村民之间可以自由转让宅基地房屋。理由是依照现有的法律和行政法规的规定,对同村村民之间的宅基地房屋买卖和转让没有禁止性的规定,依据"法无规定不禁止"的原则,同村村民之间的宅基地不应加以限制。另一种观点认为,同村村民之间就宅基地房屋的转让应是有限制条件的转让。转让时必须同时具备以下条件:①转让人拥有两处以上的农村住房(含宅基地);②转让人与受让人为同一集体经济组织内部的成员;③受让人没有住房和宅基地,且符合宅基地使用权分配条件;④转让行为须征得本集体经济组织同意;⑤宅基地使用权不得单独转让,必须与合法建造的住房一并转让。受限制转让的理由是:①目前有的集体经济组织基本没有空地可作为宅基地分配给村民,"分配宅基地"多数是指批准村民在自己的承包地和自留地中划出一部分作为宅基地来建房,因此村镇建设规划难以执行,土地浪费较大。②用地指标少,村民需求量大。因婚嫁、生育等原因,有的家庭宅基地不够,因此千方百计扩大宅基地,出现了借离婚扩大宅基地的现象,甚至不惜受罚也要多占宅基地。③因为继承、流转、分家等原因,已经出现了一户村民几处宅基地的情形,导致宅基地的拥有量十分不均衡。

上述两种观点,第一种观点虽然鼓励本集体经济组织成员之间转让宅基地房屋,却没有充分考虑我国现有农村宅基地总量不足的实际,若对本集体经济组织成员之间转让宅基地没有限制,会出现少数人拥有多处宅基地的问题。其他成员在没有宅基地的情况下只能去挤占耕地。第二种观点限制条件过分严格,在同一集体经济组织内若有成员要转让其使用的宅基地,按照第二种观点所限制的条件很难找到符合条件的受让者。对此,笔者认为,对于本集体经济组织成员购买本集体经济组织的宅基地和住房的,在判断其转让行为的效力时,一般应考量购买者是否已经具有宅基地和住房以及宅基地面积是否已经达到当地标准等情况,如购买者已经具有宅基地且其面积已经达到当地标准的情况,不应轻易认定其购买本集体经济组织宅基地和房屋有效,否则有违"一户一宅"原则。①

二、非同村村民之间进行宅基地房屋转让问题

非同村村民之间进行转让问题,通常在买卖主体之间表现为以下两种形式:一是买卖主体均是农民,但不是同一集体组织或同村村民之间进行房屋及宅基地买卖、转让。二是买方为城镇居民的房屋买卖。关于买卖合同效力,一种观点认为非同村村民之间进行宅基地转让、买卖合同无效,理由是,我国宪法第十条第四款规定:"任何组织和个人不得侵占、买卖或者以其他形式非法转让土地。土地使用权的可以依照法律的规定转让。"《土地管理法》第六十三条规定:"农民集体所有的土地的使用权不得出让、转让或者出租用于非农业建设;但是,符合土地利用总体规划并依法取得建设用地的企业,因破产、兼并等情形致使土地使用权依法发生转移的除外。"可见,作为宅基地的集体土地,在非同村村民之间进行宅基地的转让不符合上述法律规定。国务院办公厅在 1999 年颁布的《关于加强土地转让管理严禁炒卖土地的通知》第二条规定:"农民的住宅不得向城市居民出售"虽不是认定合同无效的依据,但它是上述法律条文的具体化和明确化,有参照价值。据此,应认定合同无效,根据

---

① 张斌、陈祥华:《农村宅基地使用权问题探讨》,《上海审判实践》2010 年第 5 期。

过错责任原则,由出卖方因出卖法律禁止出卖的房屋而导致合同无效,可认定其单方违约,由其赔偿因此给买受人造成的损失。另一种观点认为,非同村村民之间进行宅基地转让、买卖合同应该有效。禁止非同村村民之间进行宅基地转让不符合法律的平等原则。允许农民到城镇受让房屋及土地使用权,而不允许城镇居民到农村购置宅基地,另外,城镇居民可自由转让其房屋,而农民处分其房屋及宅基地却受到限制,对农民和城镇居民来说都是不公平的。没有享受一致的国民待遇。另外,根据《合同法》的规定,非同村村民之间进行宅基地转让、买卖合同应该有效。理由是对合同的效力认定应适用合同法的规定,只要该类合同是双方真实意思的表示,不违反法律和行政法规,不存在《合同法》第四十四条、第五十二条规定的无效情形,就对双方当事人具有法律约束力。当事人应当按照约定履行自己的义务,不得擅自变更和解除合同。就应认定合同有效,以维护交易秩序的稳定和安全。虽然在1999年颁布的《国务院办公厅关于加强土地转让管理严禁炒卖土地的通知》第二条规定,“农民的住宅不得向城市居民出售”,“有关部门不得为购买的住宅发放土地使用证和产权证”。但其不具有行政法规的效力,不宜作为认定合同无效的依据。《土地管理法》第六十二条第四款规定:“农村村民出卖、出租住房后,再申请宅基地的,不予批准。”第六十二条第一款规定:“农村村民一户只能拥有一处宅基地,其宅基地的面积不得超过省、自治区、直辖市规定的标准。”由此可见,法律对于因房屋转让而出现的宅基地使用权变更的情形从转让人和面积等方面已经作出了相应的规定,通过此种规定并未禁止农民向非集体经济组织成员转让宅基地及房屋,故非同村村民之间进行宅基地转让、买卖应是法律允许的。另外,《物权法》第一百五十五条规定:“已经登记的宅基地使用权转让或者消灭的,应当及时办理变更或者注销登记。”条文明确了宅基地使用权是可以转让的。在上述观点中,第二种观点没有充分考虑宅基地使用权的身份性、福利性、受限制性的法律特征。《物权法》第一百五十五条规定的转让内容应不包含非同村村民之间进行宅基地转让。若按照第二种观点允许城镇居民等非集体经济组织成员购买农民宅基地,与现有的土地制度、政策相冲突,依据2004年11月国土资源部《关于加强农村宅基地管理的意见》规定的严禁城镇居民在农村购置宅基地,严禁为城镇居民在农村购买和违法建造的住宅发放土地使用证的内容,各地国土资源局对城镇居民购买农村宅基地一般都不予办理过户登记手续,形成"宅基地交易结束,物权不受保护"的被动局面,受让人在受让宅基地使用权后仅享有债权,因土地政策规定无法使宅基地发生物权变动。另外,在 1999 年 5 月 6 日发布的《国务院办公厅关于加强土地转让管理严禁炒卖土地的通知》第二条第二款规定:"农民的住宅不得向城市居民出售"。2004 年 10 月 21 日,《国务院关于深化改革严格土地管理的决定》强调:"加强农村宅基地管理,禁止城镇居民在农村购置宅基地。"这虽是政策性的文件和部门规章,不具有行政法规的效力,但应理解为是《土地管理法》第六十三条规定法律条文的具体化。因此,在宅基地使用权转让过程中,违反《国务院办公厅关于加强土地转让管理严禁炒卖土地的通知》《国务院关于深化改革严格土地管理的决定》,即同时违反《土地管理法》第六十三条的规定,应依照《合同法》第五十五条第五项的规定,认定非同村村民之间进行宅基地转让、买卖合同无效不应受到法律保护。① 对此,笔者认为,对于非同一集体经济组织农户之间宅基地房屋的转让行为,首先要解决的是集体经济组织的范围。依据我国集体土地"三级所有,队为基础"的原则,集体组织的范围最大包括乡镇一级,所以集体组织的范围不应超过本乡镇范围。就宅基地的买卖行为上,依据我国《土地管理法》第二条的规定:"中华人民共和国实行土地的社会主义公有制,即全民所有制和劳动群众集体所有制。任何单位和个人不得侵占、买卖或者以其他形式非法转让土地。"因此,向本集体经济组织以外的人员出售宅基地的行为应当被认定为无效。就农村房屋的买卖行为上,我国现行法律并无明文禁止此类交易行为,然而考虑到农村宅基地使用权为具有社会保障性质的权利,仅有本集体经济组织的成员可以无偿取得。如果放开非本集体经济组织成员取得本集体经济组织的房屋所有权,将会对现行的宅基地秩序造成冲击,混淆集体组织之间的土地权属界限,因

---

① 郭辉:《关于宅基地使用权转让和抵押有关问题探析》,见 http://www.lawtime.cn/info/minshi/mssslunwen/2011112972556.html,2015 年 7 月 18 日访问。

此,对此类交易行为应具有敏感性,不可轻易作出有效认定。① 对于城镇居民购买宅基地房屋的行为,我国现行法律并无明文禁止农村房屋出卖给城镇居民,依据"法无禁止即自由"的私法原则,该类买卖似应认定为有效,但是国家的相关政策对此显然是作出了否定性的答案。1999 年发布了《国务院办公厅关于加强土地转让管理严禁炒卖土地的通知》,该通知明确规定:"农民的住宅不得向城市居民出售,也不得批准城市居民在农民集体土地建住宅,有关部门不得违法为建造和购买的住宅发放土地使用证和房产证。"2004 年发布了《国务院关于深化改革严格土地管理的规定》,明确规定:"改革和完善宅基地审批制度,加强农村宅基地管理,禁止城镇居民在农村购置宅基地。"2008 年国土资源部发布了《国土资源部关于进一步加快宅基地使用权登记发证工作通知》,进一步明确规定:"严格执行城镇居民不能在农村购买和违法建造住宅的规定。对城镇居民在农村购买和违法建造住宅申请宅基地使用权登记的,不予受理。"从以上规定可以看出,中央政策对于城镇居民购买农村宅基地或房屋的行为是严格禁止的。农村集体组织在未依据法律规定办理土地征收手续将集体土地转为国有土地的情况下,私自建造房屋并对外出售的行为,明显与中央的政策相违背,而且在目前的"房地一体"原则之下,该交易行为势必造成变相交易农村宅基地使用权的事实,违背国家法律的强制性规定。②

【案例 11.4】吴某与李某、蒋某宅基地使用权纠纷案

吴某与李某、蒋某宅基地使用权纠纷案。③ 原告吴某与被告李某系母子关系。1997 年 8 月,原告吴某经其所居住的原瞿阳镇西关村委三组统一分配,取得位于遂平县仁安医院北侧一块儿东西长 12 米、南北宽 13 米宅基地一处,该宅基地属农村集体所有性质。由于原告吴某常年在外打工,2005 年 2 月 3 日,原告母亲李某经与被告蒋某协商,将原告所分配宅基地以

---

① 张斌、陈祥华:《农村宅基地使用权问题探讨》,《上海审判实践》2010 年第 5 期。
② 张斌、陈祥华:《农村宅基地使用权问题探讨》,《上海审判实践》2010 年第 5 期。
③ 参见(2011)遂民初字第 175 号吴易阳与李书勤、蒋艳宅基地使用权纠纷案民事判决书,hnspfy.chinacourt.org/public/paperview.php? id=766336,2015 年 7 月 4 日访问。

10000 元价格卖于被告蒋某,双方签订有书面协议,该转让款 10000 元由被告李某收取,未交付原告吴某。后蒋某对该宅基地进行管理并种植有树木。2010 年原告吴某得知该宅基地被其母亲卖与被告蒋某后,将被告所种植树木予以砍伐,并要求被告予以归还,后经双方多次协商未果。为此,双方成讼。原告认为,两被告的行为已侵犯了其合法宅基地使用权,要求依法确认被告之间的宅基地买卖协议无效。法院查明,原告吴某于 1998 年 3 月因其村耕地被征用被统一转为非农业户口。2007 年 10 月,其与父母户口分开,单独生活至今。本院认为,依法取得的宅基地使用权应受法律保护。本案原告吴某在 1998 年 3 月之前系原瞿阳镇西关村委农村集体经济组织成员,其依法享有本集体经济组织分配宅基地的权利。1997 年 8 月,经其所在村组统一分配,原告取得了位于遂平县仁安医院北侧一块儿东西长 12 米、南北宽 13 米宅基地一处,该宅基地取得方式合法,原告吴某作为宅基地使用权人,对该宗集体所有的土地依法享有占有、使用和利用该土地建造住宅及其附属设施的权利。由于宅基地的分配只限于本集体经济组织内部符合规定的成员,且宅基地的所有权属农民集体所有,我国相关法律对集体所有性质土地的流转做了严格限制,根据我国《土地管理法》规定,农民集体所有的土地使用权不得出让、转让或者出租用于非农业建设;农村村民一户只能拥有一处宅基地;农村村民出卖、出租住房后,再申请宅基地的,不予批准。被告李某在与被告蒋某协商出卖原告宅基地时,无论该协商结果原告是否知悉,均违背了我国法律的强制性规定,根据合同法相关规定,违反法律、行政法规的强制性规定的合同为无效合同;无效合同自始没有法律约束力。被告蒋某作为主张该宅基地买卖协议合法有效的举证责任义务人,由于未能向本院提供该宅基地转为建设用地的农用地转用审批手续,本院对其抗辩理由不予支持。据此,法院判令被告李某与被告蒋某于 2005 年 2 月 3 日所签订的宅基地买卖合同为无效合同。

关于宅基地使用权的转让问题,最高人民法院将出具相应的规则对司法中的认定进行统一,上述实践中的做法也将在最高人民法院的规定出台后得到明确。

第五节　宅基地使用权的抵押

在物权立法的过程中,有意见主张我国《物权法》应当允许宅基地使用权抵押,理由在于:①农民发展生产缺少资金,允许宅基地使用权抵押,可缓解农民贷款难的状况。为了防范因此而出现的风险,可以有条件地适当放开。②目前,不少农村存在着部分宅基地和房屋闲置的现象,为了物尽其用,也应允许使用权抵押。但上述意见未被《物权法》采纳,原因是我国地少人多,必须实行最严格的土地管理制度。目前,农村社会保障体系尚未全面建立,宅基地使用权是农民基本生活保障和安身立命之本。从全国范围看,放开宅基地使用权转让和抵押的条件尚不成熟。特别是农民一户只有一处宅基地,这点与城镇居民是不同的。农民一旦失去住房及其宅基地,将会丧失基本生存条件,影响社会稳定。为了维护现行法律和现阶段国家有关农村的土地政策,也为今后修改有关法律或调整有关政策留有余地,《物权法》的规定应当与《土地管理法》等法律的规定保持一致。①

一、宅地基使用权抵押的理论争论

依照物权的理论,农民对自己的宅基地,依照法律规定享有占有、使用、收益和处分的权利。但是关于宅基地使用权人在对宅基地行使收益和处分权利的时候,受到严格限制。关于宅基地使用权能否抵押,在物权法起草过程中始终争议很大。主要有三种观点:第一种观点认为,应当允许宅基地使用权的抵押,否则,宅基地使用权将成为农民的"死产",不利于真正保护农民利益。主要理由是:①宅基地使用权是用益物权,特别是宅基地上的房屋属于农民所有,应当允许农民抵押宅基地使用权;②农民发展生产缺少资金,允许宅基地使用权抵押,能够缓解农民贷款难的问题;③目前不少农村有部分土地和房屋

---

① 胡康生主编:《中华人民共和国物权法释义》,法律出版社 2007 年版,第 339—340 页。

闲置,为了物尽其用,也应允许宅基地使用权的转让和抵押;④允许宅基地使用权的抵押,有利于改变城乡二元结构。权利人行使抵押人致使宅基地使用权转让给本集体经济组织以外个人的,集体经济组织可以收取一定的费用。第二种观点认为,不宜放开宅基地使用权的抵押,主要理由:①目前,我国农村缺乏社会保障体系,宅基地使用权是农民生产、生活保障;②依照《土地管理法》的规定,宅基地使用权系农村集体经济组织成员无偿取得,而且一户只能有一处宅基地,放开宅基地使用权的抵押,取得宅基地使用权的人将可能不是本集体经济组织的成员,违反《土地管理法》的有关规定,也不符合现行的农村集体经济组织的管理体制;③放开宅基地使用的抵押,可能会为有些人多占宅基地、城镇居民购置宅基地提供便利条件,造成国家土地管理制度在执行中的混乱;④农民贷款难的问题,应当通过国家信贷扶持政策来解决。目前,农村没有形成房地产市场,即使规定宅基地使用权可以抵押,也是流于形式,银行不愿意接受宅基地使用权这类的抵押物。第三种观点认为,经本集体经济组织同意,宅基地使用权可以在本集体经济组织内部随着房屋的抵押而有条件的抵押,以实现物尽其用的目的。①

二、宅基地使用权抵押的实践

虽然目前针对宅基地使用权抵押流转没有明确的法律、法规的规定,学术理论界对此也一直争论不休,但各地依据自身具体情况,纷纷开展宅基地使用权抵押流转的实践探索。①成都市"两权一房"抵押融资模式。"两权一房"包括土地承包经营权、集体建设用地使用权、农村房屋。农村房屋抵押融资的前提条件是借款人要保证设定抵押的房屋依法偿债后有适当的居住场所,且须征得所在农村集体经济组织的同意。②广东办法。2005年,广东省政府颁布《广东省集体土地建设用地使用权流转管理办法》,首次以政府规章的立法形式对集体土地建设用地使用权流转的原则、条件、流转对象、期限、流转法律

---

① 郭辉:《关于宅基地使用权转让和抵押有关问题探析》,见 http://www.lawtime.cn/info/minshi/mssslunwen/2011112972556.html,2015 年 7 月 18 日访问。

关系、流转权益分配及法律责任等进行了较全面的规制。③重庆农村土地交易模式。2008 年 12 月 4 日,重庆农村土地交易所成立。2010 年重庆政府工作报告要求宅基地的登记确权工作在全面完成的基础上,推进农户集中居住区建设用地、农村承包地和林地产化,开展农村土地、林权等生产要素抵押、质押和涉农保险试点,将成为今后农村建设用地使用权市场化改革的重心和方向。这说明,重庆市政府的农村宅基地抵押试点正逐步开始动,已经逐渐放开宅基地等农村建设用地抵押方面的政策限制。① ④天津宅基地换房模式。宅基地换房指在国家现行政策的框架内,坚持承包责任制不变、可耕土地不减、尊重农民自愿的原则,高水平规划、设计和建造适于产业聚集和生态宜居的新型小城镇。天津宅基地换房项目的资金来源是先以土地出让收益权质押方式由银行提供贷款,而置换出的经营性用地以招标拍卖挂牌有偿出让,政府收益部分(财政税收)返还于小城镇建设。房屋建好后,农民按相应的标准以宅基地置换城镇住房。②

三、宅基地使用权抵押需解决的问题

就宅地基使用权的抵押而言,由于我国法律对宅基地使用权抵押流转的限制,特定主体在申请取得宅基地使用权后,只可自己建房,不可将其出卖、出租,也不可抵押,有地上建筑物的,也只能在本集体经济组织内部成员之间抵押流转。因此,各地在宅基地使用权抵押流转试点的讨程中,都相应地存在下列问题需要解决:

(一)宅基地使用权抵押流转法律制度的困境

现行法律法规规定农村房屋可以抵押,但是房屋下的宅基地使用权是禁止抵押的。这导致在农村房屋抵押流转实践中出现了诸多矛盾冲突。而目前我国现行的宅基地使用权流转制度有关的法律法规冲突主要表现在以下几个

---

① 陈霄:《农村宅基地利用与抵押调查研究——基于重庆市不同区域农户的问卷分析》,《西部论坛》2010 年第 3 期。

② 解安宁、刘芳兵、曹天天:《农村宅基地使用权流转模式创新研究——以"天津模式"与"重庆模式"为视角》,《法制与社会》2010 年 9 月。

方面:①宅基地使用权流转是有法律依据的。《宪法》第十条规定:"任何组织和个人不得侵占、买卖或者以其他形式非法转让土地;土地的使用权可以依照法律的规定转让。"该条规定土地的使用权是可以转让的。《物权法》第一百五十三条规定:"宅基地使用权的取得、行使和转让,适用土地管理法等法律和国家有关规定。"《土地管理法》第六十二条规定宅基地上的住房是可以出卖出租的,只是对出卖、出租房屋后再申请宅基地作了限制。②宅基地上农村房屋买卖主体的限制规定。1999年《国务院办公厅关于加强土地转让管理严禁炒卖土地的通知》规定:"农民的住宅不得向城市居民出售,也不得批准城市居民占用农民集体土地建住宅,有关部门不得为违法建造和购买的住宅发放土地使用证和房产证。"2004年国土资源部发布《关于加强农村宅基地管理的意见》第十三条明确规定:"严禁城镇居民在农村购置宅基地,严禁为城镇居民在农村购买和违法建造的住宅发放土地使用证。"上述规定了买卖农村房屋的主体只能是农村集体经济组织的成员。③宅基地上房屋抵押流转及宅基地使用权抵押流转的规定。《担保法》第三十四条规定:"抵押人所有的房屋和其他地上附着物可以抵押。"第三十七条又规定:"耕地、宅基地、自留地、自留山等集体所有的土地使用权不得抵押。"《物权法》第一百八十条规定:"建筑物和其他土地附着物、建设用地使用权可以抵押。"第一百八十四条又规定:"下列财产不得抵押:(一)土地所有权;(二)耕地、宅基地、自留地、自留山等集体所有的土地使用权,但法律规定可以抵押的除外。"而《城市房地产管理法》第三十一条规定:"房地产转让抵押时,房屋的所有权和该房屋占用范围内的土地使用权同时转让、抵押。"这是"地随房走"原则。上述法律规定农村村民的房屋属于抵押财产的范畴,可以作为抵押权的标的物;但是法律又禁止将农村宅基地等集体所有的土地使用权予以抵押。这样一来,如果农民以房屋作为抵押,实现抵押权时,新的房屋受让人将不能同时取得房屋所及范围内的宅基地使用权,导致地房分开,可实际上农村房屋是宅基地上的附着物,二者是不可分的。④宅基地使用权抵押流转的政策性规定。1997年中共中央、国务院颁布的《中共中央 国务院关于进一步加强农村集体土地管理的通知》指出:"用于非农业建设的土地,因与本集体以外的单位和个人转让、出租、抵押附着物而发生土地使用权交易的,应依法严格审批,要注意保护农民的利益。"这里明确了地上附着物抵押而发生土地使用权转移的应当审批。《国务院关于深化改革严格土地管理的规定》(国发〔2004〕28 号)提出,"在符合规划的前提下,村庄、集镇、建制镇中的农民集体所有建设用地使用权可以依法流转"。这些是农村建设用地使用权抵押流转的法规政策依据。2010 年中国人民银行、中国银行业监督管理委员会、中国证监会、中国保监会联合下发了《关于加快推进农村金融产品和服务方式创新的指导意见》明确指出,支持有条件的地方金融机构配合当地党政部门推动农村土地承包经营权的流转和农用地制度改革,探索开展农村土地承包经营权和宅基地使用权抵押贷款试点。综上,目前就宅基地使用权抵押流转的规定,存在政策规范与法律规则矛盾、行政管制和司法裁判的冲突。

(二)宅基地使用权登记权属不明晰

根据物权法的原理,不动产物权的公示为登记,未经登记的不动产不产生法律效力或不能对抗善意第三人,《土地管理法》第十一条规定:"农民集体所有的土地依法用于非农业建设的,由县级人民政府登记造册,核发证书,确认建设用地使用权。"由此可见,我国对宅基地使用权归属是以行政部门颁发的宅基地使用权证书为准。目前,农村宅基地的确权和地上房屋的确权存在几种现象:房屋产权证和宅基地使用权证都具备;只有宅基地使用权证的;只有房屋产权证的;两种证书都不具备的。一直以来,我国在农村土地上都实行使用权与所有权的分离机制。宅基地使用权证和宅基地上房屋是两个不动产,而我国法律并没有规定对宅基地上农村房屋的权属要进行确认登记。如果农民要证明该房屋所有权归自己所有,合法有效的凭证又是什么呢?就目前混乱的宅基地使用权登记机制,即使可以实施宅基地使用权的抵押,很多农民也往往因没有权属登记证书而无法实施抵押。

(三)宅基地使用权抵押过程中的主体不明

宅基地使用权抵押过程中存在抵押人主体(宅基地使用权主体)、抵押权人主体(接收宅基地使用权抵押的主体)。《土地管理法》规定了农村村民一户只能拥有一处宅基地,其宅基地的面积不得超过省、自治区、直辖市规定的标准。农村村民出卖、出租房屋后,再申请宅基地的不予批准。实行"一户一宅"制度。宅基地使用权的主体一般为户主,那么行使抵押权时,谁是抵押人,谁有权力决定宅基地使用权的抵押呢? 是户主还是家庭某成员或者是全体家庭成员,这些都存在争论与疑问。而抵押权人主体,目前实践中主要有农业银行、农村合作银行等金融机构,那么本集体经济组织内的成员能否成为抵押权人呢? 对于本集体经济组织外的成员能否成为抵押权人也没有定论。

(四)宅基地使用权抵押权实现困难

农村村民一户一宅以及出卖、出租住房后,不准再申请宅基地的制度、以及严禁城镇居民在农村购置宅基地及违法建造的住宅的制度、农村的住宅不得向城市居民出售,也不得批准城市居民在农民集体土地建住宅的规定,导致抵押权实现的难度增加。农村房屋抵押只能在农村村民之间实现,在农村居民与城镇居民之间是无从实现的。因此,当抵押权人在处理抵押物时,只能处理给抵押物的本集体经济组织的成员,而本集体成员在接受抵押物时将只能得到房屋的所有权,对于宅基地使用权要受到一户一宅的限制。而抵押权这样实现又与地随房走的原则冲突。由此可见,抵押权人在实现抵押权时,如果没有合理的保障机制,对农户房屋的抵押权受到很大限制。

(五)宅基地使用权抵押评估机制缺乏

价值评估是产权认证的前提,但农村房屋资产价值估的复杂程度要远远高于城市商品房。农村房屋难以评估的原因有这几方面:一是农村房屋地理位置比较复杂,差异很大;二是农村房屋样式各异、建筑材料各有不同,装修风格差异很大;三是农村房屋建房过程缺乏资料记录,致使建房费用确认难度较大。对农村宅基地的评估基本没有,因为法律规定农村房屋可以流转而宅基地使用权禁止流转,各地即使有对农村房屋进行评估的机构,但是基本没有对宅基地使用权进行评估的机构。当前将农村房屋和宅基地使用权分开评估的方式,无法确定农村房屋的具体价值,不利于农村房屋的流转。

(六)缺乏风险保障机制

宅基地使用权是农民建造房屋的基础,具有生产资料和生存保险的双重职能。就目前各地宅基地使用权抵押情况而言,主要集中为抵押融资方面。

宅基地抵押贷款的范围较窄,但是一旦放开宅基地抵押贷款,扩大贷款范围,农民利用宅基地使用权抵押的数额将大幅增加,同时风险也增加。风险主要表现在两方面:一是农业抵御自然灾害的能力弱,现阶段农业保险业务尚未全面展开,如遇到较大的自然灾害或市场因素影响,易导致农民经济受损,失去偿债能力,最易导致农民生存困难;二是金融机构的风险,若放开宅基地使用权抵押贷款业务,可能给金融机构带来不可预知的风险。

第六节　宅基地使用权的消灭

一、宅基地使用权消灭的事由

(一)宅基地因自然原因而消失

宅基地因自然原因而消失,使宅基地使用权失去标的物而失去目的、意义,应当归于消灭。

(二)宅基地被征收

宅基地因公共利益的需要而被征收导致宅基地使用权消灭;或因商业利益的需要而转化为建设用地,也要通过征收的方式消灭宅基地及其权利。于此场合,宅基地使用权失去标的物而失去目的、意义,应当归于消灭。

(三)不按批准的用途使用宅基地,宅基地使用权被依法收回

不按批准的用途使用宅基地,如在宅基地上兴办企业、建造商品房等,与宅基地使用权的目的及功能背道而驰,严重违法,本集体经济组织可依法收回宅基地。于此场合,宅基地使用权消灭。

(四)宅基地长期闲置

适时利用宅基地建造住宅及其附属设施,既是物尽其用的表现,也是农民安身立命的需要。宅基地使用权人有意长期闲置宅基地,可比照《确定土地所有权和使用权的若干规定》第五十二条关于"空闲或房屋坍塌、拆除两年以上未恢复使用的宅基地,不确定土地使用权。已经确定使用权的,由集体报经县级人民政府批准,注销其土地登记,土地由集体收回"的规定处理,本集体

经济组织将宅基地收回。

（五）宅基地使用权人不复存在

占有宅基地的农户因家庭成员全部死亡或因举家迁移城镇等原因而不复存在,宅基地使用权因无主体而归于消灭。

最后,必须指出,宅基地使用权绝对消灭,原无登记的,在内外关系上均可主张宅基地使用权业已消灭;原已登记的,应当及时办理注销登记。若未办理注销登记,对于宅基地的所有权人和登记机关,不得主张宅基地使用权;但对于交易相对人则不得以宅基地使用权业已消灭予以对抗。宅基地使用权相对消灭(如因出卖宅基地上的房屋而导致宅基地使用权移转的),原已登记的,应当及时办理变更登记。若未办理变更登记,受让人对转让人可以主张自己享有宅基地使用权,但对于第三人无权以宅基地使用权人的身份抗辩。

二、宅基地使用权消灭的法律后果

宅基地使用权绝对消灭的,地上住宅及其附属设施的所有权转归宅基地所有权人享有。

宅基地使用权因自然灾害等原因而绝对消灭场合,失去宅基地的村民有权重新获得宅基地使用权。

第十二章　地役权

　　地役权制度最早起源于罗马法,其出自拉丁语"servitu",[1]最早与土地利用不可分离。在罗马法中,地役权分为田野地役权和都市地役权。罗马法以后,在大陆法系国家的立法中,均把地役权视为一种他物权,一种最基本的用益物权;在英美法系中,地役权被认为是权利人对他人土地的权利,但地役权区别于地权,被称为非地权利益。[2] 我国近代变法修律时,在《大清民律草案》中便规定了地役权。[3] 随着我国市场经济的发展,为了更有效率地利用有限的自然资源,促进资源的优化配置,需要采纳地役权这一用益物权制度,《物权法》第十四章专章规定了地役权制度。它的基本功能是调整不同土地所有者之间因共同利用各自土地而产生的权利义务关系,以使在相邻土地归属于不同主体的情况下,使需要借助他人土地的便利才能利用自己土地的人,得以顺利利用自己的土地。

第一节　地役权概述

　　现代社会,随着对物利用程度的提高、利用方式的多样化,地役权的内容日渐丰富,适用的范围也不断扩张。[4] 在概念上,地役权一般是指利用自己的

---

　　① 参见张鹏:《役权的历史渊源与现代价值定位》,载梁慧星主编:《民商法论丛》第18卷,金桥文化出版(香港)有限公司2001年版,第421页。

　　② 阮明光、林振通:《刍议物权法中的地役权》,见 www.chinacourt.org/article/detail/2007/05/id/248602.shtml,2015年3月5日访问。

　　③ 王利明:《物权法研究》下卷,中国人民大学出版社2013年版,第970页。

　　④ 参见王泽鉴:《民法物权·用益物权·占有》,中国政法大学出版社2001年版,第75页。

土地而不得不役使他人土地而产生的权利。而根据《物权法》的规定,地役权人按照合同约定,可利用他人的不动产,以提高自己的不动产的效益所享有的用益物权。此处不动产,在实践中也主要指土地,可称之为供役地;自己的不动产,可称之为需役地。供役地的权利人,为供役人;需役地的权利人,是需役人,或地役权人。

一、地役权的概念解析

所谓地役权,是以他人不动产供自己的不动产便利之用的权利,因此是限制他人不动产所有权的行使,以方便自己不动产的利用,提高自己不动产价值的权利。举例而言,甲所享有的建设用地使用权与乙地相邻,甲为了走近道节省通行时间,与乙达成协议,并经过登记在乙地之上设立通行地役权,在乙地之上设置了负担,从而增加了甲地的价值。在地役权关系中,供役地和需役地之间在地理位置上并不一定相连,即使不相连和相距较远,也可成立地役权。

地役权是最为古老的用益物权类型,在古罗马时代已经存在。因而,在我国物权法制定过程中,是否应当继续采纳地役权的概念,学者对此也存在不同的看法。最终,我国《物权法》还是借鉴了大陆法系国家的立法经验,采用了"地役权"的概念。究其原因,主要为以下两点。首先,从古罗马到现代,各国民法普遍采用了"地役权"的概念。我国近代变法修律时,在《大清民律草案》中便规定了地役权。地役权毕竟是大陆法传统的概念,其用语也比较精确。①其次,这一称为较谓准确地概括了不动产权利人利用他人不动产的财产利用方式,地役权也不一定是只能在相邻的土地中才能产生。②

从性质上看,地役权属于一种较为独特的他物权,其主要是通过合同约定的方式利用他人的不动产,但这种利用又与建设用地使用权、土地承包经营权等其他用益物权相区别。地役权人为了满足需役地的需要,可以对供役地进

---

① 大陆法系国家和地区几乎都规定了地役权制度,如《日本民法典》第二百八十条也规定:"地役权人,依设定行为所定的目的,有以他人土地供自己土地便宜之用的权利。"我国台湾地区"民法"第八百五十一条规定:"称地役权者,谓以他人土地供自己土地便宜之用之权。"

② 参见王泽鉴:《民法物权·用益物权·占有》,中国政法大学出版社2001年版,第75页。

行各种方式的利用。① 简言之,其特征表现为:①地役权属于他物权,具有物权的对世特征;②地役权不能脱离特定不动产而存在,其服务于特定不动产,不能独立转让、抵押和处分;③设定地役权的目的,在于为自己的不动产利用提供便利,以增进自己不动产的利用效益与价值。地役权则以供役地的物质使用为目的,②对供役地为具体性的直接利用,或在供役地上通行,或在供役地上铺设管线,或在供役地上排水,等等。

二、地役权的性质解析

地役权属于用益物权范畴,是一种独立于建设用地使用权、土地承包经营权、宅基地使用权之外的一种特殊的不动产利用方式。其法律性质具体而言为如下几点:

(一)地役权的内容可由供役权人和需役权人意定

按照物权法定原则,物权的内容必须由法律规定。就地役权而言,法律虽然规定了地役权的基本内容,但是有关地役权的具体内容主要是通过当事人约定来确定。这就是说,法律只是规定了地役权是利用供役地的权利,但是,究竟如何利用、选择何种利用方式、利用的期限如何、对价如何等,都可以由当事人通过合同来约定。物权法之所以强调地役权内容的意定性,一方面是希望供役权人和需役权人根据具体情况来约定不动产的利用方式。另一方面,地役权的利用不是为了维护基本生存利益,而是为了提高不动产的效益,因此,也没有必要由法律强行作出规定。正是从这个意义上说,一些学者认为,地役权是某人在他人土地之上的一种利益。③ 也有学者认为,地役权是一种"类型法定、内容意定"的权利,或者说是一种宏观法定、微观意定的用益物权。④ 当然,当事人的约定必须合法,不得违法公序良俗,否则将导致地役

①　参见梅夏英、高圣平:《物权法教程》,中国人民大学出版社 2007 年版,第 293 页。

②　[日]我妻荣:《日本物权法》,有泉亨修订,李宜芬校订,五南图书出版公司 1999 年版,第 380 页。

③　See Barlow Burke and Joseph A.Snoe, *Property* ,Aspen Law & Business,2001,p.5.

④　参见潘新美:《地役权制度与物权法之生命》,《甘肃政法学院学报》2003 年第 3 期。

的设定无效。

【案例 12.1】原告李某诉被告 A 公司地役权纠纷案[①]

2008 年 12 月 4 日,被告 A 公司与原告李某达成协议。双方约定:"①将双方建筑房屋间距最近调整为 18.0 米,从原告方房屋底层墙体计算,被告方建筑物靠原告方房屋最近处计算房屋间距。②调整现有的 3 号楼设计,严格按设计规范施工、楼层 6F+1、屋檐高度不超过 21.6 米,同时将 3 号楼房屋的女儿墙、构架等取消,改为平坡屋面。③谁违约谁承担违约责任,向对方赔偿。如果被告方没有按照以上第①、②条的协调意见,房屋间距差 0.5 米就赔偿原告方人民币 50 万元钱,按此比例推算。3 号楼高度超过 0.5 米,赔偿原告方人民币 50 万元钱,按此比例推算。④按照以上第①、②条协调意见,原告方不得再提出其他要求,否则必须承担违约责任,向被告方赔偿同等违约金。"此后,双方因上述协议的履行问题发生争议,原告将被告诉至法院要求被告支付违约金,被告认为违约金不成立,且主张即使成立也过高。经司法鉴定中心鉴定:"3 号楼高度为 23.7 米(未含女儿墙高 1.39 米),其与原告李某住宅墙体最小间距为 15.75 米。故被告 A 公司确未按约履行。对此,法院认为,地役权是越出法律赋予当事人的当然权益的范围之外,基于需役地人的意思,即更好地利用需役地,而使他人供役地上额外增加的负担。因此,地役权是基于契约而生,违反契约约定则要承担违约责任。

(二)地役权设定目的在于自己不动产之利用便宜

地役权的目的在于增进自己不动产的利用效益。学说观点往往称其为为自己不动产便宜之用,以增进自己不动产的价值。设定地役权的目的在于提高需役地的效益,否则就没有必要设立地役权。[②] 所谓便宜,系便利、利益的意

---

① 唐业继、王力:《地役权应当在合同约定范围内履行》,见 hubeigy. chinacourt. org/public/detail. php? id=18603,2015 年 1 月 5 日访问。

② 参见陈华彬:《物权法原理》,国家行政学院出版社 1998 年版,第 541 页。

思。① 此种便宜不仅仅限于有财产价值或经济上的利益,具有情感上或精神上的利益也包括在内。前者如以他人土地供自己土地通行之用而设立通行地役权,后者如为需役地的美观舒适而设立眺望地役权。我国《物权法》使用的术语是"效益"而非"便宜",二者实际所指的内容相同。② 还有,需要说明的是,此项便宜,只要当事人愿意设立,就无须根据客观上实际情况进行评价。易言之,只要当事人认为其将享有便宜并希望设立地役权,纵使客观上并非实际存在便宜,相关地役权也可根据供役权人和需役权人的合意成立,除非它违反了法律、行政法规的强制性规定,或违背了公序良俗原则。

(三)地役权的产生需从属于他人不动产或不动产权利

地役权的存续以需役地的存在为前提,与需役地的所有权或其他不动产物权同其命运,与抵押权、质权或留置权从属于主债权而存在的情形相仿。③

首先,地役权来源于罗马法,地役权离不开需役地是罗马法以来的通说。④《法学阶梯》规定:地役权等役权之所以被称为对不动产的役权,乃因为没有不动产它们就不可能设立。事实上,任何人,除非他有不动产,都不能获得对都市或乡村不动产的役权;任何人,除非他拥有不动产,也不会对都市或乡村不动产役权承担义务。⑤ 随着社会的发展演进,可以设立地役权的客体虽然仍只能是不动产,但不仅限于土地。其可以是一宗土地,或一宗土地及地上建筑物、构筑物及其附属设施;也可以是一宗土地的特定部分。⑥ 该不动产既可以是他人所有的不动产,也可以是他人基于不动产上所设立的他物权而

---

① [日]三潴信三:《物权法提要》上、下卷,孙芳译,韦浩点校,中国政法大学出版社 2005 年版,第 130 页。

② 胡康生主编:《中华人民共和国物权法释义》,法律出版社 2007 年版,第 344 页;王利明、尹飞、程啸:《中国物权法教程》,人民法院出版社 2007 年版,403 页。

③ 谢在全:《民法物权论》中册,中国政法大学出版社修订 5 版,第 200 页;王泽鉴:《民法物权·用益物权·占有》总第 2 册,中国政法大学出版社 2001 年版,第 81 页。

④ 参见[日]三潴信三:《物权法提要》上、下卷,孙芳译,韦浩点校,中国政法大学出版社 2005 年版,第 129 页。

⑤ [古罗马]优士丁尼:《法学阶梯》,徐国栋译,阿贝特鲁奇、纪蔚民校,中国政法大学出版社 2005 年版,第 140—141 页。

⑥ 参见谢在全:《民法物权论》中册,中国政法大学出版社修订 5 版,第 183 页;[德]鲍尔、施蒂尔纳:《德国物权法》上册,张双根译,法律出版社 2004 年版,第 714 页。

能够使用的不动产,如建设用地使用权人占有的建设用地、土地承包经营权人占有的承包地、宅基地使用权人占有的宅基地等。① 并有观点认为,建设用地使用权人、宅基地使用权人、土地承包经营权人等何以有权在他人所有的土地上为需役地人设立地役权,可以解释为土地所有权人已经向建设用地使用权人等用益物权人授予了设立地役权的权利。此外,也有观点认为,地役权的客体为土地时,不限于地表,也可以是地下空间或地上空间,后者即所谓区分地役权,属于空间权的一种。②

【案例 12.2】原告黄某、沈某诉旅游公司、物业公司排除妨碍纠纷案③

2006 年 5 月 12 日,物业公司与旅游公司签订协议 1 份,约定旅游公司向物业公司租赁由物业公司受托管理的东方银座 4 楼裙房部分屋顶作为广告门头宣传牌,租赁费用为每年 5 万元。另该协议第十一条约定,"若 5 楼或 6 楼业主对旅游公司在其所在女儿墙上方做的广告牌影响其采光等而产生的纠纷,物业公司负责协调,旅游公司承担由其安装广告牌对业主造成的损失"。2006 年 6 月 18 日,旅游公司在其公司营业所在地、东方银座四楼 401 室女儿墙上方竖立起字号牌;同年 6 月 26 日,原告黄某、沈某向旅游公司发出"申明"1 份,言明旅游公司将广告牌竖立于其房屋落地玻璃前,挡住正常对外空间视线,要求旅游公司于一周内拆除广告牌。2006 年 6 月 29 日,旅游公司发出"回复申明"1 份,言明其所竖立的广告牌不存在上述影响,且其行为合法、合情、合理,对原告沈某的要求不予接受。此后,原告黄某、沈某以旅游公司、物业公司为被告诉至法院,主张两被告在未经任何授权的情况下擅自使用归全体业主所有的屋面为

---

① 王利明、尹飞、程啸:《中国物权法教程》,人民法院出版社 2007 年版,第 401 页。

② 参见[日]筱缘昭次:《空中权、地中权的法理——围绕土地的新利用形态》,载有斐阁:《法学家·临时增刊·土地问题》1971 年 4 月 10 日;崔建远:《土地上的权利群研究》,法律出版社 2004 年版,第 234—238 页;梁慧星主编:《中国物权法研究》下,法律出版社 1998 年版,第 759 页;王利明、尹飞、程啸:《中国物权法教程》,人民法院出版社 2007 年版,第 400 页。

③ 参见(2007)新民一初字第 0695 号民事判决书,http://www.pkulaw.cn/case/Payz_117681183.html,2015 年 4 月 5 日访问。

己谋私利,属侵权行为并严重损害其合法利益,故要求两被告立即拆除广告牌以排除妨碍并恢复原状。法院认为,根据建筑物区分所有权理论,该屋面及外墙当属东方银座全体业主共有和共同管理。旅游公司在东方银座的共用部分上设定专用使用权,除依法取得行政许可外,应当得到全体区分所有权人共同表示方可。本案中,物业公司依委托及业主的授权,对东方银座共有部分出租于旅游公司设立字号牌属其合乎约定的管理行为。

其次,法律设置地役权制度,不在于调节不动产的所有,而在于调节不动产的利用。根据《物权法》第一百五十六条的规定,只能在他人不动产上设立地役权,而不能在自己的不动产上设立地役权,因为不动产权利人可以对相关不动产依法利用,故在通常的情况下不动产权利人没有在其可依法利用的不动产上设立地役权的必要。

最后,地役权基于供役地和需役地这一组关系而存在。这是地役权不同于土地承包经营权、建设用地使用权、宅基地使用权等用益物权之处,也是地役权从属性产生的原因。在实务中,供役地和需役地时常彼此相邻,不过,由于地役权的目的在于发挥自己不动产的效益,需役地和供役地相距较远亦无关系。

(四)地役权的内容原则上为供役人之不作为义务

供役人承担的义务是地役权的重要内容。此类义务原则上表现为供役人容忍地役权人的积极行为,如通行、排水等,以及不对供役地进行一定的使用,如不建造妨碍其他建筑物的权利人眺望、日照的建筑物等。理论上,地役权不得以供役人的作为为内容。① 不过,也有学者主张,由于地役权的本质是调节两项不动产的使用,这就难免需要设置与修缮某些设备。在这种情况下,由供

---

① 参见[德]鲍尔、施蒂尔纳:《德国物权法》上册,张双根译,法律出版社2004年版,第720—721页;[日]我妻荣:《日本物权法》,有泉亨修订,李宜芬校订,五南图书出版公司1999年版,第377页;[日]田山辉明:《物权法》,陆庆胜译,齐乃宽、李康民审校,法律出版社2001年版,第207页。

役人承担类似必要设备的设置与修缮的附带行为的义务,作为地役权的内容,也是可以成立的。① 如果使供役人负担某些以作为内容的附随义务,可依合同约定或依法律规定而达到目的。

（五）地役权物权在移转时具有从属性

《德国民法典》将地役权视为需役地的构成部分,《瑞士民法典》也是如此看待的。② 成分,属于物的构成部分,脱离该物便无所谓成分;地役权作为需役地的成分,自然无法脱离需役地而单独存在。故而,需役地的权利人不得自己保留对于需役地其他权利的情况下,而将地役权单独转让给他人。我国《物权法》第一百六十四条规定:"地役权不得单独转让。土地承包经营权、建设用地使用权等转让的,地役权一并转让,但合同另有约定的除外。"地役权人违反该条关于"地役权不得单独转让"的规定,地役权的转让无效,受让人不能取得地役权。地役权人违反该条关于"土地承包经营权、建设用地使用权等转让的,地役权一并转让"的规定,以合同特约"地役权不随同土地承包经营权、建设用地使用权等权利的转让而转让"的,在地役权系土地所有权人以其土地作为需役地而设立的情况下,因土地所有权没有移转,需役地仍然存在,土地所有权人保留其地役权的约定没有违反地役权从属于需役地的性质,故该约定应当有效;但是,如果地役权系土地承包经营权人、建设用地使用权人或宅基地使用权人为其承包地、建设用地或宅基地的便宜而设立的场合,土地承包经营权、建设用地使用权或宅基地使用权转让,当事人以合同特约地役权不随之转让,则违反了地役权从属于需役地的固有性质,应当归于无效。

地役权移转时的从属性还表现为,在土地承包经营权人、建设用地使用权人或宅基地使用权人以其承包地、建设用地或宅基地作为需役地而设立地役权的场合,按照《物权法》第一百六十一条的规定,当事人约定的地役权的期

---

① 参见[日]我妻荣:《日本物权法》,有泉亨修订,李宜芬校订,五南图书出版公司1999年版,第377页;[日]田山辉明:《物权法》,陆庆胜译,齐乃宽、李康民审校,法律出版社2001年版,第207页。

② [日]三潴信三:《物权法提要》上、下卷,孙芳译,韦浩点校,中国政法大学出版社2005年版,第132页。

限不得超过土地承包经营权、建设用地使用权等用益物权的剩余期限。因为土地承包经营权、建设用地使用权等用益物权的存续期限届满,用益物权归于消灭,承包地、建设用地或宅基地不再是需役地,地役权因无须役地而归于消灭。应当指出,《物权法》第一百六十一条规定,不应适用于土地所有权人以其土地作为需役地而设立地役权,以及以建筑物、构筑物及其附属设施作为需役地而设立地役权的场合。因为于此场合土地承包经营权等用益物权因存续期限届满而消灭时,需役地依然存在,不动产所有权人和供役人约定的地役权存续期限长于土地承包经营权等用益物权的存续期限,也不妨碍地役权的目的及效能。此外,地役权不得由需役地分离而为其他权利的标的物。这在我国《物权法》第一百六十五条上有所规定,即"地役权不得单独抵押。土地承包经营权、建设用地使用权等抵押的,在实现抵押权时,地役权一并转让"。地役权的相对独立性还表现为,需役地的所有权消灭,地役权因无法取得需役地的便宜而归于消失。

(六)地役权具有享有或负担上的不可分性

需役地或供役地无论是地役权设立前为共有,还是地役权设立后为共有,地役权归需役地的共有人共同享有,由供役地的共有人共同负担;而非归需役地的共有人分别享有,亦非由供役地的共有人分别负担。[1] 需役地被分割的,其地役权为各部分的利益继续存在。例如,甲乙共享土地承包经营权的需役地,就丙的供役地设立排水地役权。其后,需役地的土地承包经营权被分割为两项独立的权利,甲乙各享有一项,排水地役权仍为该两宗承包地及其经营权的利益而存在,即甲乙均可继续为其承包地及其经营权的便宜而享有前述排水地役权。如果甲将其土地承包经营权转让给了丁,乙继续保有其土地承包经营权,则乙和丁有权为其承包地及其经营权的便宜而享有该排水地役权。[2]

---

[1] 谢在全:《民法物权论》中册,中国政法大学出版社修订5版,第203页。

[2] 参见谢在全:《民法物权论》中册,中国政法大学出版社修订5版,第204页;王泽鉴:《民法物权·用益物权·占有》总第2册,中国政法大学出版社2001年版,第83页;梁慧星、陈华彬:《物权法》第4版,法律出版社2007年版,第291页;王利明、尹飞、程啸:《中国物权法教程》,人民法院出版社2007年版,第407页。

在供役地被分割的情况下,地役权就其各部分继续存在。例如,甲乙共享土地承包经营权的供役地,存在为丙的需役地设立的通行地役权。其后,该供役地被分割,甲乙各享有一项土地承包经营权,前述地役权继续存在于甲乙各享有的承包地之上。①

我国《物权法》关于"供役地以及供役地上的土地承包经营权、建设用地使用权部分转让时,转让部分涉及地役权的,地役权对受让人具有约束力"的规定,已经承认了地役权在负担上的不可分性。为使该条规定的适用更加合理,不妨将所谓"转让部分涉及地役权的"解释为含有"如果地役权的行使,依其性质只关于供役地的一部分的,地役权仅对该部分继续存在"之意。

三、地役权与其他概念的辨析

(一)地役权与相邻关系

自罗马法以来,大陆法系各国民法大多严格区分了地役权和相邻权。在罗马法中,对所有权的私法限制集中表现在相邻关系上,因而相邻权并非一种物权。而地役权尽管也是对他人物上的负担,从这个意义上讲,它也是对他人权利的限制,但其本质上是一种独立的物权。尤其是随着登记制度的发展,地役权也可以通过登记的方式进行公示,在此情况下,地役权与相邻关系在性质上的区分日益明显。罗马法的模式对大陆法的物权法制度产生了重大的影响,到了19世纪之后,罗马法中有关役权的理论以及种类划分被欧洲大陆各国普遍接受。② 甚至英国法也接受了地役权的概念。但大陆法系各国物权法基于本国的国情以及法律文化传统,对罗马法借鉴也不完全相同,因此形成了两种不同的制度模式:一是合并立法模式,此种模式的特点是将相邻关系纳入地役权的范围来调整。在此种模式下,相邻权被称为法定地役权。欧洲中世

---

① 参见谢在全:《民法物权论》中册,中国政法大学出版社修订5版,第204页;王泽鉴:《民法物权·用益物权·占有》总第2册,中国政法大学出版社2001年版,第83页;梁慧星、陈华彬:《物权法》第4版,法律出版社2007年版,第291页;王利明、尹飞、程啸:《中国物权法教程》,人民法院出版社2007年版,第407页。

② Helmut Coing, *Europäisches Privatrecht*, Band Ⅱ, 1989, S.404.

纪时代采取了此种做法。合并立法模式后来被法国法系各国民法所继受。例如,《法国民法典》既规定了约定地役权,也规定了法定地役权。① 在《法国民法典》中,并没有对相邻关系做专门的规定。《法国民法典》第六百三十七条首先规定了役权的概念,即"役权是指,为属于另一所有权人的不动产的使用与便宜而对另一不动产所加的一种负担"。从其内涵来看,该条就是对地役权的规定。而《法国民法典》第六百三十九条则对役权发生的原因进行了规定,"役权的发生,或者因场所的自然位置,或者因法律强制规定的义务,或者因诸所有权人之间的约定"。从该条规定的三种形态来看,所谓因法律强制规定的义务而产生的役权,即法定役权,就是属于典型的相邻关系。② 《意大利民法典》也采取了此种模式,该法典中的地役权包括"强制地役权""任意地役权"和"时效取得地役权"等,其中强制地役权就是我们所说的相邻关系。此外,《俄罗斯民法典》也采纳了这种做法。③ 二是分别立法模式,此种模式的特点是区分相邻关系和地役权,此种模式主要以德国民法为代表。《德国民法典》区分了相邻关系和地役权,该法典第三章"所有权"第一节"所有权的内容"中对相邻关系进行了规定,并以此作为对所有权内容的限制,又被称为基于民法所产生的限制。④ 该法典第一次在法律上明确区分了地役权和相邻关系。在《德国民法典》上,地役权只能通过法律行为来设立,即双方当事人必须达成设定地役权的合意并在不动产登记簿上进行登记。德国民法中的地役权主要包括通行权、提供供给的权利等。此外,地役权还可以被用于调整企业之间烟气等的排放以及限制营业竞争方面。此种模式也为《日本民法典》和我国台湾地区"民法"所继受。

在《物权法》颁布之前,我国 1986 年《民法通则》第五章第一节规定了相

---

① 在法国民法典起草时,立法者即计划用地役权制度来解决不动产相邻关系问题。参见陈华彬:《法国近邻妨害问题研究》,载梁慧星主编:《民商法论丛》第 5 卷,法律出版社 1996 年版。

② 参见《法国民法典》上册,罗结珍译,法律出版社 2005 年版,第 509 页。

③ 参见《俄罗斯民法典》第二百七十四条。

④ 参见[德]鲍尔、施蒂尔纳:《德国物权法》上册,张双根译,法律出版社 2004 年版,第 524 页。

邻关系制度,该法第八十三条规定:"不动产的相邻各方,应当按照有利生产、方便生活、团结互助、公平合理的精神,正确处理截水、排水、通行、通风、采光等方面的相邻关系。给相邻方造成妨碍或者损失的,应当停止侵害,排除妨碍,赔偿损失。"这一规定虽然比较简单,只规定了相邻关系的几种形态以及处理的基本原则,但该规定涵盖的范围相当宽泛。由于在《民法通则》制定过程中,没有对地役权做专门规定,地役权制度就成为法律的空白,因而在许多情况下,汲水、采光、通行等实质上属于地役权的内容,要么通过合同法进行调整,要么由相邻关系法律规则进行调整。如此处理虽然操作起来较为简便,但也存在很大局限:一方面,纳入《合同法》调整,会受到合同相对性规则的限制,权利人不能享有稳定的财产性权利;另一方面,纳入相邻关系调整又显得十分僵化,不利于通过意思自治的方式来妥当设定当事人的权利义务关系。随着社会经济生活的发展,这种通过法定的相邻关系规则来调整约定产生的地役权的模式,已经不再适应社会的发展和需要。① 地役权所具有的意定性有助于当事人根据实际情况最有效率地利用自然资源,有助于赋予当事人更大的意思自治空间。尤其是随着市场经济的发展,对土地的利用越来越多元化,即有的用益物权类型难以满足实际需要,这就需要通过地役权这种具有较大弹性的物权类型来弥补既有用益物权体系的缺陷。② 我国《物权法》实际上借鉴德国民法的立法模式,分别规定了相邻关系和地役权。相邻关系规则被规定在《物权法》的所有权之中,而地役权则作为用益物权的内容加以规定,且在地役权中我国《物权法》也没有承认所谓法定地役权。我国《物权法》采纳此种模式,完善了用益物权的体系。

分析我国《物权法》的有关规定,地役权和相邻关系具有相同点,如二者都调节不动产的利用,均限制着一方主体的不动产所有权及使用权,都可以有通行、排水、用水、管线设置、采光等类型,等等。同时,二者也具有如下不

---

① 参见尹飞:《地役权》,载王利明等:《中国物权法教程》,人民法院出版社 2007 年版,第405 页。

② 参见张鹏:《役权的历史渊源与现代价值定位》,载梁慧星主编:《民商法论丛》第 18 卷,金桥文化出版(香港)有限公司 2001 年版,第 454 页。

同点：

首先,地役权是基于当事人的约定设立的,相邻关系基于法律的直接规定存在。所以,对于地役权,规定了以登记作为公示方式,且具有对抗善意第三人的效力;而对于相邻关系,则无登记的必要,因为作为所有权的限制,相邻关系已经成为所有权及有关不动产物权的内容,只要所有权公示即可。在地役权移转上,也需要通过合同方式;而在相邻关系上,基于相邻关系而产生的权利的移转,并不需要通过合同方式,而是通过法律规定。

【案例 12.3】甲公司诉丙公司地役权纠纷案①

甲公司购得 A 土地的建设用地使用权,以"观景"为理念设计并建造高层观景商品住宅楼。该地前边有一块待建 B 土地,乙公司是建设用地使用权人,双方协议约定:乙在 5 年内不得在该处兴建高层建筑,为此甲每年向乙支付 500 万元作为补偿。一年后乙公司将待建土地建设用地使用权转让给丙公司,乙在建设用地转让时曾向丙提及其与甲之间的协议约定,但丙购得该建设用地使用权后建高层住宅。甲得知这一情况后,要求丙立即停止兴建,丙公司以其非合同当事人为由拒绝了甲公司的要求。此后,甲公司便以丙公司的建设影响其所建房屋的景观为由向法院提起相邻关系诉讼,请求法院判令丙公司停止兴建。法院在裁判中认为,该案因具有关于设定地役权的合同,而并非相邻关系纠纷,而应属于地役权纠纷,丙公司因在受让 B 土地建设用地使用权时已知地役权合同的存在,故也不应被认为属于善意第三人。

其次,地役权和相邻关系在提供便利的内容上存在区别。地役权的目的在于提高需役地的效益;而相邻关系的目的,在于调和相邻土地之间的利益,对相邻土地所有权及有关使用权进行限制,让土地所有权人及有关使用权人

---

① 参见周成:《本案属于相邻权抑或地役权纠纷》,www. chinacourt. org/article/detail/2004/11/id/139455.shtml,2015 年 1 月 3 日访问。

负担容忍的义务。相邻关系是一方基于法律的规定而为另一方所提供的通风、通行、采光、日照、铺设管线等便利。提供这些便利的方式和内容，大多都是法律直接规定的。但是，对于地役权而言，一方利用他人的不动产而使自己的不动产获得效益，究竟采取什么样的利用方式和提供便利的方式，完全是当事人双方自己约定的，法律上不做限定。在现代社会，为了有效率地利用土地等资源，当事人通过设定地役权，利用不动产和提供便利的方式越来越复杂。例如，通过他人承包的土地引水，依据相邻关系的规定，一方有义务向另一方提供便利。但一方本来可以采用水管引水的办法，为了自身的方便，引水人希望在他人的土地上挖一条水渠引水，这显然就不是向对方提出了提供最低的便利要求，而是提出了较高的要求。对另一方来说，应当允许他人通过水管等方法引水，因为提供这种便利并没有使自己遭受较大的损失。但是，其并没有法定的义务向对方提供水渠引水的方式。当事人之间就可以通过设立地役权的方式来提供此种便利。所以，笔者认为，前者属于相邻权的范畴，后者则属于地役权的内容。

再次，地役权和相邻关系存在设立是否需要登记的区别。相邻关系本质上不是一种独立的物权，而是对所有权的限制和延伸，其产生的权利义务与所有权共存，不可能单独取得或丧失，也不因相对人的意思而得丧变更，因此也就不需要办理登记。相邻关系也不可能作为独立的物权而对抗第三人，因此在法律上相邻关系不需要登记。但对地役权而言，虽然在设定上可以直接根据地役权合同而设定，但是，根据《物权法》第一百五十八条规定，当事人也可以通过登记而产生对抗第三人的效力。如果该权利不通过登记予以公示，供役地人有可能在其地上设立新的负担，极易损害第三人的利益。

复次，相邻关系强调不动产相邻，地役权不要求不动产相邻。尽管在现代民法中，由于相邻关系的适用范围扩大了，相邻的概念也可以包括两个不动产的所有人或使用人相距甚远的情况。例如，在上游和下游的用水人之间，也可以发生相邻关系，上游的用水人与下游的用水人之间在地理位置上并不一定相邻。在相邻关系情况下，要求不动产之间必须是相邻的；而在地役权情况下，则无此要求。而且地役权虽然具有从属性，却是一种独立的物权；而相邻权则不是独立的物权,只是一方的不动产所有权或其他不动产物权内容的扩张,对相邻他方的不动产所有权及有关使用权的限制。

最后,地役权的取得可以是有偿的,也可以是无偿的,究竟如何,取决于当事人双方的约定;而相邻关系则不存在有偿问题。相邻权是法律强制一方必须为另一方提供必要的便利,另一方获得这种便利并不需要支付任何代价。只有在相邻权人在利用相邻他人的不动产并给其造成损失时,才需要支付一定的费用,而且这种费用也不具有对价的性质,而只是一种补偿。[1]

【案例 12.4】王某诉李某地役权纠纷案[2]

　　原告王某承包经营 A 沙场时,曾投资修建了一段沙石路用于河沙的运输。后被告李某承包经营 A 沙场期间,为了便于河沙的运输,被告与原告协商,约定被告李某自 2007 年 12 月 1 日至 2008 年 12 月 1 日止使用原告王某投资修建的路段,使用费为 5000 元。协议签订后,被告开始使用该路。2009 年 11 月 1 日被告又与村委员会达成协议,被告租用该村的道路,由被告使用和维护,每年缴纳使用费 1800 元,有效期为 3 年,即自 2009 年 11 月 1 日起至 2012 年 10 月 31 日止。后被告通过该路段进行河沙的运输。之后,原告以被告未支付使用费为由诉至法院。法院认为,依法成立的合同,受法律保护,对当事人具有约束力,当事人应该按照约定履行自己的义务。被告李某使用原告王某投资修建的路段,理应按照约定给付道路使用费 5000 元。被告辩称其已付清 2007 年 12 月 1 日至 2008 年 12 月 1 日的道路使用费 5000 元,由于被告李某未能提供原告王某所出具的收条及其他证据予以证实,故该辩称理由本院不予采纳。原告要求被告给付 2009 年至今的道路使用费 20000 元,因被告李世良于 2009 年以后使用其自己维修的道路,且原告亦未能提供证据证实自己的该项主张,故原告的该项请求本院不予支持。

---

① 参见房绍坤:《物权法用益物权编》,中国人民大学出版社 2007 年版,第 261 页。

② 参见(2012)罗民初字第 269 号民事判决书,hnxyzy.chinacourt.org/public/paperview.php? id=912321,2015 年 2 月 3 日访问。

（二）地役权与建设用地使用权

就外表来看，地役权和建设用地使用权都有在他人土地上建造设施并保有所有权的目的及功能。如利用他人土地架设高压电线杆，或修建输油泵站，乃至修筑输水渠等，地役权和建设用地使用权均堪担当此任。其实，认真体会两项权利的目的及功能，会发现差异。建设用地使用权的主要的目的及功能，就在于利用他人土地建造建筑物、构筑物及其附属设施并保有所有权；而地役权的目的及功能多种多样，即使出现利用他人土地建造构筑物及其附属设施的情形，也只是辅助的或次要的目的及功能，主要目的及功能在此之外。

第一，设立方式不同。地役权的设立是通过合同的方式设立的，且不以登记为地役权的生效要件；而建设用地使用权的设立则可以采取出让或者划拨等方式来设立。例如，石油公司建造输油管道，需要设定地役权还是建设用地使用权？这首先要考虑权利人是否有必要取得建设用地使用权。此外，应当区分其是否需要登记，如果需要登记，属于建设用地使用权的设定问题；如果可以不登记，就可能属于地役权的设定。另外，如果可以通过划拨的方式取得就属于设立建设用地使用权，否则，就可能属于设立地役权。

第二，对土地的利用方式不同。地役权设立的目的主要不是为了利用供役地从事房屋建造等建设活动，而是为了获取便利。当然，为了供役地的有效利用，在必要的时候，可在供役地上修建适当的附属设施；而建设用地使用权利用土地的方式就是在土地之上从事建设。①

第三，转让方式不同。地役权具有从属性，因此不得与需役地分离而单独转让，也不得与需役地分离而作为其他权利的标的（如单独抵押）。土地承包经营权、建设用地使用权等抵押的，在实现抵押权时，地役权一并转让。但是建设用地使用权作为一种独立的用益物权，权利人有权将其单独转让、互换、出资、赠与或者抵押。

第四，权利登记的效力不同。我国《物权法》对地役权的设立没有采取登记要件主义，而采取登记对抗主义。所以，未经登记也可以设立地役权，只是

---

① 参见尹飞：《物权法·用益物权》，中国法制出版社 2005 年版，第 402 页。

不能对抗第三人。但对于建设用地使用权而言，《物权法》采纳了登记生效主义，未经登记建设用地使用权不能有效设立。

第二节　地役权制度的历史沿革

地役权，作为一种以他人土地供自己土地的方便和利益之用的权利，法制史上萌芽甚早。一般认为，自人类进入畜牧时代以后，地役权便已形成其雏形。[①]

一、罗马法中的地役权

根据学者的考证，地役权起源于罗马法，在公元前三世纪或二世纪左右已经形成。从学说汇纂中的一些片段来看，前古典的法学家曾讨论过地役权。[②]在罗马法上，与地役权相对应的是人役权，二权合称为役权。地役权是为了某特定土地的利益而利用他人土地的权利，用来在相邻关系中满足土地方面的需要，并且是从正面确定的使用权。人役权是为了某一特定人的利益而利用他人土地的权利，为了保障特定人享受优惠，一般把完全享用某物作为生活依据，而该物的所有权并未转让给他们。役权真正原始的类型表现为地役权，在古典法中它被称作 iura praediorum 或 sevitutes，使用后一词无须再加定语；在新法中它也经常被称为 servitutes（役权）。只是在罗马共和国的最后年代才出现了人役权，通过优士丁尼被列入役权的一般范畴之中，他大概喜欢把所有的"他物权"都归入役权的范畴；这在当时当然是较合逻辑的。在罗马法上，人役权包括了用益权这一类型，用益权是对他人土地所享有的全面的用益，原

[①]　梁慧星、陈华彬：《物权法》第 4 版，法律出版社 2007 年版，第 287 页。

[②]　地役权和用益权的产生，需要从法律上明确土地所有人的地位，这就促使了"所有权"（dominum）的诞生。所以，按照许多罗马法学家的看法，"所有权"（dominum）的形成，是地役权（servitus）和用益权（usus fructus）产生的结果。参见 Gyorgy Diosdi, *Ownership in Ancient and Preclassical Roman Law*, Akademiai Kiado, Budapast, 1970, p.133.

所有权人不再拥有任何意义上的用益可能性。典型的人役权还有居住权。①
在罗马氏族社会的后期(大约在公元前六世纪中叶),由于氏族公有土地的制
度被土地私有制所取代,因而产生了经由他人土地进行通行、汲水如何处理的
问题,这就出现了所谓田野地役权(servitutes praediorum rustecorum)。② 该地
役权最典型的形态是通行权和用水权等。③ 田野地役权主要是为了放牧和耕
作的便利仍沿袭土地共同使用的习惯演变而成。④ 罗马城于公元前390年毁
于高卢人入侵之后,新建造的房屋彼此毗邻,不再遵守《十二铜表法》规定的
空出通行道的古制。⑤ 于是,随着罗马社会的发展,逐渐产生了各种城市地役
权(servitutes praediorum urbanorum)。⑥ 此种地役权包括建筑材料穿入邻居的
墙壁、建筑物延伸到邻居的上空、利用光线、承受屋檐滴水和流水等而设定的
地役权。⑦ 在《国法大全》(Corpus Iuris Civilis)中明确规定了一些典型的役
权,如 iter、actus 等,此种役权被称为"有名役权"(servitutes nominatae),而习
惯法和通过当事人意思自治所创造的役权被称为"无名役权"(servitutes
innominatae)。⑧ 罗马法中的地役权具有如下特点:第一,在罗马法中地役权
的主要标的是土地,地役权的类型主要是以自己的土地为他人土地提供便利,
如通行、灌溉、排水等。由于罗马法中采用土地吸收建筑物的原则,因此土地
上的地役权自然包括了土地上的一些建筑物和附属物。第二,供役地人的义

---

① 参见[意]彼德罗·彭梵得:《罗马法教科书》,黄风译,中国政法大学出版社1992年版,
第281页。
② 参见周枏:《罗马法原论》上册,商务印书馆1994年版,第360页。
③ 参见[意]彼德罗·彭梵得:《罗马法教科书》,黄风译,中国政法大学出版社1992年版,
第254页。
④ 最初,各个土地使用者为了耕种的便利和其他需要,对已分割的土地,在使用时仍保持
未分割的状态。参见曲可伸:《罗马法原理》,南开大学出版社1988年版,第206页。
⑤ 参见吴道霞:《物权法比较研究》,中国人民公安大学出版社2004年版,第378页。
⑥ 公元前390年,罗马受到高卢人的入侵,城市被毁,高卢人被打退后,罗马人重建家
园。由于人口增多,土地有限,新建房屋多毗连栉比,相邻而居,不再遵守建筑间空出5尺通行
道的传统,于是产生了各种城市地役权。参见周枏:《罗马法原论》上册,商务印书馆1994年
版,第361页。
⑦ 参见陈朝璧:《罗马法原理》下册,商务印书馆1936年版,第370页。
⑧ Helmut Coing, Europäisches Privatrecht, Band I, 1985, S.313.

务不能是积极行为,罗马法存在一个规则——"地役权不能是作为"。第三,罗马法上的地役权具有从属性。在罗马法上,地役权不具有单独转让性,不得与需役地相分离而转让,这就是所谓的"役权与所有权一起变动"(Servitus ambulat cum domino)的规则。① 第四,罗马法上的地役权不能在自己的不动产之上设立。这就是"役权不适用于任何自己的物"(Nemini res suas servit)的规则,地役权是指以供特定土地之便利为目的,就另一特定土地所设定的物权。② 所有人不能在自己的土地上设立地役权。第五,地役权与相邻关系是重叠的。在罗马法中,相邻关系制度脱胎于罗马法中的地役权制度,最早的地役权就是因农业耕作而产生的相邻关系中的权利。③ 无论是田野地役权还是城市地役权,实际上都和相邻关系是密不可分的,如田野地役权包括通行、用水、采石、采掘等地役权。④ 城市地役权包括通水权(包括排水役权、流水役权和阴沟役权)、立墙权(包括搭梁役权、支柱役权、伸出役权)、采光权。⑤ 此种地役权包括建筑材料穿入邻居的墙壁、建筑物延伸到邻居的上空、利用光线、承受屋檐滴水和流水等而设定的地役权。⑥ 第六,罗马法上的地役权在期限上具有永久性(perpetua causa)。它随土地而始终,不随土地的变更而受影响。在市民法中,凡是对地役权设定期限和条件的,该期限和条件无效。⑦

二、法国法中的地役权

1804年的《法国民法典》直接继承了罗马法中关于地役权的规定。该法典第六百三十七条规定:"役权,系为另一所有人的不动产的使用及需要而对

---

① Jean-Philippe Lévy, André Castaldo, *Histoire du Droit civil*, lère éd., 2002, p.349.

② 参见陈朝璧:《罗马法原理》下册,商务印书馆1936年版,第364页。

③ 参见马新彦等:《地役权的借鉴与重构》,载王利明主编:《物权法专题研究》上册,吉林人民出版社2002年版,第786页。

④ 参见陈朝璧:《罗马法原理》下册,商务印书馆1936年版,第370页。

⑤ 参见[意]彼德罗·彭梵得:《罗马法教科书》,黄风译,中国政法大学出版社1992年版,第255页。

⑥ 参见[意]彼德罗·彭梵得:《罗马法教科书》,黄风译,中国政法大学出版社1992年版,第255页。

⑦ 参见周枏:《罗马法原论》上册,商务印书馆1994年版,第392页。

一个不动产所加的负担。"这实际上是对地役权所下的定义。地役权在性质上被认为是一种不动产物权(droit réelimmobilier)。法国法中的地役权是在不动产之上设立的,调整的是两个不动产之间的关系,是因不动产的利用和便利而形成的关系。① 民法区分了地役权和人役权,且地役权和相邻关系是合一的。换言之,相邻关系作为法定的地役权是包括在地役权制度之中的。在法国民法中地役权的范围是很广泛的,包括"从地点情况发生的役权""法律规定的役权"以及"由人的行为设定的役权"等。当然在地役权的概念中实际上包括相邻关系的内容,因为所谓"因场所的位置产生的役权"、②"由法律设定的役权"主要是关于相邻关系的规定,例如,有关排水、房屋滴水、取水等都属于相邻关系的范畴。而"由人的行为设定的役权"才是真正的地役权的规范。需要指出的是,虽然在《法国民法典》中没有规定相邻关系,有关相邻关系的内容是在地役权中规定的,但事实上,法国的判例和学说仍然承认相邻关系。一些法国学者认为,相邻关系是属于"所有权"(droit de propriété)范畴;更为具体地来讲,是属于"所有权的限制"(Les limites du droit de propriété);而地役权经常被放到"所有权派生的物权"(Les droits réels démembrés du droit de propriété)中研究。③

三、德国法中的地役权

《德国民法典》则继承了罗马法的基本原则,在法典中单独设立了役权,地役权不过是役权的一种,地役权的标的也主要是土地。《德国民法典》借鉴罗马法的经验,最初认为地役权只能在他人土地上设立。④ 但是,随着地役权制度的发展,法院通过判例的方式逐渐地承认了地役权可以在自己土地上设立。例如,联邦最高法院在有关的判例中就承认,所有人可以在自己的土地上

---

① 参见《法国民法典》上,罗结珍译,法律出版社 2005 年版,第 506 页。
② 该种役权也称为"自然役权",主要是引水役权等。参见《法国民法典》上册,罗结珍译,法律出版社 2005 年版,第 509 页。
③ Christian Larroumet, *Droit Civil*, Les Biens, Droits Réels Principaux, Econimica, 2004, p.478.
④ 《德国民法典》第一千零一十八条规定:"一土地可以为另一土地在现时的所有人的利益,以此人可以在个别关系中使用此土地,或在此土地上不得实施某些行为,或排除行使基于对此土地的所有权而对此另一土地产生的权利的方式,设定负担。"

设立地役权,称为"所有人地役权"。① 由于德国民法采物权行为无因性,因此地役权须双方当事人订立物权的合意(物权契约),并进行登记后,才能够成立。而且地役权的设定行为,性质上属于一种无因的物权行为。② 值得注意的是,《德国民法典》第一次在法律上明确区分了地役权和相邻关系。地役权是一种独立的物权,而相邻权并不是独立的物权,只是对所有权的限制与扩张,所以《德国民法典》关于地役地制度的规定在概念上更为严谨,更富有体系。综上所述,德国法基本继承了用益物权制度,但将用益权独立出来,这样,用益权、地役权、人役权三足鼎立。③ 而人役权中的居住权制度又被特别法定化,在《住宅所有权法》(相当于建筑物区分所有权法)中,又产生了特别居住权,即长期居住权(在住宅情况下)和长期使用权(在非住宅情况下)。④ 德国等法律上的不动产概念大多以土地涵盖地上物,后者为土地的成分而非独立不动产。故所谓地役权,解释上当然涵盖了土地(包括房屋)之间,为便宜之用而设的役权,即使法律进一步区分土地和房屋役权,或称乡村和城市役权,也只是在功能上加以区隔,其实标的都是同一笔土地。⑤ 德国在继承传统的地役权制度的基础上,还有所发展,出现了营业竞争限制的地役权(wettbewerbs-beschrankende Dienstbarkeit),有人称为地役权的"第二春"。例如,土地所有权人甲和土地所有权人乙约定,乙不在其土地上从事某种营业,不贩卖某种商品,不将该地出租与他人经营某种营业,或不贩卖某种商品。⑥

四、英美法上的地役权

英美法系亦有与大陆法系相类似的地役权概念。按照英美法,地役权被

---

① [德]M.沃尔夫:《物权法》,吴越、李大雪译,法律出版社 2002 年版,第 463 页;孙宪忠:《德国当代物权法》,法律出版社 1997 年版,第 242 页。

② 参见陈华彬:《物权法原理》,国家行政学院出版社 1998 年版,第 545 页。

③ 参见[德]鲍尔、施蒂尔纳:《德国物权法》上册,张双根译,法律出版社 2004 年版,第 695 页。

④ 参见[德]鲍尔、施蒂尔纳:《德国物权法》上册,张双根译,法律出版社 2004 年版,第 695 页。

⑤ 苏永钦:《走入新世纪的私法自治》,中国政法大学出版社 2002 年版,第 256 页。

⑥ 王泽鉴:《民法物权·用益物权·占有》,中国政法大学出版社 2001 年版,第 77 页。

称为"easement",其含义指土地所有人利用毗邻的他人土地,或限制毗邻的土地所有人利用其土地的权利。供他人土地方便和利益之用的土地,称为"承役地"(servient tenement),享有权利的土地称为"需役地"(dominant tenement)。并且,按照英美法,地役权的构成要件有四:一是须存在两个相互接壤的土地;二是须一个土地向另一个土地提供利用上的便利;三是须两个土地分属于不同的人所有;四是须规定方便和利益的内容。地役权的取得,依英美法,主要有四种方式:一是依制定法的规定而取得;二是基于明示的让与而取得;三是基于默示的让与而取得;四是基于取得时效而取得。① 地役权的种类主要有:流水地役权、空气利用(地)役权、采光地役权、通行地役权、支撑地役权和围墙地役权等,但不承认眺望地役权。英美法地役权,性质上为一种不动产权利,它既区别于土地财产所有权,也区别于土地收益权、自然权、使用许可与地方习惯性权利等。

早在19世纪中叶,英国法律就承认了当事人可以通过设定地役权合同设定保护环境的义务。② 而在当代,这种地役权合同大量地涉及环境保护内容,例如,通过设定地役权而禁止他人的声响干扰和侵入,以保持宁静的环境。再如,为了维持某一处湿地的生态,而穿越他人的土地铺设较粗管道引水保持湿地水源等。在当代,地役权还扩大适用到建筑物区分所有的框架范围内,如区分所有人承诺不进行某些建筑行为,以免损害建筑物的外观美感,或者区分所有人承诺在建筑物内不从事某些职业(包括自由职业),以免影响其他业主居住和生活的宁静。

在美国的许多州,现在都有法律授权明确设立景色地役权,或称保护地役权(conservation easement)。《统一保护地役权法案》第1(1)条,将保护地役权定义为一种非占有性权益,它限制或者要求保留或者保护不动产的自然的、景色优美或者开放空间的价值。③

① 参见[日]国生一彦:《现代英国不动产法》,日本商事法务研究会1990年版,第241页。
② 参见顾向一:《环境权保护在我国物权立法中的体现》,《理论月刊》2006年第10期。
③ 参见[美]约翰·E.克里贝特等:《财产法:案例与材料》第7版,齐东祥、陈刚译,中国政法大学出版社2003年版,第482页。

五、日本、我国台湾地区的地役权

日本、我国台湾地区继受了大陆法系的地役权制度。日本民法、我国台湾地区"民法"采取房地分离的模式，土地所有权不及于其上的工作物，从而所谓地役权，文义上仅指土地，不能涵盖单纯房屋之间为便宜之用的情形，即不能无疑。① 在实务中，我国台湾地区"最高法院"曾有判决明确否认土地上的建筑物可设定役权："所谓地役权，乃以他人土地供自己土地便宜使用之权利，如以他人之建筑物供自己土地便宜之用者，自不在地役权范围以内。"②我国台湾地区的"民法物权编"修正后，变地役权为不动产役权，其规定适用于土地和地上建筑物。

第三节　地役权的分类

地役权，是以他人的土地供自己土地方便和利益之用的权利，例如，以乙地供甲地通行之用而设定通行地役权等。地役权的目的，在于以他人的土地供自己土地的方便和利益之用，借以提升自己土地的使用价值和交换价值。而这一目的，本可借助于作为债权关系的土地借用或土地租赁获得实现。唯因地役权属于物权，权利人因此获得的保护及法律地位的安定不仅较债权为优，而且地役权因与需役地所有权或使用权相结合，故可同时提升需役地的价值。另外，设定地役权后，供役地所受的限制也仅局限于设定了地役权的特定范围，除此之外，供役地人对供役地的使用、收益不仅一如其旧，甚至还可与需役地共享同一地役权。例如，为通行供役地而设置的道路，供役地人可以通行，便是一例。所有这些，较之土地租赁、土地借用，承租人、借用人原则上是以独占的方式利用土地，均不相同。可见，地役权的确具有提高需役地的价值，并因此间接促进社会财产充分利用的作用。

---

① 苏永钦：《走入新世纪的私法自治》，中国政法大学出版社 2002 年版，第 256—257 页。
② 参见我国台湾地区"最高法院"1972 年台上字第 3108 号判决。

从用途上看,地役权可有如下类型:①以供役地供使用的,如通行、取水、排水的地役权;②以供役地供收益的,如得于供役地伐木或取得其他材料,作为需役地建筑的山林地役权,得自供役地采取石灰石、瓷土等原料,以供需役地需用的取得土地构成部分的地役权(在中国大陆,得先取得采矿权,然后有地役权制度的适用);③为调整相邻关系而设立的,如设立需役地屋檐的雨水得直注相邻供役地的地役权,需役地竹木的枝根得逾越相邻供役地的地役权,相邻一方依其意志而选定通行路线和方法的通行地役权;④禁止或限制供役地为某种使用的,如禁止供役地建筑高楼或在一定范围内栽种高大植物,以免妨碍需役地的视线或采光的眺望或采光的地役权;禁止供役地不得开设可能污染生态环境的工厂,供役地不得为他种式样建筑的地役权;⑤为禁止营业竞争而设立的,如需役地所有权人或使用权人为避免供役地与其营业竞争,禁止供役地经营相同的营业的地役权。可见,地役权的内容变化多端,具有多样性,在不违反公序良俗原则的范围内,有充分约定的空间,不动产权利人若善加利用,颇能增加其不动产的价值。①

将上述地役权按照一定的区分标准予以分类,可有如下分类:

一、意定地役权与法定地役权

以地役权的设立是基于当事人的约定还是法律的直接规定为依据,地役权可分为意定地役权和法定地役权。法定地役权,在不同的立法例及其理论上含义不尽一致。普通法上的法定地役权,相当于我国《物权法》上的相邻关系。我国《物权法》分设相邻关系和地役权,前者基于法律的直接规定当然存在,后者基于当事人的约定而设立。但完全拘泥于当事人的约定,未必十分切合实际生活的需要。区分意定地役权和法定地役权的法律意义在于,地役权的成立要件不同,在我国有必要承认法定地役权或强制缔约而生的地役权,以满足国计民生必需项目的用地需求。

---

① 谢在全:《民法物权论》中册,中国政法大学出版社修订 5 版,第 188—189 页。

【案例 12.5】晏某诉谢某等地役权纠纷案①

原告与被告方毗邻而居,原告居西,被告居东,双方房屋之间有一条专供原告使用的走道,其土地使用权隶属原告。2004 年 12 月,被告在拆旧建新房时,为提高自己不动产的效益,欲将地基建在原告的土地使用权范围内,经过协商,由原告提前起草了一份承诺书,三被告中的老大谢某1 于 2005 年 1 月 13 日代表其弟(被告谢某3)、妹(被告谢某2)在该承诺书上签字认可。其主要内容是:"一、原走道界限尺寸为前 1 米,后 1.05米,谢家必须在 2005 年 1 月 25 日前给晏家恢复好同样尺寸的走道,且该走道使用权、所有权永远属晏家,与谢家无关,谢家不得有丝毫侵犯,更不得在走道上空安装任何设施。二、原走道下埋设的上下水管道,如有损坏,由谢家如期恢复赔偿,30 年内如有质量安全问题,由谢家负责修复,损失由谢家承担。三、走道内水泥地坪由谢家保质保量恢复好。三年内如有质量问题,由谢家负责修复。晏家以后建房或加层时,谢家同样给予支持和方便。四、特此承诺,永久生效,若有违反,谢家愿承担全部法律责任和经济赔偿,直至将超越红线建在晏家走道内的基础、圈梁全部挖掉,并赔偿晏家经济损失拾万元。"随后,被告方在建房过程中,将基础和圈梁建在原告走道内,房屋在 2005 年 8 月竣工前后,被告方违反承诺书的约定,先后在原告走道上空安装了防盗网、屋面排水管道、电线及线盒、太阳能管线等设施,导致双方多次发生纠纷,故原告于 2009 年 1 月 5 日起诉到法院,要求判令三被告遵守承诺书的约定:拆除安装在原告走道上空的各种设施,包括防盗网、屋面排水管道、电线及线盒、太阳能管线。法院经审理认为:为提高不动产的效益,当事人可以逾越相邻关系限度设立地役权合同,地役权人也必须按照合同约定的利用目的和方法利用供役地。本案中,经与协商,被告方在承诺书上签字,视为原、被告双方业就不动产的利用签订了地役权合同。虽然该承诺书中第四条内容无效,但不影响

---

① 参见卫林、廖凌云:《晏某诉谢某等地役权案》,ycfy.chinacourt.org/public/detail.php? id=4343,2015 年 3 月 4 日访问。

其他条款的效力。关于原告要求三被告拆除安装在原告走道上空各种设施(包括防盗网、屋面排水管道、电线及线盒、太阳能管线)的请求,有相应的证据能够说明三被告确实违反了承诺书第一条的规定,故本院对其请求予以支持。

二、积极地役权与消极地役权

以地役权是否以积极的作为为内容,或以供役人所负义务为标准,地役权可分为积极地役权和消极地役权。积极地役权,又称作为地役权,也叫容忍地役权,表现为地役权人可以在供役地上进行一定作为,供役人负有容忍该行为的义务。通行地役权、排水地役权等为其例证。消极地役权,又叫不作为地役权,表现为供役人在供役地上不得为一定行为,而非单纯的容忍义务。采光地役权、眺望地役权、禁止噪声及污染地役权等属于此类。区分积极地役权和消极地役权的法律意义在于,显现地役权内容的表现形式不同,法律调整的方式有异。

三、继续地役权与非继续地役权

以地役权行使或内容实现的时间是否有继续性为标准,地役权可分为继续地役权和非继续地役权。继续地役权,是指权利内容的实现不必每次有地役权人的行为,而在时间上能继续无间的地役权。筑有道路的通行地役权、铺设输水管的取水地役权及其他消极地役权均属此类。非继续地役权,是指权利内容的实现,每次均以有地役权人的行为为必要的地役权。这种地役权大概没有固定设施,尚未修律省略的通行地役权、无取水设施的取水地役权等为其例证。继续地役权与非继续地役权分类的法律意义在于,地役权能否因取得时效而取得。

四、表见地役权与非表见地役权

以地役权的存在是否表现于外部为标准,地役权可分为表见地役权和非表见地役权。表见地役权,是指地役权的存在和行使,有人们从外部能够认知的客观事实的地役权。通行地役权、地表取水地役权、地表排水地役权等均属此类。非表见地役权,是指地役权的存在无外形事实作为表现,人们不能从外部认知它的地役权。埋设管线地役权、眺望地役权、采光地役权等为其例证。区分表见地役权和非表见地役权的法律意义在于,非表见地役权不得因时效而取得。

第四节　地役权的取得

地役权的取得分为原始取得和继受取得。所谓地役权的原始取得,是指不基于他人既有的权利而独立取得地役权的现象。它包括善意取得地役权、依据法律的直接规定而取得地役权。《物权法》未承认基于时效而取得地役权。所谓地役权的继受取得,又称地役权的传来取得,是指基于原权利人的权利而取得地役权的现象。通过地役权合同而设立地役权,属于创设继受取得地役权。

一、当事人

地役权合同的当事人,包括需役人和供役人。前者又被称为地役权人,是有权设立有利于自己不动产的权利人;后者是有权为他人不动产的效益而设立地役权的人。

(一)供役人

在我国,土地和建筑物、构筑物及其附属设施是各自独立的两个物。房屋所有权人有权以其建筑物、构筑物及其附属设施为他人不动产的效益而设立地役权。房屋的承租人不得为他人不动产的效益设立地役权。土地所有权人可以其土地为需役人设立地役权。但土地上已设立土地承包经营权、建设用地使用权、宅基地使用权等权利的,未经用益物权人同意,土地所有权人不得设立地役权。也就是说,在土地上存在上述土地承包经营权等用益物权的情况下,土地所有权人为他人不动产的效益而设立地役权,需要经过土地承包经营权人等用益物权人的同意。因为此时,土地所有权人设立的地役权直接影响了土地承包经营权等用益物权的行使。如果土地所有权人未经过用益物权人的同意设立地役权的,地役权合同违反了《物权法》第一百六十三条的强制性规定,应当归于无效,地役权并不成立。在业已办理完毕地役权登记的情况下,应当注销该项登记。在业已办理完毕地役权登记,善意第三人以合理的费用受让,而且也办理完毕变更登记手续的情况下,该第三人能否依据《物权法》第一百零六条第三款的规定善意取得该地役权?严格按照善意取得以公示的公信力为理论和逻辑前提的观点,因《物权法》不强求地役权必须公示,且未赋予地役权登记的公信力,故地役权不存在善意取得问题。若宽松地理解善意取得制度的基础,务实地解决善意受让人以合理费用受让地役权的问题,可能会有相反的结论。土地承包经营权人、建设用地使用权人、宅基地使用权人,对承包地、建设用地或宅基地虽无所有权,但有权以承包地、建设用地或宅基地为他人不动产的效益设立地役权。

(二)需役人

对于需役人,法律上没有严格限制,在理论上,不动产的所有权人或使用权人,包括房屋承租人、土地承租人等都可以成为需役人。

二、地役权合同

地役权的物权要素内容是法定的,如"为了需役地的效益";但在很多方面,当事人是可以自由约定的。也就是说,地役权法律关系同时涉及了债权与物权两方面。

根据《物权法》第一百五十七条的规定,设立地役权,当事人应当采取书面形式订立地役权合同。地役权合同一般包括下列条款:①当事人的姓名或名称和住所。这是地役权与其相对应的义务归属的当然要求。如上所述,不动产的所有权人、土地承包经营权人、建设用地使用权人、宅基地使用权人等均可作为当事人。②供役地和需役地的位置。这是物权客体特定化的必然要求,是确定权利义务的重要基准。③利用目的和方法。此处所谓利用目的,指设立地役权是为了通行、排水,还是为了采光、眺望等。此处所谓方法,是指"如何使用地役权,比如设立了排水地役权后,是用挖排水渠的方法,还是铺设排水管道的方法"[1]。

---

① 胡康生主编:《中华人民共和国物权法释义》,法律出版社 2007 年版,第 346 页。

④利用期限。利用期限,是地役权的存续期间。地役权合同对此应予明确。如果没有约定或约定不明,地役权人可随时解除地役权合同。根据《物权法》第一百六十一条的规定,地役权的期限不得超过土地承包经营权、建设用地使用权等用益物权的剩余期限。这里的土地承包经营权、建设用地使用权等用益物权人应当是供役地的用益物权人。但是,如果土地所有权人在用益物权人同意的情况下设立地役权时,则不受该条款的限制。还有,如果土地所有权人在设立用益物权之前已经设立了地役权,之后再设立用益物权的,也不应适用该条款的规定。⑤费用及其支付方式。地役权可以是有偿的,也可以是无偿的,取决于当事人的约定。如果是有偿的,当事人在合同中应明确约定费用的数额,以及支付的方法是分期支付,还是一次付清等。当事人若未约定费用的,则推定为地役权的取得是无偿的。⑥解决争议的方法。这指争议的解决途径和方式,如和解、调解、仲裁或诉讼等。当然,当事人还可以自行约定其他条款。

三、地役权的登记

地役权是一种物权,一般应有公示要件,但考虑到我国实际情况,《物权法》采取了登记为对抗要件的模式,于第一百五十八条规定,地役权自地役权合同生效时设立。当事人要求登记的,可以向登记机构申请地役权登记;未经登记,不得对抗善意第三人。《土地登记办法》第三十七条规定,在土地上设定地役权后,当事人申请地役权登记的,供役地权利人和需役地权利人应当向国土资源行政主管部门提交土地权利证书和地役权合同等相关证明材料。符合地役权登记条件的,国土资源行政主管部门应当将地役权合同约定的有关事项,分别记载于供役地和需役地的土地登记簿和土地权利证书,并将地役权合同保存于供役地和需役地的宗地档案中。供役地、需役地分属不同国土资源行政主管部门管辖的,当事人可以向负责供役地登记的国土资源行政主管部门申请地役权登记。负责供役地登记的国土资源行政主管部门完成登记后,应当通知负责需役地登记的国土资源行政主管部门,由其记载于需役地的土地登记簿。

所谓对抗,是于彼此利害相反时才发生的事项,处于这种关系中的人,只限于就主张地役权登记欠缺有正当利益的第三人,对于并无这种利益的第三人,无登记亦可对抗。此处的第三人,是指除地役权设立、转让、消灭的当事人以外的人,但应有限制。不得对抗的第三人,包括就同一不动产最终拥有互不相容权利的人,包括有关合同权利(如承租人),善意或恶意,在所不问。①

地役权未为登记,也可对抗的第三人,或者说不得否认地役权效力的人,包括以下几类:①以不公正的手段妨碍地役权人获得登记的人,或负有协助登记义务而不履行的人,以及主张欠缺登记这一理由明显违背诚实信用的人,均属无登记的地役权人能够对抗的人。②虽然从外形上看好像拥有与主张拥有地役权的人不相容的权利,而实体上却没有任何真实权利的人,一般被称为实质上无权利之人。无登记的地役权人能够对抗他。③侵权行为人,是指侵害不动产的人,而且不具有交易当事人的身份。他也属于无登记的真实权利人能够对抗的人。②

【案例 12.6】孙某与向某等地役权纠纷案③

2011 年 A 公司在与被上诉人相邻的土地上进行商品房开发。A 公司在修建楼房的过程中与被上诉人因通风、采光、日照发生相邻纠纷之后,被上诉人将 A 公司诉至法院,在该院的主持调解下,双方达成了《调解协议》。该《调解协议》第一条和第二条约定:一、A 公司不得在与被上诉人的房屋相邻处墙身开启窗户,现已开启的与被上诉人的房屋相邻处墙身的所有窗户应自本协议签字之日起至 A 公司所承建的房屋拆架之前自行封闭完毕;二、A 公司不得以任何理由干涉被上诉人在现在宅基地上进行房屋的设计、修建,并保证其出售的商品房购房户不得以任何理由干涉被上诉人在现有宅基地上进行房屋的设计、修建,该项协议对购房户同样生效。此后,A 公司履行了该协议,并封闭了与被上诉人相邻的所有

---

① 参见[日]我妻荣:《日本物权法》,有泉亨修订,李宜芬校订,我国台湾地区五南图书出版公司 1999 年版,第 142、147 页。

② 参见[日]我妻荣:《日本物权法》,有泉亨修订,李宜芬校订,我国台湾地区五南图书出版公司 1999 年版,第 150—160 页。

③ (2012)州民一终字第 265 号民事判决书,见 http://www.yifake.com/judge/24703.html,2015 年 5 月 6 日访问。

窗户。2012 年 3 月 8 日,被上诉人发现上诉人孙某向 A 公司购买的一套 7 楼住房墙身与其相邻房屋的一侧开启了一扇窗户和一个抽油烟机的排气孔洞,被上诉人认为被告违反其与 A 公司签订的《调解协议》,为此,被上诉人要求上诉人孙某封闭与其相邻一侧开启的窗户和一个抽油烟机的排气孔洞,并要求上诉人承担诉讼费而诉至法院。法院认为,A 公司与被上诉人之间的协议条款约束了该公司承建的不动产的利益,提升了被上诉人的不动产利益,即被上诉人在其不动产所在地居住的利益得到保障,实质上构成对地役权的约定。在本案中,A 公司和被上诉人之间的对地役权的约定,在调解协议成立时地役权随之形成。地役权登记与否并不能影响地役权的成立,故地役权形成即对 A 公司和被上诉人产生地役权的法律效力。本案的上诉人以低于市场价的价格购买了 A 公司开发的并且已经设置地役权的房屋,应当认识到该房屋可能存在的瑕疵;同时,上诉人是 A 公司的员工,其主张对该公司与被上诉人之间的《调解协议》及约定事项并不知情,但并未提供充分的证据予以证明,应承担举证不利的后果。故本案中上诉人不能作为善意第三人,应当受到 A 公司与被上诉人之间对地役权的约定限制。

第五节　地役权的效力

一、地役权人的权利与义务

(一)对供役地使用的权利

以使用供役地为内容的地役权被设立后,地役权人即有权使用供役地;但必须按照合同约定的利用目的和方法使用,尽量减少对供役地权利人物权的限制。例如,供役地权利人经营旅店,地役权人享有通行地役权,如果将通路改至旅店另一侧,可减少对其房客的侵扰,且不影响地役权人的通行,则供役地权利人可以请求改道。

如果地役权人超出约定范围或限度使用供役地时,供役地权利人可以行使物权请求权,在发生损害时,还可以请求损害赔偿。

在设立地役权后,供役地的范围可否根据需役地的需要而当然增减? 如设立通行地役权时,现有 20 人需要通行,待 3 年后,增至 30 人通行,是否当然允许? 学说分歧较大,一种意见认为,对地役权的范围,当事人间有详细的约定时,应以约定时的登记范围为准,不得因当事人一方的需求而当然加以改变。如果没有详细约定,则地役权既然是为需役地的便宜而存在的,在需求自然增加时,地役权的范围可以随之增大。① 其思路值得我们重视。地役权的范围已被登记的情况下,依其登记,是确定物权效力的最重要的依据。不过,鉴于我国《物权法》不强求地役权登记,在尚未办理地役权登记的情况下,应依地役权合同的约定;无约定时,按照公平原则,根据具体情况加以确定。有的需要供役地权利人同意,有的需要增加费用。

(二)实施必要的附随行为、设置并保有必要的设施的权利

地役权人因行使或维持其权利,有权采取必要的附随行为,也可以设置一些设备。所谓必要的附随行为,不是指行使地役权的行为,如取水地役权场合不是指取水行为,而是指为达到地役权目的或实现其权利内容所必需的附随行为,如取水地役权场合为达取水目的而通行于供役地的行为,或铺设引水管道的行为。② 上述附随行为不仅表现为单纯的行为,如通行于供役地,而且包括设置必要的构筑物及其附属设施的行为,如为取水而在供役地上铺设引水管道。地役权人对此类设施保有所有权。③

(三)地役权人享有优先权

地役权人使用供役地,不具独占性,不仅可与供役地权利人共同使用供役地,而且因供役地上可设立多个地役权而发生数个地役权人均使用同一宗供役地的情况。各个人的使用相互不冲突时固无问题,发生冲突时应按以下规则解决:

① 谢在全:《民法物权论》中册,中国政法大学出版社修订 5 版,第 222 页。
② 谢在全:《民法物权论》中册,中国政法大学出版社修订 5 版,第 224 页。
③ 谢在全:《民法物权论》中册,中国政法大学出版社修订 5 版,第 224 页。

首先,地役权人和供役地权利人在使用供役地上发生冲突时,原则上应依双方当事人的约定处理;若无约定,则应贯彻地役权的效力优先于供役地权利的效力的原则。此之所谓地役权人使用优先原则。①

其次,地役权与在供役地上先设立的用益物权并存时,谁的效力优先,十分复杂,需要做类型化的工作。①供役人为供役地的所有权人时,先设立并且业已登记的用益物权的效力优先于地役权的效力。②供役人为供役地的所有权人时,先设立的用益物权尚未登记,谁的效力优先? 我国《物权法》第一百六十三条关于"土地上已设立土地承包经营权、建设用地使用权、宅基地使用权等权利的,未经用益物权人同意,土地所有权人不得设立地役权"的规定,主要是约束土地所有权人和用益物权人的,只在地役权人知晓或重大过失地不知供役地上已经存在用益物权的情况下,该规定及其他有关规定才对地役权人发挥作用。具体地说,第一,土地所有权人经过用益物权人同意为他人设立地役权,用益物权人须容忍地役权人使用供役地。第二,土地所有权人在未经用益物权人同意的情况下,为他人设立地役权,该他人为恶意的,用益物权的效力优先于地役权的效力。第三,土地所有权人在未经用益物权人同意的情况下,为他人设立地役权,该他人为善意的,用益物权人得容忍地役权人使用供役地。③用益物权人作为供役人,以其承包地、建设用地或宅基地为他人设立地役权,地役权的效力优先于用益物权的效力。

再次,地役权先设立,用益物权后产生,地役权的效力优先于用益物权的效力。

最后,数个地役权并存于同一宗供役地的场合,先设立且已登记的地役权的效力优先;先设立却无登记的地役权,不能对抗后设立但已登记的地役权。至于先设立却无登记的地役权与后设立也未登记的地役权之间的效力关系,较为复杂,试析如下:①有证据证明,设立在后的地役权的权利人明知或因其重大过失地不知该宗供役地上已经存在地役权的,设立在先的地役权在效力上优先于后设立也未登记的地役权;②有证据证明,设立在后的地役权的权利

---

① 谢在全:《民法物权论》中册,中国政法大学出版社修订 5 版,第 223 页。

人无重大过失地不知该宗供役地上已经存在地役权,而设立在先的地役权的权利人明知或因其重大过失地不知该宗供役地上又存在了地役权的,设立在后的地役权在效力上优先于设立在先但未登记的地役权;③有证据证明,有的地役权长时间地不行使,以至于其他地役权的权利人无法知晓其存在,符合权利失效的构成时,则该地役权人不得对抗其他地役权的权利人;④既有的证据表明,每个地役权人均无重大过失地不知其他地役权存在,则各个地役权都无对抗其他地役权的效力。在这种背景下,如果地役权行使过程中发生效力冲突,只能协商解决某个地役权的效力优先问题;若协商不成,应当按照诚实信用原则,合理协调每个地役权行使的时间和空间。

(四)物权请求权

在地役权受到妨害或侵害时,地役权人可以基于本权行使妨害防止请求权以及妨害排除请求权,如他人的建筑物有倒塌的危险,并阻碍其通行的道路,地役权人即可行使妨害防止请求权,请求其为必要的预防措施,但地役权人无所有物返还请求权。

在德国法上,还赋予地役权人基于占有的防御请求权,此时,地役权人享有的是一种权利占有,准用基于占有的请求权规则。

(五)转让地役权的权利

地役权人有权转让地役权,包括买卖、互易、赠与地役权以及将地役权出资入股等形式。按照《物权法》的规定,转让地役权时不得违反地役权的从属性、不可分性等要求。

已经登记的地役权转让的,应当及时办理变更登记。当事人申请登记的,供役地权利人和需役地权利人应当持变更后的地役权合同及土地权利证书等相关证明材料,申请办理地役权变更登记。否则,其转让不得对抗善意第三人。

(六)以地役权设立抵押权的权利

地役权人有权将地役权抵押给他人,只是不得单独抵押。因为地役权被单独抵押的,在实现抵押权时,地役权人与需役地权利人就不是同一个人了,最终导致地役权与需役地(权利)的分离。为了贯彻地役权人和需役地权利人为同一个人的精神,《物权法》规定,土地承包经营权、建设用地使用权等抵押的,在实现抵押权时,地役权一并转让。如此规定的另一个原因在于,需役地上的土地承包经营权、建设用地使用权被抵押的,土地承包经营权人、建设用地使用权人的地役权原则上也被抵押。

(七)费用支付义务及减少请求权

在地役权有偿设立的情况下,地役权人负有向供役地权利人支付费用的义务。费用的数额及支付方法,有约定时依其约定,无约定时依公平原则,根据具体情况加以确定。

在原本无偿设立地役权,但其后供役地权利人的负担增加,且为当初无法预料的,地役权人继续无偿使用供役地,显失公平的,供役地权利人可请求法院酌定费用。相反,原本有偿设立地役权,其后显示费用过高,地役权人可请求法院酌情减少费用。①

(八)其他义务

地役权人对其建造的必要设施,负有维持修理的义务。因此支出的费用,应自行负担。

地役权人负有尽量减少对供役地权利人物权的限制的义务。

二、供役地权利人的权利与义务

(一)不作为义务

以不作为义务为地役权内容时,供役地权利人当然负担有不作为的义务。

【案例12.7】A公司与刘某、张某、江某地役权纠纷案②

　　被上诉人刘某、张某房屋的西山墙与上诉人A公司开发的"岭南一栋"房屋的东山墙相邻。原审被告江某系上诉人A公司的股东,并是该项目的发起人,该项目经相关部门审批后,江某至A公司于2011年开始

---

① 参见谢在全:《民法物权论》中册,中国政法大学出版社修订5版,第228页。
② 参见(2014)商中民一终字第00001号,http://www.court.gov.cn/zgcpwsw/shanxi/sxsslszjrmfy/ms/201404/t20140424_866797.htm,2015年7月3日访问。

动工修建,其间,刘某、张某与 A 公司发生了房屋安全和采光问题的纠纷,同年 4 月 11 日,在人民调解委员会主持下,刘某、张某与江某达成协议,协议内容如下:"一、刘某靠西边的地界是以自己的房产证登记的界址为准;二、开发人江某在开挖基础打桩时对刘胜友的房屋造成了损坏,由江某一次性了断赔偿二万元整,刘某不得再以此事索赔;三、刘某西山墙和开发商东山墙交界处双方都不得留门窗、不得安装任何附属物……"被告江某依协议向两原告赔偿了 2 万元,2013 年 3 月,"岭南一栋"东山墙被封堵的窗户有被拆除的现象,刘某、张某起诉请求停止侵害、履行人民调解协议书第三条约定的内容,责令三被告在与其西山墙交界处不得留门窗、不得安装任何附属物,已开窗户要求全部封上,并承担经济损失 1 万元。法院认为,本案中上诉人 A 公司所开发的"岭南一栋"房产项目与被上诉人房屋相邻,为了以后便于利用减少纠纷双方协议对建房进行了限制即相邻的山墙不得留有窗户,并不得安装任何附属物。纠纷的实质是该协议所约定的建房限制落实问题,不涉及双方当事人相邻通风、采光、排水等相邻关系问题,本案不属于相邻关系纠纷,实际上是地役权纠纷。上诉人 A 公司开发的"岭南一栋"房产项目应当按照与被上诉人达成的协议执行,在相邻的山墙不得留窗户,并不得安装任何附属物。

(二)容忍义务

对于以使用为内容的地役权,供役地权利人应当按照合同约定,允许地役权人利用其土地,不得妨害地役权人行使权利。如果地役权人超出了权利范围,供役地权利人就不再负有容忍义务,且有权要求其停止超越范围的行为。

【案例 12.8】张某与 A 公司地役权纠纷案①

上诉人张某和被上诉人 A 公司于 2008 年先后租用某村耕地开办砖

---

① (2011)天民一终字第 173 号,见 http://www.tsfy.org/Html/msws/140804957.html,2015 年 6 月 5 日访问。

厂。双方租用的土地相邻。办厂过程中,为各自生产及建厂的需要,经协商,双方于 2008 年 12 月 11 日签订了一份协议书。约定:张某使用 A 公司所接的生产及生活用电、水,同时,A 公司使用张某先期租用的耕地所改的道路;若任何一方不使用该合同约定的设施或设备,转租或转卖时,将充分考虑对方的利益,在同等条件下对方将有优先权。此后在履行协议的过程中,张某于 2010 年 5 月将其所租用的土地转租于第三方。为此,双方发生矛盾,张某诉至法院要求确认上述合同无效。法院认为,上诉人张某与被上诉人 A 公司在办厂过程中为各自建厂及生产的需要,通过自愿协商达成的协议,其性质是 A 公司在张某先期租用的耕地上设定了地役权,协议内容是双方真实意思的表示,且并不违反相关法律规定,其协议合法有效,双方均应依协议履行各自的义务。现张新民将自己设定了地役权的供役地转租于第三方,其行为违背了双方协议的约定。故张某的主张不能得到支持。

(三)附随义务

地役权不得以供役地权利人的积极作为为内容,但供役地权利人得在某些情况下负担某些附随义务,如在供役地上为地役权人设立通行地役权时,供役地权利人有交通安全保障义务,但可以通过约定由地役权人承担。

(四)维持修理设施费用的分担义务

供役地权利人使用地役权人建造的设施,应按其受益的程度分担维持修理设施的费用,除非当事人之间另有约定。[①]

(五)设施的使用权

供役地权利人有时得与地役权人共同使用供役地,若地役权人已经在供役地上建造了必要设施,则供役地权利人在不妨碍地役权行使的前提下应有权使用此类设施,以免供役地权利人重复建造之烦。[②]

---

① 谢在全:《民法物权论》中册,中国政法大学出版社修订 5 版,第 232 页。
② 谢在全:《民法物权论》中册,中国政法大学出版社修订 5 版,第 231 页。

（六）供役地使用场所与方法的变更请求权

在地役权的行使限于供役地一部分的情况下，供役地权利人认为该部分的使用对其有特殊不便利的情况下，可以请求将地役权的行使，迁移至其他适于地役权人利益的场所，迁移费用由供役地权利人承担。①

（七）合同解除权

根据《物权法》第一百六十八条第一项的规定，地役权人违反法律规定或者合同约定，滥用地役权的，供役地权利人有权解除地役权合同。这包括两种情况：其一，地役权人行使地役权时，虽然不违反合同，但违反法律规定，造成滥用地役权的，供役地权利人也有权解除地役权合同。例如，地役权人排废水超过国家规定的标准，造成江河污染的。其二，地役权人行使地役权时，违反合同，造成滥用地役权的，供役地权利人也有权解除地役权合同，至于是否为法律、行政法规的另外的强制性规定，在所不问。

根据《物权法》第一百六十八条第二项的规定，在有偿利用供役地的情况下，约定的付款期间届满后，在合理期限内经供役地权利人两次催告，地役权人仍未支付费用的，供役地权利人有权解除地役权合同。就该规定的文义，可作如下解释：

如果该地役权合同规定有明确的付款期限，该期限届满时，无须供役地权利人催告，地役权人就陷入了履行迟延。如果地役权合同没有规定明确的付款期限，根据《合同法》第六十二条第四项的规定，供役地权利人首先向地役权人催告，确定合理的宽限期。该宽限期届满时，地役权人仍不付款，方陷入履行迟延。

在确定履行迟延后，供役地权利人还要"在合理期限内经两次催告"。这里的"合理期限内"，是指约定的付款期间届满后才开始起算的期限，而且是包含着供役地权利人两次催告所用时间在内的合理期限，不是指供役地权利人第一次催告处于合理的期间内，而第二次催告的时间点已经超出了合理期限。换言之，两次催告均在合理期限内。还有，合理与否的判断，既不是看该期间是否符合供役地权利人单方面的利益需要，也不是看该期间是否符合地

---

① 谢在全：《民法物权论》中册，中国政法大学出版社修订5版，第232页。

役权人单方面的利益需要,而是以一个理性人的合法权益所需要的期限为准。在两次催告后,地役权人仍未给付费用的,供役地权利人方可行使解除权。

值得讨论的是,在地役权合同没有规定明确的付款期限,供役地权利人首先向地役权人催告,确定合理的宽限期。该宽限期届满时,地役权人仍未付款,构成恶意迟延,仍给他两次催告的优惠,有些愚惠,也不符合效率原则,莫不如仍然遵循《合同法》第九十四条第三项的规定处理,即宽限期届满仍未付款的,供役地权利人即有权解除地役权合同。

第六节 地役权与其他用益物权的竞合

地役权作为一种用益物权,不仅可以在不动产所有权上设立,而且可以在其他用益物权之上设立。这样,地役权的设定,就可能与其他用益物权发生竞合。所谓竞合,就是指在同一不动产之上同时存在数个用益物权,其中包括地役权。那么,地役权和其他用益物权之间属于何种关系? 如果发生冲突,在法律上如何解决? 我国《物权法》区分了两种情况,并分别做了规定。

一、地役权先于其他用益物权而设立

《物权法》第一百六十二条规定:"土地所有权人享有地役权或者负担地役权的,设立土地承包经营权、宅基地使用权时,该土地承包经营权人、宅基地使用权人继续享有或者负担已设立的地役权。"根据这一规定,如果在土地之上已经设立了地役权,后来又在该土地之上分别设立了土地承包经营权、宅基地使用权时,就出现了地役权和其他用益物权的冲突。根据第一百六十二条的规定,该土地承包经营权人、宅基地使用权人继续享有或者负担已设立的地役权。例如,某农村集体经济组织有一块空地,该组织与邻近的工厂达成协议,允许该工厂在土地之下铺设管线。后来,集体经济组织将该空地作为宅基地批准为某村民使用,该村民提出,他对该空地享有宅基地使用权,因而管线应当挪走。这就涉及地役权和宅基地使用权的冲突。关于《物权法》第一百六十二条规定的"该土地承包经营权人、宅基地使用权人继续享有或者负担

已设立的地役权",可以从需役地和供役地两方面来理解。对需役地来说,如果需役地人取得地役权之后,又在需役地上设立土地承包经营权和宅基地使用权,则需役地的土地承包经营权人和宅基地使用权人继续享有该地役权。对供役地来说,如果地役权设定之后,供役地上又设立了土地承包经营权和宅基地使用权,则土地承包经营权人和宅基地使用权人应当继续负担该地役权。① 因为在同一土地上,地役权设定在先,应当优先于在该地之上以后设立的土地承包经营权、宅基地使用权。

二、地役权后于其他用益物权而设立

《物权法》第一百六十三条规定:"土地上已设立土地承包经营权、建设用地使用权、宅基地使用权等权利的,未经用益物权人同意,土地所有权人不得设立地役权。"根据该规定,如果土地之上已经设立了其他用益物权,即在土地所有权之上设立土地承包经营权、建设用地使用权、宅基地使用权等权利之后,土地所有权人是否可以在土地之上再设立地役权? 这要区分两种情况进行处理:一是经用益物权人的同意,依据《物权法》的上述规定是可以设立地役权的。这是因为地役权本身是在他人土地之上设立的负担,如果土地之上设立了用益物权,经过用益物权人的同意,则可以在其上设立与已经存在的用益物权不相冲突的权利,例如空间役权等。二是未经用益物权人的同意,土地所有权人不得设立地役权。例如,农村集体经济组织将某块地作为宅基地交给某村民使用,以后,该集体经济组织又与某工厂达成协议,在未经宅基地使用权人同意的情况下,允许工厂在该土地之下铺设管线,这显然是不符合《物权法》的上述规定的。有学者认为,这实际上是按照物权的先后顺序来确定其效力的规则。先成立的物权优先于后成立的物权,后成立的物权如果对先成立的物权有影响,后物权在先物权实现时被排斥或消灭,因此,地役权不得对抗成立在先的用益物权,即除非经过用益物权人的同意,否则,不能设立地役权。② 笔者认为,用益物

---

① 参见胡康生主编:《中华人民共和国物权法释义》,法律出版社 2007 年版,第 352 页。

② 参见郭明瑞主编:《中华人民共和国物权法释义》,中国法制出版社 2007 年版,第 292 页。

权和所有权之间无所谓效力优先问题,所有权具有完全性,但用益物权的设立,只是对所有权的限制。《物权法》第一百六十三条主要不是基于物权的优先性,而是为了保障用益物权人权利的实现而作出的规定。因为如果未经用益物权人同意,在土地之上设立地役权,必然会损害用益物权人的利益。

如果土地上已经存在用益物权,用益物权人允许他人在其上设立地役权,那么土地所有人和用益物权人之间,到底谁有权设立地役权? 例如,某集体经济组织针对一块土地为某村民设立了土地承包经营权,而后另一村民希望在该地上设立通行地役权,那么集体经济组织和土地承包经营权人,谁有权来设立通行地役权? 笔者认为,如果用益物权已经设立,只能由用益物权人设立地役权,因为用益物权人本身享有了占有、使用、收益不动产的权利。而地役权的设立,必将对用益物权的行使产生一定影响。《物权法》第一百六十三条规定经过用益物权人的同意可以设立地役权,实际上就是允许用益物权人与他人达成协议,订立地役权合同,设立地役权。当然,如果超出了用益物权权利行使的范围,用益物权人就不能设立地役权。例如,不能设立超过用益物权期限的地役权。至于地役权人支付的对价费用应当支付给谁的问题,这就要取决于地役权合同的当事人是谁,如果是用益物权人作为合同当事人而与他人签订合同设定地役权,则该对价应当支付给用益物权人;如果因地役权的内容超出用益物权人权利的范围,而由土地所有人亲自与他人签订合同设立地役权,则此时对价应当支付给土地所有人。

第七节 地役权的消灭

由于地役权是一种具体的物权,所以物权消灭的一般原因也应适用于地役权的消灭。当然,地役权毕竟有其特殊性,物权的一般消灭原因适用于地役权时会体现出不同的特点,同时地役权也存在着特殊的消灭原因。[1]《物权法》第一百六十八条规定了地役权消灭的原因。

---

[1] 参见房绍坤:《物权法用益物权编》,中国人民大学出版社 2007 年版,第 295 页。

一、地役权消灭的事由

具体而言,地役权消灭的原因主要有以下几种:

(一)地役权设定合同消灭

我国现行法不承认物权行为无因性理论,地役权合同因无效、被撤销或被解除等原因归于消灭时,地役权若未登记的,径直消灭;若已经登记,在地役权人和供役地权利人之间,需役人虽无权主张地役权,但在与第三人之间的关系上,只有待办理注销登记后,才可主张地役权消灭。由此看来,《物权法》第一百六十八条规定地役权合同解除时地役权消灭,不够严谨。

如果供役地权利人恶意解除地役权合同以达废除地役权的不法目的,不发生解除的效果,地役权不因此归于消灭。此其一。地役权业已登记的场合,登记机关应予严格审查地役权合同解除是否合法,若不合法,不予办理地役权的注销登记,地役权不消灭。此其二。

(二)地役权期限届满

在当事人约定地役权期限的情况下,期限届满而又未再续期的,地役权合同的效力自然消灭,地役权也随之消灭。如果没有约定,也要进行推定。需要注意的是,如果在需役地或供役地上存在用益物权的,则地役权不得超过该权利的剩余期限。

(三)当事人约定的事由发生

当事人约定了地役权消灭的事由,且不违反法律、行政法规的强制性规定,不违背公序良俗原则的,事由发生,地役权归于消灭。[1]

(四)征收

征收供役地,消灭供役地上的权利,包括地役权。征收需役地,由地役权的从属性决定,国家取得地役权,除非地役权对于国家而言没有必要。[2]

---

[1] 梁慧星、陈华彬:《物权法》(第4版),法律出版社2007年版,第296页。

[2] 谢在全:《民法物权论》中册,中国政法大学出版社修订5版,第234页;王利明、尹飞、程啸:《中国物权法教程》,人民法院出版社2007年版,第416页。

（五）抛弃

地役权是一种物权，地役权得通过意思表示抛弃之。地役权人抛弃地役权的，地役权从其被抛弃之时起消灭。

（六）混同

一般理论认为，供役地和需役地应当属于不同的所有权人，但在我国，由于土地一般是国家所有或集体所有，所以，供役地和需役地所有权人一致的情况是比较常见的，从提高土地利用效率角度出发，应当允许所有权人为其土地设立地役权。① 相应地，在供役地和需役地事后为一人所有时，也不应当适用混同理论。但在供役地和需役地的用益物权人还是同一个人的情况下，则可以适用混同理论。

值得思考的是，建筑物的情况下，在供役地和需役地事后为一人所有时，是否承认混同理论？ 从提高建筑物利用效率角度出发，应做否定回答。但供役地和需役地的用益物权人还是同一个人的情况下，则可以适用混同理论。

（七）地役权无存续的必要

在供役地或需役地灭失的情况下，或供役地并非发生灭失，但事实上供役地已无法再向需役地提供便利的情况下（如供役地水源已经枯竭），地役权都无存续的必要。此时，可以根据供役地权利人申请，请求法院宣告地役权消灭。②

最后，必须指出，在地役权无登记的情况下，具备上述事由之一的，地役权即归于消灭，无论在需役人和供役地权利人之间，还是在与第三人之间的关系上，一律如此。但在地役权已经登记的情况下，地役权的消灭，尚需办理地役权的注销登记。当事人应当在该地役权终止之日起 15 日内，持相关证明文件，申请地役权注销登记。逾期不办理的，进行注销公告，公告期满后可直接

---

① 薛军：《地役权与居住权问题》，《中外法学》2006 年第 1 期。
② 谢在全：《民法物权论》中册，中国政法大学出版社修订 5 版，第 236 页；梁慧星、陈华彬：《物权法》，法律出版社 2007 年版，第 296 页；王泽鉴：《民法物权·用益物权·占有》（总第 2 册），中国政法大学出版社 2001 年版，第 94 页；王利明、尹飞、程啸：《中国物权法教程》，人民法院出版社 2007 年版，第 416 页。

办理注销登记。

若未办理注销登记,在需役人和供役地权利人之间,需役人虽无权主张地役权,但在与第三人之间的关系上,只有待办理注销登记后,供役地权利人等才可主张地役权消灭的法律效果。

二、地役权消灭的法律后果

需役人占有供役地的,负返还供役地的义务;不占有供役地又未建造设施的,自然恢复原状;已经依法建造了设施的,需役人有权取回此类设施,或由供役地权利人作价补偿给需役人,但对于供役地权利人无利益的,供役地权利人有权令需役人拆除设施,恢复原状。

第十三章　居住权

第一节　居住权的立法沿革及现状

居住权来源于罗马法的人役权,是指居住权人对他人住房及其附着物享有占有、使用的权利。依照权利的来源,可以将居住权分为法定居住权和意定居住权。法定居住权是依照法律规定直接产生的居住权。意定居住权是指按照合同约定或依照遗嘱、遗赠方式而设立的居住权。居住权纠纷涉及百姓基本的生存保障,是当下社会关注的热点问题,也是当前房屋纠纷审理中的难点问题。

(一)居住权的法理基础

埃德加·博登海默曾说过:"概念是解决法律问题所必需和必不可少的工具,没有限定严格的专门概念,我们便不能清楚和理性思考法律问题。"①在探讨居住权有关制度前,有必要对居住权的概念进行界定。在现行法律制度内,居住权概念横跨公法、私法领域。公法上的居住权又叫住宅权、住房权,我国《宪法》第三十九条规定了公民的住宅不受侵犯,公法上的住宅权核心是维护人类的基本生存价值即"住有所居",奉行国家保障理念,不同于民法上的居住权。私法意义上的居住权是指对他人住房进行居住的权利,可通过两种方式创设:一种为物权方式,即产生作为用益物权的居住权;另一种为债权方式,如不动产租赁使用权。用益物权上的居住权与租赁合同产生的居住权具有根本差异,居住权作为对世权,具有优先性、排他性、对抗

---

① 博登海默:《法理学法律哲学与法律方法》,中国政法大学出版社 2004 年版,第 505 页。

性,权利人直接支配标的物,经过公示,可对抗第三人,对权利人保护力度强;而租赁权作为债权,是相对权、对人权,不能对抗第三人,对承租人的保护不如居住权强。因此,租赁权并不能代替居住权,二者共存,可满足不同当事人对房屋的需求。

居住权的历史源远流长,最早可追溯至罗马法的人役权制度。人役权是指为特定人的利益而利用他人物的权利,即以他人物供自己使用和收益的权利。①

根据优士丁尼《法学阶梯》规定,因权利内容不同,人役权可分为居住权、使用权、用益权。居住权是指非所有人居住他人房屋的权利。居住权是使用权的一种,又叫小使用权,使用权又属于用益权,三者共属人役权。设立居住权的初衷在于解决家长亡故时,那些没有继承权又缺乏或丧失劳动能力的人的基本生活问题,使他们生有所靠、老有所养。② 居住权的主体以特定的自然人为限,基于婚姻家庭关系产生,目的在于保障赡养、抚养和扶养的需要。居住权以他人的房屋为标的物,一般无偿取得,具有很强的人身属性,不可转让和处分,具有时间性,以权利人的生存期限为最长期限。

(二)国外有关居住权立法的比较研究

1. 大陆法系居住权相关立法

(1)法国。《法国民法典》忠实地继承了罗马法人役权制度,规定了用益权、使用权、居住权,居住权可以通过法定或意定方式取得。《法国民法典》第六百二十六条和第六百二十七条规定了居住权人的担保义务和善良管理人的注意义务,并且居住权人还承担房屋的日常修缮及捐税义务。法国在判例中确立了通过终身年金代替居住权的灵活行使方式。此外,居住权有三十年的除斥期间。

(2)德国。德国法上规定了两种不同性质的居住权。一种是通过《德国民法典》规定传统居住权,另一种是通过《住宅所有权与长期居住权》规定长

---

① 周枬:《罗马法原论》上,商务印书馆 1994 年版,第 368 页。

② 申卫星:《视野拓展与功能转换:我国设立居住权制度必要性的多重视角》,民商法前沿之私法论坛。

期居住权。传统居住权是一种受限制的人役权,只能由特定人享有,不得转让或继承。长期居住权试图改善传统居住权不能流通的弊病,居住权人可进行转让、继承、抵押或合理用益,在广阔的市场中发挥流通功能,满足人居住和投资的双重需求。

（3）瑞士。《瑞士民法典》第七百七十六条规定了居住权,居住权具有严格的人役权性质,不得转让或继承,但法典未限制出租。居住权的设立须进行登记,采公示要件主义。居住权人应对居住权标的物投火灾或其他灾害保险。

2.英美法系居住权相关立法

（1）英国。英国现行的居住权制度主要规定在1996年7月颁布的《家庭法案》中,在"家庭住宅与家庭暴力"一章,专门对配偶、前配偶、同居人、前同居人的居住权作出了规定。该法案规定,婚姻居住权就是一方配偶基于契约或法律授权而享有住宅的使用权或所有权,另一方配偶虽无此授权,但若其正占有住宅,享有在另一方配偶未获得法院指令时,不得将其逐出该住宅或部分住宅的权利;若其未占有住宅,其有经法院许可而进入并占有该住宅的权利。对婚姻居住权的规定,也适用于离婚后的前配偶、同居人及前同居人,这些人有权根据法律的规定继续占有住宅或部分住宅。

（2）美国。美国除在婚姻家庭法领域设立了与英国相似的居住权制度之外,还创立了终生地产权制度。终生地产权制度是指基于法律规定或当事人约定,特定人于其生存期间内对特定财产（一般为不动产）享有所有权,但该特定人死亡或当事人约定的条件实现,该所有权即行终止。此项制度常运用在年老者将住宅所有权转让给其子女但保留其对住宅的住宅权,保证年老者余生有房可住。

从各国立法例看出,法、英、美国家的法律中关于居住权的规定,大多都是用于调整婚姻家庭领域的法律关系,为"伦理性"居住权。德国的长期居住权以及美国的终生地产权,突破了传统居住权的限制,扩张了居住权的种类、适用范围及功能,使得居住权的伦理性大大减弱,展现了居住权在新的历史环境下的利用价值,为我国是否设立居住权带来启示。

（三）我国有关居住权的立法沿革及现状

1. 我国居住权制度的立法实践

我国并无居住权的立法传统,这与我国传统的家庭成员养老方式有关。但事实上,居住权问题不仅在审判实务中大量存在,而且在我国现行法律制度中,也存在"居住权"的影子。在婚姻家庭领域,《婚姻法》第四十二条规定:"离婚时,如一方居住困难,另一方应从其住房等个人财产中给予适当的帮助,具体办法由双方协议;协议不成时,由人民法院判决。"《最高人民法院关于适用〈中华人民共和国婚姻法〉若干问题的解释(一)》第二十七条规定:"一方离婚后没有住处的,属于生活困难。离婚时,一方以个人财产中的住房对生活困难者进行帮助的形式,可以是房屋的居住权或房屋的所有权。"在特定人保护的法律领域,如《妇女权益保护法》《未成年人保护法》和《老年人权益保护法》等均能找到居住权的痕迹。此外,房地产管理的相关法律、法规、规章中,对居住权进行了更明确的表述。但这些规定都过于笼统,在司法实践中缺乏可操作性。

2. 居住权在我国的立法争议

我国 2002 年的《物权法征求意见稿》首次提出了居住权的概念,设计了专章共八条规定居住权制度。2005 年的《物权法草案》第四次审议稿在体例上专设一章,增至十二个条文对居住权予以更详细的规定。但是 2007 年 3 月 16 日正式颁布的《中华人民共和国物权法》却删除了该制度,理由在于居住权制度在我国仍然存在较大争议,学术界、实务界和民众的意见不统一,立法机关在各方意见不一致的情况下,决定在我国《物权法》中暂不设立居住权制度。

反对居住权立法的理由主要有:第一,在我国物权法体系中居住权难以融入现有的制度框架。我国物权法并未规定居住权的上位制度人役权,单纯规定居住权,不仅会破坏人役权的权利结构,还会使居住权失去存在的根基。① 第二,居住权不得转让、不得继承的特性已不适应现代社会有关经济效益的观

---

① 房绍坤:《居住权立法不具可行性》,《中州学报》2005 年第 4 期。

念,与《物权法》"物尽其用"原则相背。第三,我国住房问题通过现有法律制度已能得到解决,没有必要再专设居住权。

笔者认为,人役权和地役权的二元结构并不是一成不变的,人役权体系缺乏不能成为不确立居住权制度的理由。[①] 居住权的存在价值除了解决离婚妇女、父母、未成年子女的住房问题外,在现代社会更拓宽了其适用空间,满足了人们利用财产形式的多样化要求。虽然我国婚姻法司法解释承认了"居住权"的概念,但仅是原则性地规定了义务人的赡养、抚养、扶养义务,难以切实履行,我们应承认居住权的价值,它与婚姻法上的相关义务,不是反对关系,而是相辅相成的关系。设立居住权不仅有助于厘清相关当事人的权利性质、归属及范围,为法院解决诉争确立标准,实现对房屋的多样化利用,还有助于缓和物权法定的严酷性。物权法定主义越来越限制新的物权种类和内容的创设,物权法定的缓和是指在《物权法》未规定居住权之前,可先通过司法解释等确立居住权的物权特征,待条件成熟再立法完善。

第二节　实务中居住权纠纷案件的审理概况

一、居住权纠纷产生的原因

当前,居住权纠纷产生的原因主要有以下四种:第一,亲属关系变化引起居住权纠纷。例如,子女在父母离婚后随父母一方搬离原住房屋,但户籍仍在该房屋内,另一方起诉要求确认子女对该房屋无居住使用权。又如,夫妻原居住于男方或女方父母所承租或为产权人的房屋中,离婚时,约定各自解决居住问题。现房屋的承租人或者产权人起诉,要求离异的子女以及其配偶搬离房屋等。第二,依政策落实户籍而引起纠纷。此种情况多出现在知青子女回沪的家庭中。知青子女在回沪时,依据政策将户籍迁移到祖父辈或者父母的兄

---

① 曾大鹏:《居住权制度价值的理论争议及其评析》,杨立新主编:《民商法理论争议问题——用益物权》,中国人民大学出版社 2007 年版,第 397 页。

弟姐妹为承租人、产权人的房屋内。随着时间的推移,房屋承租人或者产权人发生变化,加上知青子女长大成年,引发居住权纠纷。此外,部分知青子女或者知青在其户口迁入时,曾作出过永不居住房屋的承诺,这种承诺的效力应如何认定,审判实践中也有不同的观点。第三,为获取动迁利益,而引发居住权纠纷。在动迁新政实施之前,动迁部门会对被安置人员作出认定。但自2009年实施动迁新政以来,动迁部门对每户被拆迁人家庭结构的认定和考虑并不记载于动迁材料中,也不愿向法院作出明确说明。鉴于动迁新政策采取了"数砖头+托底保障"的原则,故哪些人员属于被拆迁房屋的同住人,对被拆迁房屋享有居住权需要在具体案件中由司法审判机关予以认定。审判机关一旦认定某人享有居住权,则领取动迁款项的人即负有了安置此人的义务。随着动迁新政的实施,此类案件将呈增长趋势。第四,居住权人与产权人的冲突。主要是指居住权人占用房屋,与产权人矛盾激烈且房屋较小,无法共同居住而引发的纠纷以及产权人处分房屋后,居住权无法保障而引发的居住权纠纷。此类纠纷多发生于售后公房中。这类案件基本形态之一:甲为房屋承租人或者产权人,乙为同住人。甲将房屋出售给第三人后,乙占有房屋拒绝搬迁。第三人起诉要求乙迁出房屋;或乙起诉甲,要求甲赔偿其丧失居住权的损失。案件基本形态之二:居住权人长期占有房屋,产权人无法入住,不得不租房居住,产权人要求居住权人补偿租金损失等。

二、实务中居住权纠纷案件的特点

以2009年至2014年上海市第一中级人民法院审理的居住权纠纷案件作为样本进行分析。2009年至2014年,该院共受理居住权纠纷案件541件。经梳理分析发现,居住权纠纷案件有如下特点:

一是收案数近两年增幅显著。其中,2009年共受理居住权纠纷案件61件,2010年共受理55件,2011年共受理60件,收案数基本平稳。但2012年共受理居住权纠纷案件增加至86件,2013年受理居住权纠纷案件126件,2014年受理居住权纠纷案件153件,反映出近两年居住权纠纷收案增幅显著,实践中将对房屋的"居住使用"作为一种独立权利进行主张的情形呈增多趋势。

二是案件事实及所涉法律关系复杂。居住权纠纷多发生在家庭成员之间,涉及争议房屋来源,各家庭成员在房屋取得过程中的贡献,当事人户口所在地、实际居住状况,以及曾经享受福利分房的情况等诸多案件事实;由于居住权的取得多以当事人之间存在的婚姻关系,法定抚养、赡养关系,继承关系等为基础,案件所涉法律关系也较为复杂,给审理带来难度。

三是居住权纠纷房屋类型以公房居多。因当事人的户籍在公房内,或长期居住于公房内而主张对公房的居住权;或者公房经出售私有化后,公房的原承租人、同住人对房屋主张居住权从而引发的居住权纠纷占所有居住权纠纷案件的一半以上,达55%。因旧有房屋发生动迁,而对动迁安置房屋产生居住权纠纷的占29%。其余少部分案件则为一方因结婚入住房屋,离婚后主张对该房屋享有居住权产生的居住纠纷。从居住权纠纷房屋类型上看,以公房居多。

四是涉及利益价值大,调解率畸低。居住权人通常有权长期稳定地居住、使用他人所有的房屋,对于生活困难、无其他住房的当事人而言,居住权甚至成为其生存的必要保障;此外,居住权人还有权主张因房屋出租、转让等所得部分利益。因居住权关涉利益巨大,居住权纠纷当事人往往互不相让,调解难度大。如2012年受理的86件该类案件中,调解结案的仅3件,调解率仅为3.5%。

三、居住权纠纷案件的类型

(一)按照纠纷起因的不同对居住权案件进行分类

1. 原告以其户口在系争房屋内为由,主张对系争房屋的居住权(但原告从未在房屋内居住过),该类案件占所有居住权纠纷案件的19%。

2. 原告以其在系争房屋内虽无户口,但实际居住过为由,主张对系争房屋的居住权。该类案件占所有居住权纠纷案件的20%。

3. 原告以其在系争房屋内居住过,且户口在系争房屋内为由,主张居住权。该类案件占所有居住权纠纷案件的25%。

4. 系争房屋是动迁所得,原告为被安置人。共同居住的房屋被拆迁,原告作为被安置人之一主张对安置的房屋或拆迁补偿款购买的房屋享有居住权。该类案件占所有居住权纠纷案件的24%。

5. 公房出售未征得其他共同居住人同意引发纠纷,共同居住人主张对出售的房屋享有居住权。该类案件占所有居住权纠纷案件的4%。

(二)按照法院对居住权的认定进行分类

1. 认定有"居住权"。在该院受理的居住权纠纷案件中,有44%左右的案件都支持了当事人的诉讼请求,承认了当事人的居住权的存在,认定当事人可以居住使用系争房屋,只是在判决主文中,表述有差异,一些判决认定当事人有"居住权",一些判决认定当事人有"居住使用权"。

2. 法院对居住权对价补偿的认定。法院判决当事人享有居住权,但因某些原因不能实际居住,给予一定的补偿款代替居住权的行使。少部分判决法院对"居住权"进行了委托估价,一般参照房屋的转让款;但大部分判决对补偿款都未进行估价,而是法官结合实际情况自由裁量,该类判决占所有对居住权进行对价补偿案件的近七成。

3. 法院认定原告无居住权或居住使用权。法院并不轻易承认当事人居住权的存在,否定当事人居住权存在的判决占43%左右。

四、居住权纠纷案件的审理难点

(一)居住权的法律性质界定不明

本市有关公有住房管理的规范性文件(如《上海市房屋租赁条例》)及上海高院的相关执法意见中使用了"共同居住人""同住人"的概念,认可具备相关资格条件的非承租人、非产权人对公有房屋享有一定的居住权利,并允许其以诉讼方式主张确认权利。比如上海高院在1996年下发的《审理公有住房出售后纠纷的若干意见》"受理"部分的第二条规定:"部分购房人起诉要求同住人迁让,同住人起诉要求确认房屋居住权的,应予受理。"但由于《民法通则》的"民事权利"与《物权法》的"用益物权"中均不包括"居住权"这一权利类型,也没有就非所有权性质的房屋居住、使用权利问题作出规定,"居住权"究竟是属于可以对抗一般人的物权,还是仅仅约束特定主体的债权,抑或是公房领域中的特殊准物权,实务界和理论界对此均一直未能明确、统一。尽管"居住权"之诉已经在实践中存在多年,但是作为一种缺乏上位法律依据的权利类型,法院对其进行判决确认是否违反了物权法的"物权法定原则"?对流动性日益增大的房屋交易市场而言,法院判决确认房屋上存在一种法律性质不明且无法登记公示的权利是否对第三人的交易安全构成不利影响?这些问题始终困扰着审判实践。目前尚无专门法律法规对居住权问题作出明确规定。法官在裁判时大多援引《民法通则》关于"公民、法人合法的民事权益受法律保护,任何组织和个人不得侵犯"的规定作为判决依据。但该条款过于原则,对居住权纠纷难以起到实际规范作用。

(二)居住权的认定要件尚未统一

产权人、承租人享有的所有权、承租权中当然涵盖了居住权能,而非产权人、非承租人主张对房屋的居住权则必须要证明其具备一定的身份条件。目前审判实践对居住权要件的审查基本是依托"同住人""共同居住人"的认定路径。根据相关规范性文件的适用范围,审判实践对承租公房、售后公房、拆迁安置中的"同住人""共同居住人"采取不尽相同的认定标准,但基本可分为积极要件、消极要件及例外情形三类:前者主要是房屋来源关系、户口所在、实际居住年限,后者主要是排除他处已有福利性住房、空挂户口、为特定目的协议借住房屋等情况,而例外情形主要是指对结婚、出生及参军入伍、外出求学等情况可以放宽前述的户口所在、居住年限限制。但在具体案件中,一是事实认定难,由于此类资格条件审查主要是对历史情况的追溯,尤其是对实际居住情况、动迁安置人口因素、他处是否有福利住房的事实,无论是当事人举证,还是法院的查证都有很大困难。二是标准掌握难,由于现有的标准仍然是相对模糊的,法官的理解适用存在不一致甚至是完全相反的情况,比如动迁安置中,当事人是被安置人之一,享有一定的拆迁补偿份额,其是否直接享有安置房屋的居住权;认定同住人是否需考虑实际居住及居住时长等因素,一人是否可以享有多处房屋的居住权,这些问题在实践中尚没有统一的认识。

（三）居住权的实现方式存在争议

居住权的实现是否等同于实际居住？获法院判决确认享有居住权的当事人是否可以据此直接入住系争房屋？从理论上说，居住权应当是保障当事人实际居住利益的权利。但遇到的现实问题是：某些当事人虽然曾经是房屋的原始受配人，或是符合"同住人""共同居住人"的条件，法院认定其对房屋享有"居住权"，但其出于种种原因长期未在系争房屋内居住，该房屋内已经形成了稳定的居住状态，且此类老式房屋多数居住环境恶劣，没有多余的生活空间。若居住权人要求搬入系争房屋遭到现住人的拒绝，或者自行强行搬入后，拒绝其他现住人的搬离请求，引发诉讼纠纷，法院应当如何处理？此类问题在实践中日益凸显，使法院执法处于两难境地：若支持居住权人的主张，首先是缺乏可执行性，难以确认其可以实际居住的空间；更为重要的是判决社会效果差，容易破坏房屋内长期形成的居住状态，造成居住权人与房屋现住人的矛盾激化，形成不稳定因素，导致后续纠纷不断，严重影响系争房屋内各家庭成员，甚至是所在社区的安全稳定。但若不支持居住权人的主张，则在法理上似与法院对居住权的确认相矛盾。如何平衡多个主体之间的居住权利益冲突？是否应当对不适宜实际入住的居住权人的权利实现方式进行限定？这是审判实践中的突出难点问题。

（四）居住权的价值补偿缺乏标准

在居住权人已经无法实际入住系争房屋或是因家庭内部进行分家析产，居住权人需要迁出系争房屋的情况下，实际居住房屋的当事人应当对丧失了房屋居住利益的居住权人进行货币补偿，以体现居住权的财产价值。但房屋的所有权可以入市交易，其价值比较容易确定。而居住权重在房屋的使用价值，其价值难以直接量化，目前，对作为使用利益的居住权进行货币量化尚缺乏科学的方法。部分案件在审理中尝试对"居住权"的市场价值进行了委托估价，但评估机构也均表示缺乏可靠的专业依据，在法院不能对鉴定方法予以明确的情况下，只能以房屋产权价格作出评估结论。但居住权与所有权的法律性质不同，居住权的财产价值也不能等同于所有权份额，此类评估结论在质证中不能被价款给付方接受，法院也不能直接将其作为认定补偿标准的有效参考。在目前实践中,通常只能依靠法院的自由裁量权进行酌情处理,由此也造成了较为普遍的执法不统一现象。如何确定居住权的货币补偿标准,推进类案统一,规范自由裁量权的行使,是居住权纠纷案件中亟待破解的瓶颈问题。

此外,涉居住权案件多存在于婚姻家庭领域,当事人之间多有积怨,而近年来房屋价格上涨过快,进一步放大了利益冲突,导致双方矛盾进一步激化,人身伤亡的恶性事件亦有发生,此类案件的调处难度较大。

第三节　居住权纠纷的审判理念与思路

一、当前上海房屋管理行政机关关于认定居住权的有关标准

面对当事人之间纷繁复杂的纠纷,要公正地处理,首先必须熟悉居住权方面的裁判依据。目前,仅《最高人民法院关于适用〈中华人民共和国婚姻法〉若干问题的解释》第二十七条明确规定了居住权,即离婚时,一方以个人财产中的住房对生活困难者进行帮助的形式,可以是房屋的居住权或者房屋的所有权。上海审理居住权纠纷所参照的规范主要是上海市房地局的文件、答复以及上海高院的执法意见,且针对的仅是公有住房,并未涉及商品房。现就近几年来上海市房屋土地资源管理局就涉及居住权的同住人认定问题的相关规定和给法院的复函意见做如下梳理。

(一)公房原承租人死亡或者变更租赁关系时同住人的认定

根据上海市房地资源管理局在《关于贯彻实施〈上海市房屋租赁条例〉的意见(二)》(沪房地资公〔2000〕98 号)第十二条中的解释,公有居住房屋承租人死亡或者变更租赁关系时,共同居住人是指在该承租房屋处实际居住生活一年以上(特殊情况除外);而且本市无其他住房或虽有其他住房但居住困难的人,结婚出生可以不受上述条件限制。此处的共同居住人并不要求是否具有本处户籍,甚至不要求是否具有本市户籍。而在变更租赁关系时,若要作为公房的承租人,则必须在本处或者他处有本市常住户口。

(二)购买公有住房时同住人的认定

购买公有住房的对象为获得新分配住房的具有本市常住户口的职工和在住所地具有本市常住户口的公有住房承租人或年满 18 周岁的同住成年人。同住人是指在本处有常住户口,且实际居住三年以上(除特殊情况外),他处无住房或他处虽有住房而居住困难的。

(三)拆迁时同住人的认定

其一,具有本市常住户口,至拆迁许可证核发之日,因结婚而在被拆迁公有住房内居住的,即便未满一年,也视为同住人。但其在该处取得拆迁补偿后,一般无权再主张本市其他公房拆迁补偿款的份额。其二,一般情况下,在本市无常住户口,至拆迁许可证核发之日,因结婚而在被拆迁公有住房内居住满 5 年的,也可以视为同住人,可以分得拆迁补偿款。其三,在被拆迁公有居住房屋处有本市常住户口,因家庭矛盾、居住困难等原因在外借房居住,他处未取得福利性房屋的,可视为同住人。下列人员无权分得公有居住房屋拆迁货币补偿款:(1)将本来享有的他处公有住房权利予以处分,居住在被拆迁公有住房内的。(2)获得单位购房补贴款后已有能力购房而不购买房屋,仍居住在被拆迁公有房屋的共同居住人。(3)已在本市他处公有房屋拆迁中取得货币补偿款的。

上述一系列规定为本市居住权纠纷的审理提供了比较具体的参照依据,但在实践操作中,由于案情错综复杂,上述规定也不能机械适用。例如,根据上述规定,将本来享有的他处公有住房权利予以处分的不得分得公有居住房屋的货币拆迁补偿款。但对离婚中约定将房屋给另一方居住,是否也不能分得公有居住房屋的货币拆迁补偿款,则存在不同的观点,乃至不同的判处方式。此外,上述一系列规定主要针对的是公有住房或者售后公房,在商品房的情况下,能否适用上述规定也存在不同的观点。鉴于商品房已经成为居民的主要生活载体,界定商品房中的居住权问题越来越迫切。

二、公房居住权的法律性质

《上海市房屋租赁条例》第四十条、第四十一条规定,"租赁户名变更后,原承租人的共同居住人仍享有居住权""租赁关系变更后,原承租人的生前共同居住人仍享有居住权"。司法实践中,对公房居住权的法律性质,存在两种意见。第一种意见认为:公房居住权实际上就是公房使用权,系一种具有准物权性质的债权权益,具有占有、使用、收益、有限处分等权益内容。第二种意见认为:公房居住权系一种用益物权,符合《物权法》关于用益物权的定义,即对他人所有之物"依法享有占有、使用和收益的权利"。

笔者认为,公房居住权是我国特有的公房制度的产物,实践中公房居住权通常用来指称承租人及其共同居住人(以下简称"同住人")对公房所享有的相关权益。公房承租人与同住人共同承租公房,二者对公房共同享有占有、使用、收益、有限处分等权益,同住人的合法居住权益依法应予保护。

但公房居住权不是一种物权。从理论上讲,居住权来源于罗马法的人役权,是指居住权人对他人住房及其附着物享有占有、使用的权利。公房居住权属于公房使用权的范畴,与源自罗马法中人役权的居住权并非同一概念。居住权虽曾在《物权法(草案)》中出现,但在最后审议时被删除。基于《物权法》第五条"物权的种类和内容,由法律规定"所确立的物权法定原则,在法律未规定居住权的情况下,不应创设物权性质的居住权。故审判实践中以"共有权纠纷""用益物权纠纷"作为纠纷的案由不妥。当事人以享有或不享有公房居住权为由,提出迁出、入住等诉请的,可根据纠纷性质确定为"排除妨害纠纷"等案由。

三、审理居住权纠纷应秉持的几个理念

房屋是安身立命之根本,居住权的本质是保障人的基本生存权而对产权作出合理的限制。笔者认为,在立法相对滞后的情况下,审判居住权纠纷必须把握居住权的本质,秉持如下理念:

首先,保证基本生存权。例如在排除妨碍类的房屋迁让纠纷案件中,应在查明被告是否有居住权的情况下,对要求迁出的诉讼请求作出正确妥善处理。在涉讼当事人对房屋均有居住权,而矛盾激化无法共同居住的情况下,应由实际居住一方补偿另一方租金损失。

其次,合理的限制产权。居住权人对房屋的使用应限于自身居住需求的合理使用,不得妨碍产权人对房屋的正常使用,亦不得破坏房屋原有的装修和设施。实践中,有些居住权纠纷当事人矛盾激化,产权人反倒迫不得已而租房居住,此时,对于产权人要求居住权人补偿其无法使用争议房屋而产生的租金损失,法院应予支持。

再次,对居住权应区分不同的情境,区别对待。鉴于房屋管理行政机关对居住权的认定规定了在不同情况下的不同标准,司法机关在审理这类纠纷中就应注意区别对待。比如,在知青子女居住权纠纷案件中,对于永不居住的承诺书效力问题,笔者认为就不应一概认定为有效或者无效。具体而言,在拆迁补偿安置纠纷中,认定知青子女对被拆迁房屋有居住权往往并不会造成原居住人的居住困难,考虑到知青子女他处无房且户口在被拆迁房屋中的因素,认定知青子女可以享受拆迁利益也符合公平原则。而在另一类案件中,如原产权人、原住房人自身居住困难,知青子女又从未居住过房屋的情况下,则应保护善意的原产权人、原住房人的利益,确认永不居住承诺书有效。又如,在子女成年并获得单位福利分房或者货币分房之后,不应再主张对父母房屋的居住权。等等。

最后,对商品房慎设居住权。鉴于现有的规范居住权的房地行政机关文件均未涉及商品房,司法机关如认定非产权人对商品房享有居住权,一方面缺乏相应的依据;另一方面因居住权目前尚无法记载于产证之上,不具有可公示的社会效果,其权利的保障亦缺乏可操作性,故笔者认为,对商品房的居住权设置应慎之又慎。比如,笔者遇到两起类似案件,案情均为:年轻夫妻原居住于男方父母购买的产权房屋中,离婚诉讼中,双方约定各自解决居住问题。但离婚后,女方拒不搬出房屋。男方父母起诉要求女方迁出。但一份判决支持了男方父母的诉讼请求;而另一份判决驳回了男方父母的诉讼请求,认为女方对房屋有居住权。笔者认为,鉴于系争房屋为商品房,此类情形一旦设定居住权,则男方父母的利益无法保障,故法院判决不能显然设定居住权。而女方的居住问题,应在离婚诉讼中予以解决。

四、公房居住权纠纷的审判思路

(一)公房居住权判断标准的把握

关于同住人的界定,原上海市房地资源局 2000 年发布的文件《关于贯彻实施〈上海市房屋租赁条例〉的意见(二)》第十二条规定:"《上海市房屋租赁条例》中所称公有居住房屋的'共同居住人'是指公有居住房屋的承租人死亡或者变更租赁关系时,在该承租房屋处实际居住生活一年以上(特殊情况除外)而且本市无其他住房或者虽有其他住房但居住困难的人,结婚、出生可以不受上述条件的限制。"2011 年上海市人民政府发布的《上海市国有土地上房屋征收与补偿实施细则》第五十一条第三项规定:"共同居住人,是指作出房屋征收决定时,在被征收房屋处具有常住户口,并实际居住生活一年以上(特殊情况除外),且本市无其他住房或者虽有其他住房但居住困难的人。"

实践中争议较多的是,在认定当事人享有公房居住权时,是否仅按照上述同住人标准来认定? 有观点认为:应采纳同住人标准,因为从字面意思上看,同住人指的就是共同居住之人,其当然享有相应的公房居住权,并且目前上海的地方条例或规章等规范性文件中,并无公房居住权认定标准的明确规定,只能根据同住人的认定标准进行判断。相反意见认为:同住人标准只能作为参考,不能作为判断的唯一凭据,具体判断时还应结合其他因素综合判断。因为上述规定中的同住人概念的设定,只是为变更承租人、确定拆迁利益享受人而存在,并非是为了确定享有同住人的利益主体。

对此,笔者认为,居住权主体就是承租人和同住人,同住人享有相应的公房居住权。公房居住权纠纷案件的核心,就是如何确定同住人问题。审判实践中对同住人的认定,应结合上述意见、实施细则的规定作出认定。凡是符合上述规定的人员即应认定为同住人。对因特殊情况与上述规定标准不符,又实际应予认定的,则应结合其他因素如公有住房调配单、动迁安置、婚姻、出生、服兵役等情况综合判断。上海高院民一庭在 2004 年印发的《关于房屋动拆迁补偿款分割民事案件若干问题的解答》,对此所做解答可参考适用。

（二）公房居住权纠纷的处理原则

在处理公房居住权纠纷时，首先，要关注公房制度发展的历史背景和现实。公房是特定历史时期，国家为解决职工居住问题的一项福利性住房政策，其出发点是解决人有所居的社会居住问题。随着住房市场化的启动，公房使用权的财产属性日益突出，不仅可以通过房改政策将公房购为私房，也可以依规定转租、差价换房，符合条件的还可以转让，来确定实现其价值。尽管公房使用权兼有保障居住、财产价值的双重性，但房屋居住问题，仍是我国当前民生问题较为重要的内容之一，从我国不断加大对廉租房等保障性住房投入的事实，即可管中窥豹、可见一斑，因此，公房居住保障功能的保护应优于其财产价值属性的保护。

其次，处理公房居住权纠纷时，应审慎、充分考量案件相关的因素。由于公房居住权的判断较为复杂，其中既有判断标准不甚明晰的原因，又有管理制度不完善的原因，还有当事人居住、户口、身份等情况变化导致事实繁杂的原因，而此类案件的处理往往涉及当事人的居住保障问题，因此，法官应尽量能动审查案件的相关事实，平衡好财产权益与居住保障的冲突，确保案件处理的法律效果与社会效果的统一。

最后，要从审执兼顾的角度出发充分考虑判决的可执行问题，要重视公房面积通常较小、当事人经济和居住条件相对较差等现实困难，尤其要关注支持当事人入住可能激化矛盾的问题，稳妥处理纠纷。

（三）居住权益实现方式的把握

对于当事人确实享有居住权的，是否一概判决支持当事人实际入住系争公房？有意见认为：即使当事人享有公房居住权益，并不一定适合判令双方共同居住，应综合房屋状况、当事人经济能力等因素，灵活处理。相反意见认为：因为居住权不言自明的应有之义就是居住，如果采用货币补偿的方式，无法实现对居住权的真正保护，特别是在某些情形下，确实有些当事人居住困难，需要入住系争公房。因此，公房居住权不能用货币补偿代替。

对此，笔者认为，经审理当事人一方确享有公房居住权，但目前实际未入住的，其诉请要求入住，且讼争公房适宜当事人分开居住使用，不存在居住困难、矛盾激化等情况的,可以支持当事人排除妨碍、实际入住的诉请。

对于当事人享有公房居住权,但目前实际未入住,且双方不适合共同居住的,如存在当事人之间矛盾较为激化、公房居住面积畸小、不宜共同居住等实际入住困难的,应引导当事人变更请求,原则上以货币补偿等形式解决一方在外居住保障的问题。若相对方确无力支付货币补偿款的,可以通过补偿在外一方部分租房费用的形式,实现分开居住。租房费用应综合考虑公房面积、所在地段、户内人员数量以及权利共享情况等因素确定。

【案例 13.1】房屋产权争议

杨某某系赵某 A 的母亲,其曾于 2009 年 12 月 30 日向法院起诉要求确认其为上海市徐汇区长桥三村某房屋(以下简称"系争房屋")的共有人。原审法院判决确认杨某某为登记于赵某 A 名下的系争房屋的共有人之一。之后杨某某提出,明确其以前一直居住在内,现因双方发生纠纷,故无法实现居住的目的,请求法院判决认定其享有居住权,并进行居住。原审法院认定杨某某与赵某 A 为系争房屋的共有人,对系争房屋均享有占有、使用、收益的权利。故赵某 A 不得妨碍杨某某居住使用上海市徐汇区长桥三村某房屋。二审法院则认为,杨某某为系争房屋的产权人,因此其对系争房屋当然享有居住利益。然而,此不等于表示杨某某就必须通过居住系争房屋的方式实现该利益。从本案的实际情况分析,系争房屋目前由赵某 A 一家居住,而且当前双方当事人亦存在矛盾,双方甚至一度为确定系争房屋的产权争议而引发诉讼。同时,自 2010 年 3 月起,杨某某亦未在系争房屋内居住,而是选择与其另一儿子赵某 B 一起居住。二审法院结合该实际情况,认定目前杨某某还是不居住于系争房屋内较为妥当。当然,杨某某不居住于系争房屋不等于其无法通过其他途径实现自己的居住利益,根据本案实际,赵某 A 应于判决生效之日起 10 日内向杨某某支付相应的补偿款(以每月人民币 500 元为标准,自 2012 年 8 月起开始计算)。[1]

---

[1] 一审案号:上海市徐汇区人民法院(2012)徐民四(民)初字第 3278 号;二审案号:上海市第一中级人民法院(2012)沪一中民二(民)终字第 3220 号。

从该案一、二审法院的认定分析,二者并无本质差别,皆认定杨某某对系争房屋享有居住利益。然而,该利益是否必须通过居住的方式予以实现,两级法院作出了不同的判定。杨某某为系争房屋的共有人,因此从一般意义上而言,其对系争房屋享有居住权并无不可。然而,很多家庭的实际居住状况本就紧张,如果法院强行要求主张权利的人通过居住的方式实现其利益,则不但不能解决矛盾,反而会导致双方矛盾的激化。事实上,权利实现的方式多种多样,因此法院如果能通过变通的方式,让一方对另一方予以金钱补偿,在居住问题紧张的状态下,不失为一种较好的解决纠纷的措施。

第四节　居住权纠纷几种具体情形的把握

一、公房原始受配人的身份对公房居住权的影响

公房承租时,房屋调配单一般载明公房的受配人。若原始受配人长期不居住在系争公房,是否丧失公房居住权?一种观点认为:原始受配人所获得的公房居住权,系原始获得,不应因其户口迁出、未实际居住等因素而丧失该权益,但其获得福利性分房的除外。另一种观点认为:原始受配人长期不居住在系争公房的,说明其已无在系争公房居住的需要,而公房目的是出于居住保障而设,因此应当认定其丧失相应的居住权。

对此,笔者认为,对于原始受配人,一般不轻易认定其公房居住权利的丧失。但对于原始受配人长期不实际居住系争公房的情况,应结合具体情况分析,如因家庭矛盾、居住困难、服兵役、服刑等原因,长期不实际居住的,不能就此认定其丧失系争公房的居住权益;如登记为承租人的原始受配人,在其承租人身份未丧失前,一般而言,其居住权也不丧失;但是,如原始受配人在他处获得福利公房且该处房屋居住也不困难的,或明确表示放弃权利等情况的,可认定其丧失公房居住权。

二、迁入户口对居住权的影响

当事人仅迁入户口并未实际居住,是否可以确认其享有居住权? 对此,审判实践中有两种意见,第一种意见认为,实际居住生活是否达到一年以上,是应当考虑的因素之一,仅迁入户口并未实际居住,不应享有居住权。第二种意见认为,允许他人将户口迁入,可视为同意入住者与其共享公房承租的权利,因此即使未实际入住,也应认定其享有居住权。

针对这一问题,笔者认为仅迁入户口并未实际居住(因居住困难等原因在外居住的除外),一般不应认定其享有居住权益。

在系争房屋内有无户籍不是衡量当事人有无公房居住权益的唯一标准,而应根据实际居住生活年限、他处有无住房等因素综合考虑,予以确认。如果承租人或同住人允许他人将户口迁入系争公房,并允许其在公房内居住,可以视为承租人为代表的公房使用权人同意让渡部分公房使用权,但入住人为未成年人,或双方另有约定的除外。

除回沪知青子女等按政策回沪人员外,承租人或同住人允许无法定监护关系未成年人迁入户口的,一般可认定为属于帮助性质,如允许他人子女为上学之便,将户口迁入公房,一般不应确认他人子女为同住人。

承租人和共同居住人明确承诺给予有血缘关系的户外人员公房居住权的,原则上可按照该承诺,确认该人为同住人。

【案例13.2】房屋居住权纠纷

丁某 A 系丁某 B 的女儿,系宗某某的母亲。上海市老沪闵路某房屋(以下简称"系争房屋")原为丁某 B 夫妇于 1994 年动迁配得的公房。丁某 A 于 1976 年左右分配到本市金山区工作,并被单位分配取得金山区金山卫镇南安新村公房一套。1997 年,丁某 A 征得父亲丁某 B 同意,将正在读小学的宗某某户口迁入系争房屋。2000 年,经房屋承租人与同住人(注:丁某 A 与宗某某并非核定受配人员)协商一致,系争房屋被买受为产权房,产权登记在丁某 B 的孙子丁某 C 名下。2001 年左右,因丁某

A 照顾父亲,而宗某某需在此地读中学,故系争房屋由丁某 B、丁某 A、宗某某居住。2010 年 12 月,丁某 B 报死亡后,系争房屋则由宗某某、丁某 A 居住。之后该家庭内部发生争议,故而产生诉讼。丁某 C 诉至法院,要求判令宗某某、丁某 A 迁出系争房屋,迁往本市金山区金山卫镇南安新村某公房。

法院就宗某某是否对系争房屋享有居住权认定如下:宗某某、丁某 A 均不是系争房屋的配房人,且宗某某在 1997 年户口迁入系争房屋时年仅 8 岁,当时宗某某的父母在金山区已享受到单位配房,未成年人的监护、居住权,应由其父母保障,宗某某不能因户口迁入系争房屋就当然取得该处的居住权。①

该案中,法院并未因当事人单纯地将户籍迁入房屋内,就认定其对该房屋享有居住权。除此之外,法院在本案中还分析了房屋的原始受配人员情况,宗某某将户籍迁入系争房屋的原因以及其父母已享受过福利分房的事实,这是因为居住权问题过于复杂,而法律并未提供规则支撑,因此,法院在面对该类争议时,只能努力从各个角度进行综合衡量,尽量保持各方当事人的利益平衡。事实上,在居住权案件中,法院在某种程度上更多的是在追求社会效果。或者可以说,在某种意义上,社会效果其实就是法律效果,二者在该类案件中是同一事物。

三、他处有房对公房居住权的影响

根据《关于贯彻实施〈上海市房屋租赁条例〉的意见(二)》第十二条的规定,如果当事人"他处有房"且居住不困难,则其不能认定为"共同居住人",一般也不能在系争公房内享有居住权益。关键问题是,这里的"他处有房"是仅指福利分房(增配除外),还是包括了自行购买的私有产权房?

---

① 一审案号:上海市徐汇区人民法院(2012)徐民四(民)初字第 3582 号;二审案号:上海市第一中级人民法院(2013)沪一中民二(民)终字第 615 号。

对此问题争议较大。

审判实践中对该问题同样存在两种不同的意见,多数意见认为,应限定为福利分房。曾经在他处享受过公房动迁补偿,未将补偿款用于购房的,或者获得其他住房福利补偿的,达到标准的,也应视为"他处有房"。而少数意见则认为,"他处有房"无须区分性质,无论是福利房,还是商品房,均构成"他处有房"。理由是公房主要功能为居住保障,如果部分当事人在外拥有私房,则说明其不再需要居住保障,否则会损害其他同住人的居住权益,导致居住条件更加紧张。

笔者倾向于多数意见。理由主要有两点:第一,《关于房屋动拆迁补偿款分割民事案件若干问题的解答》在涉及公房拆迁中共同居住人的认定中,对"他处有房"的解释,限定为福利性分房(增配除外),虽然公房居住权与公房拆迁补偿纠纷不同,但二者在本质上都涉及福利政策享受的限制标准问题,根据同类问题同样对待的原则,在公房居住权认定时,"他处有房"应仅指福利分房。第二,从现实角度考虑,公房在具有居住保障功能的同时,还具有较强的财产属性。如果以在他处拥有私房为由,剥夺其在公房中原本享有的权益,实际上是以当事人的现实居住条件为标准来判断权益享有或丧失,这样不仅会遏制公房同住人在外勤勉购房的动力,还会在现实中造成明显的不公,例如当事人虽经济条件较好但未另购私房的,或者在诉讼前、诉讼中又将私房处分掉的,则其仍在公房享有居住权益,与前面所述情形形成明显不合理的反差。

四、婚姻、亲属关系变化对公房居住权的影响

基于婚姻、出生等事实,与公房承租人或同住人产生亲属关系,是否可以径行确认其享有居住权? 有观点认为,基于婚姻、抚养、赡养等因素形成的亲属关系,应当产生相应的帮助义务或责任,相应关系的人员应当享有居住权。相反意见认为,公有房屋的承租人享有合法的居住权,其家庭成员是否具有同住人资格,应根据租赁公房的历史沿革、家庭成员的具体关系等综合因素来认定,而不能以存在亲属关系为由,一概笼统地认定相应人员享有居住权。

对此,笔者认为《关于贯彻实施〈上海市房屋租赁条例〉的意见(二)》第

十二条在确定"共同居住人"概念时,对居住年限、他处有房等做了限制,同时明确"结婚、出生可以不受上述条件的限制"。该规定并不是说,所有在系争公房内结婚、出生的人,都不受上述限制,而是要根据现实情况具体而定。

理论上讲,即使存在夫妻关系,以及父子、母女等直系亲属关系,也只能说明当事人之间存在家庭成员或亲属关系,一方并不当然享有另一方承租或居住公房的居住权益。公房承租人或同住人的家庭成员或亲属是否享有公房居住权,应根据租赁房的来源、居住的历史演变状况、他处房屋的取得情况、家庭成员的权利义务、婚姻关系存续时间长短、亲属关系的变更等综合因素来认定。

【案例 13.3】吴某与翁某房屋居住权纠纷

吴某 A 与翁某 A 原系夫妻关系。翁某 B 与翁某 A 系父女关系,吴 B 与吴某 A 系兄妹关系。位于上海市虹桥路某处房屋(以下简称"系争房屋")系 1998 年由吴 B 出资购买的使用权房,后吴 B 成为系争房屋的承租人并将户籍迁入系争房屋。1999 年 1 月,吴某 A 的户籍迁入系争房屋。2003 年 12 月,吴某 A 与翁某 A 登记结婚。2004 年 5 月,系争房屋的承租人由吴 B 变更为吴某 A。2006 年 12 月,翁某 A 和翁某 B 的户籍迁入系争房屋,将房屋承租人变更为翁某 A。因感情不和,吴某 A 于 2010 年 4 月要求与翁某 A 离婚,但未获准许。2010 年 7 月,系争房屋的承租人重新变更为吴某 A。2012 年 5 月,吴某 A 与翁某 A 经法院判决离婚。

吴某 A 起诉至法院,请求判决确认翁某 A、翁某 B、吴 B 对系争房屋没有居住权,并判令翁某 A 搬出系争房屋。法院查明,翁某 A 名下另有上海市车站南路某处房屋一套,翁某 A 和案外人张某某名下有上海市内江二村某处房屋一套。

对翁某 A 对系争房屋是否享有居住权的问题上,存在两种观点。一种观点认为,在吴某 A 与翁某 A 婚后,吴某 A 与翁某 A 都先后取得过系争房屋的承租权,《最高人民法院关于审理离婚案件中公房使用、承租若干问题的解答》中,亦明确在婚后一方或双方申请取得公房承租权的,离婚后,双方均可承租,且翁某 A 目前亦实际居住在系争房屋内,故翁某 A 对系争房屋享有居住使用权。另一种观点则认为,本案系争房屋的使用权系由吴某 A 家庭在吴某 A 婚前出资购买,翁某 A 基于与吴某 A 的婚姻关系入住系争房屋并曾一度成为系争房屋的承租人。鉴于双方现已解除婚姻关系,不宜再共同居住于系争房屋内,而吴某 A 除本案系争房屋外现他处无房居住,但翁某 A 名下另有本市两套房屋可以居住使用,故综合本案上述情况,应认定翁某 A 对系争房屋已丧失居住权。本案法院终审判决采第二种观点。①

翁某 A 之所以取得系争房屋的居住权,系因为其与吴某 A 之间的婚姻关系。在双方的上述人身关系结束后,从本案的实际情况分析,翁某 A 显然丧失了对系争房屋享有并行使居住权的现实基础。当然,此处亦不表示夫妻之间只要结束婚姻关系,一方必然丧失对房屋的居住权。法院之所以在本案中做如上认定,一个重要的原因是系争房屋的最初承租人既非翁某 A,也非吴某 A,而是吴某 A 的亲戚吴 B。因此,在居住权问题上,法院不是无视家庭实际情况,对案情作出机械的认定。相反,应当本着维护公平,实现当事人利益平衡的宗旨,合情、合理地作出判决。

【案例 13.4】公房同住人及其居住权纠纷

原告钱某 A 诉称,原告是被告钱某 B 与案外人徐某某之女。上海市丹徒路某(以下简称"系争房屋")原为公房,原告户籍在内,属于同住人。后钱某 B 以其为产权人将该房屋买为售后公房,原告户籍保留在房屋内至今。钱某 B 与徐某某在 2011 年离婚,系争房屋判归钱某 B 所有。2013 年 1 月,钱某 B 未经原告同意,擅自将系争房屋转让给其外甥女金某某,侵犯了原告的同住人权利。请求法院判令两被告之间转让系争房

---

① 一审案号:上海市徐汇区人民法院(2012)徐民四(民)初字第 3019 号;二审案号:上海市第一中级人民法院(2012)沪一中民二(民)终字第 3373 号。

屋的买卖合同无效,将系争房屋恢复登记到钱某B名下。

被告钱某B辩称,系争房屋是钱某B在1995年买下的,在离婚诉讼中确认归钱某B所有。原告的户口不是一直在系争房屋内,而是从长阳路房屋迁入。原告并未在系争房屋居住,只是空挂户口,不享有同住人资格。不同意原告诉请。

被告金某某辩称,钱某B在离婚期间,为诉讼和生活所需,不断向金某某的母亲钱某C借款,且外面还有其他债务。为了还债,钱某B准备出售系争房屋。考虑到如果卖给外人则钱某B的居住无法保障,经家庭协商由金某某出面购买系争房屋,交易价格55万元。除去抵销欠款,用现金支付给钱某B 24万元。金某某购买房屋后,仍然由钱某B居住,户籍也没有要求其迁出。双方的交易合法有效,不同意原告诉请。

经审理查明,钱某A是钱某B与前妻徐某某之女,金某某是钱某B的外甥女。系争房屋原为公房,建筑面积26.80平方米,20世纪90年代初期由钱某B的父母通过动迁分得。1990年,徐某某从上海螺丝厂套配取得本市长阳路某公有住房(以下简称"长阳路房屋"),钱某A是三个配房人口之一。同年5月,钱某A的户口从长阳路房屋迁入系争房屋,但仍居住于长阳路房屋。系争房屋于1995年按94方案购买为售后产权房,权利人登记为钱某B,当时钱某A尚未成年。2000年,钱某B与徐某某购买了上海市东长治路某房屋(以下简称"东长治路房屋"),建筑面积130.63平方米,2005年3月取得产权证,产权登记在钱某B、徐某某和钱某A三人名下。钱某A于2003年出国,至今一直在国外居住。2008年,长阳路房屋动迁,钱某A被列为照顾安置对象,照顾安置费10万元。2011年,钱某B与徐某某经法院判决离婚,系争房屋判归钱某B所有,东长治路房屋因涉及钱某A权益而未做分割。2012年12月29日,钱某B与金某某签订《上海市房地产买卖合同》,约定由金某某以房款55万元购买系争房屋。2013年1月,系争房屋产权登记到金某某名下,但仍由钱某B居住。

法院经审理后认为,公房居住权因其来源的不同,存在不同的消灭事由。对公房的原始受配人而言,其获得居住权系基于国家福利,对房屋存在财产权益,故只有当另行获得国家福利替代时,其居住权方才消灭;对因承租人的同意,帮助保障其居住而迁入户籍,获得居住权的人而言,当其已经通过其他途径获得居住保障时,就没有理由再主张其居住权而给承租人或购房后的所有权人施加负担,否则将违背原承租人给予其居住保障的初衷,有悖于社会公平。本案中,原告并非系争房屋的原始受配人,在系争房屋中并无财产权益,反倒是长阳路房屋的原始受配人,且在长阳路房屋动迁中获得过动迁利益。原告户籍在1990年迁入系争房屋,是基于父母对其抚养义务给予的居住保障,但事实上原告当时即另有住所,并未在此实际居住。此后,原告父母又购买了东长治路房屋,并将原告也登记为共有产权人之一,则原告已经获得了自己名下的产权房屋,足以保障其居住权益。可以想见,如果原告回国,其首选的居住房屋,显然应当是建筑面积达130.63平方米、其自身为共有产权人之一的东长治路房屋,而不是建筑面积仅26.80平方米、其从未实际居住过的系争房屋。既然原告对东长治路房屋的权益已能够充分保障其居住需要,则原告再以户籍为依据主张对系争房屋的居住权,显然有悖于公平。据此,法院认定原告无权限制钱某B作为产权人对系争房屋作出的处分,对原告要求确认两被告之间房屋买卖合同无效的诉讼请求不予支持。

一审判决后,原告提出上诉,二审维持原判。①

如何认定公房同住人及其居住权,缺乏明确的法律规定,实务上以户籍为主要的考量因素。本案中,原告正是以在系争房屋内有户籍,进而对售后公房有居住权为由,提出其诉讼请求的。

公房同住人迁入户籍,通常基于两种情况。一是在公房被初始分配时,作为受配人而迁入;二是经过承租人的同意,为帮助解决其居住问题而迁入。在

---

① 一审案号:上海市虹口区人民法院(2013)虹民三(民)初字第1432号;二审案号:上海市第一中级人民法院(2013)沪二中民二(民)终字第2075号。

这两种情况下,公房同住人虽然都获得对房屋的居住权,但其权利基础截然不同。因受配而迁入户籍的同住人,其权利来源于国家给予的住房福利待遇。盖因有关部门在调配公有住房时,需要考虑受配家庭的人口因素,决定是否配房以及配给多少面积的房屋,每一个受配人都是取得公房的影响因素之一,故此受配公房体现了该家庭内每一个受配人在当时从国家得到的住房福利待遇。经承租人同意而迁入户籍的同住人,其权利来源于承租人对其居住保障的单方承诺。这一承诺通常为默示的,表现为同意其迁入户籍,并允许其居住于该公房。一旦以行动默示给出了承诺,承租人即受此约束,不得任意要求同住人迁移户籍或搬出房屋。即使承租人变更,新的承租人也必须尊重原同住人的居住权益。

既然公房同住人获得居住权的权利基础并不相同,那么其权利消灭的事由也自然会随之产生差异。对因受配而迁入户籍的同住人而言,其权利来源于国家给予其个人的福利,具有财产权益属性,不能被轻易剥夺。但按照公有住房的相关规定,一个人只能享受一次国家给予的住房福利待遇。如果已经享受过住房福利待遇的当事人又一次获得了住房福利,则其原有的权利就应当消灭,否则会多占社会福利,对他人造成不公。故若受配人以另行获得公房受配,或在他处房屋得到动迁安置等方式,再次享受国家住房福利待遇时,其在原有公房的居住权即告消灭。

对因承租人同意而迁入户籍的同住人而言,其权利来源于承租人的承诺。该承诺虽不得任意撤回,但其具有明确的目的,即解决同住人的居住问题;而有的承诺还隐含了其条件,即同住人除此房屋之外并无其他适合的住所可解决其居住问题。因此,一旦同住人已经以其他方式获得了居住保障,解决了其居住问题,则承租人承诺的条件和目的都已消失,其义务即应告解除。否则,若允许同住人在已有他处住房的情况下,继续享有对公房的使用权,势必导致对承租人和其他同住人的不公,也将有悖于承租人同意其迁入户籍来保障其居住,使其不至于无家可归的初衷。故对因承租人同意而迁入户籍的同住人而言,其对公房的居住权因其另行获得适宜的住所而消灭。

综上所述,同住人因其取得权利的法律基础不同,导致其居住权消灭的条件也大相径庭,故案件审理中应首先审查当事人迁入户籍的事由和权利基础,进而判断其居住权是已经消灭还是仍然存续。本案中,原告并非系争房屋的受配人,其取得同住人地位的基础,是承租人与之存在家庭关系,为保障其居住,同意其迁入户籍。在原告的父母为其一家共同购置了面积远远超过系争房屋的商品房后,原告已不再需要用面积狭小的系争房屋来解决其居住问题。而事实上原告也不曾到该房屋实际居住。故原告对系争房屋的公房使用权已因其在他处另获适宜的居所而消灭,其诉请不应给予支持。

第 四 编

担保物权

第十四章　抵押权

担保物权作为最基本的物权之一,是以直接支配特定财产的交换价值为内容,以确保债权实现为目的而设的物权。它的基本功能就是保障债权人的债权能够实现。我国《民法通则》在民事权利中的"债权"部分对抵押和留置做了原则性规定。《担保法》及司法解释进一步对作为担保方式的抵押、质押和留置制度做了较为详细的规定,但囿于当时的经济发展程度和理论认识水平的限制,《担保法》及司法解释存在诸多缺陷。《物权法》明确地将担保物权作为物权予以规定,并在担保物权的类型、设定、公示方式和效力等方面作出了较为系统的规定。上述三部法律在内容上出现冲突时,应当以《物权法》规定的内容为准。

抵押权作为担保物权的一种重要形式,在实践中广泛运用,围绕抵押权问题而产生的纠纷亦不少。鉴于本系列丛书以突出实务性为主要特点,故对抵押权方面的学术理论不做全面深入的介绍和阐述,将主要围绕案件审理中遇到的突出问题和新问题进行梳理,具体包括一般抵押权中的优先受偿问题、物上代位问题、抵押登记、抵押权善意取得,以及最高额抵押等问题。

第一节　抵押权优先受偿性与物上代位性的实践运用

抵押作为一种物的担保方式,是指债务人或者第三人继续保持对不动产、不动产权利、动产等特定财产的占有,而依照一定的方式将该财产作为债权的担保,在债务人不履行到期债务时,债权人有权依照法律规定以该财产折价或者以拍卖、变卖该财产的价款优先受偿。抵押法律关系的当事人包括抵押权人和抵押人。抵押权人即为债权人,对抵押物享有抵押权。抵押人是为担保债务的履行和债权的实现而提供抵押物之人,既可以是债务人,也可以是债务人之外的第三人。抵押物是抵押人为担保债务人履行债务、债权人实现债权而提供的,用于设定抵押权的特定财产。

一、一般抵押权的特征

抵押概念的核心是抵押权。抵押权是指债务人或者第三人不转移对抵押的占有,将该财产作为债权人的担保,在债务人不履行债务时,债权人依法以该财产折价或者拍卖、变卖该财产的价款优先受偿的权利。

抵押权具有如下特征[①]:(1)抵押权具有物权性。抵押权作为担保物权之一,具有物权的一般属性,包括支配性、排他性、适用物权的保护方法等。(2)抵押权具有从属性。抵押权属于从权利,其成立、消灭和处分必须以一定债权关系的存在为前提而且从属于该主债权。(3)抵押权具有特定性。抵押权必须通过登记等公示方式确定特定抵押物和担保债权的具体范围,其抵押物必须特定、被担保的债权是特定债权,以使抵押权的得丧变更为外界所识别。(4)抵押权具有不可分性。抵押权的效力不可分,抵押权人就全部抵押物行使其权利,抵押物的分割和部分让与、灭失,或者债权分割或部分让与或清偿,均不影响抵押权的效力。(5)抵押权具有物上代位性。抵押权与用益物权的根本区别在于,抵押权具有价值权性质,即在抵押物的实体发生毁损灭失时,如果存在抵押物的价值变形物或代表物,则抵押权仍然可以于其上而存在。(6)抵押权具有优先受偿性。抵押权的实质和担保作用在于,当债务人不履行债务时,抵押权人可以拍卖、变卖抵押物,优先于其他债权人从该抵押物上取得价值转移以满足自己的债权。

二、实践中对抵押权优先受偿性的把握

抵押权的优先受偿性是抵押权特性中重要而核心的内容。抵押权优先受

---

① 主要参考最高人民法院物权法研究小组编著:《〈中华人民共和国物权法〉条文理解与适用》,人民法院出版社 2007 年 3 月版,第 529—530 页。

偿性的实现需结合有关法律法规予以准确把握。

（一）多个担保权利并存时的处理

1.同一财产上存在两个以上抵押权的处理

根据《物权法》的规定,同一财产向两个以上债权人抵押的,拍卖、变卖抵押财产所得的价款按照登记时间在先优于在后、登记优于未登记的基本原则进行清偿。对此,应当从两个层次予以理解:一是抵押权已登记的,按照登记时间的先后顺序清偿。确定抵押权登记的先后,以登记部门登记材料中记载的登记时间为准。如果登记的时间相同,也就是抵押权登记的顺序相同,则按照各担保债权的比例来清偿。按照抵押权登记的先后顺序清偿债权的原则,既适用于以登记为抵押权生效要件的不动产抵押,也适用于以登记为抵押权对抗要件的动产抵押。二是动产抵押中,抵押权已登记的先于未登记的受偿,抵押权未登记的按照债权比例清偿。

2.抵押权与保证并存的处理

在被担保的债权上既有物的担保又有人的担保时,《物权法》较《担保法》有所突破,可以从两个层次、三种情况进行理解:一是当事人对抵押权与保证的关系有约定的,按约定实现。二是在没有约定或者约定不明确的情况下,根据抵押财产的所有权人的不同分为两种情况:①以债务人自己的财产提供抵押的,债权人应当先就该物的担保实现债权;②如果以第三人提供的财产抵押的,允许债权人进行选择,债权人可以就第三人的抵押物实现债权,也可以要求保证人承担保证责任,提供担保的第三人承担担保责任后,有权向债务人追偿。

3.抵押权与质权并存的处理

对这一问题,《物权法》并未规定,应当适用《担保法》及其司法解释的规定,根据抵押权登记的情况确定优先权。即同一财产上法定登记的抵押权与质权并存时,抵押权人优先于质权人受偿;如果动产抵押未登记,但质权人已经实际占有出质财产的,此时动产抵押权人并没有对抗第三人的权利,质权人因占有这一公示方式而取得对抗第三人的权利,应当优先于抵押权人受偿。

4.抵押权与留置权并存的处理

根据《物权法》的规定,同一动产上已经设立抵押权或者质权,该动产又被留置的,留置权人优先受偿,无论留置权是产生于抵押权或者质权之前或是之后,且不受留置权人在留置动产时是否知悉抵押权或者质权的存在的影响。《海商法》规定,船舶优先权先于船舶留置权受偿,船舶抵押权后于留置权受偿。《民用航空法》规定,民用航空器优先权先于民用航空器抵押权受偿。这体现了法定担保物权优先于约定担保物权的原则。

(二)抵押权与有关债权的优先顺位认定

"物权优于债权",这是民法的一般原理。作为物权的抵押权在受偿上的优先性,其法律依据就在于此。综合《物权法》和《担保法》的规定,抵押权较之一般债权在受偿上的优先性主要表现在以下几个方面:

第一,抵押权先于普通债权。在一般情况下,某财产一旦设定抵押后,该财产拍卖或变价所得款项首先用于清偿抵押权人的债务,抵押人的其他普通债权人不得对抗,也不得与抵押权人平等受偿,除非抵押权人放弃优先受偿权。这是抵押权优先受偿的基本含义。

第二,抵押权先于执行权。对于抵押财产,其他债权人不得扣压,当抵押物被查封时,抵押权人可以优先行使抵押权,对抵押物进行变价受偿,即使法院对抵押物进行强制执行,抵押权人也可以通过执行异议的法律手段予以抗辩。

第三,抵押权先于破产债权。在抵押人宣布破产时,抵押债权即使尚未到期亦视为到期而准许其行使抵押权。同时,根据《破产法》规定,抵押权人可以行使别除权,使抵押财产不得列入破产财产,优先将抵押物变价受偿。如有多余,方可列入破产财产而用于清偿破产债权。

(三)阻却抵押权优先受偿性的几种情形

1.国家税收权阻却抵押权优先受偿权利实现

一般情况下,抵押权可以对抗国家税收。然而,当抵押人在欠缴税款的情况下设定抵押权的,国家税款形成抵押权实现的阻却因素。我国《税收征收管理法》第四十五条规定:"纳税人欠缴的税款发生在纳税人以其财产设定抵押、质押或者纳税人的财产被留置之前的,税收应当先于抵押权、质权、留置权执行"。由此,如果当事人欠缴税款,之后又设定抵押权或质押权的,税收优先于抵押权或质押权。法律并不禁止当事人在欠缴税款的情况下设定抵押权,只是赋予其告知义务,即向抵押权人如实说明其欠缴税款的相关情况,抵押权人可以请求税务机关提供抵押人欠缴税款相关情况。之所以这样规定,一方面是防止欠税人以抵押或质押为名,行恶意转移财产之实,损害国家利益;另一方面向抵押权人、质权人或留置权人提供抵御风险的有效手段。

2. 某些国家债权阻却抵押权优先受偿权利实现

以房地产抵押为例,我国《城市房地产管理法》规定,设定抵押权的土地使用权是以划拨方式取得的,依法拍卖该房地产后,应当从拍卖所得的价款中首先向国家缴纳土地使用权出让金,然后抵押权人方可优先受偿。

3. 租赁权阻却抵押权优先受偿权利实现

"买卖不破租赁"原则是租赁权物权化的体现,也是民法的一项重要原理。《物权法》第一百九十条明确规定:"订立抵押合同前抵押财产已出租的,原租赁关系不受该抵押权的影响。"判断租赁权是否成为抵押权实现的阻碍性因素,主要是看租赁权与抵押权的成立时间。如果抵押物是先出租后订立抵押,即先成立租赁权,后成立抵押权,那么租赁关系不因抵押权的成立而受到影响。由于先成立的租赁权会对抵押权造成一定的不利影响,因此,抵押人在抵押财产时应将该财产上已经存在的租赁法律关系告知抵押权人,抵押权人自行决定是否接受已经存在租赁关系的抵押物,如果抵押人未尽告知义务,那么抵押权人有权请求抵押人对由此遭受的损失进行赔偿。若租赁关系成立于抵押关系之后的,则抵押权可以击破租赁关系。依法成立的抵押权具有公示及公信力,承租人知道或应当知道抵押权已经存在,此时成立租赁关系表示其自愿接受因实现抵押权而终止租赁关系的风险。

4. 建筑工程价款阻却抵押权优先受偿权利实现

根据《合同法》第二百八十六条的规定,发包人未按照约定支付价款的,承包人的建设工程价款可以就该工程折价或者拍卖的价款优先受偿。关于建筑工程承包人的优先权与抵押权哪个更为优先,最高人民法院于 2002 年 6 月

20日公布《关于建设工程价款优先受偿权问题的批复》。该批复明确规定："一、人民法院在审理房地产纠纷案件和办理执行案件中,应当依照《中华人民共和国合同法》第二百八十六条的规定,认定建筑工程的承包人的优先受偿权优于抵押权和其他债权。二、消费者交付购买商品房的全部或者大部分款项后,承包人就该商品房享有的工程价款优先受偿权不得对抗买受人。三、建筑工程价款包括承包人为建设工程应当支付的工作人员报酬、材料款等实际支出的费用,不包括承包人因发包人违约所造成的损失。四、建设工程承包人行使优先权的期限为六个月,自建设工程竣工之日或者建设工程合同约定的竣工之日起计算。"根据该批复,建设工程承包人行使优先权优于抵押权。

5. 劳动债权阻却抵押权优先受偿权利实现

关于担保债权的行使和职工债权的受偿问题,2007 年 6 月 1 日施行的《企业破产法》第一百零九条、第一百一十三条和第一百三十二条做了特别规定。通常情况下,对于破产人的特定财产享有抵押权的权利人,对该特定财产享有优先受偿的权利,除其放弃优先受偿权或者实现优先受偿后剩余的部分可以作为可供分配的财产进行分配外,任何人无权从其担保财产中受偿,包括职工权益也不能在设定了抵押的财产中受偿。这是对破产人特定财产设定担保的题中应有之义。但《企业破产法》第一百三十二条对一种特殊情况作出了劳动债权阻却抵押权的例外规定,即破产人在《企业破产法》公布之日前形成的未清偿职工劳动债权,在按照正常清偿顺序无法实现时,以设定担保的特定财产受偿。之所以作出此项规定,主要是从我国现实国情出发,出于有效解决现实社会矛盾的考虑。

三、抵押权物上代位性的实践运用

设立抵押权的目的,在于确保债务人未履行债务时,抵押权人有权从处理抵押物获得的变价款中优先受偿。现实生活中,抵押物因天灾、意外事件、第三人行为等而被灭失、损毁导致价值消减的情况并不鲜见,为了保障抵押权人利益,我国《物权法》第一百七十四条规定:"担保期间担保财产毁损、灭失或被征收等,担保物权人可以就获得的保险金、赔偿金或者补偿金等优先受偿。

被担保债权的履行期未届满的,也可以提存该保险金、赔偿金或补偿金。"该条规定通过赋予抵押权人物上代位权,使得在抵押物的形态或性质发生变化时,抵押权的效力能够及于抵押物的代位物,以此确保担保权人的权利。由于理论界对于抵押权物上代位性的权利性质和范围存有不同认识,加之《物权法》的上述规定尚有缺陷,有必要进一步明确抵押权物上代位性在实践适用时的把握标准。

【案例 14.1】银行与公司抵押权纠纷①

　　原告 A 银行,被告 P 公司,被告 Q 公司。2005 年 1 月 13 日案外人张某、李某与 A 银行签订《个人额度借款及担保合同》,约定 A 银行向张某发放人民币 45 万元的贷款,李某以其名下的一套房产向 A 银行提供抵押担保,担保范围包括借款本金、利息、违约金、赔偿金和 A 银行为实现债权而发生的一切费用。2005 年 1 月 26 日办理抵押登记后,A 银行发放了贷款。2007 年 9 月 30 日,P 公司取得上述抵押房屋的拆迁许可证,由 Q 公司作为 P 公司的代理人具体实施拆迁,P 公司、Q 公司与李某于 2008 年 4 月 9 日就上述抵押房屋签订拆迁补偿安置协议,李某共获得拆迁补偿款 257 万余元,其中涉案房屋补偿款为 182 万余元。后因张某、李某未向 A 银行履行还款义务,A 银行于 2010 年 5 月 26 日起诉要求张某、李某归还贷款本金、利息、逾期利息、律师费并主张行使房屋抵押权。法院于 2010 年 11 月 19 日作出判决,支持了 A 银行关于要求张、李归还贷款本息的诉请,但以抵押房产已被动迁拆除,相关抵押权已消灭为由,驳回了 A 银行使抵押权的诉请。2011 年 2 月 21 日 A 银行依据生效判决向法院申请执行,期间,查明张某、李某在银行、房地产交易中心、车辆管理所均无财产可供执行,其抵押给 A 银行的房产已被动迁拆除,且未保留抵押权份额,法院据此出具民事裁定书终结了本次执行程序。现 A 银行认为

---

① 张文婷:《拆迁人直接向被拆迁方发放补偿款致抵押权人优先受偿权无法实现时的法律责任》,上海市第一中级人民法院研究室编:《案例精选》2013 年第 18 期。

P公司与Q公司的拆迁行为导致其抵押权无法实现,遂起诉至法院要求判令P公司、Q公司共同赔偿其截至2012年3月27日的贷款损失538980.10元,自2012年3月28日起至全部款项实际清偿之日止的利息、逾期利息,律师费等。

一审法院认定,Q公司作为P公司的代理人,Q公司行为的法律后果应由P公司承担。P公司未将拆迁事项告知A银行,也未保留A银行作为抵押权人的相应份额,A银行作为抵押权人,疏于关注抵押房产的状况,故P公司与A银行对抵押权的灭失均有过错,应各承担一半责任。一审判决后,A银行与P公司均不服,提起上诉。二审法院认为,P公司未能在拆迁前查明拆迁房屋已设定抵押权,也未向抵押权人做特别告知,并将拆迁款直接支付给李某,其行为存在过错。因抵押人系终局责任人,因此P公司承担补充赔偿责任。二审法院按照P公司的过错,酌定其在生效民事判决确定的张某、李某债权金额不能清偿的范围内向A银行承担50%的补充赔偿责任。

上述案例涉及抵押权物上代位物的范围、代位物的给付,及相关责任的认定等问题。

(一)抵押权物上代位物的范围

抵押权物上代位性得以成立的理论基础在于抵押权的价值权特性,抵押物毁损、灭失后,若其价值转化为他种形态时,其仍为抵押权之效力所及,抵押权不因此而消灭。在本质特性上,担保物权不仅具有物权性,而且具有价值权性质。价值权性可谓担保物权与用益物权的根本区别。作为担保物权价值权特性的基本体现之一就是担保物权的物上代位性,即在担保物的实体发生毁损、灭失或者被征用时,如果存在担保物的价值变形或代表物,则担保物权仍然可以于其上而存在。其中的"变形物或代表物",通常并非指一般的实体物,而是《物权法》所指的因标的物毁损、灭失或者征用等转换而来的金钱,诸如保险金、损害赔偿金、公用征收补偿金等。

在理论界,抵押权的物上代位是代位于赔偿金、保险金、补偿金"现物本身",还是物上代位于保险金请求权、赔偿金请求权、补偿金请求权上,有不同观点。在比较法上对该问题也存在两种立法例。我国台湾地区学者王泽鉴先生认为,"抵押权的物上代位性,即抵押权之标的物灭失时,抵押权仍移存于抵押物的代位物。所谓代位物指因抵押物灭失而得受的损害赔偿金、保险金,政府所发征收费等补偿费"[①]。美国统一商法典对此持相同立场,认为担保物权应代位在因担保物毁损、灭失或公用征收所获得的赔偿金诸如保险金、公用征收补偿金和侵权损害赔偿金之上。我国崔建远教授等曾经赞同前者观点[②],但因对于赔偿金、保险金等"现物本身"的效力,不是物上代位问题,而是担保权的直接效力的问题,即担保权的追及效力问题,故后改采抵押权物上代位于保险金请求权、赔偿金请求权、补偿金请求权上的观点[③]。江平教授等也认为,因抵押权的物上代位性,如抵押财产因意外原因或者因第三人的行为而发生变型、灭失或者价值减损时,抵押权的效力能够继续追及,更能够代位获得抵押财产的损害赔偿请求权[④]。该观点也为大陆法系各国民法广泛采用。

我国立法例将抵押物灭失后所得的赔偿金、保险金及补偿金作为物上代位物。《担保法》第五十八条规定:"抵押权因抵押物灭失而消灭。因灭失所得的赔偿金,应当作为抵押财产。"《担保法司法解释》第八十条第一款规定:"在抵押物灭失、毁损或者被征用的情况下,抵押权人可以就该抵押物的保险金、赔偿金或者补偿金优先受偿。"第六十二条规定:"抵押物因附合、混合或者加工使抵押物的所有权为第三人所有的,抵押权的效力及于补偿金;抵押物所有人为附合物、混合物或者加工物的所有人的,抵押权的效力及于附合物、混合物或者加工物;第三人与抵押物所有人为附合物、混合物或者加工物的共有人的,抵押权的效力及于抵押人对共有物享有的份额。"《物权法》第一百七十四条规定:"担保期间,担保财产毁损、灭失或者被征收等,担保物权人可以就获得的保险金、赔偿金或者补偿金等优先受偿。被担保债权的履行期未届

---

① 王泽鉴:《民法物权》,北京大学出版社 2009 年版,第 358 页。
② 王利明、崔建远:《合同法新论·总则》,中国政法大学出版社 1996 年版,第 551 页。
③ 崔建远:《土地上的权利群研究》,法律出版社 2004 年版,第 258 页。
④ 江平、费安玲:《中国物权法教程》,知识产权出版社 2007 年版,第 433 页。

满的,也可以提存该保险金、赔偿金或者补偿金等。"综观我国《物权法》《担保法》及其司法解释之规定,可知我国法律在物上代位问题上确定的规则是,担保物权物上代位于担保物的变形物或代位物上,而不是物上代位于赔偿金请求权上。

基于我国立法的规定,在上述案例中,抵押物的代位物是拆迁补偿金而非补偿金请求权,A 银行仅有权就该拆迁补偿金主张优先受偿权。但因本案拆迁补偿金是直接支付给李某,并与其财产发生了混同,从而失去了行使担保物权所需的财产特定性,故 A 银行所享有的抵押权因抵押物代位物灭失而丧失。

(二)代位物的提存问题

《物权法》第一百七十四条就代位物的提存问题作出规定,即"被担保债权的履行期未届满的,也可以提存该保险金、赔偿金或补偿金等"。所谓提存,是指提存人为履行清偿义务或者担保义务而将提存标的交给提存机关保存的民事行为。我国《合同法》《担保法》及《保险法》对提存均有规定,司法部在 1995 年 6 月 2 日专门发布《提存公证规则》。就现行法规定而言,我国的提存主要包括清偿提存和担保提存两种类型。

清偿提存,是以清偿为目的的提存,是由于债权人的原因,债务人将无法清偿的标的物交给提存机关保存,从而消灭债权债务关系的制度。担保提存是以担保为目的的提存,指债务人或第三人将标的物交给与债权人约定的第三人保存,从而保证债务的履行或者替代其他的担保形式的制度。担保提存是以担保债务履行为目的,通常是依据提存人与债权人的约定而产生或直接基于法律的规定而产生,并具有保证债务履行和替代其他担保形式的法律效力。《物权法》第一百七十四条所规定的关于保险金、赔偿金或者补偿金的提存,即是基于法律的直接规定而产生的担保提存。

根据《物权法》《担保法》及《保险法》等法律的规定,可以担保提存的标的物包括:(1)被担保债权的履行期未届满的情形下,担保财产因毁损、灭失或者征收所得之保险金、赔偿金或者补偿金;(2)变卖抵押物、质物所获得的价款;(3)依出质的权利凭证提前兑现的价款或者领取的货物;(4)转让出质股票所获得的价款；（5）转让或许可他人使用已经出质的商标专用权、专利权、著作权中的财产权所取得的转让费、许可费；（6）保险公司提存的保险保障基金。

但上述条款并未规定一套完整的法律机制确保抵押权人优先受偿的实现，关于"被担保债权的履行期未届满的，也可以提存该保险金、赔偿金或补偿金"的规定存在两方面的缺陷：第一，该条款未将提存设定为一项法律义务，这无法完全保证抵押权人优先受偿的实现，因为如果不将代位物特定化，将可能导致抵押权人无法通过处置抵押物而优先受偿。第二，未规定提存的主体，由于物权针对的是不特定的民事主体，但是从法条的上下文出发，提存人应为保险金、赔偿金或者补偿金的支付者。该代位物的提存问题有待立法上的进一步完善。

本案中，由于 A 银行对张某的债权并未到期，合理的做法是，拆迁人将拆迁赔偿金先予提存，待出现借款人不履行到期债务或者发生当事人预定的实现抵押权的情形时，再由 A 银行就该被笔被提存的赔偿金主张优先受偿权。然而，作为拆迁补偿金并未被提存，而是直接支付给了抵押人李某，并被李某转移并挪作他用而失去了抵押财产代位物的特定性，A 银行无法对拆迁补偿金行使优先受偿权。

（三）抵押权代位物特定性丧失的责任承担

根据我国《物权法》《担保法》及司法解释的规定，抵押权的物上代位性，并不像许多学者所主张的存在于抵押人所获得的赔偿金请求权、保险金请求权，抑或补偿金请求权之上，而是直接存在于金钱等赔偿金之上。同时法律规定，对于保险金、赔偿金或补偿金等这些抵押权的代位物应以提存的方式进行特定化。根据该规定，如果赔偿金等代位物特定性丧失，则将导致抵押权人无法实现优先受偿。抵押权人可向存在过错的抵押人或第三人主张相应的赔偿责任。

在前述案例中，抵押物的代位物是拆迁补偿金，该拆迁补偿金因直接支付给李某，与李某的财产发生混同而失去了代位物的特定性，从而导致抵押权人的抵押权丧失。对于本案抵押权代位物特定性的丧失，抵押人李某与拆迁公司 P 公司均存在过错。

《城市房地产抵押管理办法》第三十八条规定:"因国家建设需要,将已设定抵押权的房地产列入拆迁范围的,抵押人应当及时书面通知抵押权人;抵押双方可以重新设定抵押房地产,也可以依法清理债权债务,解除抵押合同。"第五十一条规定:"因国家建设需要,将已设定抵押权的房地产列入拆迁范围时,抵押人违反前述第三十八条的规定,不依法清理债务,也不重新设定抵押房地产的,抵押权人可以向人民法院提起诉讼。"从上述规定可知,为保证城市拆迁过程中抵押权人的权益,抵押人负有通知义务。当抵押人存在上述行为,侵害抵押权人的合法权益时,抵押人是赔偿义务主体。

关于拆迁公司的义务,见于以下相关规定:《城市房屋拆迁管理条例》(2001 年 6 月 13 日颁布实施)第三十条规定:"拆迁设有抵押权的房屋,依照国家有关担保的法律规定执行。"《担保法》第一百七十四条规定:"担保期间,担保财产毁损、灭失或者被征收等,担保物权人可以就获得的保险金、赔偿金或者补偿金等优先受偿。被担保债权的履行期未届满的,也可以提存该保险金、赔偿金或者补偿金等。"《上海市城市房屋拆迁管理实施细则》第五十一条规定:"拆迁设有抵押权的房屋,抵押人与抵押权人应就抵押权及其所担保债权的处理问题进行协商,并向拆迁人提交有关书面协议后,被拆迁人方可取得补偿款或者安置房屋。抵押人和抵押权人达不成协议的,拆迁人应当对被拆迁人实行货币补偿,并将补偿款向公证机关办理提存。"结合上述三条规定,可以认为拆迁方对保证担保权人优先受偿权不受侵害负有义务。

前述案例中,李某作为抵押人未将抵押物拆迁事宜及时通知抵押权人,损害了抵押权人 A 银行的合法权益,故抵押人李某是第一责任人,应先行承担赔偿责任。拆迁人 P 公司未能查明房屋上设有抵押权,并在未通知抵押权人的情况下将拆迁款直接交付给了抵押人,又因抵押人擅自使用拆迁款,导致银行无法就拆迁款优先受偿,其过错行为与 A 银行的损失之间存在一定的因果关系,依据《侵权责任法》第六条第一款的规定,应当承担侵权责任。但 P 公司应承担相应的补充责任较为妥当,P 公司的补充赔偿责任以 A 银行未能从李某处获偿的部分为限。二审根据 P 公司过错的大小,确定其对 A 银行的损失承担 50% 的补充赔偿责任,体现了过错与责任相适应的原则。

第二节 抵押权登记

抵押权是物权的一种,而物权的变动须经由物权的公示。通常而言,物权的公示方式主要分为占有与登记两种。根据各国物权立法的通例,动产物权公示方法为占有,不动产则为登记。由于抵押权的设立并不转移抵押财产的占有,因而不能以交付占有为公示方式,而只能采取登记形式。抵押权登记是公示抵押权及获得公信力的必要途径,其对于充分发挥抵押权的担保功能,维护交易安全,保护第三人利益,避免纠纷发生等都具有非常重要的意义。

一、未登记抵押权的效力

关于抵押权登记的效力,存在三种不同的立法例:登记对抗主义、登记生效主义、混合主义。其中混合主义是根据抵押物类别不同而赋予抵押登记以不同效力,即对某些抵押物设定实行登记生效主义,而对另一些抵押物设定抵押权则采取登记对抗主义。

我国《物权法》第一百八十七条规定:以本法第一百八十条第一款第一项至第三项规定的财产或者第五项规定的正在建造的建筑物抵押的,应当办理抵押登记。抵押权自登记时设立。《物权法》第一百八十八条规定:以本法第一百八十条第一款第四项、第六项规定的财产或者第五项规定的正在建造的船舶、航空器抵押的,抵押权自抵押合同生效时设立;未经登记,不得对抗善意第三人。从以上规定可以看出,我国对抵押权登记的效力采用混合主义的立法原则,即对不动产抵押权采取了登记生效主义,对动产抵押权采取了登记对抗主义。实践中比较突出的问题是,未登记抵押权的效力认定及后果处理问题。

(一)不动产抵押未登记的效力

【案例 14.2】不动产抵押未登记的效力

A 公司与 B 公司签订买卖合同,A 公司作为买方应向 B 公司支付价款。C 公司以其房产作为 A 公司支付价款的担保，与 B 公司签订了抵押担保合同，但 C 公司并未办理不动产抵押登记。后 A 公司未按约支付价款。B 公司诉至法院，请求 A 公司支付价款并要求 C 公司承担民事责任。

1. 不动产抵押未登记的，抵押权及抵押合同效力认定问题

我国《物权法》规定了对不动产作为抵押物设定抵押权的，采取登记生效主义原则，即抵押物必须登记，方能使抵押权成立并生效。在我国现行债权形式主义的物权变动模式下，不承认物权行为的独立存在，也不认为债权合意可以直接引起物权的变动，而是将物权变动归结为一个债权合意与一个公示方法的结合。因此，不动产抵押权的设定就需要两个不可或缺的条件：一是当事人双方经意思表示一致而签订旨在设定不动产抵押权的抵押合同；二是作为法定公示方法的，在登记机关完成不动产抵押权登记。在此模式下，不动产抵押权的生效与抵押合同的生效是不同的。登记是抵押权的生效要件，而不是抵押合同的成立和生效要件。抵押合同作为抵押权变动的原因行为，该行为是否生效，应依据《物权法》第一百八十四条以及《合同法》的相关规定来判断，而不能以抵押权是否设定登记为标准进行判断。如果抵押合同具备法律规定的生效要件，则应认定合同关系已经生效，从而对抵押合同当事人具有约束力，若有违约情形，自应承担违约责任。结合上述案例，债权人 B 公司与抵押人 C 公司的不动产抵押合同系双方真实意思表示，不存在无效事由，故应认定为有效。但双方并未就抵押合同所约定的房产担保办理抵押登记，故本案不动产抵押权因未办理登记而并不生效。B 公司欲行使物权救济，即要求 C 公司承担抵押担保责任，并无对应的法律依据。

2. 抵押人未办理抵押权登记的行为性质

本案的难点在于，B 公司并未要求 C 公司承担抵押担保责任，而是要求 C 公司承担抵押合同下的民事责任。基于前文分析可知，B 公司与 C 公司之间的抵押合同并不因抵押物未登记而无效，B 公司与 C 公司之间的抵押合同合法有效。则问题进一步具体为：C 公司是否存在抵押合同违约行为，其应承担

何种违约责任。一般而言,抵押合同成立并生效后,除当事人另有约定以外,抵押登记义务的履行方为抵押人。故在通常情况下,抵押人未按约进行抵押登记的,即构成违约。若其没有按约履行登记的义务,其应当承担合同上的违约责任。

3. 抵押人应当承担的合同责任

不动产抵押未登记的,抵押人应当如何承担违约责任。对这一问题,我国现行立法没有明确规定,审判实务对此问题的操作也不尽相同。有的法院认为,未登记情形下抵押人需对债务承担连带责任。有的法院,例如四川省高级人民法院认为,"若存在第三人对该抵押物主张权利的情况下,抵押权人不享有优先受偿权;若不存在第三人对该抵押物主张权利的情况下,根据合同意思自治原则,应尊重当事人的合同约定,该抵押合同的约定在当事人之间产生法律约束力"。① 然而该观点中"法律约束力"是否意味着在没有第三人对抵押物主张权利的情况下,债权人享有完全的抵押权人权利,该院却没有给出进一步的意见。上述两种观点皆有不妥之处。连带责任是一种相对严厉的责任承担方式,应当由法律明确规定或者当事人明确约定。在不动产抵押未登记情形下,抵押权未成立,在当事人未明确约定的情况下,要求抵押人对债务承担连带责任并无法律依据。上述第二种观点形成于《物权法》实施之前。从《物权法》的法律条文及立法本意来看,抵押登记已不仅仅具有公示的效力,更重要的是,它是抵押权的生效要件。缺少这一要件时,债权人不能要求抵押人承担完全的抵押责任,其也不享有优先受偿权。否则,抵押登记作为抵押权的生效要件将被虚置,物权法定之原则将被不当突破,未履行登记的抵押人也将被苛以过高的赔偿责任。

---

① 四川省高级人民法院在《四川省高级人民法院关于担保合同纠纷案件若干法律问题指导意见》中,对"按照法律规定应当办理登记才生效的借款抵押合同,当事人虽然办理了登记,但未到法定部门登记,其抵押效力如何确定"这一问题的指导意见是,"登记是为了使抵押产生公示效力,法律规定应当办理登记才生效的抵押合同,未到法定部门登记,应视为未登记。若存在第三人对该抵押物主张权利的情况下,抵押权人不享有优先受偿权;若不存在第三人对该抵押物主张权利的情况下,根据合同意思自治原则,应尊重当事人的合同约定,该抵押合同的约定在当事人之间产生法律约束力"。见最高人民法院民事审判第二庭编,奚晓明主编:《民商事审判指导》,人民法院出版社 2007 年第 1 辑,第 209 页。

我们认为,在抵押未登记情形下,抵押人应当承担补充赔偿责任,该承担方式实质上为违约责任中的损失赔偿责任。《合同法》第一百一十三条规定,"当事人一方不履行合同义务或者履行合同义务不符合约定,给对方造成损失的,损失赔偿额应当相当于因违约所造成的损失,包括合同履行后可以获得的利益⋯⋯"债权人之于抵押合同上有使其债权得以充分实现的利益,在合同生效并被适当履行的情形下,债权的实现原本应当是相对充分的:意即按照抵押合同,债务人如未能全额清偿债权,不足部分将由抵押人在抵押额范围内负责清偿。但当抵押人未按抵押合同约定履行抵押登记义务,致使抵押权不成立,并导致债权人未获全额清偿的差额部分权利落空时,该未登记行为实际上造成了债权人抵押合同利益的损失。故当债务人不能充分清偿债权时,抵押人应对债权人未获清偿的债务承担补充赔偿责任,以弥补债权人的损失。以背景案例为例,当债权人 B 公司起诉法院要求 A 公司与 C 公司承担责任时,A 公司作为债务人理应受买卖合同的约束承担付款责任。对于 A 公司未能支付的部分货款,B 公司仍可要求 C 公司基于生效的抵押合同承担该补充赔偿责任。换言之,在不动产抵押未登记而抵押权未生效的情形下,抵押人仍受生效的抵押合同的约束而承担补充赔偿责任。这样的责任分配方式不会使受"法锁"约束的抵押人逃脱应有的违约责任,也避免了对抵押人苛以过高的、与抵押权生效情形下相同的抵押责任。[①]

(二)动产抵押未登记的效力

根据《物权法》的规定,以生产设备、原材料、半成品、产品等一般动产和交通运输工具、在建船舶、航空器等特殊动产设定抵押的,抵押权自抵押合同生效时设立,未经登记的,不得对抗善意第三人。由此,我国动产抵押权的登记模式采用书面设立——登记对抗主义。

权利的对抗效力表现为权利人得否定第三人妨碍其权利实现的利益主张,此种对抗力来源于权利的公示。就抵押权而言,其对抗效力主要表现为抵

---

① 姚蔚薇、盛萍:《浅析不动产抵押未登记情形下债权人的救济途径》,案例来源于上海市第一中级人民法院研究室:《一中审判实务研究》2011 年第 78 期。

押权人得排斥抵押人的其他债权人针对抵押物而提出的债权主张,换言之,所谓担保物权的优先效力,正是担保物权的对抗效力在担保物权人与其他债权人之间关系上的具体表现。因此,未经登记的动产抵押权,与其说缺乏对抗效力,不如更直接地说是根本不具备优先受偿的效力。而不具有优先受偿效力的动产抵押权,在抵押人为债务人或者为债务人之外的第三人的不同情形,分别展示出不同的权利属性。

在抵押人为债务人的情形,若动产抵押未登记,由于抵押权人既不得以其抵押权否定债务人的其他债权人的权利主张,也无须依据其抵押权而请求债务人为债务清偿,故此种动产抵押权既不具有物权效力,也不具有债权效力,形同虚设。而在抵押人为债务人之外的第三人的情形,虽然该抵押权不能对抗该第三人的其他债权人,但却可以使该第三人对抵押权人承担了一种"物上保证责任",由此增加了债权人的受偿机会,即在债务人不履行债务时,抵押权人仍有权请求以该抵押物拍卖的价款实现其债权,而当出现抵押人的其他债权人请求以该抵押物的价款清偿债务的情况是,抵押权人有权以普通债权人的地位,与抵押人的其他债权人一起,对该抵押物的价款平等受偿。由此可见,在前述情形,无对抗力的动产抵押权似乎仅具有债权效力。但与一般债权有所不同,因无对抗力的动产抵押权仍得对抗抵押人,故在抵押权人与抵押人的关系中,法律有关抵押权的其他规定仍可适用(包括对抵押权人处分权的限制等),故无对抗力的抵押权仍然具有某些物权性质的效力。

二、抵押权预告登记问题

【案例 14.3】抵押权预告登记案①

原告:A 银行金山支行;被告:B(个人)。2010 年 3 月 24 日,原告与被告签订个人房屋抵押贷款合同一份,约定由被告向原告借款人民币 113 万元,被告以其购买的房产为债务提供担保,但由于合同签订时被告

---

① 《抵押权预告登记直接作为抵押权行使依据可行性的探讨》,案例来源于上海市金山区人民法院:《民事调研》2014 年 3 月 25 日。

所购房产尚未竣工,故原告仅就被告所购房屋办理预告登记。合同订立后,原告依约向被告发放了贷款,但是由于被告的个人债务导致抵押物被法院查封,且至起诉之日已有两期贷款本息未能归还,影响到原告债权的实现,故原告诉至法院要求按照约定提前收回全部借款本息,若原告不能偿还上述贷款本息,则请求对抵押物行使抵押权。

《物权法》第二十条规定:"当事人签订买卖房屋或者其他不动产物权的协议,为保障将来实现物权,按照约定可以向登记机构申请预告登记。预告登记后,未经预告登记的权利人同意,处分该不动产的,不发生物权效力。预告登记后,债权消灭或者自能够进行不动产登记之日起三个月内未申请登记的,预告登记失效。"房屋抵押权设立登记与预告登记在相关法律法规中存在明确的界定标准,其适用范围不同、产生效力不同、证明文件不同,但是在实践中,对不动产抵押权仅办理预告登记而未办理抵押权设定登记的,或者预告登记因超过期限而归于消灭的情况下,抵押权人是否享有抵押权问题仍存在不同认识。

(一)预告登记制度的功能与法律效果

预告登记,即为保全一项以将来发生不动产物权变动为目的的请求权的不动产登记。预告登记制度,为德国民法学者在中世纪所创立。预告登记所登记的不是现实的不动产物权,而是将来发生的不动产物权变动的请求权,它是在确定的财产权登记条件还不具备时,为了保全将来财产权变动能够顺利进行,而就相关的请求权进行的登记。[1]

在不动产交易中,如商品房预售,买方常常处于弱势,而卖方常常处于强势,当双方签订预售合同后,由于登记条件暂不具备,买受人因未完成登记而无法取得所有权,此时买方取得的只是合同法上的请求权,在卖方"一物二卖"时,只能要求卖方承担违约责任,极不公平。有必要建立预告登记制度,

---

[1] 最高人民法院物权法研究小组:《〈中华人民共和国物权法〉条文理解与适用》,人民法院出版社 2007 年版,第 103 页。

使被登记的请求权具有物权的效力,即具有排他效力,使其不但可以对抗不动产的所有权人和其他物权人,也可以对抗任意第三人。即使后来发生了未经预告登记权利人同意的与该项请求权内容相同的不动产物权处分行为时,由于该预告登记的请求权具有排他效力,足以确保预告登记权利人不受损害。

预告登记制度的功能在于保障债权人将来可以取得债权所指向的物权。债权人虽享有债权请求权,但是在债务实际履行,即物权发生变动之前,债务人就其享有物权的标的物仍有自由处分的权利,债权不能对此种处分形成有效约束,债权人因此处于不利地位。关于预告登记后的法律效果,《物权法》第二十条规定,"预告登记后,未经预告登记的权利人同意,处分该不动产的,不发生物权效力"。对该条文的理解涉及两个问题:其一,是指预告登记后的所有处分均无效,还是指处分对于预告登记的权利有妨害者无效? 其二,是指处分具有对世性绝对的无效,还是仅对登记权利人的相对的无效?

我们认为,上述规定所称的"处分该不动产的,不发生物权效力",指的是对预告登记的权利有妨害的处分不得对抗登记权利人,即登记权利人因预告登记而取得对抗效力,有权主张债务人对登记权利有害的处分行为不发生物权效力。但是在其提出此项主张之前,处分行为对第三人仍属有效。全国人大法工委编撰的相关解释认为:"进行了预告登记的请求权,对后来发生的与该项请求权内容相同的不动产物权的处分行为,具有对抗的效力。"①此处明确了两点:首先,预告登记所限制的,并非所有关于该不动产的处分,而只是与预告登记的权利相冲突的处分;其次,预告登记使经登记的请求权产生"对抗效力",当债务人在预告登记后又对标的物进行与预告登记内容相冲突的处分时,该处分并非绝对无效,而是使预告登记权利人获得"对抗"该处分的权利,即此种处分不得对抗预告登记权利人。因此,该处分属于相对无效。同时,预告登记制度的目的在于保护经登记的债权将来可得实现,预告登记对债务人处分其物所施加的限制,也应当限于该目的范围。如果债务人的处分并

---

① 全国人民代表大会常务委员会法制工作委员会:《中华人民共和国物权法释义》,法律出版社 2007 年版,第 61 页。

不影响债权人实现权利的,如设定用益物权,或者债权人放弃保护的,则没必要使处分绝对无效。从比较法的角度看,我国台湾地区的相关"法条"及学说解释,均认为预告登记仅具有使之后的处分相对无效的效果,可资参考。

(二)预告登记与本登记

从预告登记制度的功能和法律效果观察,该制度不能直接发生物权变动的效果,登记权利人所取得的只是一种强化的法律地位,而非物权本身。如果预告登记权利人要取得不动产物权的,必须按照《物权法》第十四条规定,进行物权设立或变动登记,对应预告登记的概念,可将此种登记称为本登记。简言之,预告登记是保障权利人将来可以实现物权变动,而本登记则是实际上实现该物权变动。

预告登记与本登记存在本质上的区别,本登记属于设立登记,其具有较强的确定性和终局效力;而预告登记仅属于预备登记,其形成时物权属尚未最终得以确认,预告登记的特性决定了其不具备终局效力,其必须继续发展至消灭或者转为设立登记,亦即预告登记实际只是一项过渡性工具。二者的权利证明文件也存在明显的不同,本登记,如房屋抵押权设立登记取得的是房屋他项权证书或者房地产他项权证书,这两项证书均对设立登记的物权效力进行了宣示,而预告登记取得的仅是预告登记证明,其实质为对将来可能发生的物权变动请求权的登记,不具备物权效力。鉴于以上物权效力有无的区别,即可初步认为不具备物权效力的预告登记在转化为具备物权效力的设立登记之过程中,需要遵循《物权法》第二十条第二款的规定,在能够办理不动产登记之日起三个月内进行此项申请,否则预告登记归于失效。

前述案例引发出的问题是,预告登记是否能够直接作为抵押权的行使依据而实现债权人的债权。对此,存在两种观点。一种观点认为,在一定的情况下房屋抵押权的预告登记能够被认为具有物权效力而可作为实现抵押权的直接依据。具体而言,在能够进行不动产登记后,由于抵押人一方的原因导致抵押物未能在可以进行抵押权设立登记后的三个月内没有能够完成预告登记向设立登记的转变,此种情况之下,鉴于抵押权人积极要求将没有物权效力的预告登记转化为具有物权效力的设立登记,其已然尽到了作为抵押权人的义务且不存在疏于管理的情况,故不利后果不应当由抵押权人承担。前述案例中,应当认为就抵押物,抵押权人有权直接依据预告登记行使抵押权以维护债权的实现。另一种观点则认为,为了保护各方权益以及权利实现的制度性和程序正义,应当认定无论何种情况之下,预告登记中的抵押权人均无权享有设立登记中的抵押权人所有的物权,即预告登记中的抵押权人在取得设立登记之时,不得以任何理由申请将抵押权预告登记作为实现抵押权的直接依据。

我们认为,就现阶段司法实践来看,抵押权预告登记在任何情况下均不能被作为直接实现抵押权的依据。房屋抵押权的预告登记与设立登记存在本质上的区别。若认定预告登记可以在某些甚至全部情况下自动转化为设立登记,会导致规则的失效。预告登记和设立登记的适用时间不存在任何重合情况,二者的区别的时间截点即能够办理不动产登记之日;预告登记是对于一种请求权的登记,相较于对物权登记的设立登记而言更为容易,且预售商品房抵押贷款办理预告登记后能够顺利进行抵押登记面临诸多不确定因素。鉴于上述时间差异以及难易程度的不同,不难看出二者若自动转换会造成抵押权人对较为简单的预告登记趋之若鹜,从而导致具有严格审查标准和较高安全保障系数的设立登记成为一纸空文。规则的失效实际是对抵押权人之外的其他人利益的损害以及抵押制度的整体伤害。

对于因抵押人原因导致预告登记未能向设立登记转化的情形,抵押权人可以采取以下的救济途径。第一,抵押权人可以要求抵押人继续履行抵押合同。双方签订的抵押合同中起初便会明确约定双方需相互提供配合与支持,完成预告登记向设立登记的转变,此时抵押权人可提请抵押人按照合同约定提供相应的配合行为以继续履行合同;若抵押人拒不提供,抵押权人可诉至法院要求抵押人继续履行,取得相关裁判文书后可申请法院进行强制执行,由法院通知不动产登记机关,在出具相关文书的情况下可以不要求抵押人提供支持行为即进行不动产设立登记。第二,抵押权人可直接提出抵押人违反抵押合同的相关规定导致合同不能继续履行,故抵押人需要承担合同项下的违约责任。此种情况虽简便易行,但由于抵押权人丧失了对于抵押物的优先受偿权,其债权相较于前一种救济途径而言较难得到完整的保护。

三、抵押登记权利证书记载的债权数额问题

【案例 14.4】抵押登记权利证书记载纠纷①

2011 年 1 月 25 日,郑某(被告)因购房所需向 A 银行(原告)申请按揭贷款人民币 172 万元,并以所购房产作为抵押物提供抵押担保;借款到期日为 2041 年 1 月 24 日,月还款额为 10291.34 元。借款合同约定,涉案债权包括合同项下的借款本金、利息、罚息、复利、违约金、损害赔偿金以及诉讼(仲裁)费、律师费、处置费、过户费等贷款人实现债权和抵押权的一切费用。借款合同还约定,如借款人未足额偿还借款本息超过 90天,贷款人有权宣布合同项下借款立即到期,提前收回已发放贷款并行使担保权利。系争借款合同签订后,A 银行依约发放了贷款。涉案房地产抵押登记证登记的"债权金额"为 172 万元,"抵押范围"记载的内容与借款合同一致。郑某自 2012 年 5 月 21 日起未能按约归还借款本息,至2012 年 8 月 21 日已连续拖欠贷款本息达 90 天以上,故 A 银行于 2012年 9 月 4 日宣布借款提前到期,郑某签收了提前到期通知书。至 2013 年3 月 20 日,郑某尚欠本金 1689438.70 元、利息 85154.41 元。现 A 银行提起本案诉讼,请求法院判令:郑某立即归还剩余贷款本金、所欠利息以及相应的罚息和复息;若郑某不能偿付上述贷款本息,则请求对抵押物实现抵押权。

商业实践中,为防止债务人还债能力下降或故意违约导致的坏账风险,银行作为债权人及抵押权人,一般都会在合同中与抵押人约定,抵押担保的范围包括债权本金及其利息、罚息、复利、违约金、损害赔偿金、实现债权和担保权利的费用以及所有其他应付费用等,以确保债务人拖欠还款的情况下,其通过优先受偿权的行使能够使自身债权得到最大限度的实现。但对于普通抵押而

---

① 张文婷:《普通抵押中抵押登记权利证书记载的"债权数额"含义的司法认定》,案例来源于上海市第一中级人民法院研究室:《案例精选》2014 年第 29 期。

言,在抵押权设立之初,除本金的数额可以明确外,关于利息、罚息、复利、违约金、损害赔偿金、实现债权和担保权利的费用以及所有其他应付费用等,是否会实际发生以及发生的实际金额均尚不可知,故登记机关一般仅针对被担保主债权的数额进行登记。由此产生的问题是,如果在债权人主张行使抵押权时,债务人的剩余未还本金及积欠的利息、罚息、复利等费用总和超出当时登记机关所登记的主债权金额,债权人是否有权对所超出部分主张优先受偿。

司法实务界对该问题一直以来存在较大分歧。一种观点认为,抵押权的设立经依法登记后始发生效力,根据担保法的规定,如物权登记簿上记载内容与抵押合同双方约定不一致的,应当以抵押登记记载为准。据此,如抵押登记的债权数额有明确记载的情况下,债权人仅有权就该登记的数额为限,行使抵押权。另一种观点认为,与最高额抵押登记不同,一般抵押登记所记载的"债权数额"并非抵押权人与抵押人在合同中约定的抵押担保债权的最高限额,而仅是设定抵押时担保的债权本金数额,故对普通抵押而言,应以合同约定的抵押担保范围作为确定债权人对抵押物处理后所得价款的优先受偿范围。

(一)当事人得依意思自治约定担保范围

物权具有排他性,法定主义是物权法中的基本原则。它要求物权的类型及物权的内容由法律规定,当事人不得随意改变、设定。① 担保物权作为一项重要的他物权,也受物权法定这一基本原则的约束。然而,"物权法定"并不意味着意思自治原则在物权法领域完全丧失了适用的空间。一方面,物权法的规范虽然较多为强制性规范,但是在强制性规范下,当事人仍有选择的自由。例如,当事人在物权法定下仍可以依照自己的意愿自主选择相对人、自主决定是否设定物权、设定何种物权等。同时在物权保护方面,当事人也可以选择不同的途径进行权利的救济。另一方面,除强制性规范外,物权法中仍有部分任意性规范的存在,允许当事人通过合意形成,直接体现了当事人的意思自治原则。《物权法》第一百七十三条对担保物权担保的范围做了较宽泛的规定,涵盖了主债权及其利息、违约金、损害赔偿金、保管担保财产和实现担保物

---

① 崔文星:《物权法专论》,法律出版社 2011 年版,第 18 页。

权的费用,同时,该条还规定,如当事人另有约定的,按照约定。从条文属性上分析,该条无疑属于任意性规范,其内容表明,在担保物权的担保范围问题上,立法亦采取了当事人意思自治原则的立场,也即,除非当事人未对担保范围作出约定或约定范围不明确的情况下,上述条款中列举的六项可直接发生效力,作为确定担保范围的依据。但如当事人对担保物权范围作出约定时,则首先应遵循当事人之间的约定,充分尊重当事人的意思自治。当事人的特别约定得以排除此条关于担保范围列举的适用,当事人既可以约定选择上述六项内容范围内任意一项或者几项作为担保范围,也可以将上述六项中的某些内容排除在担保范围外,另行约定其他债权的内容作为担保范围。①

(二)公示登记中抵押担保范围的认定

登记生效主义使不动产抵押具有公示性,实现了物权变动与物权公示之间的统一,同时赋予登记以公信力,使第三人经由登记簿,悉知标的物的权利负担,并信赖该内容具有保护财产动态安全的显著功能,在很大程度上维护了交易安全,保护了第三者的利益。这其中涉及两个问题:一是抵押登记内容与抵押合同约定不一致的问题,二是对抵押登记具体内容的解释和认定问题。

关于第一个问题,根据《最高人民法院关于适用〈中华人民共和国担保法〉若干问题的解释》第六十一条的规定:抵押物登记记载的内容与抵押合同约定的内容不一致的,以登记记载的内容为准。法律关于登记的公信力的规定,属于强制性规范。不动产物权登记的公示性能够确保交易安全,维护交易秩序。登记具有权利正确性的推定效力,对任何第三人,不论不动产真实状况如何,都推定登记记载之物权与真实物权一致,信赖不动产登记所记载的人为真正的所有权人。但是取得人于取得权利时知道权利存在瑕疵或者登记有异议抗辩的除外。法律对事实上的权利同时建立了异议登记和更正登记的保护制度,登记的公信力原则,在法律上受权利瑕疵或者异议登记制度的限制,这样兼顾了事实上的权利人的利益。

---

① 最高人民法院物权法研究小组:《〈中华人民共和国物权法〉条文理解与适用》,人民法院出版社 2008 年版,第 510 页。

关于第二个问题,对抵押登记的相关具体内容应结合登记事项和具体文意进行解释和判断。由于抵押权设立之初,除本金的数额可以明确外,关于利息、罚息、复利、违约金、损害赔偿金、实现债权和担保权利的费用以及所有其他应付费用等,是否会实际发生以及发生的实际金额均尚不可知,因此,要求登记机关在抵押权设立时就对除本金之外的其余项目以明确的数字固定化并不现实。鉴于此,住房和城乡建设部于 2008 年 5 月 6 日颁布的《房屋登记簿管理试行办法》(以下简称《办法》)第九条规定,对普通抵押而言,登记机关记载的项目应包括:抵押权人、抵押人和债务人、被担保主债权的数额、担保范围、债务履行期限、房屋他项权利证书号、补换证情况。由此可见,一般抵押登记所记载的"被担保的债权数额"仅指被担保的主债权金额。"被担保的主债权金额"与"被担保的债权总额"在文义上存在明显区别,前者表示登记的数额仅系主债权数额,该数额并不包括利息、罚息、违约金等项目,该些项目所对应的金额,可根据双方约定并在登记簿上记载的"担保范围",在抵押权人实际主张行使优先受偿权时予以固定化。但如果登记的数额系"被担保的债权总额",则意味着无论约定的担保范围如何,该数额即为抵押权人有权主张优先受偿权的最高限额,对超出该登记数额部分,登记的抵押权人不享有优先受偿权,最高额抵押登记即属于该种情形。由此,对普通抵押担保的债权金额的认定,一是要看记载的内容是"被担保主债权的数额",还是"被担保的债权总额";二是还需看在记载"债权金额"的同时,有无记载"担保范围",如果简单地将抵押登记上明确记载的数额视为抵押权的全部,则显然违背了双方当事人的意愿,更忽略了当事人约定抵押担保范围在登记公示层面的体现方式。

就前述案例来看,抵押登记上记载的"债权数额 172 万元"而不是"被担保的债权总额",同时抵押权证书还记载了抵押范围。因此,应当认定,登记公示体现了双方当事人对于抵押担保范围实际上涵盖了债权本金及其利息、罚息、复利、违约金、损害赔偿金、实现债权和担保权利的费用以及所有其他应付费用等内容。尽管第三人仅仅能够从登记簿上查询到债权本金数额 172 万元,但是抵押范围记载的内容足以提醒第三人抵押担保的债权可能最终会超出上面的数额,由此,第三人并不会出现由于单纯信赖登记簿上记载的数额与实际抵押权涉及的总额之间存在差额,而误以为不动产抵押权仅限于明确记载的金额的情况。登记公示在保护抵押人与抵押权人意思自治的同时,也保护了第三人的利益。

第三节　不动产抵押权的善意取得

《物权法》第一百零六条规定了动产、不动产及其他物权统一的善意取得制度,为不动产抵押权善意取得的适用提供了基本的法律依据。依据该规定,不动产抵押权善意取得制度,是指不动产未做登记或不动产登记记载的权利人与真实的不动产所有人不符,对不动产没有处分权的人将不动产设置抵押权,债权人若不知或不应知悉存有权利瑕疵或登记有异议抗辩的,债权人仍取得抵押权的制度。传统善意取得制度发端并成熟于动产交易领域,而对于不动产及其相关物权的善意取得如何适用缺乏具体的法律依据。因此,有必要结合案例,明晰实践中不动产抵押权善意取得的构成要件。

【案例 14.5】不动产抵押权善意取得案[①]

原告为 A 银行,被告为陆某某,第三人为石某某。2006 年 2 月 1 日,A 银行与陆某某签订了购房借款合同:A 银行向陆某某提供贷款 35 万元,由陆某某提供其名下的某处房产做抵押担保。A 银行依约放款,后陆某某未按约履行还款义务。陆某某与石某某原系夫妻关系。2005 年 12 月 8 日,双方在民政局办理了离婚登记手续,并约定涉案房屋归石某某所有,该产权至诉讼时仍登记在陆某某名下。陆某某为办理上述抵押物登记手续,伪造离婚协议书内容,将已经约定归石某某所有的上述房产篡改为归自己所有,并加盖了伪造的民政局婚姻登记专用章,还于 2006 年 4 月 12 日向房产部门办理了抵押登记手续。现原告 A 银行诉称,陆某某

---

① 马荣:《不动产抵押权善意取得的运用》,《人民司法(案例)》2012 年第 10 期。一审案号:(2009)港民二初字第 0194 号;二审案号:(2009)通中民二终字第 0452 号。

未能偿还贷款本息已有 3 个月,根据合同约定视为贷款自动全部提前到期,请求法院判令陆某某立即偿还全部贷款本金及利息,由原告对抵押物优先受偿。被告陆某某同意原告的诉讼请求。第三人石某某异议称,陆某某与其离婚时,协议将陆某某名下的房屋归其所有,并经民政局备案。陆某某未经其同意以该房产做抵押,侵犯了其合法权益,抵押无效。

一审法院经审理认为,A 银行与陆某某签订的借款合同,除担保条款外,其内容不违反法律规定,合法有效。陆某某构成违约,A 银行要求陆某某还本付息的诉讼请求应予支持。陆某某将已经约定归第三人石某某所有的房产篡改为归陆某某自己所有,陆某某用该房产进行抵押的行为属无权处分行为,侵害了他人的权利。因此,A 银行与陆某某所签订的抵押保证条款因违反了法律规定,为无效条款。尽管 A 银行和陆某某将上述房屋办理了抵押登记手续,但 A 银行未能审查陆某某所提供离婚协议书的真实性,对导致抵押行为无效的后果负有一定的过错责任,故 A 银行认为其是善意取得抵押权的主张不能成立。遂判决:陆某某偿还 A 银行借款本金及利息;驳回原告 A 银行的其他诉讼请求。

A 银行不服一审判决,提起上诉。二审法院经审理认为,A 银行要求陆某某提前归还全部借款及利息于法有据。根据物权法规定,抵押权可以适用善意取得制度。而涉案抵押权能否成立,需要审查 A 银行在设立抵押权时是否善意及有无过失,即 A 银行在办理涉案抵押贷款过程中有无尽到审慎义务。A 银行依据借款人陆某某提供的单身证明、购房合同、房产证等,可以确认陆某某符合基本抵押贷款条件。而抵押贷款能够成立并生效的条件是以陆某某办理涉案房屋的他项权证为前提。参照建设部、中国人民银行联合下发的《关于加强与银行贷款业务相关的房地产抵押和评估管理工作的通知》(建房〔1995〕152 号)的规定,房地产管理部门要依法对抵押物进行严格审查,即对设置抵押权的抵押物权利是否完整的审查义务在房屋登记部门,而非 A 银行。陆某某在办理他项权证过程中,通过伪造崇川区民政局印章的方法,制作了与石某某的假离婚协议书内容,从而骗取了抵押权登记。作为 A 银行而言,审查义务不应包括陆某某办理他项权证过程中的违法或者犯罪行为。因此,A 银行在发放涉案贷款时已尽到审慎审查义务,即在取得抵押权时,属于善意取得。二审遂判决:维持一审判决第一项,即陆某某应偿还 A 银行借款本金及利息;如果陆某某不能履行上述债务,A 银行有权就已取得抵押权的房产以折价或者拍卖、变卖的价款优先受偿。

【案例 14.6】不动产抵押权善意取得纠纷①

原告黄某某,被告王某,被告 A 银行。黄某某因精神发育迟滞,为限制民事行为能力人,名下登记有本案系争房产。2005 年 3 月 1 日,王某与其前夫叶某某在民政局登记离婚。2009 年 3 月 18 日,黄某某与王某登记结婚。同日,两人至房地产登记部门,将系争房屋产权变更登记为王某一人所有。2009 年 4 月 14 日,王某以系争房屋作为抵押,向 A 银行申请楼宇按揭贷款。次日,A 银行向登记机关查询了系争房屋的产权登记,并确认此房产权人为王某一人。2009 年 4 月 29 日,王某向 A 银行出具了单身承诺函,声明其于 2005 年 3 月 1 日与前夫叶某某离婚,至今未再婚,并提交了离婚证、户口簿以证明其婚姻状况为离异。同日,王某与 A 银行签订了房产抵押贷款合同,贷款金额为 65 万元,并申请了抵押登记。2009 年 5 月 9 日,A 银行向王某发放贷款 65 万元。2009 年 5 月 11 日,A 银行取得了系争房产的他项权利(抵押)证书。2009 年 9 月,黄某某向法院提起诉讼,要求确认其与王某之间关于系争房屋的赠与行为无效,恢复产权登记至其名下。法院作出民事判决,责令王某将系争房屋产权恢复登记至黄某某一人名下。然因系争房屋涉及 A 银行的抵押登记,法院的上述生效判决至今尚未得以执行。黄某某据此提起本案诉讼,认为王某与 A 银行之间签订的抵押合同无效,双方应当注销抵押登记。A 银行辩称,其已尽到合理的审查义务,因此即使王某对系争房屋不具有所有权,

---

① 毛海波、陆静:《婚姻证明在不动产抵押权善意取得中的价值探究》,《人民司法(案例)》2012 年第 16 期。一审案号:(2012)闵民五(民)初字第 581 号;二审案号:(2012)沪一中民一(民)终字第 1127 号。

A银行也已善意取得系争房屋的抵押权,故不同意黄某某的诉讼请求。

一审法院经审理认为,不动产登记具有公信效力,即该不动产的登记人推定为真正的权利人,对于信赖该登记而从事交易的人而言,即使此后证明该登记错误,在法律上仍然承认其具有与真实物权相同的法律效果。A银行在收到王某递交的抵押贷款申请后,对抵押物即系争房屋权利状况进行了物权登记的调查,核实了王某系此不动产登记的唯一权利人,且从王某提供的离婚证和户口簿可以证明王某确实已与前夫叶某某离婚的事实,故A银行已履行了谨慎、合理的审查和注意义务。基于对系争房屋产权登记的信赖,A银行与王某签订抵押贷款合同,取得系争房屋的抵押权,不存在过失,亦无恶意。据此,驳回黄某某的诉讼请求。

黄某某不服一审判决,提起上诉。二审法院经审理认为,王某对系争房屋并无所有权,故其将房屋抵押于A银行属于无权处分。根据《物权法》的规定,A银行的行为只有符合下列三个要件,才得以善意取得抵押权:(一)受让该不动产时是善意的;(二)支付合理的对价;(三)系争房屋已办理抵押登记。A银行的行为符合(二)、(三)项规定的要件,因而本案的核心是认定A银行取得系争房屋抵押登记的行为是否构成善意。一般而言,银行皆会要求申请人提供相关部门出具的婚姻证明,以审查申请人的配偶是否为抵押房屋的共有人,防止因申请人未经其配偶同意而私自设定抵押引起法律诉讼。A银行审核了王某提供的房地产权证、离婚证、户口簿等资料,但并未要求王某提供婚姻证明,而是接受了其提交的单身承诺书作为替代。然而,单身承诺书因系申请人自行写书,可能存在与客观事实不符的情形,因此其效力显然低于婚姻证明。A银行作为金融机构,对此应当具有谨慎义务,如果其能要求王某提供民政部门的材料以证明其确系单身,王某就不可能顺利获取贷款,则可有效防止本案诉讼的发生。显然,A银行未履行必要且合理的审核义务,存在过错,对系争房屋的抵押不构成善意取得,其与王某之间的抵押行为无效,负有注销抵押登记的义务。至于A银行与王某之间的法律纠纷,由双方另行处理。据此判决:撤销原审判决,并认定王某与A银行就系争房屋实行的

抵押行为无效,双方应于判决生效之日起 10 日内至房地产交易中心注销
系争房屋的抵押登记。

上述两起案件涉及我国物权法关于抵押权善意取得规定的理解和适用。
善意取得制度是近代以来物权法的一项重要法律制度。就不动产是否可适用
善意取得制度,理论界存在不同观点。[①] 在传统民法上,由于不动产物权的公
示方式是登记,权利表征明确;而动产物权的公示方法是占有或者交付,占有
人的无权处分在合法交易中不易识别,因此,一般认为善意取得只适用于动
产。但是因商品交易的不断发展,不动产在流转过程中亦会产生无权处分等
问题,我国《物权法》扩展了传统善意取得制度的适用范围,系统规定了我国
民法上的善意取得制度。《物权法》第一百零六条第一款规定了不动产和动
产所有权均可以适用善意取得,且详细规定了善意取得的构成要件;第二款规
定了原不动产和动产权利人的赔偿请求权;第三款规定了善意取得可适用于
其他物权。依据上述规定,我国物权法上善意受让人取得权利的类型不仅限
于动产所有权,还包括不动产所有权,以及动产或不动产的其他物权。因此,
不动产抵押权善意取得在我国有明确的法律依据。

一、不动产抵押权善意取得的构成要件

根据《物权法》第一百零六条的规定,不动产或动产所有权的善意取得要
件有三项:(1)受让人受让该不动产或者动产时是善意的;(2)以合理的价格
转让;(3)转让的不动产或者动产依照法律规定应当登记的已经登记,不需要
登记的已经交付给受让人。由于不动产物权的公示方法是登记,动产物权的
公示方法是交付或者占有。因此,上述条文所规定的"受让"二字因动产和不
动产而存在差异。就动产而言,"受让"是指动产占有的转移;就不动产而言,
"受让"是指不动产登记的变更。《物权法》第一百零六条虽规定了适用善意

---

① 如梁慧星、陈华彬等学者认为善意取得制度只应适用于动产;高富平、叶金强等学者则
主张不动产亦可适用。

取得的三个条件,但没有进一步明确区分不动产物权和动产物权善意取的具体构成要件。涉及不动产物权的善意取得时,应当充分考虑其公示方法的特殊性。我们认为,不动产抵押权善意取得的构成要件包括以下几个方面:

(一)抵押人无权处分不动产

抵押人无权处分不动产是不动产抵押权善意取得适用的前提。所谓无权处分,是指没有处分权而处分他人的财产。不动产的无权处分,不仅包括处分人没有处分权而处分财产,还包括登记权利人明知登记错误存在而处分财产。由于存在不动产登记的缘故,让与人须为不动产登记簿上的权利人(登记名义人)。无处分权之让与人为无权处分之登记名义人,这就意味着登记与实际情况的不符,即登记错误。① 同时,这种登记错误必须在登记簿中不可见,但客观存在,即登记中的错误,在取得人尽到一个正常登记簿查询人的注意义务后,仍然无从发现。登记错误为不动产物权发生善意取得创造了可能,使得不动产物权变动过程中需要善意取得制度来协调实际所有人与第三人之间的利益关系。前述案例 14.5 中,涉案房屋按照离婚协议的约定,应归第三人石某某所有,却因石某某未及时办理所有权转移登记而使该房屋依然错误地登记在陆某某名下。陆某某在该房屋上设立抵押权属无权处分。同样,在前述案例 14.6 中,王某利用黄某某的意思能力、行为能力低下以及与黄某某的所谓婚姻关系,通过赠与的方式将系争房屋过户至自己名下。然而,由于该行为违背了黄某某的真正意思表示,且损害了黄某某的合法权利,故被法院判决认定为无效。因此,王某虽将自己登记为系争房屋的权利人,但因权利的实际归属状况与此相悖,故实属登记错误,其对系争房屋亦缺乏处分权。

(二)抵押权人取得不动产抵押权系出于善意

所谓"善意"是指抵押权人客观上不知道抵押人无抵押不动产的所有权或处分权的事实。不动产物权的存在与变动必须以一定形式公开表现出来并能被特定当事人之外的第三人所知悉,即不动产物权必须以登记为公示,不动产登记对处于交易之外的第三人提供了"消极的信赖利益",即"只要没有公

---

① 金俭等著:《中国不动产物权法》,法律出版社 2008 年版,第 30 页。

示就没有物权变动"。不动产登记有国家信誉的支持,具有相当高的公信力,第三人有理由相信不动产权属证书及登记簿上记载的物权状态就是真实的权利状态。因此,只要抵押权人信赖登记,就是善意的,除非其明知登记错误或有异议登记存在,而无需像动产的情况那样考虑交易中的众多客观因素,就可以基于这种信赖获得保护,抵押权人信赖不动产登记就可以构成关于不动产权属状态的"善意"。实践中,抵押权人的"善意"问题是适用的难点,后文将进一步展开论述。

(三)已办理不动产抵押登记

不动产抵押权权的善意取得,需抵押双方已就抵押行为依照法律规定办理了登记,并将抵押事项记载于不动产登记簿上。《物权法》第九条规定:"不动产物权的设立、变更、转让和消灭,经依法登记,发生效力;未经登记,不发生效力,但法律另有规定的除外。"登记才生效,是物权公示所生公信力的内容之一。就不动产物权而言,主债权人基于对不动产登记簿所登记的不动产权属的信赖,与登记权利人以该不动产为标的,设定不动产担保物权时,须完成两个行为:一是法律行为,即设定不动产担保物权的合意行为;二是不动产担保物权的登记,若没有登记,当事人之间仅产生债的关系,担保物权不会生效。不动产抵押权作为不动产物权的一种,其设立包括善意取得,必须经依法登记才发生效力。

(四)抵押权人向抵押人支付合理对价

不动产抵押权的善意取得需以合理对价为条件。对该问题,有相反观点。如有学者明确指出,在我国,就不动产善意取得而言,只有建设用地使用权的转让、房屋所有权的转让、地役权的设定或转让时才可能涉及发生有偿或无偿的问题,抵押权的设立显然不存在此问题。① 对此,我们不能认同。《物权法》规定受让人以合理价格受让不动产的,才能构成善意取得。善意取得制度是为了保护交易安全而设定的,只有在抵押权人与抵押人之间存在交易行为时,并且抵押权人支付了合理对价时,法律才有保护的必要,也才存在善意取得的

---

① 程啸:《论不动产善意取得之构成要件》,《法商研究》2010 年第 5 期。

问题。通过无偿等方式取得所有权或者他物权不适用善意取得制度,因为善意取得制度是以牺牲原所有权利益为代价来保全受让人的利益,实乃一种不得已而为之的选择,因此必须慎重适用。如果允许无偿取得财产之人主张善意取得,则有悖于公平这一法律孜孜以求的价值目标。抵押权人支付的对价是否合理主要是以交易时的市场价为判断依据。

在认定不动产抵押权善意取得是否成立的问题上,有一点需引起注意,不动产抵押权的善意取得不受抵押合同效力的影响。我国物权法确立了物权变动原因与结果的区分原则。即物权法明确了抵押合同性质上属于以设定物权性质的抵押权为目的的债权合同,抵押合同产生债的效果,其订立完成并不直接导致作为物权的抵押权的成立,抵押权的成立必须待至抵押物登记完成,同时抵押物的登记不再如担保法那样作为抵押合同的生效要件。在案例14.5中,A银行取得抵押权的行为符合我国物权法中规定的不动产抵押权善意取得的构成要件,应依法认定其善意取得涉案房屋抵押权,且该抵押权并不因抵押合同中涉及无权处分部分无效而受影响。至于房屋的真正所有权人石某某因诈骗行为、错误登记行为遭受的损失,可以依据物权法的规定向陆某某或房屋登记主管机关请求赔偿。就案例14.6而言,A银行不构成抵押权善意取得,应当认定王某与A银行就不动产设定抵押权的行为无效,但双方之间的抵押贷款合同合法有效,A银行可依据合同的约定向王某主张相应的违约责任。

二、不动产抵押权善意取得中关于"善意"问题的具体把握

(一)对于善意的理解

我国《物权法》对何谓善意并未进行解释,就此理论上素有积极观念说和消极观念说两种学说。持积极观念说的学者认为,受让人需有以出让人为权利人之积极的观念,方可视为善意。持消极观念说的学者则认为,只要取得人不知或不应知该物不属于让与人即为善意。从不动产善意取得制度的本意以及登记公示公信原则分析,受让人基于对登记的信赖,认为不动产不可能属于让与人之外的他人所有即可,因此后者的观点更为合理。由于占有的公信力

低于登记,因此不动产善意取得中善意的判断标准较动产善意取得要求低。动产善意取得中第三人不能仅凭占有事实,绝对相信占有人享有处分权,因此在判断第三人的善意时,更多要结合其他因素;而不动产登记,有国家信用作担保,具有更强的公信力,只要第三人信赖登记,就是善意的,除非第三人明知或因重大过失应知而未知存在登记错误或有异议登记,在判断善意成立时对其他客观因素的依赖性较低。

(二)善意与过失的关系

第三人未尽注意义务,存在过失,能否认定为善意,即善意所要求的信赖具体应限定至何种评判标准,善意与过失之间的关系如何。对此,理论界亦存在着三种认识,即有无过失在所不问、受让人无重大过失即成立善意、受让人需无过失才成立善意。从公平角度出发,法律应当督促交易相对方尽到善良管理人的责任,承担起码的注意义务,因此应当承认过失对善意的影响,将第三人有无过失作为评判善意与否的重要因素。至于过失程度的把握可借鉴德国的做法,即如受让人存在重大过失而不知物不属于让与人者,视为非善意。而重大过失是指欠缺一般人起码的注意。具体到不动产抵押权善意取得而言,应当是指对抵押所需的法定材料做形式上的审慎审查可以发现却没有发现。

案例14.6中,从一般角度理解,不动产登记具有公示公信效力,银行则无须注意登记名义人的婚姻关系,仅依据登记情况即可认定权利人,并进而作出相应的审核决定。问题是,我国房屋登记在一方名下但却属于夫妻共有财产的情形比比皆是。目前社会的基本共识是,对登记名义人的婚姻关系进行审核是正确认定房屋真实权利人的必要环节。银行应本着谨慎原则,要求抵押人提供婚姻证明文件,从表面上进行合理认定。本案中,王某提供了其与前夫叶某某的离婚证明以及单身承诺书,而单身承诺书并不能归类于"婚姻证明文件"。A银行完全可要求王某提供民政部门的婚姻证明文件。A银行的这一要求并不会增加其工作负担和成本,但A银行却忽视了这一最基本的审查义务,直接依据王某提供的单身承诺书认定其目前与他人无婚姻关系,故A银行因具有重大过失,受让时不构成善意,无权善意取得抵押权。

（三）债权人仅负有形式审查义务

根据"谁主张，谁举证"的原则，对善意且无过失这一构成要件的举证责任应当由主张不动产抵押权善意取得成立的一方即第三人承担。但我们认为，基于登记较强的公信力，对善意且无过失的证明标准应当降低，即只要证明第三人是基于对登记的信赖且对抵押所需的法定材料进行了形式上的审慎审查，就应认定为善意且无过失。第三人的该审慎审查义务应当仅是一种形式上的审查义务，不应包括对权证取得过程中是否存在弄虚作假等违法或犯罪行为的实质审查。当第三人完成上述举证责任后，法官即可对善意且无过失形成内心确信，原物权人仍可通过担保金额、交易场所的综合因素、抵押人与抵押权人之间的关系等客观因素来推翻法官的这一内心确信。

在案例14.5中，作为第三人的A银行，由于信赖房地产管理部门的抵押登记而为陆某某办理了抵押贷款手续。陆某某在向银行申请办理抵押贷款时，已经提供了单身证明、购房合同、房产证等所有必要材料，银行的审查义务仅限于对这些材料的形式审查。陆某某提供的这些材料均系有权机关提供的有效证明文件，印鉴真实，合法有效。根据这些材料，银行无从得知抵押物背后的真实权利状况，亦无从怀疑各类材料办理过程中是否存在违法或犯罪行为。且根据建设部、中国人民银行1995年《关于加强与银行贷款业务相关的房地产抵押和评估管理工作的通知》的规定，对设置抵押权的抵押物权利是否完整的审查义务在房屋登记部门，银行亦无义务对此进行实质审查。因此，银行在办理抵押贷款手续过程中不知道也不应当知道陆某某为无权处分，实属善意；银行依法对抵押贷款各类材料进行了审慎的形式审查，亦不存在重大过失，应当认定为善意且无过失。

（四）抵押人的恶意不是需要考量的因素

不动产抵押权善意取得的主观构成要件善意且无过失，是对抵押权人而言，要求抵押权人不知道或不应当知道抵押人无处分权，且已经尽到了形式上的审查义务，抵押人是否存在恶意则在所不问。事实上，作为无权处分人的抵押人通常情况下正是故意利用登记上的错误来实现个人利益，恶意是常态，而这一恶意通常不会影响到善意取得的成立,除非这一欺诈导致了主合同的无效或被撤销。如案例 14.5 中,陆某某的欺诈行为仅仅存在于设定抵押环节,与银行在借贷法律关系中的意思表示真实,不存在无效或可撤销的事由,因此并未影响主合同的法律效力,不影响善意取得的成立。

第四节　最高额抵押

最高额抵押,是抵押人在最高额限度内,以抵押财产对将来一定期间连续发生的不特定债权提供的抵押担保。《担保法》规定了最高额抵押,但仅有四个条文做了较为粗糙的规范,之后的《担保法解释》用三个条文对其做了进一步细化。《物权法》在上述基础上对最高额抵押的适用进行了相应的调整和补充。

一、最高额抵押权的特征

最高额抵押权是一种特殊的抵押权,其在具有抵押权一般共性的同时,又具有特殊性。实践中,一般从以下几个方面把握最高额抵押权的特征:

(一)最高额抵押权的设立在具体内容上与普通抵押权的设立有所差别

首先,最高额抵押权须为继续性法律关系中的不特定债权而设立。普通抵押权得由当事人对任何债权设立,法律一般没有限制。但最高额抵押权设定担保的债权,应以继续性法律关系为限。其次,当事人须订立最高额抵押合同。设立最高额抵押权,当事人须订立书面抵押合同,且最高额抵押合同应订明抵押担保债权的最高额。最高额决定债权人受担保债权的最大范围,是最高额抵押权设立的必要条件,未规定最高额的,该最高额抵押合同无效。同时,抵押合同一般也应订明决算期。决算期是确定最高额抵押权担保债权实际数额的时间,决算期在最高额抵押权中很重要。抵押合同未约定决算期的,不影响最高额抵押合同成立,当事人得在事后加以约定或者依据法定补偿条款确定。最后,设立最高额抵押权须依抵押财产的性质进行登记。《物权法》对最高额抵押权的登记问题没有专门规定，应适用普通抵押权的规定。

（二）最高额抵押权在从属性上具有特殊性

尽管最高额抵押权与普通抵押权都具有从属性，但最高额抵押权的从属性与普通抵押权的从属性存在三个方面的不同：一是存在上的从属性不同。最高额抵押成立在先，而债权可能成立在后；而普通抵押权则是债权成立在前，抵押权成立在后。二是处分上的从属性不同。普通抵押权应当随主债权的转移而转移，而最高额抵押权却并不随某一具体债权的转让而转让，而只能随基础法律关系一同转让。三是消灭上的从属性不同。在最高额抵押权存续期间，最高额抵押权不因某一具体债权的消灭而消灭，只有在最高额抵押权确定时，全部债权都归于消灭，最高额抵押权才归于消灭。

（三）在抵押权的特定性上具有特殊性

抵押权的特定性包括抵押标的物的特定和抵押权所担保债权的特定，后者是抵押权特定性的主要表现。最高额抵押权所担保的债权额，虽然在抵押权设立时未予明确，并且在抵押权担保的范围内，债权额可以不断增加或减少，但无论所担保的债权如何变动，都要受到最高额的限制。但最高额抵押权确定是，最高额抵押权以最高额为限对债权提供价值担保，这就是最高额抵押权特定性的特殊之处。

（四）在抵押权适用范围上具有特殊性

普通抵押权适用于各类债权的担保。而最高额抵押权只适用于借款担保合同和在一定期间内连续发生的各项商品交易合同。且最高额抵押系为将来发生债权所做的担保，而普通抵押担保的对象只能是现在发生或者过去发生的债权。此外，最高额抵押是为连续发生的不特定债权所做的担保，只能适用于连续发生债权的继续性法律关系，而不适用于仅发生一个独立债权的情形。也就是说，只有在持续发生同一性质的法律关系的债权人与债务人之间，才能设定最高额抵押权。

二、实践中对最高额抵押权特征的把握和适用

(一)最高限额的界定问题

【案例 14.7】最高额抵押限额确定案①

2008 年 9 月 23 日,某银行与借款人贾某、某厂签订了最高额抵押借款合同,合同约定,某银行同意在 2008 年 9 月 23 日至 2009 年 9 月 18 日期间向贾某发放最高限额为 25 万元的贷款,借款种类与用途以借款借据为准。其中,该最高额抵押借款合同约定:本合同中最高贷款限额是指最高贷款本金余额不得超过最高限额,但如因本金计息、费用承担等原因而使债权超过最高贷款限额的部分仍在抵押担保的范围。某厂以其所有的土地使用权为借款提供最高额抵押担保,抵押担保的范围为本金、利息(含罚息、复息等)、违约金、损害赔偿金和实现债权的费用。2008 年 9 月 24 日,某银行向贾某发放了借款 25 万元。至 2009 年 4 月 21 日起,贾某未再支付借款利息,根据合同约定,某银行起诉至法院。

法院审理后认为,《担保法》第五十九条规定:本法所称最高额抵押,是指抵押人与抵押权人协议,在最高债权额限度内,以抵押物对一定期间内连续发生的债权做担保,故最高额抵押中的最高额是指债权最高额而非本金最高额。抵押权为物权之一种,《物权法》第五条规定:物权的种类和内容,由法律规定。上述最高额抵押借款合同中关于最高贷款限额的约定违反了《担保法》第五十九条之规定,应为无效,因某银行已按最高额向贾某发放了贷款本金,故其本金利息、实现债权费用不在抵押担保范围之内。为此,法院判决贾某不能以资金清偿,则以某厂的土地使用权在最高限额 25 万元内按法定程序清偿。

本案的争议焦点在于,系争最高额抵押贷款合同的最高限额如何确定,是

---

① 杜尧青:《从两起案例看最高额抵押》,《经济与法》2012 年 2 月。

仅指贷款本金,还是可以如系争合同所约定的可以包括贷款利息、违约金以及实现债权的费用等。其实质争议,是对《担保法》所规定的"最高债权额"如何理解和适用。

最高额抵押权的效力范围到底包括哪些,《物权法》第四编"担保物权"第十五章"一般规定"第一百七十三条规定:"担保物权的担保范围包括主债权及其利息、违约金、损害赔偿金、保管担保财产和实现担保物权的费用。当事人另有约定的,按照约定。"在第十六章"抵押权"第二节"最高额抵押权"第二百零七条规定:"最高额抵押权除适用本节规定外,适用本章第一节一般抵押权的规定。"由此可见,如果银行与借款人在最高额抵押合同中对最高额抵押权的效力范围有约定的,从其约定;没有约定的,最高额抵押权的效力范围当然地包括主债权(本金)及利息、违约金、损害赔偿金和实现抵押权的费用。但最高额抵押权的效力范围与上述法院的"最高债权额"是否属于同一概念,现行法律和司法解释都没有作出明确规定。像前述案例,某银行就认为最高债权额仅仅指本金,与法院认定的标准截然相反,这应当引起我们深思。

现行各国立法、理论和实践对最高额抵押权的最高债权额也即最高限额的认定标准都存在两种不同的观点:第一种观点持"本金(主债权)最高限额说",认为最高限额仅指本金,至于本金所产生的利息、迟延利息、违约金等附随债权,在当事人没有相反约定时,根据《物权法》的规定本为抵押效力所及,应不受最高限额的限制;第二种观点持"债权最高限额说",认为最高限额是指本金、利息、迟延利息以及违约金的合计最高金额,如果超过此金额,则无优先受偿权。像上述案例采用的认定标准即"债权最高限额说"。关于最高限额究竟应采用债权最高限额或本金最高限额,实务中一直存有争论,各国的立法也不同。《德国民法典》第一千一百九十条规定:"债权附有利息者,利息应计入最高额。"《日本民法典》第三百九十八条规定:"最高额抵押权人可就已确定的原本、利息及其他定期金以及因债务不履行而产生的损害赔偿金的全部,以最高额为限度,行使其最高额抵押权。"可见,德国、日本持债权最高限额说。但是我国台湾地区一般学者通说认为,最高额抵押所担保的债权额以不包含利息在内为合理。

在司法实践当中,多数案例都采取"本金最高限额说",但也有不少法院判例采取"债权最高限额说",如前述案例。这样就造成了司法实践的不统一,影响了法律的权威性。因此,以适当的形式明确最高限额的认定标准就显得非常必要。我们认为,最高限额采"本金(主债权)最高限额说"较为合理。理由为:第一,"最高额抵押权的效力范围"和"最高额抵押权的最高限额"是两个不同的概念。"最高额抵押权的效力范围"如前所述同一般抵押权的效力范围:"担保物权的担保范围包括主债权及其利息、违约金、损害赔偿金、保管担保财产和实现担保物权的费用。当事人另有约定的,按照约定。"这个效力范围直接以法律的形式给予了明确,所以再由当事人在合同中约定显得不合逻辑。因此,当事人通过最高额抵押合同中需要约定的应该就只有最高本金额。第二,从决算的时间要求看。最高额抵押是对一定期间连续发生的债权提供担保的,为此,最高债权额需要从一个时间节点上进行确定,这就是最高额抵押的决算期。决算期届至,最高额抵押所担保的债权额就由不确定状态变为特定。可是利息(包括迟延利息)、违约金以及实现债权的费用都不能在决算期届至时特定。利息在本金未获偿还前会一直产生,在借款人违约后,还会产生罚息。违约金要在借款人出现违约事项后才能确定,至于实现抵押权的费用,则更是需要确定最高额抵押担保的债权额之后才能特定,否则要以何种名义去实现抵押权。所以,决算期届至能确定的只能为本金,利息等附随债权并不能确定。而且"实现债权的费用"其产生的基础关系为抵押担保关系,而"一定期间内连续发生的债权"仅指借款合同和商品交易合同,因此,从这一方面看,也不应该将"实现债权的费用"纳入最高限额的范围。第三,从实践来看,最高额抵押限额采"本金最高限额说"符合借贷双方当事人的共同利益。一方面,从银行机构来说,有利于金融债权的保护。银行与借款人在设定最高额抵押时,利息等附随债权到底会发生多少,往往要受到多重因素的影响,比如利息政策、实现债权的时间、抵押物变卖的价格等,如果在最高额抵押合同中约定的金额仅指本金,那么银行就有了确定的预期,只要本金不超过该限额,那么本金及相应的附随债权都能够得到有效的担保,因为利息等附随债权根据《物权法》的规定当然地在最高额抵押担保的效力范围之内,这样银行就更加有提供融资的积极性。另一方面,从借款人来说,如采用"债权最高限额说",银行只能对最高限额进行估算,为了其所有债权能获得全面、充分的担保,往往会过于严格地控制本金的数额,以避免本金加上附随债权突破最高限额,这样,借款人提供了很高价值的抵押物,却不能获得相应的资金,而且借款人最后到底能获得多少资金,主动权控制在银行手中,借款人无从把握,这样不利于满足借款人的融资需求,打乱其资金使用计划。特别是在当前中小企业融资困难的环境之下,"最高债权限额说"更会加剧这种融资困境。第四,体现意思自治原则。银行与借款人设定最高额抵押的目的主要在于为债权人的债权实现提供保障,因此对所设定的最高额抵押担保的最高限额应充分尊重当事人的真实意愿。既然"本金最高限额说"符合银行及借款人双方当事人的利益需求,符合当事人的主观意愿,那么如果当事人在最高额抵押合同中没有相反的意思表示,我们就可认为合同中约定的最高债权额为"本金限额"。

(二)最高额抵押权从属性的把握

【案例 14.8】最高额抵押权合同性质的界定[①]

原告某银行,被告某钢结构公司,被告某置业公司。2006 年 10 月 24 日,某银行与某置业公司签订最高额抵押合同,约定某置业公司所担保的主债权为自 2006 年 10 月 20 日至 2009 年 10 月 19 日,在人民币 500 万元(以下币种同)的最高余额内,某银行依据其与某钢结构公司签订的借款合同所出借的款项。抵押担保的范围包括主合同项下本金、利息、罚息、复利、违约金、赔偿金以及某银行南市支行为实现债权、抵押权所发生的全部费用。2006 年 10 月 26 日,某银行与某置业公司就某置业公司所有的坐落于漕泾镇工业开发区西部规划二路某号房地产,办理了房地产他项权利(抵押)登记。

① 刘嵩松:《最高额抵押从属性探析》,上海市高级人民法院编:《上海审判实践网络增刊》2011 年第 7 期。

2006年10月24日,某银行与某钢结构公司签订借款合同,约定借款金额为500万元,期限1年,并约定自合同生效后一次性提取全部款项,借款到期一次性偿还,提前还款金额不得重新提取。2006年10月26日,某银行向某钢结构公司发放贷款500万元。2007年1月16日,某钢结构公司向某银行提前归还了100万元。同日,某银行与钢结构公司签订本案系争借款合同,约定借款金额100万元,由某钢结构公司用于流动资金周转,约定期限为1年。因某钢结构公司到期未能偿还该笔100万元的借款,某银行遂起诉要求判令:某钢结构公司归还借款本金100万元及自2007年10月21日起至贷款全部清偿之日止的全部利息;某置业公司以其名下位于漕泾镇工业开发区某号房产承担担保责任。

一审法院认为:某银行与某钢结构公司于2007年1月16日签订的借款合同依法成立,对合同各方当事人均具有法律约束力。某钢结构公司未按约定期限还款,已经构成违约,故某银行要求某钢结构公司归还本金100万元并偿付利息的诉讼请求应予准许。关于某银行要求某置业公司以其名下房产承担担保责任的主张,一审法院认为,2006年10月24日,某银行分别与某钢结构公司签订了金额为500万元的借款合同(主合同),与某置业公司签订了金额为500万元的最高额抵押合同(从合同),该500万元借款合同约定合同生效后一次性提取全部款项、到期一次性偿还、提前还款金额不得重新提取。之后,某银行在某钢结构公司归还部分借款的情况下,与某钢结构公司另行签订系争100万元借款合同,并发放借款,该行为与上述500万元借款合同的约定相悖,现有证据不足以证明系争100万元借款合同经某置业公司确认或某置业公司表示愿意为其提供担保,若系争合同亦由某置业公司承担担保责任,则系加重其担保责任,根据《担保法解释》第三十条的规定,如果加重债务人的债务的,保证人对加重部分不承担保证责任。据此,判决某钢结构公司归还某银行借款本金100万元及自2008年7月22日起至贷款清偿之日止的逾期利息;对某银行的其他诉讼请求不予支持。一审判决后,某银行不服,提起上诉。

　　二审法院经审理认为,关于本案系争抵押担保的性质,某银行与某置业公司签订的是最高额抵押合同,从最高额抵押合同约定来看,某置业公司担保的主债权是自2006年10月20日至2009年10月19日期间,在500万元借款的最高金额内,某银行向某钢结构公司发放的所有债权。系争100万元借款于2007年1月19日发放,此时,某银行对某钢结构公司的债权并未超过500万元的限额,发放借款日期也在该最高额抵押担保的期限内,系争100万元借款是基于500万元的最高额抵押项下所产生的,故系争100万元借款属于最高额抵押合同范围内,某置业公司应当承担担保责任。据此维持一审关于某钢结构公司偿还本金和利息的判决内容,改判某置业公司以其名下位于漕泾镇工业开发区某号房产在500万元限额内承担担保责任。

　　本案的争议焦点为最高额抵押合同是否从属于借款合同。从属性是普通抵押权的重要特性,抵押权在发生上、处分上和消灭上具有从属性。作为一种特殊的抵押权,最高额抵押权与普通抵押权存在明显的区别。对此,学界存在独立说和从属说两种不同的观点。独立说认为,最高额抵押权具有独立性,即最高额抵押权担保的债权在最高额抵押权设立时并不一定现实存在,可以与债权相分离而存在,并不随主债权的转让或消灭而转让或消灭。从属说则认为,最高额抵押权不能脱离相应的债权而独立存在,债权不存在,最高额抵押权也就不存在。抵押权在成立上具有从属性,即抵押权的发生,以主债权的发生为前提,主债权若不发生,则抵押权亦不发生;主债权归于无效,抵押权亦随之无效。

　　我们认为,最高额抵押权作为担保物权的一种,它必然具有担保物权的共性,必然具有对债权从属性。但是最高额抵押权作为一种特殊的抵押权,同时具有特殊性,在其设立、处分和消灭等方面都具有相对的独立性,也就是说,最高额抵押权并不能完全独立于债权,但是最高额抵押权的设立并不以事先存在着债权为前提,也并不从属于某一个别存在的具体债权,而是从属于引发该特定时期内将要连续发生债权债务的基础法律关系。当然,最高额抵押权在从属性上与普通抵押权仍然存在很大的区别,但是其依然是就一定范围内不特定债权而提供担保的,并非就债权人与债务人之间发生的任何债权均可担保,况且在发生抵押物被查封、债务人或抵押人破产以及决算期届至等事由后,因债权被特定,最高额抵押权就转化为一般抵押权,所以最高额抵押权的从属性被否定并不等于承认其独立性。

从本案系争最高额抵押合同的约定来看,某置业公司担保的主债权是自2006年10月20日至2009年10月19日期间,在500万元借款的最高金额内某银行向某钢结构公司发放的所有债权。系争100万元借款于2007年1月19日发放,属于最高额抵押合同范围。500万元借款合同虽然约定在合同生效后一次性提取全部款项,到期一次性偿还,提前还款金额不得重新提取,但是,最高额抵押合同的效力不受某一个借款合同的约束,故某置业公司应该承担担保责任。

(三)最高额抵押权的确定

最高额抵押权的确定,又称最高额抵押的决算,是指对最高额抵押的担保范围进行定额化的原因出现后,对最高额抵押的确定意味着被担保债权的确定和最高额抵押关系的结束。

【案例14.9】最高额抵押确定纠纷[1]

原告招商银行,被告九州公司,被告天盛集团。2009年7月8日,招商银行与九州公司签订《最高额抵押合同》,约定:为担保天盛集团在2009年7月8日至2014年7月7日的期间内从招商银行获得的贷款、票据贴现等债务的履行,九州公司愿意以其所有的坐落于东平县工业园区的房屋作为抵押物;抵押担保的范围为所有贷款及其他授信本金余额之和以及利息、罚息、复息、违约金、实现抵押权的其他相关费用等;抵押担保最高限额为4000万元。同日,抵押房屋办理了抵押物登记手续。2009年7月15日,招商银行与天盛集团签订《借款合同》,约定:天盛集团向

---

[1] 参见《浙江省温州市中级人民法院民事判决书(2011)浙温商初字第1号》。

招商银行贷款 2000 万元；贷款期限为 2009 年 7 月 15 日至 2010 年 7 月 15 日；贷款利率为 12 个月金融机构贷款基准利率；招商银行为实现债权而支付的律师费、诉讼费等所有费用均由天盛集团负担。合同签订当日，招商银行向天盛集团发放了 2000 万元贷款。2010 年 7 月 15 日，招商银行与天盛集团、九州公司签订《借款合同展期协议书（一）》，约定：2009 年《借款合同》项下的贷款到期日延期至 2011 年 1 月 15 日；《最高额抵押合同》继续有效。借款到期后，天盛集团尚欠招商银行借款本金 2000 万元以及 2010 年 9 月 21 日以后的利息、逾期息。现招商银行提起诉讼，请求判令：1. 天盛集团向招商银行偿还借款本金 2000 万元及其利息；2. 九州公司以其所有的坐落于山东省东平县工业园区的房产及其土地使用权对上述天盛集团的债务承担抵押担保责任，招商银行有优先受偿权。

法院审理后认为，本案《最高额抵押合同》《借款合同》《借款合同展期协议书（一）》合法有效。天盛集团未按约偿还借款本息构成违约，应归还借款本息，并承担逾期还款的违约责任。根据《中华人民共和国物权法》第二百零六条第（三）项、最高人民法院《关于适用〈中华人民共和国担保法〉若干问题的解释》第八十三条的规定，虽然本案最高额抵押合同约定的决算期未届满，但招商银行因天盛集团的严重违约行为提起诉讼，新的债权不可能发生，故抵押权人招商银行的债权已确定。诉争抵押物已经依法办理抵押物登记，招商银行请求对抵押物享有优先受偿权的主张，符合法律规定，应予支持。招商银行可在合同约定的最高限额内对抵押物享有优先受偿权。九州公司在为天盛集团承担抵押担保责任后，有权向天盛集团追偿。

本案涉及对《物权法》所规定的最高额抵押确定问题的法律适用。最高额抵押权所担保的债权为不特定债权，如果最高额抵押权所担保的债权一直不确定，则最高额内抵押物的担保价值永远处于受拘束状态，使可能的剩余担保价值无法予以利用，并使抵押物所有人，后顺序抵押权人及一般债权人的地位处于不稳定状态，因而有必要规定在一定条件下，使最高额抵押权归于确

定。根据《物权法》第二百零六条的规定,最高额抵押权确定的事由,包括以下几种:

1. 约定决算期届至

决算期是确定最高额抵押权所担保的主债权确定的时间。如果抵押合同约定了决算期,则决算期届至,最高额抵押权所担保的债权即自行确定。最高额抵押的清偿期,是抵押人履行债务的时间,与决算是不同的概念。决算期届至债权额,清偿期未必届至。最高额抵押合同当事人可以在决算期外另行约定清偿期。

2. 没有约定债权确定期间或者约定不明确,抵押权人或者抵押人自最高额抵押权设立之日起满二年请求确定债权

最高额抵押合同约定决算期属于当事人意思自治,但如果没有约定决算期或者约定不明确,则最高额抵押权就会无限期延长,最高额范围内的抵押财产担保价值就会一直处于被剥夺状态,对抵押财产所有人不利。因此,法律赋予抵押人有该项请求权,且该请求权属物权法定的内容,而不能由当事人再加以约定。

3. 新的债权不可能再发生

如果最高额抵押权所担保的债权已没有发生的可能性,则构成最高额抵押权确定的事由,主要表现为:(1)一定种类交易的终结。如果最高额抵押权所担保的债权系基于一定种类交易所发生的,则于该交易终结时,债权亦无发生的可能性,最高额抵押权即应确定。(2)继续性交易合同的终止。如果最高额抵押权所担保的债权系基于继续性交易合同所产生的债权,则于该合同终止时,该债权已丧失发生的可能性,最高额抵押权即应确定。

本案例中,双方当事人约定的决算期并未到期,且双方属于继续性交易合同。现招商银行以两被告构成违约为由,以诉讼的方式行使抵押权,其实质是因债务人的违约使双方的合作基础遭到破坏,相关交易已经没有继续发生的可能。因此,可以把抵押权人以起诉方式主张最高额抵押权作为债权确定的法定事由。

4. 抵押财产被查封、扣押

最高额抵押权存续期间，抵押财产被查封、扣押的，其通常的结果可能导致抵押财产被强制拍卖。此时，如果强制拍卖抵押财产，抵押权消灭，最高额抵押应当确定。但抵押物被查封、扣押，并不必然导致抵押物被强制拍卖，只是其权利被强行设定了一定限制，抵押人或债务人可以通过清偿债务或提供其他担保以申请解除该查封、扣押，一旦抵押物被解除查封、扣押，则被限制的权利回复圆满。由于抵押物被查封、扣押后发生的债权的担保效力不具有对抗查封、扣押的效力，有导致抵押权人担保权利落空的危险，因此，抵押权人可以依据《合同法》第六十八条规定，行使不安抗辩权，中止抵押合同。如果抵押物在合理期限没有被解除查封、扣押的，抵押权人可以根据《合同法》第六十九条规定解除抵押合同，最高额抵押权随之确定。

5. 债务人、抵押人被宣告破产或者被撤销

债务人、抵押人被宣告破产，根据破产法相关规定，破产案件不可逆转进入破产清算程序，未到期的债权视为到期，有财产担保的债权人可以由担保物获得清偿。最高额抵押权只有确定后，才能就抵押物实现抵押权，因此，最高额抵押权当然需要确定。债务人、抵押人被撤销，即丧失民事主体资格，其债权债务进入清算程序，最高额抵押权当然需要确定。

6. 法律规定债权确定的其他情形

《物权法》对最高额抵押债权确定的原因做了概括性规定。审判实务中，最高额债权被确定的原因还包括抵押物被强制拍卖。在抵押关系存续期间，如果抵押物被强制拍卖，则抵押权消灭。所以在最高额抵押权存续期间，如果欲强制拍卖抵押物，则必须使最高额抵押权确定。此外，最高额抵押确定还可以包括债务人经营状况严重恶化等事由出现。即使约定了决算期，债务人出现下列情形的，抵押人可以依情势变更原则行使确定请求权：(1)经营状况严重恶化；(2)转移财产、抽逃资金，以逃避债务；(3)丧失商业信誉；(4)有丧失或者可能丧失履行债务能力的其他情形。

第十五章　质权

第一节　动产质权

动产质权,是指为了担保债权,债权人占有债务人或第三人移交的动产,在债务人不履行债务时,债权人就该动产依法享有优先受偿的权利。动产质权的取得有多种方式:一是原始取得,包括设定、时效取得和依法律规定取得;二是继受取得,包括受让、继承和承受。其中,设定则是质权取得的最经常、最基本的方式,而质权的设定乃是通过当事人间订立质押合同(我国《物权法》中称为"质权合同")并转移质物的占有来进行的。

一、动产质押合同

动产质押合同,是出质人与质权人(债权人)约定由出质人将某特定财产交与质权人占有,以作为债权人债权担保的合同。若债务人不履行债务,则质权人(债权人)有权依法以该动产折价或者以拍卖、变卖动产的价款优先受偿。动产质押合同是主债权合同的从合同,主债权合同无效,则作为从合同的质押合同也无效。尽管如此,质押合同仍是一个相对独立的合同,其当事人、形式和内容、生效条件等与主债权合同有所区别。

1. 当事人

质押合同的当事人有两个,即质权人和出质人。(1)质权人。因为质权以担保主债权为目的,系主债权的从权利,所以质权与债权必须属于同一主体,质权人必须是被担保的主债权人。不享有主债权,则不能成为担保该主债权的质权人。一般来说,订立合同应当具备相应的民事权利能力和民事行为能力。但由于质权的设定对于质权人来说系纯获利行为，因此若质权人系无民事行为能力或限制民事行为能力人，其订立的质押合同依法可以认定为有效。(2)出质人。出质人一般是债务人自己，也可以是第三人。当出质人为第三人时，则被称为物上保证人，或称为限物担保人、物上担保人。即该出质人以其提供的质物为债务人的债务承担物上担保责任，若债务人不履行债务时，债权人便可以就质物优先受偿。与保证不同，在债务人不履行债务时，质权人不能请求出质人代为履行债务，只能通过对质物进行折价、拍卖、变卖以受偿。出质人对质物一般应具有处分权，若出质人对质物无处分权，则不能将其出质，但是如果质权人在质权设定时不知该情事并出于善意，则质权人仍可以基于善意取得质权。

2. 质押合同的形式和内容

关于质押合同的形式，各国立法规定有所不同。有的国家和地区对质押合同的形式无特殊要求，既可以采用书面形式，也可以采用口头形式，如日本、德国、瑞士、我国台湾等。有的国家则规定，不动产质押合同必须采书面形式，而动产质押合同则可以采口头形式，如法国。而我国大陆则规定，质押合同必须采书面形式。对于我国法律规定的质押合同须采书面形式的要求，是否为质押合同的生效要件，抑或为原则规定，学界有不同看法。有的学者认为，书面形式的要求并非质押合同的生效要件，若当事人之间的质押合同未采用书面形式，不能因此就认定该质押合同无效。但本书认为，我国担保法的规定是，"出质人和质权人应当以书面形式订立质押合同"，而"应当"就是"必须"，当事人不得违反。所以从该条的本意来看，书面形式应当是质押合同的生效要件。我国法律这样规定的目的是维护市场交易的稳定，在发生纠纷时便于取证。不过，担保法这样规定似嫌僵硬，若当事人通过口头形式达成质押协议，并都予以承认，且转移动产的占有，则法律并无必要否定其效力。当事人因口头形式的质押协议发生纠纷时，完全可以依据诉讼法上的证据规则进行认定与处理。

关于质押合同的内容，外国法均未做具体规定。我国《担保法》对此做了具体规定。依《担保法》第六十五条和《物权法》第二百一十条之规定，质押合同应当包括以下内容:(1)被担保的主债权种类、数额。质权乃主债权的从权利,没有主债权的存在,质权也不可能存在,因此质押合同中必须对主债权作出约定。至于主债权的种类,既可以是现存的债权,也可以是将来的或附条件的债权。债权的数额,既可以是确定的数额,也可以约定计算数额的方式。(2)债务人履行债务的期限。债务人履行债务的期限,是确定质权实行时间的重要依据,所以是质押合同的重要内容。当然,如果合同中对债务人履行债务的期限未做约定,并不妨碍质押合同的成立有效。依据《合同法》第六十二条的规定,合同中履行期限不明确的,债务人可以随时履行,债权人也可以随时要求履行,但应当给对方必要的准备时间。那么,质押合同中未约定债务履行期限的,质权人(债权人)可以随时要求债务人履行,在经过一定的合理时间后,债务人仍不履行的,质权人有权实行质权以使债权得以实现。(3)质物的名称、数量、质量、状况。质物乃是质押合同的标的,若合同中无关于质物的约定,则质押合同便不能成立。(4)质押担保的范围。当事人可以在合同中对质押担保的范围作出明确约定,如主债权及其利息、违约金、损害赔偿金、质物保管费用和实现质权的费用等的全部或其中的一部分。关于质押担保的范围,当事人有约定的,依照其约定;若无约定,则依照法律的规定,即担保范围包括主债权及利息、违约金、损害赔偿金、质物保管费用和实现质权的费用。(5)质物移交的时间。由于质押以当事人交付质物的占有为必需,所以当事人应当对质物移交的时间作出约定。若当事人无约定,则应当在质押合同订立的同时交付质物,或者质权人有权随时要求出质人移交质物。(6)当事人认为需要约定的其他事项。这些事项由当事人根据质押合同的具体需要而定,如质权实行的方式、质物的保管方式等。此外,担保法还规定,质押合同不完全具备以上内容时,当事人可以对合同进行补正。也就是说,如果质押合同对某些内容未作规定,并不因此而否定质押合同的效力,当事人可以对这些内容进行补正。若当事人不予补正,法律有规定的,则依照法律的规定履行质押合同;若法律无规定,而这些内容并非实质性内容,不影响质押合同的履行,则质押合同仍成立有效;如果这些缺乏的内容系实质性内容,则质押合同便不能成立,但无过错方有权要求有过错方承担缔约过失责任。

3. 流质契约

流质契约,是指出质人和质权人在合同中约定,在债务履行期届满质权人未受清偿时,质物的所有权转移为质权人所有。[①] 禁止流质契约的主要目的在于保护债务人的利益,在某些情况下也保护债权人的利益。因为在债务人与债权人订立合同时,往往是出于急需交易或生活的资金,因而处于被动地位,这就使得债权人有可能会利用债权人的急切状况而提出苛刻要求,迫使债务人以较高价值的财产来换取资金,使之蒙受损失。在某些情况下,质物有可能贬值,若允许质权人在债务人不履行债务的情况下直接取得质物的所有权,便会使质权人受到损失。所以,法律禁止流质契约的目的是维护公平交易。

4. 质押合同的生效

所谓合同的生效,是指已经成立的合同在当事人之间产生了一定的法律拘束力,即法律效力。[②] 依合同法规定,依法成立的合同,自成立时生效;法律、行政法规规定应当办理批准、登记等手续生效的,依照其规定。依担保法规定,出质人和质权人应当以书面形式订立质押合同;质押合同自质物移交于质权人占有时生效。据此,质押合同的生效必须符合两个前提条件:第一,当事人以书面形式订立质押合同;第二,质物转移占有。所以学界普遍认为质押合同为实践合同,因为质押合同需要质物移交于质权人占有方可成立生效。[③]

我国法律的这一规定,在实践中必然会带来一些问题。首先,在质押合同成立后质物转移占有前,质押合同尚未生效,那么如果出质人不交付质物,质权人有何依据要求出质人交付质物? 其次,《最高人民法院关于适用〈中华人民共和国担保法〉若干问题的解释》(以下简称《担保法解释》)第八十六条规

---

① 在我国法学界,普遍将当事人在抵押合同中作出的、在债务人不履行债务时抵押物的所有权即转移给抵押权人的约定,也称为流质契约。参见谢在全著:《民法物权论》,中国政法大学出版社 2011 年版,第 674 页;郭明瑞著:《担保法原理与实务》,中国方正出版社 1995 年版,第 222 页。也有少数学者将抵押中的这种约定称为流押契约,而将质押中的这种约定称为流质契约。参见许明月著:《抵押权制度研究》,法律出版社 1998 年版,第 163 页。

② 王利明、崔建远著:《合同法新论总则》,中国政法大学出版社 1996 年 12 月版,第 181 页。

③ 郭明瑞著:《担保法原理与实务》,中国方正出版社 1995 年版,第 245 页;梁慧星主编:《中国物权法研究》,法律出版社 1998 年版,第 945 页。

定,债务人或第三人未按质押合同约定的时间移交质物,因此给质权人造成损失的,出质人应当根据其过错承担赔偿责任。既然质押合同尚未生效,那么质押合同约定对于当事人来说并无法律约束力,质权人便不能以合同作为依据要求出质人移交质物。所以法律如此规定不利于保护质权人的合法权益。

本书认为,之所以会出现这种尴尬现象,是因为我国法律未将质押(抵押)合同的成立、生效与质权(抵押权)的成立(或称取得)区分开来。事实上,依各国的立法通例,均未规定质押合同自质物转移占有时生效,而是规定自质物转移占有时质权成立。如德国民法典规定,设定质权时,所有权人需将物移交于债权人,并由双方当事人就债权人应享有的质权达成协议。《日本民法典》规定,质权的设定,因向债权人交付标的物而发生效力。《瑞士民法典》规定,法律若无例外规定,动产占有移转至质权人时,出质始为成立。质权,在出质人仍对质物实行独占性支配时,不能成立。我国台湾地区"民法"规定,质权之设定,因移转占有而生效力。从这些国家和地区的法律规定来看,转移质物的占有并非质押合同的生效要件,而是质权成立(取得)的生效要件。据此,在出质人与质权人订立了质押合同后,质押合同即告成立、生效;出质人转移质物的占有后,质权即告成立,质权人取得质权。若在质押合同成立生效后,出质人不移交质物给质权人,便构成违约,质权人可以依据质押合同的约定要求出质人移交质物。

二、转移占有

如前所述,转移质物的占有是质权成立的要件,也是区分质押与抵押的标志。从各个国家和地区的立法通例来看,转移占有包括三种方式:现实交付、简易交付和返还请求权让与。现实交付是指出质人直接占有标的物的,应将标的物现实交付给质权人。简易交付是指标的物已经由债权人占有的,则无须交付,自双方订立质押合同时起,便视为交付,质权即告成立。返还请求权让与是指出质人对标的物间接占有时,则出质人将质权的设定通知占有人,便视为移交,即由质权人对质物间接占有,对质物享有返还请求权。我国《担保法》仅笼统规定质押合同自质物移交与质权人时生效,《物权法》规定质权自出质人交付质押财产时设立，均未具体规定移交的具体方式。《最高人民法院关于适用〈中华人民共和国担保法〉若干问题的解释》具体规定了以间接占有的财产出质的移交方式，即出质人以间接占有的财产出质的，质押合同自书面通知送达占有人时视为移交。该方式即相当于外国法中的"返还请求权让与"方式。对于我国的法律规定，也应当解释为包括这三种方式。当然也有学者提出，我国担保法中所称的"移交"是指现实移交，指示交付不得作为移交质物的代行方式，因为指示交付与质权的"留置质物"的特性和担保机能不符，指示交付与物权法的公示公信原则相悖，依指示交付方式设定质权完全可以代之以抵押方式。① 本书认为，首先，以指示交付方式设定质权与对之设定抵押权是有区别的，比如，在质押中，出质人不能占有该标的物；而在抵押中，抵押人可以占有该标的物。在质押中，质权人对质物有保管的权利和义务；而在抵押中，抵押权人无此权利和义务。既然当事人选择质押而不选择抵押，那么法律就应当对之予以尊重。其次，由于质权人对质物系间接占有，如果保管人将质物再出质或处分，则善意的相对人基于善意取得制度可以取得质权或其他权利，这并不违背物权法的公示公信原则。所以，指示交付可以作为质物的移交方式。

依各国立法通例，出质人不得代质权人占有质物，否则质权不生效。质权人在占有质物后又将质物返还给出质人的，质权便消灭。也就是说，当事人不得以占有改定的方式设定质权。法律做如此规定的理由是，第一，此方式有违物权法的公示公信原则，不利于交易安全；第二，质权人占有质物在于确保质权的留置效力，而占有改定方式便削弱了此效力，不符合质权的担保特性。

三、动产质权设定行为的无因性问题

所谓动产质权设定行为的无因性，是指动产质权的设定行为不受其原因行为（质押合同）的影响，原因行为虽为无效，质权仍为有效，不过当事人有不当得利返还请求权。承认动产质权设定行为的无因性，是以承认物权行为的

---

① 参见刘保玉：《论担保物权的竞存》，《中国法学》1999 年第 2 期。

无因性为其前提的,即认为质权的设定行为乃物权行为,因而具有无因性。

物权行为的无因性理论起源于德国,在德国民法创立了物权行为的概念,并承认物权行为的独立性后,因而也承认物权行为的无因性。所谓物权行为,是指当事人就物权的变动达成意思表示一致,并进行登记或交付的行为。物权行为具有独立性,即物权行为与其原因行为(债权行为)是相互独立的两个不同的行为。因而物权行为便具有无因性,即物权行为的效力不受其原因行为的效力的影响,即使原因行为无效,物权行为仍有效。例如,当事人就某一财产的买卖达成协议,此后出卖人将约定的财产交付于买受人。在这一交易中,当事人达成的协议为债权行为,出卖人将财产交付于买受人的行为为物权行为,债权行为为物权行为的原因行为。纵使债权行为(买卖协议)无效,物权行为(交付财产的行为)仍有效,但出卖人享有不当得利返还请求权。同样,在质押中,质押合同为债权行为(原因行为),出质人将质物交付于质权人的行为为物权行为,即使质押合同无效,交付质物的行为仍有效,质权人仍取得质权,但出质人享有不当得利返还请求权。除德国外,我国台湾地区立法上和理论界对物权行为及其独立性和无因性也是承认的,因而也承认质权设定行为的无因性。① 其他绝大多数大陆法系国家和英美法系国家均不承认物权行为及其独立性和无因性。

在我国法学界,大多数学者对物权行为无因性理论均持否定态度。理由可归结为:第一,物权行为无因性理论所包含的规则均是早已适用过的、确定了的法律概念,它仅属于 19 世纪,而不属于 20—21 世纪。第二,现代民法普遍建立起的善意取得制度和公示公信制度,早已使物权行为无因性理论丧失了生存空间。第三,世界上绝大多数国家均未采用物权行为无因性理论,我国也无此必要。第四,该理论不利于法律的通俗化、本土化和明了化。笔者赞同此观点。首先,物权行为无因性理论并无实际意义,反而人为地将法律概念复杂化。其次,承认物权行为的无因性,不利于保护财产所有人的利益。例如,

---

① 台湾"民法"第七百五十八条、第七百六十一条、第一百一十八条、第一百七十九条;王泽鉴著:《民法学说与判例研究》,中国政法大学出版社 1998 年版,第 1—42 页;史尚宽著:《物权法论》,中国政法大学出版社 2000 年版,第 348 页。

出卖人基于买卖合同将标的物交付给买受人,而买卖合同被确认为无效时,若不承认物权行为及其无因性,则买受人不能取得标的物的所有权,出卖人便可以依物权请求权要求买受人返还财产;若承认物权行为的无因性,则买受人便取得了标的物的所有权,出卖人只能享有债权请求权,要求买受人返还不当得利。而在民法制度中,对物权的保护要比对债权的保护更为有力。基于以上理由,我国也不宜承认质权设定的无因性,质押合同无效的,则质权人不能取得质权,应返还质物。

四、动产质押标的

(一)动产质押标的应具备的条件

顾名思义,动产质押的标的只能是动产,而非不动产和权利。而且,并非所有的动产均可成为质押的标的,作为动产质押标的的动产,必须具备以下条件:

1.得为动产质押标的的动产须具有可让与性

得为动产质押标的的动产,必须依其性质、依法律、依当事人间的合同具有可让与性。因为质权为价值权,在债务人不履行债务时,质权得以质物的变价受偿,若质物依其性质、依法律或依当事人之间的约定不可让与,则质权人便无法通过质物的变价来实现其权利。首先,依其性质不得让与的动产,不得成为质押的标的。例如,荣誉证书、勋章、学位证书等与人身不可分离的物,只有与其本人联系在一起才具有价值,其本身不具有交换价值,因而从其性质上讲,具有不可让与性,所以也就不能成为质押的标的。其次,依法律、行政法规的规定不得让与的动产,不得成为质押的标的。例如,法律禁止流通的物,诸如毒品、枪支、文物等,不能进行市场交易,具有不可让与性,因而不能成为质押的标的。还有一些依社会的公序良俗不可让与的物,也不得成为质押的标的,如遗像、牌位等。最后,依当事人间的约定禁止让与的物,一般不得设质。但该约定仅在当事人间有效,不能对抗善意第三人,若当事人将其出质,属于无权处分,善意第三人仍可取得质权,不过出质人应对合同的另一方承担赔偿责任。

2.得为动产质押标的的动产须为特定的物

得为动产质押标的的动产,必须在实行质权时能够特定化,若标的物不特定,则质权便无法实行。早在罗马法上,便规定各种担保物权均须特定,因为物权需要有特定的标的。现代各国法均要求质押的标的必须特定。据此,第一,债务人的一般财产,不得为质押标的。因为无论在设定质权时,抑或是在实行质权时,债务人的一般财产均无法特定化和明确化,因而无法实行质权。第二,未来物可以作为质押标的。所谓未来物,是指在设定质权时该物尚未产生,但在质权实行时能够产生并特定的物,如收获前的庄稼。

质押标的的特定化,并非指动产质押标的必须是民法中所说的特定物,种类物也可以作为质押标的,如债务人可以将一定数量的粮食、金钱转移给债权人占有,以担保债务的履行。以金钱等种类物出质,分为两种情形:一是出质人将金钱包封并转移给债权人占有,以担保债务的履行。在此情形中,该包封的金钱便成为特定物,因而该质押便成为普通的动产质押。但有一点差异,即在债务人不履行债务时,债权人可直接就该金钱受偿。二是出质人将金钱等种类物不包封而移交于债权人占有,若债务人履行债务,则债权人便返还相同种类、相同数量的金钱或种类物,如现实生活中大量存在的押金、保证金便属于此情形。此担保形式是否为质押,其性质如何,学界存在数种不同的学说:(1)不规则质说。在罗马法上,当事人以种类物出质而设定质权的,则成立不规则质,即债权人先取得质物的所有权,债务人履行债务后,质权人则以同种同质同量的物返还给出质人。不过在现代各国法上,一般都不承认这种不规则质。(2)债权质说。该说认为,出质人将金钱转移给质权人后,质权人即取得该金钱的所有权,而出质人对质权人则享有返还债权,因而此种担保形式便属于债权质押,即在债务人自己的债权上设定质权。反对此说者认为,当事人接受押金,其本意是以押金抵销清偿,而非在返还请求权上设定质权,因此该学说与当事人的实际意思不符。(3)抵销预约说。此说认为,债务人向债权人交付押金,实质是双方预先约定,若债务人不履行债务,则债权人得以其债权与返还押金的债务相抵销。(4)信托的所有权让与说。此说认为,当事人交付押金,实质是一种附停止条件的返还金钱所有权的让与行为,并具有信托行为性质。所谓附停止条件,即是指以债务人履行债务为债权人返还金钱的条件,若债务人未履行债务,则债权人无返还押金的义务,并且以押金优先受偿;若债务人履行了债务,则债权人有义务返还押金。笔者赞同债权质说,理由是,不规则质在现代各国法律上无此概念;抵销预约说不符合当事人的本意,当事人的本意仍然是担保债务履行;信托的所有权让与说虽然解释了其现象,但质押行为均是附停止条件的返还质物的法律行为,所以此说仍然不是一个明确的概念。

此外,学界还认有一种流动质,即当事人约定,在质权存续期间,质物可以以同类物不断更换、变动,而质权不受影响。从实质上讲,流动质乃是质权成立—消灭—成立的反复过程,即在出质人取回质物时,质权消灭;此后交付新的质物时,质权又成立。

3. 物的一部分得为动产质押的标的

关于物的一部分,能否成为质押的标的,学界存有截然相反的观点。有学者认为,物的一部分,只要有独立的交换价值,且可以让与,即使尚未独立存在,也可以出质。因此,尚未分离的果实等,可以将其移交于债权人占有而设定质权;而且单独所有人也可以将其物的一部分,与债权人共同占有而成立质权;物的共有人也可以以其所有的部分设定质权。持相反观点的学者认为,动产质押的标的必须为独立物,这是物权标的物独立性原则的必然结果。若当事人将物的一部分转移占有而设定质权,该设定行为无效。只有当该部分与主物分离后,并转移给债权人占有,动产质权才成立。例如,果实必须在与树木分离后,才可以出质而成立有效的质权。前种观点与物权标的独立性原则相违。本书认为,物的一部分可以成为质押标的。在质权实行时,若物的一部分能够从其主物中分离出来,那么质权的实行不存在任何障碍,则法律就没有必要禁止其出质;若物的一部分在质权实行时仍不能从其主物中分离出来,则完全可以依照民法的共有原则来处理,即通过折价、变价等方式来实行质权。物权标的独立性原则不能排除共有的情形存在。

4. 得为动产质押标的的动产须为适于留置的物

有学者认为,由于动产质权以占有质物为要件,且有留置的功能,所以在经济上不适于留置的物,如海商法上的船舶、航空法上的航空器等,价值巨大,应充分发挥其经济效用,不适于留置,因而不得为质押的标的物。而且海商法和航空法已经规定船舶和航空器可以为抵押的标的,其目的是使抵押人能继续对之使用收益,同时具有禁止其为质押标的的消极意义。当然,若船舶和航空器已不作为航海或飞行使用时,可以出质。也有学者原则上同意前种观点,即认为一般来说,凡可以设定抵押权的财产,如船舶、航空器等,不宜设定质权,因为抵押权较之于质权,更有利于发挥物的经济效用。然而,法律也无必要做禁止规定,若当事人愿意以此类动产设定质权,则也应认定此类动产质权有效。笔者赞同第一种观点。理由是:第一,法律明确规定允许此类动产抵押,正是考虑到其价值巨大,应当发挥其经济效用,若允许对之设定质权,则是对社会财富的巨大浪费。不动产也是如此,只能抵押,不能质押。而国家对船舶、航空器、车辆的管理类似于不动产。第二,船舶、航空器、车辆等动产,以登记为公示公信方式。若允许对之设定质权,则必然要转移占有,那么是否还需要进行登记? 若既转移占有又进行登记,那么何为准确的、优先的公示公信方式? 这样在现实中不可避免地会产生难以解决的矛盾。所以,此类动产因不适于留置,因而不得成为质押的标的。

(二)动产质押标的的范围

动产质押标的的范围,是指质押标的的哪些方面为动产质权的效力所及。关于动产质权的效力所及标的的范围,各个国家和地区的法律规定有所差别。依德国、日本和我国台湾地区"民法典"的规定,动产质权的效力及于质物本身、孳息及其代位物。依《瑞士民法典》的规定,动产质权标的物的范围包括质物本身、从物及其孳息。依我国《担保法》及其司法解释的规定,动产质权标的物的范围包括质物本身、从物、孳息及其代位物。学界通说认为,动产质权所及标的物的范围应为标的物的所有权的范围,包括标的物本身、从物、孳息、代位物和添附物。[1] 本书认为,动产质权的效力及于标的物本身,乃属应

---

① 谢在全著:《民法物权论》,中国政法大学出版社 2011 年版,第 773、774 页;史尚宽著:《物权法论》,中国政法大学出版社 2000 年版,第 358、359 页;郭明瑞著:《担保法原理与实务》,中国方正出版社 1995 年版,第 253、254 页。

有之义,此外,质权的效力原则上还及于标的物的从物、孳息、代位物和添附物,但应分不同情况做具体分析。

1. 从物

所谓从物,也称附属物,是指从属于主物的物。具体来讲,是指依交易习惯或当事人明确的意思表示,经常辅助某物的使用,但非该物的构成成分,而且与该某物同属一人的物。[①] 可见,从物有以下几个特征:第一,从物辅助主物的使用;第二,从物乃是独立的物,而非主物的构成部分;第三,从物与主物属于同一人所有。依各国法律通常的规定,从物随主物的处分而处分。[②] 据此有的学者认为,既然主物的处分及于从物,那么动产质权的效力也当然及于标的物的从物。《瑞士民法典》则直接规定,"质权使质物及其从物承受负担"(第八百九十二条)。多数学者则认为,动产质权的效力虽然原则上及于从物,但并非当然及于从物,应根据从物是否也转移占有来确定。在对主物设定质权时,若从物也随同主物转移占有,则质权的效力及于该从物;若从物未转移占有,则不属于质权标的的范围。[③] 我国《担保法解释》也采此观点,即第九十一条规定,"动产质权的效力及于质物的从物。但是,从物未随同质物移交质权人占有的,质权的效力不及于从物"。笔者赞同后一种观点,因为从物虽然辅助主物使用,但仍是独立的物,并非主物的构成部分,因此"从物随主物的处分而处分"乃是各国法的原则规定,当事人可以约定排除。在动产质押中也是如此。动产质权的效力原则上及于从物,但若当事人未转移从物的占有,表明当事人并没有使从物为质权的效力所及的意思,因而也就不属于质权

---

① 梁慧星主编:《中国物权法研究》,法律出版社 1998 年版,第 55 页。

② 《德国民法典》第九百二十六条第一款规定,"出让人与受让人约定,让与土地应扩及于土地的从物的,受让人在取得土地所有权的同时,也取得在取得当时存在的从物的所有权,但以属于所有权人所有的物为限。在发生疑问时应认为,让于土地应扩及于从物"。《日本民法典》第八十七条第二款规定,"从物随主物处分"。我国台湾"民法"第六十八条第二款规定,"主物的处分及于从物"。《最高人民法院关于贯彻执行〈中华人民共和国民法通则〉若干问题的意见(试行)》第八十七条规定,"有附属物的财产,附属物随财产所有权的转移而转移。但当事人另有约定又不违法的,按约定处理"。

③ 谢在全著:《民法物权论》,中国政法大学出版社 2011 年版,第 774 页;史尚宽著:《物权法论》,中国政法大学出版社 2000 年版,第 358 页。

标的物的范围。

2. 孳息

所谓孳息,是指由他物生出的收益物。产生孳息的物,称为原物。孳息分为天然孳息和法定孳息。天然孳息是指果实、动物的出产物和其他依通常使用方法所收获的出产物。天然孳息是独立的物,在其未与原物分离之前为原物的组成部分,不能称为孳息。法定孳息是指利息、租金及其他因法律关系所得的收益。① 依各国法律规定,孳息属于原物的所有人。关于质物的孳息是否为动产质权的效力所及,各国有不同的立法例。德国民法规定,质权扩及于从质物分离的出产物(第一千二百一十二条)。也就是说,质权的效力及于质物的天然孳息,至于是否及于法定孳息,法律无规定。而瑞士民法则规定,"除另有约定外,质权人应将质物的自然果实交付所有人。但自然果实为质物的组成部分的,不在此限"(第八百九十二条)。依此规定,质物的孳息不属于质权的效力范围;至于尚未与质物脱离的果实,不属于孳息,仍是质物的组成部分,因而当然为质权的效力所及。其他多数国家和地区均原则规定动产质权的效力及于质物的孳息。② 至于孳息是否既包括天然孳息,又包括法定孳息,法律并未作具体规定。学界通说认为,既然法律未将法定孳息排除在外,所以对法律规定应当解释为,除当事人在质押合同中另有约定外,质权的效力应当及于质物的天然孳息和法定孳息。③

3. 代位物

质物的代位物有两种:一是因质物有败坏之虞,或其价值明显减少,足以损害质权人的权利时,质权人得拍卖质物,拍卖所得的价金即为质物的代位

---

① 梁慧星主编:《中国物权法研究》,法律出版社 1998 年版,第 58—61 页。

② 我国台湾"民法"第八百八十九条规定,"质权人,得收取质物所生之孳息。但契约另有订定者,不在此限"。《日本民法典》关于质权人的孳息收取权准用留置权的规定,即第二百九十七条规定,"留置权人可以收取由留置物产生的孳息,先于其他债权人以孳息抵充其债权的清偿"。我国担保法第六十八条第一款规定,"质权人有权收取质物所生的孳息。质押合同另有约定的,按照约定"。

③ 谢在全著:《民法物权论》,中国政法大学出版社 2011 年版,第 774 页;史尚宽著:《物权法论》,中国政法大学出版社 2000 年版,第 358 页;郭明瑞著:《担保法原理与实务》,中国方正出版社 1995 年版,第 254 页。

物。二是因质物灭失所得的赔偿金,例如因第三人的损害行为造成灭失而获得的赔偿金、因灭失而获得的保险金或者因添附而灭失所得的赔偿金等。如前文所述,质权具有物上代位性,质物若损坏、灭失并有代位物的,质权则转移至该代位物上。换言之,质权的效力及于质物的代位物。需注意的是,若质物在出质前已被投保,并指定出质人以外的第三人为受益人,则在保险事故发生后,该第三人为保险赔偿金请求权人,那么质权是否移存于该保险赔偿金上,即质权人是否可以行使物上代位权。学界通说认为,因保险赔偿金请求权人为第三人而非出质人,所以质权人也无从行使物上代位权,因而质权不能移存于该保险赔偿金上。[1] 本书认为,此时在该质物上便发生权利的竞存问题,至于权利的主体是谁,则在所不问。若质权人在取得质权时不知该物上已有权利存在,且出于善意,那么质权应当优先。《德国民法典》也规定,物上设有第三人权利的,质权优先于该权利,但质权人在取得质权的当时为非出于善意的除外(第一千二百零八条)。所以,在上述情形中,若质权人在设定质权时不知质物已投保且受益人为第三人,则质权优先,质权人具有物上代位权;反之,则不具有物上代位权。

4. 添附物

添附物是指原物因附合、混合或加工而产生的新的物。若质物发生添附,则质权便因不同的情况而产生不同的变化。第一,若质物因添附而使其所有权为第三人所取得,质物原所有人享有补偿金请求权。有学者认为,此时因出质人的质物所有权消灭,因而质权也消灭,但质物原所有人得依不当得利请求权要求取得附合物、混合物或加工物的所有人返还其质物的价值,质权则及于该返还的补偿金上。[2] 本书认为此观点值得商榷,此观点一方面认为质权消灭,同时又认为质权及于质物的原所有人要求返还的补偿金上,因而自相矛

---

[1] 我国台湾地区学者郑玉波先生在论述抵押权的物上代位性时认为,若抵押物在抵押前投保并指定第三人为受益人,则因抵押物灭失而得的赔偿金,不为抵押权的效力所及;若在抵押权设定后投保并指定第三人为受益人的,则抵押权人的保险金请求权优先于受益人。参见谢在全著:《民法物权论》,中国政法大学出版社 2011 年版,第 598 页。

[2] 史尚宽著:《物权法论》,中国政法大学出版社 2000 年版,第 359 页;郭明瑞著:《担保法原理与实务》,中国方正出版社 1995 年版,第 254 页。

盾。所以在此情况下,质物原所有人要求返还的补偿金为原质物的代位物,则质权便因其物上代位性而移存于此代位物上,而质权本身并不消灭。第二,若质物的所有人成为附合、混合或加工后的添附物的单独所有人,则质权仍存续于该添附物上,但质权人只能就原质物的价值优先受偿。第三,若添附物为原质物所有人与他人共有,则质权存在于出质人对共有物的应有部分上。

五、动产质押中当事人的权利义务

(一)出质人的权利

1. 质物的处分权

在质权设定后,出质人虽然将质物转移于质权人占有,但并未丧失对质物的所有权,因此仍然可以对质物进行法律上的处分,例如,以简易交付或指示交付的方式,让与质物的所有权;或者对质物再设定质权或抵押权,以担保其他债务的履行等。但出质人对物的处分均不影响原有质权。也就是说,出质人虽然将质物的所有权让与他人,但如果债务人不履行债务,质权人仍得实行其质权,就该质物优先受偿;出质人又将质物出质或抵押的,则产生原质权与后设质权或抵押权的竞存,原质权因其设定在先而优先与后设质权或抵押权受偿。由于在质物出质后,出质人已丧失对质物的占有,因此出质人无从对质物进行事实上的处分。即使在指示交付的情况下,出质人有对质物进行事实上处分的可能,但由于出质人对质物进行事实上处分必然损及质权人的权利,因此根据法律的规定精神,出质人不得对质物进行事实上的处分。

2. 对质权人的抗辩权

关于出质人对质权人的抗辩权,各国法均未做具体规定,仅德国法中有明文规定。《德国民法典》第一千二百一十一条规定,出质人可以主张属于负个人责任的债务人对债权的抗辩权,以及根据第七百七十条的规定属于保证人的抗辩权。出质人并非负个人责任的债务人的,出质人不因负个人责任的债务人放弃抗辩权而丧失抗辩权。该法第七百七十条则是关于保证人对债权可撤销和可抵销的抗辩权,及主债务人有权撤销导致其债务发生的法律行为的,保证人可以拒绝向债权人清偿;债权人可以就其主债务人到期债权的抵销免除清偿的,保证人亦享有同样权利。我国担保法虽然没有关于出质人抗辩权的规定,但基于法理并借鉴德国法的规定,出质人对质权人应当享有下列抗辩权:第一,享有属于主债务人的抗辩权,如对合同瑕疵的抗辩、同时履行抗辩等,即若合同得撤销,则出质人可以拒绝清偿;若债权人不履行其义务,主债务人得拒绝履行债务,出质人亦得拒绝清偿。第二,主债务人放弃抗辩权的,不影响出质人的抗辩权。第三,享有保证人的抗辩权。作为物上保证人,出质人的地位相当于连带保证人,因而应享有法律规定的连带保证人的抗辩权。据此,出质人无先诉抗辩权(先诉抗辩权仅属于一般保证人享有),其应享有的属于保证人的抗辩权有:(1)主债务履行期的抗辩,即若主债务履行期尚未届至,则出质人有权拒绝清偿。(2)主债务已消灭的抗辩。若主债务已因清偿、免除、抵销等原因而消灭,则出质人有权拒绝清偿,并可要求返还质物。(3)主合同变更的抗辩。若主合同变更,且未得出质人同意,则出质人仅得在其原担保的范围内承担担保责任,对超出的部分有权拒绝清偿。

3. 质物保全权或质权消灭请求权

在质押中,由于出质人应将质物转移于债权人占有、保管,因此为保障质物的价值和安全,各国法均规定质权人应妥善保管质物,或以善良管理人的注意,保管质物。[①] 若质权人未尽妥善管理义务,有的国家则规定了相应的救济措施,赋予出质人质物保全权、返还质物请求权或质权消灭请求权。如依《日本民法典》第三百五十条和第二百九十八条第三项的规定,出质人可以请求消灭质权。依《德国民法典》第一千二百一十七条规定,质权人明显侵害出质人的权利,并且不顾出质人的告诫继续其侵害的,出质人可以要求由质权人负担费用将质物提存,或者在质物不宜提存时,将质物提交法院任命的保管人。出质人也可以不要求提存质物或者将质物提交保管人,而要求以向债权人清偿而返还质物。我国《担保法》第六十九条第二款也规定,质权人不能妥善保管质物可能致使其灭失或者毁损的,出质人可以要求质权人将质物提存,或者

---

① 《德国民法典》第一千二百一十五条,《日本民法典》第三百五十条、第二百九十八条,台湾"民法"第八百八十八条,《中华人民共和国担保法》第六十九条。

要求提前清偿债权而返还质物。可见,各国的规定差异颇大,日本法规定只要质权人不履行妥善管理义务,出质人即享有质权消灭请求权,因而显得过于苛刻。德国法与我国法规定出质人有质物保全权或以提前清偿而返还质物的请求权,①是一种比较合理的选择。不过其条件有所不同,德国法上出质人请求将质物提存的条件是,质权人明显侵害出质人的权利并且在出质人告诫后继续侵害;而我国法上规定的条件是,质权人不能妥善管理质物使质物有灭失或者毁损的可能。本书认为,我国法的规定更显合理一些,即只要出现质权人不妥善管理质物使质物有灭失或者毁损的可能,出质人即可以要求将质物提存或以清偿债务而要求返还质物。而德国法的规定则显得过于宽松,因为若质权人已经明显侵害出质人的权利,则出质人不仅可以要求将质物提存或以清偿债务而要求返还质物,而且可以要求质权人承担民事赔偿责任。如我国《担保法》第六十九条第一款就对此做了规定,即质权人因保管不善致使质物灭失或者毁损的,质权人应当承担民事责任。

关于提存费用的负担主体,我国《担保法》未做规定。本书认为,基于法理,应当由质权人负担,德国法也规定由质权人负担。此外,有学者还认为,我国法虽未规定质物有损坏或者价值明显减少可能时,出质人有以提供其他担保而请求返还质物的权利,但应当认为出质人有此权利,因为这对质权人的利益并无损害。笔者赞同此观点,即若质权人不妥善管理质物使质物有灭失或者毁损的可能,或者已经对质物造成损害,或者质物因自身原因有损坏或者价值明显减少可能时,出质人均有权以提供其他担保而请求返还质物。

4. 代位求偿权

若出质人为债务人以外的第三人即物上保证人,则在其为债务人代为清偿债务后,或者质权人实行质权使其丧失对质物的所有权后,便享有代位求偿权,即有权以债权人的身份向债务人追偿。这是各国的立法通例。当然出质人代位求偿权的行使范围以其代为清偿的范围为限。

---

① 有学者称为除去权利侵害和返还质物的请求权。参见郭明瑞著:《担保法原理与实务》,中国方正出版社1995年版,第255—256页。

（二）出质人的义务

1. 转移质物的义务

质押以转移质物的占有为特征，否则质权便无从成立。因此，在质押合同签订后，出质人有义务将质物移交于质权人占有。出质人转移质物的方式可以是现实交付、简易交付或者指示交付，以当事人之间的约定为准（该内容已在前文中详细讨论，在此不再赘述）。若出质人不按质押合同的约定转移质物，则构成违约，应承担违约责任。依我国《担保法解释》第八十六条规定，债务人或第三人未按质押合同约定的时间移交质物，因此给质权人造成损失的，出质人应当根据其过错承担赔偿责任。

2. 质物瑕疵担保义务

质物的瑕疵包括隐有瑕疵（也称隐蔽瑕疵）和明显瑕疵。一般认为，隐有瑕疵和明显瑕疵以在质权设定时质权人是否明知为区分标准。[①] 隐有瑕疵是指质物上存在的、在质权设定时不为质权人所明知的瑕疵。明显瑕疵是指在质权设定时质权人已明知的、质物上存在的瑕疵。对隐有瑕疵，依各国立法规定和学界通说，出质人当然负有担保义务，若因质物的隐有瑕疵而给质权人造成财产损害，出质人应当承担赔偿责任，而且该赔偿金属于质权的担保范围（此内容在前文"质权所担保的债权范围"中已详述）。

对于质物的明显瑕疵给质权人造成的财产损害，出质人是否也应承担赔偿责任，学界有不同看法。有学者认为，对于此损害，出质人仍应负赔偿责任，因为法律关于"因质物的隐有瑕疵造成损害而生的赔偿金属于质权担保的债权范围"的规定，其目的在于如果当事人间未约定质权所担保的债权范围，则限定其担保范围，而非限定质权人行使损害赔偿请求权的范围，所以，若因质物的明显瑕疵造成质权人的财产损害，质权人仍可依据其他的法律关系请求损害赔偿，即出质人仍应承担损害赔偿责任。不过此种损害赔偿债权，属于普

---

① 《最高人民法院关于适用〈中华人民共和国担保法〉若干问题的解释》第九十条规定，"质物有隐蔽瑕疵造成质权人其他财产损害的，应当由出质人承担赔偿责任。但是，质权人在质物移交时明知质物有瑕疵而予以接受的除外"。学界的观点也如此，即"隐有"是指不为质权人所明知。参见郭明瑞著：《担保法原理与实务》，中国方正出版社 1995 年版，第 253 页。

通债权,不在质权担保的范围之内。① 也有学者认为,出质人仅对质物的隐有瑕疵给质权人造成的损害承担赔偿责任,对质物的明显瑕疵给质权人造成的损害则不应承担赔偿责任。② 我国《担保法解释》也是采此观点。笔者赞同第一种观点,因为依据民法规定的精神,任何法律主体的行为或财产侵犯了他人的权利,不管受害者是否事先知道,加害者均应承担赔偿责任。在质押中,不能因质权人明知质物有瑕疵并接受质物,而认为质权人具有放弃损害赔偿请求权的意思表示。

3. 偿还必要费用的义务

所谓必要费用,是指质权人保存、管理质物所支出的必不可少的费用,如修理费、动物饲养费等。由于质物尽管为质权人占有,但仍属于出质人所有,所以,各国法均规定出质人对于质权人所支出的必要费用负有偿还义务,并且属于质权担保的债权范围。如依《德国民法典》第一千二百一十条规定,质物的担保范围包括质权人偿还费用请求权;依《日本民法典》第三百四十六条规定,质物保存费用属于被担保债权的范围;我国《担保法》第六十七条也规定,质押担保的范围包括质物保管费用。在我国台湾地区,尽管“法律”未明文规定出质人有偿还必要费用的义务,但学界通说认为,应当类推适用民法关于留置权的规定,质权人对于其因保管质物而支出的费用,享有向质物的所有人(出质人)请求偿还的权利。③

对于质权人为增加质物的价值所支出的有益费用,出质人是否负有偿还义务,除日本外,其他多数国家未做规定。《日本民法典》第三百五十条对此规定适用关于留置权的规定,该法第二百九十九条第二项规定,留置权人就留置物支出了有益费时,以其价值增加现存情形为限,可以依所有人的选择,使其偿还消费的金额或增价额。但是,法院因所有人请求,可以许以相当的期

---

① 谢在全著:《民法物权论》,中国政法大学出版社 2011 年版,第 777 页。

② 李肇伟著:《民法物权》,转引自谢在全著:《民法物权论》,中国政法大学出版社 2011 年版,第 777 页。

③ 谢在全著:《民法物权论》,中国政法大学出版社 2011 年版,第 777 页;史尚宽著:《物权法论》,中国政法大学出版社 2000 年版,第 371 页。

限。依此规定,对于质权人支出的有益费用,出质人负有偿还义务,但出质人享有选择权,即选择偿还质权人支出的费用,或偿还质物增加的金额。学界对此问题则存有不同看法。我国台湾地区有学者认为,应适用民法关于"善意占有人的有益费用求偿权"的规定,出质人应在质物增加的价值限度内,负偿还义务。台湾地区"民法"第九百五十五条规定,善意占有人因改良占有物所支出的有益费用,于其占有物现存的增加价值限度内,得向回复请求人,请求偿还。也有学者认为应依据民法关于无因管理的规定,出质人负偿还义务。台湾地区"民法"第一百七十六条规定,管理事务利于本人,并不违反本人明示或可得推知之意思者,管理人为本人支出必要费用或有益之费用,或负担债务,或受损害时,得请求本人偿还其费用及自支出时起之利息,或清偿其所负担之债务,或赔偿其损害。① 还有学者认为,质权人乃是依质权法律关系占有质物,其间并非无法律关系,因此不能适用法律关于无因管理的规定。由于质权人无使用质物的权利,因而也无支出有益费用的必要,所以为避免增加出质人的负担,不宜鼓励质权人支出有益费用,因而质权人支出有益费用的,出质人无偿还义务。而且出质人多为经济上的弱者,为避免出质人在清偿债务后偿还有益费用的困难,对于未经出质人同意支出的有益费用,出质人不负偿还义务。② 我国大陆有学者认为,如因质权人支出有益费用,使质物的价值增加的,质权人对于其增加额应有偿还费用请求权;若质权人对质物的改善并不能增加质物的价值,对其所付出的费用,不仅不能有偿还请求权,而且出质人得要求质权人恢复质物的原状态。③ 本书认为,日本法的规定和台湾法中关于"善意占有人的有益费用求偿权"的规定比较合理,值得借鉴。在我国目前尚无此规定的情况下,可以适用民法关于不当得利的规定,即出质人因质权人改善质物而得到的利益并无法律或合同上的依据,因而属于不当得利,应负偿还义务。至于是偿还出质人得到的利益,还是偿还质权人支出的费用,应赋予质权人以选择权,不过偿还的费用不得超过质物增加的价值。

---

① 史尚宽著:《物权法论》,中国政法大学出版社 2000 年版,第 371 页。
② 谢在全著:《民法物权论》,中国政法大学出版社 2011 年版,第 778 页。
③ 郭明瑞著:《担保法原理与实务》,中国方正出版社 1995 年版,第 259 页。

（三）质权人的权利

1. 占有质物的权利

质押的根本特征便是出质人应将质物转移给质权人占有,因此质权人当然具有占有质物的权利。对于质权人的占有权,各国法均规定了相应的保护措施。如《日本民法典》第三百五十三条规定,动产质权人于质物的占有被侵夺时,只能依占有回收之诉,恢复其质物。《德国民法典》第一千二百二十七条规定,质权人的权利受到侵害的,对质权人的请求权准用关于所有权产生的请求权的规定。在我国台湾地区,对质权人占有质物的权利也适用关于占有权保护的规定,台湾地区"民法"第九百六十二条规定,占有人,其占有物被侵夺者,得请求返还其占有物。占有被妨害者,得请求除去其妨害。占有被妨害之虞者,得请求防止其妨害。我国目前尚无关于占有权及其保护的法律规定,不过《担保法解释》为保护质权人的占有权提供了司法依据,该解释第八十七条第二款规定,因不可归责于质权人的事由而丧失对质物的占有,质权人可以向不当占有人请求停止侵害、恢复原状、返还质物。

关于质权人在占有质物期间对质物有无使用权,各国法均未做明文规定。学界通说认为,质权人对质物无使用权,除非质物需要继续使用方能保持其价值或者当事人另有约定。[①] 也有学者主张反过来规定,即除当事人另有约定外,质权人在占有质物期间得使用质物,并以其收益受偿其债权。这样处理既有利于发挥物的效益,又不会增加出质人的负担,还可以减少主债务人的债务。当然质权人应当按照约定或物的用途使用质物,否则应负赔偿责任。[②]我国《担保法解释》第九十三条规定,质权人在质权存续期间,未经出质人同意,擅自使用、出租、处分质物,因此给出质人造成损失的,由质权人承担赔偿责任。依此规定,质权人对质物无使用权,除非经出质人同意。

2. 留置质物的权利

质权人在其债权得到清偿之前,对质物享有留置权,即在其债权得到全部

---

① 谢在全著:《民法物权论》,中国政法大学出版社 2011 年版,第 779 页。
② 郭明瑞著:《担保法原理与实务》,中国方正出版社 1995 年版,第 257 页。

清偿之前,有权继续占有质物并拒绝返还。因为设定质权的目的在于担保质权人债权的实现,而且只有赋予质权人留置质物的权利,方能发挥质权的担保作用。尽管各国法未明文规定质权人对质物享有留置权,但从各国的法律规定中可以推断出,质权人对质物当然享有留置权。依各国法律规定,在债务人履行了全部债务后,质权人得返还质物。也就是说,若债务人未履行全部债务,则质权人有权拒绝返还质物,即有权留置质物。

3. 质物孳息的收取权

依各国立法通例,质权人对质物的孳息享有收取权。如《德国民法典》第一千二百一十三条规定,质权可以债权人有权收取质物的收益的方式而设定。天然出产果实的质物已向质权人移交并由其单独占有的,在发生疑问时应推定,质权人应有权收取果实。依《日本民法典》第三百五十条、第二百九十七条的规定,质权人可以收取有质物产生的孳息,先于其他债权人,以孳息抵充其债权的清偿。质权人收取的孳息应先抵充债权的利息,尚有剩余时,再抵充原本。我国《担保法》第六十八条也规定,"质权人有权收取质物所生的孳息。质押合同另有约定的,按照约定。前款孳息应当先充抵收取孳息的费用"。法律规定在当事人无约定情况下,由质权人收取质物的孳息,乃是考虑到由于质物由质权人占有,因而由质权人收取孳息较为便利。如前文所述,孳息既包括自然孳息如果实等,也包括法定孳息如利息、租金等。

质权人收取的质物孳息,依德国法的规定,应先抵充收取孳息的费用和原债权的利息,然后抵充原债权。依日本法的规定,应先抵充债权的利息,剩余的部分再抵充原本。依我国台湾法的规定,先抵充收取孳息的费用,次抵充原债权的利息,最后抵充原债权。依我国担保法的规定,先抵充收取孳息的费用,至于原债权与其利息,未规定先后顺序。学界通说认为,质权人收取的质物孳息应依次抵充收取孳息的费用、原债权的利息、原债权。①

关于质权人在收取质物的孳息时所应负的义务,《德国民法典》第一千二

---

①　谢在全著:《民法物权论》,中国政法大学出版社 2011 年版,第 779 页;郭明瑞著:《担保法原理与实务》,中国方正出版社 1995 年版,第 258 页。

百一十四条规定,质权人享有收取收益的权利的,负有注意收益并进行报告的义务。我国台湾地区"民法"第八百九十条规定,质权人应以对于自己财产同一之注意义务收取孳息,并为计算。我国担保法及司法解释对此无明文规定。本文认为,依据民法中的诚实信用原则,我国也应当做此解释,即质权人在收取质物的孳息是应当负有注意和报告义务;若质权人未尽注意义务,给出质人造成损害,则应当负赔偿责任。

尽管在动产质押中,质权人有收取质物孳息的权利,因而具有收益质的一些性质,但与一些国家民法中规定的收益质仍有本质区别。① 首先,在动产质押中,尽管质权人有收取质物孳息的权利,但不能使用质物,因而在本质上仍属于占有质;而收益质的根本特征便是质权人使用质物并收益,以抵充债权或其利息。其次,在动产质押中,若质权人收取的质物的孳息不足以偿还其债权的利息和债权,质权人仍有权继续要求债务人清偿;而在利息质(收益质的一种)中,质权人不得请求债务人清偿债权的利息。

4. 转质权

转质,是指质权人为担保自己或他人债务的履行,将质物再移转给债权人以设定新的质权。② 例如,甲对乙有 100 万元的债权,乙以价值 100 万元的油

---

① 从理论上讲,收益质分为利息质和销偿质。利息质是指以质物的收益抵充原债权的利息的质权,如日本法中规定的不动产质权。《日本民法典》第三百五十六条规定,不动产质权人可以依质权标的不动产的用法,予以使用及收益。第三百五十八条规定,不动产质权人不得请求其债权的利息。销偿质是指以质物的收益销偿主债权的质权。若质物的收益将债权抵充完毕,则质权消灭。如法国民法中的不动产质权便属于销偿质。《法国民法典》第二千零八十五条规定,不动产质权,仅得以书面形式设定之。依此契约,债权人仅取得不动产果实的权利;如规定债权应付利息,债权人应首先将其受领的不动产的果实收益按年抵偿利息,然后用于抵偿债权原本。

② 学界普遍将转质的定义限于质权人为担保自己的债务的履行而转质。参见郭明瑞著:《担保法原理与实务》,中国方正出版社 1995 年版,第 259 页。我国担保法司法解释也是如此定义(第九十四条)。也有学者认为,质权人不仅可以为担保自己的债务的履行而转质,也可以为担保他人的债务的履行而转质。因为法律并未规定转质仅限于担保质权人自己的债务的履行,只不过在通常情况下是为了担保自己的债务的履行,而为他人债务的履行而设定新质权并无不可。参见谢在全著:《民法物权论》,中国政法大学出版社 2011 年版,第 780 页。本书赞同后一种观点,因为既然法律规定允许质权人转质,那么其目的是为了担保自己的债务履行,或为了担保他人的债务的履行,并无本质不同。

画设定质权,以担保其债务的履行。同时甲欠丙80万元债务,并将该油画再质押于丙,此质押便属于转质。因此便产生两个质权法律关系,在原质权法律关系中,甲为质权人,乙为出质人;在转质权法律关系中,甲为转质人,丙为转质权人。

转质分为承诺转质和责任转质两种。承诺转质,也称同意转质,是指质权人经出质人同意,将质物转质。责任转质是指质权人在质权存续期间,不经出质人的同意,以自己的责任将质物转质给第三人。承诺转质与责任转质的区别在于:第一,承诺转质是经出质人同意的转质;而责任转质则是未经出质人同意,质权人以自己的责任而进行的转质。第二,承诺转质的范围——被担保的债权额和清偿期,可以超过原质权的范围;而责任转质的范围不得超过原质权的范围。第三,在承诺转质中,转质人(原质权人)的责任不因此而加重,若质物因不可抗力而毁损、灭失,转质人不负赔偿责任;而在责任转质中,对于质物因不可抗力而造成的损失,转质人应负赔偿责任。第四,由于承诺转质已征得出质人的同意,因而若原质权因清偿或其他原因消灭,转质权不受影响;而在责任转质中,若原质权消灭,转质权也消灭。第五,在承诺转质中,转质权具备实行条件时,转质权人可直接实行质权,无须原质权也具备实行条件;在责任转质中,必须转质权和原质权均具备实行条件,质权人方可实行质权。因为责任转质未经出质人的同意,因而在原质权尚不具备实行条件时,该质物不得被拍卖、变卖以实行质权。我国物权法规定的是责任转质,即第二百一十七条规定,质权人在质权存续期间,未经出质人同意转质,造成质押财产毁损、灭失的,应当向出质人承担赔偿责任。

5. 质权保全权

质权保全权,是指因他人的侵害行为或质物本身的原因,使质权受到侵害或有损害之虞时,质权人有权采取措施保全质权。质权保全权包括两种:一是在质权受侵害时的请求权;二是质物有败坏之虞或价值明显减少时的变价权(也称物上代位权)。

(1)质物受侵害时的请求权

质权系物权的一种,因而质权人有权依据法律关于物权保护的规定,保护质权不受侵害。具体来说,质权人有权防止质权不受侵害,在质权受侵害时,有权请求停止侵害,赔偿损失。对质权的侵害主要有两种形式,一是使质物毁损、灭失,减少或丧失担保价值;二是侵害质权人对质物的占有。侵害的主体既可以是出质人,也可以是第三人。首先,出质人或第三人侵害质物的,质权人得依据侵权行为法的规定,请求停止侵害,恢复原状,并赔偿损失。此外,侵权行为人为出质人时,质权人还可以请求出质人提供与灭失质物价值相当的担保。其次,出质人或第三人不当占有质物的,各个国家和地区规定了不同的救济方法。在日本法上,质权人有权依占有回复之诉,请求不当占有人返还质物,如日本民法规定,动产质权人于质物的占有被侵夺时,只能依占有回收之诉,恢复其质物。在德国法上,则准用法律关于由所有权产生的请求权的规定,如德国民法规定,质权人的权利受到侵害的,对质权人的请求权准用关于由所有权产生的请求权的规定。即质权人得以质权受侵害为由,请求返还。台湾法中对此无明文规定,依学理解释,质权人可以依《民法》第九百六十二条的规定行使占有人的物上请求权,该条规定,"占有人,其占有被侵夺者,得请求返还其占有物。占有被妨害者,得请求除去其妨害;占有有被妨害之虞者,得请求防止其妨害"。也就是说,出质人或第三人不当占有质物的,质权人有权依据占有人的物上请求权请求返还质物。我国目前尚无关于占有保护的规定,也无质权人物上请求权的规定,因而在此情形中,可以依据民法通则关于民事权利的保护及侵权责任的规定予以解决。如《民法通则》第七十五条第二款规定,"公民的合法财产受法律保护,禁止任何组织或者个人侵占、哄抢、破坏或者非法查封、扣押、冻结、没收"。第一百一十七条第一款规定,"侵占国家的、集体的财产或者他人财产的,应当返还财产,不能返还财产的,应当折价赔偿"。依此规定,出质人或第三人不当占有质物的,质权人有权以质权受侵害为由请求返还。

(2)质物变价权

为了保全质权,质权人亦享有质物的变价权,也称物上代位权,即质物有败坏之虞或其价值明显减少,足以危及质权人的权利的,质权人得公开拍卖或变卖质物,以卖得价金代替质物。关于质物变价权,多数国家和地区均做了明文规定。《德国民法典》第一千二百一十九条规定:"因质物有腐败之虞或者其价值有明显减少之虞而危害质权人的担保的,质权人可以公开拍卖质物。以拍卖价金代替质物。经出质人要求,应将拍卖价金提存。"我国台湾地区"民法"第八百九十二条规定,"因质物有败坏之虞,或其价值显有减少,足以害及质权人之权利者,质权人得拍卖质物,以其卖得价金,代充质物"。我国《担保法》也做了类似规定,即第七十条规定,"质物有损坏或者价值明显减少的可能,足以害及质权人权利的,质权人可以要求出质人提供相应的担保。出质人不提供的,质权人可以拍卖或者变卖质物,并与出质人协议将拍卖所得的价款用于提前清偿所担保的债权或者向与出质人约定的第三人提存"。《物权法》第二百一十六条也做了相同规定。

可见,质权人行使质物变价权的一般条件是:第一,质物有损坏或价值明显减少的可能。这种可能性主要缘于质物自身的原因,如因质物变质、自然损耗等使其价值减少或丧失;或者缘于经济因素,如因市场价格下降是质物的价值减少。若因出质人或第三人的行为使质物的价值减少或丧失,则质权人只能请求侵权行为人赔偿损害,而不能实行质物变价权。第二,质物的损坏或价值明显减少,足以危及质权人的权利。即因质物的损坏或价值明显减少,使得质权人将来无法实行质权,或者即使行使了质权,也不能使其债权全部得以实现。若质物的损坏或价值明显减少,不足以危及质权人的权利,则质权人不得行使质物变价权。① 例如,质物的价值为 100 万元,其所担保的债权为 80 万元,若质物的价值有可能减少至 80 万元以下,则质权人可以行使质物变价权;若质物的价值只有可能减少到 85 万元,则质权人不得行使质物变价权。不过各国法关于质物变价权的行使条件仍有一些差别,例如依德国民法规定,质权

---

① 依德国民法的规定,质物有腐败之虞或者其价值有明显减少之虞的,出质人可以提供其他担保而要求返还质物;不得由保证人提供担保。质权人应将质物有腐败之虞的情况立即通知出质人,但不能通知的除外(第一千二百一十八条)。这是考虑到若质物腐败或价值明显减少,尽管未危及质权人的权利,但对出质人的利益来说仍构成损害,因此为保护出质人的利益,质权人有义务通知出质人,出质人也有权通过提供其他担保而要求返还质物。其他国家和地区包括我国无此规定,本文认为,为保护出质人的利益,我国也应当借鉴此规定,因为法律应当基于公平的立场,平等地保护所有市场主体的合法权益。

人在拍卖质物之前,应当先向出质人发出拍卖警告,除非质物正在腐败,迟延拍卖会引起危险。在价值减少的情况下,质权人还应当为出质人提供其他担保规定一个适当期限,只有在该期限届满后,质权人才可以拍卖质物(第一千二百二十条)。依我国《担保法》的规定,质权人在行使质物变价权之前,应当先要求出质人提供相应的担保,出质人不提供的,质权人方可变卖或拍卖质物。

关于质物拍卖价金的处理,依德国法的规定,经出质人的要求,应将拍卖价金提存。也就是说,若出质人未提出要求,则因质权人占有该价金,代替质物,但不能视为直接用于清偿。我国台湾法对此未作明文规定,学界存有不同观点。有学者认为,经出质人的请求,质权人应将拍卖价金提存,质权人对价金不能加以利用。① 也有学者认为,当事人有约定的,按照其约定;无约定的,质权人可以将其提存,也可以由质权人直接保管,且可以对之加以利用。还有学者认为,除当事人另有约定外,该拍卖价金应由质权人占有保管,不能提存,质权人也无权利用该价金。② 我国《担保法》的规定与德国和台湾地区有所不同,即质权人应当与出质人协议将拍卖价金用于提前清偿所担保的债权,或者向出质人约定的第三人提存。也就是说,对于拍卖价金的归属,由当事人约定。若当事人约定不成,依笔者对该条文的理解,则由质权人保存以代替质物。

6. 优先受偿权

如前文所述,作为担保物权的一种,质权具有优先受偿性,即债务人不履行债务时,质权人有权就其质押标的优先受偿。质权人的优先受偿权体现在:第一,相对于债务人的其他债权人而言,质权人有权就该质物优先受偿。在以该质物清偿了质权人的债权之后,若有剩余,再用于清偿其他债权人的债权;若该质物不足以清偿债务人对质权人的债务,则质权人便以一般债权人的身份要求债务人以其他财产清偿。第二,在同一质物上,若存有数个担保权人(质权人、抵押权人或留置权人),则依前文所述的位序确定规则,确定其优先

---

① 史尚宽著:《物权法论》,中国政法大学出版社 2000 年版,第 370、371 页。
② 谢在全著:《民法物权论》,中国政法大学出版社 2011 年版,第 790 页。

受偿顺序。第三,债务人破产时,质权人对质权标的享有别除权,即该质物不属于破产财产,仅供清偿质权人的债权。若有剩余,则剩余的部分属于破产财产,清偿其他债权人的债权。

债务人不履行债务时,质权人得拍卖、变卖质物以优先受偿,若质物不足以清偿其债权,质权人得以一般债权人的身份要求债务人以其他财产继续清偿。无论在立法上还是在理论上,对此毫无疑问。但在债务人不履行债务时,质权人能否不拍卖、变卖质物,而以一般债权人的身份先要求债务人以其他财产清偿? 债务人和其他债权人能否对此提出异议? 依《德国民事诉讼法》第七百七十七条的规定,如果质物的价值能够清偿债权人的全部债权,则质权人先要求债务人以其他财产清偿的,其他债权人得声明异议。《日本民法典》未对质权实行中的此问题做明文规定,而是对抵押权中的类似问题做了规定,即第三百九十四条第一款规定,抵押权人只能就以抵押不动产的代价未能受偿部分,以其他财产受清偿。学说上认为此规定可以适用于质权。我国台湾地区"民法"中对此也未做明文规定,学界认为,"依诚信原则,质权人通常以质物的交换价值为目的而贷与金钱,并对于质物有留置的权利,自始即置债务人之其他财产于度外,从而自公平之立场,债务人之他财产应为普通债权人的共同担保而保全,故应解释如质物的价值为充分时,债务人及普通债权人,均得依强制执行法的规定,提出关于执行方法之异议"。也就是说,质权人不得先以一般债权人的身份要求债务人以其他财产清偿。关于此情形,我国担保法和民事诉讼法上均无明文规定。本书认为,外国法的规定和中国台湾学者的观点比较合理,值得借鉴。理由是,第一,债权人设定质权的目的就在于在债务人不履行债务时,债权人有权就该质物优先受偿,因此依诚实信用原则,质权人应当先拍卖或变卖该质物清偿其债权。第二,在债务人破产时,如果允许质权人先以一般债权人的身份参与破产财产的分配,则会使分配环节复杂化,人为地增加累赘。例如,若质权人在参与财产分配后,债权全部得到清偿,则必须将质物返还给债务人,再作为破产财产供债权人分配,因而增加了一次分配环节;若质权人的债权未能得到全部清偿,则质权人必须拍卖或变卖质物并优先受偿,剩余部分返还给债务人,再作为破产财产分配给其他债权人,从而也增加了分配环节。当然,若质权人放弃质权,以普通债权人的身份请求债务人以其他财产清偿,则另当别论,依法可以准许。

除上述权利外,质权人还享有质权处分权、必要和有益费用偿还请求权。作。为一种民事权利,质权得由质权人自由处分,如抛弃、让与或供作其他担保。但是质权人抛弃质权时,不得侵害第三人的合法权益,如在转质的情况下,原质权人不得抛弃质权,以免损害转质权人的利益。因质权具有从属性,质权人让与质权或以质权供做其他担保的,必须与其担保的债权一同让与或供作担保(债权质押)。质权人的必要和有益费用偿还请求权与出质人的必要和有益费用偿还义务是相对应的,对该项内容前文已述及,在此不再赘述。

(四)质权人的义务

1. 保管质物的义务

在质押中,出质人必须将质物交付质权人占有,因而质权人应当对质物负有保管义务。若质权人未尽保管义务,致使质物毁损灭失,则质权人应当承担赔偿责任。对此各国法均做了明文规定,不过对于质权人应负何种程度的保管义务,应承担何种责任,各国法的规定并不一致。

关于质权人应负何种保管义务,德国民法仅原则规定质权人负有保管质物的义务(第一千二百一十五条),未具体规定保管义务的程度。日本民法和我国台湾地区"民法"则规定,质权人应以善良管理人的注意,保管质物。我国《担保法》第六十九条和《物权法》第二百一十五条规定,质权人负有妥善保管质物的义务。"妥善"一词也可以理解为"以善良管理人的注意"。所谓善良管理人的注意,学界通说认为,系指依一般交易上的观念,有相当的知识经验和诚实信用的人所具有的注意。即以市场交易中一般人的注意能力为标准,具有客观性,而非仅以某特定质权人的注意能力为标准。[①] 因而,不管质权人的注意能力如何,知识经验如何,均必须以此为标准负注意义务。若质权人未尽此项注意义务致质物损害,则应当承担赔偿责任。

---

① 谢在全:《民法物权论》,中国政法大学出版社 2011 年版,第 797 页;郭明瑞著:《担保法原理与实务》,中国方正出版社 1995 年版,第 270 页。

　　关于质权人违反保管义务应承担的责任,究竟是过错责任、过错推定责任抑或是严格责任,各国法的规定有一些差异。日本法未明文规定质权人应负何种责任,但依其关于债权关系的规定,债务人只要不履行合同义务,即承担违约责任,债权人无须证明债务人是否有过错。① 也就是说,日本法上的合同责任为严格责任。据此,质权人违反保管质物的义务,不管是否有过错,均应承担违约责任。在德国和我国台湾地区"民法"上,债务人仅就其故意和过失行为承担责任。② 也就是说,其合同责任为过错责任。据此,质权人违反保管质物的义务,必须在主观上有过错的情况下才承担违约责任。瑞士民法典对此则做了明文规定,"质权人对因质物落价或消灭而造成的损失负赔偿责任。但其能证明损失非因其过错造成的,不在此限","质权人,对因其擅自让与或转质质物而造成的损失负完全的赔偿责任"(第八百九十条)。依此规定,质权人违反保管质物的义务,须证明自己无过错。也就是说,质权人负过错推定责任。我国《担保法》和《物权法》对此问题也无明文规定,依《合同法》第一百零七条的规定,当事人一方不履行合同义务或者履行合同义务不符合约定的,应当承担继续履行、采取补救措施或者赔偿损失等违约责任。可见,在我国法上,违约责任采取的是严格责任原则,即只要当事人违约,不论是否有过错,均应承担违约责任。唯一的免责事由是不可抗力。据此规定,如果质权人不履行保管质物的义务,不论其主观上是否有过错,均应承担违约责任,除非有不可抗力免责事由。

　　关于质权人违反其保管义务的法律后果,各国法的规定也颇有差异。依德国法的规定,质权人明显侵害出质人的权利,并且不顾出质人的告诫继续其侵害的,出质人可以要求由质权人负担费用将质物提存,或者在质物不宜提存时,将质物提交法院任命的保管人。出质人也可以不要求提存质物或者将质

---

　　① 《日本民法典》第四百一十五条规定,"债务人不按债务本意履行时,债权人可以请求损害赔偿。因应归责于债务人的事由致履行不能时,亦同"。

　　② 《德国民法典》第二百七十六条规定,"除另有其他规定外,债务人应对其故意或者过失行为负责。在交易中未尽注意义务的,为过使行为"。我国台湾地区"民法"第二百二十条规定,"债务人就其故意或过失行为,应负责任"。

物提交保管人,而要求向债权人清偿而返还质物(第一千二百一十七条)。《日本民法典》则规定,质权人违反保管义务的,出质人可以请求消灭质权(第二百九十八、三百五十条)。依我国《担保法》和《物权法》的规定,若质权人违反保管义务致质物灭失或者毁损,则应当承担民事责任,如恢复原状、赔偿损失等;若质权人不能妥善保管质物可能致使其灭失或者毁损,出质人可以要求质权人将质物提存,或者要求提前清偿债权而返还质物。相比较而言,德国的规定过于宽松,未规定质权人的赔偿责任;日本的规定则又显得过于苛刻;而我国《担保法》的规定则是比较合理的。

2. 返还质物的义务

当动产质权因其所担保的债权被清偿或其他原因消灭时,质权人应当将质物返还给出质人。对此各国均做了规定。如《德国民法典》第一千二百二十三条规定:"质权人负有在质权消灭后将质物返还于出质人的义务。债务人有权给付的,出质人可以要求向质权人清偿而返还质物。"我国台湾地区"民法"第八百九十六条规定:"动产质权,所担保的债权消灭时,质权人应将质物返还于有受领权之人"。我国《担保法》第七十一条第一款也规定,"债务履行期届满债务人履行债务的,或者出质人提前清偿所担保的债权的,质权人应当返还质物"。因为质权既已消灭,质权人便无权继续占有质物,所以应当返还质物。

不过,对于质权人应当返还质物的对象,则不无讨论的必要。当出质人为债务人且质物属其所有,则质权人毫无疑问应当将质物返还给该债务人。然而若出质人非债务人且质物非出质人所有,则质权人应当将质物返还给债务人、出质人抑或是质物的所有人,则不无疑问。依德国法的规定,应当将质物返还给出质人;依我国台湾法的规定,应当将质物返还给有受领权的人;而我国《担保法》对此无明文规定。依台湾学者的观点,有受领权的人既可以是出质人,也可以是质物的所有人。因为出质人是质押合同的相对人,质物系由其交付给质权人,因此在质权消灭时,出质人得基于质押合同享有返还请求权;同时质物的所有人得基于所有权享有物上请求权,要求质权人返还质物。出质人与质物的所有人同时请求的,质权人得依据我国台湾地区"民事诉讼法"第六十五条的规定,要求出质人或质物的所有人向另一方履行告知义务,然后根据出质人与质物的所有人的协议结果或法院的判决返还质物。① 而大陆学者则认为,在发生出质人与质物所有人的返还请求权竞合时,质权人仅对其中一人负返还义务;质权人向其中任一人返还的,另一人的返还请求权即消灭。② 本书认为,在此情形中,出质人与质物的所有人为有受领权的人,债务人则不是,因为债务人既非质押合同的当事人,亦非质物的所有人。质权人得向出质人与质物的所有人中的任何一人返还质物。

六、动产质权的实行

(一)动产质权实行的意义及其条件

动产质权的实行,也称为动产质权的行使,是指在债权已届清偿期而债务人不履行债务时,质权人得处分质物以优先受偿的行为。动产质权的实行乃是质权效力的最重要的体现,是实现其担保目的的主要手段,若动产质权不能实行,则动产质权的设定便失去意义。对此各国法均做了相应规定。我国担保法和物权法也规定,"债务履行期届满质权人未受清偿的,可以与出质人协议以质物折价,也可以依法拍卖、变卖质物。质物折价或者拍卖、变卖后,其价款超过债权数额的部分归出质人所有,不足部分由债务人清偿"。质权的实行必须具备以下几个条件:

1. 须质权仍有效存在

质权的有效存在是质权得以实行的前提,若质权因债权无效、质权人丧失对质物的占有或质物灭失等原因而消灭,则质权人便无从实行质权。

2. 债权的清偿期届满

债权的清偿期为债务人应当清偿债务的最后期限。债权的清偿期,当事人有约定的,依照其约定;无约定的,则依法律规定的方式确定。《合同法》第

---

① 史尚宽著:《物权法论》,中国政法大学出版社 2000 年版,第 373 页。台湾"民法"第六十五条规定,"当事人得于诉讼系属中,将诉讼告知于因自己败诉而有法律上利害关系之第三人。受诉讼之告知者,得递行告知"。

② 郭明瑞著:《担保法原理与实务》,中国方正出版社 1995 年版,第 271 页。

六十二条规定,履行期限不明确的,债务人可以随时履行,债权人也可以随时要求履行,但应当给对方必要的准备时间。依此规定,当事人未约定债务履行期时,债权人给予债务人的准备时间为债权的清偿期。只有在债权的清偿期已届满,债务人仍不履行的,质权人方可实行质权。若债权的清偿期尚未届满,债务人仍享有期间利益,因而质权人不得实行质权。但是,债务人的期间利益得因法定原因而消灭,例如,依我国《企业破产法(试行)》第三十一条的规定,"债务人被宣告破产时,破产宣告前未到期的债权,视为已到期债权,但是应当减去未到期的利息"。依此规定,在债务人被宣告破产时,质权人的债权虽尚未到期,但仍可以实行质权以优先受偿,但应当减去未到期的利息。又依《担保法》第七十条规定,"质物有损坏或者价值明显减少的可能,足以危害质权人权利的,质权人可以要求出质人提供相应的担保。出质人不提供的,质权人可以拍卖或者变卖质物,并与出质人协议将拍卖或者变卖所得的价款用于提前清偿所担保的债权或者向与出质人约定的第三人提存"。依此规定,质权人债权的清偿期虽然尚未届满,但质权人仍得实行质权并与出质人协议清偿债权。

3. 债权未受清偿

质权人实行质权的第三个条件是,在债权履行期满时债权未得到清偿,即债务人未履行债务。具体有以下几个问题值得研究。第一,所谓债权未受清偿是指债权未全部得到清偿,若债务人仅履行了一部分债务,仍应当认为债权未受清偿,质权人仍可通过实行质权以受偿。第二,一般来说,只要在债务履行期满债务人未履行债务,质权人便可实行质权。但是若债务人因不可抗力的原因不能履行债务,则质权人是否也当然可以实行质权,需要根据具体情况加以分析。如果债务人因不可抗力的原因不能及时履行债务,则应当及时通知质权人,质权人此时便不能立即实行质权。双方可以重新约定履行的期限,在约定的期限届满后债务人仍不履行的,质权人方可实行质权;若双方未重新约定期限,则债务人应当在不可抗力事件消除后的合理期限内履行,否则质权人得实行质权。如果因不可抗力的原因,债务人已经不可能履行债务,则依《物权法》第二百一十五条的规定,债务人可以解除合同,债权便归于消灭,从而质权也归于消灭,质权人应当返还质物。第三,在债权清偿期届满时,质权人是否可以不实行质权而要求债务人履行债务？学界通说认为，实行质权是质权人的权利而非义务，因此质权人可以不实行质权而要求债务人清偿。[1]第四，质权的实行是否具有一定的期限限制，是否受被担保债权的诉讼时效的影响？也就是说，在债权清偿期届满后，质权人是否可以无期限地不实行质权，抑或是在债权的两年诉讼时效届满后丧失实行质权的权利？《德国民法典》第二百二十三条规定，以抵押权、船舶抵押权或者质权担保的请求权，其时效的消灭不妨碍权利人就其担保物求偿。对利息或者其他定期给付的拖欠部分的请求权的时效消灭的，不适用前款的规定。我国台湾地区"民法"也做了类似规定，即第一百四十五条规定，以抵押权、质权或者留置权担保之请求权，虽经时效消灭，债权人仍得就其抵押物、质物或留置物取偿。前项规定，于利息及其他定期给付之各期给付请求权，经时效消灭者，不适用之。可见在德国和台湾地区法上，担保物权的行使期限与其所担保的债权的诉讼时效是相互独立的，彼此不发生影响。至于质权的行使期限，依台湾地区"民法"的规定，为十五年。[2]《日本民法典》第一百六十七条规定："债权，因十年间不行使而消灭。债权或所有权以外的财产权，因二十年间不行使而消灭。"据此也可以推断，在日本法上，质权不受其所担保的债权的时效的影响，债权的诉讼时效为十年，质权的行使期限为二十年。质权的行使期限届满后，质权人便丧失实行质权的权利，出质人得请求返还质物。我国法律尚无关于质权行使期限的规定，为了维护当事人财产关系的稳定，我国应当对此作出规定，此期限为除斥期间。

债权清偿期届满，质权人不实行质权致使质物的价值下跌，质权人是否应当承担损害赔偿责任？依台湾地区学者的观点，因为实行质权是质权人的权利，而非其义务，所以质权人在可以实行质权时未实行质权，致使质物的价值下跌，不负赔偿责任。[3]而我国《担保法解释》第九十五条第二款则规定，债务履行

---

① 谢在全著：《民法物权论》，中国政法大学出版社 2011 年版，第 791 页；史尚宽著：《物权法论》，中国政法大学出版社 2000 年版，第 378 页。

② 台湾地区"民法"第一百二十五条规定，"请求权，因十五年间不行使而消灭。但法律所定期间较短者，依其规定"。

③ 谢在全著：《民法物权论》，中国政法大学出版社 2011 年版，第 791 页；史尚宽著：《物权法论》，中国政法大学出版社 2000 年版，第 378 页。

期届满,出质人请求质权人及时行使权利,而质权人怠于行使权利致使质物价格下跌的,由此造成的损失,质权人应当承担赔偿责任。应当说,我国《担保法解释》的规定更符合民法的诚实信用原则,应属可采。

(二)动产质权的实行方式

关于动产质权的实行方式,各国的立法规定有所不同。依德国民法典的规定,质权实行的主要方式是出卖质物,而出卖质物必须符合两个条件:一是质权人在出卖质物之前应先向所有权人发出出卖警告,并说明将出卖的金额,待出卖警告发出后一个月期满时方可出卖质物;不能发出警告的,可以免予警告。二是质物出卖应以公开拍卖的方式进行。日本民法中仅规定了简易抵充清偿的方式,即动产质权人于其债权不受清偿时,依有正当理由为限,可以请求法院准许其依鉴定人的估价,直接以质物抵充清偿,但质权人应事先将其请求通知债务人(第三百五十四条)。不过在学理解释上还认有依民事执行法进行的拍卖和其他方式,即在其他的债权人的执行程序中,可以提出分配要求。① 在我国台湾法上,质权的实行方式有拍卖质物、订立契约取得质物的所有权和其他方法如变卖等。采取拍卖方式的,质权人应事先通知出质人,质权人可自行拍卖,也可以申请法院拍卖。采取订立契约取得质物的所有权方式的,当事人须于债权清偿期届满时订立契约,在设定质权时订立转移质物所有权契约的,为流质契约,无效。当事人采其他方法实行质权的,应由质权人与出质人订立契约,且不得损害其他质权人的利益。在英美法国家,担保的实现方式主要有私下出卖(相当于我国法中的折价),暂时占有并收取收益以抵偿债权,以及移交他人占有并经营,以经营的收入抵偿债权。② 我国《担保法》和《物权法》规定,债务履行期届满质权人未受清偿的,可以与出质人协议以质物折价,也可以依法拍卖、变卖质物。依此规定,在我国质权的实行方式由三种,即折价、拍卖和变卖。综观各国的立法规定,质权的实行主要有折价、拍卖、变卖三种方式。英美法国家规定的其他两种方式,一般适用于机器设备、船舶以及不动产,而对

---

① [日]近江幸治著:《担保物权法》,第80页。

② [英] Philip R. Wood: *Comparative Law of Security and Guarantees*, Sweet & Maxwell, London,1995,p.138.

于一般的动产而言,适用的价值不大。至于质权人应采取何种方式,当事人有约定的,依照其约定;无约定的,质权人有权选择其中的任一种方式。

1. 折价

质物的折价是指在债务履行期届满后,质权人与出质人协议将质物的所有权转移给质权人,质权人从所折价格中优先受偿其债权。若质物的价格不足以清偿债权,质权人仍得要求债务人继续清偿债权的余额;若质物的价格超过债权额,则债权人应当返还该超过的金额。折价协议与流质契约的区别在于,折价协议是在债务履行期届满后签订,属于合法有效的协议;而流质契约是质权人与出质人在设定质权时签订的,属于无效协议。折价协议与营业质押中的绝卖也是不同的。营业质押中的绝卖是指典当人(出质人)不偿还典当款时,当物(质物)的所有权便转移给当铺(质权人)。若当物的价值超过债权,当铺不返还余额;若当物的价值不足清偿债权,当铺也不得要求典当人清偿不足的部分债权。

我国《担保法》和《物权法》对折价方式规定得并不具体。依据法理,第一,须由质权人与出质人订立折价协议。若出质人非质物的所有人,原则上应当由质权人与质物的所有人订立协议;出质人虽无处分权,但仍与质权人订立折价协议的,质权人须不知道该情事且出于善意,方可取得质物的所有权。第二,折价协议须于债权履行期届满后订立,否则即为流质契约,应属无效。第三,折价协议不得损害其他利害关系人的利益。如该质物上有其他质权人时,若质权人与出质人故意降低质物的价格,使后位序的质权人不能就该质物受偿,则该后位序质权人得申请法院撤销该折价协议。① 当事人不能达成折价协议的,质权人可采取拍卖、变卖等方式实行质权。不过需指出的是,折价并非拍卖、变卖的必经方式,质权人在债权清偿期满后,也可以直接采取拍卖、变卖方式。

2. 拍卖

拍卖是指以公开竞价的形式,将特定物品或者财产权利转让给最高应价

---

① 《最高人民法院关于适用〈中华人民共和国担保法〉若干问题的解释》对此也做了规定,即依第九十六条、第五十七条规定,债务履行期届满后质权人未受清偿时,质权人和出质人可以协议以质物折价取得质物。但是,损害顺序在后的担保权人和其他债权人利益的,人民法院可以适用《合同法》第七十四条、第七十五条的有关规定。

者的买卖方式。质权人可以以拍卖的方式实行质权,即质权人依照法定的拍卖程序,以拍卖质物所得的价金清偿债权。质权人拍卖质物具体有两种方法,一种是一般拍卖,另一种是强制拍卖。一般拍卖是指质权人与出质人订立协议,委托拍卖人依拍卖法的规定拍卖质物,质权人以拍卖所得的价金受偿债权。不过拍卖所得的价金应当先扣除拍卖的费用,然后再清偿质权人的债权。强制拍卖是指质权人诉请法院拍卖质物。法院在受理质权人的起诉后,则依执行程序拍卖质物。拍卖所得的价金,在扣除相关的费用后,清偿质权人的债权;若有余额,则返还给出质人。

我国《担保法》和《物权法》对拍卖方式并未做具体规定,因而有以下几个问题须加以研究。第一,关于一般拍卖与强制拍卖方式的选择问题。既然法律未做强制性规定,因而可以认为质权人得选择采取其中的一种方式,即质权人既可以先与出质人协议委托拍卖人拍卖质物,协议不成时再诉请法院强制拍卖,也可以直接诉请法院强制拍卖。第二,质权人在拍卖质物之前是否应当通知出质人。依德国和我国台湾法的规定,质权人负有事先警告义务(通知义务)。我国也有学者认为,质权人于进行质物出卖前应通知出质人,以使出质人有所准备,如决定参加应买,以保持所有权。① 本书认为,质权人可以不负通知义务。因为,若质权人选择一般拍卖的方式,则质权人必须与出质人协议委托拍卖人;若质权人选择强制拍卖的方式,则法院在受理质权人的起诉后,必然要通知出质人、债务人答辩。所以,法律没有必要规定质权人的通知义务。

3. 变卖

变卖是指质权人以折价和拍卖以外的方式将质物出卖给他人,并以卖得的价金受偿其债权的质权实行方式。依德国民法典的规定,变卖可以依质权人与所有人的合意为之,也可以依法院的裁判为之。依我国台湾地区"民法"的规定,变卖依当事人订立契约而为之。我国《担保法》第七十一条第二款则规定,债务履行期届满质权人未受清偿的,可以与出质人协议以质物折价,也可以依法拍卖、变卖质物。依此规定,质权人变卖质物无须通过法院的裁判,

---

① 郭明瑞著:《担保法原理与实务》,中国方正出版社 1995 年版,第 272 页。

也无须与出质人协商一致,得以自己的名义径行为之。

由于质权人变卖质物完全出于自己的意思,并以自己的名义进行,因而质权人应当依法进行变卖,不得损害出质人的利益。质权人在变卖质物时,应当遵循诚实信用原则,按照变卖质物时质物的市场价格变卖,质物有政府定价或政府指导价的,按政府定价或政府指导价变卖。若质权人以明显不合理的低价变卖质物,对出质人造成损害,且受让人知道该情形的,出质人得依《合同法》第七十四条和第七十五条的规定,请求法院撤销该变卖行为。①

七、动产质权的消灭

动产质权的消灭,是指动产质权因一定的法律事实出现而不复存在。从广义上讲,动产质权的消灭包括相对消灭和绝对消灭。相对消灭是指某特定质权人在该质物上的质权消灭,而该质物上的原质权仍存在。质权的相对消灭实际上是质权的主体发生变更。绝对消灭是指质物上的某一质权不复存在,也不为任何人所享有。通常意义上所讲的质权的消灭,即指质权的绝对消灭。本书所讨论的质权的消灭也是指质权的绝对消灭。

动产质权消灭的原因很多。首先,作为一种物权,质权具有一般物权消灭的原因,如混同、抛弃、标的物灭失等。其次,作为一种担保物权,质权亦可因担保物权消灭的原因而消灭,如所担保的债权消灭、担保物权已实行、担保物权的存续期间届满等。当然质权还具有自身独特的消灭原因,如质物被任意返还、质物的占有丧失等。

(一)因一般物权消灭的原因而消灭

1. 混同

混同,是指两个无并存必要的物权同归于一人的事实。依多数国家和地

---

① 《中华人民共和国合同法》第七十四条规定,"因债务人放弃其到期债权或者无偿转让财产,对债权人造成损害的,债权人可以请求人民法院撤销债务人的行为。债务人以明显不合理的低价转让财产,对债权人造成损害,并且受让人知道该情形的,债权人也可以请求人民法院撤销债务人的行为"。第七十五条规定,"撤销权自债权人知道或者应当知道撤销事由之日起一年内行使。自债务人的行为发生之日起五年内没有行使撤销权的,该撤销权消灭"。

区的民法规定,二物权发生混同时,原则上一物权消灭。具体来讲,所有权与其他物权发生混同时,其他物权消灭。① 若质权人与出质人发生合并,则质权便为所有权吸收,而质权本身归于消灭。当然也有例外情形,即在质权人转质或以其对债务人的债权向第三人设质的情况下,质权不因混同而消灭。如《德国民法典》第一千二百五十六条便做了如此规定:"质权与所有权同归于一人的,质权消灭。在质权所担保的债权上设定第三人的权利的,质权不消灭。所有权人对质权的存续有合法利益的,质权不消灭。"我国法对此尚无规定,但基于法理,遇此情形时也应当做此解释。

2. 抛弃

抛弃是指权利人作出的放弃权利的单方法律行为。质权人得任意抛弃其质权,从而使质权归于消灭。但如果质权人抛弃质权将会有损第三人的利益,则质权人不得抛弃质权。如在质权人转质或以其对债务人的债权向第三人设质的情况下,质权人便不得抛弃质权。质权人抛弃质权不仅需要有抛弃质权的意思,而且需要有返还质物的行为,否则不发生抛弃的法律效力,质权仍不消灭。在质权人直接占有质物时,质权人须将质物现实返还给出质人;在质权人间接占有质物时,质权人须作出要求直接占有人将质物返还给出质人的指示。

3. 标的物灭失

原则上,标的物灭失的,物权归于消灭,质权也是如此。但是若因质物灭失而得受有赔偿金的,质权不消灭,因其物上代位性而移存于该赔偿金上,质权人仍得就该赔偿金优先受偿(关于质权的物上代位性,前文已详述,在此不再赘述)。此外,质物灭失是指质物全部灭失,若质物仅部分灭失,则质权仍存在于质物的剩余部分上。

(二)因担保物权消灭的原因而消灭

1. 被担保的债权消灭

作为一种担保物权,质权具有从属性,即从属于其所担保的债权而存在。若债权消灭,则质权原则上当然消灭,不过也有一些例外情形,应根据债权消

---

① 梁慧星主编:《中国物权法研究》,法律出版社 1998 年版,第 221 页。

灭的不同情况做具体分析。(1)清偿。清偿是债权消灭的最通常的原因。债务人清偿全部债务的,债权则消灭,质权也当然随之消灭。出质人非债务人时,也可以代债务人清偿债务。出质人清偿全部债务的,债权也消灭,质权随之消灭。但出质人对债务人享有代位求偿权。债权除了有质权担保外,尚有保证人保证时,保证人也可以代债务人清偿债务。保证人清偿债务的,债权人的债权连同质权便一并转移给保证人,因而此时质权并不消灭。债务人以外的第三人代债务人清偿债务的,则债权人的债权和质权也一并转移给第三人。(2)混同。若债权与债务同归于一人时,则债权便因混同而消灭,因而质权原则上也随之消灭。但是,混同后的债权人(债务人)对质权的存续有法律上的利益的,质权不消灭。例如在某一质物上同时存有数个质权或者该质物已被转质,则在混同后质权并不当然消灭。需注意的是,前文所述的质权因混同而消灭,与此处所讲的债权因混同而消灭从而引起质权消灭是有区别的。质权因混同而消灭是指质权因与质物的所有权混同而消灭,如质权人与出质人合并;而债权因混同而消灭从而引起质权消灭是指债权因与债务同归于一人而消灭,从而引起质权消灭,如债权人与债务人合并、债权与债务一并转让给某第三人等。(3)抵销。抵销是指债权人对债务人的债权与债务人对债权人的债权相抵,互不清偿。债权得因抵销而消灭,从而质权也随之消灭。① (4)免除。免除是指债权人抛弃其对债务人的债权的单方法律行为。债权人免除债务人的债务的,其对债务人的债权便告消灭,则质权也随之消灭。债权人免除债务人的债务损害第三人利益的,该第三人得申请法院撤销该免除行为。免

---

① 在通常情况下,债权因抵销而消灭是毫无问题的。但是在债务人被宣告破产时,若承认债权因抵销而消灭便会带来一些问题。例如,债务人在被宣告破产时尚有资产 1000 万元,债权 200 万元,即其破产财产共有 1200 万元。其对外所负债务共有 2000 万元,有六个债权人,而且其中有一个债权人对被宣告破产人既享有 200 万元债权又同时负有 200 万元债务。现假设破产人在支付了破产费用、职工工资和税款后尚有 600 万元供债权人分配。若允许债权人对破产人的债权与债务抵销,则该债权人便得到了 200 万元,而其余的五个债权人只能分配剩余的 400 万元;若不允许债权与债务抵销,则该债权人应先向破产人偿还其所负的债务 200 万元,然后由该六个债权人按比例分配该 600 万元破产财产。可见这两种分配方法的结果是不同的,而允许债权人对破产人的债权与债务抵销的分配方法显然是不合理的。我国的企业破产法采取的便是允许抵销的方法,即《企业破产法(试行)》第三十三条规定,"债权人对破产企业负有债务的,可以在破产清算前抵销"。本书认为,此规定是值得商榷的。

除行为被撤销的,债权便继续存在,质权同样也不消灭。若质权人已返还质物给出质人,则出质人应当将质物交还给质权人以恢复质权。(5)提存。提存是指由于债权人的原因而无法向其交付合同的标的物时,债务人将该标的物交给提存机关而消灭合同的制度。① 提存可以产生与清偿债务相同的效果,因而也是债权消灭的原因之一。债权因提存而消灭的,质权也随之消灭。(6)债权人与债务人解除合同。债权人与债务人协议解除合同或任何一方行使合同解除权的,债权消灭,质权也随之消灭。

须指出的是,债权的诉讼时效届满后,债权人便丧失请求法院保护其债权的权利,债务人可以不履行债务,但债权本身并不消灭,因而质权当然也不消灭。质权人仍得通过实行质权以受偿其债权。

2. 质权已实行

若债务人不履行债务,质权人得实行质权。在质权人实行质权后,无论其债权是否受全部清偿,质权均归消灭,因为质权一经实行,其担保目的便已经达到,因而质权便无继续存在的理由。质权人实行质权后,若质物的价款超过债权额,则质权人应当将超过额返还给出质人;若质物的价款不足清偿债权,则质权人有权继续要求债务人清偿不足部分,但未受清偿的该部分债权便成为无担保的普通债权,债务人得以其一般财产清偿。

有一个问题是,若同一质物上存有数个质权,在某一质权实行后,其他各质权是否均归消灭?学界通说认为,只要质物上的一个质权被实行,则该质物上的所有质权均归消灭。② 本书认为,对此问题应分别不同情况作具体分析。若某一质权实行后,质物的价款已全部清偿该质权人的债权,并无余额,则该质物上的其他质权均归于消灭;若质物的价款在清偿了该质权人的债权后,尚有余额,因其他质权人的债权尚未到期,债务人可以不立即清偿,因而其质权并不归于消灭,而是发生物上代位,即移存于该质物的剩余价款上。

---

① 王利明、崔建远著:《合同法新论·总则》,中国政法大学出版社 2000 年版,第 651 页。

② 谢在全著:《民法物权论》,中国政法大学出版社 2011 年版,第 684 页;史尚宽著:《物权法论》,中国政法大学出版社 2000 年版,第 387 页;郭明瑞著:《担保法原理与实务》,中国方正出版社 1995 年版,第 280 页。

3.质权的存续期间届满

质权的存续期间,也称质权的除斥期间,是指质权有效存在的期间。在此期间内,质权人可以随时实行质权;超过此期间,则质权消灭,质权人应当将质物返还给出质人。关于质权的存续期间,当事人有约定的,依照其约定。当事人无约定的,有学者认为,可解释当事人的意思,以其随债权的存在而存在为常。① 本书认为,质权的存续期间与债权的诉讼时效无关,而是应当依据法律的规定。如《日本民法典》第一百六十七条第二款规定:"债权或所有权以外的财产权,因二十年间不行使而消灭。"依此规定,质权的存续期间为二十年。我国台湾地区"民法"第一百二十五条规定:"请求权,因十五年间不行使而消灭。但法律所定期间较短者,依其规定。"即在我国台湾法上,质权的存续期间为十五年。我国法目前尚无关于质权的除斥期间的规定,不利于当事人财产关系的稳定,应当在今后的立法中予以完善。

关于质权存续期间的起止时间,当事人有约定的,依照其约定。当事人无约定的,有人认为,应从质押合同订立时起算。本书认为,应当从质权人得实行质权时起算,即从债权清偿期届满之时起算。

(三)因质权独有的消灭原因而消灭

1.质物任意返还

质权人将质物返还于出质人时,质权是否当然消灭,各国法的态度并不相同。有的国家和地区规定,质物任意返还的,质权消灭。如《德国民法典》第一千二百五十三条规定,"质权人将质物返还于出质人或者所有权人时,质权消灭。保留质权存续的为无效。出质人或者所有权人占有质物时,应推定,质权人已向其返还质物。在质权成立后,从质权人或者所有权人处取得质物的占有的第三人占有此质物时,上述推定也同样适用"。我国台湾地区"民法"第八百九十七条也规定,"动产质权,因质权人返还质物于出质人而消灭。返还质物时,为质权继续存在之保留者,其保留无效"。《瑞士民法典》也持此观点,即第八百八十八条第二款规定:"质权,质权人的意思质物仍

---

① 史尚宽著:《物权法论》,中国政法大学出版社 2000 年版,第 387 页。

受出质人支配的,失效。"也有的国家规定,质物任意返还的,质权并不当然消灭,只是不能对抗第三人。如《日本民法典》第三百五十四条规定:"动产质权人,非继续占有质物,不得以其质权对抗第三人。"我国法也是持此态度,即《担保法解释》第八十七条规定:"出质人代质权人占有质物的,质押合同不生效;质权人将质物返还于出质人后,以其质权对抗第三人的,人民法院不予支持。"本书认为,质权人占有质物应当是质权的生效要件,若质权人将质物返还于出质人,质权便告消灭。如前文所述,依各国法的立法通例,质权不得以占有改定的方式而设定,即不得由出质人占有质物,由出质人占有质物的,设定的质权无效。因而质权人向出质人返还质物时,质权便当然消灭。即使质权人在返还质物时表示仍保留质权,其保留仍无效,质权同样归于消灭。这是各国法律的逻辑的必然。而日本法和我国司法解释一方面将转移占有作为质权的生效要件,另一方面又将其作为对抗要件,因而是自相矛盾的。

不过,对于质权人返还质物,还应当分不同情况具体加以考察。第一,质权人返还质物是指质权人基于自己的意思,将质物的占有移转于出质人。因此,若出质人非基于质权人的意思而占有质物,例如盗窃、侵夺等,质权并不消灭,质权人得依法请求出质人返还质物。第二,出质人非债务人时,质权人将质物交于债务人占有,质权是否消灭? 本书认为,相对于质权人而言,出质人与债务人属于同一利益方,因而质权人将质物交于债务人占有与将质物交于出质人占有并无本质不同,所以此时质权也同样归于消灭。第三,质权人因受欺诈致动机上有错误而返还质物时,质权是否消灭? 有学者认为,此时质权也归于消灭,但不妨使损害原因人或不当得利人负有重新设质或为赔偿义务。[①]也有学者认为,此时构成侵害质权,应依质权受侵害的救济方式处理。但是很难说是构成不当得利,若发生侵权行为的请求权与不当得利请求权竞合,质权人也只应得行使侵权行为请求权。[②] 本书认为,依民法原理,质权人因受欺诈

---

① 史尚宽著:《物权法论》,中国政法大学出版社 2000 年版,第 385 页。
② 郭明瑞著:《担保法原理与实务》,中国方正出版社 1995 年版,第 279 页。

而返还质物的行为属于可撤销民事行为,质权人得申请法院撤销该行为。若质权人未申请法院撤销该行为,则质权消灭;若法院撤销了该行为,则质权人返还行为不发生法律效力,质权也当然不消灭。第四,若在质权人将质物返还给出质人或所有权人后,出质人或所有权人又将质物交于债权人,此时质权是否恢复?若依德国法、瑞士法和我国台湾法来解释,此时应认定为当事人重新设定质权,因为原质权已经因质物的返还而归于消灭。若依日本法和我国法来解释,此时质权重新具有对抗第三人的效力,因为原质权并未因质物的返还而消灭。笔者赞同质权因质物的返还而消灭,因而此时应认定为当事人重新设定质权。

2. 质物丧失占有且不能请求返还

质物丧失占有是指质权人非依自己的意思而丧失对质物的占有,如质物遗失、被盗窃、被抢劫等。因而其含义与质权人因返还质物而丧失对质物的占有是不同的。依各国立法通例,质权人丧失对质物的占有时,质权并不当然消灭,只有在质权人丧失对质物的占有且不能请求返还时,质权才归于消灭。如前文所述,质权人享有质权保全权,当质权人丧失对质物的占有时,得依据法律关于保护占有权的规定,请求恢复对质物的占有,因而此时质权并不归于消灭。若质权人丧失对质物的占有且不能请求返还,则质权消灭。具体情形有:(1)出质人将质物出卖给第三人,第三人善意取得质物的所有权时,质权人的质权便归于消灭;(2)质权人在丧失对质物的占有后,于法定的期限内未行使返还请求权的,其质权消灭。

第二节　权利质权

一、权利质押的意义及权利质权的性质

权利质押是指以所有权以外的财产权利而非实体物为标的的质押。由于所有权以外的财产权利,同样具有交换价值,因而与其他有形财产一样得作为担保物权的标的。早在罗马法时期,便允许权利质押的存在。依罗马法的规

定,用益权、地上权、永佃权等,不论已设定或将设定的,均可作为担保的标的。① 近代以来,财产权尤其是债权的独立交换价值被社会所承认,以及将财产权转化为有价证券的制度的建立和发展,权利质押更为盛行。不仅如此,权利质押还克服了动产质押中因质权人占有质物而使出质人不能使用收益质物的缺点,而且质权的实行更为简便,因而更为现代市场主体所青睐,成为现代投资性融资担保的主要手段。② 为此,多数国家民法均设有"权利质权"章节,将权利质权作为与动产质权并立的质权形态加以明文规定。③ 法国法则是例外,即将各种财产权利视为无体动产而规定在动产质权中。尽管如此,法国法对权利质权也是予以承认和肯定的。

传统观点认为,物权系以物为客体,乃是对物的支配权,至于对权利的支配权,则被称为准物权。因而,权利质权作为对权利的支配权应当属于准物权。确切地讲,应当属于准质权,在法律对权利质权的某些内容无规定的情况下,得准用关于动产质权的规定。不过这种观点目前已经不为多数学者所采纳,因为从本质上讲,物权是对物的所有权的支配权,因而也是对权利的支配权;动产质权形式上是对有体物的质权,实质上也是以物的所有权为标的。因而动产质权与权利质权在本质上并无区别,若从理论上将动产质权与权利质权做区分,并无实质意义。

关于权利质权的性质,学界颇有争论,主要有让与说和权利标的说两种观点。

让与说认为,质权的标的限于有体物,在权利之上不得设定质权。现实中的权利质权实质是以担保为目的,而让与债权或其他权利,尤其在债权质押中,质权人在债务人不履行债务时得直接收取作为质权标的的债权,因而这种债权质押实质为债权让与。在让与说中又分为三种学说:第一种是附停止条件的权利让与说,即认为权利质押是以债务人履行债务作为停止条件的债权

---

① 周枏著:《罗马法原论》,商务印书馆1994年版,第396页。
② 谢在全著:《民法物权论》,中国政法大学出版社2011年版,第803页。
③ 如《德国民法典》第九章第二节;《日本民法典》第九章第四节;《瑞士民法典》第二十三章第二节;我国台湾"民法"第七章第二节;《中华人民共和国担保法》第四章第二节。

让与。第二种是权利所包含的权能一部的创设移转说,即认为权利质押实质是权利所包含的各种权能的一部,以创设的形式移转于质权人。第三种是以担保为目的所为的权利限制让与说,即认为权利质押实质上是将权利以担保为目的而进行限制让与。

权利标的说认为,权利与动产一样具有让与性且具有交换价值,因而同样可以作为质权的标的;权利质权设定后,质权人所取得的权利与入质权利是有区别的,质权人所取得的是质权,入质权利如债权、股权等仍属于出质人。因而不能将设定质权与权利让与等同。如前文所述,从本质上讲,权利质权与动产质权并无分别,均是通过对标的的交换价值的支配来担保债权的实现,其差别仅在于设定的方式和实行的方式不同,而此差别并不影响其本质。此外,权利质权与动产质权在某些情况下得相互转化。例如,动产质权的标的物灭失而得受赔偿金时,动产质权便因物上代位而移存于该赔偿金上,从而该动产质权便转化为债权质权,即存在于赔偿金请求权上的质权;债权质权在因行使质权而收取债权的标的物后,该债权质权便转化为动产质权。因此,权利质权在性质上仍属于质权,是与动产质权相并列的质权形态。

二、权利质押的标的

(一)得为权利质押标的的一般要件

权利质押的标的(亦称入质权利)固然为权利,但并非所有的权利均得为权利质押的标的。依各国法的规定,权利质权的标的必须是具有让与性的、所有权以外的财产权。如《德国民法典》第一千二百七十三条规定,权利质权根据关于权利转让的规定加以设定;不得转让的权利,不得设定权利质权。依《日本民法典》第三百六十二条、第三百四十三条规定,质权,可以以财产权为其标的;不得以不可让与的财产权为标的。我国台湾地区"民法"第九百条也规定,可让与之债权及其他权利,均得为质权之标的物。我国《担保法》乃是通过列举和概括相结合的方式,明文规定可以质押的各种权利,即第七十五条规定,"下列权利可以质押:(1)汇票、支票、本票、债券、存款单、仓单、提单;(2)依法可以转让的股份、股票;(3)依法可以转让的商标专用权,专利权、著作权中的财产权；(4)依法可以质押的其他权利"。《物权法》第二百二十三条规定："债务人或者第三人有权处分的下列权利可以出质：(一)汇票、支票、本票；(二)债券、存款单；(三)仓单、提单；(四)可以转让的基金份额、股权；(五)可以转让的注册商标专用权、专利权、著作权等知识产权中的财产权；(六)应收账款；(七)法律、行政法规规定可以出质的其他财产权利。"由各个国家和地区的法律规定可见，得为权利质押标的的权利，须具备下列要件：

1. 须为财产权

由于权利质权是通过质权人对标的的交换价值予以支配以担保其债权的实现，因而权利质权的标的必须具有财产内容且得以金钱予以衡量，所以得为质权标的的权利仅以财产权利为限。人身权如生命权、健康权、名誉权、肖像权、荣誉权、亲属权等，不得作为质权的标的。①

2. 须具有可让与性

由于质权是债权的担保，在债权得不到清偿时，质权人得通过对质权标的进行折价、变卖以实行质权，这就要求质权的标的必须能够变价，也就是说，质权的标的必须具有可让与性。否则，质权便得不到实行。因此，依照法律、质权标的的性质或依当事人的约定不得让与的权利，不得成为质权的标的。(1)依法不得转让的权利，不得作为质权的标的。如抚恤金请求权、人身损害赔偿请求权等，尽管具有财产内容，但由于其与人身不可分离，因而法律规定不得转让，当然也不得设质。此外，法律规定不得转让的证券债权、股权和知识产权中的人身权利，也不得设质。② (2)依其性质不得转让的权利，不得作为质权的标的。这些权利尽管法律未明文禁止转让，但依其性质具有不可让与性。例如，基于当事人之间特殊的信任关系而产生的债权，如租赁权、借用权、劳务请求权、委托事务请求权、定作事务请求权等；基于特定身份而产生的

---

① 尽管民事主体可以通过行使其人身权而带来一些财产利益，但人身权仍属于非财产性民事权利，不能用经济价值来衡量。(参见张俊浩主编：《民法学原理》，中国政法大学出版社1997年修订版，第131页。)所以，人身权不能作为质权的标的。

② 有些权利即使可以转让，有的国家或地区规定也不得设质。如依我国台湾地区"商标法"第三十条规定，商标专用权不得设质。而在其他国家则允许对之设质。

债权,如扶养请求权、夫妻之间的财产使用收益权等;以及不作为债权等。(3)依当事人的约定不得转让的权利,不得作为质权的标的。若当事人对其间的权利约定不得转让,则对该权利也不得设质。然而这类权利依其性质或以法律并非不得让与,因而若当事人对之设质,则善意第三人得取得质权,因为当事人之间的约定不得对抗善意第三人。

此外依据社会公共政策不得执行的财产权利,也不得设质,例如,为维持债务人及其家属生活所必需的财产权利,如退休金请求权、养老保险金请求权等。

3. 须为适于设质的权利

得为质押标的的权利,须为适于设质的权利。有些财产权利虽然可以让与,但不能质押,只能抵押。例如,在德国及我国台湾法上,不承认不动产质押,因而不动产上的权利包括所有权、地上权、永佃权以及典权等,不得设质,只能设定抵押权。我国法也是如此,土地使用权、房屋所有权等不动产权利,只能抵押而不能质押。当然在承认不动产质权的国家如法国、日本等,对不动产上的权利可以设质。

(二)得为质押标的的权利种类

关于得为质押标的的权利种类,各国法均做了概括的规定,即具有可让与性的、适于设质的财产权利均可成为质权的标的。在学理解释上,得为质押标的的权利主要包括一般债权、证券债权、公司股份、无体财产权(即专利权、商标权、出版权、著作权)。依我国担保法的规定,可以质押的权利主要包括:(1)汇票、支票、本票、债券、存款单、仓单、提单;(2)依法可以转让的股份、股票;(3)依法可以转让的商标专用权,专利权、著作权中的财产权;(4)依法可以质押的其他权利。这些权利实质上也均属于债权、股权、知识产权三大类,因而与其他各国的规定基本相同。

1. 证券债权

证券债权是指以有价证券表示的债权。有价证券依其所表彰的权利的不同,可分为三种类型,即物权有价证券、债权有价证券和社员权有价证券。物权有价证券是指以物权为内容的有价证券,如日本法上的质权证券和抵押证券,具有物权性质。债权有价证券是指以债权为权利内容的证券,包括金钱证券,如票据、债券等;物品证券,如提单、仓单等;① 服务证券,如车船票、游览票等;有价证券证券,指以给付有价证券为权利标的的证券。社员权证券是指以社员权为证券权利内容的证券,如股票,其所表彰的股东权便属于社员权。② 其中,物权有价证券依法可以转让,因而也可以对之设质,但在我国法上尚无此种证券,因而在此不予详述。社员权证券如股票,虽然在一定程度上兼具债权性,但其所表彰的主要是股权(社员权),因而将在下文讨论。

证券债权所表彰的权利为债权,且此种债权与证券不可分离,证券上记载的权利人或持有证券者即享有证券上的权利。一般来讲,证券债权均可以依背书或交付的方式转让,因而均可以设质;依法律规定或当事人间的约定不得转让或不得设质的债权证券,不得对之设定质权。不过关于证券债权质押尚有一些具体情形值得研究:

第一,支票能否质押?反对意见认为,支票与汇票、本票不同,汇票、本票具有信用功能,支票的价值仅为支付流通,不具信用功能,因此不得为质权的标的。赞成意见认为,当今的支票除具有支付功能外,尚有信用功能,完全可以与汇票、本票一样设定质权。台湾地区学者多认为,支票设质虽无法例,但支票既然是有价证券,具有流通性,因而在本质上应当可以设质。③ 依我国《票据法》的规定,支票可以依背书的方式予以转让,也就是说,支票不仅是支付手段,而且具有信用功能;支票上的权利为债权,即请求付款银行见票付款的权利,此权利并无不得转让之理。因此,支票与汇票、本票一样可以设定质权。况且我国《票据法》和《担保法》也明文承认支票得为质押的标的。

第二,注有"不得转让"字样的票据能否质押?通说认为,不得转让的权利不得设质,票据也是如此,因为票据质押容易形成票据潜在形式的转让。由

---

① 提单、仓单虽然是债权的有价证券,但因这种证券的交付与物的交付有相同的效力,所以也兼有物权的有价证券的性质。参见谢怀栻著:《票据法概论》,法律出版社 1990 年版,第 11 页。

② 参见杨志华著:《证券法律制度研究》,中国政法大学出版社 1995 年版,第 9 页。

③ 刘迎生著:《权利质权设定的若干问题》,《中外法学》1998 年第 2 期。

于票据上记载"不得转让",因而在该票据出质后,付款人得拒绝向质权人付款,从而与质权冲突并产生纠纷。依票据法规定,原背书人若在汇票上记载"不得转让",则免除对其后手的被背书人的保证责任,那么要求在汇票上记载"不得转让"字样的出票人对被背书人承担保证责任就显失公平。如果免除出票人的保证责任,那么质权人行使票据权利便失去意义和价值。因此,当事人以记载"不得转让"字样的票据不得质押。我国《担保法解释》即采此观点。① 也有学者认为,不得转让的票据可以质押,因为票据质押从实质上讲是一种非转让票据权利行为,不会形成票据权利的事实转让。具体来讲,票据质押在实质上并不能导致票据权利的转让,票据设质背书产生三个方面的法律效力:一是质权人取得在其债权未得到清偿时提示付款的权利;二是抗辩切断,质权人因设质背书取得的仅系收款的权利,票据权利并未因背书而转移于质权人,质权人也未因此而承受背书人的权利瑕疵,所以票据债务人不得以对抗背书人的事由来抗辩质权人,但是质权人明知其行为有害于债务人的除外;三是质权人可以再行背书,但其背书不发生转让背书和设质的效力,所以质权人因设质背书虽取得收取票款的权利,但对票据本身并无处分权。② 也有学者在同意注有"不得转让"字样的票据能设定质押的同时,认为质权人在主张权利时,其权利实现的方式应依禁止转让记载人的不同而有所区别。若系出票人在票据上做了不得转让的记载,则根据《票据法》第二十七条第二款的规定,此票据不得转让。因此,当债务人不履行债务时,质权人只能要求出质人向票据债务人主张票据权利,质权人对此票据金额享有请求权,而不能要求出质人将此票据转让于己;若系背书人在票据上做了不得转让的记载,则依《票据法》第三十四条的规定,被背书人将票据背书转让的,背书人对被背书人的后手不承担保证责任,因此,质权人在行使权利时,既可以要求出质人去主张权利,质权人再以所得票款清偿债权,也可以要求出质人将票据转让于己。③本书认为,首先,票据背书质押从实质上讲是附停止条件的票据转让行为,即

---

① 最高人民法院《关于适用〈中华人民共和国担保法〉若干问题的意见(送审稿)》的说明。
② 王斌著:《不得转让的票据可以质押》,《山东法学》1997 年 10 月 20 日。
③ 张理著:《关于票据质押几个重要问题的思考》,《南京大学法学评论》1999 年春季号。

当质权人的债权未得到清偿时,质权人即取得票据权利,而并非仅取得收款的权利,因为依《票据法》第三十五条第二款规定,汇票可以设定质押;质押是应当记载"质押"字样。被背书人依法实现其质权时,可以行使汇票权利。可见,在债务人不履行其对质权人的债务时,质权人便取得票据权利。其次,《票据法》第三十四条规定,背书人在汇票上记载"不得转让"字样,其后手再背书转让的,原背书人对后手的被背书人不承担保证责任。依此规定,背书人记载"不得转让"字样的票据被背书转让的,该转让行为并非无效,而是原背书人不再对后手的被背书人承担保证责任。因此,该注有"不得转让"字样的票据仍可以质押,但该票据的原背书人对质权人取得的票据权利不再承担保证责任。若"不得转让"字样系出票人记载,则该票据不得转让和质押。

第三,邮票能否质押?对此法律无明文规定。依我国邮政法实施细则的规定,邮票是邮政部发行的作为邮件纳费标志和凭证的有价证券。可见,邮票是一种具有财产价值的有价证券,也是一种财产权利,其价值首先表现为面值,而且还会随着时间的延长而增值。该财产权利具有变价性和可让与性,且适合于设质,因此邮票得为质押的标的。

第四,国债代保管凭证能否质押?国债代保管凭证是我国近几年出现的一种债权凭证。在我国目前,国债实行统一交易,国债实物一般需要统一托管,当事人不持有这种证券,买卖国债一般只是账目上的变化。保管国债的机构仅是向当事人发出国债代保管凭证,以证明当事人的国债金额。因此,国债代保管凭证不是证券,而是证券的证明文件,因而不能质押。事实上,我国有关部门规章也持此态度,即财政部 1995 年颁发的《关于统一使用财政部监制的〈国债代保管凭证〉的通知》第二条规定,国债代保管凭证只作为各年度未到期实物国债券的代保管证明,不具有其他用途,不得在国债二级市场的流通业务中作为实物券交收凭证使用,不得进行专卖、抵押和做回购业务。①

2. 股权

所谓股权,是指股东因出资而取得的,依法定或公司章程规定的规则参与

---

① 此处的抵押实质上是指质押,因为当时担保法尚未颁布,抵押、质押统称为抵押。

公司事务,并在公司中享受财产利益的,具有转让性的权利。① 依各国立法通例,股权得为质权的标的。比较典型的是日本法,如日本《有限公司法》第二十三条规定,股份可以作为质权标的。《日本商法典》第二百零七条至第二百零九条亦对股份质押做了具体规定。依据我国台湾地区"民法"和"公司法"的有关规定,股份也可以依据法律关于股份转让的规定设定质权。我国法也不例外,《担保法》第七十五条第二项规定:"依法可以转让的股份、股票"可以质押;第七十八条则对股份、股票质押做了进一步明确规定。② 此外,1997 年 5 月 28 日国家对外贸易经济合作部、国家工商行政管理局联合发布的《关于外商投资企业投资者股份变更的若干规定》对外商投资者的股权质押做了特别规定,即外商投资者经其他各方投资者同意得将其股权质押给债权人。

关于以有限责任公司的股权出质,依据《担保法》第七十八条的规定,应"适用公司法股份转让的有关规定"。我国《公司法》第三十五条规定,"股东之间可以相互转让其全部出资或者部分出资。股东向股东以外的人转让其出资时,必须经全体股东过半数同意;不同意转让的股东应当购买该转让的出资,如果不购买该转让的出资,视为同意转让。经股东同意转让的出资,在同等条件下,其他股东对该出资有优先购买权"。依此规定,第一,同一公司中的股东之间以股权设质的,不受限制。第二,股东以其股权向同一公司的股东以外的债权人设质的,有学者认为,依担保法和公司法的规定,必须经全体股东过半数同意,否则质押无效。③ 也有学者认为,股东以其股权向同一公司的

---

① 孔祥俊著:《民商法新问题与判解研究》,人民法院出版社 1996 年版,第 280—281 页。

② 有学者提出,我国担保法第七十五条的法条表述("依法可以转让的股份、股票"可以质押)不妥。理由是,首先,在我国,股份是股份有限公司的特有概念,而有限责任公司股东的出资则应成为"股东出资"或"股东的出资额"。其次,股份,从公司的角度看,是公司资本的成分和公司资本的最小计算单位;从股东的角度看,是股权存在的基础和计算股权比例的最小单位。而股票是指公司签发的证明股东持有股份的凭证。股份是股票的价值内涵,股票是股份的存在形式,二者之间的关系,犹如灵魂与躯壳。可见,股份与股票是两个不同层次的概念,不应并列使用。因此,担保法的条文应将"股份""股票"统一改为"股权"为宜。参见阎天怀著:《论股权质押》,《中国法学》1999 年第 1 期。本书赞同此观点。

③ 郭明瑞、杨立新著:《担保法新论》,吉林人民出版社 1996 年版,第 235 页。

股东以外的债权人设质的,必须经全体股东过半数同意;如果过半数的股东不同意,又不购买该出质的股权,则视为同意出质。该种情形,必须作成股东会决议,并且在股东会决议中明确限定其他股东行使购买权的期限,期限届满,明示不购买或者保持缄默的,则视为同意出质。① 本书认为,第一种观点过于苛刻,不符合公司法关于股份转让的规定精神。第二种观点的问题是,若出质人仅欲以股份出质以担保债务的履行,并不愿转让股份,但在过半数的股东不同意出质的情况下,出质股份的股东必须将该出质的股份转让给其他股东;只有在其他股东不购买的情况下,出质人才可以将股份出质。因而,该做法对出质股东来说显然是不公平的。所以,本书认为,有限责任公司的股东以其股份出质的,无须经全体股东过半数同意;只有在质权实行时,再根据公司法关于股份转让的规定处理。

关于以股份有限公司的股份出质,依《担保法解释》第一百零三条的规定,适用公司法有关股份有限公司股份转让的规定。《公司法》第一百四十七条规定,"发起人持有的本公司股份,自公司成立之日起三年内不得转让。公司董事、监事、经理应当向公司申报所持有的本公司股份,并在任职期间内不得转让"。第一百四十五条第三款规定:"股东大会召开前三十日内或者公司决定分配股利的基准日前五日内,不得进行前款规定的股东名册的变更登记。"第一百四十九条第三款规定:"公司不得接受本公司的股票作为抵押权的标的。"依这些规定,学界通说认为,在这些限制范围内,股份不得质押。② 本书认为,股权的质押与转让毕竟是不同的概念,质权设定之时不等于股权转让,质权的设立与质权的实行(股权转让)之间尚有一段时间。因此,出质股东在上述期间内设定质权,而质权的实行时间在上述期间届满后,并无不许之理。所以,《担保法》和《公司法》的规定可以理解为:第一,发起人持有的本公司股份,自公司成立之日起三年内可以质押,但在三年之内不得实行质权,即当事人应将质权的实行时间约定在三年之后。第二,公司董事、监事、经理在

---

① 阎天怀:《论股权质押》,《中国法学》1999 年第 1 期。

② 郭明瑞、杨立新著:《担保法新论》,吉林人民出版社 1996 年版,第 235 页;阎天怀著:《论股权质押》,《中国法学》1999 年第 1 期;胡基著:《论股份质押的设立》,《法学》1998 年第 6 期。

任职期间内可以将其持有的本公司的股份质押,但在其任职期间内不得实行质权。第三,股东大会召开前三十日内或者公司决定分配股利的基准日前五日内,股东可以对其股份设定质权,但在此期间内不得实行质权。第四,公司不得接受本公司的股票作为质权的标的。[①]

关于外商投资企业的股权质押,依据我国对外贸易经济合作部、国家工商行政管理局《关于外商投资企业投资者股份变更的若干规定》第六条的规定,第一,外商投资企业的投资者以其拥有的股权进行质押的,必须经其他各方投资者的一致同意。也就是说,只要有一个投资者不同意,就不能质押。第二,投资者用于出质的股份必须是已经实际缴付出资的。第三,除非外方投资者以其全部股权进行质押,外方投资者以股权出质的结果不能导致外方投资者的股权比例低于企业注册资本的 25%。第四,投资者不得将股权质押给本企业。

3. 知识产权

知识产权在日本被称为无形财产权,具体包括专利权、实用新型权、外观设计权、商标权、著作权等,依日本专利法、商标法和著作权法的规定,得为质押的标的。[②] 在我国台湾地区则被称为无体财产权,依台湾法的规定,著作权、出版权、专利权、商号权等均可为质押的标的,但依《商标法》第三十条的规定,商标专用权不得为质押的标的。[③] 依我国《担保法》第七十五条第三项的规定,"依法可以转让的商标专用权,专利权、著作权中的财产权",得为质押的标的。也就是说,这些知识产权能否质押,取决于商标法、专利法和著作权法关于商标专用权、专利权和著作权转让的具体规定。具体来讲:

第一,根据《商标法实施细则》第二十一条第三款的规定,对可能产生误认、混淆或其他不良影响的转让注册商标申请,商标局不予核准,予以驳回。

[①] 《公司法》中所称的"抵押权"实质为"质权"。

[②] [日]近江幸治著:《担保物权法》,祝娅等译,法律出版社 2000 年版,第 283 页。

[③] 谢在全著:《民法物权论》,中国政法大学出版社 2011 年版,第 806 页;史尚宽著:《物权法论》,中国政法大学出版社 2000 年版,第 414 页。

因而,对此类商标权也不能进行质押。第二,商标所有人如果已将该商标许可他人使用,则其转让商标时必须事先征得被许可人的同意。① 因而,商标所有人也必须在征得被许可人的同意后,才可以对该商标进行质押。第三,《专利法》第十条的规定,专利权可以转让;全民所有制单位转让专利权的,必须经上级主管部门批准;中国单位或者个人向外国人转让专利权的,必须经国务院有关主管部门批准。依此规定,全民所有制单位将专利权出质的,必须经上级主管部门批准;中国单位或者个人以专利权向外国人出质的,必须经国务院有关主管部门批准。否则,质押无效。第四,目前我国《著作权法》尚无关于著作权转让的规定,只规定了著作权许可使用制度,但在实践中已经存在着著作权转让活动,而且我国已参加了一系列国际著作权公约并即将加入世界贸易组织,因而著作权贸易必然会大量增加。依据法理,著作权中的财产权利是可以依法转让的,因而也可以依法质押。

关于知识产权得为质押标的,尚有以下几个问题值得研究。第一,专利申请权是否可以为质押标的? 所谓专利申请权,顾名思义,是指就一项发明创造向专利局申请专利的权利。专利申请权是民法上的一项财产权利,通常由发明创造人享有,依各国法的规定,可以转让。我国《专利法》也规定,专利申请权可以转让(第十条)。既然专利申请权是一项可以转让的财产权利,那么当然得为质押的标的。尽管我国《担保法》并未将专利申请权列为可质押的标的范围,但依据法理应当承认其得为质押的标的。第二,邻接权是否可以为质押标的? 邻接权是指作品的传播者所享有的权利,在国际上通常包括艺术表演者对其表演所享有的权利、录音录像制品制作人对其录音录像制品所享有的权利、广播电视组织对其广播电视节目所享有的权利,我国著作权法还将出版人的权利与邻接权放在一起。关于邻接权是否可以作为质押的标的,各国法均未做具体规定,仅台湾地区法规定了出版权可以为质押标的,我国《担保法》也未做规定。本书认为,与著作权一样,邻接权中也包括人身权和财产权,且其中的财产权也可以进行转让,因而当然也可以作为质押得标的。第三,

---

① 刘春田主编:《知识产权法教程》,中国人民大学出版社 1995 年版,第 320 页。

商号权是否可以为质押标的？商号又称字号，是指市场经营者之间相互区别的标志。那么，商号权则是指市场经营者对自己的商号所享有的权利。关于商号权是否可以为质押标的，依据各国的法律规定，有不同的解释。在日本法上，商号只能和营业一起转让或在废止营业时转让。依此规定，商号权不得单独为质押标的。在我国台湾法上，商号权不必与商业同时转让，因而学理解释认为，商号权得单独设质。我国《民法通则》第九十九条第二款规定，"法人、个体工商户、个人合伙享有名称权。法人、个体工商户、个人合伙有权使用、依法转让自己的名称"。此外，国家工商行政管理局1991年发布的《企业名称登记管理办法》第二十三条第一款规定，"企业名称可以随企业或者企业的一部分一并转让"。据此可以认为，在我国法上，企业名称不得单独转让，因而也不得单独质押，但得与其营业一同设定抵押（财团抵押）。

4.依法可以质押的其他权利

我国担保法在规定了上述可以质押的权利之外，还做了一项概括性规定，即"依法可以质押的其他权利"可以成为质押的标的。本书认为，此规定可以理解为，在上述可以质押的权利之外，其他权利若系财产权利，且具有可让与性，则一般可以为质押的标的，如一般债权、不动产收益权等。

（1）一般债权

一般债权是相对于证券债权而言的概念，证券债权是以证券表彰并且与证券不可分离的债权，而一般债权则是指当事人之间存在的、非以证券表彰的债权。一般债权得因合同、侵权行为、无因管理、不当得利或缔约过失而产生。依各国立法通例，一般债权得为质押的标的。[①] 进一步讲，从权利质押的历史沿革来看，一般债权质押乃是权利质押的最初形态，直到近代产生了新型的权利之后，才大量出现各种新类型的权利质押，如证券债权质押、股权质押和知识产权质押等。我国担保法虽未明文规定一般债权可以为质押的标的，但基

---

① 《法国民法典》第二千零八十一条、《德国民法典》第一千二百七十九条至第一千二百九十一条、《日本民法典》第三百六十三条、我国台湾"民法"第九百零四条。

于法理，一般债权可以理解为"依法可以质押的其他权利"，这也是学界的通说。①

但是，如前文所述，依法律、债权的性质或当事人的约定不可让与的债权不得为质押的标的，例如：因委托、承揽、雇用、借用等合同产生的债权，乃是以当事人相互信任作为其基础，依其性质不可让与，因而不得为质押标的；因侵害人身权的行为而产生的人身损害赔偿债权，依法不得让与，因而也不得为质押标的；承租权，依法须经出租人的同意才可以让与，因而亦须经出租人的同意方可为质押标的。对于当事人间约定不得让与的债权，也不得为质押的标的。不过有学者认为，合同当事人之间的特别约定无公示效力，不得对抗第三人，债权人以此设质的，善意第三人得取得质权。本书认为，善意取得制度一般限于动产，包括动产的所有权和质权，对于一般债权并不能善意取得；而且，一般债权质权的设定以通知债务人为要件，因而债务人则可以以其与债权人的约定而提出异议，此时该债权质权便不能成立；当然债务人未提出异议的，则视为当事人放弃其约定，因而该质权便成立。

（2）不动产收益权

依《担保法解释》第九十七条的规定，不动产的收益权如公路桥梁、公路隧道、公路渡口等收费权，可以作为《担保法》第七十五条第四项规定的"依法可以质押的其他权利"进行质押。国务院《关于收费公路项目贷款担保问题的批复》中也规定，公路建设项目法人可以用收费公路的收费权通过质押方式进行融资，向银行申请贷款。公路收费权质押，以省级政府批准的收费文件作为权利证书，公路所在地的交通主管部门为公路收费权的质押登记部门。债务履行其届满债务人不履行债务的，质权人可以根据法律、法规许可的方式取得公路收费权，并实现质权。一般来说，以不动产上的权利如土地使用权为标的设定担保物权的，为抵押；以债权等财产权利为标的设定担保物权的，为质押。以不动产上的收益权设定担保的，并不是以不动产本身设

① 梁慧星主编：《中国物权法研究》，法律出版社1998年版，第976页；郭明瑞著：《担保法原理与实务》，中国方正出版社1995年版，第285页；刘迎生著：《权利质权设定的若干问题》，《中外法学》1998年第2期。

定担保,担保物权人不能占有不动产,只能占有收益权,因而属于质押而非抵押。①

（3）采矿权、渔业权、狩猎权

采矿权、渔业权、狩猎权均属于准用益物权,并以不动产为标的物,因而学界通说认为,虽然其性质上为可让与的财产权,但因其与质权的性质相违,因而不得为质押的标的,依法仅得为抵押的标的。② 在我国法上,无不动产质押的规定,因而对于不动产上的物权仅能设定抵押权,不能设定质权,因而采矿权、渔业权、狩猎权等不动产用益物权不能成为质押的标的。

（4）民事判决书

有人提出,民事判决书能否质押? 反对意见认为,判决书是人民法院行使审判权的结果,是体现公权力运用的司法文书,而非普通私法权利凭证;而且判决书确定的一方当事人承担的给付责任,还须适用民事执行程序方可实现,程序过于复杂;判决书做质押不利于交易安全。因此,判决书不得为质押标的。赞同意见认为,民事判决书是一定债权的证明文件,以其进行质押,实质上是以其所记载的法定债权作为质押的标的,因而这种质押实质属于权利质押中的债权质押。因此,民事判决书可以质押。③ 笔者赞同第二种意见,不过不应当称为以民事判决书质押,而应当称为以民事判决书所确认的债权质押。

（5）进出口货物退税

依我国《进出口关税条例》第二十五条的规定,在因海关误征、进口货物在完税后发现有短缺情事或者已征出口关税的货物因故未装运出口等情况下,当事人可以在缴纳税款之日起一年内申请海关退税,海关应在受理申请之日起三十日内作出书面答复并通知申请人。海关答复同意的退税能否依《担

---

① 李国光:《最高人民法院〈关于适用中华人民共和国担保法若干问题的解释〉理解与适用》,吉林人民出版社 2000 年版,第 344 页。

② 谢在全著:《民法物权论》,中国政法大学出版社 2011 年版,第 803 页;史尚宽著:《物权法论》,中国政法大学出版社 2000 年版,第 391 页;梁慧星、陈华彬编著:《物权法》,法律出版社 2016 年版,第 364 页。

③ 李鹤贤、庞世耀:《谈以民事判决书质押的法律效力》,《人民司法》1999 年第 8 期。

保法》的规定作为质押的标的？此问题在实践中已经频频出现。本书认为，在海关同意退税后，当事人便享有依据该答复请求海关退还税款的权利，此权利即为债权，因而依法可以为质押的标的，属于一般债权质押。在以退税设定质权时，出质人应当将该答复（债权的证明文件）交付给质权人占有，并通知应当退税的海关。

（三）权利质押标的物的范围

关于权利质押标的物（入质权利）的范围，依日本、我国台湾"民法"和我国担保法的规定，得准用动产质押的有关规定，①因而，权利质权的效力也应当及于入质权利的从权利、孳息及其代位物，当事人另有约定的除外。具体来说：

1. 从权利

入质权利附有从权利的，如附有保证债权或抵押权、质权等担保物权，权利质权的效力当然及于入质权利的从权利，除非当事人另有约定。因为根据法律规定，担保物权等从权利具有从属性，随着主债权的转让而转让，不得脱离主债权而为单独转让，因而在主债权被设定质权时，其从权利也应当为质权的效力所及。不过，入质债权附有质权担保的，权利质权人应当要求入质债权人交付质物，否则权利质权对于入质债权的质权的效力不得对抗第三人；入质债权附有抵押权担保的，权利质权人应当要求对该抵押权进行设质登记，否则亦不得对抗第三人。

2. 孳息

入质权利若有法定孳息，如债权的利息、股权的红利、股息、知识产权的使用费等，亦为质权的效力所及。但是，依一些国家对有价证券的特别规定，若孳息系以证券的形式表彰，则只有在出质人将该孳息证券交付给质权人占有，该孳息始得为质权的效力所及。如依《德国民法典》第一千二百九十六条规定，有价证券上设定的质权，仅在将该证券移交于质权人时，始得扩及于该证

---

① 《日本民法典》第三百六十二条第二款，我国台湾"民法"第九百零一条，《中华人民共和国担保法》第八十一条。

券的息票、定期金证券或者红利票。我国法对此无明文规定,不过可以参照《担保法解释》第九十一条的规定,①做此解释。

3. 代位物

依各国立法通例,法律对权利质权中的某些问题无规定的,得准用动产质权的有关规定。因而,若入质权利因灭失、转让或侵害而得受赔偿金或补偿金的,则权利质权便存在于入质权利的代位物即赔偿金或补偿金上。例如,入质债权因被侵害而消灭所生的损害赔偿金请求权、入质有价证券消灭所生的保险金请求权、甲公司消灭而得向乙公司请求配发新股或现金的权利等,均属于入质权利的代位物。

三、权利质权的设定

如前文所述,权利质权的取得方式包括设定、善意取得、时效取得、继承、转让、承受等方式,②而设定则是取得权利质权最基本的方式。权利质权的设定必须具备两个要件:一是出质人与质权人订立质押合同,二是根据入质权利的类型,转移权利凭证的占有,或将入质权利进行登记,或通知入质债权的债务人。依我国《担保法》的规定,权利质押合同的生效不仅需要当事人达成意思表示一致,还需要当事人转移入质权利凭证或将入质权利进行登记。与动产质权一样,我国《担保法》也混淆了权利质押合同的成立生效与权利质权生效的概念。本书认为,权利质权的设定与动产质权的设定一样,在出质人与质权人就依法可以质押的权利进行质押达成意思表示一致时,权利质押合同即告成立并生效;在当事人转移入质权利凭证或将入质权利进行登记或通知入质权利的债务人时,权利质权即告生效。具体理由在动产质押的有关内容中

---

①　《担保法解释》第九十一条规定:"动产质权的效力及于质物的从物。但是,从物未随同质物移交质权人占有的,质权的效力不及于从物。"

②　并非所有的权利质权均可善意取得和时效取得。以占有为公示手段的权利如无记名证券,其性质与动产已无多大差别,因而可以善意取得和时效取得;而记名证券和以登记为公示手段的权利如股权、知识产权等,不得依善意取得制度而取得质权,因为质权人在接受这些权利为质押标的时,必然会知晓权利的真正所有者,因而不可能基于善意而取得质权。如《德国民法典》第一千二百九十三条也规定,对无记名证券上的质权适用关于动产质权的规定。

已详述,在此不再赘述。

(一)订立权利质押合同

当事人间设定权利质权,必须首先订立权利质押合同。权利质押合同的成立生效必须符合下列要件:(1)意思表示一致。即出质人与质权人在自愿、平等协商的基础上,就权利质押达成意思表示一致。因一方欺诈、胁迫而订立合同的,另一方得申请撤销该质押合同。(2)出质人对入质权利须享有处分权,即出质人必须是入质权利的所有人或者处分权人。若出质人对入质权利无权处分,则该质押合同无效。不过若质押标的为不以登记为公示方式的无记名证券,则质权人得基于善意取得制度取得质权。(3)质押标的——入质权利必须是可以转让的财产权利,若依法律、权利的性质或当事人的约定,为不可转让的权利,则质押合同不能生效。(4)依《担保法》的规定,权利质押中无规定的,得适用动产质押中的有关规定。因而,权利质押合同也应当以书面形式订立。当然若依口头形式订立且当事人均予以承认的,也应当认定为有效。(5)依据《担保法》对动产质押合同内容的规定,权利质押合同也应当包括下列内容:被担保的主债权种类、数额;债务人履行债务的期限;入质权利的名称、数量;质押担保的范围;入质权利凭证交付、进行质押登记或通知债务人的时间;当事人认为需要约定的其他事项。若质押合同不完全具备这些内容,当事人可以对之进行补正。若当事人未对之进行补正,法律有规定的,则依据法律的规定处理。但是,对于被担保主债权或入质权利约定不明且当事人未予补正的,质押合同无效。

(二)移交入质权利凭证、进行登记或通知债务人

在权利质押合同成立后,尚需移交权利凭证、进行登记或通知债务人,质权才得以生效。至于采取何种方式,则依《担保法》根据权利性质的不同而作出不同规定。

1.证券债权

如前文所述,证券债权与证券是不可分离的,证券是用以表彰债权的凭证,因而转让证券债权或以证券债权设质,必须转让证券或在证券上设质。在证券上设质,无论是无记名证券,还是记名证券和指示证券,均以交付证券的

占有为要件,这是各国根据证券的特点而作出的普遍规定。如《德国民法典》第一千二百九十二条规定,对票据或者其他可以背书转让的证券设定质权的,只需债权人(证券权利人)与质权人之间的协议并移交有背书的证券即可。依第一千二百九十三条的规定,无记名证券上的质权适用关于动产质权的规定。即也应当移交证券的占有。依我国台湾地区"民法"第九百零八条规定,以证券债权设定质权的,应当将证券移交于质权人占有。我国《担保法》第七十六条也做了如此规定,以汇票、支票、本票、债券、存款单、仓单、提单出质的,应当在合同约定的期限内将权利凭证交付质权人。

然而,无记名证券和记名证券、指示证券的设质方式也有区别:

无记名证券类似于动产,以占有为公示方式,其转让也仅以证券的交付为要件,无须在证券上做任何记载。因而无记名证券的设质也仅需要出质人将证券交付与质权人占有即可。如《德国民法典》第一千二百九十三条规定,无记名证券的质权适用关于动产质权的规定。即出质人仅需将证券交付于质权人即可。依我国台湾地区"民法"第九百零八条规定,质权以无记名证券为标的物者,因交付其证券于质权人而生质权的效力。我国《公司法》第一百七十一条第三款规定,"无记名债券,由债券持有人在依法设立的证券交易场所将该证券交付给受让人后即发生转让的效力"。我国《海商法》第七十九条规定,不记名提单,无需背书,即可转让。依据这些法律规定和担保法的规定,对于无记名证券的质押,仅需转移证券的占有即可。质权人占有无记名证券后,取得的是证券的质权而不是所有权。但是,无记名证券类似于动产,以占有为公示手段,因而证券的持有者即推定为证券所有者,若质权人持证券向证券债务人主张权利,证券债务人得履行债务;若质权人将证券转让给第三人,则该第三人得基于善意取得制度取得该证券的权利。当然,质权人应向出质人承担侵权责任。

记名证券是指在证券上记载有权利人姓名的证券。对于记名证券的设质,各国法均规定不仅应转移证券的占有,而且应在证券上进行设质背书。如《德国民法典》第一千二百九十二条便做了如此规定。我国台湾地区"民法"第九百零八条也规定,以无记名证券以外的其他证券为质权标的物的,应依背书方法为之。我国《担保法》未做具体规定，《公司法》第一百七十一条第一款、第二款规定，"记名债券，由债券持有任意背书方式或者法律、行政法规规定的其他方式转让；记名债券的转让，由公司将受让人的姓名及住所记载于公司债券存根簿"。《票据法》第三十五条第二款规定，汇票可以设定质押；质押时应当依背书记载"质押"字样。[①] 据此，在我国，记名证券的设质不仅需要转移证券的占有，而且还需要作出设质背书。对于记名公司债券，还需要将质权人的姓名及住所记载于公司债券存根簿，该项记载乃是对抗公司和其他第三人的要件。《日本民法典》第三百六十五条也做了如此规定，即"以记名公司债为质权标的时，除非依有关公司债让与的规定将质权的设定记入公司账簿，不得以之对抗公司及其他第三人"。需注意的是，《海商法》第七十九条规定，记名提单，不得转让。据此，记名提单，不得质押。

指示证券是指证券上记载特定权利人姓名或附以指定文句的证券。指示证券依背书及证券的交付而转让。因而，指示证券的设质除了需要转移证券的占有之外，也需要作出设质背书。《德国民法典》第一千二百九十二条和我国台湾地区"民法"第九百零八条即包含了这两个要件。我国《担保法》未对指示证券的设质要件作出明文规定。依我国《票据法》第二十二条的规定，我国仅承认记名式汇票，而记名式汇票包括指示汇票，即出票时不仅记载收款人姓名或名称，还记载有"或其指定人"字样的汇票。对于汇票的设质，《票据法》第三十五条第二款规定，质押时应当依背书记载"质押"字样。《海商法》第七十九条第三项也规定，指示提单，经过记名背书或者空白背书转让。因而对于指示提单设质时，也应当作出设质背书。因此，对于指示证券的设质，不仅需要转移证券的占有，还需要作出设质背书。

2. 股权

股权有两种形式，一种是有限责任公司的股权，即限责任公司股东的出资；另一种是股份有限公司的股权，即股份有限公司股东的股份，以股票的形

---

① 依我国《票据法》第二十二条规定，收款人名称为汇票的必要记载事项，未记载的，汇票无效。因此我国不承认无记名式汇票，票据法规定的票据均为记名式票据。大陆法系国家均如此。参见刘心稳：《票据法》，中国政法大学出版社1997年版，第159页。

式体现。这两种股权的设质方式有所不同。

对于有限责任公司股权(股东的出资)的设质,依《担保法》第七十八条第三款规定,适用公司法股份转让的有关规定;质押合同自股份出质记载于股东名册之日起生效。《公司法》第三十五条规定,"股东之间可以相互转让其全部出资或者部分出资。股东向股东以外的人转让其出资时,必须经全体股东过半数同意;不同意转让的股东应当购买该转让的出资,如果不购买该转让的出资,视为同意转让。经股东同意转让的出资,在同等条件下,其他股东对该出资有优先购买权"。据此规定,学界多数学者认为,以有限责任公司股东的出资进行质押的,必须经全体股东过半数同意;不同意的股东应当购买该出资,否则视为同意设质。如前文所述,本书认为,股权设质毕竟不是股权转让,只有在质权实行时才涉及股权转让的问题。因此,在股东以出资设质时,无需经全体股东过半数同意,只要出质股东与质权人订立质押合同并记载于公司股东名册即可。此外,登记应当是质权生效的要件,而非质押合同生效的要件,二者不应当混淆,具体理由如前文所述。

对于股份有限公司的股权设质,《担保法》第七十八条第一款规定,"以依法可以转让的股票出质的,出质人与质权人应当订立书面合同,并向证券登记机构办理出质登记。质押合同自登记之日起生效"。《担保法解释》进一步作出规定,即第一百零三条规定,"以股份有限公司的股份出质的,适用《中华人民共和国公司法》有关股份转让的规定。以上市公司的股份出质的,质押合同自股份出质向证券登记机构办理出质登记之日起生效。以非上市公司的股份出质的,质押合同自股份出质记载于股东名册之日起生效"。根据《公司法》关于股份有限公司股份转让的规定,股东持有的股份可以依法转让;股东转让其股份,必须在依法设立的证券交易场所进行;记名股票,由股东依背书方式或者法律、行政法规规定的其他方式转让;记名股票的转让,由公司将受让人的姓名或者名称及住所记载于股东名册;无记名股票的转让,由股东在依法设立的证券交易场所将该股票交付给受让人后,即发生转让的效力。根据这些规定,第一,以上市公司记名股票出质的,出质人与质权人应当订立书面质押合同,出质人应当依合同约定在股票上作出设质背书并交付于质权人占有,此外还应当向证券登记机构办理出质登记。第二,以非上市公司记名股票出质的,在出质人与质权人订立书面质押合同后,出质人应当依合同约定在股票上作出设质背书并交付于质权人占有,并将质权人的姓名或者名称及住所记载于股东名册。第三,以上市公司无记名股票出质的,出质人与质权人应当订立书面质押合同,出质人应当依合同约定将股票交付于质权人占有,并向证券登记机构办理出质登记。第四,以非上市公司无记名股票出质的,在出质人与质权人订立书面质押合同后,出质人应当依合同约定将股票交付于质权人占有,无需进行登记或者记载。不过目前在我国,股票均为无纸化,采取电子形式,因而在股票市场上实际上只有记名股票,不存在无记名股票。因此,在目前的实践中,尚不能在股票上作出设质背书并交付质权人占有,仅需当事人订立质押合同,并办理登记即可。

外商投资企业投资者以股权出质的,依外贸部、国家工商局发布的《外商投资企业投资者股权变更的若干规定》第六条、第十二条的规定,除了应依担保法的规定订立质押合同外,尚需经审批机关批准,并向原登记机关备案,否则质押合同不能生效。①

3. 知识产权

知识产权质权包括著作权质权、专利权质权、专利申请权质权和商标专用权质权。关于知识产权质权的设定,《担保法》做了一条原则规定,即第七十

---

① 《外商投资企业投资者股权变更的若干规定》第六条规定:"经企业其他投资者同意,缴付出资的投资者可以依据《中华人民共和国担保法》(以下简称《担保法》)的有关规定,通过签订质押合同并经审批机关批准将其已缴付出资部分形成的股权质押给质权人。投资者不得质押未缴付出资部分的股权。投资者不得将其股权质押给本企业。在质押期间,出质投资者作为企业投资者的身份不变,未经出质投资者和企业其他投资者同意,质权人不得转让出质股权;未经质权人同意,出质投资者不得将已出质的股权转让或再质押。出质投资者与质权人的权利、义务及质押合同的内容,适用有关法律、法规和本规定的有关规定。"第十二条规定:"企业投资者与质权人签订股权质押合同后,应将下列文件报送批准设立该企业的审批机关审查:(一)企业董事会及其他投资者关于同意出质投资者将其股权质押的决议;(二)出质投资者与质权人签订的质押合同;(三)出质投资者的出资证明书;(四)由中国注册的会计师及其所在事务所为企业出具的验资报告。审批机关应自接到前款规定的全部文件之日起30日内决定批准或不批准。企业应在获得审批机关同意其投资者出质股权的批复后30日内,持有关批复文件向原登记机关办理备案。未按本条规定办理审批和备案的质押行为无效。"

九条规定,"以依法可以转让的商标专用权,专利权、著作权中的财产权出质的,出质人与质权人应当订立书面合同,并向其管理部门办理出质登记。质押合同自登记之日起生效"。根据知识产权的不同类型,其质权的设定也具有不同的方式。

以著作权中的财产权设质。从各国的法律规定来看,著作权质权的设定方式有所不同。依我国地区台湾"著作权法"第十四条的规定,著作权之移转及继承,非经注册不得对抗第三人。因而,以著作权设质,仅需当事人达成协议即可,然而不注册则不得对抗第三人。日本著作权法第二十八条也规定,出版权的得丧、变更及设质,非经注册不得对抗第三人。① 在英美法上也是如此,对知识产权设质无需进行登记,但非经登记不得对抗第三人。② 而我国《担保法》采取的是生效要件主义,即非经登记,质权不得生效。本书认为,我国对著作权并未像专利权、商标权那样规定了登记或注册制度,因而著作权的转让、设质也无需进行登记或注册,当然,著作权设质不经登记或注册,不具有公示性,因而不得对抗第三人。若当事人需要著作权质权对抗第三人,则可以进行登记或注册。也就是说,我国立法以采登记对抗主义为宜。至于登记机关,可以为著作权管理部门如版权局,也可以像法国那样设立专门的质押登记部门对各种质押进行登记。

以专利权设质。依我国台湾地区"专利法"的规定,专利权的让与,应由各当事人署名,附具契约,呈请专利局换发证书。因而,专利权的设质也应当由出质人与质权人订立质押协议,呈请专利局记载于专利权簿,并向质权人发给质权证明书。专利局记载和换发证书的行为,在学界解释上为对抗要件。在日本法上,专利权质权的注册也是对抗第三人的要件。③ 英美法上也是如此。④ 依我国《担保法》的规定,以专利权出质的,必须在订立质押合同后向专

---

① 史尚宽:《物权法论》,中国政法大学出版社 2000 年版,第 414 页。

② [英]Philip R.Wood:*Comparative Law of Security and Guarantees*,Sweet & Maxwell,1995,p.95。

③ 史尚宽:《物权法论》,中国政法大学出版社 2000 年版,第 415 页。

④ [英]Philip R.Wood:*Comparative Law of Security and Guarantees*,Sweet & Maxwell,1995,p.95。

利权管理部门办理出质登记,且登记为生效要件。此外,依我国《专利法》第十条的规定,全民所有制单位转让专利权的,必须经上级主管部门批准;中国单位或者个人向外国人转让专利权的,必须经国务院有关主管部门批准;转让专利权的,当事人必须订立书面合同,经专利局登记和公告后生效。因而,全民所有制单位以专利权设质的,必须经上级主管部门批准后方可生效;中国单位或者个人向外国人出质专利权的,必须经国务院有关主管部门批准后方可生效。关于登记的效力,究竟以对抗要件为宜抑或以生效要件为宜?本书认为应以生效要件为宜。因为专利权是需要经过登记注册方可生效的权利,且其转让亦需要进行登记注册,这是国家对专利权进行管理的必要手段。而专利权的设质是存在着潜在可能的转让,法律规定其必须经过登记,一方面有利于在质权实行时得以顺利转让专利权,另一方面有利于国家对专利权的管理。

以专利申请权设质,我国《担保法》未做规定,但《专利法》第十条规定,专利申请权可以转让,其转让程序与专利权一样。因而,专利申请权亦可以设质,其程序亦应当与专利权的设质程序相同。

以商标专用权设质。除了日本,多数国家和地区如德国、意大利、英国和我国台湾等均禁止以商标专用权设质,理由是商标不得与其营业分离。①我国承认商标专用权的转让和设质。依《担保法》第七十九条的规定,出质人在订立质押合同后,应当向商标管理部门办理出质登记,质押合同自登记之日起生效。登记部门为国家工商行政管理局商标局,登记为质权生效的要件。

4. 一般债权

一般债权是指因合同、侵权、无因管理、不当得利或缔约过失而产生的、非以证券表彰的债权。关于一般债权质权的设定,各国有不同的立法例。依《德国民法典》第一千二百七十四条、第一千二百八十条规定,一般债权质权

① 谢在全:《民法物权论》,中国政法大学出版社 2011 年版,第 806 页;[英]Philip R.Wood: *Comparative Law of Security and Guarantees*,Sweet & Maxwell,1995,p.94。

的设定以当事人订立质权合同、交付债权证书并通知债务人为要件。质权自通知入质债权的债务人时起生效。在法国法上，也以通知债务人为质权生效的要件，即第二千零七十五条规定，在以无形动产设立动产质权时，例如以动产债权设立质权时，合法登记的公证文书或私署文书应送达已用于设立质权的债权的债务人，或者应由该债务人以公证文书接受之。依《日本民法典》第三百六十三条的规定，以债权为质权标的，如有债权文书时，因证书的交付而发生效力。依此规定，债权质权的设定无需通知债务人。我国台湾地区"民法"持与日本法相同的观点，即第九百零四条规定，以债权为标的物之质权，其设定应以书面为之。如债权有证书者，并应交付其证书于债权人。至于通知债务人，依第九百零七条的规定，并非质权的生效要件，而是对抗要件，即非经通知债务人不得对抗第三人。第九百零七条规定，"为质权标的物之债权，其债务人受质权设定之通知者，如向出质人或质权人一方为清偿时，应得他方之同意。他方不同意时，债务人应提存其为清偿之给付物"。

我国《担保法》对一般债权质权的设定方式未做具体规定，依据法律其他规定的精神，本书认为，一般债权质权的设定应符合下列要件：

（1）订立质押合同。质押合同的形式，参照担保法关于动产质押的规定，应当采书面形式。但是，若采口头形式且当事人均承认的，则也应认定为有效。质押合同的内容，应当包括《担保法》第六十五条规定的各项内容。若不完全具备这些内容，当事人可以补正；若当事人不予补正，法律有规定的，则依法律的有关规定处理；若法律无规定且该内容系质押合同的必备要件时，该质押合同无效。

（2）转移债权文书。依各国立法通例，入质债权有债权文书的，出质人应当将该债权文书交付于质权人占有。这是质权设定的要物性的要求，否则质权不能生效。从理论上讲，债权文书仅是债权的证明文件而非债权本身，因而债权文书的交付对于入质债权来说并无实质的影响。不过，法律规定债权质押以转移债权文书为必要，其目的是发挥质押的留置功能，在通常情况下能阻碍债权人实现债权，从而增强债权质押的担保作用。若在设定质权时，入质债权无债权文书,有学者认为,在此情形中,质权则在当事人达成质押协议时生效。① 不过也有学者认为,若无债权文书的,一般要做成债权文书,交付占有,否则质权不能有效成立。② 本书认为,此时质权人可以要求债权人与债务人做成债权文书,并交付于质权人占有,以增强质押的担保作用;若债权人拒绝做成债权文书,亦不影响质权的成立,只是质权的担保作用和公示性减弱。对于债权人有债权文书却密而不交的,多数学者认为,此时质权不能生效。③ 也有学者认为,应推定该债权无证书,质权自质押合同成立时生效。出质人以该债权证书而为不利于质权人行为的,不得对抗质权人。若出质人以债权证书交付于第三人设定质权的,则该二质权应以通知债务人的时间先后确定其位序。④ 笔者赞同第二种意见,但质权的设定必须通知债务人,否则不得对抗第三人。

关于债权证书交付,通说认为,可以采用现实交付、简易交付或指示交付的方式,但不得采用占有改定的方式,即不得由出质人代替质权人占有债权文书。⑤ 也有学者认为,债权证书仅系债权的证据,证书的交付无从剥夺出质人对该债权的利用权,所以,证书的移转占有不能像动产质权中的转移占有一样,足以发挥留置的效力。而且债权质权的设定另有公示方法,即通知债务人,证书的交付并非公示方法,所以债权证书的交付既可以以现实交付的方法为之,也可以以观念交付的方法为之,即可以由债权人代替质权人占有债权文书。如此解释,不仅符合债权证书的性质,而且与无证书的债权质权设定方式相平衡。依此推论,质权人返还债权文书于出质人,就不能解为质权当然消灭,质权人仍得基于质押合同请求交付。本书认为,法律规定债权质权的设定以转移债权文书的占有为必要,应当解释为与动产质押一样,以现实交付、简

---

① 谢在全:《民法物权论》,中国政法大学出版社 2011 年版,第 810 页;史尚宽:《物权法论》,中国政法大学出版社 2000 年版,第 396 页。

② 董开军:《债权担保》,黑龙江人民出版社 1995 年版,第 172 页;吴春燕:《一般债权质押研究》,《现代法学》1997 年第 2 期。

③ 谢在全:《民法物权论》,中国政法大学出版社 2011 年版,第 811 页;史尚宽:《物权法论》,中国政法大学出版社 2000 年版,第 396 页。

④ 王成:《论债权质权的设定及效力》,《中外法学》1999 年第 4 期。

⑤ 史尚宽:《物权法论》,中国政法大学出版社 2000 年版,第 396 页;郭明瑞:《担保法理论与实务》,法律出版社 2010 年版,第 290 页。

易交付或指示交付为之,占有该定的方式不符合质押的特性,因而债权质权的设定不得以占有该定的方式转移债权证书的占有。

(3)通知债务人。债权设质后,出质人或质权人应当将债权设质的事实通知债务人,这与债权让与时应当通知债务人的规定是一致的。不过对于该通知究竟为质权的成立要件抑或为对抗要件,各国有不同的立法例。依德国、法国民法典的规定,通知债务人为质权的成立要件(《德国民法典》第一千二百八十条、《法国民法典》第二千零七十五条)。依日本、瑞士和我国台湾地区"民法"的规定,通知债务人为对抗要件(《日本民法典》第三百六十四条,《瑞士民法典》第九百条第二项、第九百零六条第二项,我国台湾地区"民法"第九百零七条)。我国《担保法》对此未做具体规定,但依《合同法》第八十条第一款规定,"债权人转让权利的,应当通知债务人。未经通知,该转让对债务人不发生效力"。因而,债权设质也应当做此解释,即质权人或出质人应当将债权设质的事实通知债务人,未经通知,该质权对债务人不发生效力。换言之,通知债务人为质权的对抗要件,而非生效要件。至于通知主体,出质人(入质债权的债权人)与质权人均可为之。债务人未受质押通知的,仍得向债权人清偿债务。通知债务人的时间,不限于在质押合同成立之时,债务履行期届满前的任何时间均可。

此外,依《担保法解释》第九十七条的规定,不动产的收益权如公路桥梁、公路隧道、公路渡口等收费权,可以作为《担保法》第七十五条第四项规定的"依法可以质押的其他权利"进行质押。这些不动产收益权质权的设定,除了应当符合担保法的规定外,还应当符合其他有关法律法规的规定。依《中华人民共和国公路法》第六十一条规定,公路中的国道收费权的转让,必须经国务院交通主管部门批准;国道以外的其他公路收费权的转让,必须经省、自治区、直辖市人民政府批准,并报国务院交通主管部门备案。交通部1996年10月颁布的《公路经营权有偿转让管理办法》第七条规定,"对含有中央车辆购置附加费或中央财政性资金投资建成的公路及国道公路经营权的转让,由省级交通主管部门报交通部审批;全部由地方规费或地方财政性资金投资及自筹资金等建成的省道以下公路经营权的转让,由省级交通主管部门报省级人民政府审批,并负责办理向交通部报备事宜"。《国务院关于收费公路项目贷款担保问题的批复》中规定,公路建设项目法人可以用收费公路的收费权通过质押方式进行融资,向银行申请贷款。公路收费权质押,以省级政府批准的收费文件作为权利证书,公路所在地的交通主管部门为公路收费权的质押登记部门。根据这些规定,以公路收费权等不动产收益权设定质权的,出质人与质权人应当订立质押合同,根据公路的性质分别报交通部或省级交通管理部门批准,转移权利证书(收费文件)的占有,并于公路所在地的交通主管部门办理公路收费权的质押登记。

以进出口货物退税设定质权的,出质人应当于质押合同订立后,依合同约定将海关同意退税的答复(债权的证明文件)交付给质权人占有,并通知应当退税的海关。

四、权利质押中当事人的权利义务

(一)出质人的权利

1.对入质权利的利用权

在权利质押期间,除了一般债权、证券债权无利用的余地外,对于股权、知识产权和不动产收益权等,出质人仍有权加以利用。

(1)股权

在股权质押期间,出质股东仍可以依其股权享有议决权。依传统公司理论,股权的内容包括公益权和自益权。自益权主要是指分红权、新股优先认购权、剩余财产分配权、股份(出资)转让权等,因而是财产性权利;公益权是指股东参与公司事务的权利,即公司事务参与权(也称为议决权),如表决权、召开临时股东会的请求权、对公司文件的查阅权等,公益权无财产内容。[1] 据此,有学者主张,股权质押仅以股权中的财产权内容为质权的标的,因为只有可转让的财产权利方可为质权的标的,因而股权质权的效力不及于议决权(公司事务参与权)。[2] 也有学

---

① 阎天怀:《论股权质押》,《中国法学》1999 年第 1 期。

② 史尚宽:《物权法论》,中国政法大学出版社 2000 年版,第 411 页;郭明瑞:《担保法原理与实务》,法律出版社 2010 年版,第 304 页;毛亚敏:《担保法论》,中国法制出版社 1997 年版,第 217 页。

者提出相反主张,首先,股东行使公司事务参与权是实现其财产权利的手段,二者在股权中分别担当目的权利和手段权利的角色,因而股权是这两种权利的内在统一。作为质权标的的股权,绝不可强行分割而只承认一部分是质权的标的,而剔除另一部分。其次,股权作为质权的标的,是以其全部权能作为债权的担保。在债权清偿期届满时,质权人得处分入质股权以优先受偿。而对股权的处分必然是对股权的全部权能的一体处分,其结果是发生股权转让的效力。如果认为股权质权的实行只能处分其中的财产权利,而不能处分其中的公司事务参与权,显然是荒谬的。① 笔者赞同第二种观点。不过,尽管议决权亦为质权的效力所及,但在质押期间议决权并不受质权的影响,出质股东仍得行使议决权。如法国《商事公司法》第一百六十三条第三款规定,"表决权由作抵押的证券的所有人行使。为此,受质人应其债务人的请求,应按法令确定的条件和期限寄存其抵押股份"。《瑞士民法典》第九百零五条也规定:"公司股票的出质,在公司全体大会上仍由股东代表行使,而不是由质权人代表行使"。我国《担保法》和《公司法》对此未作具体规定,本文认为我国法也应当作此解释,因为股权质押不等于股权转让,在股权质押期间,股权仍应由股东享有,因而仍应由出质股东行使议决权。

（2）知识产权

以知识产权出质的,在质押期间,出质人得对该知识产权加以利用并收益。依《德国民法典》第一千二百七十三条关于准用动产质权有关规定的规定,质权可以债权人有权收取质物的收益的方式而设定(第一千三百一十二条第一款),换言之,若当事人未约定质权人有收益权,则仍由出质人对入质权利行使使用收益权。在日本,学界对此有不同观点。第一种观点认为,依日本民法关于质权得准用留置权有关规定的规定,质权人原则上对入质权利无使用权,仍由出质人享有,除非当事人有特别约定。第二种观点认为,知识产权上的质权得准用不动产质权的规定,即知识产权质权具有用益物权的性质,质权人对入质权利有使用收益权。第三种观点认为,知识产权质权与抵押权

① 阎天怀:《论股权质押》,《中国法学》1999 年第 1 期。

具有相同的性质,因而在知识产权质押期间,出质人得享有使用收益权。其中,第二种观点在不承认不动产质权的国家无适用余地,第三种观点不符合质权的目的,因而以第一种观点为最妥。我国《担保法》仅规定,在知识产权质押期间,未经与质权人协商同意,出质人不得转让或许可他人使用该知识产权。① 对出质人的使用权,则可以依法准用关于动产质权的规定。《担保法解释》第九十三条规定,质权人在质权存续期间,未经出质人同意,擅自使用、出租、处分质物,因此给出质人造成损失的,由质权人承担赔偿责任。据此规定,在知识产权出质期间,知识产权的使用收益权仍由出质人享有。

（3）不动产收益权

以公路桥梁、公路隧道或者公路渡口等不动产收益权出质的,在质押期间,仍由出质人享有该收益权。

2. 入质权利的保全权或质权消灭请求权

在权利质押期间,与动产质押一样,出质人保全入质权利不受侵害。依《德国民法典》第一千二百七十三条规定,权利质权中无规定的,得准用关于动产质权的规定。该法第一千二百一十八条规定,质物的价值有明显减少之虞的,出质人可以提供担保而要求返还质物。因而,在权利质押期间,入质权利的价值有明显减少之虞的,出质人也可以提供担保而要求返还权利凭证,例如股票。依《日本民法典》第三百五十条关于准用留置权的规定,质权人未尽保管义务,或者擅自使用、租赁质物的,出质人得请求消灭质权。

我国《担保法》第六十九条规定:"质权人负有妥善保管质物的义务。因保管不善致使质物灭失或者毁损的,质权人应当承担民事责任。质权人不能妥善保管质物可能致使其灭失或者毁损的,出质人可以要求质权人将质物提存,或者要求提前清偿债权而返还质物。"依此规定,权利质权人不妥善保管入质权利的凭证或债权文书,可能会导致权利受损害的,出质人可以要求提前

①　依《中华人民共和国担保法》第八十条的规定,以依法可以转让的商标专用权,专利权、著作权中的财产权出质的,出质人不得转让或许可他人使用,但经出质人与质权人协商同意的可以转让或者许可他人使用。出质人所得的转让费、许可费应当向质权人提前清偿所担保的债权或者向与质权人约定的第三人提存。

清偿债权而返还该权利凭证或证书;已经造成损害的,出质人有权要求质权人承担赔偿责任。《担保法解释》第九十三条规定,质权人在质权存续期间,未经出质人同意,擅自使用、出租、处分质物,因此给出质人造成损失的,由质权人承担赔偿责任。依此规定,权利质权人在质权存续期间,未经出质人同意,擅自使用、许可他人使用、处分入质权利的,出质人有权要求质权人停止侵害,或者要求提前清偿债权以消灭该质权;已经造成损害的,质权人应当承担赔偿责任。

入质权利的价值有减少之虞的,参照我国《担保法》第七十条的规定,质权人可以要求出质人提供相应的担保;出质人不提供的,质权人可以转让该权利,并将转让所得的价款用于提前清偿所担保的债权或者向与出质人约定的第三人提存。如前文所述,基于公平原则,此时也应当借鉴德国法的规定,允许出质人可以通过提供其他担保来要求返还权利凭证,以保全入质权利的价值。

3. 代位求偿权

与动产质押一样,权利质押中的出质人为债务人以外的第三人时,在质权人实现质权后,出质人享有代位求偿权,即有权在其代替债务人偿还债务数额的范围内,向债务人追偿。

（二）出质人的义务

1. 转移权利证书或办理权利质押登记

权利质押需要转移权利证书的,出质人有义务按照合同的约定将权利证书转移于质权人占有。例如,在一般债权质押中,出质人有义务将债权文书转移于质权人占有;在证券债权质押中,出质人有义务对记名证券作出设质背书后转移于质权人占有,或者将无记名证券直接交付质权人占有;以商标专用权、专利权出质的,出质人有义务将权利证书转移于质权人占有。转移占有的方式可以是现实交付,也可以为简易交付、指示交付,但不得采占有改定的方式,即不得由出质人代替质权人占有权利证书。

对于以办理质押登记为质权生效要件的权利质押,如股权质押、知识产权质押、不动产收益权质押等,若合同约定出质人负有办理质押登记义务,则出质人有义务办理质押登记。

2. 不得处分入质权利使之消灭或变更

由于质权有赖于入质权利的存在,若出质人对入质权利予以处分使之消灭或变更,必然或可能会损害质权人的权利。因此,在权利质押期间,出质人负有不得处分入质权利使之消灭或变更的义务。如《德国民法典》第一千二百七十六条规定,出质的权利,仅在经质权人同意后,始得以法律行为加以废除。此项同意应向因同意而受利益的人表示;此项同意不得撤回。在权利变更的情况下,权利变更侵害质权的,亦同。我国台湾地区"民法"第九百零三条也规定,"为质权标的物之权利,非经质权人之同意,出质人不得以法律行为,使之消灭或变更"。不过德国民法的规定与我国台湾"民法"有一点不同之处,即依德国民法的规定,若出质人对权利进行变更有损于质权,则需经质权人的同意,否则无效;若对权利进行变更无损于质权,则无需征得质权人的同意。而依我国台湾法的规定,无论出质人对权利的变更是否有损于质权,均需征得质权人的同意,否则不得为之。以法律行为使权利消灭的情形如以免除、抵销等方法使入质债权消灭,以法律行为使入质权利变更的情形如延长债权清偿期、降低债权的利息或变更其他内容。

我国《担保法》对此未做具体规定,本书认为,我国应当借鉴德国法的规定,即在权利质押期间,非经质权人的同意,出质人不得作出法律行为使入质权利消灭,也不得对入质权利做有损于质权人的变更。未经质权人的同意,出质人作出上述行为的,质权人享有撤销权,即有权申请法院撤销出质人的行为。

(三)质权人的权利

1. 占有并留置权利证书或证券的权利

在以交付权利证书或证券为要件的质押中,质权人享有占有并留置该权利证书或证券的权利。在其所担保的债权未受全部清偿前,得拒绝返还。赋予质权人占有并留置权利证书或证券的权利,能够在一定程度上阻碍出质人行使或处分权利,从而起到担保债权的作用。

2. 孳息收取权

对于权利而言,只能产生法定孳息,如债权的利息、知识产权的使用费、股权的股息、红利等,无自然孳息。依各国法的规定,质权人享有入质权利孳息的收取权,并依次抵充收取费用、被担保债权的利息、被担保债权原本。我国《担保法》第六十八条也作了相同规定,即质权人有权收取质物所生的孳息,质押合同另有约定的,按照约定。质权人收取的孳息应当先充抵收取孳息的费用。该条规定准用于权利质押。第七十九条进一步规定,以商标专用权、专利权或著作权中的财产权出质后,出质人不得转让或者许可他人使用,但经出质人与质权人协商同意的可以转让或许可他人使用。出质人所得的转让费、许可费应当向质权人提前清偿所担保的债权或者向与质权人约定的第三人提存。

然而,对于出质人自己利用权利所得的收益,虽也属于权利的孳息,但仍归出质人所有。因为法律既然规定在权利质押期间,出质人享有对入质权利的使用权,因而出质人行使该使用权所生的利益,理应由出质人收取。我国法对此未作具体规定,不过根据《担保法解释》第九十三条的规定精神,出质人对入质权利享有使用权,因而也应当解释为出质人亦享有收益权。

此外,依我国台湾地区"民法"第九百一十条的规定,质权以有价证券为标的物的,其附属于该证券之利息证券、定期金证券或分配利益证券,以已交付于质权人者为限,其质权之效力,及于此等附属之证券。换言之,这些附属证券未交付于质权人的,则不为质权的效力所及,仍由出质人享有。对此问题,我国《担保法》也应当做此解释。

3. 转质权

参照动产质押的有关规定,权利质押中的质权人亦依法享有转质权。如前文所述,转质分为承诺转质和责任转质两种方式。我国仅承认承诺转质,即《担保法解释》第九十四条规定,"质权人在质权存续期间,为担保自己的债务,经出质人同意,以其所占有的质物为第三人设定质权的,应当在原质权所担保的债权范围之内,超过的部分不具有优先受偿的效力。转质权的效力优于原质权"。质权人未经出质人同意所为的转质无效。据此,权利质权人以入质权利转质的,应当征得出质人的同意,且转质权所担保的债权应当在原债权的范围之内。转质权的效力优于原质权。

4. 质权保全权

权利质权人的质权保全权包括两个方面的内容:第一,权利质权受侵害时的救济权。质权人在其质权、入质权利、占有的权利证书等受侵害或有受侵害之虞时,质权人得请求停止侵害,排除妨碍;已造成损害的,质权人得请求损害赔偿。质权人所占有的权利证书被侵夺时,质权人得基于质权或占有权,请求返还。第二,入质权利的变价权。参照担保法关于动产质权的有关规定,在入质权利的价值有明显减少的可能,足以危及质权人的权利时,质权人有权要求出质人提供相应的担保;出质人不提供的,质权人得对入质权利予以变价。变价所得的价款,质权人可以用于提前清偿所担保的债权或者向与出质人约定的第三人提存。

5. 优先受偿权

优先受偿权是质权人最基本的权利,是质权担保作用的主要体现。依优先受偿权,在债权履行期届满债权未得到全部受偿的,质权人得实行质权,并就所得的价款优先于其他债权人受偿。若价款超过被担保的债权额,则质权人应当将余额返还给出质人;若价款不足偿还被担保债权,则质权人有权就未获清偿部分,以普通债权人的身份继续向债务人追偿。

(四)质权人的义务

1. 妥善保管权利证书或证券

在权利质押中,如果质权人占有权利证书或有价证券的,质权人有义务妥善保管该权利证书或有价证券。所谓"妥善",是指质权人应以善良管理人的注意进行保管。此点与动产质押相同。此外,依我国台湾学者的解释,权利质权人除了有义务保管权利证书或有价证券以防止其毁损灭失外,权利质权人还应当在某些情况下采取措施防止入质权利灭失。例如,质权人应当通过请求清偿、提起诉讼等方式,使入质债权的诉讼时效中断,以防止因超过诉讼时效而使入质债权丧失强制执行效力;质权人占有的有价证券遗失、被盗时,质权人有义务通知债务人挂失支付,并通过公示催告程序,以保证不丧失票据权利。我国《担保法》也应当做此解释,这对于司法实践不无益处。

2. 返还权利证书、有价证券或协助办理涂销质押登记

在质权所担保的债权因清偿、混同、实行等原因消灭时,若质权人占有入质权利的证书或有价证券,则质权人应当将其所占有的权利证书或有价证券返还于出质人;在质押时办理质押登记的,应当协同出质人办理涂销登记。

(五)第三债务人的权利义务

入质权利有债务人存在时,则该债务人在学理上便称为第三债务人,例如,在债权质押中,入质债权的债务人便是第三债务人。因债权质权的设定,第三债务人的地位必然受到影响,并享有一定的权利和负担一定的义务。

1. 清偿债务的义务

在入质债权的清偿期届满时,债务人应当清偿债务。不过其清偿的对象,因一般债权与证券债权而不同。(1)一般债权的清偿。依我国台湾地区"民法"第九百零七条的规定,为质权标的物之债权,其债务人受质权设定之通知者,如向出质人或质权人一方为清偿时,应得他方之同意。他方不同意时,债务人应提存其为清偿之给付物。而《德国民法典》第一千二百八十一条、第一千二百八十二条则规定,在被担保的债权清偿期届满前,债务人只能向质权人和债权人共同清偿;质权人和债权人均可以要求向其共同清偿;质权人和债权人均可以要求为其提存债务的标的物,或者在债务的标的物不宜提存时,可以要求将标的物提交法院指定的保管人,以代替交付。在被担保的债权清偿期届满而未受清偿时,质权人有权催收债权,而债务人只能向质权人清偿;但质权人只能在其被担保债权范围内催收债权。可见,我国台湾法与德国法规定的不同之处在于:我国台湾法要求债务人应当在质权人与债权人协商同意的情况下,向一方清偿;否则应将给付标的物提存。而依德国法的规定,在被担保的债权清偿期届满前,债务人只能向质权人和债权人共同清偿;在被担保的债权清偿期届满而未受清偿时,质权人有权催收债权,而债务人只能向质权人清偿。应当说,德国法的规定比较合理,我国台湾法的规定不符合质权的性质,而且不利于实践操作。我国《担保法解释》所持观点与德国法相类似,即第一百零六条规定,"质权人向出质人、出质债权的债务人行使质权时,出质

人、出质债权的债务人拒绝的,质权人可以起诉出质人和出质债权的债务人,也可以单独起诉出质债权的债务人"。当然,依各国立法例,债务人未受设质通知的,质权不得对抗该债务人,债务人得向出质人清偿。(2)证券债权的清偿。依各国法的立法通例,证券债权质权的设定,不以通知债务人为必要,只需出质人将证券直接交付于质权人或者在证券上作出设定背书后交付于质权人即可,债务人只对持有证券者履行。因而,在被担保债权未受清偿时,质权人得直接凭证券请求债务人履行,债务人有义务直接向质权人履行。

2.抗辩权

对于一般债权,在设定质权时债务人对其债权人(出质人)享有抗辩权的,债务人亦得以之对质权人为抗辩。因为在质权人请求债务人履行以实现质权时,质权人实质上变成了债权的受让人,因而适用法律关于债权转让的有关规定。依我国台湾地区"民法"第二百九十九条第一款的规定,债务人于受通知时,所得对抗让与人之事由,皆得以之对抗受让人。我国《合同法》第八十二条也规定,债务人接到债权转让通知后,债务人对让与人的抗辩,可以向受让人主张。不过,该抗辩权必须是在质权设定时已经存在,债务人方可对抗质权人;若该抗辩权系于质权设定后产生,则债务人不得以之对抗质权人。

对于证券债权,我国台湾地区"票据法"第十三条规定,票据债务人不得以自己与发票人或执票人之前手间所存抗辩之事由对抗执票人。但执票人取得票据是出于恶意者,不在此限。我国大陆《票据法》第十三条也规定,票据债务人不得以自己与发票人或持票人的前手之间的抗辩事由对抗持票人。但是,持票人明知存在抗辩事由而取得票据的除外。票据债务人可以对不履行约定义务的与自己有直接债权债务关系的持票人,进行抗辩。依此规定,在质权人以行使票据权利以实现其质权时,票据债务人不得以自己与发票人或出质人之间的抗辩事由对抗质权人,除非质权人在票据设质时明知存在抗辩事由,或者质权人与票据债务人之间存在直接债权债务关系而质权人不履行义务。

五、权利质权的实行

（一）证券债权质权的实行

依各国立法例，在实行证券债权质权时，质权人得直接向出质证券的债务人请求履行，无需通过出质人请求债务人履行。[1] 我国担保法司法解释和票据法也做了相同规定。[2] 由于出质证券债权的清偿期与被担保债权的清偿期通常不一致，因而质权的实行便因其时间的先后而有所不同。

1. 证券债权的清偿期先于被担保债权的清偿期

在证券债权的清偿期届满时，即使被担保债权的清偿期尚未届满，质权人仍得实现证券债权。因为证券权利的行使均具有一定的时间限制，若不及时行使权利，便有丧失权利的可能，因而各国法均规定此时质权人得实现证券债权。如《日本民法典》第三百六十七条第三项、第四项规定，出质债权的清偿期先于质权人的债权清偿期届至时，质权人可使第三债务人提存其清偿金额；于此情形，质权存在于提存金上。债权的标的物不是金钱时，质权人于作为清偿而所受的物上有质权。我国台湾地区"民法"第九百零九条规定，"质权以无记名证券、票据、或其他依背书而让与之证券为标的物者，其所担保之债权纵未届清偿期，质权人仍得收取证券上应受之给付。如有预行通知证券债务人之必要，并有为通知之权利，债务人亦仅得向质权人为给付"。依学界的解释，若被担保债权尚未届清偿期，质权人收取的给付，尚不得立即清偿其债权，而应负暂时保管义务，于债权清偿期届满后，始得优先受偿。我国《担保法》第七十七条也做了相同规定，"以载明兑现或者提货日期的汇票、支票、本票、债券、存款单、仓单、提单出质的，汇票、支票、本票、债券、存款单、仓单、提单的

---

[1] 《德国民法典》第一千二百八十二条，《日本民法典》第三百六十七条，我国台湾"民法"第九百零九条。

[2] 《最高人民法院关于适用〈中华人民共和国担保法〉若干问题的解释》第一百零六条规定，"质权人向出质人、出质债权的债务人行使质权时，出质人、出质债权的债务人拒绝的，质权人可以起诉出质人和出质债权的债务人，也可以单独起诉出质债权的债务人"。《票据法》第三十五条第二款规定，"汇票可以设定质押；质押时应当以背书记载'质押'字样。被背书人依法实现其质权时，可以行使票据权利"。

兑现或者提货日期先于债务履行期的,质权人可以在债务履行期届满前兑现或者提货,并与出质人协议将兑现的价款或者提取的货物用于提前清偿所担保的债权或者向与出质人约定的第三人提存"。不过,日本法与我国台湾地区"民法"和大陆《担保法》有一点不同之处,即依日本法的规定,质权人仅得要求债务人提存清偿金额;而依我国台湾"民法"和大陆《担保法》的规定,质权人得收取清偿金额,然后与出质人约定清偿被担保债权或提存该金额。

若证券债权的标的为非金钱动产,如仓单、提单项下的货物,则无论该货物的价值是否超过被担保债权额,质权人均得收取之,并使质权移存于该货物上。但是,若证券债权的标的为金钱,且其数额超过被担保债权,则质权人是否有权收取证券债权的全部数额,抑或只能在被担保债权额内收取? 依《德国民法典》第一千二百八十二条的规定,质权人只能在其求偿所必要的限度内,催收金钱债务;债权人(出质人)也可以在质权人有权催收的范围内,要求向其让与金钱债权以代替支付。我国台湾"民法"第九百零六条也规定,质权人仅得就自己对于出质人之债权额,为给付之请求。我国担保法对此未做规定,本书认为,可以参照我国《中华人民共和国合同法》第七十三条关于债权人的代位权的规定,作与德国法和我国台湾法的规定相类似的解释,即质权人只能在被担保的债权额内请求出质证券债权的债务人履行。①

2. 证券债权的清偿期后于被担保债权的清偿期

若被担保债权的清偿期届至,而出质的证券债权的清偿期尚未届满,则此时质权人无权要求证券债权得债务人履行债务,因而只能在证券债权的清偿期届满时请求债务人履行。我国《担保法解释》第一百零二条便做了如此规定,"以载明兑现或者提货日期的汇票、支票、本票、债券、存款单、仓单、提单出质的,其兑现或者提货日期后于债务履行期的,质权人只能在兑现或者提货日期届满时兑现款项或者提取货物"。我国台湾地区"民法"虽然对此未做规

---

① 《中华人民共和国合同法》第七十三条规定,"因债务人怠于行使其到期债权,对债权人造成损害的,债权人可以向人民法院请求以自己的名义代位行使债务人的债权,但该债权专属于债务人自身的除外。代位权的行使范围以债权人的债权为限。债权人行使代位权的必要费用,由债务人承担"。

定,但学界也均持此观点。①

此外,《担保法》第八十一条规定,权利质押除适用"权利质押"一节的规定外,得适用"动产质押"一节的规定。依此规定,质权人在证券债权的清偿期届满前,也可以以动产质权实行的方法实行该债权质权,即将该证券债权予以转让,以所得的价款优先受偿。

(二)一般债权质权的实行

在我国台湾法上,一般债权质权的实行与证券债权质权的实行有所区别。依台湾地区"民法"第九百零五条的规定:"为质权标的物之债权,其清偿期先于所担保债权之清偿期者,质权人得请求债务人提存为清偿之给付物。"质权人的质权便移存于该提存物上。而在证券债权质权,质权人得直接收取债务人清偿的给付物。至于出质债权的清偿期后于所担保债权之清偿期的,则质权人必须于出质债权的清偿期届满时,方可请求债务人履行;当然质权人也可以以动产质权的实行方法实行该债权质权,即将出质债权转让,并以所得价款优先受偿。这一点与证券债权质权相同。

我国《担保法》及其司法解释对一般债权质押未做规定,仅规定了证券债权质押及其实行方法。本书认为,一般债权与证券债权并无本质不同,因而一般债权质权可以参照证券债权质权的实行方法。我国台湾法上规定的区别在实践中并无实际意义。

如前文所述,依《担保法解释》第九十七条的规定,不动产的收益权如公路桥梁、公路隧道、公路渡口等收费权,可以作为《担保法》第七十五条第四项规定的"依法可以质押的其他权利"进行质押。这些不动产收益权质权在设定时,出质人与质权人除了应当根据《担保法》的规定订立质押合同、转移权利证书(收费文件)的占有外,还应当依据《中华人民共和国公路法》、交通部《公路经营权有偿转让管理办法》和国务院《关于收费公路项目贷款担保问题的批复》的有关规定,根据公路的性质分别报交通部或省级交通管理部门批

---

① 史尚宽:《物权法论》,中国政法大学出版社 2000 年版,第 496 页;谢在全著:《民法物权论》,中国政法大学出版社 2011 年版,第 839 页。

准,并于公路所在地的交通主管部门办理公路收费权的质押登记。那么,质权人在其债权期届满未受清偿时,需要转让该出质的不动产收益权以实行质权的,是否还应当依据这些法律法规关于公路收费权等转让的规定,根据公路的性质分别报交通部或省级交通管理部门批准?目前实践中的做法是,质权人需要转让该出质的不动产收益权以实行质权的,仍须经有关部门批准。本书认为,既然有关部门已经批准出质人可以以其不动产收益权出质,则可以认为其当然批准该不动产收益权可以转让给质权人以实行质权,因而质权人需要转让该出质的不动产收益权以实行质权的,无需再征得有关部门批准,只需报有关部门备案即可。

(三)股权质权、知识产权质权的实行

我国《担保法》及其司法解释仅对债权质权的实行做了特殊规定,对股权质权、知识产权质权的实行未做具体规定,因而依据《担保法》第八十一条的规定,得准用动产质权的实行方法。依《担保法》第七十一条的规定,动产质权的实行方法有:质权人与出质人协议以质物折价,质权人依法拍卖质物,质权人依法变卖质物。据此,股权质权、知识产权质权可以通过质权人与出质人之间协议以出质的股权、知识产权折价或者将股权、知识产权转让给第三人,质权人以转让费优先受偿。

股权质权、知识产权质权的实行,无论是采取折价的方式抑或是采取转让给第三人的方式,其实质均属于股权、知识产权的转让,因而应当依据法律关于股权、知识产权转让的规定处理。

第一,关于有限责任公司股东出资的转让,《公司法》第三十五条规定,"股东之间可以相互转让其全部出资或者部分出资。股东向股东以外的人转让其出资时,必须经全体股东过半数同意;不同意转让的股东应当购买转让的出资,如果不购买该转让的出资,视为同意转让。经股东同意转让的出资,在同等条件下,其他股东对该出资有优先购买权"。第三十六条规定,"股东依法转让其出资后,由公司将受让人的姓名或者名称、住所以及受让的出资额记载于股东名册"。依此规定,以有限责任公司的出资出质的,在质权实行时,若质权人亦为该公司股东,则可以直接受让该出资以清偿债权;若质权人为该

公司股东以外的人或者出质的出资需要转让给股东以外的人,则在转让时必须经全体股东过半数同意;不同意转让的股东应当购买转让的出资,如果不购买该转让的出资,视为同意转让。在同等条件下,其他股东对该出资有优先购买权。在出资转让后,公司应当依据《公司法》第三十六条的规定,将受让人的情况记载于股东名册。

第二,关于股份有限公司股份的转让,《公司法》第一百四十四条规定,"股东转让其股份,必须在依法设立的证券交易场所进行"。[①] 第一百四十五条规定,"记名股票,由股东以背书的方式或者法律、行政法规规定的其他方式转让。记名股票的转让,由公司将受让人的姓名或者名称及住所记载于股东名册。股东大会召开前三十日内或者公司决定分配股利的基准日前五日内,不得进行前款规定的股东名册的变更登记"。第一百四十六条规定,"无记名股票的转让,由股东在依法设立的证券交易场所将该股票交付给受让人后即发生转让的效力"。依据这些规定,以股份有限公司的股份出质的,在质权实行时,若系公开发行的股份,则必须在依法设立的证券交易场所进行转让。其中,记名股票,由出质股东以背书的方式或者法律、行政法规规定的其他方式转让,然后由公司将受让人的姓名或者名称及住所记载于股东名册;无记名股票,则由股东在依法设立的证券交易场所将该股票交付给受让人即可。若出质股份系未公开发行的股份,则出质股东可以在任何场合将股份予以转让。其中,记名股票,由出质股东以背书的方式或者法律、行政法规规定的其他方式转让,然后由公司将受让人的姓名或者名称及住所记载于股东名册;无记名股票,则由股东随时随地将该股票交付给受让人即可。但是,在股东大会召开前三十日内或者公司决定分配股利的基准日前五日内,由于不得进行股东名册的变更登记,因而在此期间内不得对记名股票进行转让以实行质权。

此外,《公司法》第一百四十七条规定,"发起人持有的本公司股份,自公司成立之日起三年内不得转让。公司董事、监事、经理应当向公司申报所持有

---

① 目前学界普遍认为该条规定不妥,因为只有在证券交易场所公开发行的股份才必须在证券交易场所予以转让,而未在证券交易场所公开发行的股份则无须在证券交易场所转让,只需将股份转让的情况记载于股东名册即可。

的本公司的股份,并在任职期间内不得转让"。依此规定,发起人以其持有的本公司股份出质的,自公司成立之日起三年内不得转让该出质股份以实行质权;公司董事、监事、经理以其所持有的本公司的股份出质的,在任职期间内不得转让该出质股份以实行质权。

《公司法》第一百四十八条还规定,"国家授权投资的机构可以依法转让其持有的股份,也可以购买其他股东持有的股份。转让或者购买股份的审批权限、管理办法,由法律、行政法规另行规定"。依此规定,国家授权投资的机构以其持有的股份出质的,在转让该出质股份以实行质权时,应当依法律、行政法规的规定报请审批;国家授权投资的机构为质权人时,如果需要受让股份以实行质权,也应当依法律、行政法规的规定报请审批。

第三,关于商标专用权的转让,《商标法》第二十五条规定,"转让注册商标的,转让人和受让人应当共同向商标局提出申请。受让人应当保证使用该注册商标的商品质量。转让注册商标经核准后,予以公告"。依此规定,需要转让商标专用权以实行质权的,应当由出质人(商标专用权的所有人)与受让人共同向商标局提出申请,由商标局予以核准。当然,在出质人不履行协助义务的情况下,质权人亦得凭商标专用权质押证明,申请商标局核准转让。

第四,依我国《专利法》第十条的规定,转让专利权的,当事人必须订立书面合同,经专利局登记和公告后生效。此外,全民所有制单位转让专利权的,必须经上级主管部门批准;中国单位或者个人向外国人转让专利权的,必须经国务院有关主管部门批准。因而,需要转让专利权以实行质权的,当事人应当签订专利权转让合同,在专利局办理登记并予以公告后,发生法律效力;若转让的专利权为全民所有制单位持有,则其转让必须经上级主管部门批准;中国单位或者个人向外国人转让专利权的,必须经国务院有关主管部门批准。

第五,我国《著作权法》及其实施细则对著作权的转让未做具体规定,依大多数国家著作权法的要求,著作权转让合同必须以书面方式订立,否则无效。① 因此,以著作权中的财产权出质,需要转让著作权中的财产权以实行质

---

① 刘春田:《知识产权法教程》,中国人民大学出版社 1995 年版,第 98 页。

权时,当事人也应当订立书面合同;质押时办理出质登记的,在转让时也应当同时办理转让登记。

第三节　应收账款质押案件的处理

应收账款质押权是以应收账款为质押标的物,为质权人债权的实现设立的,在债务人不履行还款义务时,质权人有权就应收账款主张优先受偿。在形式审查的登记模式下,对应收账款质押权纠纷案件,法院不仅应当审查应收账款质押权法定要件成就与否,还应在考察应收账款真实性的基础上结合应收账款的特殊性作出裁判。

一、典型案例

【案例 15.1】A 银行与 B 公司、C 公司、D 公司等金融借款合同纠纷案①

A 银行与 B 公司签订《融资协议》,约定 A 银行为 B 公司提供 1900 万元的融资款。B 公司(出质人)与 A 银行(质权人)签订《应收账款质押及监管协议》,约定 B 公司将其一年内持有的对 C 公司、D 公司及其余十一家公司的应收账款及附属权益质押给 A 银行,以担保 B 公司在《融资协议》项下的任何债务。A 银行依法就上述应收账款质押向中国人民银行征信中心办理了登记。后由于 B 公司出现合同约定的违约情形,A 银行宣布贷款提前到期,诉至法院要求 B 公司支付全部未到期款项及利息,并要求就已经质押登记的 B 公司对 C 公司、D 公司及其余十一家公司的应收账款优先受偿。

B 公司、C 公司、D 公司经法院合法传唤,未到庭应诉。C 公司、D 公司书面确认了对被告 B 公司所负债务的具体金额。

法院经审理认为,A 银行与 B 公司签订的《应收账款质押及监管协议》系双方当事人真实意思表示,并依法办理了质押登记,C 公司、D 公司

① 上海市浦东新区人民法院(2014)浦民六(商)初字第 S15348 号案。

亦对所负债务金额予以确认,故依法成立,合法有效。B 公司作为出质人,依法应在约定的应收账款质押担保范围内承担质押担保责任,故法院对 A 银行就 B 公司对 C 公司、D 公司的应收账款要求行使质押权利予以支持。A 银行要求对应收账款质押登记中 B 公司对其余十一家公司自 2014 年 5 月 22 日起至其后一年内的所有应收账款优先受偿,但 A 银行提供的证据不足以证实上述质押标的物即应收账款确实存在,故法院对 A 银行的该部分请求不予支持。

对于该案例中应收账款质押权的实现,法院不仅要审查应收账款质押权是否合法成立,还应结合案件情况审查应收账款的真实性。司法实践中,对应收账款的概念、应收账款真实性的审查以及应收账款质押的实现方式等问题均值得探讨。

二、应收账款概念辨析

在会计学中,应收账款是指企业因销售商品、提供劳务等业务,应向购货或接受劳务单位收取的款项,它是以商业信用为基础,以购销合同、商品出库单、发票和发运单等书面文件为依据而确认的。其在会计学上的主要特征为:其一,应收账款为收款权;其二,应收账款的主体应为企业;其三,应收账款已通过企业的履约行为而获得;其四,应收账款的发生、调整、增减等均应在企业的会计账簿上记载;其五,应收账款不包括以应收票据、银行存款等;其六,应收账款属于企业重要的流动资产。①

大陆法系的民法典中并不存在应收账款这一概念,应收账款概念移植于《美国统一商法典》第九编。为了适应社会经济的快速发展和日益复杂的交易形态,应收账款概念在《美国统一商法典》中也经历了一个曲折的过程,最终形成了现在的规定,应收账款是指"因任何已经或将要售出(租出、许可或转让)货物、已经或将要提供服务、已经或将要签发的保险单、已经或将要产

---

① 参见 2006 年财政部出台的《企业会计准则第 22 号——金融工具确认和计量》。

生的从属之债、已经或将要提供能源、根据租船合同或其他合同使用或租用船舶、产生于信用卡或信用卡包含的信息的使用以及在州、州政府部门或由州或州政府部门许可或授权的个人经营或举办的彩票等其他各种博彩活动中的中奖所得等原因产生的金钱之债而收取付款的权利,不论其是否已通过履行而获得支付,但不包括以票据或动产契据作为证明的付款权利、商业侵权之债、储蓄存款、投资财产权、信用证权利或信用证以及因提供贷款或基金而获得付款的权利等"[1]。

学界对应收账款的内涵界定观点不一,有观点认为应收账款应为具有商业稳定性期待利益的,基于真实合同而形成的债权[2]。也有观点认为将应收账款解释为合同应收账款有缩小其内涵之嫌,在解释上适当扩大应收账款的范围,使其包含更多类型的应收款可避免非合同金钱债权的质押因违法物权法定原则而无效,不能否认其他具有一定财产价值且能够转让的应收款,如侵权应收款、不当得利应收款、和法院判决或仲裁裁决认定的应收款等参与融资的正当性[3]。

我国 2007 年颁布的《物权法》规定了应收账款质押制度,但并未对应收账款的内涵及外延进行界定,2007 年中国人民银行出台的《应收账款质押登记办法》中将应收账款界定为权利人因提供一定的货物、服务或设施而获得的要求义务人付款的权利,包括现有的和未来的金钱债权及其产生的收益,但不包括因票据或其他有价证券而产生的付款请求权,具体包括:(1)销售产生的债权,包括销售货物,供应水、电、气、暖,知识产权的许可使用等;(2)出租产生的债权,包括出租动产或不动产;(3)提供服务产生的债权:(4)公路、桥梁、隧道、渡口等不动产收费权;(5)提供贷款或其他信用产生的债权。《应收账款质押登记办法》作为行政规章的效力层级虽有待商榷,但在法律尚无明确界定之前,其在实践中发挥的指导作用无法忽视。

---

[1] UCC9102(a)(2),转引自孙超:《应收账款融资的法律问题研究——以促进债权流转为中心》,山东大学 2011 年博士学位论文。

[2] 雷凌:《论"应收账款"的债权性》,《兰州学刊》2008 年第 1 期。

[3] 汤一齐:《论我国应收账款质权的保护》,中国政法大学 2012 年硕士学位论文。

我国应收账款作为法律概念虽借鉴于《美国统一商法典》，但应收账款质押制度应适用于我国的法律制度和经济实践，不能完全复刻美国的概念，不必拘囿于会计学的概念，亦不应限于合同之债，对应收账款做扩大的解释有利于鼓励以应收账款为基础的融资，发挥应收账款质押的制度价值。应收账款的概念可以表述为：在票据、存单债权之外债权人有权向债务人主张的一定数额的金钱债权。应收账款实质上为一种金钱债权付款请求权，以买卖、租赁、服务等合同产生的债权为主，但不限于合同之债，且不包括票据等有价证券产生的金钱之债。

三、应收账款真实性的审查

应收账款质押制度确立后，以应收账款质押作为担保的融资也日益活跃，涉诉案件增加。然而与上述案例类似，由于诉讼中 A 银行所提供的证据无法确认应收账款的真实存在，债务人或者次债务人亦未到庭参加诉讼，导致法院因不能确认应收账款真实性而无法支持实现质押权的情况不在少数。当然，实务界也有观点认为应收账款质押只要订立了书面合同并且经过质押登记，即依法成立就可以裁判予以支持，是否存在真实的应收账款并不成为法院支持实现质押权的障碍①。事实上，应收账款质押权依法成立并不等同于质权人实现质押权的主张能够得到支持。这是因为，应收账款质押由出质人和质权人订立书面协议并进行质押登记设立，却并不以通知次债务人或者获得次债务人确认为前提，所涉应收账款的基础关系、到期时间、具体数额等都有赖于出质人提供的材料，在进行质押登记时，登记机关亦仅就当事人提供的有关书面文件材料以及陈述是否相符进行表面上的审查，而物权的真实状态与登记之状态是否相符，责任登记机关不负调查职责，只能由发起登记的用户对登记内容的真实性、合法性负责。因此，在质权人主张就应收账款优先受偿时，若次债务人未到庭应诉或未对所涉应收账款提出抗辩，法院确认所设应收账

---

① 该观点认为，即使在执行中发现并不存在真实的应收账款，"次债务人"也不会陷入无可补救的境地。

款的真实性主要有赖于以下两点：

（一）质权人对应收账款真实性的审查程度

在实践中，应收账款一般是企业向银行融资所提供的担保，质权人一般为银行，对于银行而言，应收账款担保融资的审核应当至少符合以下要求：一是应收账款存在真实的贸易背景，即应当考察应收账款基础交易的真实性。在涉及应收账款转让的保理合同纠纷案件中，就曾出现债务人（此处指对应收账款有支付义务的一方）在诉讼中抗辩其与出卖人之间不存在任何交易关系，经司法鉴定亦确认出卖人向保理方提供的买卖合同上债务人的签章系伪造。因此，在应收账款质押或转让中，质权人仅凭应收账款的所有人提供的交易合同确认应收账款存在真实的交易背景并不能认为其履行了合理的审查程序，必要时可通过实地考察、要求出质人提供交易双方往来磋商电文等方式确认基础交易的真实性。二是应收账款必须在正常付款期内，且借款人已经交易合同项下的交易义务，并能够提供相应证明，例如交易合同、增值税发票、发货凭证等。三是借款人用于申请资金融通的应收账款未设定任何形式的担保。对质权人而言，审查应收账款真实性不仅是融资业务的操作规程适当性的要求，也是为确保在诉讼能通过较为充分的举证以顺利地实现应收账款质押权。上述案例中，A银行主张实现质押权，但对于十一个次债务人的应收账款除了质押登记合同和概括性、模糊化地描述的质押登记证明，无法提供其他证据可以佐证，法院无法确认质押应收账款真实存在。

（二）应收账款质押登记的具体情况

如前所述，应收账款质押登记于中国人民银行的征信中心的系统，由用户填写质押财产信息的表格并将应收账款质押登记协议的影像格式文件上传至登记系统的"质押财产信息附件"栏目完成登记。应收账款登记具有一定的"形式性"，虽然也有观点认为概括性的、模糊性地登记有助于保护应收账款质押当事人的商业秘密，但这种概括性的登记，诉讼中却往往成为法院确认应收账款真实性的障碍。上述案例中，在质押登记质押财产描述一栏，仅列明出质人将其持有的一年内对前述十三个次债务人的应收账款质押于质权人，却没有上传任何基础交易合同或其他能够证明所涉应收账款存在真实贸易的凭证,仅有两个次债务人在诉讼中书面确认了应收账款的具体金额,所涉及的其余十一个次债务人应收账款法院仅凭质押合同和登记难以支持 A 银行实现质押权的请求。因此,质权人或者出质人在进行质押登记应当在应收账款质押协议中和应收账款质押登记中明确列明所质押的应收账款具体情况,即除列明质权人和出质人的情况外,还须列明款项金额、款项的债务人、款项支付期限、与款项对应的交易背景等,以保证应收账款质押有效性。

四、应收账款质押权的成立与通知次债务人之间的关系

应收账款属于债权,债权设质涉及第三人的利益,又属于物权变动的一种,在债权质的设定上,各国有不同的立法例,传统方式是以通知第三债务人为主导,辅之以债权证书的交付,如德国和法国从大陆法系民事法律行为的角度,将"通知次债务人"这种公示行为作为一般债权质押担保物权的成立生效要件。而现代方式则是围绕登记制度构建债权变动的公示机制。自 20 世纪 90 年代以来,《荷兰民法典》《魁北克民法典》《日本债权让渡特别法》等均借鉴《美国统一商法典》的模式建立了完善的债权登记制度。①

我国《物权法》确立应收账款质押在信贷征信机构登记为其成立要件,以登记这一公示制度取代了通知所具有的法律意义和对抗第三人的效力。然应收账款仍属于债权,"债权质之设定及移转,除民法或其他法律规定外,准用关于债权让与之规定,盖债权质之设定,不外为债权之创设的让与,从而以债权为标的之质权,不异以债权为母权之子权,例如债权质权之设定或让与,非通知债务人不得对抗之"。② 也有学者认为,通知仅为应收账款质权实现的条件,而非应收账款质权成立的条件。③

应收账款质押虽属于物权的变动,但其基础权利还是应收账款这一债权,一定程度上仍应遵循债权的相对性特点,对其处分应当通知次债务人,没有通

---

① 刘保玉、孙超:《物权法的应收账款质押制度解析》,《甘肃政法学院学报》2007 年 7 月总第 93 期。

② 史尚宽:《债法总论》,中国政法大学出版社 2000 年版,第 740 页。

③ 赵万一、余文焱:《应收账款质押法律问题》,《法学》2009 年第 9 期。

知次债务人,应收账款质押对其不发生拘束力。这是因为,即使应收账款质押通过在信贷征信中心公示登记系统登记而成立,应收账款质押的次债务人作为独立于应收账款质押合同法律关系之外的第三人并没有法律义务通过查询知晓应收账款质押设立的事实,若其仍然按照原合同向应收账款出质人履行合同进行债务清偿,则会导致作为应收账款质押标的的合同债务消灭,应收账款也随之消灭。

在内容上,对次债务人的通知可以分为两种情形:一种情况是应收账款出质人或质权人以书面通知应收账款质押次债务人应收账款质押的事实,但是次债务人未作出书面付款承诺或确认;另外一种情况是应收账款出质人或质权人书面通知应收账款质押次债务人应收账款质押的事实后,次债务人对应收账款质权人作出书面承诺或确认。对于前一种情况,应收账款质押因通知而产生对次债务人的拘束力,但次债务人可以行使基于基础交易产生的对出质人的抗辩权。对于后一种情况,可以认为次债务人对债务确认的同时对质权人作出了到期履行的承诺,则在质权人要求实现应收账款质押权时不得再以对债务人的其他抗辩对抗质权人①。

综上,从实现应收账款质押权的角度而言,通知次债务人对应收账款质押的最终实现具有重要意义。对于质权人来说,通知是保全质权的一种重要途径,而对于法院来说,应收账款质押的事实通知次债务人,可以依据次债务人对应收账款质押的认可、抗辩或者付款的允诺以审查应收账款之真实性。

五、应收账款质押权的实现方式

无论是《物权法》还是《应收账款质押登记办法》,都没有对应收账款质权的实现规则作出明确规定,这给应收账款质权的保护带来了严重的不确定性。对于应收账款质押权的实现方式,学界有不同的观点。一种观点认为,按照《物权法》第二百一十九条、第二百二十九条的规定应适用动产质权实现方式

---

①　有观点认为,这样会加重次债务人的义务,但事实上,次债务人作为商事主体,作出此种付款承诺即意味着愿意放弃对债务人的抗辩来对抗质权人,基于基础交易关系产生的抗辩可以向债务人另行主张。

的规定,在发生债务人不履行到期债务或者双方约定的实现质权的情形,应收账款质权人可以与出质人协议,以所质押的应收账款拍卖或者参照市场价格进行折价、变卖,应收账款质权人从其价款中优先受偿。该观点认为,应收账款质押参照动产质权的规定,质权人不能直接取代出质人的地位,向应收账款的债务人直接行使质押的应收账款债权并获得优先受偿①。这是与《物权法》第二百一十一条规定的禁止流质条款相一致的。这种质权实现方式有助于在合同当事人之间实现实质性的公平,能够有效防止担保物价值被低估,出质人利益受损的情况发生。也有观点认为,流质条款并不必然损害担保人、担保人的其他债权人以及国家的利益,也并不违反担保物权的制度意旨。我国立法不应当简单禁止流质条款,而应当将其置于契约自由原则之下,并通过法律行为的效力规则对其进行个别化调整。② 很多国家和地区的立法都明确认可债权质权实行中质权人的直接收取权③,赋予质权人直接收取权,"可在质权成熟后单独地、不借助于质权提供人的协助收获该债权"④。《物权法》没有对权利质权与动产质权二者间的差异对质权实现的影响予以充分重视,武断地将第二百一十一条禁止流质的规定适用于应收账款质押,由此导致了应收账款质权与动产质权实现方式一体化的结果出现,是对禁止流质条款的片面理解,也与其他国家将权利质权与动产质权的实现方式进行区分的立法例不相一致⑤。

---

① 持这种观点的人认为,在审判实践中,法院支持应收账款质权人实现质权的判决往往表述为:银行有权就应收账款拍卖、变卖所得价款优先受偿或银行在应收账款范围内对处分的价款享有优先受偿权。

② 孙鹏、王勤劳:《流质条款效力论》,《法学》2008 年第 1 期。

③ 李永峰:《指名债权质权中的理论问题——兼评〈物权法(草案)〉中的相应规范》,《法学论坛》2006 年第 5 期。

④ [德]曼弗雷德·沃尔夫:《物权法》,吴越、李大雪译,法律出版社 2002 年版,第 398 页。

⑤ 《德国民法典》第一千二百八十二条明确规定,在质权人和债权人均可以向债务人请求向其共同给付的场合,在质权人求偿限度内,质权人有权收取债权或请求向其让与金钱债权以代替支付;《日本民法典》第三百六十七条第一款明确规定,质权人可以直接收取作为质权标的的债权;我国台湾地区新修订的"民法物权编"第九百零五条也规定,以金钱给付为内容的债权质权,质权人在清偿期届至时有权就担保债权额度请求给付。《美国统一商法典》中也有债务人违约后,担保权人可以向应收账款债务人收款的规定。转引自苏长朋:《应收账款商事质押法律问题研究》,吉林大学 2014 年博士学位论文。

　　司法实践中,机械地照搬动产质权的实现方式进行裁判,并不利于质权人高效地实现应收账款质押权,对保护出质人亦无裨益。理由在于:第一,应收账款质押与一般的动产质押不同,应收账款质押的标的仅限于金钱债权,而不包括非金钱债权,其具有"自我清偿"的特点,应收账款往往不需要采取措施就可以变现,因此,若应收账款质押当事人之间存在约定,在债务人不履行债务时,质权人可以直接请求应收账款债务人向自己付款,可以尊重当事人之间的意思自治,避免了应收账款质押权在实现时对质押财产进行评估、折价或拍卖、变卖等烦琐程序;第二,禁止流质的条款本质上是为了保护动产质押中出质人的所有权。这是因为动产质押多以移转动产占有为客观表现,质权人实际上控制着担保物,若允许质权人直接向出质人行使质权并获得质物的所有权,将有可能进一步加剧出质人的不利地位,出于公平起见法律禁止质权人向出质人直接行使质权,对于已经由质权人占有的质物也必须以变卖、折价或拍卖的方式进行变现,禁止质权人直接获得质物的所有权。而应收账款属于权利,出质人可以对已设定质权的应收账款再次设定质权,应收账款质权人对应收账款的控制力远不如动产质权人,因此,应收账款质权中的出质人并不像动产质权中的出质人那样,自始就受到许多法定限制而处于一种极为不利的事实和状态。[①]　因此,考虑到货币一般等价物的特性,应收账款商事质押实现方式区别于动产质押,除了可以按照传统民事担保物权以标的物的变卖价款优先受偿外,质权人可就应收账款直接优先受偿。上述案例中,法院判决 A 银行就质押登记中被告 B 公司对 C 公司、D 公司的应收账款行使质押权利。

---

　　① 　应收账款质押权实现方式的相关观点,可参见苏长朋:《应收账款商事质押法律问题研究》,吉林大学 2014 年博士学位论文。

第十六章 留置权

第一节 留置权概述

我国《物权法》第二百三十条规定,留置权,是指债务人不履行到期债务时,债权人所享有的留置其已经合法占有的债务人的动产,并就该动产优先受偿的权利。债权人为留置权人,占有的动产为留置财产。法律直接规定债权人的留置权,目的在于维护公平原则,督促债务人及时履行义务,有效地抑制了债务人的道德风险。物权法规定的留置权具有以下特征:一是从属性,即留置权以担保债权的目的而存在,系从属于所担保债权的从权利,具有从属性,依主债权的存在而存在,依主债权的转移而转移,并因主债权的消灭而消灭。二是法定性,即留置权只能依据法律的规定而产生,不能由当事人自行设定。三是不可分性,留置权所担保的是债权的全部而非部分,留置权的效力及于债权人所留置的全部留置财产,留置权人可以对留置财产的全部行使留置权,不受债权分割或部分清偿及留置财产分割的影响。

留置权作为一种物权,其可因物权消灭的共同原因而消灭,如因留置标的物的灭失、被征收等原因;也可因担保物权消灭的共同原因而消灭,如因被担保债权的消灭、留置权的行使以及留置权被抛弃等原因;还有特殊的消灭原因:(1)因留置权人对留置财产丧失占有而消灭。留置权产生的前提条件是债权人对债务人财产的合法占有,若丧失占有则留置权消灭。需注意的是,此种消灭非终局性的消灭,留置权人可依占有的返还原物之诉要求非法占有人返还留置物而重新获得留置权。(2)因留置权人接受债务人另行提供担保而消灭。留置权的功能主要是促使债务人尽快偿还债务,如果债务人为该债务另行提供了相当的担保,则债权人的债权得到了充分的保障。此时,若留置财产上的留置权仍存在,则对债务人的利益限制过多,妨碍了债务人对留置财产的利用,因此,规定留置权人接受债务人另行提供担保的,留置权消灭。

第二节　留置权的构成

一、留置权成立的要件

留置权成立的要件包括:

1. 债权人已合法占有债务人的动产

债权人已合法占有债务人的动产包含三层意思:第一,必须是动产。第二,债权人必须占有动产,可以是直接占有,也可以是间接占有,但单纯地持有不能成立留置权,如占有辅助人虽持有动产,却并非占有人,故不得享有留置权。留置权人对留置财产丧失占有的,留置权消灭。第三,必须合法占有动产,债权人必须基于合法原因而占有债务人动产,如基于承揽、运输、保管合同的约定而取得动产的占有,如果不是合法占有债务人的动产则不得留置,如侵权人以侵权行为占有债务人的动产。

留置财产是否仅限于债务人所有的动产,各国的立法不尽相同,日本民法承认民事留置权的善意取得,而日本商法则对商事留置权的善意取得持否定态度;瑞士民法和韩国民法承认留置权的善意取得。对于《物权法》中"债务人的动产"应如何解释,应从留置权制度的设立目的来看。法律设立留置权制度的原因在于保全对标的物有保值增值行为的特定债权,而不在于标的物归谁所有,更不在于债权人是否知道该标的物的真正归属。因此,只要对标的物有保值增值的行为,债权人即可对由此产生的债权就其占有的标的物取得留置权。例如,在修理的合同中,修理费债权是因修理行为而发生,修理行为提升了标的物的价值,即便修理物不属于债务人所有,也应赋予修理人对该修理费用债权就修理物的留置权。债权人无从判断留置财产的权属关系,如果将留置财产限于债务人所有的财产,对债权人有失公平。结合《物权法》第一百零六条第三款规定:"当事人善意取得其他物权的,参照前两款规定。""债务人的动产"应解释为债务人交付债权人占有的动产,并非专指债务人所有的动产。对于属于第三人所有的动产,只要系由合法的占有人交付债权人,且债权人合法占有该动产,亦可成立留置权。因此,《物权法》第二百三十条规定的"债务人的动产"不仅局限于债务人拥有所有权的动产,在一定条件下还包括债务人合法占有的动产,即第三人所有的动产。

2. 债权人占有的动产,应当与债权属于同一法律关系,但企业之间留置的除外

留置权的目的在于通过留置债务人的财产,迫使债务人履行债务,以保障债权的实现。若允许债权人任意"留置"债务人所有的、与债权的发生没有关系的财产,则对债权人利益的保护过大,也会损害其他债权人的利益和交易安全,有违公平原则。因此,《物权法》明确规定留置财产应当与债权属于同一法律关系。"同一法律关系"是指债权人因与债务人发生某种法律关系而获得债权,而债权人恰恰是基于该债权产生的同一法律关系获得对债务人财产的合法占有,即债权和占有发生的基础法律关系具有同一性。常见的可能发生留置权的法律关系包括加工承揽合同、运输合同、保管合同、仓储合同等。但是,企业间的留置并不局限于"同一法律关系"。企业间的留置又叫"商事留置"。在商业实践中,企业之间相互交易频繁,追求交易效率,讲究商业信用,若严格要求留置财产必须与债权的发生具有同一法律关系,则有悖交易迅捷和交易安全原则。因此,《物权法》还规定,企业之间留置的财产可以不与债权属于同一法律关系,也称商事留置。

3. 债务人不履行到期债务

债权人对已经合法占有的动产,不能当然成立留置权,还须以债权已届清偿期而债务人未全部履行为要件。如果债权未到期,则债务人仍处于自觉履行的状态,还不能判断债务人到期能否履行债务,则留置权还不能成立。

【案例 16.1】留置财产并不限于债务人所有的动产——董某与某收藏公司留置权纠纷上诉案①

张某和董某均系古董收藏爱好者。董某有黄花梨椅子一张。为举办个人收藏品展览,张某于 2009 年 2 月 23 日向董某借用上述华丽椅子以供展览之用。在张某筹办展览过程中,张某所雇佣的搬运工由于疏忽,摔断了所借黄花梨椅子的一条腿。次日,张某将该椅子送到某收藏公司修理。张某同某收藏公司约定,修理费为 3 万元人民币,修理时间一个月,于交付修理费用时取回椅子。某收藏公司于 2009 年 3 月 11 日修理完。约定期满后,张某未支付修理费,亦未要求取回该椅子。同年 3 月 27 日,某收藏公司催告张某支付修理费并取回椅子。张某对某收藏公司的催告未予答复。同年 4 月 10 日,董某起诉至法院称,其系涉案黄花梨椅子的所有权人,要求某收藏公司返还其黄花梨椅子。

一审法院经审理认为,《物权法》第二百三十条所规定的债权人可以留置的动产必须是债务人张某的动产,而张某的动产应理解为其具有所有权的动产,而不是其合法占有的动产。涉案黄花梨椅子的所有权并不属于张某,因此某收藏公司的留置权并不符合留置权成立的条件。故董某主张返还其所有物的请求应予支持。据此,一审法院判决:某收藏公司返还董某涉案黄花梨椅子。

某收藏公司不服一审判决,提起上诉。二审法院经审理认为,尽管本案中黄花梨椅子并非张某所有的动产,但我国《物权法》规定的"债务人的动产"不仅限于债务人所有的动产,还应包括债务人合法占有的动产,故某收藏公司有权对其所占有的张某合法占有的动产成立留置权。在某收藏公司基于承揽合同关系占有债务人张某交付的合法占有的动产,在债务人张某不支付承揽合同约定的修理费用的情况下,债权人——某收藏公司可以对该黄花梨椅子成立留置权。据此,二审法院判决撤销一审法院判决,驳回董某的诉讼请求。

---

① 奚晓明:《民事审判指导与参考》(总第 40 期),法律出版社 2010 年版,第 65 页。

【案例 16.2】留置权不因留置物被法院扣押而消失——原告广州某造船厂与被告珠海某船务公司修理合同纠纷案①

广州某造船厂与珠海某船务公司于 2000 年 8 月签订《"长威"轮修理合同》，约定珠海某船务公司委托广州某造船厂修理"长威"轮，修理费暂定为 2384959 元，以实际工程费用结算为准，并就修理期限、修理费等进行了约定。合同签订后，"长威"轮进广州某造船厂的船厂修理，珠海某船务公司预付修理费 46 万元。修理工程完成后，双方于 11 月 1 日签字确认验收，工程最终结算价为 2384959 元。后因珠海某船务公司的原因，该轮继续靠泊于原告船厂码头。11 月 14 日，双方签订协议，约定从 2000 年 11 月 10 日起"长威"轮在码头停靠的靠泊费、电费、移泊费计算方式。广州某造船厂因多次向珠海某船务公司催讨修理费未果，于 2001 年 7 月 5 日向被告发出《留置船舶通知书》。同年 7 月 11 日，双方又签订协议就还款情况进行了约定。8 月 1 日，"长威"轮因另案被法院扣押，法院于 9 月 19 日发出卖船公告。广州某造船厂在公告规定的期限内向法院申请债权登记后，提起确权诉讼，请求判令：珠海某船务公司赔付广州某造船厂修理费、码头靠泊费、水电费及移泊费，并确认广州某造船厂对"长威"轮的船舶留置权。

法院认为，广州某造船厂按约定占有该轮，在珠海某船务公司不履行支付修船费义务时，对该轮依法享有留置权。"长威"轮被广州某造船厂依法留置后，处于原告的控制之下。后"长威"轮因另案被法院扣押，转由法院控制。此时，虽然广州某造船厂不再直接对该轮进行控制，但法院的扣押应当视为留置权人对船舶占有的延续或占有方式的转换，广州某造船厂并不因此丧失对该轮的占有，广州某造船厂的留置权依然存在。

审判实践中的另一个问题是，留置的船舶因船舶优先权或其他原因被法院扣押后，因船舶优先权或其他纠纷得到解决，法院解除了对船舶的扣押，而

---

① 见 http://www.lawtime.cn/info/jingjizhongcai/anli/2011072929749.html。

留置权人的债权仍未得到清偿,此时,会出现法院不再占有船舶而留置权人也不占有船舶的状况,如果原留置权人不及时占有船舶,那么有可能导致船舶脱离留置权人控制而使留置权无法实现。因此,为保障留置权人及时恢复控制船舶,在操作上应保持法院解除扣押和留置权人占有船舶时间上的衔接性。无论船舶是在留置权人的场所被法院扣押,还是不在留置权人的场所被法院扣押,法院在解除扣押的同时,都应通知原留置权人,由留置权人对船舶进行控制以保证留置权的行使和实现。

二、不成立留置权的情形

《物权法》第二百三十二条规定:"法律规定或者当事人约定不得留置的动产,不得留置。"据此:(1)法律规定不得留置的动产不属于留置财产的范围。如果法律基于公序良俗等原因明确规定某些情形下不得留置或者某些财产不得留置,则依照法律规定不得成立留置权。法律对"不得留置"的特别规定是充分考量各方权利义务之后所作出的利益平衡的结果。留置权为费用性担保权,法律将其界定为物权,不仅允许其优先于债权而受偿,而且允许其优先于抵押权和质权而受偿,自有其公共政策考量。如果法律针对某一特定情形,明定"不得留置",也有其公共政策考量,应当得到当事人的尊重。(2)当事人约定不得留置的动产不属于留置财产的范围。之所以允许当事人通过约定排除留置权,主要是由于留置权的目的是基于公平原则,为了保护债权人的利益,担保债权的实现,并不涉及公共利益或其他第三人的利益,如果债权人基于意思自治而自愿放弃这一权利,法律自然无须干涉。法律虽然规定了债务人不履行到期债务时,可以成立留置权,但并没有规定债权人在留置权成立后必然行使留置权,若当事人已事先在合同中约定不得留置的动产,留置权成立时债权人就不能留置该财产。《担保法》第八十四条第三款亦规定,当事人可以在合同中约定不得留置的物。《合同法》亦有类似规定,该法第二百六十四条、第三百一十五条、第三百八十条对于承揽合同、运输合同、保管合同中承揽人、承运人、保管人留置权的行使规定了约定除外的规定。

此外,《最高人民法院关于适用〈中华人民共和国担保法〉若干问题的解释》第一百一十一条规定："债权人行使留置权与其承担的义务或者合同的特殊约定相抵触的,人民法院不予支持。"

由此可知下列情形不能行使留置权:(1)留置动产违背法律规定的;(2)当事人约定不得留置的;(3)行使留置权与合同承担的义务相抵触的;(4)留置权行使与合同的特殊约定相抵触的。

【案例 16.3】违背合同义务的不能成立留置权——甲公司与乙公司留置权纠纷案①

甲、乙公司签订货物运输合同,约定由乙公司委托甲公司运输货物。合同签订后,甲公司依约履行。双方对账确认,截至 2009 年 4 月 16 日,乙公司共欠甲公司运费 977927.00 元。4 月 17 日,乙公司又委托甲公司运输钢板。因乙公司未按约支付前述运费,甲公司将该批货物留置。该批货物属案外人所有。5 月 8 日,甲公司起诉要求乙公司支付尚欠运费及利息,法院判令乙公司支付甲公司运费 977927.00 元并承担逾期利息,并承担案件受理费。现甲公司诉请法院判令其对乙公司 4 月 17 日委托运输的货物享有留置权,并就留置货物在生效判决确认的运费及逾期利息、案件受理费范围内优先受偿。

一审法院认为,甲公司占有并留置的系争货物的实际所有人为案外人而非债务人乙公司。甲公司与乙公司间货物运输合同约定的货物所有权权属状况的效力并不能及于合同之外的第三人,更不能对抗真正的货物所有权人,且甲公司已向实际所有人交付了部分货物,故甲公司扣留系争钢材缺乏合法前提。甲公司要求行使留置权对应的债权与留置的财产并非同一法律关系,虽然物权法规定企业之间留置并不需要满足同一法律关系,但如企业之间的留置不以债务人对其财产享有所有权为必要条件的话,则所有权人可能遭受的风险被无限放大,不利于诚信商业体系的建立,即商事留置权中留置的动产须为债务人所有的动产。故判决驳回

---

① 参见上海市第一中级人民法院(2011)沪一中民四(商)终字第 1341 号判决书。

甲公司的诉讼请求。

甲公司上诉。二审法院认为,动产的留置不得与债权人所承担的义务相抵触,债权人以运费未支付为由而在中途留置货物的,为法律不允许。甲公司在接受乙公司委托运输钢板后,其负有将钢板运到目的地的义务,不能因乙公司之前拖欠运费而留置该钢板,且甲公司对所要留置的钢板未付出过相应的对价。据此,判决驳回上诉,维持原判。

第三节　留置权的行使与实现

一、留置权的行使

债权人行使留置权时,应注意两点:(1)留置财产的价值限定。依据《物权法》第二百三十二条,留置财产为可分物的,债权人留置的财产的价值相当于债务的金额,而不应留置其占有的债务人的全部动产。可分物是指经分割而不损害其经济用途或失去其价值的物。在留置物可分的情况下,若坚持留置权的不可分性则不符合物尽其用的原则,也有损于债务人的合法权益。若留置财产为不可分物,由于该物的分割会减损其价值,不适用本条的规定,债权人可以就留置物的全部行使留置权。(2)对留置财产的妥善保管义务。留置权人行使留置权后,应当以善良管理人的注意义务对留置财产加以保管,因保管不善致使留置物毁损、灭失的,应承担与其过错相应的赔偿责任。关于何谓妥善保管义务,学术界有不同观点。一种观点认为,留置权人应以善良管理人的注意保管留置物;另一种观点认为,除不可抗力的原因外,留置权人均应对保管不善而造成的留置物的损失负赔偿责任。后一种观点实际上让留置权人承担了无过错责任,这一标准过于严苛,因而通说采用的都是第一种观点。留置权人对保管未予以善良管理人的注意义务的,即为保管不善。原则上未经债务人同意,不得使用、出租留置财产或擅自把留置财产作为其他债权的担保物。但是,留置权人出于保管的需要,为使留置财产不因闲置而生损害,可在必要的范围内使用留置财产,例如适当使用留置的机动车或机械以防止其生锈。

【案例 16.4】留置权未尽妥善保管义务应承担赔偿责任——李某诉某运输公司赔偿损失案①

李某和某运输公司签订一份货物运输合同,约定:由运输公司为李某运输一批鲜鱼 3 万斤,运费 5000 元,合同签订之日预先支付 3000 元,余下 2000 元留待合同履行完毕即行支付。签订后,李某即支付运费 3000 元给运输公司,运输公司亦立即组织车辆前往运货,并于 13 日晚赶回。14 日早晨,李某前来取货,运输公司要求其按照合同约定先行支付剩余 2000 元运费,但李某称暂无现款,拒绝支付。运输公司即扣押了 3000 斤鲜鱼,并要求李某在 16 日前支付剩余货款。待到 17 日,李某来支付运费时,由于气温较高,运输公司未对鲜鱼进行妥善保管和变卖,导致一半鲜鱼腐烂变质。李某即拒绝支付剩余运费,并要求运输公司赔偿 1500 斤鲜鱼腐烂造成的损失。运输公司拒绝赔偿,双方由此发生争执,李某遂将运输公司诉至法院。

法院认为,运输公司依据约定将鲜鱼运回本市,李某却未依约支付运费,因而运输公司的留置行为合法。运输公司留置的鲜鱼应当与李某所欠运费相当,并应妥善保管鲜鱼,在履行期限届满时亦应及时变卖鲜鱼,而运输公司的行为与此相违背并造成了一定损失。据此,法院认为运输公司应当赔偿因其过错导致李某鲜鱼损失合计 4500 元(按 17 日鲜鱼的市场价格每斤 3 元计算);李某应当依约支付宏达公司运费 2000 元。

在本案中,运输公司有两处明显不当的行为:其一,留置的鲜鱼价值明显高于所欠运费;其二,未对鲜鱼这一易腐坏财产尽到必要的保管义务,因此,对于由此造成的损失,应向李某承担赔偿责任。

【案例 16.5】留置权人未尽妥善保管义务承担的责任与其过错相应——王某诉某选矿厂、崔某承揽合同纠纷一案②

张某、崔某等人合伙成立某选矿厂。该厂与原告王某口头约定,由该

---

① 见 http://www.pmedu.org/baike/201110/7990_2.html,2015 年 6 月 27 日访问。

② 洛阳中院(2009)洛民终字第 1922 号,见 http://zjbar.chinalawinfo.com/NewLaw2002/SLC/SLC.asp? Db=fnl&Gid=118184533,2015 年 4 月 10 日访问。

厂为王某的852吨铜矿石进行浮选,加工费8万元。后王某分多次将852吨铜矿石运送到该厂加工,并安排两名工人驻厂看护。另运送24吨铜矿石加工,加工费2000元。2007年7月初,选矿厂加工完毕,督促看护人员将铜精粉装袋堆放在墙跟。王某与选矿厂未对精粉的质量、重量及所装袋数检验。因王某未筹足选费,铜精粉一直堆放在选矿厂。铜精粉出池后,案外人任某预付给王某40万元用于购买铜精粉。2007年7月25日,王某付给选矿厂加工费5万元,由崔某出具收条一张。7月30日夜,天降暴雨、山洪暴发、河水暴涨,淹没了选矿厂的厂区,王某的铜精粉也被淤沙掩埋。洪水过后,王某组织人员清理出9.88吨铜精粉,任某对外销售得款58983.4元。后因赔偿铜精粉被冲损失协商未果,王某诉至法院。经鉴定,王某的852吨铜矿石可加工的铜精粉的价值为319700元。

一审法院认为:王某、选矿厂之间系在履行加工铜矿石合同过程中,因没有及时给付加工费,承揽人行使留置权过程中留置物灭失而形成的财产损害赔偿纠纷。铜精粉损失系因天降大雨、洪水所冲毁,与选矿厂未尽到必要的注意义务(如对选厂所处地理位置、涧河河道拥堵等风险性的认识,夏季对暴雨天气的防范意识等)有直接的因果关系,对此,选矿厂应承担赔偿责任。铜精粉为可分物,本案中所涉及的债务(加工费)仅为82000元,其留置的铜精粉价值明显超过了债务数额,构成了不正当行使留置权,由此给王某造成铜精粉被洪水冲走的损失,亦应当承担相应的赔偿责任。损失系因自然因素引发,应适当减轻选矿厂的赔偿责任;另外考虑王某对防范暴雨天气的疏忽大意,不及时给付选费更是此次事故的间接原因,由其自行承担损失的40%。选矿厂上诉后,二审法院认为,王学义对铜精粉损失负有主要过错,应自行承担损失的60%责任;选矿厂作为加工承揽人未尽到充分的保管协助义务,承担损失的40%为宜。故将荣耀选矿厂承担的赔偿责任比例予以更正。

二、留置权的实现

留置权的实现是指留置权人对留置财产进行处分,以优先受偿其债权的行为。留置权人实现留置权必须具备两个条件:(1)留置权人须给予债务人以履行债务的宽限期。债权已届清偿期债务人仍不履行债务,留置权人并不能立即实现留置权,而必须经过一定的期间后才能实现。这个一定的期限,成为宽限期。宽限期多长,涉及债权人与债务人利益的平衡问题。期限过长,不利于留置权人实现债权;期限过短,不利于债务人筹集资金,履行义务。为此,《物权法》第二百三十六条规定,留置权人与债务人应当约定留置财产后的债务履行期间;没有约定或者约定不明确的,留置权人应当给债务人两个月以上履行债务的期间,但鲜活易腐等不易保管的动产除外。即留置权人留置财产后,便可与债务人自由协商确定一定的债务履行期限,或在未约定与约定不明的情况下给予两个月以上的履行债务期限。若留置财产为鲜活易腐等不易保管的动产,如海鲜、水果、蔬菜等,由于保管成本过高,如果宽限期过长容易贬值甚至失去价值,对留置权人和债务人均不利,故留置权人无须给予债务人两个月以上的宽限期。(2)债务人在宽限期内不履行义务。若债务人在宽限期内履行了义务,则留置权消灭。若债务人仍不履行义务,留置权人便可按照法律规定的方法实现留置权。

留置权实现的方法有三种,即折价、拍卖和变卖。折价是指留置权人与债务人协议确定留置财产的价格,留置权人取得留置财产的所有权;拍卖是指依照拍卖法规定的拍卖程序,于特定场所以公开竞价的方式出卖留置财产的方式,其公开性与透明度较高,但同时费用也较高;变卖是指以一般买卖形式出卖留置财产的方式。无论留置财产是拍卖还是变卖,都必须参照市场价格,而不可随意降低该留置财产的价格。《物权法》第二百三十八条规定,留置财产折价或者拍卖、变卖后,其价款超过债权数额的部分归债务人所有,不足部分由债务人清偿。留置权人就留置财产不足以清偿的部分要求债务人偿还,该部分债权为无担保物权的普通债权。

【案例 16.6】债务履行宽限期届满债权人可依法实现留置权——刘某与周某等承揽合同纠纷案①

2008 年 8 月,原告刘某与被告周某等达成加工承揽合同,约定由原告将一定数量的粗铟交付被告加工成精铟,被告向原告支付 100 万元押金,合同履行完毕后返还。后原告将 1100 公斤左右的粗铟交与被告加工,并收取了 100 万元押金。11 月初,被告按合同约定完成了粗铟的加工,但原告因资金周转困难,在接到被告通知后未立即领取。直至双方出具结算证明当日,原告共支付被告 590986 元,并从被告处提走了 527.465 公斤的精铟,剩余 450.088 公斤仍在被告处。11 月 14 日,刘某与周某结算后共同写下证明,刘某欠周某 80 万元。2009 年 6 月,被告再次通知原告,再不偿还拖欠的债务,则将留置的精铟变卖冲抵欠款。同年 6 月 3 日,被告将精铟 450 公斤以 787500 元的价格卖给了案外人。原告为此诉至法院。

法院认为,原、被告之间为加工承揽合同关系,被告 2008 年 11 月初通知原告领取精铟未果,便开始行使留置权是自我权利救济的合法行为。双方当事人未约定债务履行宽限期,但从周某行使留置权到变卖留置物实现留置权,已半年有余,超过了 2 个月,且期间被告数次催促还款,原告仍未履行,被告变卖留置物满足自己的债权,符合法律规定。

【案例 16.7】未履行通知义务而行使留置权不合法——甲公司诉乙公司仓储合同纠纷案②

2007 年 4 月 30 日,甲公司与乙公司签订《仓储协议》,约定甲公司委托乙公司储存和管理货物。协议签订后,甲公司先后向乙公司的仓

---

① 株洲中院(2011)株中法民二终字第 32 号,见 http://bmla.chinalawinfo.com/newlaw2002/slc/SLC.asp? Db=fnl&Gid=118267143,2015 年 4 月 10 日访问。
② 阮健、杨兵:《北京瑞达兴通商贸有限公司诉北京亚鑫公铁快运有限责任公司仓储合同案——保管人留置权行使的正当性问题》,《人民法院案例选》2013 年第 3 辑。

库储存水桶2094个。2008年7月29日，乙公司向甲公司发送函件，列明了双方结算款项。甲公司在接到函件后，向乙公司支付了部分仓储费。2010年3月27日，甲公司得知乙公司已将水桶销售出去。甲公司存放在乙公司处的矿泉水桶系案外人提供，甲公司交纳押金10万元。甲公司因其与该案外人的纠纷，起诉要求解除其与案外人签订的合同，案外人退还押金10万元等。该案判决生效后，双方签订执行和解协议，甲公司将2111个矿泉水桶归还给案外人，案外人向甲公司返还6万元。甲公司称因无法返还矿泉水桶，故该执行和解协议未能履行。

甲公司以乙公司在未通知其的情况下擅自出售水桶，导致其无法履行生效判决为由，请求乙公司赔偿由此造成的经济损失。

乙公司答辩并反诉称，其在结算函中通知将自行处理仓储物。甲公司共拖欠乙公司仓储费1.5万元，由于乙公司出售水桶所得价款不能抵偿乙公司所欠仓储费，故提起反诉，要求甲公司补交仓储费。

法院认为，甲公司与乙公司间为仓储合同关系。甲公司共拖欠乙公司仓储费1.5万元，应予支付。乙公司在甲公司未足额支付仓储费的情况下，对仓储的水桶享有留置权。虽然乙公司向甲公司发函，催促甲公司结算仓储费，否则其将自行处理仓储物。但甲公司在接到函件后支付了函件中提到的部分拖欠仓储费，且乙公司现有证据亦不足以证明其曾经通知过甲公司取走水桶，故在此种情况下，乙公司直接将仓储物出售给案外人的行为不属于正当行使留置权的范围，应属违约行为，应赔偿因其违约而给甲公司造成的损失。鉴于甲公司拖欠仓储费违约在先，且在其未能及时履行生效判决导致矿泉水桶损失的发生，亦存在一定过错，故在综合上述情况并结合矿泉水桶的市场价值，酌定本案所涉的矿泉水桶的损失为6万元。扣除甲公司拖欠的保管费后，判决：乙公司赔偿甲公司45000元，驳回甲公司的其他诉讼请求，驳回乙公司的其他反诉请求。

【案例 16.8】留置权的实现方式包括拍卖、变卖等——甲公司诉乙公司留置权纠纷案①

甲、乙公司于 2008 年 7 月 17 日签订《厂房租赁合同书》，约定甲公司将其一处厂房租赁给乙公司。由于乙公司拒付租金，甲公司于 2012 年 7 月 9 日向乙公司发出书面通知，要求解除该合同，并先后两次向法院提起诉讼，要求乙公司支付租金及违约金、电费、水费等，并得到法院判决支持。上述判决生效后，经甲公司申请执行，法院委托评估并拍卖属乙公司所有的位于上述租赁厂房内的动产财产及汽车，成交价为 86.7 万元。现甲公司起诉，请求确认其对乙公司在出租厂房内的财产享有留置权，且甲公司的合法到期债权在乙公司财产拍卖所得价款中优先受偿。

法院认为，原告对乙公司享有的到期债权业经生效判决所确认，原告并留置了乙公司在租赁原告厂房内的财产，故原告有权就留置财产优先受偿。判决确认甲公司对乙公司财产拍卖所得价款在扣除评估咨询费后，在到期债权范围内有权优先受偿，不足部分由乙公司清偿。

三、留置权的优先效力

在动产上既可以设立抵押权，也可以设立质权。根据《物权法》第二百三十九条的规定，留置权优先，即同一动产上已设定抵押权或者质权，该动产又被留置的，留置权人优先受偿。这是因为，一方面，留置权的债权项目一般较之其他债权，债权人不互动偶尔给付满足的危险更大；另一方面，留置权不具有物上代位性，从而也决定了它实现权利的有限性。故规定法定担保物权优先于意定担保物权优先受偿。

留置权的优先效力不受其产生时间的影响，也不受留置权人在留置动产时是善意还是恶意的影响。也就是说，无论留置权产生于抵押权或质权之前，还是产生于抵押权或质权之后，也无论留置权人在留置财产时是否知晓该

---

① 上海市浦东新区人民法院（2013）浦民一（民）初字第 42495 号。

动产上存在抵押权或质权,留置权的效力都优先于抵押权或质权。当然,如果留置权人与债务人恶意串通成立留置权,其目的就是排除在该动产上的抵押权或质权的,这已经超出了"善意和恶意"的范畴,属于严重违反诚实信用原则的恶意串通行为,在该种情况下,成立留置权的基础法律关系因双方恶意串通损害他人利益而无效,该留置权则应视为不存在,无所谓是否优先的问题。

【案例 16.9】留置权的优先地位及不当行使抵押权致使留置权受侵害的法律责任承担

管某驾驶小汽车发生交通事故,保险公司对损失估价后,确认该车的维修价格为 4 万元。管某委托案外人朱某将该汽车交付某修理公司维修。车辆维修结束后,管某一直未支付维修费,也未取走车辆。管某因购买该汽车曾向某金融公司贷款,并以所购车辆办理了抵押登记。后因管某未履行还款义务,某金融公司起诉要求管某还款,法院判决其归还借款并支付利息,判决书同时注明,若届期不履行还款义务,某金融公司对该汽车在协议折价、申请拍卖、变卖中所得转让款有优先受偿的权利。因管某在该判决生效后未履行付款义务,某金融公司在未征得某修理公司同意的情况下,将该汽车从某修理公司停车处取走。某修理公司随即向派出所报案。现该汽车的所有人已由管某变更为案外人董某。某修理公司起诉,要求被告管某给付汽车修理费 4 万元,偿付某修理公司代其垫付的路产损失赔偿款 11180 元、吊车费 4490 元、停车费 11850 元,被告某金融公司对其中的修理费 4 万元承担连带责任。

一审及二审法院均认为,某修理公司要求管某路产损失赔偿款、吊车费、停车费均由朱某授权某修理公司垫付,但管某授权朱某的权限仅有定损、汽车修理两项,朱某代表管某授权某修理公司垫付路产损失赔偿款、吊车费、停车费的行为,超越了代理权限,对该项诉讼请求,不予支持。某修理公司主张的修理费 4 万元,由于朱某系某修理公司的员工,由其代表管某确认欠某修理公司的修理费欠妥,但基于管某的汽车确实由某修理公司修理,受损汽车需修理的项目及单价已由保险公司确认为 4 万元,在修理完毕后,管某未对某修理公司的修理情况及修理费提出过异议,故对某修理公司主张的修理费用予以确认。某修理公司修理管某的汽车后,管某一直未支付修理费,某修理公司有权留置该汽车,并以该汽车折价或者以拍卖、变卖该车辆的价款优先受偿。现某金融公司未征得某修理公司同意,即将该汽车从某修理公司停车处强行提走,侵害了某修理公司对留置财产的留置权。某金融公司提走该汽车后,该汽车已进行了交易,现该车辆所有权人已变更为案外人,某修理公司的优先受偿权已因某金融公司的过错被剥夺。某金融公司未经某修理公司同意擅自提走车辆,在主观上明显具有过错,且直接导致了某修理公司留置权的灭失,应对某修理公司的损失承担相应责任。虽然某金融公司对管某的车辆享有抵押权,但留置权优先于抵押权受偿,后某金融公司的债权通过变卖车辆已得到清偿,致使某修理公司的债权丧失了应有的救济途径,某金融公司的行为构成了对某修理公司优先受偿权的侵犯。因此,某金融在管某不能清偿的范围内对某修理公司承担补充赔偿责任。某金融公司在承担赔偿责任后,有权向被告管某追偿。

同一动产上抵押权与留置权并存时,留置权优先于抵押权受偿。若抵押权人不当行使抵押权致使留置权难以实现时,留置权人可同时要求被留置人承担违约责任及侵害留置权的第三人承担侵权责任。在此情形下,第三人虽因侵害留置权而侵犯了留置权人的优先受偿权,但被留置人的违约责任并未被免除。基于债的相对性原理,应先由被留置人向留置权人承担违约责任,如果被留置人不能清偿债权,则由第三人在不能清偿的范围内承担补充赔偿责任。

第十七章　特殊担保方式

第一节　特殊担保案件的审理理念

一、概述

目前,司法实践中出现的一些特殊担保案件,因法律并未对其进行明文规定,故其性质、效力、操作模式等均引发了一些值得探讨的问题。这些特殊的担保方式在学理上一般称为"非典型担保",有广义和狭义之分。广义的非典型担保,系依其是否属民法已规定的类型为标准而做区分,民法中已有规定者,如抵押、质押和留置,被称为"典型担保",民法中未做规定,但在实务和判例法上已经得到确立者,被称为"非典型担保"①,一般包括让与担保②、假登记担保③和所有权保留④等。日本学说则认为,典型担保与非典型担保实质上的区别标准在于判断一项担保制度是"限制物权型"还是"权利转移型"。

---

① 高圣平:《物权法与担保法:对比分析与适用》,人民法院出版社 2010 年版,第 64 页。

② 指债务人或第三人为担保债务人的债务,将担保标的物的财产权移转于担保权人,而使担保权人在不超过担保的目的范围内,取得担保标的物的财产权,于债务清偿后,标的物应返还于债务人或第三人,债务不履行时,担保权人可就该标的物受偿。日本法上的让与担保还包括卖渡担保,系以买卖方式移转标的物的所有权,而以价金名义融通金钱,并约定日后可将该标的物买回的制度。陈华彬:《民法物权论》,中国法制出版社 2010 年版,第 522 页。

③ 又称"临时登记担保",是日本法上一种重要的非典型担保,即以金钱债权的担保为目的,通过签订契约或预约,当事人约定当债务人不履行时,作为债务的清偿,债务人将标的物的不动产所有权或其他权利移转至债权人的担保。

④ 指在买卖关系中,买受人虽先占有、使用标的物,但在双方当事人约定的特定条件(主要是价金的全部支付)成就前,出卖人仍保留标的物所有权,待特定条件成就时,再将该所有权移转给买受人的制度,在分期付款买卖中有着广泛的运用。

据此,非典型担保被定义为,在以所有权为中心的权利上,通过以转移或不转移的形式来避免和物权法定主义抵触,从而达到债权担保功能的制度①,此系狭义的非典型担保。

非典型担保的出现,反映的是社会需求随着经济发展而不断发生的演进。这一过程中,各种担保物权的经济功能被挖掘和扩大,财产的非占有担保化不断兴起,"物"的范围也不断扩大。对于非典型担保的有效性,物权说论者基本上从非典型担保并不抵触物权法定主义的立法意旨和非典型担保是一种习惯法上的担保物权为视角而肯定其有效性②。但在立法层面上,各国实践均较为谨慎。以让与担保为例,在大陆法系民法物权法典化前后,德国、瑞士、日本等纷纷出现有关让与担保效力的争论。虽然,日本在 1978 年制定了《假登记担保法》,但让与担保一直未上升为其实定法制度③。《德国民法典》则出现了以让与担保的有效性为前提的条文,但也并非直接调整让与担保。我国台湾地区在物权修法过程中曾有不少学者主张将让与担保制度成文化,但终未成功。可见,非典型担保虽已显现其实践价值,但一项制度的设计必须考虑其根植的社会环境、经济基础及程序配套的完整性,尤其在大陆法系民法格外强调概念逻辑体系的前提下,探寻非典型担保制度合理化的尝试仍将不断进行下去。

二、我国非典型担保的立法尝试与实践

我国 1996 年施行的《担保法》规定了包括一般抵押权、最高额抵押权、动产质权、权利质权和留置权的担保物权制度。随着我国市场经济体制的深入完善以及国家鼓励和促进中小企业发展政策的不断出台,中小企业融资需求和热情高涨。但大部分中小企业缺乏土地、房屋等可供抵押的财产,轻资产型

---

① [日]松冈久和:《日本非典型担保法的最近的动向》,郑芙蓉译,载渠涛主编:《中日民商法研究》第八卷,法律出版社 2009 年版,第 59 页。

② 王闯:《让与担保法律制度研究》,法律出版社 2000 年版,第 52—53 页。

③ 渠涛:《担保法理念的变迁与非典型担保制度的定位》,载刘保玉主编:《担保法疑难问题研究与立法完善》,法律出版社 2006 年版,第 123 页。

企业也无法提供机器设备等动产供质押,较难从大型商业银行获得贷款,因而融资渠道极其有限。在此背景下,一些中小型金融机构抓住机遇,创新推出不少新类型的担保形式,相较于传统担保方式更灵活、易操作,并逐渐在实践中形成惯例。不过因为缺少成文法的支撑,这些担保方式的法律效力存疑,也给债权人实现债权带来一定的不确定性。

在我国《物权法》的立法过程中,曾就应否将以让与担保为中心的非典型担保纳入我国担保物权法体系产生众多争议。肯定说认为,中国物权立法对于新的担保方式的应用和发展应当有所作为,有必要为实践需求的担保方式预先设定规则,以符合物权法定主义的要求,为司法实务提供裁判依据[①]。否定说则认为,让与担保本质上违反了物权法关于流质契约的规定,其缺乏公示性,债务人在清偿债务后,向债权人请求返还标的物的请求权只是基于债权的请求权,而非基于其所有权的物权请求权[②]。虽然最终生效的《物权法》并未纳入让与担保,但仍创设了浮动抵押权、应收账款质权、最高额质权、基金份额质权等新类型的担保物权,尽可能地满足中小企业对担保手段的多样化需求。这也印证了,"与担保相关的法律,是以金融为媒介,顺应金融交易中不断出现的新需要而不断变动的法律制度"[③]。

目前,我国审判实务认可的非典型担保包括:金钱担保(押金、保证金等)、账户质押(进出口退税托管账户质押、委托理财经纪账户质押)、收费权质押(公路桥梁、公路隧道或者公路渡口等不动产收益权质押、农村电网改造工程收费权质押)、让与担保(房屋按揭、进口押汇、回租赁、封闭式国债回购

---

① 梁慧星主编:《中国物权法草案建议稿:条文、说明、理由与参考立法例》,转引自邹海林:《担保物权制度的发展与中国〈物权法〉》,载渠涛主编:《中日民商法研究》第七卷,法律出版社 2009 年版,第 177 页。

② 王利明主编:《中国物权法草案建议稿及说明》,转引自高圣平:《物权法与担保法:对比分析与适用》,人民法院出版社 2010 年版,第 66 页。

③ [日]高木多喜男:《担保物权法》,有斐阁 1989 年版,前言部分。转引自渠涛:《担保法理念的变迁与非典型担保制度的定位》,载刘保玉主编:《担保法疑难问题研究与立法完善》,法律出版社 2006 年版,第 120 页。

等)以及所有权保留等①。此外,商铺租赁权质押、排污权质押、存货动态质押等担保方式也得到广泛运用。不过由于立法上的缺失,一旦交易主体发生纠纷,债权人要求行使这些非典型的担保物权时,司法机关不免产生会否突破物权法定和公示原则的顾虑,给审判带来不小的难题。根据最高人民法院就新类型担保开展调研的情况可知,审判实践对于该类案件多倾向于通过调解方式结案②,但调解结果仅能反映个别当事人对个案的解决态度,并不能代表司法的处理意见,自然也无法对其他类案乃至整个融资市场的规范起到示范作用。

三、非典型担保案件的审理理念探索

对于非典型担保的法律效力,理论界和实务界尚未有统一意见。持肯定态度的意见认为,司法应当顺应经济发展的需求,一个否定性的判决可能将影响甚至遏制一大批同一类型的贷款担保业务的发展,实践中可以通过对物权法定的软化解释,将新类型担保物权纳入其中③。持保留态度的意见认为,新类型担保的法律风险明显,这些风险本可以通过银行的内部风险控制予以避免,如果司法机关以司法解释的形式予以认可,由此产生的引导作用会使诉讼纠纷激增④。因此,除司法解释有明确规定,在合同效力认定方面,应依契约自由原则,只要不存在《合同法》第五十二条规定的情形,不宜轻易否定非典型担保合同之效力,以满足担保实践之需要。但在物权变动效力方面,应依物

---

① 王闯:《冲突与创新——以物权法与担保法及其解释的比较为中心而展开》,载最高人民法院民事审判第二庭编:《担保案件审判指导》,法律出版社 2014 年版,第 14 页。

② 最高人民法院民二庭新类型担保调研小组:《关于新类型担保的调研:现象·问题·思考》,载最高人民法院民事审判第二庭编:《担保案件审判指导》,法律出版社 2014 年版,第 35 页。

③ 上引最高人民法院民二庭新类型担保调研小组:《关于新类型担保的调研:现象·问题·思考》,载最高人民法院民事审判第二庭编:《担保案件审判指导》,法律出版社 2014 年版,第 35 页。

④ 上引最高人民法院民二庭新类型担保调研小组:《关于新类型担保的调研:现象·问题·思考》,载最高人民法院民事审判第二庭编:《担保案件审判指导》,法律出版社 2014 年版,第 36 页。

权法定和物权公示原则,不宜承认非典型担保的物权效力①。

笔者认为,一方面,我国坚持严格的物权法定主义,是对物权绝对性与直接支配性的尊重,亦是出于权利公示及保障交易安全与便捷的需要。如果轻易允许对物权法定的突破,将不利于我国方始建立的物权法体系的稳定,也可能损害市场交易安全。以日本为例,在金融领域以及登记公示制度尚不成熟的时期,"让渡担保和假登记担保等非典型担保曾往往被心怀叵测的人滥用"②,"这就决定了我们的选择不能从严格的物权法定主义这一极滑向物权自由主义的另一极"③。况且,我国法律并没有承认习惯法的法源地位,即使如日本学者所论,可将物权法定的"法"理解为包含习惯法④,也并不适用于我国当前的法律体系。因此,对于现行物权法未明文规定的担保类型,如欲承认其物权效力,应慎之又慎。

但另一方面,坚持与时俱进的思想路线又要求我们必须以发展的眼光看问题。对于当前社会中蓬勃发展的金融创新行为,司法机关不能囿于传统的审判思路,既不能以没有成文法支持为理由而予以回避,也不能简单地采取"一刀切"的态度予以否认,而应积极发挥司法能动性,鼓励和支持金融创新,只要不违反现行法律法规和国家的金融政策,司法就应充分尊重金融市场发展的规律,在确保整体金融体系安全运行的前提下给予市场主体足够的创新空间,促其打开收获利益与控制风险的双赢局面。

从这个意义而言,参考"物权法定主义之缓和"的主张或能有所启示。这一学说认为,新生的社会惯行上的物权,如不违反物权法定主义的立法旨趣,且又有一定的公示方式时,可以从宽解释物权法定主义的内容,将其解释为非

---

① 王闯:《冲突与创新——以物权法与担保法及其解释的比较为中心而展开》,载最高人民法院民事审判第二庭编:《担保案件审判指导》,法律出版社 2014 年版,第 14 页。

② 渠涛:《担保法理念的变迁与非典型担保制度的定位》,载刘保玉主编:《担保法疑难问题研究与立法完善》,法律出版社 2006 年版,第 122 页。

③ 高圣平:《物权法担保物权编》,中国人民大学出版社 2007 年版,第 27 页。

④ [日]稻本洋之助:《民法(2)物权》,转引自陈华彬:《民法物权论》,中国法制出版社 2010 年版,第 91 页。

新类型的物权①。照此,司法机关在审理涉及非典型担保的案件时,首先应判断其是否能被纳入我国《物权法》明文规定的担保物权的类型中,其次应考察其是否符合一定的公示要件,在满足前两项的条件下,方可结合具体案情进行适度从宽解释,综合判断其是否达到足以认可担保物权效力的标准。

第二节　所有权保留

一、所有权保留概述

所有权保留,指在移转财产所有权的商品交易中,根据法律的规定或者当事人的约定,财产所有人将标的物转移至对方当事人占有,但仍保留其对该财产的所有权,待对方当事人支付一部分或全部价款或完成特定条件时,该财产的所有权才发生移转的一种法律制度。② 其主要特征在于:第一,所有权保留为一种非典型担保,其既不同于人的担保,又不同于物的担保,而是通过标的物所有权的保留来进行担保。第二,所有权保留适用于移转财产所有权的商品交易,主要包括买卖(附条件买卖、分期付款买卖)、互易、赠与、租赁、租买等。第三,所有权保留可通过当事人自由创设或通过法律直接规定而产生。当事人的自由约定不得违背法律的强制性规定或公序良俗。因法律规定而产生的如日本分期付款买卖法的规定,对于分期销售政令中规定的指定商品,即使没有所有权保留设定契约,也可以推定所有权由卖方保留。第四,标的物所有权的移转以特定条件的成就为延缓条件,通常为价金的全部支付。第五,所有权保留以买受人占有标的物为成立要件,一般体现为直接占有,但特定情况下也体现为间接占有。③

所有权保留制度的设计"以设定标的物所有权移转的前提条件为特征,

---

① 陈华彬:《民法物权论》,中国法制出版社 2010 年版,第 92 页。
② 余能斌:《现代物权法专论》,法律出版社 2002 年版,第 338 页。
③ 参见李国际:《物权法原论》,法律出版社 2007 年版,第 267 页;陈祥健:《担保物权研究》,中国检察出版社 2004 年版,第 366—367 页。

精巧地实现了买受人对标的物的提前享用,有效地消弭了出卖人滞后收取价金的交易风险"①,可谓最适合分期付款买卖的一种担保方式。传统担保方式如抵押,虽能使买受人占有标的物,但抵押权的设定存在一定的登记公示成本,手续繁杂,且"在公示方法(登记、登录)不完备的动产里无法适用,在今日的分期付款买卖又以这种的标的物为最多"②,因此并不能实现既占有标的物又节约成本、提高效率的目的。又如质押方式,由于出卖人本身即可通过约定暂缓交货而占有标的物,取得与质押相同的效果,且从社会资源的利用效率来看,这种方式又无法实现物尽其用的目的,故实际意义不大。若在交易外的标的物上设定质权,一方面增加了出卖人的保管成本,另一方面也加重了买受人另行提供担保的负担,因此可操作性亦不强。所有权保留制度正是兼顾了交易的成本、效率和安全性,"在有效地确保出卖人价金债权的同时,又更为彻底地践行了法的效益理念"③,同时还能使买受人自觉地认识到,价款未付清前,其还不能成为标的物完全的所有人,"借此加强买受人对于价金债务之负荷意识,而促其按期履行货款"④。

【案例17.1】A公司与B公司买卖合同纠纷案⑤

A公司与B公司签订工矿产品购销合同一份,约定A公司向B公司出售10台设备,每台22万元,合同总价为220万元。双方约定,设备款未付清前需方不得将此设备做抵押、转让。合同订立后,B公司支付了前5台设备的货款110万元及后5台货款1万元,但未付清余款。A公司遂起诉至原审法院,要求B公司返还5台设备或原价赔偿损失109万元。原审法院认为,动产以交付作为所有权转移的公示要件,若当事人需另行

---

① 王轶:《所有权保留制度研究》,载梁慧星主编:《民商法论丛》第6卷,法律出版社1997年版,第594页。
② 刘得宽:《民法诸问题与新展望》,中国政法大学出版社2002年版,第3页。
③ 王轶:《所有权保留制度研究》,载梁慧星主编:《民商法论丛》第6卷,法律出版社1997年版,第597页。
④ 刘得宽:《民法诸问题与新展望》,中国政法大学出版社2002年版,第5页。
⑤ 参见浙江省绍兴市中级人民法院(2009)浙绍商终字第200号案。

约定所有权转移时间的,则该约定应当明确而肯定。就合同解释原则而言,以文义解释的方法无法得出原、被告具有约定所有权保留的肯定结论。因此,原告主张返还的合同依据不足,不予支持。原告提出不能返还,则要求赔偿的诉请,系备位之诉,该请求成立的前提是原告有权要求返还,而因被告的客观不能履行需承担赔偿责任。现原告因要求返还合同标的物的依据不足,故其主张不能返还时要求被告承担赔偿责任的请求,也不能得到支持。遂判决驳回 A 公司的诉讼请求。A 公司不服,提起上诉。二审法院认为,双方签订的合同第九条约定的内容为"设备款未付清前需方不得将此设备作抵押、转让",此条款仅系双方当事人对 B 公司取得设备后所有权行使作出不得抵押、转让等限制的约定,并非在设备款未付清时 A 公司仍保留设备所有权的约定,故本案中 A 公司将动产设备交付给 B 公司后,B 公司即取得该动产设备的所有权,A 公司不再享有该动产设备的所有权,其以设备保留所有权为由要求 B 公司返还设备没有事实和法律依据。遂判决驳回上诉,维持原判。

二、所有权保留的法律性质

从所有权的角度而言,德日通说认为,所有权保留的法律性质为一种"附停止条件的所有权移转"。[①] 该说之下,因物权变动模式的立法选择不同,又产生不同见解。依照台湾地区以及德国民法关于物权行为的独自性解释,分期付款买卖合同的效力于缔约同时发生,而非待价金付清后始生效力,也就是说,债权合同本身并不附有任何条件,只有所有权移转的物权行为才是附条件的。在不承认物权行为独立性的法国及日本的立法下解释,则应理解为所有权移转的效果,也由买卖合同本身来受到限制。[②] 对此,有观点认为,与一体合意原则相比较,区分原则能更加有效地对所有权保留制度加以阐释,并能使

---

① 参见刘得宽:《民法诸问题与新展望》,中国政法大学出版社 2002 年版,第 6 页。
② 参见刘得宽:《民法诸问题与新展望》,中国政法大学出版社 2002 年版,第 6 页。

其功能得到更好的发挥。① 但国内也有学者指出,如果仅物权合同附条件,而债权合同不附条件,那就意味着买受人依据买卖合同请求出卖人转移标的物所有权的债权请求权未受抑制,仍得主张,这与所有权保留条款订立的初衷相悖,同时也意味着允许当事人可以背离债权合同的约定去履行行为,亦与法理不合。② 此外还有"部分所有权移转说"。德国学者赖札主张,出卖人将标的物交付与买受人的同时,所有权的一部分也随之移转予受让人,形成双方共有一物的所有权形态。③ 日本学者铃木禄弥亦主张,所有权系"削梨"似的由出卖人一方逐渐移到买受人一方。④

从债权担保的角度而言,"特别质权说"认为出卖人所保留的应非系所有权,而是担保物权,它与质权没有实质上的区别,是一种特别质权。⑤ "担保性财产托管说"为法国学者所倡,认为债权人只具有在一定条件下请求债务人返还标的物的权利,标的物所有权的其他权能(包括处分权)完全被债务人所行使。⑥ "担保权益说"为美国法主流学说,认为在"担保权益"统一立法框架下,所有权保留的实质就是担保权益的保留,法律不应独立地对待所有权保留问题,而应从功能上将其视为债权人竞争和担保方法这个综合问题的一部分。⑦

笔者认为,所有权保留虽具有担保性,但其与担保物权仍有本质区别。担保物权是在债务人或第三人提供的物上成立的他物权,而出卖人保留的所有权是自物权,"与典型担保的定限物权之构成不同的是,所有权保留是权利本

---

① 参见汪志刚:《动产交付与所有权转让制度研究》,法律出版社 2011 年版,第 336 页。

② 参见王轶:《论所有权保留的法律构成》,《当代法学》2010 年第 2 期。

③ 参见刘得宽:《民法诸问题与新展望》,中国政法大学出版社 2002 年版,第 7 页。

④ 参见刘得宽:《民法诸问题与新展望》,中国政法大学出版社 2002 年版,第 9 页。

⑤ 参见王泽鉴:《民法学说与判例研究》第一册,中国政法大学出版社 1998 年版,第 159—160 页。

⑥ 尹田:《法国物权法》,转引自陈祥健:《担保物权研究》,中国检察出版社 2004 年版,第 380—381 页。

⑦ 参见陈祥健:《担保物权研究》,中国检察出版社 2004 年版,第 381 页。

身移转之构成"①,考虑到我国物权体系的完整性,不宜将所有权保留构造成担保物权。

三、所有权保留的域外立法及我国制度现状

所有权保留制度最早可追溯至罗马法时期。《十二表法》第六表第 8 条规定:"出卖的物品纵经交付,非在买受人付清价款或提供担保以满足出卖人的要求后,其所有权并不移转。"不过这是就"拟诉弃权"方式而言,在"要式买卖"则不发生保留所有权的问题。② 在罗马法上与所有权保留制度较为相似的是附加简约,一种是附加"所有权保留简约",另一种是附加"解除约款简约"。罗马法上虽有前述制度,但实际利用这一制度的案例较少,可见当时并未引起人们的足够重视。③

德国普通法亦承认所有权保留制度,但同样未受重视,因而 1888 年德国民法第一次草案并未明文设定所有权保留的条文,至 1898 年德国民法第二次委员会鉴于所有权保留制度系当事人的约定易起争端与疑义,才决定增列一条解释规定加以补充。当时存在三种提案,委员会经研究,最终采纳了其中一个提案:"动产之出卖人于价金清偿前保留所有权者,有疑义时,应认为所有权之移转系以清偿全部价金为停止条件。买受人给付迟延时,出卖人得解除契约",这就是《德国民法典》第四百五十五条的规定。④ 2001 年《德国债法现代化法》颁布,原第四百五十五条规定的所有权保留制度被规定在新文本《德国民法典》第四百四十九条。该条规定:"(1)动产的出卖人在价金支付之前保留所有权的,在发生疑义时,应当认为,所有权系附完全支付价金这一停止条件而转让(所有权保留)。(2)出卖人只有在解除合同之后,始得依所有权

---

① [日]近江幸治:《担保物权法》,转引自高圣平:《民法典中担保物权的体系重构》,载《法学杂志》2015 年第 6 期。

② 参见周枏:《罗马法原论》下册,转引自陈祥健:《担保物权研究》,中国检察出版社 2004 年版,第 372 页。

③ 参见陈祥健:《担保物权研究》,中国检察出版社 2004 年版,第 372 页。

④ 参见王泽鉴:《民法学说与判例研究》第一册,中国政法大学出版社 1998 年版,第 124—125 页。

保留而请求返还物。(3)所有权移转由买受人履行第三人的债权、特别是与出卖人相联系的企业的债权这一条件决定的,保留所有权的约定为无效。"①

美国在 19 世纪末期产生了附条件买卖的制度,指交易双方约定,在买方尚未支付最后一期货款之前,虽然买受人业已占有、使用所购货物,出卖人仍保留货物的所有权,待最后一期货款支付之后,方发生所有权的移转,这就是美国法上的所有权保留制度。后《统一附条件买卖法》于 1918 年出台,并先后被十四个州采用。但 1952 年《统一商法典》的制定则一改过去担保类型固定的法律传统,废止了附条件买卖、动产抵押及信托占有等各种动产担保交易的区别,而仅规定了一种担保形式即"担保约定",除个别单独规定外,其余内容都做共同适用的通则一体规定,并通过对程序的详尽设计,最大限度地统一了物的担保法。② 英国普通法惯例上,在分期付款买卖中,出卖人可以约定保留所有权的条款。此外,"租买"这样一种所有权保留形式在英国法上也占据了相当重要的地位。根据租买合同,租买人同意以分期支付租金的方法接受标的物,并具有选择取得购买人地位或租用人地位的优先权,而租卖人在租买人行使优先选择权的有效期内,不得将该货物另行出售。③

我国台湾地区"民法"的体例内容系以德国民法为蓝本,但对于所有权保留制度却并未效仿其立法或判例,究其原因,一是认为所有权保留的约定在实务中运用不多,无特别规定的必要;二是考虑到该制度牵涉甚广,故不宜轻率规定。直至 1963 年制定《动产担保交易法》时,才设专章规定了附条件买卖(即保留所有权买卖)。④ 该法虽仿英美,但也沿袭了大陆法系"物权法定主义"的传统,规定动产担保有且仅有动产抵押、附条件买卖及信托占有三种。⑤

---

① 杜景林、卢谌编:《德国债法改革——德国民法典最新进展》,转引自陈祥健:《担保物权研究》,中国检察出版社 2004 年版,第 373 页。

② 参见王轶:《所有权保留制度研究》,载梁慧星主编:《民商法论丛》第 6 卷,法律出版社 1997 年版,第 597—599 页。

③ 董安生等编译:《英国商法》,转引自王轶:《所有权保留制度研究》,载梁慧星:《民商法论丛》第 6 卷,法律出版社 1997 年版,第 600 页。

④ 参见王泽鉴:《民法学说与判例研究》第一册,中国政法大学出版社 1998 年版,第 125 页。

⑤ 吕荣海、杨盘江:《契约类型·信托行为》,转引自王轶:《所有权保留制度研究》,载梁慧星主编:《民商法论丛》第 6 卷,法律出版社 1997 年版,第 603 页。

　　就我国大陆地区的立法而言,在《物权法》出台之前,我国对所有权保留制度的承认是比较明确的。《民法通则》第七十二条第二款规定:"按照合同或者其他合法方式取得财产的,财产所有权从财产交付时起转移,法律另有规定或者当事人另有约定的除外。"《合同法》第一百三十三条规定:"标的物的所有权自标的物交付时起转移,但法律另有规定或者当事人另有约定的除外。"《合同法》第一百三十四条规定:"当事人可以在买卖合同中约定买受人未履行支付价款或者其他义务的,标的物的所有权属于出卖人。"《最高人民法院关于审理买卖合同纠纷案件适用法律问题的解释》(以下简称《合同法司法解释三》)第六部分对"所有权保留"制度做了更详细的规定,并明确指出所有权保留不适用于不动产交易。不过,2007 年《物权法》第二十三条"动产物权的设立和转让,自交付时发生效力",但书部分仅规定了"法律另有规定的除外",而删除了"当事人另有约定的除外",由此引发了所有权保留约定条款是否仍有存在空间的疑问。根据全国人大法工委对该条的释义,"法律另有规定的除外"主要是指:第一,《物权法》第二十五条至第二十七条确认的简易交付、指示交付及占有改定方式;第二,同章第三节规定的非依法律行为而发生的物权变动;第三,担保物权编规定的动产抵押权和留置权。① 基于此,有观点认为,出卖人基于买卖合同向买受人进行的标的物的现实交付,并非是在履行转移标的物所有权的义务,而是服务于买受人对于标的物直接占有、提前使用的需要,在标的物所有权的转移条件满足时,由于买受人已提前取得标的物的直接占有,这时标的物所有权的转移只需借助简易交付的方式即可完成。② 那么,根据《物权法》第二十五条"动产物权设立和转让前,权利人已经依法占有该动产的,物权自法律行为生效时发生效力"的规定,当事人约定的所有权转移条款生效之时即为"法律行为生效时",所有权自此转归买受人。这就为所有权保留的合同条款在我国《合同法》与《物权法》的框架下找到了继续生存的理由。

---

① 　参见胡康生:《中华人民共和国物权法释义》,法律出版社 2007 年版,第 67 页。
② 　参见王轶:《论所有权保留的法律构成》,《当代法学》2010 年第 2 期。

四、所有权保留的效力

（一）所有权保留的对内效力

1. 出卖人的取回权

出卖人取回权是指在所有权保留买卖于所附条件成就之前，当买受人不依约履行付款义务、不完成约定条件或有其他有损于出卖人利益的行为时，出卖人得从买受人处取回其占有之标的物的权利。对于出卖人取回权的性质，学者意见不一。我国台湾地区学者观点中，"解除权效力说"认为，买受人不依约支付价款，出卖人取回标的物并将之再行出卖，所订附条件买卖合同因之而失其效力。该合同之失效乃基于取回权之行使，故取回权之行使亦生解除权之效力。[①] "附法定期限解除契约说"认为，出卖人取回买卖合同标的物，合同尚未解除，须至回赎期间已过，买受人不为回赎时，合同始行解除。买受人不待回赎期间经过，即为再出卖请求的，或因有急迫情事，出卖人不待买受人回赎，径行为再出卖者，亦生同样效果。[②] "就物求偿说"认为，出卖人之取回制度应解释为系出卖人就物求偿价金的特别程序。出卖人基于保留的所有权而取回标的物，其目的在于满足未偿之价金债权，内容上类似强制执行中的查封。[③] 我国大陆有学者认为，应以承认取回权行使的独立存在价值，否认其与合同解除之间的必然联系为宜。[④] 笔者赞同这种观点，从取回权制度的立法目的来看，赋予出卖人以取回权，并不在于消灭当事人间的合同关系，而是对双方利益进行重新分配，且从买受人仍被允许回赎标的物这一设计亦能看出，尽量促成交易的有效完成才是双方当事人的主要需求。

关于出卖人取回权的行使，我国《合同法司法解释三》第三十五条规定：

---

① 林咏荣：《动产担保交易法新诠》，转引自王泽鉴：《民法学说与判例研究》第一册，中国政法大学出版社 1998 年版，第 177 页。

② 黄静嘉：《动产担保交易法》，转引自王泽鉴：《民法学说与判例研究》第一册，中国政法大学出版社 1998 年版，第 178—179 页。

③ 参见王泽鉴：《民法学说与判例研究》第一册，中国政法大学出版社 1998 年版，第 180 页。

④ 参见王轶：《所有权保留制度研究》，载梁慧星主编：《民商法论丛》第 6 卷，法律出版社 1997 年版，第 645 页。

"当事人约定所有权保留,在标的物所有权转移前,买受人有下列情形之一,对出卖人造成损害,出卖人主张取回标的物的,人民法院应予支持:(一)未按约定支付价款的;(二)未按约定完成特定条件的;(三)将标的物出卖、出质或者作出其他不当处分的。取回的标的物价值显著减少,出卖人要求买受人赔偿损失的,人民法院应予支持。"但出卖人取回权的行使亦受到价款支付比例及第三人善意取得的限制,该解释第三十六条规定:"买受人已经支付标的物总价款的百分之七十五以上,出卖人主张取回标的物的,人民法院不予支持。在本解释第三十五条第一款第三项情形下,第三人依据物权法第一百零六条的规定已经善意取得标的物所有权或者其他物权,出卖人主张取回标的物的,人民法院不予支持。"此外,买受人在标的物被取回后亦有回赎的权利,该解释第三十七条第一款规定:"出卖人取回标的物后,买受人在双方约定的或者出卖人指定的回赎期间内,消除出卖人取回标的物的事由,主张回赎标的物的,人民法院应予支持。买受人在回赎期间内没有回赎标的物的,出卖人可以另行出卖标的物。"

【案例 17.2】李乙与 A 机械公司返还原物纠纷案[①]

2003 年 1 月 24 日,李甲与 A 机械公司签订《产品销售合同》,约定李甲向 A 机械公司购买挖掘机一台,单价为 948000 元,李甲在签约后先付 1 万元定金,余款在收到货物后一次性付清。李甲所有货款支付完之前,A 机械公司保留挖掘机所有权,若李甲未能按合同规定支付货款,A 机械公司无条件收回该合同设备,并终止合同。此后李甲出具欠条,内容为:"欠 A 机械公司 10 万元,于 2003 年 3 月 21 日之前无条件归还,逾期未还,无条件将名下一台挖掘机抵给 A 机械公司。注:发票抵押给 A 机械公司。"2008 年 1 月 11 日,李甲与李乙签订《某某挖掘机买卖协议》,约定李甲将系争挖掘机以 448000 元出售给李乙,李乙一次性付清货款,李甲收到全部货款交货。同日,李乙付款给李甲 2 万元,2008 年 1 月 18 日通

---

① 参见湖南省岳阳市中级人民法院(2013)岳中民二终字第 180 号案。

过信用社付款给李甲 428000 元。李乙付清货款后,李甲将挖掘机交付李乙使用。李乙将该挖掘机安排在岳阳市某某路施工,2012 年 10 月 18 日,A 机械公司将该挖掘机拖走,李乙以 A 机械公司侵犯其合法权益,依法应当返还原物,并承担因侵权所造成的经济损失为由提起诉讼,请求判令 A 机械公司返还挖掘机,赔偿经济损失 5 万元,并自 2012 年 10 月 18 日起至挖掘机归还之日起每日赔偿 1200 元。

原审法院认为,李甲与 A 机械公司签订的合同约定,李甲货款支付完以前,A 机械公司保留所有权,此时挖掘机所有权在 A 机械公司,李甲属无权处分。对于动产的所有权,一般以占有作为动产物权的公示方法,李乙基于李甲对挖掘机的占有状态相信李甲有处分权,购买挖掘机,并支付挖掘机款。且 A 机械公司亦未举证证明李乙与李甲之间转让挖掘机的行为存在恶意串通行为,应认定李乙构成善意取得,李甲向李乙交付挖掘机时,李乙取得所有权。A 机械公司于 2012 年 10 月 18 日将李乙挖掘机拖走的行为是侵权行为,应当返还。遂判决 A 机械公司将挖掘机返还予李乙,并酌定每日赔偿金额为 300 元。

A 机械公司不服,提起上诉。二审法院认为,李甲已向 A 机械公司支付挖掘机货款达总货款的 89%,A 机械公司再以约定保留所有权而主张取回标的物,法院不予支持。李乙与李甲签订挖掘机买卖合同时,离李甲出具欠条承诺还 A 机械公司货款最后期限,已近五年之久,A 机械公司自述 2003 年后一直未能找到李甲并主张债权,在此情况下,李乙与李甲二人串通转移挖掘机逃避对 A 机械公司债务的可能性不大,A 机械公司也未能提供证据证明二者有恶意串通。李乙受让本案争议的挖掘机时,挖掘机已使用了五年,按李甲向 A 机械公司购买挖掘机时的价格来认定李乙未支付合理对价明显不合理,A 机械公司关于李乙不构成善意取得的理由不能成立,法院不予支持。李乙系合法取得挖掘机的所有权并占有该挖掘机,A 机械公司从李乙处取回挖掘机的行为没有法律依据,构成侵权,损害了李乙的合法权益,应当返还挖掘机并赔偿损失。A 机械公司拖走挖掘机,必然使李乙因不能营运该挖掘机而造成经济损失,原判决确定损失为每天 300 元是平衡双方利益后在市场行情以内酌情认定，并无不当。遂判决驳回上诉，维持原判。

2. 买受人的期待权

买受人期待权是指在所有权保留关系中，买受人期待在付清全部价款后即获得标的物所有权的权利。"期待权"的概念系由德国学说所创设，但德国民法及其他民事法规并未实际使用期待权这一称谓①，而被称为"与所有权本质相同只是略少一点"②的权利。对于所有权保留制度中买受人期待权的性质，德国司法界的主导看法是，一方面肯定保留所有权买卖，买受人的地位为期待权，得为让与，并受侵权行为法的保护；另一方面又基于物权法定主义的考虑，避免称之为物权。③ 学说上则存在"期待权系形成权说"，认为期待权系属一种取得权利的权利，而形成权也可因其行使而使权利人取得一定的效果，二者均可处于取得特定权利的前阶段。"买受人期待权否认说"认为，依买卖合同，买受人履行给付价金义务时，即可取得标的物之所有权，故应认为，买受人为所有权人，而出卖人所取得的是一种特殊质权。出卖人附条件移转所有权之目的，在担保未获清偿之价金债权，故其所保留的，应非系所有权，而系担保物权，论其实质，与质权无异。该说从制度设计上否认了期待权的存在。"期待权系物权说"认为，法律必须与时俱进始能适应社会的需要，承认期待权为物权，系一种法律发展，并不蔑视法律，与物权法定主义精神并无抵触。④我国学者对此亦有论述。一种观点认为，买受人的期待权就其本质属性而言，属债权，但因受所有权保留制度特性的影响，作为债权的期待权的效力已有所

---

① 参见王泽鉴：《民法学说与判例研究》第一册，中国政法大学出版社 1998 年版，第 142—143 页。

② ［德］汉斯·普律廷：《德国动产物权法与所有权保留》，庄加园译，《北航法律评论》2011年第 1 辑。

③ 参见王轶：《所有权保留制度研究》，载梁慧星主编：《民商法论丛》第 6 卷，法律出版社1997 年版，第 623 页。

④ 参见王轶：《所有权保留制度研究》，载梁慧星主编：《民商法论丛》第 6 卷，法律出版社1997 年版，第 623—626 页。

扩张,包容了原本归属于物权效力的部分效力。① 另有观点认为,买受人期待权既非物权亦非债权,将其类属为物权、债权或形成权之类属于方法不当,其在性质上属于物权期待权,具体讲是所有权的期待权。②

(二)所有权保留的对外效力

所有权保留制度因权利分化而易引起出卖人、买受人及第三人之间的权利冲突,各国立法因此希望从制度设计上来解决这一问题。采登记生效主义的,除当事人合意外,尚需践行一定登记方式,所有权保留始生效力。采登记对抗主义的,如我国台湾地区"动产担保交易法"规定,所有权保留非经登记,不得对抗善意第三人。采书面主义的,凭当事人意思表示一致并完成书面手续,所有权保留即生效,虽操作简便,但缺点在于欠缺公示性。我国现行法律并未对所有权保留的登记问题作出任何规定,因此司法实践中主要考虑当事人处分标的物是否具备一定的公示方法,以及第三人的行为能否适用善意取得制度。③

1. 当事人将标的物再让与第三人

(1)出卖人将标的物再让与第三人

此种情况下,第三人能否取得标的物所有权,应视标的物的占有状态及产权登记情况而定。一般情况下标的物由买受人占有,出卖人只能通过指示交付的方式转让标的物,第三人因从外观上无从相信出卖人为所有权人,故必须尽到查明标的物权属状况的谨慎义务,否则不得以标的物受让人的身份来对抗原买受人。当出卖人占有标的物时,如买受人因标的物瑕疵而暂时将其交回出卖人修理或以占有改定方式完成交付,善意第三人无从判断标的物上是

---

① 参见王轶:《所有权保留制度研究》,载梁慧星主编:《民商法论丛》第6卷,法律出版社1997年版,第629页。

② 参见余能斌:《现代物权法专论》,法律出版社2002年版,第378—380页。

③ 我国《物权法》第一百零六条规定:"无处分权人将不动产或者动产转让给受让人的,所有权人有权追回;除法律另有规定外,符合下列情形的,受让人取得该不动产或者动产的所有权:(一)受让人受让该不动产或者动产时是善意的;(二)以合理的价格转让;(三)转让的不动产或者动产依照法律规定应当登记的已经登记,不需要登记的已经交付给受让人。受让人依照前款规定取得不动产或者动产的所有权的,原所有权人有权向无处分权人请求赔偿损失。当事人善意取得其他物权的,参照前两款规定。"

否附有买受人期待权,出卖人将标的物让与善意第三人得以完成现实交付,该第三人则可对抗原买受人而取得标的物所有权。在标的物的物权变动以登记为对抗要件的情形下,若善意第三人在出卖人协助下已完成产权变更登记,则买受人期待权不能对抗第三人,该第三人可以取得标的物所有权。

(2)买受人将标的物或期待权再让与第三人

由于我国主流学理尚不承认买受人在支付价款前的地位为期待权或其他权利,也就无所谓期待权的转让问题,仅有动产所有权的善意取得。① 对于以登记为公示方式的动产而言,标的物所有人仍登记为出卖人,买受人无将标的物再行让与的可能。对于其他一般动产,根据《合同法司法解释三》第三十六条第二款的规定,第三人若具备善意取得的要件则可以取得标的物所有权,否则出卖人可行使取回权。

【案例 17.3】田某与沈某、马某买卖合同纠纷案②

2012 年 8 月 31 日,沈某作为转让方与田某作为受让方签订《转让协议》一份,约定由沈某将自有原装挖掘机一台以 555000 元的价格转让给田某。协议签订后,田某按约支付了 555000 元转让款,沈某亦向田某交付了该挖掘机。涉案挖掘机原系 A 公司所有。2009 年 9 月 7 日,A 公司曾与 B 公司签订买卖合同,将涉案挖掘机转让给 B 公司,并约定挖掘机所有权在货款付清前仍归 A 公司所有。2012 年 7 月 10 口,B 公司与 C 公司签订《产品买卖合同》《附属协议》及《挖掘机以旧换新协议》,约定 B 公司用旧机器十台(包括涉案挖掘机)以置换方式购买 C 公司六台机器,B 公司按约定支付 C 公司 220 万元差价。2012 年 8 月 1 日,C 公司的关联公司 D 公司与沈某签订《销售合同(二手设备)》,D 公司向沈某出售挖掘机八台(包括涉案挖掘机)。因 B 公司未如数支付货款,A 公司诉至甲法院。甲法院于 2013 年 2 月 5 日作出判决,由 B 公司清偿 A 公司货款并

---

① 参见李永军:《所有权保留制度的比较法研究》,《法学论坛》2013 年第 6 期。

② 参见江苏省无锡市中级人民法院(2014)锡民终字第 1380 号案。

支付相应违约金。后 B 公司未能按约履行判决内容，A 公司遂向甲法院申请强制执行。2013 年 5 月 7 日，甲法院裁定扣押本案双方诉争的挖掘机。2013 年 6 月 15 日，田某向甲法院提出执行异议申请，认为涉案挖掘机已由田某善意取得，所有权归田某所有，请求法院中止执行并返还涉案挖掘机。2013 年 7 月 7 日，甲法院作出裁定，认为 A 公司与 B 公司签订的是所有权保留合同，因 B 公司未按约支付货款，故该挖掘机仍归 A 公司所有，田某举证不足以证明法院扣押的挖掘机系其善意取得，故裁定驳回了田某的异议。现田某起诉至原审法院，认为沈某在转让时实际并未获得该挖掘机的所有权，导致该挖掘机被作为他人财产强制执行，田某、马某系夫妻关系，故请求判令解除田某与沈某签订的《转让协议》，由沈某、马某共同返还转让款 555000 元，并赔偿利息损失 13000 元。

原审法院认为，甲法院生效执行裁定书已认定涉案挖掘机所有权人为 A 公司，故沈某作为转让方实际并未获得涉案挖掘机的所有权。出卖人因未取得所有权或者处分权致使标的物所有权不能转移，买受人要求出卖人承担违约责任或者要求解除合同并主张损害赔偿的，人民法院应予支持。遂判决解除沈某与田某签订的《转让协议》，沈某、马某返还田某转让款 555000 元，并赔偿田某经济损失 13000 元。

沈某不服，提起上诉。二审法院认为，第一，沈某对涉案挖掘机依法享有所有权。沈某与 D 公司签订的八台挖掘机买卖合同是双方当事人真实意思表示，沈某按照约定支付对价，没有损害他人利益，也不违反法律、行政法规的强制性规定，合法有效。D 公司取得该挖掘机是通过自己的关联企业 C 公司与 B 公司采取"以旧换新、支付差价"的方法取得。B 公司与 A 公司的买卖合同约定所有权保留，B 公司在处置涉案挖掘机时，尚未按照合同约定支付价款，但是，A 公司在依法诉讼过程中，仅要求 B 公司支付价款、赔偿经济损失，并没有要求取回涉案挖掘机，B 公司在仅承担金钱给付义务的情况下，已经取得争议挖掘机的所有权。第二，当事人应当按照约定履行自己的义务，不得擅自变更或者解除合同。沈某与田某签订的买卖合同是双方当事人的真实意思表示，不违反法律、行政法规的强制性规定,合法有效,且双方按约履行完毕。田某认为沈某没有依法取得涉案挖掘机所有权,无权转让,与事实不符,因此,田某要求和沈某解除涉案挖掘机的买卖合同,没有法律依据。二审法院遂判决撤销一审判决,驳回田某的诉讼请求。

2. 所有权保留与第三人的担保物权

(1)所有权保留与抵押权的对抗效力。具体可分为如下几种情形:①出卖人在已交付买受人的附所有权保留的动产上设定抵押。若动产抵押未经登记,则第三人依抵押合同享有之权利不能对抗买受人的期待权;若动产抵押已为登记,善意第三人可依法取得抵押权。②买受人在其占有的动产上设定抵押。若动产抵押未经登记,则买受人属于无权处分,出卖人可行使标的物取回权对抗第三人的权利主张;若动产抵押已为登记,善意第三人取得抵押权,出卖人则无权行使取回权。③就已设定抵押的动产再为所有权保留买卖。对此,应严格依照我国《物权法》第191条的规定进行交易:"抵押期间,抵押人经抵押权人同意转让抵押财产的,应当将转让所得的价款向抵押权人提前清偿债务或者提存。转让的价款超过债权数额的部分归抵押人所有,不足部分由债务人清偿。抵押期间,抵押人未经抵押权人同意,不得转让抵押财产,但受让人代为清偿债务消灭抵押权的除外。"

【案例17.4】A 船舶公司与 B 工程公司、C 银行等船舶抵押合同纠纷案①

2008 年 4 月 20 日,A 船舶公司与 B 工程公司签订《进口船舶销售合同》,约定 B 工程公司向 A 船舶公司购买韩国进口的绞吸式挖泥船一艘,总价 11600 万元;交船时间预计为 2010 年 3 月 15 日前;该船产权同意以买方名义登记,最后剩余船款在船舶交接当日起 45 日内一次性付清;买方必须付足全部船款后方可实质性拥有该船产权,否则产权仍属卖方。合同签订后,A 船舶公司依约于 2010 年 3 月 9 日将船舶交付给了 B 工程

① 参见浙江省高级人民法院(2014)浙海终字第 17 号案。

公司。次日,B 工程公司向舟山海事局办理了船舶所有权登记手续并登记船名。2010 年 8 月 31 日,C 银行与 B 工程公司签订《授信协议》,约定 C 银行向 B 工程公司提供最高为 14000 万元的信贷额度,用途为固定资产贷款。同日,双方根据《授信协议》签订了《最高额抵押合同》,抵押物为涉案船舶,并向舟山海事局办理了船舶抵押权登记手续,抵押权证书载明 C 银行为船舶抵押权人,B 工程公司为抵押人。2010 年 9 月 2 日,C 银行与 B 工程公司签订《固定资产借款合同》,约定 B 工程公司向 C 银行借款 14000 万元,贷款用途为支付涉案船舶尾款等。C 银行依约发放了贷款。而后,因 B 工程公司未按约履行付款义务,A 船舶公司于 2011 年 11 月 8 日向海事法院起诉 B 工程公司,海事法院于 2013 年 4 月 22 日判决 B 工程公司支付 A 船舶公司购船欠款本金 2203 万元及相应违约金等。此外,因 B 工程公司多次逾期归还抵押贷款,且涉案抵押物已被法院查扣,C 银行于 2013 年 1 月 7 日诉至原审法院请求 B 工程公司及相关保证人归还借款本金 10430 万元等。该案以调解结案,C 银行就上述款项有权就涉案船舶的拍卖、变卖所得或折价优先受偿。

A 船舶公司认为 B 工程公司向 C 银行的抵押借款行为侵害了其对涉案船舶保留的所有权,且抵押金额远远超过船舶价值,故于 2013 年 3 月 29 日向海事法院起诉,请求判令确认 B 工程公司与 C 银行签订的《最高额抵押合同》无效,撤销 C 银行依据《最高额抵押合同》在涉案船舶上设定的抵押权。后案件因管辖原因被移送至原审法院审理。原审法院认为,根据《海商法》第九条第一款规定的"船舶所有权的取得、转让和消灭,应当向船舶登记机关登记,未经登记的,不得对抗第三人",A 船舶公司有关《进口船舶销售合同》保留所有权的约定对 C 银行不具有法律约束力。而根据物权登记的公信力,C 银行基于船舶所有权证书与 B 工程公司订立的《授信协议》《最高额抵押合同》《固定资产借款合同》依法有效,双方依据《海商法》第十二条、第十三条的规定向船舶登记机关办理了船舶抵押权登记手续,C 银行依法取得涉案船舶抵押权。况且,A 船舶公司提起主张购船欠款本金 2203 万元诉讼,从未主张涉案船舶所有权,而 C 银行发放了相应贷款,系对涉案船舶抵押权的善意取得。A 船舶公司认为 C 银行对涉案船舶的价值评估畸高及违背受托支付规定,存在恶意串通,但无证据佐证,缺乏事实和法律依据。遂判决驳回 A 船舶公司的诉讼请求。

A 船舶公司不服,提起上诉。二审法院认为,第一,关于涉案《进口船舶销售合同》中所有权保留的约定是否对 C 银行具有法律约束力。该约定符合《合同法》第一百三十四条的规定,应予保护,此时所有权归属是明确的,故本案不适用《物权法》第一百八十四条有关所有权不明或者有争议的财产禁止抵押的规定。C 银行在二审庭审中陈述在办理抵押之前,对于所有权保留的事实“根据生活经验,应当是知道的”,且其还主张涉案船舶所有权证书被 A 船舶公司控制,该公司工作人员携带前述所有权证书配合办理了抵押登记手续,故应认定 C 银行对于涉案所有权保留的约定知情,该所有权保留的效力应及于 C 银行。但是,《最高人民法院关于审理买卖合同纠纷案件适用问题的解释》第三十六条第一款规定,“买受人已经支付标的物总价款的百分之七十五以上,出卖人主张取回标的物的,人民法院不予支持”,根据本案查明的事实,B 工程公司向 A 船舶公司支付船款已达到船舶总价款的 75% 以上,此时 A 船舶公司已丧失对涉案船舶的取回权,而 C 银行依据船舶所有权登记证书办理的涉案抵押贷款已向舟山海事局办理抵押登记且经原审法院民事调解书确认有效,故前述所有权保留的约定不得对抗 C 银行已登记设立的船舶抵押权。第二,A 船舶公司关于涉案《授信协议》《最高额抵押合同》以及《固定资产借款合同》无效的主张,缺乏事实与法律依据,不予支持(本文略述)。第三,A 船舶公司亦不能证明 C 银行在办理贷款业务时与 B 工程公司之间存在恶意串通之故意,故其行使撤销权的依据不足,不予支持(本文略述)。二审法院遂判决驳回上诉,维持原判。

(2)所有权保留与质权的对抗效力。具体可分为如下几种情形:①出卖人在附所有权保留之动产上设定质权。由于质权自出质人交付质押财产时设立,故若出卖人已将标的物交付于买受人,其就不可能实现质物的现实移转,也就不能在其上设定质权;只有当买受人将标的物暂时交回出卖人修缮时,出卖人再行设定质权并交付于第三人,则依第三人是否为善意而定其能否取得质权。②买受人在其占有的动产上设定质权。因买受人尚未取得所有权,故其设质行为系无权处分,但若第三人已实际取得标的物并且符合善意取得要件时,仍可取得质权。③就已设定质权的动产再为所有权保留买卖。对出质人而言,由于其已丧失了对标的物的直接占有,故其实际上也不可能在所有权保留买卖中依买受人的要求移转标的物。对于质权人而言,因其并不享有质物的所有权,故亦无权处分质物,但对无权处分行为的受让人可适用善意取得制度。

【案例 17.5】A 纸业公司与 B 包装公司等买卖合同纠纷案①

2013 年 1 月 1 日,A 纸业公司与 B 包装公司签订产品购销合同,约定 A 纸业公司向 B 包装公司出售包装用纸,需方付清货款前,供方保留货物所有权。合同签订后,A 纸业公司陆续将包装用纸运送到 B 包装公司的仓库。经两公司对账,截至 2014 年 3 月 31 日,B 包装公司结欠 46573502.22 元,已付款 24741215.80 元,尚欠 21832,286.42 元。2014 年 4 月 2 日,A 纸业公司向原审法院提起诉讼,请求:1. 确认 A 纸业公司对放置在 B 包装公司某 39 号仓库中标示有"某某纸业"的所有包装用纸(总重量约为 5000 吨,总价值约为 1500 万元)具有所有权,并有权取回该货物;2. 判令 B 包装公司赔偿 A 纸业公司损失 6832286.42 元。诉讼中,C 银行申请作为有独立请求权的第三人参加诉讼并请求驳回 A 纸业公司要求对标示有"某某纸业"包装用纸享有所有权的请求。2013 年 3 月 14 日起至 2014 年 3 月,C 银行与 D 纸品公司签订数份综合授信协议和银行承兑协议以及流动资金贷款合同,约定 C 银行向 D 纸品公司发放贷款等融资;并签订三份质押合同为上述贷款提供担保,约定 D 纸品公司作为

---

① 参见福建省高级人民法院(2014)闽民终字第 1217 号案。

出质人以其依法所有或有权处分的位于某 39 号仓库内的瓦楞纸和牛皮卡纸向 C 银行出质。2013 年 3 月 4 日,B 包装公司声明,表示其完全知道某 39 号仓库内的牛皮卡纸、瓦楞纸用于向 C 银行质押融资,该公司将配合 D 纸品公司的工作。

原审法院认为,C 银行未审核标的物权属即与 D 纸品公司签订质押合同,没有尽到自己的注意义务,不符合动产善意取得的条件,故未支持其取得质权的主张,并判决 A 纸业公司对讼争包装用纸享有所有权并有权取回。C 银行不服,提起上诉。二审法院认为,本案出质人 D 纸品公司在《质押合同》《仓储监管协议》《质物清单(附质押确认回执)》《抵/质押物近仓单》等文件中均确认其对质物合法所有,并由某仓储公司作为保管人对质押物进行直接占有,根据动产所有权的占有公示主义,在 A 纸业公司无证据证明 C 银行具有恶意的情况下,应当推定 C 银行为善意,即 C 银行有理由相信 D 纸品公司对质押物享有所有权。A 纸业公司主张 C 银行明知质押监管仓库为 B 包装公司使用,对此,C 银行提供 B 包装公司于 2013 年 3 月 4 日出具的知晓质押事宜及货权声明一份,且在某仓储公司进驻 B 包装公司对质押物进行监管的过程中,B 包装公司也未有异议,这些事实均可证明 B 包装公司已通过书面声明及实际行为向 C 银行确认了质押监管仓库中牛皮卡纸、瓦楞纸归属 D 纸品公司所有。反观 A 纸业公司,假使如其所述,讼争包装用纸为本案《产品销售合同》项下发出的货物,在所有权保留的情形下,标的物权利的归属与其占有的外观相分离,第三人难以进行判断,A 纸业公司仅通过合同约定对货物保留所有权,并未采取措施将所有权保留进行公示,C 银行无从知晓其对货物享有所有权。况且,本案从现有证据来看,不足以证明讼争包装用纸为 A 纸业公司与 B 包装公司约定所有权保留的《产品销售合同》项下货物。因此,C 银行对于讼争包装用纸已依法设定质权,A 纸业公司不能取回上述包装用纸。遂判决撤销原审法院判决,驳回 A 纸业公司的诉讼请求。

（3）所有权保留与留置权的对抗效力。具体可分为如下几种情形：①在附所有权保留的标的物上发生第三人的留置权。我国《物权法》规定的留置权对象为债务人的动产，当因买受人的原因而发生留置时，所有权尚未移转于买受人的标的物并不能成为合法的留置对象；但若取得标的物的第三人为善意时，则依善意取得制度可于该标的物上成立留置权。②留置权在先，所有权保留买卖在后。由于标的物为留置权人所实际占有，故其有处分标的物的可能，但因其对标的物仅享有担保物权，所以其出卖标的物的行为属于无权处分。但对满足善意取得要件的第三人而言，则可于价金支付完毕时获取标的物所有权。

3. 当事人破产

（1）出卖人破产。附所有权保留的标的物是否应列入出卖人的破产财产？一般认为，此种情形下标的物不属于破产财产，破产管理人可请求买受人履行支付义务，所获价款则应归入破产财产。买受人取得标的物所有权的请求权属于破产债权，其可于价款支付完毕时取得标的物所有权，破产管理人不得对此主张取回权。若买受人经请求后仍不为履行，则破产管理人可解除合同或基于所有权保留而取回标的物。

（2）买受人破产。此种情形下出卖人能否行使标的物的取回权？根据我国《破产法》的规定，"管理人对破产申请受理前成立而债务人和对方当事人均未履行完毕的合同有权决定解除或者继续履行"。若破产管理人决定继续履行合同，则出卖人不得行使取回权，但买受人未到期的付款义务视为到期，其应一次性付清全部价款。支付完毕后，标的物所有权转移，标的物得列入破产财产；若未能给付，则出卖人可行使取回权。若破产管理人决定解除合同，出卖人则可取回标的物，向管理人返还已支付的价款，并且，根据《破产法》的规定，"管理人或者债务人依照本法规定解除合同的，对方当事人以因合同解除所产生的损害赔偿请求权申报债权"，出卖人可就由此产生的损害赔偿请求权申报债权。

第三节 钢贸质押等特殊担保案件的处理

一、钢贸质押案件的处理

钢贸质押属于动产浮动质押的一种,后者是指以企业的存货、原材料、成品、半成品等动产设定质押的担保方式。质物通常委托第三方监管,凭相应凭证办理质物出入库手续,质物在一定警戒线基础上可以进行动态置换①。其特点在于质押的动产在担保期间内处于"浮动"状态,对于这种情形,我国《物权法》只明文认可了动产浮动抵押制度,但未涉及质押方式,因而动产浮动质押的法律效力尚存争议。实践中,动产浮动质押模式已受到越来越多中小企业的青睐,尤其在钢材贸易等资金密集型行业,资金周转时间长,向外融资必不可少,但企业规模不大,又缺少不动产等担保物,唯一可以发挥效用的就是其赖以生存的钢材,在这种形势下浮动质押的担保方式便应运而生。本部分将结合钢贸质押的具体案例,剖析其法律性质,并从动产质押的认定要件出发,提出审理该类案件的基本思路。

(一)典型案例及其折射的司法困境

【案例 17.6】A 银行与某贸易公司等金融借款合同纠纷案②

2012 年 9 月 10 日,原告 A 银行与被告某贸易公司签订了一份《银行承兑协议》,约定 A 银行向贸易公司提供人民币 5600 万元的商业汇票承兑额度,承兑敞口额度为 1400 万元。A 银行依约开立了银行承兑汇票。同月,A 银行又与贸易公司、案外人某物流公司签订了一份《动产质押与监管协议(适用于动态动产质押核定库存业务)》,约定贸易公司以协议

---

① 最高人民法院民二庭新类型担保调研小组:《关于新类型担保的调研:现象·问题·思考》,载最高人民法院民事审判第二庭编:《担保案件审判指导》,法律出版社 2014 年版,第 31 页。

② 参见上海市浦东新区人民法院(2013)浦民六(商)初字第 4059 号案。

附件《质物清单》和《质物库存表》所列钢材向 A 银行提供质押担保,担保的主债权本金金额为敞口 1400 万元,期限为一年。关于"质物",协议约定 A 银行委托物流公司作为监管人,"按照协议附件验收质物的品种、规格、数量和重量等,质物的货权和内在品质由质权人和出质人确认。质物品种的变更由质权人和出质人决定,并通知监管人。质物品种的变更应符合监管人的监管要求。质权人同意在满足质物最低价值的条件下,允许质物的进出库和数量变化。监管人按协议约定传送给质权人的附件《质物库存表》构成对协议项下质物清单变化情况的不时确认,并构成对质物清单的修改,无需另行签订补充协议"。关于"质物的最低价值",协议约定"在全部偿清授信协议项下的债务前,不论出质人是否置换、提货,质物的价值不得低于质物最低价值,质物最低价值由质权人向监管人出具的最近格式如附件《质物最低价值通知书》确定。质物的品种和单价由质权人向监管人出具的格式如附件《质物价格确定/调整通知书》确定。质物的价值由质权人确定的单价乘以质物的库存数量确定"。关于"质物的交付",协议约定"三方共同到现场办理质物验收等相关手续,出质人向监管人移交质物,并填写附件《质物清单》,《质物清单》经质权人确认后发送监管人,监管人按照《质物清单》列明的内容核查出质人交付的质物,验收无误后予以确认,并向质权人发送经确认的《质物清单》,自监管人发出确认后的《质物清单》之日起,视为质物移交质权人,由监管人代理质权人占有质物。质物出质前,监管人已为出质人保管该批货物的,监管人在向质权人签发《质物清单》的同时,出质人应向监管人返还原存货凭证(如有)和其他单据(如有),监管人对收回的上述单据予以注销作废。在新的质物进入监管人的仓库时,一经监管人签署格式如附件《质物库存表》和《货物入库质押申请/批准单》,该等新入库的质物视为移交质权人,由监管人代理质权人占有质物。关于新质物的规定同前"。协议还对监管人存放质物的详细地址进行了约定。后因贸易公司在汇票到期日前未依约足额交付票款,导致 A 银行于 2013 年 3 月就该等汇票分别进行了垫付。故 A 银行诉至法院,要求贸易公司偿还垫款并支付相应的逾期利息,并要求行使对贸易公司提供质押钢材进行折价、拍卖或变卖所得价款的优先受偿权①。

法院经审理后认为,A银行与贸易公司签订的《银行承兑协议》依法成立,当属有效,缔约双方理应恪守。贸易公司未履行还款义务,已构成违约,故对A银行要求贸易公司归还垫款本金及支付相应逾期利息的主张予以支持。

关于A银行要求对贸易公司质押的钢材行使质权的主张,则存在两方面的问题。一方面,经法院释明,若A银行要求对质物优先受偿,必须明确涉案质押钢材的范围,并提交相关的证据材料,如涉案质押钢材的原始货权凭证(买卖合同、付款凭证、发票等)、仓库库存明细表、过户单、出入库单等,证明其已采取财产保全措施的钢材确属贸易公司质押予其的钢材,而A银行实际能够提供的证据十分有限。另一方面,A银行在案件受理后立即向法院申请保全了由物流公司监管的位于A钢材市场内的钢材共5613.904吨(包括线材2519.773吨、带钢3094.131吨),但随后法院就收到案外人某钢铁公司的保全异议,认为存放于A钢材市场549号、476号仓库内的3128.811吨带钢应属该钢铁公司所有,却被当作本案贸易公司的财产而遭到查封,故请求法院予以解封。可见,质物范围不定、权属不清给案件的审理带来了难题。最终,法院认为A银行提供的证据不足以证实质物的真实存在,故而驳回了该项诉讼请求,但同时指出,如嗣后A银行发现其他相关证据,可就该项主张另行寻求救济。

该案例涉及近年来法院审理涉钢贸金融案件时普遍会遇到的质押问题。司法实践的困惑在于,即使银行根据法院的要求提供了足够证据,证明其主张质权时"质物"真实存在,并能明确"质物"的范围,但因现批"质物"已不是当初签订质押合同时确定的那批质物,质押设定的效果是否自然及于现批"质

---

① 本案中,原告A银行还要求各被告承担其为实现债权而支出的律师费,同时要求其他保证人为贸易公司的债务承担连带清偿的保证责任。基于论述针对性的考虑,在此省略未述。

物"？法院能否认可银行在此种情况下的优先受偿权？易言之,当事人之间约定的浮动质押模式能否产生担保物权的法律效力？而对案外人的异议,法院又当确立怎样的审查标准？

(二)钢贸质押的法律性质辨析

钢贸质押是动产浮动质押的一种,对于其性质,一种观点认为,我国《物权法》规定的动产质押是指债务人或者第三人将其动产出质给债权人占有,将该动产作为债权的担保。法律并未禁止采取浮动的方式设定质押,因此对其有效性应予肯定。另一种观点则认为在所谓的"浮动质押"中并没有特定质押物,债务人将质押物交付债权人后仍可以自由交易的约定,不符合质押的性质和特征,事实上也造成了市场秩序的混乱,不符合法律规定和立法精神,故对其有效性应予否定。笔者认为,"动产浮动质押"就其法律性质而言,仍属于动产质押,承认其有效性并未违反物权法定主义的立法旨趣。

1. 基于法经济学角度下社会利益最大化的考察

波斯纳认为,就法律经济学而言,"任何法律,只要涉及资源使用——而事实上恰恰如此——无不打上经济合理性的烙印……判决时,你也正在对资源使用的各种可能进行明确或不明确的比较和选择。无疑,判决必须依最有效率地利用资源这一原则进行"。[①] 从市场推出动产浮动质押这一模式的动机的角度出发,一方面,"浮动"意味着可交换。对中小型企业而言,如果按照一般质押的做法将其经营的商品交予银行,却不能跟随市场变化灵活处置商品,则不符合现代物权的发展趋势。日本的 ABL 手法(Asset Based Lending, 资产担保型贷款)就允许金融机关和企业通过集合动产让渡担保的方式,实现以在库产品提供融资担保的目的[②]。风险理论进一步表明,浮动担保制度用一系列浮动的未来财产来确保交易的安全,有助于克服市场对物的价值可

[①] [美]理查德·波斯纳:《法律的经济分析》上册,转引自李霞:《波斯纳:法律的经济分析》,黑龙江大学出版社 2009 年版,第 135—136 页。

[②] [日]近江幸治:《因市场变动引发的担保制度变化》,渠涛译,载渠涛主编:《中日民商法研究》第九卷,法律出版社 2010 年版,第 120 页;[日]堀龙儿:《关于 ABL(资产担保型贷款)》,刘惠明译,载渠涛:《中日民商法研究》,法律出版社 2010 年版,第 124—125 页。

能带来的贬值风险。而从社会资源的利用效率来看,浮动担保的形式实现了"物尽其用"的目的,既发挥了物的交换价值,又不影响物的信用担保功能,体现了物权的利用权中心化的价值取向。①我国《物权法》新增浮动抵押制度也正是顺应了这个趋势。然而,"理性人"也许并不满足,因为从另一方面看,他们还希望能够确保控制权及投入相对减少的交易成本。"质押"相对抵押的一大优势在于债权人可以通过占有质物而取得留置的效果,这也是风险控制中重要的一环。有观点认为,鉴于《物权法》对抵押标的采开放性规定,可将新类型担保的标的纳入抵押的范围②,笔者认为并不符合市场的实际需求。此外,正如科斯所强调的,所有替代方案都有成本③,对金融机构而言,虽然"控制"本身也会产生交易成本(如付费聘请第三方物流公司对质物进行监管),但这是可预期甚至可量化的,比起不转移担保物(如浮动抵押)所需支出的登记公示成本、结晶时的界定成本、排除抵押物妨害的成本等,质押方式可能更有利于实现整体资源的优化配置。因此,无论从金融机构还是借款企业的角度出发,承认动产浮动质押的效力都有利于社会资源的有效利用,也符合国家鼓励和支持中小企业创新发展的金融政策。

2. 基于一物一权主义下集合物理论的考察

认为"浮动"的质物违反一物一权主义的观点,主要是基于每一笔出库和入库的货物都是单独一物而言的。诚然,一物一权主义是为了落实好标的物的指定性和独立性,便于公示④,但当人们对担保物交换价值的利用期待已甚于其使用价值时,为了降低交易成本,便尝试将集合物一体视作"一物"以满足其特定化。根据集合物理论,"一物"指"在法律观念上"具有特定性和独立

---

① 徐冬根:《浮动担保法律问题比较研究》,上海交通大学出版社 2007 年版,第 10 页。

② 最高人民法院民二庭新类型担保调研小组:《关于新类型担保的调研:现象·问题·思考》,载最高人民法院民事审判第二庭编:《担保案件审判指导》,法律出版社 2014 年版,第 36 页。

③ 凌斌:《界权成本、洛克世界与法律经济学的视角转换》,《北大法律评论》2012 年第 13 卷第 1 辑。

④ [日]田山辉明:《物权法》(增订本),转引自高圣平:《物权法与担保法:对比分析与适用》,人民法院出版社 2010 年版,第 245 页。

性的一种，而不限于客观的独立一物①。史尚宽先生认为，"一物如何而始具有个体性格，应依交易观念及当事人意思决之。因经济交易之必要，以集合物为一个物"②。"担保物权之标的为特定之物或权利，盖标的物非经特定不得以其变价满足债权，但于此点，担保物权成立之时，与实行之时其间缓急之程度有不同，即担保物权于实行之际，标的物必须特定，而于担保物权成立之时，则仅以于将来实行之际标的物得特定为已足。然为担保之目的，其标的物虽于实行之际应为特定，然无须常为同一，例如以流动之仓库中商品为质权之标的"③。法国 2006 年《担保法》改革扩展了质押标的的范围，根据修订后的《法国民法典》，当事人得以现在的或未来的财产设质，只要该财产是可确定的。同时允许以种类物设质，但"债权人应当将之（质押财产）与自己同性质的财产分离开来"。修订后的《法国商法典》则对"库存质押"设置了浮动门槛：当库存的状态显示质押设立文书所注明的价值的 20% 已经减损，债权人可以要求债务人重新设立抵押，或按照已经证实的减损比例偿还已借金额④。笔者认为，对实务中出入库的货物作为一个统一整体的，只要交易各方严格遵照质押协议的约定，对质物流动进行规范记录，对不易区分的货物（如钢材）进行外观标识化，那么在特定事由发生时，质物是可以实现特定化的。至于因实际操作不规范导致的质物范围不明、权属不清的问题，只是个案审查的难易问题，不应影响理论上对动产浮动质押符合动产质押法律性质的承认。

3. 基于动产交付要求下间接占有行为的考察

多数案例显示，为减轻质物多次转移的负担，各方一般约定仍将货物存放于原仓库，实际占有质物的库主则转而为债权人行事，成为质物的监管人。在一般质押关系中，质权人为直接占有人，而在加入了监管人以后，监管人为直接占有人，质权人则成为间接占有人。质权人虽非直接占有质物，但可通过与监管人订立契约固定其权利与义务，达到控制质物的目的。如 A 银行案例中

---

① 刘保玉：《物权法》，中国法制出版社 2007 年版，第 47 页。
② 史尚宽：《物权法论》，中国政法大学出版社 2000 年版，第 9 页。
③ 史尚宽：《物权法论》，中国政法大学出版社 2000 年版，第 251 页、第 356 页。
④ 李世刚：《法国担保法改革》，法律出版社 2011 年版，第 95—96 页。

的质押监管协议约定,"监管人必须按照质权人的书面指示和本协议的约定给予出质人提货或换货,办理质权人对质物的提货……对质物出入库的数量以及质物的现状进行记录,保证提货、换货后剩余质物的价值符合本协议的规定"。对于质权人间接占有质物的情形,依《德国民法典》立法的意旨,只要法律提到"占有"或"占有人",在理解上均应包括间接占有①。《德国物权法》规定,动产上质权的公示工具为占有,显然占有改定不被允许,但可以通过基于占有媒介关系的返还请求权之让与方式来设定质权,不过占有媒介人必须被通知到,这才构成充分的交付之代替②。史尚宽先生亦认为,"就一定仓库中之商品设定质权,其商品于质权设定后迄于其实行前,认为得变动时,质权有效成立。盖此时标的物占有之转移,得依仓库的锁钥之交付,或以对于仓库人的指示之交付,为之"③。基于此,浮动质押模式下"不转移质物存放位置"的约定并不等同于"不转移质物的占有"。出质人移转质物的占有,并不以现实交付为必要,以其他方式交付亦可,如出质人并不直接占有质物,而仅间接占有质物时,也可采用将返还请求权让与质权人的方法代替现实交付④。"在仓库营业人……等第三人占有标的物的情况下,于其物设定质权时,除质权设定之合意外,由设定人对于第三人(直接占有人),以就其物已为债权人设定质权之旨为通知,而成立质权"。⑤ 如 A 银行案例中的质押监管协议约定,"质物出质前,监管人已为出质人保管该批货物的,监管人在向质权人签发《质物清单》的同时,出质人应向监管人返还原存货凭证(如有)和其他单据(如有),监管人对收回的上述单据予以注销作废"。综上,借款企业与金融机构、监管公司共同约定以原仓库作为质物存放地,监管公司不再作为出质人的保管人,转而替质权人代为监管,使质权人取得对质物事实上的控制力,该等情形应被认定为已完成质物的交付。

---

① [德]鲍尔、施蒂尔纳:《德国物权法》上册,张双根译,法律出版社2004年版,第129页。
② [德]鲍尔、施蒂尔纳:《德国物权法》下册,申卫星、王洪亮译,法律出版社2006年版,第553—554页。
③ 史尚宽:《物权法论》,中国政法大学出版社2000年版,第356页。
④ 高圣平:《物权法担保物权编》,中国人民大学出版社2007年版,第347页。
⑤ 史尚宽:《物权法论》,中国政法大学出版社2000年版,第348—349页。

（三）钢贸质押案件的司法审查标准

尽管理论上有承认钢贸质押效力的余地，但审判实践中仍存在一些难点。比如，经过多次交易或权属变更，已难以确认质押物的实际范围；监管人仓库同时存放不同权属钢材，因疏漏造成钢材混同，案外人对质物权属提出异议；部分借款企业以同批钢材向不同银行重复设定质押，造成债权人之间存在争议等。对钢贸案件的认定和处理，将直接关系到大量金融债权的实现，也可能对金融市场秩序产生较大影响，故做具体分析如下：

1. 多重法律关系的处理

在金融机构与钢贸企业的借款合同纠纷中，因存在钢贸企业重复质押钢材、仓储企业开具虚假仓单等行为，有的金融机构在主张借款的同时，还一并要求钢贸企业承担质物虚假的赔偿责任、仓储企业承担质物保管不当的赔偿责任或监管人未切实履行监管义务的责任。对于这种情形，笔者认为，如果诉讼标的同一，构成《民事诉讼法》第五十二条规定的必要共同诉讼的，应当合并审理；如系基于不同事实或法律关系提出，不构成必要共同诉讼的，单独处理或合并处理均不违反法律规定，可根据具体案情灵活处理。

如 B 银行与某贸易公司等金融借款合同纠纷案①。B 银行既起诉借款人某贸易公司，要求其归还借款，同时又起诉某物流公司，要求其承担赔偿责任。对此，法院认为，本案是原告 B 银行与被告贸易公司因金融借款合同关系而引发的纠纷，原告起诉的理由是依据《流动资金贷款借款合同》的约定，要求借款人清偿贷款本息。而原告同时认为物流公司未能妥善保管担保物，导致涉案担保物权属不清且数量明显减少而要求其赔偿。由于原告与物流公司之间的争议系因履行《动产质押监管协议》而引发的纠纷，该等监管关系是原告与物流公司之间形成的独立法律关系，并非从属于金融借款关系，故法院裁定驳回了 B 银行在本案中对物流公司的起诉，并告知 B 银行可另案起诉物流公司。

2. 对钢贸质押成立的认定

根据《物权法》第二百一十条、第二百一十二条以及《担保法》第六十三条

---

① 参见上海市浦东新区人民法院（2012）浦民六（商）初字第 5953 号案。

的规定,设立动产质押,当事人应当订立书面质押合同,质权自出质人交付质押财产时设立,出质人不得代质权人占有质物。因此,主张质权的金融机构除提交质押合同外,还需举证证明质押钢材交付的事实。对于质押钢材是否交付存在争议的案件,金融机构可以提交销售合同、发票、质保书、货运单、仓单、进仓单、盘点清单等书证,或者申请仓储企业出庭作证,以证明诉讼时金融机构仍实际占有质押钢材。金融机构不能举证证明钢材交付事实的,对其要求行使质权的诉讼请求不予支持。

如上述 A 银行案例中,A 银行于 2013 年 5 月 9 日起诉时,除提交了《动产质押与监管协议》外,还提交了如下书证:(1)截至 2012 年 9 月 7 日的《质物库存表》,分列了当时已在仓库存放的将用于出质的带钢和线材的库区、存货编码、存货名称、规格型号、期末结存件数及期末结存数量,合计 3173 件,总重 6524.731 吨。(2)A 银行于 2012 年 9 月 10 日出具的《质物价格确定/调整通知书》,告知线材单价为 3135 元,带钢单价为 3002 元;同日出具的《质物最低价值通知书》,告知质物最低价值为 1996 万元。(3)截至 2012 年 9 月 10 日的《质物清单》,分列了线材和带钢的规格、重量、数量、质权人确认单价,合计 3173 件,总重 6524.731 吨。(4)有效期为 2012 年 7 月 16 日至 2013 年 7 月 15 日的《工矿产品购销合同》,由某金属公司销售给贸易公司的钢材合计 6700 吨,分列了带钢和线材的材质、规格型号、单位、数量、单价、总金额;该金属公司还向 A 银行出具一份承诺函,确认贸易公司已付清货款,货物所有权已转移至贸易公司;2012 年 7 月 20 日至 9 月 4 日期间的《入库单》。(5)截至 2013 年 2 月 28 日 16 时的《质物库存表》,载明线材 1229 件,重量 2519.773 吨;带钢 1477 件,重量 3094.131 吨;合计 2706 件,总重 5613.904 吨。虽然质押合同签订时,出质人即贸易公司向 A 银行指定的监管人交付了质押钢材,但质物经流转后,A 银行未能及时监控质物出入库的过程并留存相应文件,导致证据链发生断裂,至 A 银行起诉并实施保全时,又出现案外人对同批钢材权属提出异议,整个过程中 A 银行未能证明质物仍真实存在,故法院对其要求行使质权的诉讼请求不予支持。

又如 C 银行与某建材公司等金融借款合同纠纷案①。法院经审查后认为,C 银行仅提交《出质通知书》《出质通知书(回执)》和《某某仓储库存明细报表》,但上述三份证据中记载的内容均缺乏详细的规格、重量、件数、捆绑号、质保书等足以特定化钢材特征的参数,亦不符合《合同法》关于仓单的形式要求,且 C 银行未能说明钢材的具体交付、流转情况和现状,故难以据此认定质权已经设立。

再如 D 银行与某商贸公司等金融借款合同纠纷案②。二审法院经审理查明,原存放于监管人处的钢材于案件审理时已经灭失。法院认为,质权的行使应当建立在质押物存在的基础上,现因质押物的灭失导致 D 银行的质权不能行使,故对于 D 银行要求某商贸公司承担质押担保责任的诉讼请求,法院无法支持。

实践中,亦有支持金融机构的案例。如 E 银行与某物资公司等金融借款合同纠纷案③。法院经审理查明,至 E 银行起诉时,相关证据显示存放在监管人处的质押钢材范围明确,螺纹钢、盘螺存放的库区、产地、数量、重量等均能确定,且审理过程中质物未再变动,故法院认为 E 银行有权对某物资公司提供的质物行使质押权,且质物的品名、规格、数量及重量应以最后一次《仓储库存表》记载的内容为准。

3. 对案外人异议的处理

(1)质物权属争议。钢贸企业以其自有的钢材为其借款进行动产质押担保,但案外人对同一批钢材主张所有权,并能提供原始购入凭证、运输单证、买卖合同、仓单等凭证的,应如何处理? 笔者认为,出质人通常只能以自己所有的动产设定质押,如果发生质物权属争议,法院应当审查双方提供的物权凭证的真伪,保护真实权利人的利益。如无法确定相关凭证系伪造,则应当比较双方证据的证明力大小,按照优势证据规则确定钢材权属。金融机构不能举证

---

① 参见上海市宝山区人民法院(2013)宝民二(商)初字第 1528 号案。

② 一审:上海市浦东新区人民法院(2013)浦民六(商)初字第 3648 号案;二审:上海市第一中级人民法院(2014)沪一中民六(商)终字第 185 号案。

③ 参见上海市闸北区人民法院(2012)闸民二(商)初字第 583 号案。

证明争议钢材系出质钢贸企业所有的,法院对其要求行使质权的诉讼请求不予支持,但如果金融机构符合善意取得质权的法定条件的,仍可取得质权。

(2)重复质押的情形。因债务人重复质押等行为,多家金融机构对同一批钢材均主张质权,应如何处理? 笔者认为,根据动产质权成立的要件,多家金融机构对同一批钢材均主张质权的,应当以实际取得并持续占有质押钢材的金融机构为质权人。如果各金融机构都无法举证证明上述事实,或者提供证据的证明力彼此相当的,则对其要求行使质权的请求均不予支持。

(3)质物混同的情形。金融机构与钢贸企业订立借款合同和动产质押合同,但在诉讼中,经审查无法对质押钢材与仓库内其他钢材予以区分的,应如何处理? 笔者认为,质权应当成立于特定的质押财产上。仓库中钢材发生混堆,难以区分质押钢材的,金融机构可以提供销售合同、发票、质保书、货运单、进仓单、仓单、盘点清单等书证,或者申请仓储方作证,将质押钢材特定化。如金融机构不能完成上述举证责任,对其要求行使质权的诉讼请求不予支持。

如 F 银行与某金属公司等金融借款合同纠纷案①。二审法院认为,本案的质押系浮动质押,质权人应在提起诉讼主张质权时确定具体质物。虽然 F 银行提供了质押物明细、库位图、库存明细报表等证据,但其亦承认库位图与现场存放的钢材有所差异。故上述证据不足以反映质押钢材的真实状态,即质物的范围仍难以确定。同时,存放本案所涉质物的仓库中还存放有他人的钢材,原审法院在财产保全过程中,仓库方亦无法根据库存明细表确认质押钢材的数量和品名。故该仓库中不同权利人的钢材极有可能存在混同堆放、无法区分的情形。此外,涉案仓库的钢材已因案外人的合同纠纷案件被其他法院查封,而 F 银行未能提供充分证据证明其主张质权的钢材确为某金属公司所有,即 F 银行主张行使质押钢材的权属在现阶段难以认定。综上分析,本案所涉质押钢材在质押期间发生过变动,F 银行、金属公司及监管人并未依照《质押监管协议》约定对质物进行定期盘点确认,提起本案诉讼时 F 银行仍不

① 一审:上海市宝山区人民法院(2013)宝民二(商)初字第 150 号案;二审:上海市第二中级人民法院(2013)沪二中民六(商)终字第 241 号案。

能确定质押财产的范围,且质物可能存在与他人钢材混同堆放且质物权属难以认定的情形。据此,F银行要求行使质权的诉讼请求,二审法院不予支持。

4. 未取得质权的救济

如果没有证据或证据不足以证明钢贸企业交付了所约定的质押财产的,导致金融机构未取得质权,金融机构可寻求以下救济:(1)质权未成立不影响质押合同的效力,金融机构基于质押合同要求出质人承担违约责任,经依法审查成立的,应予支持;(2)金融机构委托仓储企业、监管公司监管质物,金融机构以仓储企业虚开仓单,或者仓储企业、监管公司未妥善保管质物,导致无法行使质权为由,要求其承担赔偿责任,经依法审查成立的,应予支持。

二、保证金质押案件的处理

"保证金账户资金质押"(以下简称"保证金质押")是金融机构与担保公司开展授信担保业务合作中出现的一种新型担保方式。有观点认为,鉴于金钱"占有即所有"的原则,保证金质押不符合典型担保物权(定限性担保物权)的特性,故其不应取得对抗第三人的效力。也有观点认为,保证金账户内的资金只要符合"特定化"和转移占有的要件,就可以成立质权。本部分将结合具体案例,探究保证金质押的法律性质,并对其认定要件进行具体分析。

(一)典型案例

【案例17.7】A公司与B银行某支行、C担保公司案外人执行异议之诉案[①]

某市甲区法院在审理A公司与C担保公司等追偿权纠纷一案的过程中,于2012年11月26日对C担保公司在B银行某支行处开立的账户项下人民币2804000元进行了冻结,并于2014年4月1日将该款划至甲区法院的执行专用账户。而在2013年6月20日,同市乙区法院受理了B银行某支行与某实业公司、C担保公司等金融借款合同纠纷一案,法院

---

① 参见上海市浦东新区人民法院(2014)浦民六(商)初字第8478号案。

经审理后判决："若某实业公司届时未履行上述判决主文第一、二、三项中所确定的给付金钱义务，B 银行某支行可以 C 担保公司质押于 B 银行某支行账号为××××保证金专用账户内的保证金优先受偿。"2014 年 6 月 3 日，B 银行某支行向甲区法院就 A 公司申请的执行提出异议，认为根据 B 银行与 C 担保公司签订的《授信担保业务合作协议》(以下简称《合作协议》)，B 银行某支行对该保证金账户中的钱款享有质押权及优先受偿权，法院不应将该款项作为 C 担保公司的一般存款进行扣划。甲区法院经审查后，支持了 B 银行某支行的异议请求，依法裁定："中止对被执行人 C 担保公司开立在 B 银行某支行账户内扣划的 2804000 元的执行。"2014 年 7 月 9 日，A 公司以 B 银行某支行、C 担保公司为被告，向甲区法院提起诉讼，请求对该 2804000 元许可执行。

A 公司认为，第一，合作协议不符合质押合同成立的形式要件，该协议签订于 2011 年 4 月 28 日，而贷款合同签订于 2011 年 10 月 26 日，从合同形成时间先于主合同；第二，系争款项存在 C 担保公司名下的账户中，并没有为 B 银行某支行实际占有；第三，合作协议约定保证金账户中应该存入 1500 万元，并对所有借款人的债务提供担保，借款人及金额是变化的，不具备一一对应关系，不符合特定化的特征。

B 银行某支行辩称，根据合作协议条款，B 银行与 C 担保公司协商一致，约定 C 担保公司为授信业务所缴存的保证金设立保证金专户，B 银行某支行作为开户行对存入该账户内的保证金取得控制权，该账户按照 B 银行内部规定必须专户专用、专款专用，不得作为结算账户使用，不得出售支票等支付结算凭证，不得取现，不得办理结算业务，因此 C 担保公司不能自由使用该账户内的资金；如果 C 担保公司担保的授信业务发生逾期，授信行均有权通知 B 银行某支行或其总行从该账户中扣划相应的款项优先受偿。该合意具备质押合同的一般要件，且 C 担保公司已经按照协议约定为出质金钱开立了账号为××××的保证金专用账户，该账户也未作日常结算使用，符合《担保法》司法解释第八十五条规定的金钱以特户形式特定化的要求。B 银行某支行也实际取得对该账户的控制权,符合出质金钱移交债权人占有的要求,因此 B 银行某支行应依法享有质权。

C 担保公司辩称,同意 B 银行某支行的答辩意见。

该案例的争议焦点在于,担保公司在债权银行处开立专用账户并存入保证金,能否产生质押担保的物权效力。尽管该案最终以调解方式结案,但该案所反映的关于保证金质押的法律性质、成立要件等问题仍值得进一步探讨。

(二)保证金质押的法律性质

1. 保证金质押不同于一般动产质押

货币是民法上的特殊动产,它既是一种有形之物,又是一种具有高度替代性的种类物和消费物。对于货币的流转规则,通说采"占有即所有"原则,即货币的占有与所有合而为一,对于货币不发生所有物返还请求权与占有之回复诉权问题,仅发生债法上的请求权①。故一般认为,金钱不得为质权的标的物,除非能使金钱特定化,并使之变成"独立物"②。而近年来,学说也多主张该"占有即所有"原则应存在一些例外,如某些专用资金账户中的钱款,这些账户的使用规则已使受托人、行纪人等自身的财产与由其管理的委托人的货币相区分,且当事人也均无转移货币所有权的意思③,那么对这些专项钱款的所有与占有应可分别成立。史尚宽先生认为,金钱能否成为质权之标的,应分两种情形进行考察。将金钱包封而为出质时,乃不可代替之物;而交付一定金额于债权人,不使其受所有权之移转时,成立普通之动产质。当以金钱为标的物时,如保证金或押租,将金钱或其他一定量代替物交付于债权人,于债务清偿时,应以同种同质同分量之物返还时,其性质如何,未有定论,分别产生了不规则质说、债权质说、抵销预约说及信托的所有权让与说等学说④。《法国担

---

① 其木提:《货币所有权归属及其流转规则——对"占有即所有"原则的质疑》,《法学》2009 年第 11 期。

② 陈华彬:《民法物权论》,中国法制出版社 2010 年版,第 463 页。

③ 其木提:《货币所有权归属及其流转规则——对"占有即所有"原则的质疑》,《法学》2009 年第 11 期。

④ 史尚宽:《物权法论》,中国政法大学出版社 2000 年版,第 356—358 页。

保法》将金钱质押视为一种信托担保，如果债务人破产，债权人以担保的名义保有金钱的所有权，这些金额正好与主债务相互抵销，担保的实行被解释成抵销的运作。① 我国《担保法》和《物权法》虽未明确将保证金质押纳入法定的担保方式，但学界一般认可特定化的物作为质押财产，既包括特定物，也包括特定化的种类物②。《担保法》司法解释也在"动产质押"一节中的第八十五条对金钱在特定条件下作为质权标的物给予了肯定："债务人或者第三人将其金钱以特户、封金、保证金等形式特定化后，移交债权人占有作为债权的担保，债务人不履行债务时，债权人可以以该金钱优先受偿。"可见，当货币的使用并非为了体现其流通手段的职能，而是为了发挥担保功能，同时又具有一定可识别性时，可以成立占有。该等法律关系"实际上是所有权人将其所有的货币从实物性财产利益转化为价值性财产利益，并通过特定账户予以特定，从而否定货币所有权转移的法律关系"。③

2. 保证金质押不同于权利质押

保证金质押因须开立特定的保证金账户，故其易与账户质押相混淆。账户质押是指担保人依据与债权人的约定，将自己在银行开立的某些或全部账户及账户中的资金以浮动担保的方式向债权人质押，在债务人不能按时履行债务时，债权人可以以账户中的资金优先受偿，并可以接管使用此账户的一种担保方式。④ 账户质押在英美法金融业务中较为常见，但我国《物权法》并未明文规定这种形式，司法实务中，在银行结算账户质押方面，目前已承认封闭贷款和出口退税专用账户质押贷款中银行的优先受偿权，但对证券经纪账户质押的法律效力则存在很大争议⑤。相反对于金钱质押，则已有担保法司法解释予以认可。金钱质押与账户质押的区别主要在于，前者必须特定化，属于

① 李世刚：《法国担保法改革》，法律出版社2011年版，第102页。
② 高圣平：《物权法担保物权编》，中国人民大学出版社2007年版，第339页。
③ 其木提：《货币所有权归属及其流转规则——对"占有即所有"原则的质疑》，《法学》2009年第11期。
④ 董翠香：《账户质押理论与实务问题探析》，载刘保玉主编：《担保法疑难问题研究与立法完善》，法律出版社2006年版，第302—304页。
⑤ 陈宜芳、吴凯敏：《保证金账户资金质押的成立要件探析》，《人民司法·案例》2013年第24期。

动产质押,而后者质押的金钱是不特定的,属于权利质押;前者的债权人只是对用于担保的金钱享有权益,而后者的担保受益人还可以接管质押账户,故对账户本身也享有权益。对照二者间的差异,笔者认为,保证金质押应当属于金钱质押的一种。设定保证金质押的当事人一般会约定,银行对存入保证金账户内的资金取得控制权,该账户必须专户专用、专款专用,不得作为结算账户使用,不得出售支票等支付结算凭证,不得取现,不得办理结算业务,也就是说,出质人不能自由使用该账户内的资金,资金已经特定化,因而符合动产质押的法律性质。

保证金质押也不同于存单质押。存单是指存款人在银行或者其他储蓄机构存了一定数额的款项后,由银行或者其他储蓄机构开具的到期还本付息的债权凭证[①]。二者的区别在于:其一,性质不同。保证金质押是动产质押,而存单质押是权利质押。其二,存单质押下的款项是定期存款,而保证金质押下的资金一般是活期,且没有到期期限。其三,公示方式不同。保证金质押采移转占有,即交付的方式进行公示,而存单质押为在出具存单的金融机构进行核押,即商业银行直接登记。

(三)保证金质押的成立要件分析——以授信担保业务为例

在授信担保业务合作模式下,担保公司向贷款银行交付的保证金能否成立质权,需从三个方面进行分析:第一,质押合同是否成立;第二,账户资金是否符合特定化要求;第三,账户资金是否移转占有。

1. 质押关系的认定

《物权法》第二百一十条规定,设立质权,当事人应当采取书面形式订立质权合同。但在授信担保业务模式下,当事人之间并不一定签署带有"质押"字样的合同,如上述 B 银行案例中,B 银行与 C 担保公司签订的是一份合作协议。笔者认为,对于质押关系的认定不应拘泥于合同名称等外在形式,而应从当事人约定的实质目的和内容来判断是否存在质押合意。

---

① 王胜明:《中华人民共和国物权法解读》,转引自陈华彬:《民法物权论》,中国法制出版社 2010 年版,第 487 页。

具体到案例中,合作协议约定:C 担保公司应及时在其开立在 B 银行某支行的保证金专用账户中存入保证金 1500 万元。虽然保证金专用账户开立在 B 银行某支行,但 C 担保公司同意该账户中的保证金用于为申请人向所有授信行申请办理的所有授信业务提供质押担保。质押自首笔保证金存入保证金专用账户时生效。保证金和保证金专用账户均由 B 银行某支行管理。C 担保公司按照本协议条款存入保证金后,未经 B 银行某支行书面同意不得擅自从该保证金专用账户中划出任何款项。若由 C 担保公司担保的授信业务发生逾期等情况,授信行有权要求 B 银行某支行从保证金专用账户中扣收相应本金及利息,用于偿还申请人在授信行的债务。

上述约定已清晰表明,协议双方均有以保证金账户中的资金设立质押担保的合意,且该合意也以书面形式予以固定,具备了质押合同成立的一般要件。

同样,在 D 银行与张某某、某担保公司保证金质权确认之诉案①中:D 银行与担保公司签订的也是一份合作协议,且协议条文中甚至没有提到“质押”二字。一审法院认为,“合同行文中没有质押条款,由此表明双方并无将金钱作为质押的意思表示”。D 银行上诉后,二审法院则从合作协议约定的保证金专户的开立,保证金的缴存,D 银行对账户资金的控制权以及扣划资金以优先受偿等方面,认定该合意具备质押合同的一般要件。该案二审主审法官认为,只要银行与担保公司之间的合作协议存在如下实质内容,即可认定存在质押合意:其一,担保公司在贷款银行设立专门账户用于贷款担保;其二,未经银行同意,担保公司不得动用该账户资金;其三,在担保贷款到期未获清偿时,银行有权直接扣划该账户资金用于清偿逾期贷款②。

2.账户资金符合特定化要求的认定

质权成立的要件之一是实现质物的特定化。而种类物特定化的关键在于,须使其独立于其他种类物而具有可识别的外观形式。金钱作为特殊的种

---

① 一审:合肥市中级人民法院(2012)合民一初字第 00505 号案;二审:安徽省高级人民法院(2013)皖民二终字第 00261 号案。
② 霍楠、夏敏:《保证金账户质押生效则不能成为另案执行标的》,《人民司法·案例》2014年第 4 期。

类物,若是纸币形式,可将其制成"封金"置于银行特定保管箱内,而保证金账户内的资金,因无法呈现于外化载体,根据担保法司法解释的规定,须以"特户"的形式实现特定化。

(1)账户资金特定化的判断标准。司法实践一般认为,认定保证金是否特定化应考虑如下三个因素:第一,出质人是否将保证金存入保证金账户;第二,保证金账户能否与一般结算账户、基本账户相区分;第三,出质人能否自由支配该保证金账户①。易言之,保证金账户资金进出只能与担保业务有关,通过对账户资金转入、转出的特定用途控制,使其符合特定化的要求。在上述 B 银行案例中,合作协议约定,C 担保公司应在 B 银行某支行开立账号为××××的保证金专用账户,该账户区别于一般结算账户。保证金和保证金专用账户均由 B 银行某支行管理,未经其书面同意,质押人不得擅自从该账户中划出任何款项。同时,B 银行的管理制度也要求,该账户必须专户专用、专款专用,不得作为日常结算账户使用。从当事人提供的证据及法院查明的事实来看,C 担保公司的确依约在 B 银行某支行开立了保证金专用账户,并存入 1500 万元保证金,且该等保证金实际也未用作日常结算使用,只是作为特定债权的担保用于归还债务人的贷款。综合上述因素,应当认定该保证金账户符合特定化的要求。不过该案中,A 公司作为另一追偿关系的债权人提出,该保证金账户的设立只是当事人内部的约定,并未对外体现是保证金账户,这才导致法院冻结账户资金时未注意到其特殊性。笔者认为,对账户资金特定化的判断以其达到"实质特定化"即为已足,至于该账户是否在形式上被命名为"保证金账户",不是特定化的必要条件。同样,在 E 银行与张某、某物业发展公司执行异议之诉案②中,最高人民法院再审法官亦认为,对于账户名称,如果有专门的保证金账户名称组成,当然更有利于区分一般的结算账户,但关键还是看

---

① 陈宜芳、吴凯敏:《保证金账户资金质押的成立要件探析》,《人民司法·案例》2013 年第 24 期。

② 一审:惠州市中级人民法院(2010)惠中法民二初字第 14 号案;二审:广东省高级人民法院(2012)粤高法民二终字第 12 号案;再审:最高人民法院(2012)民申字第 1070 号案。

该保证金账户是否独立,故名称并非硬性要求①。当然,从预防该类纠纷发生的角度而言,笔者仍然建议开户银行将保证金账户的名称"特户化",使其无论在形式上还是实质上都符合特定化的要求。

（2）账户资金浮动不影响特定化。授信担保业务模式的特点在于,担保公司随着业务的开展,必然不断向保证金账户内存入一定比例的资金,而部分债务到期后扣划账户内资金以替债务人偿还贷款,余额也会相应减少,所以该账户内的资金是浮动的。对于这种特性的质物,史尚宽先生认为,"为担保之目的,其标的物虽于实行之际应为特定,然无须常为同一"。②《法国民法典》也允许当事人以现在的或未来的财产设质,只要该财产是可确定的。同时允许以种类物设质,但"债权人应当将之（质押财产）与自己同性质的财产分离开来"③。我国司法实践也认为,特定化不应以账户资金不变为条件,关键是该账户已由质权人实际控制,出质人无法自由支配,即达到实质特定化的认定标准④。由此也引发另一个问题,即保证金账户内的资金是否必须与被担保的债权一一对应？笔者认为,法律要求的质物特定化并不等同于固定化。保证金账户内的资金具有浮动性,是由该账户资金所担保的授信业务合作模式下债权的变动性所决定的,合作协议作为一份框架性的协议并非针对单一借款合同,而是对一定合作期限内的所有借款合同提供担保,缴存的保证金总额也并非为具体某一笔借款提供质押担保,只要在债权人主张实现质权的时间节点上,该账户内的资金是特定的、独立的,那么债权人对存入该账户的资金均应依法享有质权。

3. 账户资金移转占有的认定

设定动产质权的公示方式为交付,即出质人向质权人移转占有的行为。在交付保证金的情形下,质权应自出质人向在质权人处专门开立的保证金账

①　陈宜芳、吴凯敏:《保证金账户资金质押的成立要件探析》,《人民司法·案例》2013年第24期。

②　史尚宽:《物权法论》,中国政法大学出版社2000年版,第356页。

③　李世刚:《法国担保法改革》,法律出版社2011年版,第95—96页。

④　毋爱斌、陈渭强、刘晓宇:《保证金账户可以特定化并构成货币质押》,《人民司法·案例》2012年第10期。

户中存入保证金之日起设立。在上述 B 银行案例中,A 公司认为,涉案保证金账户是以 C 担保公司的名义开立的,因此 B 银行某支行并未实际占有该账户资金。对于"占有"的概念,德国、瑞士、我国台湾地区"民法"均认为,占有的要件是对物之事实之支配①。我国民法理论与司法实务也认为,占有系指占有人对物有事实上的管领力的状态,并可排除他人的干涉②。司法实践中,由于保证金被特定化离不开其载体——保证金账户的独立化,故保证金的移交往往也是通过保证金账户控制权的移转得以实现,即谁实际控制和使用,则谁为占有③。依此,尽管案例中的保证金账户开立在出质人名下,但出质人未经债权人书面同意不得擅自从该保证金账户中划出任何款项,该账户资金于出质人只进不出,于银行则可根据债务实际清偿情况进行扣划,可见作为债权人的银行已经取得了对该账户内资金的实际支配权,故符合移转占有的要件。

三、不动产抵押预告登记案件的处理

(一)问题的引出

【案例 17.8】S 银行与被告郑某某、某开发公司金融借款合同纠纷案④

2010 年 11 月 5 日,被告郑某某与被告某开发公司签订《上海市商品房预售合同》,约定被告郑某某向被告某开发公司购买位于上海市某某路的房屋。2011 年 4 月 21 日,原告与被告郑某某、某开发公司签订《个人住房借款担保合同》,约定被告郑某某将上述系争房屋抵押给原告并向原告借款 214 万元;借款期限 360 个月,自 2011 年 4 月 21 日起至 2041 年 4 月 21 日止。被告某开发公司为该合同项下被告郑某某的全部债务

① [德]鲍尔、施蒂尔纳:《德国物权法》上册,张双根译,法律出版社 2004 年版,第 113 页。史尚宽:《物权法论》,中国政法大学出版社 2000 年版,第 531 页。
② 陈华彬:《民法物权论》,中国法制出版社 2010 年版,第 537—540 页。
③ 陈宜芳、吴凯敏:《保证金账户资金质押的成立要件探析》,《人民司法·案例》2013 年第 24 期。
④ 参见上海市浦东新区人民法院(2014)浦民六(商)初字第 1658 号案。

提供阶段性连带保证担保,保证期间从贷款发放之日起至抵押房地产,经房地产登记机构出具的《上海市房地产权证》交原告核对无误,并将该住房《上海市房地产登记证明(他项权利)》交原告执管时止。2011年5月10日,原告与被告方共同就系争房屋向某房地产交易中心办理了预购商品房抵押之预告登记,确认预购商品房抵押人为被告郑某某,预购商品房抵押权人为原告。2011年6月2日,原告向被告郑某某发放了贷款214万元,并确定贷款到期日为2041年6月2日。后自2012年8月20日起被告郑某某未按约还款,原告遂诉至法院,请求法院判令:第一,被告郑某某向原告偿还所欠贷款本金,支付利息及逾期利息,支付律师费;第二,被告某开发公司承担连带保证责任;第三,原告有权行使系争房屋的抵押权。法院经审理后,支持了原告上述第一、二项诉讼请求。但对第三项诉讼请求,法院认为,根据《物权法》第二十条的规定,当事人就不动产物权变动达成协议的,可以向登记机构申请预告登记。本案系争房屋即属于此类预告登记,预告登记的功能在于保障预告登记人将来取得物权,其效果是使经预告登记的请求权,对后来发生的妨害该项请求权的物权处分行为,具有对抗效力,但预告登记并非物权变动登记,不能使登记权利人取得担保物权,原告仅就不动产取得抵押权预告登记,而没有进行抵押权设定登记,因而不能直接行使抵押权。故法院对原告该项诉请不予支持。

这是一起预购商品房抵押之预告登记权利人在债务人未能履行清偿义务之际,要求对房屋实现抵押权的案件。在此情形下,能否支持权利人直接行使抵押权,取决于司法对预告登记性质的认识。关于预告登记,我国《物权法》第二十条规定:"当事人签订买卖房屋或者其他不动产物权的协议,为保障将来实现物权,按照约定可以向登记机构申请预告登记。预告登记后,未经预告登记的权利人同意,处分该不动产的,不发生物权效力。预告登记后,债权消灭或者自能够进行不动产登记之日起三个月内未申请登记的,预告登记失效。"这是我国首次以法律的形式对预告登记作出创设性规定,在此之前则散见于各地方立法文件①中。根据全国人大常委会法制工作委员会的释义，预告登记是指为保全一项请求权而进行的不动产登记，该项请求权所要达到的目的，是在将来发生不动产物权变动；其功能在于限制房地产开发商等债务人处分其权利，包括"一房二卖"，或在已出售的房屋上设定抵押权等行为②。

不过，《物权法》并没有明确预告登记的性质，当司法实践中预购商品房的抵押权人凭一纸预告登记证明欲行使抵押权时，法院可能面临两种处理意见。肯定意见认为，不动产抵押权的预告登记具有与设立登记相同的物权效力，既然《物权法》允许对"正在建造的建筑物"设立抵押权，那么预购商品房办理抵押权预告登记后，权利人就可以直接行使抵押权。否定意见则认为，预告登记并非物权变动登记，不能使登记权利人取得物权本身，权利人没有完成抵押权设定登记的，不能直接行使抵押权。为解决该疑问，本部分将从预告登记的域外引例、性质及效力等方面着手，探究该类案件的审理思路。

（二）我国预告登记制度参引之域外立法例

一般认为，预告登记制度为德国民法学者在中世纪所创立③。部分学者做了更细致的研究，指出预告登记源于早期普鲁士法上的"异议登记"，从中分流而出，后为奥地利、德国、瑞士民法所采纳，又经移植体现于日本法与我国台湾地区"民法"④。《德国民法典》规定，旨在设立（或废除）土地上一项权利的债权请求权，可以通过预告登记的方式获得担保，进而具有对抗第三人的效力。预告登记被登入土地登记簿，并向每位取得人指明：他将面临为另一人的利益而要进行的登记，并且在取得人尽管有预告登记存在，而仍为自己登记时，必须要考虑到，其取得的权利还会有丧失的可能⑤。日本法上虽也有"预

---

① 如《南京市城镇房屋登记权属条例》《上海市房地产登记条例》《天津市房屋权属登记条例》等。

② 胡康生：《中华人民共和国物权法释义》，法律出版社 2007 年版，第 61—62 页。

③ 胡康生：《中华人民共和国物权法释义》，法律出版社 2007 年版，第 62 页。黄松有：《〈中华人民共和国物权法〉条文理解与适用》，人民法院出版社 2007 年版，第 103 页。

④ 张双根：《商品房预售中预告登记制度之质疑》，《清华法学》2014 年第 2 期。常鹏翱：《比较法视野中的预告登记》，《金陵法律评论》2005 年第 1 期。

⑤ ［德］鲍尔、施蒂尔纳：《德国物权法》上册，张双根译，法律出版社 2004 年版，第 416 页。

告登记"的称谓,但系另一层含义①,而本文所讨论的概念则真正体现在其"假登记"制度中,指尚未具备进行本登记的手续上或实体上的条件时,为确保将来进行本登记的顺位,而获得认可的一种登记,其适用于两种情形,其一是本登记的申请不具备必要手续上的条件,其二是权利本身不适合进行本登记,可细分为:为保全以不动产物权变动为目的的请求权时,以及其请求权可于将来确定的情形;上述请求权为附始期或附停止条件时;其他于将来可以确定者②。与德国预告登记相比,日本假登记属于广义的预告登记。二者之所以在保全对象范围上出现差别,主要源于它们在不动产物权变动上采用了不同的立场,前者以强制登记为前提,后者则注重登记的对抗力③。我国台湾地区在其"土地法"中对预告登记进行了规定:"声请保全下列请求权之预告登记,应由请求权人检附登记名义人之同意书为之:一、关于土地权利移转或使其消灭之请求权;二、土地权利内容或次序变更之请求权;三、附条件或期限之请求权。"④

我国《物权法》第二十条所引进的预告登记制度,主要取自德国民法⑤。不过从立法机关对该条目的之释义来看似乎更侧重于尚未完成不动产登记的商品房预售制度,对于已取得不动产登记的物权变动的预告登记未特别提及,相较于德国法明确适用于现房买卖的立法范围则稍显模棱两可。2008 年 7 月 1 日起实施的《房屋登记办法》,仍将"预购商品房"列为预告登记的首位情形⑥。至 2015 年 3 月 1 日我国《不动产登记暂行条例》正式实施后,国土资源

---

① 日本《不动产登记法》中的"预告登记"指在因登记原因无效或者被撤销而提起涂销或回复登记之诉时进行的登记。通过预告登记,发挥预防不知道标的不动产权属正发生诉讼纠纷的第三人涉足这种关系的作用。[日]我妻荣:《我妻荣民法讲义Ⅱ新订物权法》,[日]有泉亨补订,罗丽译,中国法制出版社 2008 年版,第 85—86 页。

② [日]我妻荣:《我妻荣民法讲义Ⅱ新订物权法》,[日]有享补订,罗丽译,中国法制出版社 2008 年版,第 86—88 页。

③ 常鹏翱:《比较法视野中的预告登记》,《金陵法律评论》2005 年第 1 期。

④ 常鹏翱:《比较法视野中的预告登记》,《金陵法律评论》2005 年第 1 期。

⑤ 张双根:《商品房预售中预告登记制度之质疑》,《清华法学》2014 年第 2 期。

⑥ 《房屋登记办法》第六十七条:"有下列情形之一的,当事人可以申请预告登记:(一)预购商品房;(二)以预购商品房设定抵押;(三)房屋所有权转让、抵押;(四)法律、法规规定的其他情形。"

部又于 2015 年 3 月 26 日发布其实施细则草案的征求意见稿,其中则显现出一些微妙的调整,将"不动产买卖、抵押"列至首位,第二种情形才是"商品房等不动产预售"①,似有回归预告登记制度的法理本源之意。

(三)预告登记的法律性质分析

1. 预告登记具有物权与债权的双重性质

关于预告登记的性质,"物权说"认为,预告登记与物权具有同等地位,有关不动产物权的一般规则均可以适用于预告登记②。"物权期待权说"认为,某"期待"以权利而具备物的支配时,可认为是物权的"期待"。移转登记前土地所有权受让人以及债权成立前登记簿上的抵押权人的"期待",不得视为物权。受让人纵已为预告登记,然对该土地犹未有支配权,故登记前之土地所有权受让人之权利,乃非物权③。"债权请求权保全说"认为,预告登记虽然具有物权的某些特征,但其本身并非物权,而仅仅是不动产物权变动请求权的保全方法,使受保全的请求权得以排除他人干涉而实现④。德国物权法教科书指出,正因预告登记本身具有双重特征,故只能将其概括为"在土地登记簿中进行公示、具有一定物权效力的、对以物权变动为内容之请求权的担保"。⑤ 具体分析该双重性,我们可以发现,预告登记的物权性体现在权利人被赋予了对抗第三人的效力,这符合物权绝对性的要素。但绝对性(或称对世性)仅是物权的效力之一。"物权之权利人可不待他人之意思或行为,而直接支配标的物,因此,物的支配为物权之前提要件也。"⑥因而就支配性要素而言,预告登记权利人并未取得对物的支配权,而仅仅取得一种请求权,同时,这种权利始终处于一定债务关系中,所以其本质仍然属于债权,只不过是一种特殊的债

---

① 《不动产登记暂行条例实施细则(草案征求意见稿)》第三十七条:"有下列情形之一的,当事人可以按照约定申请不动产预告登记:(一)不动产买卖、抵押的;(二)商品房等不动产预售的;(三)以预购商品房等不动产设定抵押权的;(四)法律、行政法规规定的其他情形。"

② Schwab-prütting,Sachenrecht,27.Aufl.,Verlag C.H.Beck,1997,S.92.转引自金可可:《预告登记之性质——从德国法的有关规定说起》,载《法学》2007 年第 7 期。

③ 刘得宽:《民法诸问题与新展望》,中国政法大学出版社 2002 年版,第 555 页。

④ 金可可:《预告登记之性质——从德国法的有关规定说起》,《法学》2007 年第 7 期。

⑤ [德]鲍尔、施蒂尔纳:《德国物权法》上册,张双根译,法律出版社 2004 年版,第 444 页。

⑥ 刘得宽:《民法诸问题与新展望》,中国政法大学出版社 2002 年版,第 555 页。

权,或称"物权化的债权"。

2. 对预告登记与类似概念的甄别

(1)预告登记不同于预售登记。我国商品房预售登记备案制度在更多意义上只是一种行政管理上的备案,并不具备预告登记的功能,也不产生登记请求权的物权效力①。

如:黄某与某屋业开发公司商品房预售合同纠纷上诉案②:二审法院认为:根据《城市房地产管理法》第四十五条第二款"商品房预售人应当按照国家有关规定将预售合同报县级以上人民政府房产管理部门和土地管理部门登记备案"的规定,黄某与屋业开发公司签订的《商品房购销合同》依法进行了登记备案,但该规定是对作为商品房预售人的屋业开发公司行为的要求,属于行政管理的范畴,并不产生《物权法》中规定的预告登记的物权效力。

(2)不动产抵押预告登记不同于抵押权本登记。二者虽均具有担保功能,但抵押权所担保的是主合同项下的金钱债权,抵押权人对抵押财产具有支配权,表现在抵押权人在抵押财产担保的债权已届清偿期而未受清偿,或者发生当事人约定的实现抵押权的情形时,有权依照法律规定,以抵押财产折价或者拍卖、变卖抵押财产的价款优先受偿。而不动产抵押预告登记所担保的是债权人得以取得该抵押权的请求权,即使其具有一定物权效力,也仅是体现在排除债务人对权利人实现该请求权的妨害上,但实际并未导致物权变动的效果。关于这一点,德国学者赖札亦认为,抵押权取得的"期待",因欠缺物的支配性,故非为物权。此仅具备暂时让与性的权利状态而已。这种"期待"得因贷金交付而变为真正的抵押权,在此之前,抵押权设定人一方成立"所有人土地债务"③。据此,回到上述 S 银行案例中,因 S 银行仅办理了预告登记而未完成抵押权设定登记,故不能直接行使抵押权。

(四)未取得抵押权的救济路径

实践中,在抵押权设立登记未能完成的情况下,金融机构的债权可能面临

---

① 杨立新、宋志红:《预告登记的性质、效力和范围探索》,《法学杂志》2006 年第 4 期。黄松有:《〈中华人民共和国物权法〉条文理解与适用》,人民法院出版社 2007 年版,第 105 页。

② 云南省高级人民法院(2008)云高民一终字第 150 号案。

③ 刘得宽:《民法诸问题与新展望》,中国政法大学出版社 2002 年版,第 560 页。

较大风险,因此,金融机构一般会在与借款人签订的借款抵押合同中约定,借款人有义务及时配合抵押权人办理抵押登记手续(包括预告登记及预告登记转为正式登记);如因借款人拒绝办理、拖延办理或其他不予配合的行为致使金融机构权益受损的,借款人应当承担赔偿责任。若正式登记条件已具备,但因借款人的原因迟迟未能完成登记,那么,第一,金融机构可以要求借款人继续履行合同,对办理登记提供必要的配合与支持;第二,如果合同目的已不能实现,金融机构可根据借款抵押合同的约定要求借款人承担相应的违约责任。

第四节　让与担保

一、让与担保概述

(一)让与担保的定义

广义的让与担保包括狭义的让与担保和卖渡担保两种类型。通常所称的让与担保系狭义的让与担保,指债务人或第三人为担保债务人的债务,将担保标的物的权利移转于担保权人,于债务清偿后,标的物将返还于债务人或第三人,债务不履行时,担保权人得就标的物受偿的担保。[①] 在大陆法系国家,让与担保是沿袭罗马法上的"信托行为"(Fiducia)理论并吸纳日耳曼法上的"信托行为"(Treuhand)成分,经由判例学说所形成的一种非典型物的担保制度,并由学说和判例发展而来。[②] 由于让与担保是民法所未明文规定的担保方式,因此该制度在其发展过程中亦不断受到批判。但随着市场经济的飞速发展,传统担保法的缺陷逐渐显露,让与担保等具有"权利转移型担保"特点的非典型担保制度则开始盛行。"作为私法领域中私生子的让与担保制度,在长期遭受白眼之后,终于获得判例法的承认而被认领。"[③]时至今日,让与担保

---

① 谢在全:《民法物权论》下册,中国政法大学出版社 1999 年版,第 896 页。

② 王闯:《让与担保法律制度研究》,法律出版社 2000 年版,第 12 页。

③ [日]我妻荣:《新订担保物权法》,申政武、封涛、郑芙蓉译,中国法制出版社 2008 年版,第 592 页。

制度已成为德国、日本等国担保实践中最为广泛使用的担保方式。

（二）让与担保的制度价值

相较于传统的担保方式，让与担保制度具有如下制度优势：

第一，让与担保能够扩大融资担保的可能性。作为一种权利转移型担保，让与担保最大的特征在于担保设定人将标的物的权利转移给担保权人。为此，凡是具有可让与性的权利，无论其是物权、准物权、债权，还是股票、无体财产权等具有财产价值的权利，均可以成为让与担保的客体。特别是让与担保可以为集合财产和不能设定典型担保物权的财产或财产权提供最佳融资之道，以发挥其担保价值。

第二，设定人继续保留标的物之占有。由于让与担保无须将担保标的物交付债权人占有，债务人或标的物的所有权人可以继续占有并利用标的物，因此显著地扩充了动产的担保及用益功能。尤其是在不承认动产抵押的法律制度下，让与担保更是动产融资的最佳方法。

第三，阻却或削减交易第三人出现的可能性。虽然让与担保实质上是一种物的担保，但在理论上也存在出现标的物的第三取得人或后位担保权人的可能。由于让与担保标的物所有权在外观上已经转移给债权人，加之实务中的让与担保契约中普遍存在禁止设定人处分标的物的约款，因此设定人处分标的物的情形相当稀少，这就极大地降低了标的物第三取得人或后位担保权人出现的可能性，从而确保担保权人的完全优先受偿。

第四，节约交易成本或制度成本。由于民法关于禁止流质契约的规定和基于拍卖程序上的要求，典型担保物权如质权和抵押权在实行方面，存在手续繁杂和费用较高的欠缺。而让与担保的换价程序，则基本可以规避上述规定，其依据当事人任意所定的适当而简易的方法实行担保权，不但程序比较简便，而且变卖与估定的价值也比较高，避免了标的物在拍卖程序中换价过低的不利。[1]

---

[1]　王闯:《关于让与担保的司法态度及实务问题之解决》,《人民司法·案例》2014 年第 16 期。

让与担保虽然可以弥补典型担保的不足,但其利用超过担保目的之"所有权移转"作为手段,存在一定的交易风险。就债权人而言,由于标的物由债务人占有,让与担保又无需公示,债权人无法对第三人主张其"所有权",如果债务人擅自处分标的物,债权人即无法排除善意取得制度的适用,有丧失标的物所有权的风险。就债务人而言,由于标的物所有权由债权人享有,在逐利本性之下,债权人极易利用债务人的窘迫需要,迫使债务人就主债务的履行订立苛刻条款,在主债务得不到清偿时取得标的物的所有权,使债务人遭受损失。① 让与担保制度运行中的上述利弊共存,也正是判例和学说对之争论不一的主要原因。

二、让与担保在我国的法律地位

尽管我国司法实践中早已出现了房屋按揭、股权转让担保等让与担保交易方式,但在我国《物权法》的立法进程中,是否将让与担保纳入物权法体系,使之成为一种与抵押、质押、留置等典型担保制度相并列的担保制度,在学界引发了两种截然不同的观点。

肯定意见认为,在我国《物权法》中规定让与担保,其目的主要是用让与担保制度来规范中国房地产市场中的按揭交易。近年来许多地方在房屋分期付款买卖中推行所谓"按揭"担保。这种担保方式系由我国香港地区引入,而香港地区所实行的所谓"按揭"担保,来源于英国法上的 mortgage 制度,相当于大陆法系国家如德国、日本的让与担保。而德国、日本等国迄今并未在立法上规定让与担保,只是作为判例法上的制度而认可其效力。因此,我国《物权法》上是否规定让与担保,颇费斟酌。考虑到许多地方已在房屋分期付款买卖中采用所谓"按揭"担保,所发生纠纷因缺乏法律规则而难以裁决,因此有在《物权法》上规定的必要。如果《物权法》不做规定,将造成法律与实践脱节,且实践得不到法律的规范引导,也对维护经济秩序和法律秩序不利。②

---

① 高圣平、张尧:《中国担保物权制度的发展与非典型担保的命运》,《中国人民大学学报》2010 年第 5 期。

② 梁慧星:《中国民法典草案建议稿附理由·物权编》,法律出版社 2013 年版,第 673 页。

否定意见认为,让与担保本质上违反了《物权法》关于流质契约的规定。无论是让与担保还是所有权保留,抑或是买回等制度,都是为了适应社会经济交易的需要而基于契约自由原则产生的具有内在担保机能的新型制度。与金融衍生工具的大量出现相同,由于现代信用经济的快速发展,各种新型的担保债权实现的方式也越来越多,从传统的物权与债权二元体系的角度确实无法将这些新型的保障债权实现的方式归入适当的位置。如果非要人为地将这些新型的制度与抵押权、质权等历经千年历史发展而非常成熟完善的制度规定在一起,不仅存在技术上的障碍,而且可能限制它们的发展。①

最终我国物权法没有规定让与担保制度。主要考虑是:让与担保主要涉及动产担保,而物权法对动产担保已经做了较为全面的规定,如动产抵押、质押和留置,可以解决动产担保的需要。从国外的情况看,大多数国家没有在物权法编中规定让与担保。因此,目前物权法暂不规定让与担保为宜。今后随着社会经济的不断发展,人们需要使用让与担保这种方式的,可以先进行实践加以摸索和完善,积累经验,将来以制定民事特别法的方式专门进行规范较为妥当。②

三、让与担保的效力认定

(一)让与担保未违背物权法定的立法意旨

由于让与担保是为判例法所创设的一种非典型的物的担保,因此其是否有悖于物权法定主义,存在争议。有意见认为,让与担保是法律所未规定的新的担保物权,其设定违反物权法定主义,应属无效。亦有意见认为,让与担保是习惯法上特殊的担保制度,从物权法定主义的合目的性角度解释,应当加以承认。诚然,从物权法定原则的立法本意来看,贯彻物权法定主义的意义不仅在于表明立法至上主义,更主要的是可以避免因契约自由所产生的交易上动态发展而引起的具有排他性物权之间的冲突,以确保市民社会财产的静态安

---

① 王利明:《中国民法典学者建议稿及立法理由》,法律出版社 2005 年版,第 339 页。
② 胡康生:《中华人民共和国物权法释义》,法律出版社 2007 年版,第 367—368 页。

全和动态安全(交易安全)。① 不过,大陆法系民法典无一例外将让与担保排除在典型担保之外,其目的并非否认让与担保制度的存在价值。实际上,让与担保广泛的适用性恰恰来自于其对物权法定主义束缚的摆脱,而以合同自由及非专属的财产权利均可让与为条件。让与担保本系基于判例和学说发展而来,个案中如仅以违反物权法定主义为由否定让与担保的效力,恰与其制度历史和旨趣相悖。② 因此,对于审判实践中出现的让与担保交易,不宜简单地以其违背物权法定主义为由而否定其效力。

(二)让与担保不属于虚伪意思表示

有观点认为,让与担保中并无转移所有权的意思,其真意乃在于设定担保,故为双方通谋而为虚伪转移所有权的意思表示,应属无效。为了适应社会交易的需要,学说和判例开始努力克服让与担保的虚伪表性。德国学者提出信托的法律行为,在学说上根本解决了让与担保有效性问题。其认为,让与担保设定人是利用转移所有权的法律手段来达到担保债权的经济目的,尽管其法律手段超越了经济目的,但当事人的意思是转移真正的所有权,绝非通谋虚伪的意思表示。因此,从典型信托行为的手段观之,则应当承认其有效性。目前,在德国、日本两国以及我国台湾地区的判例实务上,将让与担保事例认定为虚伪表示的情形已成极其罕见之例外。实务界几乎一致认为,让与担保当事人以真意进行信托的让与行为,应属有效的法律行为。③

【案例17.9】朱某与韩某股权转让纠纷案④

A公司设立于2009年5月7日,注册资本为500万元,股东为原告朱某、案外人杜某。原告占有70%股份计350万元,法定代表人为原告朱

---

① 袁士增、马艳华:《后让与担保权人不能直接以物抵债》,《人民司法·案例》2014年第16期。

② 梁曙明、刘牧晗:《借贷关系中签订房屋买卖合同并备案登记属于让与担保》,《人民司法·案例》2014年第16期。

③ 王闯:《关于让与担保的司法态度及实务问题之解决》,《人民司法·案例》2014年第16期。

④ 参见江苏省淮安市淮阴区人民法院(2013)淮商初字第0295号案。

某。原告向被告韩某借款,双方口头约定原告将其在 A 公司的股份转让给被告,作为借款的担保。2010 年 9 月 13 日,原告与杜某形成股东会决议,内容为原告将其在 A 公司的 350 万元股权(占公司注册资本 70%)转让给被告,杜某将其在 A 公司的 150 万元股权(占公司注册资本 30%)转让给案外人朱乙。同日,原告与被告、朱乙分别签订股权转让协议。四人持上述股东会决议及股权转让协议到工商局办理了股权变更手续及法定代表人变更手续,将股东变更为韩某、朱乙,法定代表人变更为韩某。同年 9 月 14 日,原告和被告签订借款协议,约定:"朱某向韩某借款 100 万元(具体金额以借据为准),借期 3 个月;朱某以 A 公司的资产作为抵押(借款时从工商局办理过户手续,还款时韩某无条件过户还给朱某);朱某在借款前的所有债务与韩某无关;朱某如到期不能按时归还借款则 A 公司的所有资产归韩某所有。"原告于同日向被告出具借条,内容为借到被告 30 万元,承诺于 2010 年 12 月 14 日前一次性还清,如到期不能偿还,愿按逾期天数承担每日 5000 元违约金。9 月 16 日,原告向被告出具借条,内容为借到被告 50 万元,承诺于 12 月 16 日前一次性还清等。对于上述借款协议中的资产,原告和被告双方均称与股权转让协议中的股权系一个意思。

原告朱某诉称,双方虽然办理了股权变更的手续,但该行为实际是为借款的抵押行为,是对向被告借款行为的担保,双方之间不具有真实的股权转让关系。现请求法院确认原告和被告签订的 A 公司股权转让协议无效,并要求被告将 A 公司股权返还给原告。

被告韩某辩称,原告诉称双方签订借款协议及原告将 A 公司股权过户给被告均是事实。原告通过他人介绍向被告借款,主动说先将 A 公司的股权转让给被告,如果他不还钱就把股权给被告;如果原告还钱,被告就把股权返还给原告。原告和被告双方先于 9 月 14 日以股权转让形式为后来的借款行为进行担保,后又在借款协议中以 A 公司资产抵押形式为借款行为进行担保,被告认为股权转让形式属于担保法规定的权利质押,而资产抵押形式属于担保法规定的实物抵押,两种担保方式均符合法律规定,是双方当事人的真实意思表示,原告以不是真实意思表示为理由要求确认股权转让协议无效,既不符合民法通则第五十条规定的民事行为无效的规定,也不符合合同法第五十二条规定的合同无效情形,而且超过法定的一年除斥期。双方在借款协议第四条关于流质条款的约定,该条款虽然无效,并不代表整个借款协议和担保行为无效,原告在没有偿还借款的情况下要求被告返还股权,没有事实和法律依据。请求法院查明事实,驳回原告诉讼请求。

法院经审理认为,原、被告签订了股权转让协议,并办理了股权变更登记,根据双方陈述及借款协议上的内容,能得出被告为了保证自己的债权得以实现,要求债务人即原告将股权转让给自己,当债务到期且得到清偿后,再将股权归还债务人。该行为实质上是通过让与股份所有权的方式担保债务的履行,而非一般的股权转让行为,双方约定以转让股权的方式作为债务的担保,系双方当事人合意,未违反法律及行政法规关于合同效力性的强制性规定,此种担保方式为合法有效的。现债务已到期,原告未能完全清偿的情况下,要求确认股权转让协议无效、被告返还股权,此请求与当事人约定相悖,且无法律依据,法院不予支持。借款协议中第四条约定"乙方如到期不能按时归还借款,则鸿凯工贸有限公司的所有资产归甲方",该约定为流质条款,是无效条款,原告在依法清偿债务后,有权要求被告归还股权。遂依法判决驳回原告朱某的诉讼请求。

债务人与债权人以股权转让方式为债权实现担保的,属于市场经济发展中的特殊担保类型,其能够弥补典型担保和其他非典型担保方式的缺陷,为股权质押方式的有益补充。债权人与债务人签订的明为股权转让实为股权让与担保的合同,系双方当事人真实意思表示,未违反法律及行政法规的强制性规定,此种担保方式为合法有效。债务人未按约定归还债务的,不能以股权转让无效为由要求返还股权。但借款协议中的流质条款系无效条款,债务人依法清偿债务后,有权要求债权人归还股权。①

---

① 刘龙:《本案股权让与担保合同应认定有效》,《人民司法·案例》2014年第16期。

（三）让与担保未回避禁止流质契约的规定

我国《物权法》和《担保法》上均规定流质契约无效,其理由在于,考虑到债务人借债往往处于急窘之境,债权人可以利用债务人的这种不利境地和自己的强势地位,迫使债务人与其签订流质契约,以价值过高的质押物担保小的债权额,在债务人不能清偿债务时,取得质押物的所有权,从而牟取不当利益。法律规定禁止流质契约,是为了保证担保活动的平等、自愿、公平和诚实信用。[1] 让与担保的实现与流质契约存在明显差异。由于担保债权人负有进行清算的法定义务,因此其在清算时必须确保标的物评价额的正当性,且仍需履行变卖标的物或协议估价而以其价金受偿或标的物抵偿的程序。流质契约则是当债务人不能清偿债务时,担保债权人即当然地取得标的物所有权,且不负担清算义务。[2] 因此,让与担保并未回避禁止流质契约的规定。

四、让与担保的司法实践

（一）明确基础法律关系

《最高人民法院关于审理民间借贷案件适用法律若干问题的规定》第二十四条第一款规定:"当事人以签订买卖合同作为民间借贷合同的担保,借款到期后借款人不能还款,出借人请求履行买卖合同的,人民法院应当按照民间借贷法律关系审理,并向当事人释明变更诉讼请求。当事人拒绝变更的,人民法院裁定驳回起诉。"就民间借贷中的买卖型担保而言,当事人之间讼争的基础法律关系是民间借贷,买卖合同仅应当被理解为以买卖合同形式为借款关系提供担保。如果债权人要求直接审理买卖合同,则案件主要事实将陷于无法查清的地步,如双方之间的借款利息、期限、违约金等。此种情况下,应当认定原告的起诉不符合《民事诉讼法》第一百一十九条的起诉条件,法院应裁定驳回起诉。

---

[1]　胡康生:《中华人民共和国物权法释义》,法律出版社 2007 年版,第 460 页。

[2]　杜万华:《最高人民法院民间借贷司法解释理解与适用》,人民法院出版社 2015 年版,第432 页。

【案例 17.10】杨某与 B 公司商品房销售合同纠纷案①

2007 年 6 月 27 日，杨某与 B 公司签订商品房买卖合同，约定杨某向 B 公司购买商铺 53 间，价款 340 万元。买受人应于当日交纳全部房款，出卖人应于 2007 年 8 月 30 日前将商铺验收合格交付使用，并在交付使用后 360 日内，将办理权属登记需由出卖人提供的资料报产权登记机关备案。买受人不得擅自改变商铺的建筑主体结构、承重结构和用途。签订合同当日，杨某向 B 公司支付了 340 万元，B 公司向杨某开具了销售不动产统一发票，但发票原件由 B 公司持有。签订合同第二日，双方对案涉商铺进行了备案登记，并由房产管理局出具了商品房备案证明。2010 年 4 月 9 日，杨某以 B 公司为被告向一审法院提起诉讼，请求判令：第一，确认商品房买卖合同有效；第二，B 公司交付案涉商铺，并支付违约金 372300 元（计算到 2009 年 9 月 1 日）；第三，B 公司承担本案诉讼费用。

二审法院另查明，杨某支付的 340 万元，系依 B 公司指示汇入严某等 5 名 B 公司债权人的账户。2007 年 6 月 28 日至 12 月 28 日，B 公司分 9 次向杨某汇款总计 61.1 万元。

最高人民法院再审查明，2007 年 2 月至 5 月，B 公司分别与严某等 5 人签订三份借款合同，借款金额共计 340 万元，利率 2.3%，并就案涉商铺以销售方式办理了备案登记。B 公司与杨某签订合同当日将严某等 5 人的备案登记撤销，并于次日将杨某作为购房者登记备案。B 公司已于 2008 年 1 月 8 日将销售不动产统一发票原件在税务机关缴销。

一审法院经审理认为，商品房买卖合同、销售不动产统一发票以及商品房备案证明均系直接证据，足以证明双方之间系商品房买卖关系。B 公司虽辩称系借贷关系，商品房买卖合同系对借贷的担保，但未能提供借款合同这一直接证据，商品房买卖合同的内容及办理商品房备案登记手续，亦不具有担保的意思，故此辩称欠缺事实和法律依据。鉴于双方之间

---

① 参见最高人民法院（2013）民提字第 135 号案。

系商品房买卖关系,商品房买卖合同合法有效,杨某要求 B 公司依约交付案涉 53 间商铺的诉讼请求,应予支持。因杨某未提供证据证明曾向 B 公司主张过权利,且其地址不明致 B 公司无法送达交房通知书,故对其要求 B 公司给付违约金的诉讼请求,不予支持。遂判决杨某与 B 公司签订的商品房买卖合同有效,B 公司应将案涉 53 间商铺交付给杨某,驳回杨某的其他诉讼请求。

B 公司不服一审判决,提起上诉。二审法院经审理认为,商品房买卖合同合法有效,该合同与商品房备案证明、杨某支付约定价款以及 B 公司开具的发票等证据形成了完整证据链,证明双方之间存在房产交易行为,并已完成约定对价的给付,故对杨某要求 B 公司交付商铺的诉讼请求,予以支持。B 公司虽抗辩称双方的真实意思是借贷,杨某已收取相应利息,并提供作废销售不动产统一发票、B 公司向杨某账户汇入 60 多万元的凭证等予以证明,但缺失借款合同这一直接证据。在杨某不予认可的情况下,对借款数额、期限、利率等借贷关系的基础事实无从查实。B 公司 9 笔汇款性质亦不明,无法确认系借款利息,故对 B 公司主张的借款事实无法认定。二审法院遂判决驳回上诉,维持原判。

B 公司不服二审判决,向最高人民法院申请再审。最高人民法院再审审理认为,B 公司与严某等 5 人的在先交易表明,B 公司正是因不愿以 340 万元出售案涉商铺,才向杨某借款,采借新债还旧债的方式达到保住商铺所有权的目的,故可认定 B 公司的真实意思是向杨某借款而非出售商铺。杨某将 340 万元直接打给严某等 5 人,且以该 5 人出具的《关于申请撤销商品房备案登记的报告》作为办理备案登记手续的必备文件等事实可推知,其应知晓 B 公司的真实意思。且其提交的仅是发票复印件,尚不能认定商品房买卖关系。其亦始终未说明收取 B 公司 61.1 万元的原因和性质,考虑到民间借贷支付利息的一般做法,综合全案事实,在其未能证明双方存在其他经济往来的情况下,认定该 61.1 万元系借款利息更具可信度。综上,双方之间成立借贷关系,签订商品房买卖合同并办理商品房备案登记的行为,则系一种非典型担保。杨某作为债权人,请求直接取得商铺所有权的主张,违反了禁止流质原则,不予支持。最高人民法院作出判决,撤销一审和二审判决,驳回杨某的诉讼请求。

(二)让与担保具有从属性

通常而言,担保权的从属性包括三类:即"发生上的从属性""消灭上的从属性"及"处分上的从属性"。关于让与担保的从属性,德国通说认为,让与担保并不具有"发生上的从属性",也没有"消灭上的从属性";日本通说则认为,从属性的担保观念在让与担保中是必要的,应当以被担保债权的存在为前提。① 我国司法实践应当承认让与担保的从属性。理由在于,第一,就我国《物权法》而言,对于基于法律行为而发生的物权变动,采取债权形式主义立场,而未采纳无因性理论。因此,在我国大陆地区现行法律状况下,并不具备否定让与担保从属性的基础。第二,民法之所以规定担保权从属性,原因主要在于其所具有的保护功能。如果在让与担保中没有从属性的保护,那么担保处分的性质便发生改变,将完全丧失让与担保的担保属性,所有权转移也不具有形式上的意义,而是导致与买卖相同的结果。第三,在我国学界,多数观点认为让与担保在法律构成上应当采取担保权的构成,所以原则上遵循担保权从属性理论。② 因此,在当事人之间未特别约定的情况下,法院应当贯彻从属性原则以实现让与担保的保护功能和利益机能。

(三)让与担保的实现方式

若债务人到期未能清偿债务,让与担保的实现方式一般应由双方当事人在合同中约定,让与担保权人可以自由选择让与担保的实现方式,通说认为可以对标的物进行清算,折价归属或变价清偿。另一种方式是经法院释明,由双方当事人达成清算协议。若经释明后,双方同意清算,让与担保权人有权以清算所得价款进行受偿,但不具有优先受偿的效力。债务清偿完毕,债权人应返

---

① 杜万华:《最高人民法院民间借贷司法解释理解与适用》,人民法院出版社2015年版,第425页。

② 王闯:《关于让与担保的司法态度及实务问题之解决》,《人民司法·案例》2014年第16期。

还标的物所有权与债务人；若未返还，债务人有权依据约定行使取回权或回购权。①《最高人民法院关于审理民间借贷案件适用法律若干问题的规定》第二十四条第二款亦有规定，按照民间借贷法律关系审理作出的判决生效后，借款人不履行生效判决确定的金钱债务，出借人可以申请拍卖买卖合同标的物，以偿还债务。就拍卖所得的价款与应偿还借款本息之间的差额，借款人或者出借人有权主张返还或补偿。

①　陈娴：《让与担保的法律定性及实务处理——基于商法思维与民法思维的比较》，载《全国法院第二十六届学术讨论会论文集：司法体制改革与民商事法律适用问题研究》，人民法院出版社 2015 年版，第 996—997 页。

第 五 编

占　有

第十八章　占有

第一节　占有的基本范畴

占有,是指民事主体对物进行事实上的控制与支配。占有制度是保护民事法律关系中实际占有人权益的一种法律制度。占有权相对于所有权而言,对保护物权所有权人的作用是间接的;而对于抵押权人、用益权人等他物权人而言,对其权利保护又是直接的。

根据引起占有发生的法律关系的不同,占有分为有权占有和无权占有两种。有权占有是指基于合同等正当法律关系而产生的占有,如根据运输合同、保管合同、租赁合同等,承运人、保管人、承租人对合同标的物发生的占有。无权占有指占有人对不动产或动产的占有无正当法律关系,或者原法律关系被撤销或无效时占有人对不动产或动产的占有。对于因合同的关系而产生的占有,有关不动产或动产的使用、收益、违约责任等,首先应按照合同约定,以贯彻意思自治原则。若合同没有约定或约定不明确,则依照有关法律规定。

无权占有分为善意占有、恶意占有两种,恶意占有指占有人在主观上明知自己的占有属于非法或者是与第三方恶意串通的行为。恶意占有比较明确的是购买赃物等行为。善恶难以断定时适用推定善意原则。善意占有与恶意占有之间在法律责任及法律后果方面存在差别。对此,《物权法》第二百四十二条规定,占有人因使用占有的不动产或者动产,致使该不动产或者动产受到损害的,恶意占有人应当承担赔偿责任。也即善意占有人不需承担赔偿责任。这是因为,占有具有权利的推定效力,善意占有人在使用占有物时即被法律推定为物的权利人,具有占有使用的权利。因此,对于使用被占有的物而导致的物的损害,善意占有人不应负赔偿责任。《物权法》第二百四十三条规定,不动产或者动产被占有人占有的,权利人可以请求返还原物及其孳息,但应当支付善意占有人因维护该不动产或者动产支出的必要费用。这里有两层意思:(1)无论是善意占有人还是恶意占有人,对于权利人都负有返还原物及孳息的义务;(2)返还原物及孳息后,善意占有人对于因维护该不动产或动产而支出的必要费用可以要求权利人返还,而恶意占有人无此请求权。《物权法》第二百四十四条规定,占有的不动产或者动产毁损、灭失,该不动产或者动产的权利人请求赔偿的,占有人应当将因毁损、灭失取得的保险金、赔偿金或者补偿金等返还给权利人;权利人的损害未得到足够弥补的,恶意占有人还应当赔偿损失。

【案例 18.1】基于合同关系产生的占有优先适用合同约定——某科技公司与叶某、第三人陆某占有物返还纠纷案[①]

　　某科技公司于 2007 年 6 月购买轿车一部,安排由陆某实际使用。陆某又将该车借给叶某使用,并于 2008 年 6 月 8 日签署协议,约定叶某自协议签订之日起三个月内将系争车辆归还陆某。某科技公司对此知情并同意。协议约定期限届满后,叶某未将系争车辆归还陆某或某科技公司。某科技公司于 9 月 22 日之后多次以公司名义要求叶某返还系争车辆,叶某回函称系争车辆并非由某科技公司提供使用,要求某科技公司派人当面交接。2009 年,某科技公司委托律师向叶某发送律师函,要求叶某归还系争车辆。叶某委托律师向某科技公司出具律师函,称叶某对系争车辆的占有使用权来自陆某的权利转让或分配,而陆某系某科技公司的实际控股人和公司财产的实际所有权人。并要求某科技公司敦促陆某出面解决叶某与陆某之间包括系争车辆在内的经济纠纷。2009 年 8 月,某科技公司诉至法院,请求判令叶某返还该轿车,赔偿无权占有系争车辆期间

---

　　① 上海二中院,(2010)沪二中民一(民)终字第 270 号,见 http://www.shezfy.com/view/cpws.html? id=22711,2015 年 4 月 10 日访问。

的车辆使用费每日 100 元。汽车租赁市场上与系争车辆相同及相近品牌、型号轿车日租金高于 100 元每天。

　　一审法院认为,系争轿车系某科技公司出资购得,且登记在某科技公司名下,故某科技公司为系争车辆的所有权人。叶某于借用期限届满后对系争车辆的占有即构成无权占有,某科技公司作为系争车辆的所有权人要求叶某予以返还依法有据,且叶某现亦同意返还,故法院依法予以支持。叶某于借期届满后对系争车辆无权占有,致使某科技公司无法对系争车辆进行使用、收益,给其造成损失,应予赔偿。现某科技公司公司要求叶某按照汽车租赁市场的租赁价格赔偿其车辆使用损失,并无不当,但于辩论终结后增加的车辆使用费部分依法不予支持。

　　叶某上诉。二审另查明,陆某与叶某于 2008 年 6 月 8 日签订协议的主要内容为:陆某将一套商品房赠予叶某,一套住房借予叶某使用一年,讼争轿车由叶某在三个月内归还陆某;如陆某未按约履行,叶某有权重新分配陆某原有财产;如叶某未按约履行,陆某有权重新分配上述三项。

　　二审法院认为,基于合同关系等产生的占有,有关不动产或者动产的使用、收益、违约责任等,按照合同约定;合同没有约定或者约定不明确的,依照有关法律规定。根据叶某与陆某签订的协议,叶某系基于合同关系产生对系争车辆的占有。该协议同时明确约定了违约责任,即如果叶某未按约定履行,陆某有权重新分配协议中涉及的三项财产。协议对于系争车辆的使用约定了两个条件:第一,使用期限为三个月;第二,期满后应归还给陆某本人。由于某科技公司在原审庭审中表示,其对于陆某将车辆出借给叶某使用是同意的,且陆某仍然担任公司董事,故在协议约定车辆应归还给陆某的情况下,叶某要求某科技公司联系陆某出面解决还车事宜,具有合理性。叶某在基于合同关系取得占有,期满后又始终同意还车的情况下,因不能归结于叶某的原因,导致车辆无法以合理的方式完成交接,不能认定叶某在此期间的占有属于恶意,故叶某不应承担相应的车辆使用费。

第二节　占有的保护

占有人对于他方侵占或妨害自己占有的行为,可以行使法律赋予的占有保护请求权。根据占有受侵害的不同情形,占有保护请求权包括占有物返还请求权、排除妨害请求权和消除危险请求权。《物权法》第二百四十五条规定,占有的不动产或者动产被侵占的,占有人有权请求返还原物;对妨害占有的行为,占有人有权请求排除妨害或者消除危险;因侵占或者妨害造成损害的,占有人有权请求损害赔偿。占有人返还原物的请求权,自侵占发生之日起一年内未行使的,该请求权消灭。

占有物返还请求权发生于占有物被侵夺的情形,此种侵夺是指非基于占有人的意思,采取违法行为使其丧失对物的控制与支配。占有物返还请求权的要件之一为侵占人的行为须为造成占有人丧失占有的直接原因。若非因他人的侵夺而丧失占有,如因受欺诈或胁迫而交付的,不享有占有物返还请求权。此种情况下,原占有人要恢复占有,必须依法律行为的规定,主张撤销已成立的法律关系等途径去解决。另如,遗失物的拾得人将遗失物据为己有,此种侵占不可适用占有物返还请求权。拾得人将遗失物据为己有的行为并非失主丧失占有的直接原因,失主应依其所有权人的地位行使返还原物请求权。

与占有物返还请求权相关的还有返还原物请求权。返还原物是物权请求权之一,是指权利人对无权占有者,可以请求返还所有物的权利。《物权法》第三十四条规定"无权占有不动产或动产的,权利人可以请求返还原物",此即为关于权利人的返还原物请求权的规定。返还原物请求权与占有物返还请求权同属物权纠纷,往往会产生竞合的情形,但二者的区别是明显的。区别在于:前者是基于物权的绝对性、支配性、排他性而衍生出来的一种请求权,其作用主要是使物权效力得到维护。后者是基于占有事实,如租用、借用等事实,其作用仅仅在于恢复占有人对物的占有,维护社会稳定的秩序,并不涉及占有物的权利归属问题。二者在有些情形下会出现竞合,如出租物被第三人侵占,出租人作为物权所有人可以适用返还原物请求权来实现其权利,同时出租人也是间接占有人也可以适用占有物返还请求权来维护自己的利益。

关于时效,占有人返还原物请求权自侵占发生之日起一年内未行使时消灭,此期间为除斥期间而非诉讼时效。理由在于:消灭时效可因事实而中断或中止,以受侵害人知道或应当知道受侵害之日起算,若该一年为诉讼时效,则实际期间将远长于一年,则权利将处于长期不稳定的状态。且通常情形下,占有人返还原物请求权因除斥期间经过而消灭后,占有人如对于该物享有其他实体权利,自然还可依照其实体权利提出返还请求。需要注意的是,当侵害人对占有人造成的实际的损害,占有人可以提起损害赔偿请求权,此请求权属于债权请求权,适用两年普通诉讼时效的限制,而不适用本条规定的一年除斥期间。至于排除妨害请求权和消除危险请求权,则无所谓时效的限制。在妨害或危险状态消失时,并没有主张的必要,故不可主张;若妨害或危险持续存在时,请求权可随时主张,不受时效限制。

【案例18.2】恶意占有人应支付使用费——某投资公司诉甲酒店公司等占有物返还纠纷案[①]

2005—2008 年间,某投资公司先后与某村委会签订《房屋租赁合同》及补充合同,约定某村委会将其新建的房屋租赁给某投资公司经营综合性宾馆或酒店使用,某投资公司应在筹建的酒店正式开业之前另行注册有限公司,经营管理酒店业务。合同签订后,某村委会将房屋交付给了某投资公司,某投资公司依约向某村委会缴纳了相应的租赁费用,并进行一定的装修。2008 年 9 月 7 日,某投资公司原法定代表人即被告张某以原告名义与被告周某、徐某签订《协议书》,约定由某投资公司、周某、徐某共同出资组建新的有限公司对上述房屋进行继续投资经营,并同意某投资公司对已租赁房屋所投入的资金作为出资。同日,张某又以某投资公司名义与周某、徐某签订乙酒店公司的出资协议书,约定了各自的出资比

---

① 江西省赣州市中级人民法院(2009)赣中民一初字第 10 号,见 http://www.pkulaw.cn/Case/pfnl_117693572.html? match=Exact,2015 年 4 月 10 日访问。

例等,并于同日制定了乙酒店公司的章程。但乙酒店公司至今未在工商部门进行设立登记。2008年10月18日,被告徐某、张某、周某、王某以自然人股东身份申请设立甲酒店公司,公司住所地为某投资公司承租的上述房产,于同年11月5日取得企业法人营业执照。2009年1月3日,甲酒店公司开始对外试营业。另查明,张某在甲酒店公司没有实际出资,徐某未以现金形式出过资。

法院认为,某投资公司依法取得某村委会房屋的租赁使用权,该房屋应由某投资公司另行注册的公司实际使用。将某投资公司与被告徐某、周某签订的协议书、乙酒店公司出资协议书、乙酒店公司章程的内容与徐某、张某、周某、王某四人以自然人股东身份设立的甲酒店公司进行比对,二者在公司名称、股东构成、持股比例、注册资本金、出资形式、公司章程等方面均存在较大差异,并非为同一公司。甲酒店公司未经某投资公司许可,擅自将甲酒店公司的住所及经营场所设定在某投资公司承租的房屋内并对该房屋进行实际占有使用的行为,侵犯了某投资公司基于合法租赁权而享有的对该房屋进行占有和使用的权利。因此,对某投资公司要求某酒店公司返还租赁物,并按照某投资公司实际向业主承担租金的标准支付非法占有期间的房屋租赁金、房屋折旧费具有事实和法律依据,予以支持。因甲酒店公司为有限责任公司,对外具有独立承担民事责任的能力,故被告徐某、张某、周某、王某对甲酒店公司的上述返还租赁物和支付租赁费用的责任仅在其认缴的出资额内承担责任。

【案例18.3】潘建华与罗海锋占有物返还纠纷上诉案①

2005年1月,潘某与原业主古某签订《买卖协议书》,约定潘某向古某购买一处物业,楼价为27万元。合同签订后,潘建华先后向古某支付了定金1万元、首期购房款6万元,古某随后将房屋交付潘某。潘某就该

---

① 广东省广州市中级人民法院(2009)穗中法民五终字第41号,见 http://gdlawyer. chinalawinfo.com/newlaw2002/slc/SLC.asp? Db=fnl&Gid=117674505,2015年4月10日访问。

房屋签订了物业服务合同等,并对该房屋进行装修后入住。2007年4月,古某又与罗某签订《房地产买卖合同》,将涉案房屋以38万元的价格出售给罗某。2007年6月1日,罗某取得房地产权证。潘某在得知此事后,起诉至法院,要求确认罗某与古某转让涉案房屋的行为无效。法院于2008年12月5日判决驳回潘某的诉讼请求。潘某不服一审判决,上诉后,二审法院驳回上诉,维持原判。从2005年2月开始,潘某一直在涉案房屋中居住。罗某购房前只是到小区观望房屋外观,未入屋查看且与原业主古某对房屋内部状况没有特别约定,只按一般交易情况确定房价,没有涉及房屋内部装修问题。经评估,该房屋自2007年6月1日起至2009年7月29日止的平均租金水平为每月930元整。按年限折旧,该房屋的装修工程造价为26762.27元。现罗某起诉,请求法院判令潘某立即搬出涉案房屋,并支付从2007年6月1日开始的占有房屋赔偿费直至搬出房屋为止。

一审法院认为,生效民事判决书已确认罗某与原业主古某间对涉案房屋买卖行为有效,且罗某已于2007年6月1日取得了涉案房屋的产权证,上述事实均证明罗某是房屋的所有权人,在法律规定的范围内对涉案房屋享有占有、使用、收益、处分的权利,并可以排除他人对涉案房屋的干涉。潘某占有房屋的行为侵犯了罗某的所有权,故潘某应当立即搬出涉案房屋。潘某应依照经评估的租金标准支付其占用涉案房屋期间的费用。潘某在占用房屋期间将涉案房屋从原来的毛坯状况装修成适合居住使用的状况,其装修行为是善意添附行为,改善了房屋的居住状况,提升了房屋的使用价值。罗某作为房屋的所有权人,是潘某装修行为的受益方,且罗某支付的楼价中不包括该装修价值,因此,罗某应当向潘某支付装修现值的对价。

潘某不服原审判决,提起上诉。二审法院驳回上诉,维持原判。

【案例 18.4】占有物返还与所有权返还的区分①

陈某系某高速公路隧道斜井施工队负责人。2009 年 6 月,闫某与陈某所在的施工队签订了运输合同,由闫某负责承运隧道施工过程中废渣的拉运。梁某驾驶他人的重型自卸货车,受闫某的聘请在该工地从事拉运废渣工作。同年 11 月,陈某以闫某欠款为由,将工地中梁某驾驶的货车扣留。梁某遂将陈某诉至法院要求返还车辆。

该案涉及物权返还请求权和占有物返还请求权的区分。陈某扣押车辆属无权占有,梁某不是车辆所有人,不享有物权请求权。但陈某扣车行为已侵犯了梁某对车辆的占有利益,同时对车辆的长期扣留势必会造成价值的减损,梁某作为占有人,为维护自己使用该物的权利,可以适用占有物返还请求权要求返还车辆。

【案例 18.5】诈骗罪受害人可以主张占有物返还纠纷②

被告赵某以做稻谷生意为幌子,先后三次向原告孙某借款 5 万元、8 万元和 10 万元,合计 23 万元,并分别出具了借条。借款后,被告将款项用于购买彩票、支付高额利息等。后法院认定被告的借款行为属诈骗犯罪,并根据被告诈骗原告等 20 人的现金及财物共计 431 万余元的事实,判处其有期徒刑十二年六个月。被告获刑后,原告就该借款提起民事诉讼。

该案中,被告的"借贷"行为已为生效的刑事判决确定为犯罪,故原被告间的法律关系不属于民间借贷。同时,返还原物纠纷的物指的是有物质形态的物、特定物,返还应当以原物存在为前提,而该案中被告诈骗所得的货币已不存在,故原告起诉的基础也非返还原物请求权。而占有物返还纠纷所要求返还的既可以是特定物,也可以是某些种类物如货币,

---

① 吴庆华:《车辆被他人擅自扣留——占有人有权要求返还》,《人民法院报》2010 年 8 月 5 日第 7 版。

② 张冬武:《本案案由为什么定占有物返还纠纷》,见 http://www.chinacourt.org/article/detail/2014/06/id/1316246.shtml,2015 年 4 月 10 日。

行使占有物返还请求权必须是有侵占行为和结果的发生。该案被告以民间借贷为幌子,实施诈骗,非法侵占原告的财产现金(货币),原告作为所有人同时也是合法占有人,有权请求被告以等值的现金返还,该返还纠纷无论是从返还标的物的性质,还是从返还标的物被违法侵占的事实,完全符合占有物返还纠纷的要件,故为占有物返还纠纷。

参考文献

1. 白俊超:《我国农村土地制度改革研究》,西北农林科技大学 2007 年博士学位论文。

2. 博登海默:《法理学法律哲学与法律方法》,中国政法大学出版社 2004 年版。

3. 常鹏翱:《比较法视野中的预告登记》,《金陵法律评论》2005 年第 1 期。

4. 程啸:《论不动产善意取得之构成要件》,《法商研究》2010 年第 5 期。

5. 陈朝璧:《罗马法原理》下册,商务印书馆 1936 年版。

6. 陈华彬:《法国近邻妨害问题研究》,载梁慧星主编:《民商法论丛》(第 5 卷),法律出版社 1996 年版。

7. 陈华彬:《论建筑物区分所有权的概念》,《法治研究》2010 年第 7 期。

8. 陈华彬:《民法物权论》,中国法制出版社 2010 年版。

9. 陈华彬:《区分所有建筑物修缮的法律问题》,《中国法学》2014 年第 4 期。

10. 陈华彬:《物权法原理》,国家行政学院出版社 1998 年版。

11. 陈华彬:《中国物权法的意涵与时代特征》,《现代法学》2012 年第 6 期。

12. 陈霄:《农村宅基地利用与抵押调查研究——基于重庆市不同区域农户的问卷分析》,《西部论坛》2010 年第 3 期。

13. 陈娴:《让与担保的法律定性及实务处理——基于商法思维与民法思维的比较》,《全国法院第二十六届学术讨论会论文集:司法体制改革与民商事法律适用问题研究》,人民法院出版社 2015 年版。

14. 陈祥健:《担保物权研究》,中国检察出版社 2004 年版。

15. 陈小君:《农村土地问题的立法研究》,经济科学出版社 2012 年版。

16. 陈宜芳、吴凯敏:《保证金账户资金质押的成立要件探析》,《人民司法·案例》2013 年第 24 期。

17. 崔建远:《"四荒"拍卖与土地使用权》,《法学研究》1995 年第 6 期。

18. 崔建远:《关于恢复原状、返还财产的辨析》,《当代法学》2005 年第 1 期。

19. 崔建远:《土地上的权利群研究》,法律出版社 2004 年版。

20. 崔建远:《土地上的权利群论纲》,《中国法学》1998 年第 2 期。

21. 崔建远:《物权:规范与学说——以中国物权法的解释论为中心》,清华大学出版社 2011 年版。

22. 崔建远:《物权法》,中国人民大学出版社 2011 年版。

23. 崔建远:《准物权研究》,法律出版社 2012 年版。

24. 崔建远、孙佑海、王宛生:《中国房地产法研究》,中国法制出版社 1995 年版。

25. 崔文星:《物权法专论》,法律出版社 2011 年版。

26. 当代中国丛书编辑部:《当代中国的农业》,当代中国出版社 1992 年版。

27. [德]鲍尔、施蒂尔纳:《德国物权法》上册,张双根译,法律山版社 2004 年版。

28. [德]鲍尔、施蒂尔纳:《德国物权法》下册,申卫星、王洪亮译,法律出版社 2006 年版。

29. [德]汉斯·普律廷:《德国动产物权法与所有权保留》,庄加园译,《北航法律评论》2011 年第 1 辑。

30. [德]曼弗雷德·沃尔夫:《物权法》,吴越、李大雪译,法律出版社 2002 年版。

31. [德]M.沃尔夫:《物权法》,吴越、李大雪译,法律出版社 2002 年版。

32. 董翠香:《账户质押理论与实务问题探析》,载刘保玉主编:《担保法疑难问题研究与立法完善》,法律出版社 2006 年版。

33. 董开军:《债权担保》,黑龙江人民出版社 1995 年版。

34. 杜景林、卢谌:《德国债法改革——德国民法典最新进展》,法律出版社 2003 年版,转引自陈祥健:《担保物权研究》,中国检察出版社 2004 年版。

35. 杜尧青:《从两起案例看最高额抵押》,《经济与法》2012 年 2 月。

36. 杜万华:《最高人民法院民间借贷司法解释理解与适用》,人民法院出版社 2015 年版。

37. 房绍坤:《居住权立法不具可行性》,《中州学报》2005 年第 4 期。

38. 房绍坤:《物权法用益物权编》,中国人民大学出版社 2007 年版。

39. 弗朗索瓦·泰雷、菲利普·森勒尔:《法国财产法》(下),罗结珍译,中国法制出版社 2006 年版。

40. 高圣平:《物权法担保物权编》,中国人民大学出版社 2007 年版。

41. 高圣平:《物权法与担保法:对比分析与适用》,人民法院出版社 2010 年版。

42. 高圣平:《物权法:原理·规则·案例》,清华大学出版社 2007 年版。

43. 高圣平、张尧:《中国担保物权制度的发展与非典型担保的命运》,《中国人民大学学报》2010 年第 5 期。

44. [古罗马]优士丁尼:《法学阶梯》,徐国栋译,阿贝特鲁奇、纪蔚民校,中国政法大学出版社 2005 年版。

45. 辜明安:《物权请求权制度研究》,法律出版社 2009 年版。

46. 顾向一:《环境权保护在我国物权立法中的体现》,《理论月刊》2006 年第 10 期。

47. 郭明瑞:《中华人民共和国物权法释义》,中国法制出版社 2007 年版。

48. 韩世远:《宅基地的立法问题——兼析物权法草案第十三章"宅基地使用权"》,《政治与法律》2005 年第 5 期。

49. 侯镜:《不可量物侵害案件的有关问题研究》,《法律适用》2005 年第 226 期。

50. 胡基:《论股份质押的设立》,《法学》1998 年第 6 期。

51. 胡开忠:《权利质权制度研究》,法律出版社 2004 年版。

52. 胡康生:《中华人民共和国物权法释义》,法律出版社 2007 年版。

53. 黄静嘉:《动产担保交易法》,台湾银行编印 1964 年版,转引自王泽鉴:《民法学说与判例研究》第一册,中国政法大学出版社 1998 年版。

54. 黄松有:《〈中华人民共和国物权法〉条文理解与适用》,人民法院出版社 2007 年版。

55. 黄宗乐:《论物权的请求权》,《台大法学论丛》第 11 卷第 2 期。

56. 霍楠、夏敏:《保证金账户质押生效则不能成为另案执行标的》,《人民司法·案例》2014 年第 4 期。

57. 江平、费安玲:《中国物权法教程》,知识产权出版社 2007 年版。

58. 蒋月:《夫妻财产制与民事交易安全若干问题研究》,《法学》1999 年第 5 期。

59. 金俭:《中国不动产物权法》,法律出版社 2008 年版。

60. 阚抒:《浅议建筑物区分所有权中的共有权——兼评〈建筑物区分所有权司法解释〉第 2 条、第 3 条》,《法制与社会》2014 年第 1 期。

61. 孔祥俊:《民商法新问题与判解研究》,人民法院出版社 1996 年版。

62. 寇志新:《民法学》,陕西人民出版社 1998 年版。

63. 雷凌:《论"应收账款"的债权性》,《兰州学刊》2008 年第 1 期。

64. 黎剑飞:《对我国农村社会保障法制化的思考》,《法学家》2007 年第 1 期。

65. 李国光:《最高人民法院〈关于适用〈中华人民共和国担保法〉若干问题的解释〉理解与适用》,吉林人民出版社 2000 年版。

66. 李国际:《物权法原论》,法律出版社 2007 年版。

67. 李鹤贤、庞世耀:《谈以民事判决书质押的法律效力》,《人民司法》1999 年第 8 期。

68. 李世刚:《法国担保法改革》,法律出版社 2011 年版。

69. 李太正:《物上请求权与物权请求权名称之辩证》,载苏永钦主编:《民法物权争议问题研究》,五南图书版公司 1999 年版。

70. 李兴魁、沈晔:《业主知情权的范围界定及合理实现》,《人民司法》2013 年第 6 期。

71. 李永峰:《指名债权质权中的理论问题——兼评〈物权法(草案)〉中的相应规范》,《法学论坛》2006 年第 5 期。

72. 李永军:《所有权保留制度的比较法研究》,《法学论坛》2013 年第 6 期。

73. 梁慧星:《中国民法典草案建议稿附理由·物权编》,法律出版社 2013 年版。

74. 梁慧星:《中国物权法草案建议稿:条文、说明、理由与参考立法例》,社会科学文献出版社 2000 年版,转引自邹海林:《担保物权制度的发展与中国〈物权法〉》,载渠涛主编:《中日民商法研究》第七卷,法律出版社 2009 年版。

75. 梁慧星:《中国物权法研究》(下),法律出版社 1998 年版。

76. 梁慧星、陈华彬:《物权法》(第 4 版),法律出版社 2007 年版。

77. 梁曙明、刘牧晗:《借贷关系中签订房屋买卖合同并备案登记属于让与担保》,《人民司法·案例》2014 年第 16 期。

78. 林咏荣:《动产担保交易法新诠》,三民书局 1982 年增订三版,转引自王泽鉴:《民法学说与判例研究》第一册,中国政法大学出版社 1998 年版。

79. 凌斌:《界权成本、洛克世界与法律经济学的视角转换》,《北大法律评论》2012 年第 13 卷第 1 辑。

80. 刘保玉:《论担保物权的竞存》,《中国法学》1999 年第 2 期。

81. 刘保玉:《物权法》,中国法制出版社 2007 年版。

82. 刘保玉、孙超:《物权法的应收账款质押制度解析》,《甘肃政法学院学报》2007 年 7 月。

83. 刘春田:《知识产权法教程》,中国人民大学出版社 1995 年版。

84. 刘得宽:《民法诸问题与新展望》,中国政法大学出版社 2002 年版。

85. 刘凯湘:《论基于所有权的物权请求权》,载刘凯湘:《权利的期盼》,法律出版社 2003 年版。

86. 刘凯湘:《物权请求权研究》,北京大学 2000 年博士学位论文。

87. 刘龙:《本案股权让与担保合同应认定有效》,《人民司法·案例》2014 年第 16 期。

88. 刘嵩松:《最高额抵押从属性探析》,上海市高级人民法院编:《上海审判实践网络增刊》2011 年第 7 期。

89. 刘心稳:《票据法》,中国政法大学出版社 1997 年版。

90. 刘迎生:《权利质权设定的若干问题》,《中外法学》1998 年第 2 期。

91. 罗结珍译:《法国民法典》上册,法律出版社 2005 年版。

92. 马荣:《不动产抵押权善意取得的运用》,《人民司法(案例)》2012 年第 10 期。

93. 马新彦等:《地役权的借鉴与重构》,载王利明主编:《物权法专题研究》上册,吉林人民出版社 2002 年版。

94. 毛海波、陆静:《婚姻证明在不动产抵押权善意取得中的价值探究》,《人民司法(案例)》2012 年第 16 期。

95. 毛亚敏:《担保法论》,中国法制出版社 1997 年版。

96. 梅夏英、高圣平:《物权法教程》,中国人民大学出版社 2007 年版。

97. [美]理查德·波斯纳:《法律的经济分析》上册,蒋兆康译,中国大百科全书出版社 1997 年版,译者序,转引自李霞:《波斯纳:法律的经济分析》,黑龙江大学出版社 2009 年版。

98. [美]约翰·E.克里贝特等:《财产法:案例与材料》(第 7 版),齐东祥、陈刚译,中国政法大学出版社 2003 年版。

99. 孟勤国:《中国农村土地流转问题研究》,法律出版社 2009 年版。

100. 沐兰琼:《农村宅基地使用权之法律研究》,《广西政法管理干部学院学报》2006 年第 1 期。

101. 南路明、肖志岳:《中华人民共和国地产法律制度》,中国法制出版社 1991 年版。

102. 潘新美:《地役权制度与物权法之生命》,《甘肃政法学院学报》2003 年第 3 期。

103. 蒲坚:《解放土地——新一轮耕地信托化改革》,中信出版社 2014 年版。

104. 其木提:《货币所有权归属及其流转规则——对"占有即所有"原则的质疑》,《法学》2009 年第 11 期。

105. 渠涛:《担保法理念的变迁与非典型担保制度的定位》,载刘保玉主编:《担保法疑难问题研究与立法完善》,法律出版社 2006 年版。

106. 曲可伸:《罗马法原理》,南开大学出版社 1988 年版。

107.《全国人大法律委员会关于〈中华人民共和国物权法〉草案修改情况的汇报》,载全国人民代表大会常务委员会法制工作委员会民法室编著:《物权法立法背景与观点全集》,法律出版社 2007 年版。

108. 全国人民代表大会常务委员会法制工作委员会编:《中华人民共和国物权法释义》,法律出版社 2007 年版。

109. [日]稻本洋之助:《民法(2)物权》,青林书院新社 1983 年版,转引自陈华彬:《民法物权论》,中国法制出版社 2010 年版。

110. [日]高木多喜男:《担保物权法》,有斐阁 1989 年版,前沿部分,转引自渠涛:《担保法理念的变迁与非典型担保制度的定位》,载刘保玉主编:《担保法疑难问题研究与立法完善》,法律出版社 2006 年版。

111. [日]国生一彦:《现代英国不动产法》,日本商事法务研究会 1990 年版。

112. [日]近江幸治:《担保物权法》,祝娅、王卫军、房兆融译,法律出版社 2000 年版,转引自高圣平:《民法典中担保物权的体系重构》,《法学杂志》 2015 年第 6 期。

113. [日]近江幸治:《民法讲义 II·物权法》,王茵译,北京大学出版社 2006 年版。

114. [日]近江幸治:《因市场变动引发的担保制度变化》,渠涛译,载渠涛主编:《中日民商法研究》第九卷,法律出版社 2010 年版。

115. [日]堀龙儿:《关于 ABL(资产担保型贷款)》,刘惠明译,载渠涛主编:《中日民商法研究》第九卷,法律出版社 2010 年版。

116. [日]三溺信三:《物权法提要》上、下卷,孙芳译,韦浩点校,中国政法大学出版社 2005 年版。

117. [日]松冈久和:《日本非典型担保法的最近的动向》,郑芙蓉译,载渠涛主编:《中日民商法研究》第八卷,法律出版社 2009 年版。

118. [日]田山辉明:《物权法》,陆庆胜译,齐乃宽、李康民审校,法律出版社 2001 年版。

119. [日]田山辉明:《物权法》(增订本),法律出版社 2001 年版,转引自高圣平:《物权法与担保法:对比分析与适用》,人民法院出版社 2010 年版。

120. [日]我妻荣:《日本物权法》,有泉亨修订,李宜芬校订,我国台湾地区五南图书出版公司 1999 年版。

121. [日]我妻荣:《我妻荣民法讲义 II 新订物权法》,[日]有泉亨补订,罗丽译,中国法制出版社 2008 年版。

122. [日]我妻荣:《新订担保物权法》,申政武、封涛、郑芙蓉译,中国法制出版社 2008 年版。

123. [日]筱缘昭次:《空中权、地中权的法理——围绕土地的新利用形态》,《法学家·临时增刊·土地问题》第 476 号,有斐阁 1971 年 4 月 10 日。

124. 阮健、杨兵:《北京瑞达兴通商贸有限公司诉北京亚鑫公铁快运有限责任公司仓储合同案——保管人留置权行使的正当性问题》,《人民法院案例选》2013 年第 3 辑。

125. Schwab-prütting, Sachenrecht, 27. Aufl., Verlag C. H. Beck, 1997, S.92. 转引自金可可:《预告登记之性质——从德国法的有关规定说起》,《法学》2007 年第 7 期。

126. 史尚宽:《民法总论》,中国政法大学出版社 2000 年版。

127. 史尚宽:《债法总论》,中国政法大学出版社 2000 年版,第 740 页。

128. 史尚宽:《物权法论》,中国政法大学出版社 2000 年版,第 286 页。

129. 史尚宽:《物权法论》,荣泰印书馆 1979 年版。

130. 崔建远:《物权:规范与学说——以中国物权法的解释论为中心》,清华大学出版社 2011 年版。

131. 史尚宽:《物权之公示与公信力》,载郑玉波主编:《民法物权论文选选集》上册,台湾五南图书出版公司 1984 年版。

132. 史以贤:《论业主自治对专有权的限制》,《上海房地》2013 年第 3 期。

133. 苏长朋:《应收账款商事质押法律问题研究》,吉林大学 2014 年博士学位论文。

134. 苏洁:《论建筑物区分所有权之剥夺——基于对群租等现象的思考》,《重庆工商大学学报》(社会科学版)2013 年第 1 期。

135. 苏永钦:《走入新世纪的私法自治》,中国政法大学出版社 2002 年版。

136. 孙鹏、王勤劳:《流质条款效力论》,《法学》2008 年第 1 期。

137. 孙宪忠:《德国当代物权法》,法律出版社 1997 年版。

138. 孙宪忠:《中国物权法总论》,法律出版社 2014 年版,。

139. 汤一齐:《论我国应收账款质权的保护》,中国政法大学 2012 年硕士学位论文。

140. 王斌:《不得转让的票据可以质押》,《山东法学》1997 年 10 月 20 日。

141. 王成:《论债权质权的设定及效力》,《中外法学》1999 年第 4 期。

142. 王闯:《冲突与创新——以物权法与担保法及其解释的比较为中心而展开》,最高人民法院民事审判第二庭编:《担保案件审判指导》,法律出版社 2014 年版。

143. 王闯:《关于让与担保的司法态度及实务问题之解决》,《人民司法·案例》2014 年第 16 期。

144. 王闯:《让与担保法律制度研究》,法律出版社 2000 年版。

145. 王洪亮:《论所有人与占有人关系——所有物返还请求权及其从请求权》,载王洪亮等主编:《中德私法研究》第一卷,北京大学出版社 2006 年版。

146. 王利明:《民商法研究》(第 1 辑),法律出版社 2001 年版。

147. 王利明:《违约责任论》,中国政法大学出版社 1996 年版。

148. 王利明:《物权法论》(修订本),中国人民大学出版社 2003 年版。

149. 王利明:《物权法研究》,中国人民大学出版社 2002 年版。

150. 王利明:《物权法研究》下卷,中国人民大学出版社 2013 年版。

151. 王利明:《中国民法典学者建议稿及立法理由》,法律出版社 2005 年版。

152. 王利明:《中国物权法草案建议稿及说明》,中国法制出版社 2001 年版,转引自高圣平:《物权法与担保法:对比分析与适用》,人民法院出版社 2010 年版。

153. 王利明、崔建远:《合同法新论·总则》,中国政法大学出版社 1996 年版。

154. 王利明、尹飞、程啸:《中国物权法教程》,人民法院出版社 2007 年版。

155. 王明远:《环境侵权救济法律制度》,中国法制出版社 2001 年版。

156. 王胜明:《中华人民共和国物权法解读》,中国法制出版社 2007 年版,转引自陈华彬:《民法物权论》,中国法制出版社 2010 年版,第 487 页。

157. 王卫国、王广华:《中国土地权利的法制建设》,中国政法大学出版社 2002 年版。

158. 王小映:《赋予农民土地承包经营权——30 年农村土地制度改革的最大成就》,《中国土地》2008 年第 12 期。

159. 王轶:《论所有权保留的法律构成》,《当代法学》2010 年第 2 期。

160. 王轶:《所有权保留制度研究》,载梁慧星主编:《民商法论丛》第 6 卷,法律出版社 1997 年版。

161. 王泽鉴:《民法物权》,北京大学出版社 2009 年版。

162. 王泽鉴:《民法物权·占有》,台北 1996 年版,转引自王利明:《民商法研究》(修订版)(第 3 辑),法律出版社 2001 年版。

163. 王泽鉴:《民法物权·通则·所有权》(总第 1 册),三民书局 2003 年 8 月增补版。

164. 王泽鉴:《民法物权(一)通则·所有权》,中国政法大学出版社 2001 年版。

165. 王泽鉴：《民法物权Ⅰ：通则、所有权》，中国政法大学出版社 2003 年版。

166. 王泽鉴：《民法物权·用益物权·占有》，中国政法大学出版社 2001 年版。

167. 王泽鉴：《民法学说与判例研究》，中国政法大学出版社 1998 年版。

168. 王泽鉴：《民法总则》（增订版），中国政法大学出版社 2001 年版。

169. 王泽鉴：《债法原理（二）·不当得利》，中国政法大学出版社 2002 年版。

170. 汪志刚：《动产交付与所有权转让制度研究》，法律出版社 2011 年版。

171. 毋爱斌、陈渭强、刘晓宇：《保证金账户可以特定化并构成货币质押》，《人民司法·案例》2012 年第 10 期。

172.《吴邦国委员长听取有关方面对物权法草案的修改意见》《中央有关部门的负责同志和专家对物权法草案几个重大问题的意见》，载全国人民代表大会常务委员会法制工作委员会民法室编著：《物权法立法背景与观点全集》，法律出版社 2007 年版。

173. 吴春燕：《一般债权质押研究》，《现代法学》1997 年第 2 期。

174. 吴道霞：《物权法比较研究》，中国人民公安大学出版社 2004 年版。

175. 吴庆华：《车辆被他人擅自扣留——占有人有权要求返还》，《人民法院报》2010 年 8 月 5 日。

176. 夏瑜：《不可量物侵害的法律问题探析》，《法学研究》2007 年 4 月。

177. 解安宁、刘芳兵、曹天天：《农村宅基地使用权流转模式创新研究——以"天津模式"与"重庆模式"为视角》，《法制与社会》2010 年 9 月。

178. 谢怀栻：《票据法概论》，法律出版社 1990 年版。

179. 谢在全：《民法物权论》上册，三民书局 2003 年版。

180. 谢在全：《民法物权论》上册，中国政法大学出版社 1999 年版。

181. 谢在全：《民法物权论》中册，中国政法大学出版社 2011 年版。

182. 谢再全：《民法物权论》下册，中国政法大学出版社 1999 年版。

183.《夏某等人诉上海市闸北区精文城市家园小区业主委员会业主知情权纠纷案》，参见《最高人民法院公报》2011 年第 10 期。

184. 徐冬根:《浮动担保法律问题比较研究》，上海交通大学出版社 2007 年版。

185. 薛军:《地役权与居住权问题》，《中外法学》2006 年第 1 期。

186. 薛源:《业主知情权存在问题探讨》，《南京社会科学》2014 年第 8 期。

187. 严民昌、吴国强、何俐:《浅论相邻关系制度对不可量物侵害的调整》，《人民司法》2006 年第 5 期。

188. 阎天怀:《论股权质押》，《中国法学》1999 年第 1 期。

189. 杨立新、宋志红:《预告登记的性质、效力和范围探索》，《法学杂志》2006 年第 4 期。

190. 杨志华:《证券法律制度研究》，中国政法大学出版社 1995 年版。

191. 姚瑞光:《民法物权论》，转引自汤勇:《物权请求权制度研究》，中国检察出版社 2009 年版。

192. [意]彼德罗·彭梵得:《罗马法教科书》，黄风译，中国政法大学出版社 1992 年版。

193. 尹飞:《地役权》，载王利明等:《中国物权法教程》，人民法院出版社 2007 年版。

194. 尹飞:《物权法·用益物权》，中国法制出版社 2005 年版。

195. 尹田:《法国物权法》，法律出版社 1998 年版，转引自陈祥健:《担保物权研究》，中国检察出版社 2004 年版。

196. 尹田:《论物权请求权的制度价值——兼评〈中国物权法草案建议稿〉的有关规定》，《法律科学》2001 年第 4 期。

197. 余冬爱、周勇:《农村土地承包经营权流转案件的法律适用统一》，《上海审判实践》2012 年第 6 期。

198. 余能斌:《现代物权法专论》，法律出版社 2002 年版。

199. 于飞:《〈物权法〉第六章"业主的建筑物区分所有权"中"业主"的界定》，《华东政法大学学报》2011 年第 4 期。

200. 袁士增、马艳华:《后让与担保权人不能直接以物抵债》,《人民司法·案例》2014 年第 16 期。

201. 曾大鹏:《居住权制度价值的理论争议及其评析》,载杨立新主编:《民商法理论争议问题——用益物权》,中国人民大学出版社 2007 年版。

202. 张斌、陈祥华:《农村宅基地使用权问题探讨》,《上海审判实践》2010 年第 5 期。

203. 章建春、刘小琴、许岗:《不可量物侵害若干问题探讨》,《法律适用》2002 年第 8 期。

204. 张俊浩:《民法学原理》,中国政法大学出版社 1991 年版。

205. 赵万一、汪青松:《土地承包经营权的功能转型及权能实现——基于农村社会管理创新的视角》,《法学研究》2014 年第 1 期。

206. 赵万一、余文焱:《应收账款质押法律问题》,《法学》2009 年第 9 期。

207. 张理:《关于票据质押几个重要问题的思考》,《南京大学法学评论》1999 年春季号。

208. 张鹏:《役权的历史渊源与现代价值定位》,载梁慧星主编:《民商法论丛》,金桥文化出版(香港)有限公司 2001 年版。

209. 张双根:《商品房预售中预告登记制度之质疑》,《清华法学》2014 年第 2 期。

210. 郑玉波:《论所有物返还请求权》,载郑玉波:《民法物权论文选辑》(上),台湾五南图书出版公司 1984 年版。

211. 周梅:《间接占有中的返还请求权》,法律出版社 2007 年版。

212. 周枏:《罗马法原论》上册,商务印书馆 1994 年版。

213. 周枏:《罗马法原论》下册,商务印书馆 1996 年版,转引自陈祥健:《担保物权研究》,中国检察出版社 2004 年版。

214. 朱宏登:《新时期我国耕地制度创新路径研究》,内蒙古农业大学 2011 年博士学位论文。

215. 朱岩:《社会基础变迁与民法双重体系建构》,《中国社会科学》2010 年第 6 期。

216.《最高人民法院关于解放前劳动人民之间宅基地租赁契约是否承认和保护问题的批复》(1985 年 11 月 12 日),《最高人民法院关于公民对宅基地只有使用权没有所有权的批复》(1986 年 11 月 14 日),载张世进等主编:《中华人民共和国法律规范性解释集成》,吉林人民出版社 1990 年版。

217. 最高人民法院民二庭新类型担保调研小组:《关于新类型担保的调研:现象·问题·思考》,载最高人民法院民事审判第二庭编:《担保案件审判指导》,法律出版社 2014 年版。

218. 最高人民法院民事审判第二庭编,奚晓明主编:《民商事审判指导》,人民法院出版社 2007 年版。

219. 最高人民法院物权法研究小组编著:《〈中华人民共和国物权法〉条文理解与适用》,人民法院出版社 2007 年版。

220. Christian Larroumet, Droit civil, Les biens, Droits réels principaux, Econimica, 2004, p.478.

221. Gyorgy Diosdi, Ownership in Ancient and Preclassical Roman Law, Akademiai Kiado, Budapast, 1970, p.133.

222. Helmut Coing, Europäisches Privatrecht, Band Ⅰ, 1985, S.313.

223. Helmut Coing, Europäisches Privatrecht, Band Ⅱ, 1989, S.404.

224. Jean – Philippe Lévy, André Castaldo, Histoire du Droit civil, lère éd., 2002.

225. See Barlow Burke, Joseph A.Snoe, Property, Aspen Law and Business, 2001.

后　记

　　本书由上海法院具有较高理论水平和丰富实践经验的从事民商事审判工作的法官共同编写。作者对本书的定位、体例、大纲、写作要求和具体内容进行了充分论证、研讨，以准确反映当前关于物权纠纷案件审判的理论研究成果和实践经验。

　　全书的具体写作分工如下（按章节顺序排列）：第一章：凌捷；第二章：刘言浩；第三章：凌捷；第四章：李艳旻；第五章：沈志韬；第六章：成阳；第七章、第八章：朱瑞；第九章—第十二章：陈旭；第十三章：朱瑞；第十四章：姚蔚薇；第十五章：羊焕发；第十六章：王鑫、丁祎；第十七章、第十八章：叶菊芬。全书由刘力、刘言浩、凌捷统稿，最后由陈立斌定稿。

　　在本书写作过程中，上海市第一中级人民法院院长助理胡光宇教授为本书出版提供了宝贵支持，上海市高级人民法院干培处原处长陈全国高级法官给予了指导与帮助，人民出版社郑海燕主任亦给予了大力支持。复旦大学法学院研究生刘舒婷、舒安，华东政法大学研究生唐越同学做了大量协助与校对工作。在此，一并致以诚挚的感谢。

编　者

二〇一八年五月